租税法の基礎

守屋俊晴

租税法の基礎

まえがき

1　はじめに―問題提起―

(1)　租の意

租は、大辞林によれば「律令制の税の一、田租（でんそ）」と、また、広辞苑では「律令制の現物納租税の一、租税、年貢」と説明されている。

租は、長い歴史のなかにあって「租税・税金」を意味するものであった。日本では「年貢」という形で収めていた。世界の歴史の中で、各国の経済的基盤は「租」である。租は現在の税金である。租は主に農民等が納める年貢と提供する労役であった。労役は兵役という形で課されることが多かった。国家運営の基礎財源である。日本語における税の「禾」（禾偏（のぎへん））の語源は、穀物や穀物の茎を意味していた。稲を中心とする収穫物を納めることが多かったことから、結果として、「稲」を意味するようになった。この租税の現代的意義は「国家もしくは地方が、与えられた課税権に基づいて、その運営資金を徴収する目的で、法の定める課税要件を満たす者に対して賦課する金銭による給付」である。

(2)　国家と租

日本国憲法「（昭和）新憲法」の前文では「朕は、日本国民の総意に基いて、新日本建設の礎が、定まるに至つたことを、深くよろこび、枢密顧問の諮詢（しじゅん）及び帝国憲法第73条による帝国議会の議決を経た帝国憲法の改正を裁可し、ここにこれを公布せしめる。」と、述べられている。また、憲法第83条は「国の財政を処理する権限は、国会の議決に基いて、これを行使しなければならない。」と、「財政処理の要件」を定めている。

国の財政の基礎的財源が「租税」である。また、地方の財政の基盤も同様に租税である。租税は、国家運営の財源（歳入）を規制するものであり、財政が歳入と歳出を規制するものであったとしても、その中心は歳出の規制である。つまり、財政とは「国と地方の経済的行為」のことである。憲法は、国民が「国民の意思」を国会における代表者（国会議員）を通して表現･行動（実現）できることを示している。ともかく、国民に向いた国政が行われるように根本的に改革していく必要がある。

租税法律主義の骨子は「課税要件法定主義」であり、課税要件と租税の賦課・徴収の手続は法律をもって規定しなければならないことをいう。法律の定めのない命令等によって租税が賦課もしくは徴税されることはない。わが国の憲法は第84条に「租税法律主義」を設けており、「あらたに租税を課し、又は現行の租税を変更するには、法律又は法律の定める条件によることを必要とする。」としている。

(3) 理解容易性と理解困難性

現代的意義における「租税法律主義」が、民主主義の看板のもとに施行されていると理解するならば、一般的な常識人なら誰でも、容易に内容を理解できる文言であらわすことが必要である。租税法律主義の基本的な支柱は、法律がなければ課税できないし、課税するには法律の定めによるものとし、新たに法律を制定して課税する場合には、民意を反映した国会で審議し、可決を必要とする点にある。ここに容易に理解できる文言とは「理解容易性」を意味するところであるが、租税法の表現は「理解困難性」の最たるものである。実際、課税事務に何らかの障害が発生することが多くなり、税務職員並びに税理士の事務に問題が発生しているのが実状である。そのため、税理士が税務処理を誤って、税金の過払いを犯し、顧客から多額の損害賠償請求を受ける事件が増加している。平成12年で約4億円であった税務賠償保険が、平成20年には8億円に増加している。税理士が、新しい税法の解釈や適用に追いついていないことが、その原因と考えられるが、税理士事務所の職員の知識、経験のレベルも問題視されるところである。このような税務代理業界において、「セカンド・オピニオン業務」（他の税理士の意見を聞くこと）が流行（はや）ってきている。

(4) 入るを量りて出ずるを為す心

国家と地方を運営していく基礎である主要な財源は「租税」である。その管理の基本が財政法と地方財政法になる。財政法は、第2条第1項に「収入支出及び歳入歳出の定義」を置き、「収入とは、国の各般の需要を充たすための支払の財源となるべき現金の収納をいい、支出とは、国の各般の需要を充たすための現金の支払」をいう。この「収入・支出」には、会計間の繰入その他国庫内において行う移換によるものを含んでいる。また「歳入とは、一会計年度における一切の収入をいい、歳出とは、一会計年度における一切の支出」をいい、「収入・支出」よりも広い概念となっている。

予算の使途には厳しい規制があって「国の歳出は、公債又は借入金以外の歳入を以て、その財源としなければならない。」とされている。これは中国・漢時代の「礼記」にある「入るを量りて、出ずるを為す」という「財政の原則」を意味しており「収支均衡の維持」(財政の健全性)を求めているものである。それは「国家財政の安泰のための基本的条件」である。しかし、平成20年12月末現在、日本の債務残高の国内総生産(GDP)に対する比率は174.1%に達する見込みで、先進諸国において、最も低い(悪い)水準にある。財政赤字額が相対的に大きく、国家財政が脆弱であることを示している。平成22年12月末現在では、平成23年3月には200%を超すと予想されている。それは、EUを襲ったギリシャ危機を招いたギリシャの約130%をはるかに上回る大きな数値となっている。現時点の日本政府の債務残高は約900兆円に達している(日経22.12.21朝刊)。

2 国家財政の基礎―危機状態―

(1) 国家財政の赤字

政府の経済財政諮問会議(財務省の諮問機関)は、平成21年6月9日、経済財政運営の基本方針「骨太(ほねぶと)方針2009」の素案と2020年代初頭までの財政試算を提示した。素案では新しい財政再建目標の1つとして「今後10年以内に国・地方の基礎的財政収支の黒字化を達成する」としている。その目標達成には消費税率の12%への引き上げが必要と試算している。しかし「消費税率の12％への引き上げ」には、国民の同意が必要であり、その同意を得ることは、消費税法の成立過程から見ても、決して容易ではない。これまでの事例を見ても、「政府による説明責任」が果たされていないことが多く、すんなり決まる見込みは極めて薄い。なお、基礎的財政収支は新たな借金をせずにその年度の政策経費を賄えるかをみる指標である（日経 21.6.10 朝刊）。平成22年7月11日の参議院選挙において、菅首相の消費税増税提言（財務省主導提言と言われている。）に対して、ほとんどの候補者が「増税反対」の選挙演説を主張している。国民としては、増税反対であるとしても、ここまでひどくなった国家財政の立て直しは急務である。財政健全化への道筋を説明しない限り、政治家として「無責任の誹（そし）り」を受けることになる。増税反対候補者の代案が提示されていないことも問題である。

政府は平成25年度までに「赤字のGDP比を半減する」という中間目標を掲げているが、平成21年6月現在の計算値による平成20年度の基礎的収支の赤字額は38兆8千億円に膨らんでいることから推算してみると、その達成は極めて困難である。消費税率を12％まで引き上げた場合でも、平成30年度にどうにか基礎的収支が黒字化するということでしかない。この場合でも、国内消費の沈静化現象を織り込んでいない。さらに、明日の日本を創っていくために必要な「経済力を高める道筋づくり」が骨太2009ではほとんど取り入れていないことが問題である。ともかく、財政制度等審議会は、平成20年6月3日、財務相に提出した平成22年度予算編成に向けた建議（意見書）の中で、日本の財政は「極めて危機的な状況にある」と指摘した上で、歳出改革の重要性は、一層、高まっているとし、債務残高の引き下げなど新たな財政再建目標の設定を求めている。最重要事項が、この時点で債務残高がGDPの1.7倍と主要国では最も高いことと、その改善のための具体的かつ効果的な対策（政策）を打ち出すことができないことにある。財政改革と経済回復が、現在の最大の課題になっている（日経 21.6.9 朝刊）。

⑵　景気対策の失政

欧米の金融危機に端を発した世界経済の悪化を受け、日本も定額給付金や住宅ローン減税など様々な経済刺激策を打ち出し、この一連の政策規模は75兆円で、そのうち財政出動や減税などの財政措置は12兆円であるというのが政府の主張であるが、国家の一般会計が90兆円以下であることから見れば、実行性（真水）のある財政出動とはいえない。定額給付金についても、幾つかの新聞が「実効性が乏しい」という記事を掲載しているし、実際、平成20年に、オーストラリアが低所得者を中心に1,000〜1,400オーストラリアドルを一時金として支給したが、結果としてスロット・マシーン業界の売り上げが増加したに終わったということである（日経 21.12.25 朝刊）。

リーマン・ブラザーズの経営破綻をきっかけとして、世界経済が不況に陥（おちい）ったときに、非正規労働者の契約期間満了時の契約延長を多くの企業が認めなかった。そのため失業者が増加した。このとき、日本政府は景気対策の一環（選挙対策の色彩が濃い）として、定額給付金２兆円を決定した。しかし、その効果はほとんどなく、消費行動が上向くことはなかった。大半の国民が、とりあえず貯金するという意見であった。

東京オリンピック時代に建築した橋梁が、東京都内だけでも、ざっと20,000ヵ所以上あり、その多くが老朽化していて、時の経過とともに危険度（安全の低下）が増している。国土交通省は、平成21年１月19日、老朽化が進んでいる全国の約146,000本（長さ15メートル以上の道路橋）の橋梁の構造や材質などについて、データ・ベースを構築することにしたと発表している。国や高速道路会社が管理している約18,000本はデータが収集されているが、残りの約128,000本が対象になる。近年、老朽化により崩落につながりかねない破損が相次いで見つかっている（日経 21.1.20 朝刊）。深刻な損傷もあり、使用を禁止しているところさえある。それ以上に深刻な状況に置かれているのが、公立の小中学校の校舎の耐震補強工事である。耐震化率の全国平均は67.0％で、大阪市守口市のように15.0％のところさえある（日経 21.10.20 夕刊「学校耐震化を考える」連載①）。

２兆円の予算があれば、計算上、契約期間満了により解雇された非正規労働者約70万人を１年間雇用することが可能である。たとえば、上記の橋梁や校舎の損傷状態の調査（写真撮影など）を実施するなど有効に資金を使途することができたはずである。実際の補強工事などは、予算の調製と設計の委託などが必要となるので、次の課題である。まず、事実の把握が必要であることを理解すべきであったと考える。

⑶　経済の成長と債務の削減

内需を活性化させて成長力を強化しなければ税収は増えないのであるが、日本経済には解決すべき２つの難問、すなわち、「経済成長の確保」と「高水準にある国債発行残高の縮減」がある。まず、国内需要に基づいた経済成長を達成しつつ、健全な財政を取り戻すことが必要なのであるが、国内需要が盛り上がらず、経済成長力が弱く、税収が伸びていかないのが実情である（日経 21.6.17 朝刊「大機小機」）。日本の経済力が、極めて脆弱化していることと、これから、一層、高齢化社会に向かっていくことから、さらに社会保障費関連予算が増大していかざるをえず、財政の立て直しは極めて困難な政治的課題となっている。

日本の場合、家計は貯蓄を増やしたくても増やせない状況にあること、並びに高齢化で年金受給世帯など「無職」もしくは「貧困家庭層」の世帯が増え、現役世代では雇用の非正規化が進んでいることなど構造的な問題がある。また、他方において、平成19年度の国民年金、厚生年金と国家公務員、地方公務員、私立学校教職員の３共済年金の時価ベースの収支状況が、全体では前年度の約３兆7,000億円の黒字から８兆8,454億円の赤字に陥ったように、日本国内の生活基盤の脆弱化が進んでいる。その基本的要素として、公的年金を運用している年金積立金管理運用独立行政法人（GPIF）が発表した平成20年度の市場運用利回りはマイナス10.03％で、運用損失は過去最悪の９兆6,670億円にもなり、過去２年間の累積赤字が15兆円強となっていることなどがある（日経 21.7.2 朝刊）。税収が減少していく中で、このように国民の生活を守る財源が毀損していることは重要なことである。

⑷　世界の認識と日本の認識の乖離

平成22年６月27日に閉幕した20ヵ国・地域（G20）サミットの議長を務めたカナダのハーパー首相は、閉幕後の記者会見で、あえて「日本の財政事情」に言及している。ギリシャ危機を受け、先進国が「2013年までに財政赤字を半減する」という目標で一致している。そして「日本だけが例外扱い」にされている。20ヵ国・地域（G20）サミットが、目標設定しても、「日本は明らかに達成不可能」と判断したからである。先進国で、断トツの借金を抱えつつも、安定消化を続けてきた日本国債も限界が近づいている。これまで支えてきた国内投資家が、国債の95％を保有する日本特有の市場構造に問題がある。高齢化社会になって、高齢者家庭の貯蓄が目減りしていることから、これまでのように順調に国内消化が続くという保証がないからである。近い将来、増え続ける国債を個人資金で支えきれない時代が近づいている。年金の減少と国債の低金利から、国民が少しずつ眼を背けていく可能性が高くなっている。

G20サミットで、日本は例外扱いになったが、代わりに22日に閣議決定した「財政運営戦略の実行」が国際公約になった。それは、2020年度（平成32年度）までに「基礎的財政収支黒字の達成」である。先進国に課された赤字半減よりも、はるかにハードルが高い水準に設けられている。参議院選挙を控えて、財務省の誘導に乗り、あえて選挙にタブーの「消費税率のアップ」に言及しなければならなくなった菅首相の背景に、そのような事情があったと理解する。

最初の３年間は、一般会計の歳出を10年度の71兆円に抑えるといっても、高齢化社会と生活保護家庭の増加などを反映して、社会保障費の自然増だけで1.2兆円増える勘定になる。さらに難しいのが「財政再建と経済成長の両立」である。経済成長による増収効果を待つ余裕はない。これまで景気対策として実施してきた財政支出は効果がなかったし、また、過去の財政再建策は、中途半端であったこともあって、失敗の連続であった。その結果、国の債務だけが増大してきた。消費税率は欧州の平均20％に対し、日本は５％であるから、引上余地が大きいとしても、国民の拒否反応はかなり強いものがある。これまでも、政府は十分な説明責任を果たしてこなかったために、「国民の同意」を得ることができなかった。いずれにしても、「最後の砦（とりで）」である消費税率引上に踏み切るハードルはきわめて高いことに変わりはない。しかし、このハードルを越えない限り、世界の日本に対する厳しい認識を変えることはできない。

財務省が、平成22年６月29日に発表した平成21年度の一般会計決算（概要）によると、歳出決算額に占める国債発行額の割合を示す国債依存度は51.5％と初めて50％を超え、過去最悪になっている。平成21年度は景気対策などで歳出が100兆円超に膨らむ一方で、税収は平成20年度決算比約5.5兆円減収の38兆7,331億円になっている。税収が40兆円を割り込むのは昭和60年度（1985年度）以来、24年ぶりになる（日経 22.6.30 朝刊）。

このように、現在、国家財政は苦境下にある。まず、国債債務残高を減らさなければならないのであるが、社会保障費の増加見込みのほか、インフラ施設の更新（補修、補強工事を含む）の時期にきていることによる関連費用の増大が予算の調製上、大きな足枷になっている。政府が説明責任を果たして「国民の同意」を得ることが先決である。

平成22年7月14日、国家財政の赤字対策に対して、ほとんど無策の日本政府の態度に痺れを切らしたように、国際通貨基金（IMF）が「日本の経済・財政状況に対する年次審査報告」を公表している。そこでは、先進国で「最悪の財政状況」を踏まえ、2011年（平成23年）からの「段階的な消費税率引上」など具体的対策を提言している。日本国は「なぜ、自己改革ができないのか」、それが問題とされるべきである。さらに、同報告書は、ヨーロッパの信用不安により「日本の公的債務への懸念」が強まっている。増税など効果ある具体的対策を実施しない場合、政府純債務のGDP比率は2010年の121％から20年後の2030年には250％に膨らむであろうと、強い危惧を表している（日経 22.7.15 夕刊）。

3　主張の論点—提　言—

(1)　日本企業の株価指数の低迷

日本の銀行の株式保有額は大手行だけで10兆円以上で、日本の金融機関は株式の保有高が世界の商業銀行に比較して多額であり、また、相互保有（株式持合）していることもあって、株価下落の影響を受けやすい体質になっている。近年、経済不況の影響で資本の毀損が進行し、他方、M＆A対策もあって、資本の増強に迫られている。それは、保険会社や実業界の他の企業も同様である。そのため、一時、解消してきた「株式の持合」が増加しているため、株価下落というリスクが非常に高まっている。銀行において、株価下落は自己資本の減少を通じて、貸し渋りと景気悪化の悪循環を招くという国家経済のリスクを高めている。一般企業においても、株価下落は有価証券の評価損の計上となり、当期純利益の減少もしくは赤字となって、企業活動は停滞していくことにもなる。現実に、平成21年7月、日経ダウが

9,000円を割り込んでいくと、その声が切実な問題となってきた。内閣府が、平成21年6月1日、発表した「需要と供給のギャップ」は、金額として45兆円の需要不足であり、このまま進むとデフレが進むと警告を発している（日経 21.6.2 朝刊）。需要不足は逆から見れば、供給過剰を意味していて、バブル経済崩壊時の過剰設備、過剰債務、過剰雇用を意味していることになる。そして、平成22年6月末になっても、回復する兆しを示していない。同7月1日の日経平均株価終値は9,192円で回復していないことを示している。

最近の世界的傾向として、「資金の滞留」が起きている。日本、アメリカ、ヨーロッパにおいて、中央銀行が大量に資金を供給しても、成長分野に資金が流入していかない。銀行は貸出金の不良債権化を恐れ、融資に慎重になっているから、貸出金残高が減少している。余った資金は、債券市場に向かう。これでは、経済環境が活性化することはない。日本の国内銀行143行の平成22年5月31日現在の国債保有額が、前年同月末比23.5％増の138兆円になっている。アメリカでは、6月時点で14.6％増の1兆4,800億ドル（約129兆円）で、ユーロ圏は5月時点で9.8％増の1兆5,600億ユーロ（約175兆円）となり、いずれも過去最高となっている（日経 22.7.27 朝刊）。

(2) 少子高齢化社会と年金問題

そのようなことも関係して、平成21年7月4日、日米財務相会議の中で、日本の財務相が、株式市場の株を直接買い上げるために、50兆円の仕組みを用意していると語っている。それは、この当時の東京証券取引所の時価総額の20％に相当する金額であり、逆に実効性の乏しい政府発表「大風呂敷」である。ところで、政府と日本銀行が再開した銀行保有株式の買取額は、6月末現在で、1,500億円にすぎない。大規模かつ適時に、即効性のある対策を実施しない限り、日本経済の復活はありえない。経済の復活、そして税額の増収がないと、これからの少子高齢化社会において必要になる社会保障費の増加を賄うことができず、日本国家の財政状態はますます悪化していくことになる。それは日本の近未来における国民生活の不幸を示唆している。

それは、とくに年金問題に現れている。企業経営の悪化から企業年金の危機が具現化して、年金基金の解散に追い込まれている企業がある。厚生年金基金の高齢化が進み、平成20年度は、年金受取人数が2年連続して増加し、他方、保険料（掛金）を払う加入者数は11年連続して減員している。その結果、収入に対する給付額の割合が過去最高の92.6％にもなっている。平成20年度の年金受給者数は、前年度対比4.1％増の244万人であるのに対して、加入者数は5.0％減の439万人になっている。受給者１人に対する掛金拠出者の割合は1.8人である（日経 22.3.28 朝刊）。この割合は、今後、一層悪化していくことが確実に予想されている。その結末は、国家財政ひいては税収に影響する。したがって、国民として、つまり税金の納付者として、あるいは税収の庇護を受ける立場の者として「租税の基礎」並びに「税収の仕組み」を十分理解することが重要になっていることを意味している。

⑶ 効果ある税収政策の実行

現在、世界が同時不況に陥っている。平成19年８月から始まったサブプライムローンに端を発する金融不況、さらに追い討ちをかけた平成20年９月のリーマン・ブラザーズの経営破綻をきっかけとする世界不況は、同年11月に入って、製造業を中心とした全産業型不況へと波及していった。平成19年８月以前は、BRICsを中心に株価が上昇していて、日本企業の株価（日経ダウ平均）はそれに遅れて上昇していた。そして、今回の世界不況によって、大きく下落し、BRICsの株価以上に下落している。それだけ「下値」が弱いということと「日本経済の脆弱さ」を示しているということで、経済基盤の強化が求められていることを示唆している。

しかし、平成22年７月23日、内閣府が公表した平成22年度の『年次経済財政報告（経済財政白書）』では、バブル経済崩壊から20年（失われた20年）を経た現在においても、日本経済は「負の遺産」を背負い続けている状況を浮き彫りにしているという。①需要の不足、②ディフレーション経済、③財政の悪化という「３つの重荷は日本特有の問題」で、バブル後の持続的な成長を妨げる要因になっている。この経済白書では、資産価格の下落が大幅な需給ギャップの原因だとし、平成２年以降に深刻化した地価と株価の下落で、日本経済が被（こうむ）った経済的損失額は累計で1,500兆円を超えると試算している。その上で、ディフレーションは名目GDPを押し下げ、「税収の減少」を招き、日本の財政赤字を膨らましている（日経 22.7.24 朝刊）。

日本の国民（個人）保有資金が1,400兆円以上あって、「預貯金から投資へ」という政府の誘導作戦が失敗して、サブプライムローン金融不況以降、むしろ預貯金へのシフト（Uターン現象）が強まっている。失敗というよりも、「有効な税務施策」を実行しなかったからに他ならない。経済対策は、ひとつで十分ということはなく、幾つかの複合的な結果として、発揮されてくるものである。しかし、ここでは、ひとつの方策を取り上げてみたい。たとえば、「今から５年以内に購入した株式で、５年以上保有していた場合、その売却益には課税しない」など、すぐにできるもので、単純な施策を実施すればよい。要するに、「株式の購入意欲」と「保有意志の向上」に結びつく施策を導入することが重要なのである。株価が上昇すれば、銀行や銀行以外の企業もよみがえるし、国民にとって、たとえ実現利得にならなくとも、資産効果で購買意欲が高まり、最終消費財購入・消費の向上によって、生産財の生産増強を期待することができる。これらの経済環境が好転すれば、それぞれの生産・消費の過程で、関係する企業の利益が高まり、雇用の機会が増加する。それによって、法人税と所得税の増収が期待できる。これが可能になれば、国債の償還もしくは年次発行額の削減が可能になるなどして、「国家財政の改善」にも資することになる。

ところが、日本の政府が行っている施策は問題だらけである。日本経済新聞「一目均衡」は、政府が、個人資金を「貯蓄から投資へ」誘導し、経済の活性化に結び付けることを意図していたが、掛け声だらけで、「出てくる政策は投資を敬遠して貯蓄を奨励するようなものばかり」だったと批判している。とくに、国民１人当たりの政府債務残高は、平成21年現在、780万円で、イタリアやアメリカの360万円の２倍を超えていると憂（うれ）えている（日経22.2.23 朝刊）。具体的かつ実行性のある政策を、早急に実施しないと、近い将来、国民生活に大きな悪影響を及ぼしてくることになるだろう。

(4) 教育投資と国家戦略

教育の充実は「国家戦略の要」である。教育は、国家的見地から見た「投資」である。日本のこれまでの政府は、この「国家戦略」（教育に関する事項）が明確でなかったこともあって、充分な「教育投資」が行われてこなかった。

ここで問題にしたいことは、教育の充実⇒学習意欲と学力の向上⇒雇用の機会の拡大⇒企業の収益力の増大⇒税額の増収（国富の強化）⇒福祉政策の拡充⇒消費購買力の増大⇒経済の拡大（経済成長力の達成）へと続く国家経済を中心とした「国富（国家の財政基盤の強化）の増強」並びに「人材（人財）の蓄積」を達成するために「ナニをするべきか」にある。

そして、再度、教育の充実から始まる循環過程を巡る回転を機能的・有効的に展開していくことが「国家最大の戦略」と位置づけることが必要なことと考えている。しかし、OECDの調査結果をみても、日本政府はそのような戦略をとっていない。その結果が、多くの児童、生徒に無気力、無感心、無感動を生み、学力低下、勤労意欲低下を起こさせているものと理解される。

OECDの発表（平成21年９月８日）によると、日本の国内総生産（GDP）に占める教育関係への公的支出は3.3％（平成18年現在、全体平均は4.9％）にとどまり、主要28ヵ国中27位という低い水準にある。その結果、日本の高等教育終了率が他の諸国に比較して高い水準あるといわれる反面、学力の低い層の増加と教育関係の家計負担が高いことに結び付いている。

ともかく「税のあり方」は、国家にとっても、国民にとっても重要な活動要因となっている。高度高齢化社会に向かっていく日本にとって、社会保償費の傾向的増大は避けられない宿命である。そのような社会的環境を、国民に十分な理解を求め「消費税率の見直しなど財源確保」に向けた努力が必要になっている。そのためにも、「税の在り方（税に関する知識)」を国民は知り、かつ、理解すべきなのである。

国家としても、広く国民に「税の基礎的知識とあり方、使い方」をアピールしていく必要がある。本書は、公認会計士、税理士の受験希望者のほか会計事務所に勤務している職員並びに企業の経理担当者に必要とされる最低限の知識（とくに用語の意味と申告書の書き方）を網羅（ほぼ法人税に限定しているが）したつもりでいるので、相当程度、役に立つと自負している。

4　本書の主要命題―本書の構成―

(1)　租税法の基礎と省略テーマ

租税法の基礎としては、その主要な体系を構成する以下の法律が中心となっている。

A　総括的な法律

①　国税通則法

②　国税徴収法

B　直接税

③　所得税法

④　法人税法ほか

C　間接法

⑤　消費税法

⑥　有価証券取引税法

⑦　印紙税法ほか

D　地方税

⑧　地方税法

⑨　国有資産等所在市町村交付金法ほか

（注）国有資産等所在市町村交付金法は、国が地方に行政運営上の必要資金を交付するもので、地方分権上、大きな問題となっている税目のひとつである。

いずれにしても、ここに掲記した各法は、各々、基礎的知識（税の目的、役割並びに政治的課題を含めて）として必要なものであるが、これらを取り上げてしまうと1,000ページ以上の書籍となってしまうので、ほんの一部を除き割愛している。その結果、法人税法を中心とした書籍となっている。

⑵　法人税法の専門領域と省略テーマ

法人税を中心に本書は展開しているが、あくまでも「基礎的知識」の領域を中心に筆を進めいているので、たとえば、以下のような比較的専門的領域に入ると想定される項目は、意識的に割愛している。

①　会社の合併、分割等組織再編税制

②　連結納税制度

そのほか、最近の新しい税制として「グループ税制」（平成22年10月1日施行）が設けられた。グループ法人税制は、完全支配関係を有する法人をグループとして着目するため、選択制の連結納税制度についてもグループ法人税制に含まれることとされている。連結納税制度は選択制であるため、連結納税制度を適用していない完全支配関係を有する法人においては、連結納税制度以外のグループ法人税制、いわゆるグループ法人単体課税制度が適用される。

この数年の間に税制は、組織再編税制（平成13年）、連結納税制度（平成14年）等が整備された。その仕上げともいうべき、グループ法人税制は、完全支配関係のある法人を対象として行われるものである。完全支配関係の判定に当たっては、発行済株式等から、自己株式を除くほか、従業員持株会所有株式と役員または使用人のストック・オプション行使による所有株式の合計が５％未満である場合のその株式は除くなど、細目が設けられている。そして、公益法人等や公共法人によって完全支配関係がある場合もグループ法人単体課税制度の対象となる。

連結完全支配関係とは、連結親法人と連結子法人との間の完全支配関係または連結親法人との間に完全支配関係がある連結子法人相互の関係をいう。なお、この「グループ税制」を採用している会社は、確定申告のさい別表十四（四）「完全支配関係がある法人の間の取引の損益の調整に関する明細書」を添付しなければならない。

いずれにしても、このような税務領域は税制のなかでも、より専門的分野であり、本書では取り上げていない。あくまでも「基礎的な知識の習得」を目的として筆記したものであるがゆえである。

5 平成23年度税制改正大綱

(1) 平成23年度の税制改革の基本

日本政府は、平成22年12月16日、閣議決定で「平成23年度税制改正大綱」をまとめた。その内容は、財務省のホームページで公表されている。また、週間税務通信No3144（平成22年12月20日号・別冊）に掲載されている。ところで、その要点が、日本の財政問題等と関連して、新聞に報道されているので、幾つか、それらの内容について触れていくことにする。まず、この大綱では、①デフレ脱却と雇用のための経済活性化、②格差拡大とその固定化の是正、③納税者・生活者の視点からの改革、④地方税の充実と住民自治の確立に向けた地方税制改革を4つの柱として、税制抜本改革に向けた基本的方向性を確保するための改正であるとしている。要するに「税制抜本改革に向けた基本的方向性」を示すに留まっており、「税制の抜本的改革」はしていないと明確に言っていることになる。

現在の日本は需給関係が大きく乖離していて、供給が過大なのか、需要が不足しているのかが問題になっている。バブル経済崩壊以降の失われた20年を振り返ると、この長期の経済停滞期間で、日本国民の購買力は明らかに低下している。したがって、日本経済の問題は「需要不足」の改善にある。政府の公的発表や新聞報道は、とかく平成20年9月のリーマン・ブラザースの経営破綻をきっかけとした景気後退を問題視しているが、実際問題としては、それより1年余前の平成19年8月に発生したアメリカ発のサブプライムローンを原因とする金融危機が重要な経済的要因であると考えているが、余り触れられていない。

日本経済新聞・社説「経済と財政の再生に宿題を残す税制大綱」(日経22.12.17、朝刊)の主張の要点は、以下の諸点にある。ただし、記事にない分(私見)を含めて、記載している。

法人実効税率の5%引き下げを柱に平年度の国税ベースで企業の税負担を5,800億円ほど減らす一方、個人は高所得者層を中心に約4,900億円の増税となる。大規模法人の表面税率は30%から25.5%への引き下げで、実効税率としては5%の引き下げということである。ただし、中小法人に対する税率は、現行22%(暫定的引下18%)を、19%(暫定的引下15%、平成23年4月1日以降開始する事業年度から3年間)とする。他方において、減価償却(定率法の見直し)や棚卸資産の評価(切放し低価法の廃止)など課税の強化を行っている。

そのようなこともあって、同社説は「経済の活力を高め財政を健全化する目的に照らすと、今回は小手先の手直しにすぎない。」とし、また、「骨太な税制構造の見直しもなく、高所得者だけに負担増を強いるのはおかしい。努力して高い収入を得ようとする意欲をそぎ、外国から優秀な人材を招くにも不利になる。」と指摘している。現在、日本は長期的なデフレにある。その基本的要因に需給ギャップがある。供給が需要をざっと45兆円超過している(日経21.6.2、朝刊)。供給の削減は、設備等の廃却を求めることを意味しており、経済的合理性がない。需要の拡大すなわち「インフレ政策」を国家の政策的目標とすべきなのであるが、今の政府にその意志はない。この増税策は、高所得者の消費力を鎮火させかねない。なお、一般国民の将来の生活の安定が消費購買力となるのであるが、年金問題をはじめとして、次期前期高齢者予備軍層（団塊の世代）は、将来に不安を抱いているからマーケットに現れてこない。これらの層に対する効果的な施策がない。

また、同社説は、「欧州やアジア諸国との法人税率の開きはなお残る。歳出減や租税特別措置の整理、抜本的な税制改正で、さらに引き下げを進めるべきだ。」といい、さらに「増大する社会保障費を賄うために消費税増税は避けられず、所得税や法人税の構造も見直す一体的な税制改革が不可欠だ。」と指摘しているが、具体的な提言は避けている。本来「あるべき姿・形」を主張すべきであると考える。

(2) 抜本的な税制改革と平成23年度税制改正大綱の問題点

抜本的な税制改革としては、「法人税率20%」と「消費税率20%」が必要と考えている。法人税率については、多くの中小企業が赤字決算であることを考慮すると、税率の問題ではなく、他の需要拡大策を講じるものとし、また、消費税については、常に逆進性が問題視されてくるので、その対策としては、食料品などの生活関係物品や教育関係費用への軽減税率、たとえば5%あるいは10%を適用するなどの配慮が必要と考える。

同日の同新聞では「税制改革の本丸である消費税率引き上げから民主党政権が逃げ回っていることが、迷走の本質だ。」と批判している。いずれにしても、財源問題から抜け出せない現政府は、「増税と減税のやりくり」しかできず、景気対策など必要な政策のほとんどを先き送りにしているのが実態である。

今回の税制改革の目玉は、法人税率の引き下げであるが、基本税率30%から25.5%への引き下げで実効税率が35.64%になったということであるが、この10年ほどの間にヨーロッパ諸国の15ヵ国が27%、アジア諸国で25%になっていることを考慮すると、如何にも中途半端である。法人税の引き下げによる減収額が約1兆5,000億円であるから、その財源として、中高所得者に対する増税を行い、かつ、法人課税の強化を行い企業負担増約6,700億円を行うということである（日経22.12.30朝刊）。

その柱のひとつが企業が欠損金を翌期以降に繰り越し、所得から控除できる制度の縮小である。繰り越せる期間を7年から9年に延ばしたうえで、控除前の所得の8割までに控除の範囲を制限するということである。法人税を長年軽減されてきた銀行は多く、平成20年度の欠損金繰越控除額約7.4兆円のうち金融保険が2兆円を占めている。この業界に与える影響は大きい。ただし、中小企業はこれまで通りの控除を認めている。環境税として石油・石炭税の上乗せが決まり、燃料油の年間需要約2億キロリットルで換算すると、石油業界は約1,500億円の増税になる。化学業界は環境税導入への反発を示しており、加速度償却の縮小も逆風である。機械業界も設備投資の実質増税を警戒している（日経22.12.17朝刊）。企業によっては、増税になりそうである。

個人の所得課税に関しては、会社員の所得税や住民税を計算する際に、一定額を必要経費とみなして収入から差し引く「給与所得控除」の縮小が代表的な改正となっている。まず、年収1,500万円を越えた時点で、一律245万円に抑え、年収2,000万円を超える企業の役員の控除額をさらに圧縮し、年収4,000万円を超える場合には一般社員の半分にするという改正である。その他、諸々の増税策が講じられている。このような増税改正が行われると、国民は消費を控えざるをえず、大綱がいう①デフレ脱却と雇用のための経済活性化並びに③納税者・生活者の視点からの改革にはならない。むしろデフレが深厚し、経済成長率を悪化させてしまうことになると考える。

(3) 累積債務残高増加の恐怖

日本の国と地方の累積債務残高の国内総生産（GDP）に対する比率が、平成23年に始めて200%を超える見通しであることが、経済協力開発機構（OECD）の調査で分かった。先進国の財政は、2008年（平成20年）のリーマン・ショック後の経済対策で軒並み悪化している。OECDによると、2008年から2011年にかけて、債務残高のGDP比は、アメリカで71.1%から98.5%に、ドイツは69.4%から81.3%に悪化する見通しであるが、日本は、突出していて、173.9%から204.2%に悪化する。財政危機に陥ったギリシャの136.8%やアイルランドの112.7%をはるかに超える数値となっている（日経23.1.3、朝刊）。なお、ギリシャ等の諸国の国の債務は、海外債務である。

平成23年度の国の基礎的財政収支は22.7兆円の赤字予想で、前年は23.7兆円であるから、2年間の赤字合計額が45.9兆円になる。国が借金を増やし続けても、何とかやりくりが成り立っているのは、低金利の恩恵を受けているからである。それは実質的な金融資産保有者である国民の犠牲によって成り立っていることになる。平成23年度の利払費は9兆9,000億円にのぼる。借金（公債残高）は10年前よりも約70%も増えたが、金利の低下で利払費だけはほぼ同じ水準にとどまっている。長期金利が3%程度まで上がれば、利払費が20兆円規模に増えるという試算がある（日経22.12.25、朝刊）。もしそうなった場合、国家予算のうち前向きな支出は不可能になる。つまり、「財政の建て直し」が急務であることを意味している。現在の日本の債務は、国内債務であることから、政府や国民に緊迫した危機感が感じられない。

国の消費税収入については、1999年（平成11年）以降、使途を高齢者福祉関連の3分野に限る「福祉目的化」を定めた。平成23年度の消費税収入見込額は10兆2,000億円で、地方財源部分を除くと7兆2,000億円が3分野の財源になる。他方、この3分野の歳出予算額は17兆1,000億円である（日経23.1.4、朝刊）から約10兆円不足していることになる。国民は福祉、介護等の充実を求めているが、消費税率のアップには反対している。ある意味で当然のことであるが、これは、政府が説明責任を果たしていない結果でもある。全国の生活保護を受けている世帯が、平成22年9月時点で140万8,407世帯に達していることが、厚生労働省の調査で分かった。前年同月比で約14万世帯増えており過去最多を更新している。世帯の種類別では、高齢者世帯が60万2,178世帯で最多となっていて、バブル崩壊後は増加が続いている（日経22.11.15、朝刊）。あと数年すると、団塊世代の人たちが前期高齢者の域に入り、その10年後には、順次、介護対象者予備軍となってくる。このようなことからも、高齢者福祉関連の3分野の歳出額が膨らんでいくことは、十分、予想されることである。

平成23年度の予算調製（案）における一般会計の総額は過去最大である。民主党は、マニフェスト（政権公約）に縛られ、消費税率引上議論を封印したため、財政健全化にほど遠い予算しか調製できていない。一般会計の総額は92兆4,116億円で、平成22年度当初予算に比べ1,124億円増えている。歳入では、税収が3兆5,310億円増の40兆9,270億円に回復したが、新規国債の発行額は50億円減の44兆2,980億円と高止まりしている。歳入総額に占める国債の割合を示す国債依存度は48%と横ばいであるが、2年連続して、当初予算段階で、国債が税収を上回る異例の状態となっている。歳出で目立っているのは社会保障関係費である。高齢化による自然増に加え、子供手当の増額などで1兆4,393億円増の28兆7,079億円と過去最高を更新している。実に、一般会計歳出の30%を初めて超えてしまった。平成23年度に黒字化を目指すとされている基礎的財政収支は22兆7,489億円の赤字となっている（日経22.12.25朝刊）。

(4) 国家の威信と財政改革—消費税率改正の必要性—

国債統計年報平成21年度版（財務省理財局　平成22年11月30日発行）による「国債、借入金等の現在高」（4頁）に記載されている同残高（要約）は、以下に示した表のように推移している。このように、急速に増加している。平成4年からの14年間で、239兆円から883兆円に、644兆円、率にして2.7倍も増加している。しかも、これから、少子高齢化社会を迎えるに当たって、一層、増加していくことが予想されている。国家財政としては、危機的状況にあることを理解して、対策を講じていかなければならない時期にきている。民主党は、党内抗争に明け暮れている場合ではない。うたい文句の「国民の生活が一番大切」を達成するには、党内統一を遂げ、果敢に重要な政策を実行すべきである。

日本の国債の95%が国内で消化されていることから、日本は、ギリシャのようなことにはならないという甘い考え方がある。高齢化で家計金融資産が取り崩され、公的債務残高が家計資産をしのぐときがひたひたと近づいていることが十分に理解されていない。総務省の全国消費実態調査によると、平成21年の1所帯当たりの貯蓄額は1,521万円で、5年前の調査から2.2%減額となっている。貯蓄額は、全ての年齢層で減少していが、とくに30歳未満の若年層と70歳以上の高年齢層である。30歳

（表）国債、借入金等の現在高表

（単位：兆円）

年度末	金　額	増差額
平成　4年	239	—
平成　7年	326	87
平成10年	438	113
平成13年	607	169
平成16年	782	175
平成19年	846	64
平成21年	883	37

未満では10.8%の減少で、雇用の悪化と所得水準の低下が影響していること、また、70歳以上では、貯蓄を取り崩して生活費に充てているものと思われる（日経23.1.7、朝刊）。このようなことから、これまでのように国債が発行され続けていく場合、近い将来、日本国内で消化するには限界が出てくることになる。その場合、海外で発行することとして、日本の財政赤字が国債の評価（格付レベル）を低くし、相対的に高い金利付の発行になるという悪循環に陥ることになるであろう。

政治の喫緊（きっきん）の課題が、社会保障費の財源確保と消費税の改革にある。まず、社会保障費については、現状の消費税率である限り、削減しないわけにはいかないこと、しかし、人間の生存権（憲法第11条「基本的人権の享有（きょうゆう）」）の保証から、そのようなことを行うことができないことを十分に説明して、国民の理解を得ることが必要である。

たとえば、消費税率を20%として、うち10%を社会保障費に、また、5%を地方の財源に回し、残りの5%を財政赤字の補填（国債償還資金）とするなど思い切った財政改革と税制改革を実施すべきものと考える。

6 あいさつ

本書は、当初、平成22月3月の発刊を目標として、原稿をまとめていたものである。そのため、原稿執筆は、平成22年1月1日現在の法令（但し、一部改正法による修正を行っている。）を基にしている。しかし、相当部分の原稿を出版会社にお渡しできたのが、平成22年6月の末になってしまった。そして、最終的に、つまり「まえがき」が校了したのが、8月中旬にまで伸びてしまった。そこで、10月1日施行となった「グループ税制」や3月31日で廃止となった「特殊支配同族会社」の取り扱いの問題が発生してきた。それ（問題の処置）については、前者に関しては、この「まえがき」で、また、後者に関しては、当該項目（3—15）のところで、筆者の論点を記載しているところに譲りたい。ともかく、平成22年9月から始まる授業に使用したかったのであるが、以上のような理由で、間に合わなかった。

そして、本書の第1回目の校正用原稿が筆者の手許に届いたのが、平成22年の大晦日であった。そのため、正月はすべて、この原稿の校正に費やすことになってしまった。いずれにしても、順次、発刊が遅れていくことになった。重要なことは、平成22年12月16日に、閣議決定で「平成23年度税制改正大綱」が発表されたことである。平成23年1月1日現在、法律として成立しているわけではないが、「法人税の実行税率」を5%引き下げるというこの大綱の趣旨もあり、ナニも触れないというわけにはいかないので、関連する事項·項目において加筆修正している。また、平成23年3月11日に発生した東日本大震災の影響もあって、この大綱の国会審議が行われず、先送りされ実現していない。

このようなこともあって、東洋出版の関係者には、多大な迷惑を掛けてしまったことになります。いずれにしても、本書の出版に当たっては、東洋出版の代表取締役会長平谷茂政氏、執行役員社長田辺修三氏、同社元編集長水野雅夫氏、同社元副編集長石田良治氏並びに辰野利彦氏の協力のもとに完成することができました。ここに、深く、感謝いたします。

同世代の多くの人たちが、第一線を退いて、悠々か、気ままに、日々を送られていることだろうと思いますが、筆者の場合、毎日が勤労であり、それはそれで、甲斐のある生活になっています。さて、つぎは「ナニをまとめようか」と思案しながら、日々を、送っているのも、また、楽しいものです。

本書は、「租税の基礎」と銘を打っています。公認会計士試験や税理士試験の受験者あるいは会計・税務事務所の職員並びに企業の経理担当者の方々にとって必要な基礎的知識を集めているものと自負しています。

何がしかのお役に立つものと思っていますので、ご利用くだされば幸いです。

平成二十三年弥生壱日

六十七歳の誕生日を迎えて

目　次

第　一　部

純基礎編 …… 33
第1章　基礎の基礎 …… 35
1－1　憲　法 …… 35
1－2　基本的人権 …… 36
1－3　租税法律主義 …… 37
1－4　納税者主権主義 …… 38
1－5　租・租　税 …… 39
1－6　租税平等の原則 …… 40
1－7　国税不服審判所制度 …… 41
1－8　国税通則法 …… 42
1－9　国　　税 …… 43
1－10　地方税 …… 44
1－11　会計検査院 …… 47
1－12　地方公共団体 …… 49
1－13　たばこ税 …… 50
1－14　都　　税 …… 51
1－15　事業税 …… 52
1－16　事業所税 …… 55
1－17　利子税 …… 56
1－18　会計監査人 …… 59
1－19　公認会計士 …… 60
1－20　税理士 …… 62
1－21　決算確定主義 …… 64
1－22　債権・債務確定主義 …… 65
1－23　実質課税の原則 …… 67
1－24　応能負担の原則 …… 70

1－25　現金主義会計 …… 71
1－26　発生主義会計 …… 72
1－27　青色申告制度 …… 73
1－28　申告納税制度 …… 75
1－29　賦課課税制度 …… 76
1－30　租税回避行為 …… 77
1－31　タックス・シェルター …… 80
1－32　行為計算否認の原則 …… 81
1－33　移転価格税制 …… 83
1－34　租税条約 …… 87
1－35　事前確認制度 …… 88
1－36　実効税率（法人税法等の国際比較） …… 91
1－37　消 費 税 …… 93
1－38　附加価値税 …… 95
1－39　独立企業間価格 …… 97
1－40　財政の基本 …… 99

第２章　租税法の基礎 …… 101
2－ 1　書面添付制度 …… 101
2－ 2　嘆願書制度 …… 104
2－ 3　善意なる管理者としての注意義務 …… 106
2－ 4　税理士の善管注意義務と責任 …… 108
2－ 5　期限内申告と確定申告書 …… 111
2－ 6　期限後申告 …… 115
2－ 7　無 申 告 …… 116
2－ 8　納税申告書 …… 118
2－ 9　修正申告と修正申告書 …… 125
2－10　書類送達の到達主義の原則 …… 127
2－11　書類発信主義の原則 …… 129
2－12　更正の請求 …… 132
2－13　更　　正 …… 136
2－14　決　　定 …… 140

2－15　再 更 正 …… 141
2－16　不服申立制度 …… 142
2－17　不服申立期間 …… 144
2－18　質問検査権 …… 145
2－19　租税法規不遡及の原則 …… 147
2－20　通達優先主義（通達行政） …… 149
2－21　税制改革法 …… 150
2－22　表面税率と実効税率 …… 153
2－23　税　　率 …… 155
2－24　還付加算金 …… 157
2－25　延滞税と延滞金 …… 158
2－26　過少申告加算税 …… 161
2－27　無申告加算税 …… 163
2－28　不納付加算税 …… 165
2－29　重加算税 …… 166
2－30　附 帯 税 …… 168
2－31　課徴金等 …… 170
2－32　罰 科 金 …… 172
2－33　諸税金・罰課金の処理 …… 176
2－34　地方税優先の原則 …… 178
2－35　地方交付税 …… 179
2－36　普通交付税と特別交付税 …… 181
2－37　財政膨張（財政赤字） …… 182
2－38　国の財政危機（国の債務超過） …… 184
2－39　欧州金融危機と日本の財政赤字の評価 …… 186
2－40　国家財政と税制政策 …… 188

第　二　部
法 人 税 編 …… 191
第３章　法人税の基礎 …… 193
3－ 1　納税義務者 …… 193
3－ 2　公共法人 …… 195

3－ 3　公益法人（公益法人等）……… 196
3－ 4　収益事業 ……… 198
3－ 5　国内源泉所得 ……… 203
3－ 6　事業年度 ……… 205
3－ 7　課税所得と課税標準 ……… 206
3－ 8　益　　金 ……… 207
3－ 9　損　　金 ……… 208
3－10　税効果会計 ……… 209
3－11　繰延税金資産と繰延税金負債 ……… 211
3－12　同族会社 ……… 213
3－13　特定同族会社 ……… 215
3－14　留保金課税制度 ……… 217
3－15　特殊支配同族会社 ……… 219
3－16　業務主宰役員と業務主宰役員関連者 ……… 226
3－17　連結財務諸表 ……… 228
3－18　親会社説と経済的単一体説 ……… 230
3－19　連結納税制度 ……… 231
3－20　税率・軽減税率 ……… 232
3－21　所得税額の控除 ……… 236
3－22　外国税額の控除 ……… 240
3－23　中間申告と予定申告 ……… 243
3－24　確定納付と見込納付 ……… 246
3－25　青色欠損金の繰越控除 ……… 251
3－26　青色欠損金の繰戻還付 ……… 257
3－27　事業税と課税標準 ……… 261
3－28　税務調査 ……… 265
3－29　青色申告の承認の取消し ……… 267
3－30　国税敗訴率 ……… 269
3－31　フラット税制 ……… 272
3－32　受取配当等の益金不算入制度 ……… 274
3－33　みなし配当金 ……… 278
3－34　負債利子 ……… 279

3－35　外国子会社配当益金不算入制度 …… 286
3－36　還付金等の益金不算入制度 …… 290
3－37　役員給与の損金不算入制度 …… 292
3－38　寄　附　金 …… 295
3－39　交　際　費 …… 301
3－40　使途秘匿金 …… 311

第４章　法人税·本論編 …… 314
Ⅰ　棚卸資産を中心とする会計と税務 …… 314
4－ 1　資産の評価益の益金不算入 …… 314
4－ 2　資産の評価損の損金不算入 …… 316
4－ 3　棚卸資産（意義） …… 318
4－ 4　棚卸資産の評価基準 …… 319
4－ 5　棚卸資産の評価方法 …… 321
4－ 6　棚卸資産の取得価額 …… 327
4－ 7　棚卸資産の売上原価の計算 …… 328
4－ 8　強制低価法 …… 329
4－ 9　切放方式（切放し法）と洗替方式（洗替え法） …… 331
4－10　短期売買商品の譲渡損益 …… 332
4－11　売価還元法 …… 334
4－12　時価（意義）と計算 …… 340
4－13　法定評価方法 …… 342
4－14　収益の認識 …… 345
4－15　原価差額と調整方法 …… 348
4－16　特殊な販売契約 …… 350
4－17　割賦販売 …… 353
4－18　工事進行基準と工事完成基準 …… 357
4－19　売上割戻しと仕入割戻し …… 362
4－20　未経過勘定項目（繰延経理項目） …… 365
Ⅱ　固定資産を中心とする会計と税務 …… 369
4－21　固定資産（意義） …… 369
4－22　減価償却（意義） …… 370

4－23　物理的減価と機能的減価 …… 371
4－24　減価償却の方法 …… 372
4－25　法定償却方法 …… 374
4－26　減価償却資産の取得価額 …… 375
4－27　定　額　法 …… 377
4－28　定　率　法 …… 378
4－29　生産高比例法 …… 379
4－30　取　替　法 …… 380
4－31　特別な減価償却方法 …… 382
4－32　少額な減価償却資産 …… 383
4－33　一括償却資産 …… 385
4－34　償却資産税（地方税） …… 387
4－35　資本的取引と収益的取引（資本的支出と修繕費） …… 388
4－36　固定資産の取得価額と利子の資産化 …… 393
4－37　劣化資産 …… 394
4－38　増加償却 …… 395
4－39　有姿除却 …… 398
4－40　特別償却（措置法関係） …… 399
Ⅲ　有価証券を中心とする会計と税務 …… 402
4－41　有価証券（意義） …… 402
4－42　金融商品取引法（有価証券の範囲） …… 403
4－43　有価証券の評価方法および法定評価方法 …… 406
4－44　有価証券の譲渡損益の計算 …… 408
4－45　有価証券の取得価額 …… 409
4－46　金融資産と金融負債 …… 411
4－47　売買目的有価証券と評価 …… 413
4－48　売買目的外有価証券と評価 …… 415
4－49　売買目的有価証券の評価損益 …… 416
4－50　売買目的有価証券の時価 …… 417
4－51　有価証券の空売取引と損益の処理 …… 418
4－52　信用取引と損益の処理 …… 419
4－53　デリバティブ取引と損益の処理 …… 420

4－54　ヘッジ会計 …… 422
4－55　繰延ヘッジ処理 …… 423
4－56　市場デリバティブ取引（意義） …… 425
4－57　資本金減少差益と資本準備金減少差益 …… 427
4－58　自己株式処分差益と自己株式処分差損 …… 434
4－59　新株予約権（意義と所得の帰属問題） …… 439
4－60　新株予約権の会計と税務 …… 447

第５章　法人税・応用編 …… 460
Ⅰ　引当金を中心とする会計と税務 …… 460
5－ 1　引当金会計（意義） …… 460
5－ 2　貸倒引当金 …… 462
5－ 3　貸倒損失と事実認識 …… 472
5－ 4　返品調整引当金 …… 476
5－ 5　役員賞与と引当金 …… 479
5－ 6　債務保証損失引当金 …… 481
5－ 7　特別修繕準備金 …… 483
5－ 8　賞与引当金 …… 485
5－ 9　事業構造改善引当金 …… 488
5－10　退職給与引当金 …… 489
5－11　退職給付債務と退職給付会計 …… 494
5－12　年金資産と経営問題 …… 499
5－13　年金債務の減額と訴訟 …… 504
5－14　資産除去債務と資産除去債務会計 …… 506
5－15　資産除去債務会計の影響と実態 …… 509
Ⅱ　所得と税額の計算 …… 512
5－16　所得の計算（所得金額の計算明細書の作成） …… 512
5－17　利益積立金（利益積立金等明細書の作成） …… 516
5－18　諸税金の納付（租税公課明細書の作成） …… 518
5－19　税額の計算（法人税確定申告書の作成） …… 519
5－20　地方税の計算（地方税確定申告書の作成） …… 521
Ⅲ　圧縮記帳を中心とする会計と税務 …… 524

5－21　圧縮記帳（意義）………………………………………………… 524
5－22　国庫補助金等で取得した固定資産の圧縮記帳……………… 527
5－23　国庫補助金等に係る特別勘定の損金算入…………………… 530
5－24　特別勘定を設けた場合の取得固定資産等の圧縮記帳……… 532
5－25　工事負担金で取得した固定資産等の圧縮記帳……………… 533
5－26　保険金等で取得した固定資産等の圧縮記帳………………… 534
5－27　交換で取得した資産の圧縮記帳……………………………… 537
5－28　収用等により代替資産を取得した場合の課税の特例
（圧縮記帳）……………………………………………………… 539
5－29　収用等に伴い特別勘定を設けた場合の課税の特例
（圧縮記帳）……………………………………………………… 541
5－30　換地処分等に伴い資産を取得した場合の課税の特例
（圧縮記帳）……………………………………………………… 542
Ⅳ　リース取引を中心とする会計と税務……………………………… 544
5－31　リース取引（意義）…………………………………………… 544
5－32　リース取引と借り手の会計処理……………………………… 547
5－33　リース取引と貸し手の会計処理……………………………… 549
5－34　リース取引の税務……………………………………………… 551
5－35　金銭の貸借とされるリース取引……………………………… 554
Ⅴ　外貨建取引を中心とする会計と税務……………………………… 556
5－36　外貨建取引（意義）…………………………………………… 556
5－37　外貨建取引等会計処理基準改定の概要……………………… 560
5－38　外貨建取引等会計処理基準（要点）………………………… 564
5－39　外貨建取引の税務（換算）…………………………………… 568
5－40　外貨建取引の税務（換算差額の処理）……………………… 570

第一部
純基礎編

第1章　基礎の基礎

1-1　憲　法

日本国憲法「（昭和）新憲法」は、昭和天皇によって、昭和21年11月3日、公布された。施行は、翌年の5月3日であり、いずれの日も国民の祝日とされている。

そして、前文では「朕は、日本国民の総意に基いて、新日本建設の礎が、定まるに至ったことを、深くよろこび、枢密顧問の諮詢及び帝国憲法第73条による帝国議会の議決を経た帝国憲法の改正を裁可し、ここにこれを公布せしめる。」と、述べられている。なお、諮詢は諮問と同意義語である。明治政府時代に制定した「帝国憲法の改正」をして、民主政治の標榜のもとに昭和憲法を制定し、ここに公布したことを示している。

憲法第83条は「国の財政を処理する権限は、国会の議決に基いて、これを行使しなければならない。」と、「財政処理の要件」を定めている。国の財政の基礎的財源が「租税」である。また、地方公共団体（本書においては、国家に対して、地方と、あるいは、地方自治体と表現することもある。）の財政の基盤も同様に租税である。租税は、国家運営の財源（歳入）を規制するものであり、財政が歳入と歳出を規制するものであったとしても、その中心は歳出の規制である。つまり財政とは「国と地方の経済的行為」のことである。

国の財政には財政法が、地方の財政には地方財政法が定められている。財政法（昭和22年3月31日 法律第34号）は、第1条（この法律の趣旨）において「国の予算その他財政の基本に関しては、この法律の定めるところによる。」とし、地方財政法（昭和23年7月7日　法律第109号）は、第1条（この法律の目的）において「この法律は、地方公共団体の財政（以下地方財政という。）の運営、国の財政と地方財政との関係等に関する基本原則を定め、もつて地方財政の健全性を確保し、地方自治の発達に資することを目的とする。」と定めている。

≪関連用語≫　基本的人権、租税法律主義、会計検査院、地方公共団体

1-2　基本的人権

憲法の前文には、以下のように記述されている。

> 日本国民は、正当に選挙された国会における代表者を通じて行動し、われらとわれらの子孫のために、諸国民との協和による成果と、わが国全土にわたつて自由のもたらす恵沢を確保し、政府の行為によつて再び戦争の惨禍が起ることのないやうにすることを決意し、ここに主権が国民に存することを宣言し、この憲法を確定する。

ここでは、憲法は、国民が「国民の意思」を国会における代表者（国会議員）を通して表現･行動（実現）できることを示している。しかし、現実は、なかなか選挙民の意思が国政に反映していない。また、「主権が国民に存する」ということになっているが、現実は「官尊民卑（みんぴ）」であり、国会答弁においても、議員が答弁する回答を官僚が作成しているのが実態である。ともかく、国民に向いた国政が行われるように根本的に改革していく必要がある。

また、憲法第3章前半部分には、以下のような定めが設けられている。

> 憲法第11条（基本的人権の享有）
> 　国民は、すべての基本的人権の享有を妨げられない。この憲法が国民に保障する基本的人権は、侵すことのできない永久の権利として、現在及び将来の国民に与へられる。
> 第14条（法の下の平等及び栄典）
> 　すべて国民は、法の下に平等であつて、人種、信条、性別、社会的身分又は門地により、政治的、経済的又は社会関係において、差別されない。
> 　―以下略―

（注）1　享有（きょうゆう）とは、権利・能力を生まれながらもっていること
　　　2　門地（もんち）とは、家柄や門閥のこと

≪関連用語≫　租税法律主義、納税者主権主義、租税平等の原則

1-3　租税法律主義

租税法律主義の骨子は「課税要件法定主義」であり、課税要件と租税の賦課・徴収の手続は法律をもって規定しなければならないことをいう。そのため、法律の定めのない命令等によって租税が賦課もしくは徴税されることはない。わが国の憲法は第84条に「租税法律主義」を設けており、「あらたに租税を課し、又は現行の租税を変更するには、法律又は法律の定める条件によることを必要とする。」としている。

ただし、租税法律主義の例外として、地方税と関税がある。地方税は、条例が根拠となっているものであり、この条例は憲法によって、地方自治法の範囲内で制定することができるものとされている。関税については、条約が基本であり、国会において条約の締結が承認されれば、そこで効力を発揮する。つまり、憲法上、条約は法律の上位に位置付づけられているものと解されているからである。

「租税法律主義」の条項は、明治憲法と現在のそれとでは、法条の外形は似ているが、納税義務の定めにおいて大きく変革している。明治憲法においては、主権は国民になく、同時に税制も賦課課税制度を採用していた。封建制のもとにおける徴税方式が引き継がれてきたのである。

現代的意義における「租税法律主義」が、民主主義の看板のもとに施行されていると理解するならば、一般的な常識人なら誰でも、容易に内容を理解できる文言であらわすことが必要である。ちなみに、大阪高裁の「租税法律主義とは、その法文を読むだけで直ちに納税義務者が明確となり、その租税額も容易に算定できるものでなければならない。」とする判例がある（昭和54年11月7日）。

国会は立法府であって、国における唯一の立法の機関である。したがって、課税要件を全て国会で定めるのが原則である。租税法律主義の基本的な支柱は、法律がなければ課税できないし、課税するには法律の定めによらなければならないということと、新たに法律を制定して課税する場合には、民意を反映した国会で審議し、可決を必要とするという点にある。

≪関連用語≫　納税者主権主義、租・租税、賦課課税制度

1-4　納税者主権主義

日本は「制定法（成文法）主義国家」である。そこでは、全て、事の取り決めは「法律の定め」において行われる。憲法第30条（納税の義務）の定めを「納税者主権主義の原則」といい、第84条の「租税法律主義の原則」と合わせて「租税の二大原則」を構成している。この「納税者主権主義」という原則は、第二次世界大戦の敗戦の結果、与えられたものである。しかも、この規定は、議会に提出された政府原案になかったものを、議会審議（参議院）において修正追補されたものである。国民が「納税義務」を負うという常識的なことを「規定して挿入した」こととされている。

日本では、長い間「賦課課税制度」が採用されてきた。これは旧来の「年貢取立の方式」と実質的な変わりはなく、国（徴税者）が国民（納税者）に対して、納付税額を決定し、納税を課するものである。それは、徴税者が納税者に対して、一定の課税基準を基礎にして課税するものである。明治６年の「地租改正条例」のもとに、従来の物納が「金銭による納付」に代わっても、納税の仕組み自体に基本的な変更はなかった。しかし、この地租改革は、ひとつの大きな税制の変革であった。地租は、年貢に変わるもので土地に課する収益税であって、昭和22年に都道府県税とされた後、昭和25年に廃止された。ただし、それは固定資産税に生まれ代わり、地方公共団体の重要な財源として現在も生きている。

昭和22年にいたり、所得税、法人税および相続税について「申告納税制度」が採用された。憲法（前文）に「ここに主権が国民に存することを宣言し、この憲法を確定する。」と記している。憲法は主権が国民にあることを謳っている。国民は、主権者として自発的に申告し、納税することによって、国もしくは地方公共団体の維持・運営に必要な費用を負担していくことになる。国民は、租税を負担させられているのではなく、国家と国民との合意による負担なのである。民主主義政治体制のもとにおいては、国民の自己の意志による納税という図式が成立する。そこにおいて、はじめて申告納税制度の理念が国民主権主義と結び付くことになる。

《関連用語》　租・租税、租税平等の原則、賦課課税制度、申告納税制度

1-5 租・租　税

租は、長い歴史のなかにあって「租税・税金」を意味するものであった。一部では、支配者階級が被支配者階級に対して、田畑の収穫物の一部を上納させたもの（田租）であり、また、兵役を求めたもの（傭調）がある。日本においては「年貢」という形で収めていた。

世界の歴史の中で、各国の経済的基盤は「租」である。租は現在の税金であり、きわめて古い時代から発生していた。それは、人間が集団生活を形成するようになって、社会的共通費の負担という形態をとってくるようになった時からである。そこでは、租は主に農民等が納める年貢と提供する労役であった。労役は兵役という形で課されることが多かった。平時においては、治山治水など公共工事に従事されてきた。

日本語における税の「禾」（禾偏）の語源は、穀物や穀物の茎を意味していた。稲を中心とする収穫物を納めることが多かったことから、結果として、「稲」を意味するようになった。

日本国の租は、古事記・日本書紀によれば、第10代の崇神天皇「御間城入彦五十瓊殖（みまきいりひこいにえ）天皇」の治世に、男は弓調の調、女は手末の調を定めたのが、その最初であるとされている。調が租である。崇神天皇は御間城姫を皇后とし、垂仁天皇らをもうけている。崇神天皇は祭祀（神を祭る儀式）を整備し、また、大和政権の支配の基礎を固めた天皇とされている。天皇は、みずから厚く神を敬うとともに、軍を配備する等をして国内に平和をもたらし、人民の生活の安定に力を注ぐようになっていった。四道将軍を派遣し、朝鮮（任那）からの初めての朝貢（外国の使者が来朝して、貢物を奉ること）が行われるようになったのも、この時代からとされている。天皇は軍備費用、生活費用のほか、このような政治的な費用を必要としている。そこに租を必要とした。

この租税の現代的意義は「国家もしくは地方公共団体が、与えられた課税権に基づいて、その運営資金を徴収する目的で、法の定める課税要件を満たす者に対して賦課する金銭による給付」である。

≪関連用語≫　租税平等の原則、納税者主権主義

1-6　租税平等の原則

人権の尊重は、自由人の「人的・財産的な権利」の尊重であり、それは不当な徴税権からの保護を意味するものである。その結果として、「個人の財産の保障」が維持されることになる。そのためには、租税法律主義だけでは不十分で、基本的人権の前提ともなるべき「平等の原理」が約束されていなければならない。租税法律主義は、徴税の根拠を示し、上記の「不当な徴税権」を抑止もしくは排除することを意味しているからである。

法令の立法趣旨が、平等を謳っていたとしても、執行過程や課税上の判断において平等を欠く取り扱いを行う事例がある。課税者側としては、課税という行政行為を行うに当たって、有利な解釈や強制的な執行を行うことがありえる。そこで、平等な立法と執行過程における平等な取り扱いが、重要である。租税は、直接の反対給付を伴わないため「租税平等の原則」は、租税制度が存立していくための根本的原則である。反対給付がないゆえに、過剰な節税対策や脱税が起りえる土壌がある。そのため、納税者による「納税の意義の理解」が必要であり、税務政策上、重要な要素となっている。

この原則が遵守されていなければ、租税制度そのものが成立しない。租税平等の原則は、立法段階における基本的原理であるのみならず、法の解釈、適用においても作用していなければならない。また、この原則の重要なところは、徴税上の平等ばかりでなく、国や地方が、限られた財源（税収）を経済的、効率的さらに有効的に使途していく場合においても求められている。

租税平等の原則を保証する制度が、国税不服審判所制度と訴訟制度である。納税者は、課税者側の課税行為もしくは租税法に関する解釈が租税平等の原則に反すると考えた場合、救いの方法（方策）として、まず、国税不服審判所に対する「不服申し立て」の制度がある。国税不服審判所の所長（最高責任者）は、独立性の維持から、課税者からの就任を避けることにしているが、執行者（職員）は課税者から着任しているので、国側に有利な解釈や決定が行われやすい。そこで、ここの決定に、なお、不服がある場合、次に、裁判所に提訴することができることになっている。

≪関連用語≫　国税不服審判所制度、国税、地方税、租税公課

1-7　国税不服審判所制度

国税通則法（昭和37年4月2日　法律第66号）は、第8章第1節に「不服審査」、そして第2節に「訴訟」に関する定めを設けている。また、国税徴収法（昭和34年4月20日 法律第147号）は、第8章に「不服審査及び訴訟」に関する定めを設けている。

国税通則法第75条（国税に関する処分についての不服申立て）第1項並びに同法第78条は（国税不服審判所）について、以下のように定めている。

> 国税通則法第75条（国税に関する処分についての不服申立て）
> 第1項　国税に関する法律に基づく処分で次の各号に掲げるものに不服がある者は、当該各号に掲げる不服申立てをすることができる。
> ①　税務署長がした処分（次項に規定する処分を除く。）
> その処分をした税務署長に対する異議申立て
> ②　国税局長がした処分
> 次に揚げる不服申立てのうちその処分に不服がある者の選択するいずれかの不服申立て
> イ　その処分をした国税局長に対する異議申立て
> ロ　国税不服審判所長に対する審査請求
> ③　国税庁長官がした処分　　国税庁長官に対する異議申立て
> ④　税関長がした処分　　その処分をした税関長に対する異議申立て
> ⑤　国税庁、国税局、税務署及び税関以外の行政機関の長又はその職員がした処分　　国税不服審判所長に対する審査請求

同法第78条によれば、「国税不服審判所は、国税に関する法律に基づく処分についての審査請求に対する採決を行なう機関とする。」とされており、国税不服審判所の長は「国税庁長官が財務大臣の承認を受けて、任命する。」とされている。また、国税不服審判所には、国税審判官および国税副審判官が、事務を行うものとされている。なお、同法第78条により「不服申立期間」は、処分があったことを知った日の翌日から2ヶ月以内とされている。

≪関連用語≫　国税通則法、国税、地方税、租税平等の原則

1-8　国税通則法

国税通則法は、その第１条に「目的」を定め「この法律は、国税についての基本的な事項及び共通的な事項を定め、税法の体系的な構成を整備し、かつ、国税に関する法律関係を明確にするとともに、税務行政の公正な運営を図り、もつて国民の納税義務の適正かつ円滑な履行に資することを目的とする。」としている。同法は国税に関する租税一般、つまり、所得税、源泉所得税、法人税、相続税、消費税、その他国税に関連する一般的・共通的な事項を定めている法律である。

基本的な事項並びに共通的な事項としては、以下のものがある。

①　納税者、納税申告書
②　期限内申告、期限後申告
③　修正申告
④　更正、更正の請求、決定、再更正
⑤　申告納税方式、賦課課税方式
⑥　還付、充当、還付加算金
⑦　延滞税、利子税
⑧　過少申告加算税、無申告加算税、不納付加算税、重加算税
⑨　書類の送達、公示送達
⑩　督促、滞納処分
⑪　納税に関する猶予・要件・効果
⑫　担保、担保の変更・処分
⑬　その他

ここに定められている多くの事項が、地方税においても基本的かつ共通的な事項となっているものが多く、そのために準用されている。したがって、国税通則法は、法人税法、所得税法等国税一般に対する基本法（一般法）の立場にある租税法であるといえる。なお、国税徴収法は、国税の滞納処分その他、徴収に関する手続の執行に必要な事項を定めていて、「国民の納税義務の適正な実現」と「国税収入の確保」を目的としている。

≪関連用語≫　国税、地方税、租税平等の原則

1-9 国 税

国税とは、一般的には法人税、所得税、消費税などを指しており、この三税が国家財源の主要な部分を占めている。法人税と所得税は直接税であり、納税者が自ら納税するものである。この直接税は国家経済の景気に影響されるため、変動的要素を持っている。他方、消費税は間接税であり、税を負担する者と納税事務をする者は別である。消費税は他の税に比較して、景気に影響される程度が低いために、安定的に収入を見積もることができる。国税としては、その他に相続税、印紙税他がある。

国税通則法第２条は、以下のように国税等に関係する事項の「定義」を謳っている。

> 国税通則法第２条（定義）
>
> 第１項　この法律において、次の各号に掲げる用語の意義は、当該各号に定めるところによる。
>
> ①　国　税　　国が課する税のうち関税、とん税及び特別とん税以外のものをいう。
>
> ②　源泉徴収による国税　源泉徴収に係る所得税（この税に係る附帯税を除く。）をいう。
>
> ③　消費税等　消費税、酒税、たばこ税、揮発油税、地方揮発油税、石油ガス税及び石油石炭税をいう。
>
> ④　附帯税　　国税のうち延滞税、利子税、過少申告加算税、無申告加算税、不納付加算税及び重加算税をいう。

一般に「国税」という場合、国が徴収する税金一般を指していうものと理解されるところであるが、国税通則法上、上記に示したように限定列挙したものに限定されている。一般常識とは異なっている。たとえば、有価証券といえば、倉荷証券や船荷証券が含まれるが、会計の世界、証券市場では、金融商品取引法（平成18年12月20日　法律第115号　証券取引法の改訂版）第２条（有価証券の定義）に定められている範囲に限られている。

≪関連用語≫　地方税、たばこ税、附帯税

1-10　地方税

地方税法（昭和25年7月31日 法律第226号）は、第2条（地方団体の課税権）で「地方団体は、この法律の定めるところによつて、地方税を賦課徴収することができる。」と定めている。つまり、地方税は地方公共団体が、徴収することのできる税金であって、地方公共団体を運営していくための主たる財源となっているものである。そして、第4条に「道府県税」が、第5条に「市町村税」が徴収することができるものの範囲が定められている。

なお、東京都は別扱いになっている。「特別地方公共団体」とされている東京都・特別区は、行政上、市町村と同様もしくはそれに準じる権利義務が附されているが、固定資産税など市町村の財源とされているものを含めて東京都が一括して徴収している。そのような関係から、第4条の「道府県」の文字から都が除かれている。

地方税法第4条（道府県が課することができる税目）
第1項　道府県税は、普通税及び目的税とする。
第2項　道府県は、普通税として、次に揚げるものを課するものとする。
　—但し書・省略—
① 道府県民税
② 事業税
③ 地方消費税
④ 不動産取得税
⑤ 道府県たばこ税
⑥ ゴルフ場利用税
⑦ 自動車取得税
⑧ 軽油引取税
⑨ 自動車税
⑩ 鉱区税
第3項　道府県は、前項各号に揚げるものを除くほか、別に税目を起こして、普通税を課することができる。
第4項　道府県は、目的税として、狩猟税を課するものとする。

第５項　道府県は、前掲に規定するものを除くほか、目的税として、水利地益税を課することができる。
第６項　道府県は、前２項に規定するものを除くほか、別に税目を起こして、目的税を課することができる。

第３項および第６項の「(中略)、別に税目を起こして、普通税・目的税を課することができる。」ものされており、この規定は「できる規定」であり、法定外普通税並びに法定外目的税と呼称している。

たとえば、東京都の場合、法定外普通税はなく、法定外目的税として「宿泊税」を課税している。神奈川県の場合は、法定外目的税はなく、法定外普通税を実施している。法人に対して「臨時特例企業税」を課している。この税は、欠損金の繰越控除を適用した事業年度において、繰越控除額に対して標準税率の２％を課税するというものである。なお、平成20年３月19日、横浜地裁は神奈川県に対して、本件につき「条例は地税法に違反し無効」であるとの判決を下した。[(1)] なお、平成22年２月25日東京高裁では逆転して神奈川県の勝訴としている。[(2)]

また、個人に対しては水源環境税を個人県民税として課税している。平成19年４月１日から５年間の時限税制で、予算規模年間38億円（５年間で190億円）である。均等割り300円（総額1,300円）で、所得割りは0.025％増しの4.025％となっている。平均すると１人当たり950円になる。正式には「水源環境保全再生のための超過課税」である。

地方税法第５条（市町村が課することができる税目）
第１項　市町村税は、普通税及び目的税とする。
第２項　市町村は、普通税として、次に揚げるものを課するものとする。
　—但し書・省略—
① 市町村民税
② 固定資産税
③ 軽自動車税
④ 市町村たばこ税
⑤ 鉱産税
⑥ 特別土地保有税

第３項　市町村は、前項に掲げるものを除く外、別に税目を起して、普通税を課することができる。

第４項　鉱泉浴場所在の市町村は、目的税として、入湯税を課するものとする

第５項　指定都市等（第701条の31第１項第１号の指定都市等をいう。）は、目的税として、事業所税を課するものとする。

第６項　市町村は、前２項に規定するものを除くほか、目的税として、次に掲げるものを課することができる。

①　都市計画税

②　水利地益税

③　共同施設税

④　宅地開発税

⑤　国民健康保険税

第７項　市町村は、第４項及び第５項に規定するもの並びに前項各号に掲げるものを除くほか、別に税目を起こして、目的税を課することができる。

（注）法文上第１項の『１』を記載しないことになっているが、配列の関係上、あえて表示することにしている。以下、同様。

道府県税と同様に市町村税において定められている第３項および第７項の「（中略）、別に税目を起こして、普通税・目的税を課することができる。」旨の規定は「できる規定」であり、法定外普通税並びに法定外目的税と呼称している。横浜市は、鉱山（鉱山事業者）がないことから、普通税のうち鉱産税の課税を行っていない。また、目的税のうち水利地益税、共同施設税および宅地開発税の課税を行っていない。横浜市の説明では、法定外普通税並びに法定外目的税もない。なお、国民健康保険税は「国民健康保険料」として、徴収している。その理由は、徴収権の強さにあるという説明である。

参考文献

(1) 日本経済新聞　平成20年３月20日　朝刊
(2) 日本経済新聞　平成22年２月26日　朝刊

≪関連用語≫　都税、住民税、事業税、たばこ税、事業所税、附帯税

1-11　会計検査院

会計検査院について憲法は、以下の定めを置いている。

憲法第90条（決算及び会計検査院）
第１項　国の収入支出の決算は、すべて毎年会計検査院がこれを検査し、内閣は、次の年度に、その検査報告とともに、これを国会に提出しなければならない。
第２項　会計検査院の組織及び権限は、法律でこれを定める。

会計検査院の検査結果は、憲法により国会に提出されることになっているが、国会での報告並びに審議は求められていない。また、検査の特徴は、検査対象の総合意見が求められていないということにある。会社法（平成17年７月26日 法律第86号）などが規定する「会計監査人の監査報告書」が総合意見であることと比較して、大きな特徴がある。ここで問題にしたいことは、会計検査院の検査対象に「税務申告書」が含まれているということにある。会計検査院法（昭和22年４月19日　法律第３号）は、第１条（会計検査院の地位）において「会計検査院の独立性」について定めている。そこでは「会計検査院は、内閣に対し地位の独立を有する。」と謳っている。この基本的姿勢が、制度の有効性のために重要な要件である。そして同法第30条が「国会に対する説明」を定めている。そこでは「会計検査院は、(中略)、国会に出席して（中略)、説明することができる。」と謳っている。むしろ、積極的に必要と認めた事項について、国会に出席して説明し、国会議員に情報を開示し、「国の収支の決算」の理解に努めるべきであると考える。

会計検査院法は、「会計検査院の検査」に関して、以下のように定めている。

会計検査院法第20条（検査）
第１項　会計検査院は、日本国憲法第90条の規定により国の収入支出の決算の検査を行う外、法律に定める会計の検査を行う。
第２項　会計検査院は、常時会計の検査を行い、会計経理を監督し、その適正を期し、且つ、是正を図る。

第３項　会計監査院は、正確性、合規性、経済性、効率性及び有効性の観点その他会計検査上必要な観点から検査を行うものとする。
同法第26条（帳簿等の提出要求及び質問等）
　会計監査院は、検査上の必要により検査を受けるものに帳簿、書類その他の資料若しくは報告の提出を求め、又は関係者に質問し若しくは出頭を求めることができる。この場合において、帳簿、書類その他の資料若しくは報告の提出の求めを受け、又は質問され若しくは出頭の求めを受けたものは、これに応じなければならない。

会計検査院の検査と税務申告書の調査については、深い関係がある。

① 法人関係　　税務署の規模によって金額基準に相違があるが、一定の基準に達した法人の確定申告書などの税務資料が、会計検査院に提出され、その検査を受けるものとされている。たとえば、品川税務署においては、資本金9,000万円以上かつ税額5,500万円以上の法人は「確定申告書などの税務資料」を２部提出することになっていて、その１部が税務署を通して会計検査院に提出される。

　また、「調査部所管法人」（資本金１億円以上の法人）は「確定申告書などの税務資料」を３部提出することになっていて、税務署を通して、各１部が国税局と会計検査院に提出される。

② 個人関係（所得税・相続税）　　税務署の規模によって金額基準に相違があるのは、法人の場合と同様であるが、一定の基準に達した個人の確定申告書などの税務資料を会計検査院に提出して、その検査を受けるものとされている。個人の場合は、提出するのは１部であるが、税務署が写し（コピー）を取って、会計検査院に提出される。

会計検査院の検査は、納税者自身を検査の対象とするものではなく、税務署が実施している検査・調査が適切であるかどうかを検査するものである。基本は「書面検査」であり、必要な場合は、税務署の職員に対して質問し、もしくは出頭させて説明を受ける方法で検査することにしている。同院の発表（平成20年10月14日）によると調査対象116税務署における平成19年度までの６年間の法人税と所得税などの徴収漏れ額が、６億5,000千万円あった。

≪関連用語≫　租税法律主義、納税者主権主義、租税平等の原則

1-12　地方公共団体

憲法は、地方公共団体について、以下の定めを置いている。

> 憲法第92条（地方自治の基本原理）
> 　地方公共団体の組織及び運営に関する事項は、地方自治の本旨に基いて、法律でこれを定める。
> 憲法第94条（地方公共団体の権能）
> 　地方公共団体は、その財産を管理し、事務を処理し、及び行政を執行する権能を有し、法律の範囲内で条例を制定することができる。

地方公共団体は、上記に規定されているように、①財産の管理、②事務の処理および③行政の執行を行う団体であり、必要において条例を制定して実施することとされている。この条例を制定する機関が地方議会であり、東京都の場合「都議会」になる。地方公共団体は、地方税の課税主体であり、徴収した地方税を主要な財源として、運営している。

地方自治法（昭和22年4月17日 法律第67号）第1条の3（地方公共団体の種類）は、以下のように規定している。

> 地方自治法第1条の3（地方公共団体の種類）
> 第1項　地方公共団体は、普通地方公共団体及び特別地方公共団体とする。
> 第2項　普通地方公共団体は、都道府県及び市町村とする。
> 第3項　特別地方公共団体は、特別区、地方公共団体の組合、財産区及び地方開発事業団とする。

地方公共団体は、一般的には「普通地方公共団体」並びに「特別地方公共団体」のうちの特別区（東京23区）を呼んでいる。

地方公共団体は、憲法第92条の「地方自治の基本原理」に基づき同法第94条の「地方公共団体の権能」を執行・実現するための「地方公共団体の役割」が地方自治法第1条の2に定められている。そこでは「地方公共団体は、住民の福祉の増進を図ることを基本として、地域における行政を自主的かつ総合的に実施する役割を広く担うものとする。」と謳われている。

1-13 たばこ税

たばこ税には、国税、道府県民税および市町村民税が含まれている。その意味では、他の税に比較して複雑な税種であるといえる。たばこ税法（昭和59年8月10日 法律第72号）は、①第3条に課税物件および②第4条に納税義務者および③第11条に税率について、以下のように定めている。

たばこ税法第11条（税率）
第1項　たばこ税の税率（税額）は、1,000本につき3,552円（改正後5,302円）とする。
第2項　特定販売業者以外の者により保税地域から引き取られる製造たばこに係わるたばこ税の税率は、前項の規定にかかわらず、1,000本につき7,924円（改正後11,424円）とする。

たばこの代金に含まれているたばこ税は、このように極めて高い比率となっている。1箱300円のタバコ代に含まれている税金の状況は、以下の表(1－1）のようになっている。

表（1－1）タバコ代に含まれている税金一覧表（単位：円）

税の種類	金額	
	単独	小計
国　　税	71.04	
たばこ特別税	16.40	87.44
道府県税	65.95	
市町村税	21.48	87.43
消費税	11.42	
地方消費税	2.86	14.28
計（63.05％）		189.15
原価・販管費・利益		110.85
合　　計		300.00

（注）1　上表の数字は平成22年9月30日現在のものである

≪関連用語≫　国税、地方税

1-14 都　税

都税は、東京都が課税・徴収する税金であって、東京都に関しては特例が設けられている。地方税法第１条（用語）第１項第４号「地方税」は「道府県税又は市町村税をいう。」と定めている。また、同条第２項第１号において「この法律中道府県に関する規定は都に、市町村に関する規定は特別区に準用する。」と定めている。その上で、地方税法第５章は「都等及び固定資産税の特例」とし、第１節が「都等の特例」とされている。

地方税法第734条（都における普通税の特例）により、都は「特別区の存する区域において、普通税として第４条第２項に掲げる道府県民税のほか、第５条第２項第２号および第６号に掲げる市町村民税を課する」ものとされている。このように、東京都は特別区内においては、道府県民税と市町村民税を課税している。それは目的税においても、同様である。

地方税法第735条(都における目的税の特例)により、都は「特別区の存する区域において、目的税として、道府県が課することができる目的税を課することができるほか、第５条第５項（事業所税）および第６項第１号に掲げる目的税としての市町村民税を課する」ことができるものとされている。都税の平成19年度決算の税収(歳入)は、以下の表(1－2)のようになっている。

表（1－2）都税（歳入）内訳表（平成19年度決算）

（単位：億円）

税の種類	金　額	
	単　独	小　計
法人事業税	1兆4,500	
法人都民税	1兆1,663	
法人二税（47.5％）		2兆6,163
個人都民税	7,780	
固定資産税 都市計画税	1兆2,110	
地方消費税	3,489	
小　計（42.4％）		2兆3,379
その他		5,553
合　計		5兆5,095

≪関連用語≫　地方税、事業税、事業所税

1-15 事　業　税

地方税法第２章第２節に「事業税」が規定されており、具体的には以下のような定め（主要な項目）がある。まず、法人の場合、事業の規模並びに形態によって、課税する方法が異なっている。基本的には、所得（利益）に課税することにしているが、課税対象の事業形態によって異なっているので、以下のような用語（課税方法）の説明を設けている。

> 地方税法第72条（事業税に関する用語の意義）
> 第１項　事業税について、次の各号に掲げる用語の意義は、それぞれ当該各号に定めるところによる。
> ①　付加価値割　付加価値額によつて法人の行う事業に対して課する事業税をいう。
> ②　資本割　資本金等の額によつて法人の行う事業に対して課する事業税をいう。
> ③　所得割　所得によつて法人の行う事業に対して課する事業税をいう。
> ④　収入割　収入金額によつて法人の行う事業に対して課する事業税をいう。

つぎに、納税義務者（事業形態別の課税方法）ついて、以下のような定め（主要な事業）がある。

> 地方税法第72条の２（事業税の納税義務者等）
> 第１項　法人の行う事業に対する事業税は、法人の行う事業に対し、次の各号に掲げる事業の区分に応じ、当該各号に定める額によつて事務所又は事業所所在の道府県において、その法人に課する。（一部略）
> ①　イ　ロに掲げる法人以外の法人
> 　　　付加価値割額、資本割額及び所得割額の合算額
> 　　ロ　—省略—
> ②　電気供給業、ガス供給業及び保険業　　収入割額
> 第２項　—省略—　（資本金等の額１億円の判定の時期）
> 第３項　個人の行う事業に対する事業税は、個人の行う第一種事業、第

　二種事業及び第三種事業に対し、所得を課税標準として事業所又は事業所所在の道府県において、その個人に課する。
第４～11項　―省略―

なお、上記第３項の「第一種事業」には、①物品販売業、②不動産貸付業、③製造業、④運送業や⑤旅館業がある。また、「第二種事業」には、政令で定める主として自家労力を用いて行うもの以外のものをいうとされており、①畜産業や②水産業が、これに該当している。さらに、「第三種事業」には、いわゆるサービス業（士業）が主体で、①医業、②歯科医業、③弁護士業、④税理士業、⑤司法書士並びに⑥公認会計士業などが含まれている。

なお、この条項では第15号に「計理士業」が掲げられている。計理士法は昭和初期の法律で、制度としては、公認会計士、税理士に代替わりしていて、存在していないものと理解している。さらに、地方税法施行令第14条（法第72条の２第10項第21号の事業）において、①歯科衛生士業、②歯科技工士業、③測量士業や④土地家屋調査士業が含まれてくる。

地方税法は、第72条の７に（事業税に係る徴税吏員の質問検査権）を定めていて、「道府県の徴収吏員は、事業税の賦課徴収に関する調査のために必要がある場合においては、(中略)検査することができる。」ことになっている。

地方税法は、第72条の24の７に（法人の事業税の標準税率等）を規定している。そこでは、法人の行う事業（電気供給業、ガス供給業及び保険業を除く。）に対する事業税の額は、次の各号に掲げる法人の区分に応じ、それぞれ当該各号に定める金額とすると、定めている。

①　付加価値割額課税事業者　　各事業年度の付加価値額×0.48／100
②　資本割額課税事業者　　各事業年度の資本金額×0.2／100
③　所得割額課税事業者　　各事業年度の所得等の区分に応じた以下の表に掲げた税率（特別法人を除く）

表（1－3）所得等の区分に応じた税率一覧表

所得の区分	税率
各事業年度の所得のうち年400万円以下の金額	3.8／100
各事業年度の所得のうち年400万円を超え年800万円以下の金額	5.5／100
各事業年度の所得のうち年800万円を超える金額	7.2／100

事業税は確定申告書「租税公課の納付状況等に関する明細書」別表五（二）の「事業税」の欄に、以下のように記載することになっている。

<table>
<tr><td colspan="3" rowspan="3">税目及び事業年度</td><td rowspan="2">期首現在
未納税額</td><td rowspan="2">当期発生
税　　額</td><td colspan="3">当期中の納付税額</td><td rowspan="2">期末現在
未納税額</td></tr>
<tr><td></td><td></td><td></td></tr>
<tr><td>①</td><td>②</td><td>③</td><td>④</td><td>⑤</td><td>⑥</td></tr>
<tr><td rowspan="4">事
業
税</td><td></td><td>17</td><td></td><td></td><td></td><td></td><td></td><td></td></tr>
<tr><td></td><td>18</td><td></td><td></td><td></td><td></td><td></td><td></td></tr>
<tr><td>当期中間分</td><td>19</td><td></td><td></td><td></td><td></td><td></td><td></td></tr>
<tr><td>計</td><td>20</td><td></td><td></td><td></td><td></td><td></td><td></td></tr>
</table>

事業税は、原則として所得等に対して課税される「所得課税」である。それは「応能負担の原則」に依拠している。所得の分配であったとしても、納付した時点の費用（損金）として、処理することができる。しかし、事業税の場合、確定納付は前事業年度の所得等を基準として計算する。したがって、確定申告書・別表五（二）において、当該事業年度の「期末現在未納税額」には記載されない。翌事業年度の「当期発生税額」の欄（18の②）に記載することになっている。

参考までに示せば、神奈川県の平成19年度の法人事業税徴収額が3,288億円となっている。東京都の法人事業税徴収額が１兆4,500億円であるから、22.7％に相当する金額になっている。また、中間納付額は、６ヵ月を１事業年度として仮決算して、その所得等に応じて計算した税額を納付してもいいし、前事業年度の半額を納付してもよいことになっている。いずれも「仮納付」の形態である。

平成23年の改正で法人税率が30％から25.5％に引き下げられることになっていたが、結果として改正されなかった。なお、改正されたとしても事業税は改正される予定はなかった。税率は変更していないから、法人税額（課税客体）が減額されるので、それに応じて事業税額も減額される予定であった。

≪関連用語≫　地方税、事業所税、応能負担の原則、損金

1-16　事業所税

地方税法第４章第５節に「事業所税」が規定されており、具体的には以下のような定め（主要な項目）がある。事業所税は、同法第５条第５項「指定都市等は、目的税として、事業所税を課するものとする。」とし、この規定によって、課税している。指定都市等とは、地方自治法第252条の19第１項が定める人口50万人以上のほか、地方税法第701条第１項第３号で定める30万人以上の都市で、政令で定める都市などが含まれる。

事業所税は、地方税法第701条の30（事業所税）によると「指定都市等は、都市環境の整備及び改善に関する事業に要する費用に充てるため、事業所税を課するものとする。」と、その使途目的を謳っている。事業所税の課税対象者は法人と個人であり、課税形態は事業規模（資産割額）と経済規模（従業者割額）とがあり、以下のように規定されている。

> 地方税法第701条の32（事業所税の納税義務者等）
>
> 事業所税は、事業所等において法人又は個人の行う事業に対し、当該事業所等所在の指定都市等において、当該事業を行う者に資産割額及び従業者割額の合算額によつて課する。

そして、事業所税は一定の使途が決められている。基本的には、地域の基盤整備に使途するものとされている。

> 地方税法第701条の73（事業所税の使途）第１項
>
> 指定都市等は、(中略)、次に掲げる事業に要する費用に充てなければならない。
>
> ①　道路、都市高速鉄道、駐車場その他の交通施設の整備事業
>
> ②　公園、緑地その他の公共空地の整備事業
>
> ③　水道、下水道、廃棄物処理施設その他の供給施設又は処理施設の整備事業
>
> ④　河川その他の水路の整備事業
>
> ⑤　学校、図書館その他の教育文化施設の整備事業
>
> ―以下省略―　病院や公害防止ほか

≪関連用語≫　地方税、事業税、応能負担の原則

1-17 利　子　税

法人税法上、特定の理由がある場合、確定申告書および連結確定申告書について「提出期限の延長」が認められている。その理由としては、以下の事例である。

①－1　確定申告書の提出期限の延長（同法第75条）

原則として確定申告書の提出期限は、決算日後2ヵ月以内とされている。しかし、災害その他やむを得ない理由により決算が確定しないため、提出期限までに提出できないと認められる場合には、当該法人の申請により、税務署長は提出期限を指定して延長をすることができる。

ただし、国税通則法第11条の規定による「災害等による期限の延長」の規定によって提出期限が延長された場合を除くとされている。この規定のほうが優先するということである。阪神淡路大地震の事例では、一定の範囲（地域）に本社もしくは重要な事業所がある法人に対して、国(大阪国税局長)が、職権をもって期限の延長を行っている。同様のことは、平成23年3月11日（金）に発生した東日本大震災の場合にも、平成23年3月12日に、国税庁から「東北地方太平洋沖地震により多大な被害を受けた地域における申告納付の期限の延長の措置について」が発遣されている。

①－2　連結確定申告書の提出期限の延長（同法第81条の23)

連結確定申告書については、同法第81条の22（連結確定申告書）に「連結親法人は、各連結事業年度終了の日の翌日から2ヵ月以内に、連結確定申告書を提出しなければならない。」と規定されている。その上で、連結確定申告書の提出期限の延長が認められている。基本的には「確定申告書の提出期限の延長」と同一の制度である。連結親法人が、災害その他やむを得ない理由により、連結法人の決算が確定しないため、または連結事業年度の連結所得金額（連結欠損金額）もしくは連結法人税額の計算ができないために、提出期限までに連結確定申告書を提出できないと認められる場合には、連結親法人の申請によって、提出期限の延長をすることができることになっている。

ただし、①－1と同様に、国税通則法第11条の規定による「災害等による期限の延長」の規定によって提出期限が延長された場合を除くとされている。しかも、同法第81条の23に規定による「連結確定申告書の提出期限の延長の特例」に該当する場合も除かれている。この除外規定は、それぞれの定めが優先することを意味している。

②－1　確定申告書の提出期限の延長の特例（同法第75条の2）

原則として確定申告書の提出期限は、決算日後2ヵ月以内とされている。しかし、会計監査人の監査を受けなければならないことその他これに類する理由により決算が確定しないため、各事業年度の確定申告書を提出期限までに提出することができない常況にあると認められる場合には、当該法人の申請により、税務署長は提出期限を1ヵ月間延長することができることになっている。

昭和49年の商法改正によって、それまで6ヵ月決算であったものが、1年決算に変更されたと同時に大会社（株式会社）に会計監査人の監査制度が導入された。その上で、会計監査人の監査日程の必要上、株主総会の開催は決算日後3ヵ月以内に開催すればよいものとされた。そのために確定決算主義をとる税務行政上、原則とする「決算日後2ヶ月以内の確定申告書の提出」が困難になり、確定申告書の提出期限の延長制度が設けられた。

この会計監査等の理由によって、申告期限までに確定申告書を提出できない法人は、当該法人が「申告期限の延長の特例の申請書」（連結確定申告書の提出期限の延長の特例との併用となっている。）を所轄の税務署長に提出することによって、申告期限を1ヶ月延長することができることにされた。この「申請書」は、最初に適用を受けようとする事業年度終了の日（決算末日）までに提出することを要する。1度提出すれば、その後の事業年度の確定申告書に対しても、継続して適用される。したがって、その都度、申請書を提出する必要はない。ただし、①－1および①－2の場合は、理由の発生ごとに提出することが必要である。

②－2　連結確定申告書の提出期限の延長の特例（同法第81条の23）

法人税法第81条の22第1項に定められている「連結確定申告書」の提出については、会計監査人の監査を受けなければならないこと、その他これに類する理由により決算が確定しないため、または連結子会社が多数に上ること、その他これに類する理由により各連結事業年度の連結所得金額もしくは連結法人税額の計算ができないために、提出期限までに連結確定申告書の提出できない常況にあると認められる場合には、その連結親法人の申請に基づき、税務署長は提出期限を２ヵ月間延長することができることになっている。この「申請書」は、最初に適用を受けようとする事業年度終了の日（決算末日）の翌日から45日以内に提出することを要する。１度提出すれば、その後の事業年度の連結確定申告書に対しても、継続して適用される。

確定申告書もしくは連結確定申告書の提出と納税等は、原則として、決算日後２ヵ月以内である。ただし、上記の理由がある場合には、納税等についていえば「延長の申請」が容認された法人は、延長された提出期限が納税期限になるので、原則どおりに対応する法人との差異が発生してくることになる。そこで、公平性の観点から調整し、利子税を課することにした。

これらのいずれかに該当することによって、確定申告書もしくは連結確定申告書の提出並びに税金の納付の延長が認められる。そして、現実に延長並びに延納を行った場合、延納した法人税額およびその期間に対応した利子税が課されることになっている。この利子税は、延納に関する支払利息であり、税務会計上、損金として処理することが認められている。

延納の場合（確定申告書のケース）、原則として、２ヵ月以内に納付予定額の一部を納付（「予納」という。）し、他の部分について１ヵ月間の延納が認められている。この延納した税額について２ヵ月を経過した翌日から納付した日までの日数に応じて年利7.3％の利息相当が賦課される。これが「利子税」である。なお、この２ヵ月以内の納付を事務手続上「見込納付」といい、残額の納付を「確定納付」と便宜上呼んでいる。

この7.3％は標準利子率であって、日本銀行の「基準割引歩合」が5.5％のときのものである。したがって、基準割引歩合の状況に応じて調整することになっている。前年度の11月30日の基準割引歩合を基準として翌年の利子率が決定される。公定歩合が低い平成13年９月現在では4.5％となっている。また、平成20年９月現在は4.7％となっている。

地方税法では、この利子税に相当するものを「延滞金」と称しており、地方税法第65条（法人の道府県民税に係る納期限の延長の場合の延滞金）に定めがある。

《関連用語》　会計監査人、決算確定主義、連結納税制度

1-18　会計監査人

昭和49年の商法改正によって、大会社（株式会社）に会計監査人の監査制度が導入された。それまでは、証券取引法（昭和23年4月13日 法律第25号）による会計監査は行われていたが、商法上、会計監査は規定されていなかった。そのため、株主総会召集通知書の添付書類としての計算書類（証券取引法上の財務諸表）の監査であり、あえて表現すれば「事後監査」でしかなかった。しかも、証券取引所に上場されていたとしても、銀行と保険会社（相合会社「非上場」を含む）などの金融機関が、証券取引法の会計監査の対象外とされていた。そこでは、証券取引法第1条が謳う「投資者の保護に資するため、有価証券の発行市場における取引の公正化と流通市場における流通の円滑化ならしめる」ことに問題があった。そのために、この商法の改正によって、銀行と保険会社などの金融機関に対して公認会計士（個人）もしくは監査法人の会計監査が導入された。しかも、計算書類に対して、数値が確定する前の数字を監査する「事前監査」となった。この商法が定める会計監査を担当する者を「会計監査人」と呼称することになった。

現在、会社法の第4章第9節に「会計監査人」に関する定めが置かれている。同法第396条第1項は（会計監査人の権限等）として、会計監査人は「株式会社の計算書類及びその附属明細書、臨時計算書類並びに連結計算書類を監査する。」と定めている。また、会計監査人は「法務省令で定めるところにより、会計監査報告を作成しなければならない。」とされている。ここでは「会計監査報告の作成」としているが、現実的対応としては「会計監査報告書（文書形式）の作成」としている。それは、電磁的報告（ペーパーレス）を含めているからである。

また、会計監査の実施上の重要な項目のひとつとして、同条第3項は以下の定めを置いている。「会計監査人は、その職務を行うため必要があるときは、会計監査人設置会社の子会社に対して会計に関する報告を求め、又は会計監査人設置会社若しくはその子会社の業務及び財産の状況の調査をすることができる。」

《関連用語》　公認会計士、税理士、決算確定主義、債権・債務確定主義

1-19　公認会計士

公認会計士および監査法人（以下「公認会計士」という）は、公認会計士法（昭和23年７月６日 法律第103号）によって認められた会計・監査に関する唯一独占の職業専門家である。

一般的に職業専門家が「社会から期待されている」ということは、果さなければならない「社会に対する責任を負っている」ということである。これは公認会計士にも言い得ることであり、以下に示したように、同法第１条に職業専門家としての社会に対する「使命と職責」が謳われている。

> 公認会計士法第１条（公認会計士の使命）
> 公認会計士は、監査及び会計の専門家として、独立した立場において、財務書類その他の財務に関する情報の信頼性を確保することにより、会社等の公正な事業活動、投資者及び債権者の保護等を図り、もつて国民経済の健全な発展に寄与することを使命とする。
> 第１条の２（公認会計士の職責）
> 公認会計士は、常に品位を保持し、その知識及び技能の修得に努め、公正かつ誠実にその業務を行わなければならない。

ここでは、「公認会計士は監査および会計の専門家」として「『会社等の公正な事業活動』並びに『投資者と債権者の保護等』を図り、それを通して『国民経済の健全な発展に寄与』すること」を使命とする旨謳っている。しかし、問題はこの使命を果していくことが相当に厳しいことにある。たとえ、一部の者の行為であったとしても、最近、比較的頻繁に、会社の粉飾を見逃し、もしくは粉飾幇助（ほうじょ）の罪で問われている公認会計士の事件が報道されていることからも判断されるところである。公認会計士の業務については、同法第２条第１項に「公認会計士は、他人の求めに応じ報酬を得て、財務書類の監査又は証明をすることを業とする。」と規定している。これが本来の業務であって、この規定による業務を俗に「一項業務」と呼んでいる。あくまでも、公認会計士は会社等から報酬（専門家としての提供した役務の対価）を得て、当該会社等が作成した財務書類について、会計に関する監査を行い、もしくは証明をすることを業務としている。

次に「公認会計士は、前項に規定する業務（一項業務）の外、公認会計士の名称を用いて、他人の求めに応じ報酬を得て、財務書類の調製をし、財務に関する調査若しくは立案をし、又は財務に関する相談に応ずることを業とすることができる。」ものとされている。この業務が、いわゆる「二項業務」と呼ばれているものである。「財務書類の調製」とは、主として、貸借対照表や損益計算書の作成である。一般的、社会的な常識もしくは認識として、公認会計士が「税務の専門家である」というような感触があるようであるが、法律の建前としては誤りである。あくまでも、公認会計士は「会計および会計監査の専門家」なのである。この業務を一般に「請負業務」として扱われている。そして、「税務に関する法律の専門家」は、あくまでも税理士である。

同法第１条においていうところの「会社等の公正な事業活動、投資者及び債権者の保護等を図り」という文言の意味は、金融商品取引法「旧証券取引法（昭和23年４月13日　法律第25号）第１条（目的）に謳われている「この法律は、企業内容等の開示の制度を整備するとともに（中略）、有価証券の発行及び金融商品等の取引を公正にし、有価証券の流通を円滑にするほか（中略）金融商品等の公正な価格形成等を図り、もつて国民経済の健全な発展及び投資者の保護に資することを目的とする。」ことと深く関係している。

本文前段は、証券市場の発行市場を、後段は流通市場を問題にしている。まず、発行市場に関係する業務であるが、公認会計士は、会社等が新たに株式を発行し、もしくは社債等を発行して資金を調達する場合において、会社が作成し、公開するために必要な財務書類を監査して利害関係者に対して信頼性を付与する。また、流通市場に関係する業務であるが、毎期、定期的に、会社が作成し、公開する財務書類を監査して利害関係者に対して信頼性を付与する。このような監査業務もしくは証明業路を通して、公認会計士は、証券市場およびそれに関係する経済的社会において、国民経済の健全な発展（公認会計士法および金融商品取引法上の文言）に寄与することを使命として、日夜、業務を遂行している。

≪関連用語≫　会計監査人、税理士

1-20 税　理　士

税理士は、税理士法（昭和26年６月15日　法律第237号）によって認められた租税に関する職業専門家である。税理士法は、公認会計士法にほぼ３年遅れて成立している。この税理士法は、「税理士の使命」を第１条（税理士の使命）において「税理士は、税務に関する専門家として、独立した公正な立場において、申告納税制度の理念にそつて、納税義務者の信頼にこたえ、租税に関する法令に規定された納税義務の適正な実現を図ることを使命とする。」と謳っている。

このように「税理士は税務に関する専門家」として「納税義務の適正な実現を図ることを使命」とする職業専門家である。同法第２条は「税理士の業務」について、「税理士は、他人の求めに応じ、租税（印紙税、関税並びに地方税関係の法定外普通税および法定外目的税等一部の租税を除く）に関し、次に掲げる事務を行うことを業とする。」として、以下の事項を定めている。

① 税務代理

税務官公署に対する租税に関する法令等の規定に基づく申告その他の行為につき、代理しもしくは代行すること

② 税務書類の作成

税務官公署に対する申告等に係わる申告書、申請書、請求書、不服申立書その他租税に関する法令の規定に基づき、作成し、かつ、税務官公署に提出する書類（その作成に代えて電磁的記録の作成を含む）を作成すること

③ 税務相談

税務官公署に対する申告等もしくは申告書の作成に関し、租税の課税標準等の計算に関する事項について相談に応ずること

④ その他の関連業務「付随業務」

税理士は、前項の①から③までの業務のほか、税理士の名称を用いて、他人の求めに応じ、税理士業務に付随して、財務書類の作成、会計帳簿の記帳の代行その他財務に関する事務を業として行うことができる。

前項の①から③までの業務が税理士の主要な業務であり、税理士法上「税理士業務」とし、④のその他の関連業務を「付随業務」という。財務書類の作成その他財務に関する事務は、租税に直接関係する事務ではなく、あくま

でも税理士業務の遂行上もしくはそれに関連して発生してくる事務という位置づけになっている。この「財務に関する事務」は、税務業務というよりもむしろ会計事務に相当するものである。

弁護士法（昭和24年６月10日　法律第205号）第３条（弁護士の職務）第２項は「弁護士は、当然、弁理士及び税理士の事務を行うことができる。」と定めている。弁護士は「法律の専門家」であり、租税は法律であるから、当然に税法の専門家でもありえるわけである。そのために、弁護士は弁護士の資格「名前」で、税務代理業務を行うことができるという規定になっている。税理士は「租税に関係する法律の専門家」であって、たとえ、資格取得のための受験科目に財務諸表論と簿記論が含まれているとしても、会計・財務の専門家という位置づけにはなっていない。

他方、監査・会計・財務の専門家である公認会計士は、受験科目に法律の一部が含まれているとしても、法律の専門家の範疇には入らない。公認会計士法には、弁護士法第３条第２項に規定する「当然、税理士の事務を行うことができる」旨の規定がない。そのために公認会計士が税務業務を行うためには、日本税理士協会連合会に登録して税理士の資格「名前」で行うことが必要になっている。なお、税理士法第３条（税理士の資格）第１項第４号において「税理士となる資格を有する者」として公認会計士の資格が挙げられている。

税務に関係する訴訟において、これまで、税理士は訴訟の代理人になることはできなかった。訴訟代理人は弁護士の独占的業務である。しかし、税務訴訟においては、税務の専門家である税理士の知識・経験が重要である。税務訴訟が増加してくることによって、税理士の役割の重要性が認識されることになった。その結果として、同法第２条の２が新設されて、「税理士は、租税に関する事項について、裁判所において、補佐人として、弁護士である訴訟代理人とともに出頭（しゅっとう）し、陳述をすることができる。」ことになった。この規定によって、税理士の税務専門家としての社会的地位が向上した。

税務と会計は分離独立しているのではなく、会計なくして税務（課税客体の把握）は存在しない。したがって、会計の職業専門家である公認会計士の業務と税法の職業専門家である税理士の税理代理業務は表裏の関係にあり、職域の争いが生じている。

≪関連用語≫　会計監査人、公認会計士

1-21　決算確定主義

決算確定主義に関連した規定としては、法人税法（昭和40年３月31日法律第34号）第74条（確定申告）第１項において、「内国法人は、各事業年度終了の日の翌日から２月以内に、税務署長に対し、確定した決算に基づき次に掲げる事項を記載した申告書を提出しなければならない。」（概要）として、以下の事項を定めている。

①　当該事業年度の課税標準である所得の金額又は欠損金額

②　前号に掲げる所得の金額につき、税額の計算の規定を適用して計算した法人税の額

③～⑥　―省略―

そして、同条第２項で「前項の規定による申告書には、当該事業年度の貸借対照表、損益計算書その他の財務省令で定める書類を添付しなければならない。」と定めている。旧来の商法の枠組みの中では、貸借対照表、損益計算書その他の財務に関する書類は、株主総会の決議をもって確定されることになっていた。この確定した計算書類に基づいて確定申告書が作成されることになっていた。したがって、株主総会終了前の確定申告書の提出はありえなかった。それが明確にされているのが、申告書別表「所得の金額の計算に関する明細表」である。ここでは、決算日後に実行された配当金等の処分を記載することになっている。

なお、法人税法第２条（定義）は、同条の第１項25「損金経理」において、「法人がその確定した決算において費用又は損失として経理することをいう。」ものとしている。これらの規定がいわゆる税法が定めている「決算確定主義」の基本規定とされている。損金経理は「費用又は損失」のことについて触れているが、法人税法を通して、法人税は益金（収益）についても、決算確定主義の範疇の中で捉えているものと解されている。

法人税法は、独自の租税体系を構築していて、その体系の中で課税所得、税額を計算することにしているが、恣意性を排除し、計算の信頼性等を維持する保証として「決算の確定」を必要要件としている。

≪関連用語≫　債権・債務確定主義、益金、損金

1-22　債権・債務確定主義

法人税法第22条は「債権・債務確定」の基礎となる（各事業年度の所得の金額の計算）について、以下のように定めている。

> 法人税法第22条（各事業年度の所得の金額の計算）
>
> 第１項　内国法人の各事業年度の所得の金額は、当該事業年度の益金の額から当該事業年度の損金の額を控除した金額とする。
>
> 第２項　内国法人の各事業年度の所得の金額の計算上当該事業年度の益金の額に算入すべき金額は、別段の定めがあるものを除き、資産の販売、有償又は無償による資産の譲渡又は役務の提供、無償による資産の譲受けその他の取引で資本等取引以外のものに係る当該事業年度の収益の額とする。
>
> 第３項　内国法人の各事業年度の所得の金額の計算上当該事業年度の損金の額に算入すべき金額は、別段の定めがあるものを除き、次に掲げる額とする。
>
> ①　当該事業年度の収益に係る売上原価、完成工事原価その他これらに準ずる原価の額
>
> ②　前号に掲げるもののほか、当該事業年度の販売費、一般管理費その他の費用（償却費以外の費用で当該事業年度終了の日までに債務の確定しないものを除く。）の額
>
> ③　当該事業年度の損失の額で資本等取引以外の取引に係るもの
>
> 第４項　第２項に規定する当該事業年度の収益の額及び前項各号に掲げる額は、一般に公正妥当と認められる会計処理の基準に従つて計算されるものとする。

現金主義会計から発生主義会計への変化は、会計の計算メカニズムにおける発展過程と考えられている。しかし、その間にひとつの思考形態が介在してくる。そこでは、現金の収支という枠を超えて債権・債務もしくは権利・義務という物指しを導入する。たとえば、商品等の売買契約を締結したとすれば、売り手には代金を受領する権利と商品もしくは役務等を引き渡すべき義務が発生する。他方、買い手には商品もしくは役務等の引渡請求権と代金

の支払い義務が発生する。ただし、この段階においては、会計は取引の成立を認識しない。

そして、商品等を引き渡した（売掛金）か、代金を支払った（前渡金）時点で、会計は取引を認識する。商品等の引き渡しが先行すれば、売上を計上するとともに、売り手は相手側に対し代金の請求権（売掛金）が発生する。他方、買い手は商品等を受領（仕入）し、支払義務（買掛金）が発生する。このように債権・債務もしくは権利・義務の発生を会計の柱とする考え方を「債権・債務確定主義」と呼んでいる。

(1) 債権確定主義

「債権確定主義」もしくは「権利確定主義」とは、企業収益の帰属（発生）の事実を「債権の存在」もしくは「権利の確定」を示す証拠をもって認識しようとするものである。税制調査会は昭和38年に「所得税法及び法人税法の整備に関する答申」を行い、税法が「権利確定主義を基本的基準としているのは、期間損益の決定の一般的判定基準として法的基準を求めなければならない」からであると答申したことに由来している。

(2) 債務確定主義

わが国の法人税法第22条は、当期の「経費」となる販売費、一般管理費その他の費用につき「償却費以外の費用で当該事業年度終了までに債務の確定しないものを除く」と規定している。これが、いわゆる法人税法における発生費用を確認する基準としての「債務確定主義」もしくは「義務確定主義」を意味する。債務の確定という事実をもって、その発生を認識する基準とし、費用の見越しや見積りによる計上あるいは引当金は法令による定めがない限り認めないというものである。

償却費は、有形固定資産の減価償却費並びに無形固定資産の償却費であり、これらの償却費は計算の本体となる固定資産の取得の時に債務（たとえば、未払金）が発生しているが、これらの場合は償却計算という別の計算体系の下で、損金経理されることになっているために、別枠になっている。

≪関連用語≫　現金主義会計、発生主義会計、実現基準、益金、損金

1-23　実質課税の原則

「実質課税の原則」の趣旨は、名目上の法人もしくは個人ではなく、あくまでも経済的果実が帰属する法人もしくは個人に対して課税するという税制の基本を謳っているものである。

資産または事業から生ずる収益が、法律上帰属するとみられる者が、単なる名義人である場合がある。たとえば、赤字の非実働法人（休眠会社など）を利用して、そこに収益を収入させるようなことが行われていることがある。個人では、親が子の名義で株式を購入し、その配当を子の収益としているようなことがある。また、宗教法人等においては、収益事業を基盤とする収益を非収益事業（公益事業）として処理しているような事例もある。実質課税の原則は、租税の公平性、透明性の保持並びに応能負担の視点からの要請にもつながっている。さらに、この考え方の根底には、租税回避行為もしくは脱税等の抑止とも関係している。

法人税法第11条は「実質所得者課税の原則」について、以下のように定めている。

> 法人税法第11条（実質所得者課税の原則）
>
> 　資産又は事業から生ずる収益の法律上帰属するとみられる者が単なる名義人であつて、その収益を享受せず、その者以外の法人がその収益を享受する場合には、その収益は、これを享受する法人に帰属するものとして、この法律の規定を適用する。

実質所得者課税の原則は、昭和28年の法人税法の改正で、同法第７条の３に「実質課税の原則」として創設され、昭和40年３月の全面改正において、現行のとおり定められた。

ところで、税制調査会第二次答申「国税通則法の制定に関する答申」（昭和36年７月５日）の第二に「実質課税の原則等」として、以下のことが記述されている。

税法の解釈・適用に関しては、現行法においても従来からいわゆる実質課税の原則の適用があるとされ、これに基づいた具体的な規定も各税法に部分的に散見されるのであるが、国税通則法制定の機会において、各税を通ずる基本的な課税の原則として次のようにこれを明らかにするものとする。

一　実質課税の原則

　税法の解釈及び課税要件事実の判断については、各税法の目的に従い、租税負担の公平を図るよう、それらの経済的意義及び実質に即して行なうものとするという趣旨の原則規定を設けるものとする。

二　租税回避行為　　—省略—

三　行為計算の否認　—省略—

以上のように税制調査会第二次答申を受けて創設された規定である。なお、国税通則法は昭和37年4月2日法律第66号として制定されている。(1)

所得税は、経済的利益を受ける者に課税するのが本質であるが、諸種の事情から、実際の社会においては、法律上の名義と実質的所有者とが異なっていることがある。たとえば、旧商法の規定において、自己株式の取得が禁止されているために、あるいは競争的関係のある会社の株式を保有していることが知られたくないために、当該会社の株式を役員もしくは従業員の名義で取得することなどがあった。これらの場合、会社としては、仮払金で処理しておき、関係者からは覚書を取り寄せておくことが行われていることがあった。

この規定に関する事項として、最近とくに問題になってきているケースは、移転価格税制である。また、親会社と子会社との間における収益移転行為、たとえば、ノウ・ハウ料や業務委託料に関連する税の是否認の決定、訴訟事件が発生している。

所得税法（昭和40年3月31日 法律第33号）第12条においても「実質所得者課税の原則」について、以下のように定めている。(2)

所得税法第12条（実質所得者課税の原則）

　資産又は事業から生ずる収益の法律上帰属するとみられる者が単なる名義人であつて、その収益を享受せず、その者以外の者がその収益を享受する場合には、その収益は、これを享受する者に帰属するものとして、この法律の規定を適用する。

所得税法においても、昭和28年の改正において、同法第3条の2に「実質課税の原則」として創設され、昭和40年改正において、現行のとおり定められた。実質所得者課税の原則は、税法の広義の原則である「所得の帰属に関する実質主義」を定めたものであるとされている。この税法上の実質主義とは、租税法の解釈・適用に当たっては、形式的・表見的事実だけではなく、経済的実質を重視することを求めているものである。しかし、他方において、税法はあくまでも形式的、手続的処理に固持している側面があることも事実である。所得税基本通達12－1は、法第12条関係について、以下のように触れている。この解釈規定は、次善の処置である。

> 所得税基本通達12－1(資産から生ずる収益を享受する者の判定)
>
> 法第12条の適用上、資産から生ずる収益を享受する者がだれであるかは、その収益の起因となる資産の事実の権利者がだれであるかにより判定すべきであるが、それが明らかでない場合には、その資産の名義者が真実の権利者であるものと推定する。

これは実質的所得者を確定することができない場合に、実務上の混乱を避けるためにも、名義人を真実の権利者であるものと推定するしか方法がないので、その取り扱いを示したものである。

現実の問題として、相続税を回避する意図で親子間取引（資産の移転、名義変更）が行われていることも多い。とくに、これまでは、株式などでは、名義書換代行機関（主として信託銀行）は、自参人（名義変更依頼人）の申し出に「真実な所有者」であることを確認していないことから、名義変更は容易にできた。古くは名義の裏書を必要としていたが、「株式の譲渡に裏書を必要としない」ことに変更されたからである。その理由は、株式は記名人ではなく、所有者が権利者であるとされたことによるものである。

参考文献

(1) 武田昌輔編著『DHCコンメンタール法人税法5～53』第一法規 951～951の4頁
(2) 武田昌輔編著『DHCコンメンタール所得税法1～35』第一法規 1101～1104頁

≪関連用語≫　国税通則法、租税回避行為、行為計算の否認、移転価格税制

1-24　応能負担の原則

応能負担の原則は、負担できる能力に応じて税金を課するというものである。とくに、顕著に現れているのが、所得税、相続税、贈与税等の個人所得に対する課税制度である。これらの税制においては、累進課税が採用されていて、金額が大きくなるにしたがって、多段階の階層別ごとに税率が高くなる仕組みになっている。大辞林は「応能課税」もしくは「応益課税」とし、「各人がその支払能力に応じて課される税」と説明している。地方税の中の事業税は、地方公共団体が提供する「サービス（役務）に対する対価」として支払うという性格を持っている。このサービスには、たとえば、警察が治安を維持し、消防が火災等の保全を守り、また、道路等を整備することによって、運搬・輸送に利便性を与えていることなどが含まれている。事業者（法人だけでなく、個人の事業者を含む）は、このような地方公共団体が提供するサービスを受けているので、その対価を負担しなければならないのであるが、サービスの享受と対価の関連性を明確にすることが極めて困難な状況にある。そこで「応能負担の原則」が適用され、所得（利益）に応じて負担するという仕組みができ上がった。この場合、赤字の法人は負担しなくとも良いことになる。

そこで、事業税が改正されて、大規模法人（原則として、資本金１億円超の企業）は赤字であっても、一定の税金を負担させるということで、付加価値割額、資本割額および所得割額を合算した額を納付することとされた。なお、この応能負担の原則については、鈴木豊『税務会計論』（54頁）および新井益太郎監修『税務会計論』第３版（8頁）では、ともに「租税負担能力の原則」と称し、富岡幸雄『新版税務会計学講義』（49頁）（いずれも中央経済社刊）では「負担能力主義の原則」として説明しているが、同意義と解している。ところで、消費税は「応能負担の原則に反している」という批判がある。負担能力の強い高所得者層ほど、収入に占める消費税額が低く、逆に中低位所得者層ほど収入に占める消費税額が相対的に高くなっている傾向にあるからである。このように、低位所得者ほど消費性向が高いという「逆進性」が、消費税課税制度の最大の問題とされている。

≪関連用語≫　事業税、実質課税の原則、行為計算の否認、消費税

1-25　現金主義会計

会計の基本的使命もしくは機能は、利益計算にあり、その結果として財政状態を示すことにある。会計計算において重要なことは、収益もしくは費用が、いずれの会計期間に帰属するかを決定する基準もしくは認識の指標である。この期間帰属の決定基準もしくは認識指標として、現金等価物（以下、「現金」という）の収入があった日の属する期間に、その収入（負債とならない収入）の額を収益として、また、支出された日の属する期間に、その支出（債権とならない支出）された額を費用とする基準を「現金主義」といい、このようにして計上された収支差額をもって期間利益を計算する会計方式を「現金主義会計」という。

この会計方式においては「現金の収支」という事実を期間帰属の決定基準にしているので、単純な事業形態においては「手元の現金在高の増減をもって利益の額を算定する」ことが可能となる。そこには資金の借入と返済、法人等にあっては、さらに資本取引等がなかったものとしての計算である。ただし、多少なりとも固定資産と棚卸資産を有し、信用取引（手形・掛売）がある事業体では、不適当な計算方法となる。財産もしくは負債の増減を伴う取引が排除されているからである。そこで、現金主義から発生主義への途中段階として、購入した有形固定資産の減価償却計算や売上債権と仕入債務を用いる信用取引の認識を行うにいたる段階の会計が問題になってくる。それを、一般に「債権・債務確定主義会計」と呼ぶことがある。

いずれにしても、債権・債務のように将来における反対給付をもって取引が完了するものについては、取引未完遂として帳簿に記録を留め、収益・費用の認識から除外することが必要とされる。そして、現金（受取手形、売掛金等の現金等価物を含む）の収支をもって取引が完遂（将来の反対給付を要しないもの）するものについてのみ、収益もしくは費用を認識する会計方式が「現金主義会計」なのである。ただし、この基準は、客観的でかつ確実性に優れているが、企業経済並びに経済価値物の永続性の観点から、それによって行われる利益計算は、合理的な会計方式とはいえない。簿外の資産や負債を認識しないからである。きわめて小規模な事業には適しているとはいえる。

≪関連用語≫　債権・債務確定主義、発生主義会計

1－26　発生主義会計

企業会計原則は「発生主義」を、以下のように規定している。

> すべての費用及び収益は、その支出及び収入に基づいて計上し、その発生した期間に正しく割当てられるように処理しなければならない。ただし、未実現収益は、原則として、当期の損益計算に計上してはならない。
>
> 前払費用及び前受収益は、これを当期の損益計算から除去し、未払費用及び未収収益は、当期の損益計算に計上しなければならない。

ここに収入と支出とは、認識の時点ではなく、あくまでも「測定の尺度」を意味している。つまり、現金の収入もしくは支出の時期と経済的事象としての収益もしくは費用の認識との間に時間的ずれが存在するので、現金の収支にとらわれずに、収益または費用を、その発生を意味する経済的事実に基づいて計上することを求めている。かかる発生収益および発生費用に基づいて、期間利益の計算を行う方法を「発生主義会計」と呼んでいる。この発生主義会計とは、現金主義会計による不合理な側面を補い、より正確・合理的かつ精密にするために改良された会計方式である。

発生主義会計において、認識時点の尺度として、現金の収支に依存しないが、測定の尺度としての現金の収入または支出に依存している。つまり、過去、現在、未来の収入と支出という貨幣的大きさ（金額）をもって計算するということである。とくに、費用の認識において発生主義会計はその特徴が表れる。その基本的なものとして引当金や減価償却費の計算並びに経過項目の計上がある。「発生した期間に正しく」とは、収益もしくは費用の期間帰属の決定のことである。というのは、企業の設立から消滅にいたる全期間を会計計算とするならば、全体を構成する個別の会計としての期間利益の適正性など問題視されないからである。期間利益の計算を重視する企業会計は、企業の永続性を前提としているがゆえに各会計期間の利益について、より適正に計算する仕組みを課題にしている。

≪関連用語≫　債権・債務確定主義、現金主義会計

1-27　青色申告制度

青色申告制度とは、確定申告の用紙を、青色（実際はブルーの色ではなく、グリーンの色をしている。）の用紙をもって申告する制度をいう。それ以外は「白色申告」といい、白色の用紙をもって申告する制度であり、両者には制度上、大きな差異がある。この制度は、昭和25年のシャウプ税制において導入された。この「シャウプ勧告」は、納税者側の会計帳簿の信頼性を高める必要性を訴えるものであり、信頼のできる帳簿記録を備えた納税者に対しては、一定の優遇を与える保証として、特別に青色申告書による申告を認めるという制度である。

重要な制度上の要件は「推計課税の排除」である。青色申告書の提出があったケースにおいて、申告所得もしくは税額を更正するには、帳簿記録を調査した上で、その帳簿記録に誤りがある場合、もしくは法令等の規定に従っていない場合などの場合に限って行い得ることにしたということである。このように、これまで採用してきた推計課税を認めないことを納税者に対する最大の保障としたことに大きな意義があった。それと同時に、帳簿記録の作成・備置を助成していくため、青色申告書を提出する納税者には特別な制度（課税上の特典）の適用を認めている。なお、この制度の恩典を受けるためには、継続して申告期限内に確定申告書を提出している必要がある。

法人税法第121条（青色申告）第１項は「内国法人は、納税地の所轄税務署長の承認を受けた場合には、（中略）青色の申告書により提出することができる。」とし、また、同法第126条（青色申告法人の帳簿書類）第１項は「第121条第１項（青色申告）の承認を受けている内国法人は、財務省令で定めるところにより、帳簿書類を備え付けてこれにその取引を記録し、かつ、当該帳簿書類を保存しなければならない。」と定めている。

青色申告の特典としては、以下の事項がある。

⑴　法人税法関係
①　欠損金の繰越控除
②　欠損金の繰戻還付
③　青色申告書に係る更正

⑵　租税特別措置法関係
①　法人税額の特別控除
②　特別償却または割増償却
③　各種準備金の損金算入

④　技術等海外取引に係る所得の特別控除

提出する書類は「青色申告の承認申請書」であり、提出先は登記した本店（納税地）を所轄する税務署長である。この申請書の裏面に「青色申告の承認申請書の記載要領等」の記載があり、「青色申告書によって申告書を提出しようとする事業年度開始の日の前日までに」、また、新設法人等においては「設立の日以後３月を経過した日と当該事業年度終了の日とのうちいずれか早い日の前日」までに提出する必要がある。

所得税法第143条（青色申告）は、「不動産所得、事業所得又は山林所得を生ずべき業務を行なう居住者は、納税地の所轄税務署長の承認を受けた場合には、確定申告書及び当該申告書に係わる修正申告書を青色の申告書により提出することができる。」と定めている。また、法人税法と同様に、所得税法第148条（青色申告者の帳簿書類）第１項は「第143条（青色申告）の承認を受けている居住者は、財務省令で定めるところにより、（中略）取引を記録し、かつ、当該帳簿書類を保存しなければならない。」と定めている。

この規定は、昭和25年に規定され、昭和40年の全面改正で現行法のようになった。提出する書類は「所得税の青色申告承認申請書」であり、提出先は納税地を所轄する税務署長である。この申請書の裏面の「書きかた」によると、「青色申告をしようとする年の３月15日まで」に、また、「新たに事業を開始した場合には事業開始の日から２か月以内」に提出する必要がある。

この制度の本旨は、誤りがあった場合等においては納税者が自主的に修正申告書を提出させることとし、また、更正を行うに当たっては、その更正理由を通知書に記載することを要することとしたことにある。これは帳簿を正確に記録した場合には推計課税を受けず、また、更正を受けた場合には、その理由を明らかにし、納税者の不服申し立てを容易にすることにしたもので、基本的には納税者の立場を尊重した制度である。

≪関連用語≫　欠損金の繰越控除、欠損金の繰戻還付

1－28　申告納税制度

納税制度には、申告納税制度と賦課課税制度がある。「申告納税制度」とは、納税義務者が自ら所得金額および納付税額等必要な事項を計算し、一定の定められた資料を添付して、納税する方式をいう。

国税通則法第16条（国税についての納付すべき税額の確定の方式）第１項は「国税についての納付すべき税額の確定の手続については、次の各号に掲げるいずれかの方式によるものとし、これらの方式の内容は、当該各号に掲げるところによる。」として、同項第１号に「申告納税方式の原則」について、その内容を説明している。

> 申告納税方式
>
> 納付すべき税額が納税者のする申告により確定することを原則とし、その申告がない場合又はその申告に係る税額の計算が国税に関する法律の規定に従つていなかつた場合その他当該税額が税務署長又は税関長の調査したところと異なる場合に限り、税務署長又は税関長の処分により確定する方式をいう。

また、同条第２項第１号において「申告納税方式と納税義務」について、「納税義務が成立する場合において、納税者が、国税に関する法律の規定により、納付すべき税額を申告すべきものとされている国税」と定めている。あくまでも、ここでは「国税」に関する定めである。

この納税方式は、納税義務者が自ら申告し、納税する方式である。したがって、この方式を採用するには、申告書等の作成並びに納税意識について、一定の理解を示すだけの知識水準がある国家において初めて可能になるものとされている。そこには国家の国民に対する信頼が不可欠な要素になっている。この申告納税制度を採用しているわが国の租税には、法人税、所得税、消費税および相続税その他のものがあり、地方税としては事業税、事業所税その他がある。

≪関連用語≫　納税者主権主義、賦課課税制度

1-29　賦課課税制度

納税制度には、申告納税制度と賦課課税制度がある。「賦課課税制度」とは、国家もしくは地方公共団体等徴税者が自己の計算のもとに納税者に対して納めるべき税額を通知してくるものであり、納税者はこの通知を受けて納税する制度である。

国税通則法第16条第1項は「国税についての納付すべき税額の確定の手続については、次の各号に掲げるいずれかの方式によるものとし、これらの方式の内容は、当該各号に掲げるところによる。」として、同項第2号に「賦課納税方式の原則」について、「納付すべき税額がもっぱら税務署長又は税関長の処分により確定する方式をいう。」ものと説明している。さらに、同条第2項第2号において、賦課課税方式は「前号（申告納税方式によって納付すべき税額）に掲げる国税以外の国税」に対して適用されるものとしている。

同法第17条（期限内申告）では「申告納税方式による国税の納税者は（中略）、納税申告書を法定申告期限までに税務署長に提出しなければならない。」とされているが、賦課課税方式により納付すべき税額については、このような規定はない。したがって、申告納税方式の場合には、納税者は自ら納税申告書を作成・提出し、かつ、納税しなければならない。他方、賦課課税方式による場合には、徴税者から通知されてきた納付関係書類に基づいて納税すればよいということになっている。なお、この規定は、国税に関するものである。

ともかく、この方式は、国民の税務知識や納税意識の程度に関係なく採用することができるとされている。この制度を採用しているものには、国税よりも、むしろ地方税に多い。たとえば、国定資産税、不動産所得税および自動車税その他の主要な地方税に採用されている。なお、その折衷的な納税方式に相当する税目がある。それが「償却資産税」（国定資産税の一種）である。事業を行っている法人もしくは個人は、毎年、1月1日の現況で、その年の1月31日までに「償却資産申告書」を、当該事業所が所在する各市町村長に提出することとされている。提出する書類は、償却資産の一覧表に相当するものであるが、評価し、税額を決定するものは各市町村長である。

≪関連用語≫　納税者主権主義、申告納税制度

1－30　租税回避行為

租税回避行為には、大きく分けて合法性行為（節税）と非合法性行為（脱税）になるものがある。明らかに合法性のある行為と明らかに合法性のない行為と判断されるものは別として、合法性行為と非合法性行為の間には大きなグレーゾーンがある。そして、最近、訴訟事件において、国側が敗訴するケースが増加している傾向にある。そこには、税法の規定並びに取引の内容が複雑化してきていることによって、徴税者側と納税者側いずれもが、十分かつ正確に理解しきれていないことなどの理由がある。

租税回避行為は、非合法性行為もしくは不適切な行為によって納税義務を免れる行為もしくは軽減する行為と理解されているために、私法上許された形式を濫用することにより租税負担を不当に回避しもしくは軽減することは、「課税の公平性・平等性」の観点から許されるべきではないという主張になってくる。いずれにしても、各々の税法において、個別的・具体的かつ明確（解釈の余地を狭めること）な規定を設けることによって、租税回避行為を阻止することが必要であるということになってくる。それを補完するものが「実質課税の原則」である。なお、立法に関しては、税法上合法性のある行為まで否認する虞れのないよう配慮する必要がある。

(1)　組合契約による航空機リース事業における全部取消事件（事例－1）

本件事例は、平成16年10月28日の名古屋地方裁判所および平成17年10月27日の名古屋高等裁判所の判決を受け、その後、控訴人税務署長が請求を棄却したことによって、納税者側の勝訴が確定した事件である。

参考にした資料の中には、具体的には明示されていないが、ヘリコプターを共同（民法上の組合組織を設立して、ここに出資する。）で購入して、リース取引による収入と減価償却費（耐用年数２年の定率法）との差額（不動産所得は赤字になる）を他の所得と合算（これを「損益通算」という）して、所得税の還付を受けるというものである。耐用年数２年の定率法による初年度の減価償却費の額は、取得価額の70％に近い金額になるので、損失額が大きくなる。２年後売却すると譲渡益がでるので、実際は「課税の繰延」になるのであるが、毎年、投資（購入）を継続していくものとすれば、長期にわたって、課税の繰り延べの効果を享受することが可能になる。

このような行為は、外形的には、租税回避行為に相当するものと認めるのが妥当な取引行為であると解されるが、当該取引が行われた時点の税法の規定から合法的であると判断された行為である。その後、ヘリコプターの耐用年数が５年になったので、この取引のうま味がなくなった。

この事件は、課税庁が航空機リース事業による収入は雑所得であるとして損益通算を否認したことに対する納税者側が提訴した訴訟事件である。同様な税務訴訟が、全国で約140件行われていたように、広く採用されていた節税行為（租税回避擬似行為）であった。

名古屋地裁が「民法上の組合契約による航空機リース事業について、課税庁が、納税者らが締結した『組合契約』は民法上の組合契約ではなく、利益配当契約に過ぎないから、その所得は雑所得であるとして損益通算を否認して行った課税処分を取り消した事例」である。まず、名古屋地裁は、民法上の組合契約の成立要件は充足されているので、これとは異なる利益配当契約と認めることはできないと判旨している。

地裁判断の基本的な判断要素は、合理的理由がないのに、所期の経済的効果を達成しつつ、通常用いられる法律行為に対応する課税要件の充足を免れ、税負担を減少する場合には、租税回避行為として問題になるが、このような場合であっても、課税要件が充足されたものとして扱うためには、法律上の根拠を要するところ、それが不足しているということにあった。また、本件組合契約の解釈について、税負担を伴わない、あるいは税負担が軽減されることを根拠に、ただちに通常用いられることのない契約類型と判断することは許されないとしている。(1)

続いて名古屋高裁の判断であるが、その要点は、現代社会における合理的経済人の行動として、租税負担の軽減を目的として、何らかの契約を締結することはごく自然なことであり、かつ、合理的な行為であるから、当事者の意思を離れて、その目的意識等の主観的な要素のみに着目して課税することになり、そのようなことは、当事者が行った法律行為を法的根拠なく否定することになるとして、課税庁の反論を退けている。(2)

なお、現在では、租税特別措置法（昭和32年３月31日 法律第26号）の第41条の４の２に「特定組合員等の不動産所得に係る損益通算等の特例」を設けて、上記に該当する損益通算を認めないことになっている。

⑵ 小額減価償却資産の判定単位に係わる課税処分の取消事件（事例－2）

この事例は、法人税基本通達7－1－11（小額の減価償却資産又は一括償却資産の取得価額の判定）に規定する小額の減価償却資産の取得価額が10万円未満であるかどうかが争われた事件である。同通達によれば、「取得価額が10万円未満（中略）であるかどうかは、通常1単位として取引されるその単位、例えば、機械及び装置については1台又は1基ごとに、工具、器具及び備品については1個、1組又は1そろいごとに（中略）判定する。」としている。NTTドコモは、平成10年に、関連会社からPHS局とNTT電話網をつなぐ約42万回線の利用権を1回線約72,000円で取得し、小額の減価償却資産に相当するものとして、単年度で全額損金処理した。これに対して、国税局から更正処分（課税庁は無形固定資産と判定）を受け、約108億円の追徴課税を受けた。そのため、NTTドコモは、更正処分（追徴課税）の取り消しを求めた訴訟事件である。平成17年5月13日、東京地裁は、電気通信事業におけるエントランス回線利用権は、1回線で基地局とPHS接続装置との間の相互接続を行うという機能を発揮することができるものであるから、その取得価額は1回線の単価である72,000円であるということが相当であると判旨している。[3]

平成20年9月16日、最高裁第三小法廷は、課税処分を取り消した第一、第二審判決を支持し、国税側の上告を退けたことによって、NTTドコモ側の勝訴が確定した。同小法廷は「回線利用権の1つ1つが資産といえる」と指摘している。[4] これらの事例を見るまでもなく、最近、訴訟事件で国側が敗訴しているケースが増えている。税法の内容が複雑化してきていることと、それに関連して税務署職員が必ずしも正確に理解し切れていないことに起因しているようである。

参考文献

(1) 東京税理士会データ通信協同組合情報事業資料『justax』No.136平成16年11月10日号

(2) 東京税理士会データ通信協同組合情報事業資料『justax』No.149平成17年12月10日号

(3) 東京税理士会データ通信協同組合情報事業資料『justax』No.144平成17年7月10日号

(4) 日本経済新聞　平成20年9月17日　朝刊

≪関連用語≫　実質課税の原則、行為計算否認の原則、移転価格税制

1-31　タックス・シェルター

タックス・シェルターは、課税（租税）回避行為の一種であり、課税逃避行為もしくは課税逃れ商品取引ともいわれているものである。法人税法、所得税法等の所得課税は、条文の表現並びに内容の精緻さ、複雑さのために、課税逃れ商品取引が行われる温床になっている。また、日本の法人税率の高さゆえに、税率の低い国もしくは地域に逃避していくことにもなっている。別な言い方をすれば、課税の公平性、平等性を求めすぎることによって、税法体系が複雑化し、かえって課税逃避行為もしくは課税逃れ商品取引が行われるようになって、不公平もしくは不適切なことが行われるようになっているといえる。[(1)] 現代の先進諸国における税務当局の共通の最大の悩み「課題」が、このタックス・シェルターに対する対応である。タックス・シェルターは、非課税地としてのケイマン諸島（キューバの南で、カリブ海にある島々)、バージン諸島（プエルトリコの東で、大西洋に面した島々）などを利用して行われる。これらの国もしくは地域に本店登録して投資活動して得た運用益が課税されないという仕組みになっているために、利用している。これらの国もしくは地域をタックスヘイブン（租税回避地）と呼んでいる。

日本政府は、平成21年4月、タックスヘイブンを通じた脱税の阻止に向けた取り組みをすると発表している。世界の20ヵ国・地域（G20）が規制強化で合意したことを受けて、銀行の顧客の機密情報を交換できる規定を各国と締結するほか、税務調査でも提携することにしている。世界で1,100兆円といわれる租税回避資金に網をかけるということである。[(2)] そして、ドイツでも、タックスヘイブンへの規制を強化すると報じている。低税率国と取引のある企業・個人に内容を税務当局に詳細を報告することを義務づける方針であるという。欧州の主要国の急速な財政悪化もその背景にある。[(3)]

参考文献

(1) 中里　実『タックスシェルター』有斐閣 平成14年6月20日初版第1刷発行
(2) 日本経済新聞　平成21年4月15日　朝刊
(3) 日本経済新聞　平成21年4月21日　夕刊

≪関連用語≫　租税回避行為、移転価格税制

1-32　行為計算否認の原則

現在、法人税法、所得税法等において、税額負担を不当に軽減する結果となる行為計算は、これを否認することができる規定を設けている。同族会社および特定の法人においては、広く株式が公開され、流通している、いわゆる上場会社などとは違って、閉鎖会社であるがゆえに、経営責任者の意思によって、通例的ではないと認められる行為もしくは計算を行うことによって、税額負担を不当に軽減する結果となることがある。そこで、現行の法人税法等は、これらに該当する法人の行為・計算を否認する規定を定めている。

> 法人税法第132条（同族会社等の行為又は計算の否認）
> 第１項　税務署長は、次に掲げる法人に係る法人税につき更正又は決定をする場合において、その法人の行為又は計算で、これを容認した場合には法人税の負担を不当に減少させる結果となると認められるものがあるときは、その行為又は計算にかかわらず、税務署長の認めるところにより、その法人に係る法人税の課税標準若しくは欠損金額又は法人税の額を計算することができる。
> ①　内国法人である同族会社
> ②　イからハまでのいずれにも該当する内国法人
> イ　３以上の支店、工場その他の事業所を有すること。
> ロ　その事業所の２分の１以上に当たる事業所につき、その事業所の所長、主任その他の事業所に係る事業の主宰者又は当該主宰者の親族その他の当該主宰者と政令で定める特殊の関係のある個人（以下この号において「所長等」という。）が前に当該事業所において個人として事業を営んでいた事実があること。
> ハ　ロに規定する事実がある事業所の所長等の有するその内国法人の株式又は出資の数又は金額の合計額がその内国法人の発行済株式又は出資（その内国法人が有する自己の株式又は出資を除く。）の総数又は総額の３分の２以上に相当すること。

要するに「同族会社および特定の法人」とは、同族会社とそれに準ずる法人のことで、これに該当する法人については、課税の公平性等の観点から、一定の範囲で、法人が行った行為もしくは計算（税務会計）のうちの一部について、課税所得の計算もしくは税額の計算上、認めないというものである。

具体的には「特殊支配同族会社の判定並びに業務主宰役員給与の損金不算入」に係わる計算などがある。

同様の規定は、所得税法においても、以下のように設けられている。

> 所得税法第157条（同族会社等の行為又は計算の否認等）
> 第１項　税務署長は、次に掲げる法人の行為又は計算で、これを容認した場合にはその株主等である居住者又はこれと政令で定める特殊の関係のある居住者（中略）の所得税の負担を不当に減少させる結果となると認められるものがあるときは、その居住者の所得税に係る更正又は決定に際し、その行為又は計算にかかわらず、税務署長の認めるところにより、その居住者の各年分の第120条第１項第１号若しくは第３号から第８号まで（確定所得申告書の記載事項）又は第123条第２項第１号、第３号、第５号若しくは第７号（確定損失申告書の記載事項）に掲げる金額を計算することができる。
> ①　法人税法第２条第10号（定義）に規定する同族会社
> ②　イからハまでのいずれにも該当する法人
> —基本的に法人税法の規定と同様のため省略—

所得税法においても、基本的には法人税法と同様に、「株主等である居住者又はこれと政令で定める特殊の関係のある居住者」いわゆる「株主等およびその関係者」については、課税の公平性等の観点から、一定の範囲で、課税所得の計算もしくは税額の計算上、収入金額（所得税法第36条）として容認するもしくは必要経費（同法第37条）として認めないということである。ただし、課税の公平性の観点からと説明しているが、本音は「税収の確保」である。

≪関連用語≫　実質課税の原則、租税回避行為、移転価格税制、更正、決定
特殊支配同族会社、納税申告書

1－33　移転価格税制

(1)　趣旨と内容

内国法人が国外関連者と取引を行い、その取引の対価の額が独立企業間価格と異なることにより所得が海外移転（以下「国外移転所得金額」という）しているときは、その国外関連取引は、独立企業間価格で行われたものとみなして法人税法その他の法人税に関する法令を適用することとしている。つまり、法人税率の低い国もしくは地域に子会社を設立して、この子会社に他の独立した会社よりも低廉で販売することは、当該子会社の育成（競争力の強化等）を含めて、一般的に行われていることである。この子会社に利益を付け加えるということは、企業グループとしては経済的利益が留保されることになる。しかし、その行為は国家税収の流出を結果していることになる。

このような行為は、国内の税収確保（国家財政）の視点から見ると、また、他の企業との課税上の公平性の維持から望ましいことではない。そこで、他の独立した会社に販売したであろう価格と子会社に低廉で販売した価格との差額が国外移転所得金額として計算する。その趣旨は、当該国外移転所得金額相当額は、原則として、利益の社外流出として取り扱い、損金の額に算入せず、法人の所得金額の計算上、課税所得に加算するということである。

租税特別措置法第66条の4は「国外関連者との取引に係る課税の特例」を定めており、その第1項において、以下のように規定（要点）している。

①　独立企業間価格のみなし規定

法人に係る国外関連者｛外国法人で、発行済株式の総数の50％以上を直接または間接に保有する関係その他の政令で定める特殊の関係（以下「特殊の関係」という）のあるものをいう。｝との間で資産の販売、資産の購入、役務の提供その他の取引を行った場合に、当該取引につき、当該法人が当該国外関連者から支払いを受ける対価の額が独立企業間価格に満たないとき、または当該法人が国外関連者に支払う対価の額が独立企業間価格を超えるときは、当該法人の事業年度の所得に係る同法その他法人税に関する法令の規定の適用については、当該国外関連取引は、独立企業間価格で行われたものとみなす。

② みなし規定による価格の計算

前項①に規定する独立企業間価格とは、国外関連取引が次の各号に掲げる取引のいずれかに該当するかに応じて、当該各号に定める方法により算定した金額をいうものとされている。

(a) 棚卸資産の販売または購入の場合

次に掲げる方法（ニに掲げる方法は、イからハまでに掲げる方法を用いることができない場合に限り、用いることができる。）

イ 独立価格比準法

ロ 再販売価格基準法

ハ 原価基準法

ニ イからハまでに掲げる方法に準ずる方法その他政令で定める方法

(b) 前号(a)に掲げる取引以外の取引の場合

次に掲げる方法

イ 前号(a)のイからハまでに掲げる方法と同等の方法

ロ 前号(a)のニに掲げる方法と同等の方法

移転価格税制関連で、問題にされる事項としては「棚卸資産の販売または購入」の場合が多いとしても、実際、無形の財産の場合で、ノウ・ハウ料や技術使用料など、その取引価格（正常価格）の算定（国外移転所得金額の基礎）で、問題（係争）とされている事例も多い。

(2) 趣旨と内容

移転価格税制に関係する判例としては、以下のものがある。

外国法人の100％日本子会社が親会社から受け取った、親会社が日本国内で販売するソフトウェアのマーケティングや製品サポートの対価について、その価格の算定方法が問題になった事例である。この訴訟の控訴審で、東京高裁は国税当局の更正処分を認めた一審の判決を取り消し、逆転で納税者の主張を認める判決を行ったというケースがある（平成20年10月30日判決言渡）。国税当局は、上告しなかったので、この東京高裁判決で確定している。

事案では、主にコンピューター・ソフトウェア製品の販売支援、マーケティング、製品サポート事業等を生業とする日本国内のコンピュータのソフトウェア会社が、海外の親会社から支払いを受けた役務提供取引に対する手数料の額が、独立企業間価格に満たないものであるか否かが争点となった事例である。国税当局は、措置法第66条の４第９項の規定に従い移転価格税制を適用した。この国税当局の独立企業間価格の算定に用いた再販売価格基準法に準ずる方法と同等の方法の、比較対象取引の比較可能性が主な争点となった。東京高裁は、国税当局が適用した独立企業間価格の算定方法は、措置法第66条の４第２項第２号ロに規定する「再販売価格基準法に準ずる方法と同等の方法」に当たるということはできないとし、更正処分を違法として、第一審の判決を取り消し、納税者の主張を支持している。(1)

なお、このケースでは、第一審では、国税当局の更正処分を適法との判決を下しているように、移転価格税制は諸種の事例で微妙な問題を抱えているのが実情である。そのために「事前確認制度」が採られている。

⑶　最近の状況

そこで、最近、問題になっている事例に触れておくことにする。

自動車製造会社のホンダが東京国税局の税務調査を受け、中国の四輪事業で総額1,400億円を超える巨額の申告漏れを指摘された事例がある。中国で、高い利益を出す日本企業が増加していることが、その背景にある。日本企業が、中国で事業を拡大していく傾向にあることを考慮すると、移転価格税制問題が「中国事業リスク」として、大きな問題になってくる。

近年、海外（主として海外子会社）との取引が増加していくことから、中国以外においても、移転価格税制に関連して「巨額の課税所得の申告漏れ」が指摘されるリスクが高まっている。とくに、日本企業のベスト100に数えられるような企業の多くが、海外取引高の比重（国外売上高構成比）が高まっており、とくに自動車業界では50％超となっている。これまでも、武田薬品工業やソニーなどが内外の取引価格の差をもとに申告漏れを指摘され、追徴課税を受けている。(2)

そして、申告漏れ所得金額および追徴課税額が、巨額になっていることもあって、ほとんどのケースで、不服審判事例もしくは訴訟事件になっている。しかも、判決の結果が、長引くことによって、当該企業の決算に大きな影響を与えている。まず、企業は当該金額を納付するとしても、仮払金処理（貸借対照表）するのか、納税処理（損益計算書）するのかが問われる。会計監査対象会社は、原則として、納税処理が求められている。したがって、勝訴した場合に、受け入れ処理することになり、企業業績に大きな変動（ブレ）を齎（もたら）すことになる。他方、税務当局としては、敗訴した場合、多額の還付加算金（率が高い）を支払うことになる。それは、税金からの支払いになり、国費の使途に相当する。そのようなこともあって、係争にいたる前に、相互に確認しておくことなどの対応が求められている。これまでに、移転価格で課税所得の申告漏れを指摘された主な企業としては、以下の表（1－4）に示したような事例がある。

表（1－4）過去に移転価格で課税所得の申告漏れを指摘された主な企業

（単位：億円）

社　　名	申告漏れ指摘額	追　徴課税額
武田薬品工業	1,223	570
ソニー	744	279
京セラ	243	127
TDK	213	120
マツダ	181	76

（注）1　追徴課税額は指摘時の数字である。
2　全社が異議を申し立てている。
3　日本経済新聞 平成20年4月26日 朝刊

ただし、法人が合理的な期間内に国外関連者からその国外移転所得金額の返還を受けることとし、その旨税務署長（国税局の所管法人にあっては所轄国税局長）に届けた場合には、その返還を受けるべき金額をその国外関連者に対する仮払金等とすることができる。なお、その金額は、その発生の原因となった国外関連取引に係る収益、費用の円換算に用いた為替相場によって円換算することになる。

したがって、実際に受け取った時との時間差において為替換算等差損益が発生してくることになる。それも企業業績に大きく影響してくる。

参考文献

(1)『週間税務通信』No.3044東京高裁「移転価格課税の適用を巡り逆転で納税者を支持」税務研究会　平成20年12月1日号　2～3頁
(2) 日本経済新聞　平成20年4月26日　朝刊

《関連用語》　租税回避行為、租税条約、事前確認制度、実効税率（法人税法等の国際比較）、独立企業間価格

1－34　租税条約

租税条約は、国家間の合意に基づいて成立し、国家間の関係を規律するものが条約であり、国際法の法源の１つに数えられており、租税に関する国家間の合意として存在している。

租税条約には、所得税租税条約と相続税租税条約とがあるが、対象とする税目に若干の相違が見られる。所得税租税条約では、法人税を含む所得税の国際的二重課税の回避および脱税の防止を目的にしたものが多く、相続税租税条約では、各国における相続税等の制度の違いから生ずる国際的二重課税を回避することを目的にしたものが多い。

現在、日本政府は、各国と結んでいる租税条約の改正交渉を加速させている。企業や投資家の税負担を軽減し、投資もしくは貿易の活性化を促すことを狙っている。とくに資源保有国との租税条約の整備が進められている傾向にある。オーストラリアとは、現地法人から日本の親会社への配当を免税にする措置の導入、また、フィリピンとの間では、投資家が受け取る株式配当金への課税割合を25％から15％に、そして預金利息については15％から10％に引き下げるというものである。[(1)]

個人の所得税に関しては、たとえば、日本が締結した「所得に対する租税に関する二重課税の回避又は脱税の防止のための条約」がある。この租税条約では、相手国の居住者が、日本における国内源泉所得である利子・配当・使用料等その条約の定める一定の所得について、その条約の定めるところにより日本の所得税の軽減・免除を受けようとする場合には、一定の書類の届出が必要とされている。その場合、所得に係る所得税の源泉徴収義務者を経由して税務署長に提出することとされている。海外から来ている留学生が、学習に支障をきたさない範囲内で、教育もしくは生活のために必要なアルバイトをするような場合において、この制度が利用されている。

参考文献

(1) 日本経済新聞　平成20年12月８日　朝刊

≪関連用語≫　事前確認制度、タックス・シェルター

1－35　事前確認制度

事前確認制度とは、税務当局と納税者との間で後日税務処理に関するトラブルが生じる可能性がある場合に、その争点について、あらかじめ税務当局に照会し確認する制度をいう。日本では、原則として、この制度は採用されていないことになっているが、現実の税務行政の中では、何らかの形（非公式）で、相談に乗っていることがある。公式の制度としては、租税特別措置法第66条の4に規定する国外関連者との取引に係る独立企業間価格の算定について、税務当局に確認を求めることができることになっている。なお、アメリカにおいては、アドバンス・ルーリングとよばれる制度が採用されており、税制全般について事前に確認を求めることが認められている。

国税庁がまとめた平成19事務年度（平成18年7月1日～平成19年6月30日）の「相互協議を伴う事前確認の状況（APA：Advance Pricing Arrangementレポート）」によると、相互協議の発生件数は153件と過去最多だった平成18事務年度（154件）に次ぐ高い水準であった。移転価格税制に関するものが144件（前事務年度は140件）で、事前確認案件全体の90％以上を占めている。平成20事務年度では、さらに増加して、4年連続の増加となっている。国別ではアメリカ、オーストラリア、韓国の順になっている。

相互協議は、移転価格課税による国際的な二重課税を防ぐため、租税条約を結んでいる国の税務当局との間で行われる。10年（平成19事務年度）前の平成9事務年度と比べ、相互協議件数は約3倍、事前確認に係るものは約5倍に、それぞれ拡大するなど増加基調をたどっている。合意件数は82件で、取引対象別（複数・混合）にみると、棚卸資産取引が67件で最も多く、無形資産取引が28件、そして役務提供取引が26件となっている。また、業態別で見ると、製造業が52件と最も多い件数となっている。

また、移転価格算定法別（複数・混合）では、平成16年度の税制改正で導入された「取引単位営業利益法」が50件と最も多数で、次いで、独立価格比準法が15件となっている。なお、平成19事務年度末現在、相互協議を行っている相手国は24ヵ国になっている。国別の事前確認事案では、アメリカが最も多くて、次がオーストラリアとなっている。また、地域別では、近年、アジア諸国等との事前確認事案が増えている。最近における相互協議事案の事務年度別発生・処理・繰越件数は、以下に示した表（1－5）のようになっている。[(1)]

表（1－5）相互協議事案の事務年度別発生・処理・繰越件数一覧表

（単位：件）

事務年度		事前確認	移転価格課税	その他	合　計
平成17事務年度	発　生	92	27	10	129
	処　理	65	16	12	93
	繰　越	170	40	27	237
平成18事務年度	発　生	105	35	14	154
	処　理	84	16	15	115
	繰　越	191	59	26	276
平成19事務年度	発　生	113	31	9	153
	処　理	82	33	10	125
	繰　越	222	57	25	304

（注）出典　『週間税務通信』 No.3037「相互協議事案は153件、事前確認事案は過去最多の113件に」税務研究会 平成20年10月13日号　8頁

このように、近年、移転価格税制に関係する事前確認等の事案が増加傾向にあるから、平成20年11月、国税局は「移転価格事務運営要領」（事務運営指針）および「連結法人に係る移転価格事務運営要領」（事務運営指針）の一部を改正した。改正された運営指針では、企業グループ内の役務提供取引の取り扱いや国外関連者に対する寄附金・価格調整金等の取り扱いを示している。この改正は、取り扱いの明確化を図ることが目的であり、制度の趣旨や方向性を変更するものではないが、事前確認の申出期限が変更されている。

この事前確認の申出期限は、これまで確認対象の申告期限までとされてきた。それは確定申告書に反映できればよいということであった。しかし、今回の改正で、対象事業年度開始の日の前日までに行うものとされた。なお、この変更の理由として、国税庁は３つ項目を挙げている（ただし、ここでは記載を省略している）。

また、海外に進出する企業の移転価格税制に対する関心が高まっていることから、改正移転価格事務運営要領を公表している。改正の主な内容は、本社機能の一環として行われる経営・財務・業務・事務管理上の企業グループ内役務提供（いわゆるIGS：Intra-Group Service）の取り扱いの明確化と国外関連者に対する寄附金・価格調整金の取り扱いの明確化が挙げられる。

国外関連者に対する寄付金については、改正指針の2－19に新設された。そこでは、移転価格税制と寄付金との区別を明確にしている。国外関連者に対する寄付金については、租税特別措置法第66条の4第3項で損金不算入とする規定が設けられている。具体的には、国外関係者に対する金銭その他の資産または経済的な利益の贈与もしくは無償の供与については、取引先が国内であっても、国外であっても、同一の取り扱いをするということである。

たとえば、「子会社等を再建する場合の無利息貸付等」に関連しては、「相当の理由がある場合」には、寄付金税制の適用がないこととされているが、法人が国外関連者に対して財政上の支援等を行う目的で、国外取引について、通常よりも有利な条件もしくは価格で取引を行うあるいは一般よりも低利の融資を実行する、さらには債権を放棄する場合などが、ここにいう「相当の理由がある場合」に該当することとされている。(2)

なお、国税庁による「『移転価格事務運営要領』の一部改正について（事務運営指針）」において、移転価格税制では、取引価格を決定した際に用いられた資料等の提供が得られない場合に限って、推定課税の適用が認められることになっているが、平成22年度の税制改革では、この価格算定文書の範囲について措置法の施行規則に明文規定を設けて明確化が図られることになった。

参考文献

(1)『週間税務通信』 No.3037 「相互協議事案は153件、事前確認事案は過去最多の113件に　国税庁 平成19事務年度APAレポート」税務研究会 平成20年10月13日号　8頁

(2)『週間税務通信』 No.3040 『移転価格課税と寄付金課税を区分するための取扱いを明確化　国税庁　改正移転価格事務運営要領を改正」税務研究会 平成20年11月3日号　2～3頁

≪関連用語≫　二重課税防止の原則、実効税率（法人税法等の国際比較）、寄付金

1-36　実効税率（法人税法等の国際比較）

実効税率とは、所得もしくは利益に対する国税と地方税を合わせた税額の負担割合をいう。言い換えれば、企業にとって、どの程度、税金を負担しているのかを示す指標として、法人課税の実効税率が使われる。ただし、ここでは、固定資産税等の諸税金は含まれてはいないので、企業が負担するすべての税金の負担を反映したものとはなっていない。労働コストと土地価額が高い日本において、さらに、法人税等の実効税率が高いという事業上の条件は、国際競争力の阻害要件となっている。その結果として、企業の国際化とともに、海外への所得移転が行われていくことにもなっている。日本においても、自動車産業や電器産業を始めとして、海外進出が積極的に進められている。それは、進出国の人件費の低さ等だけの要因ではなく、法人税の実効税率の高さも考慮されている故のことと理解される。

日本の国税としての法人税の基本税率は30％であるが、地方税の法人住民税を加え、さらに地方税の法人事業税の損金処理（発生主義ではなく、納付した時点の事業年度の損金とされる。）を加味した実効税率は40％強となっている。実効税率を国際比較すると日本の実効税率は、アメリカとほぼ同一の水準になっているが、イギリス、ドイツ、フランスなどは28％から33％台であり、中国は25％である。各国が主要企業を誘致し、自国の経済活力の向上を図るために、税率を引き下げる傾向にある。イギリスが2008年（平成20年）４月から、法人税の基本税率を30％から28％に引き下げている。

いずれにしても、ヨーロッパを中心に、主要国で法人税率を引き下げる動きが広がっている。ドイツが国税と地方税を合わせた実効税率を2008年（平成20年）から現行より約９％低い29％台にするほか、フランスも今後５年間で20％への引き下げを検討し始めている。[(1)]

ドイツはヨーロッパ連合（EU）域内で最高の実効税率（約39％）となっているが、2008年から下げることで大連立政権が合意している。国税（25％）を半減させたうえ、地方税を含めた実効税率を29％台にするということである。また、オランダは１月から4.1％下げ、25.5％とした。財政赤字を抱える事情から、ドイツは2007年から日本の消費税に相当する付加価値税の税率を３％引き上げた上で、法人税の引き下げに踏み切ることにした。

日本国の企業が、国外関連者との取引に関係して、海外に利益を移転（留保）することが行われがちである。国税庁が日本企業と海外子会社の間の取引について、租税回避とみなして追徴課税した対象所得額が平成16事務年度には、前年度の1.7倍に当たる1,300億円超となっている。実際のところ、日本企業が海外で稼ぐ利益は平成17年３月期では、前の期より20％増の３兆8,000億円にものぼっている。その結果、海外に進出した日本企業が子会社との取引価格が適正かどうかを税務当局に確認する「事前確認制度」の利用件数が増えている。

主要諸国の実効税率を比較してみると、以下に示した表（1－6）のようになっている。

表（1‐6）実効税率比較表

（単位：％）

国　　名	実効税率	引下後 実効税率
ドイツ	38.9	29.8
フランス	34.4	20.0
スペイン	35.0	30.0
オランダ	29.6	25.5
デンマーク	28.0	22.0
台　湾	25.0	
日　本	39.54	
アメリカ	39.3	

（注）日本経済新聞　平成19年2月3日
朝刊に掲載されている棒グラフを基に数値比較の表に変えている。

これは、企業の問題であるが、個人の所得税にも影響している。平成19事務年度における「所得税の確定申告」の税務調査において、申告漏れ総額が9,635億円になっている。海外取引をする個人の申告漏れが60％の増加（703億円）となっている。[(2)]

日本もしくは日本企業が、これからも経済成長を維持し、経済大国的存在として維持、向上していくためには法人税の実効税率の引き下げは必要要件になっている。その代替財源としては、まず、消費税が浮上してくる。日本政府は、平成22年12月16日の閣議決定で法人税率を25.5％に引き下げることを決めた。実効税率は35.64％となる。[(3)]

参考文献

（1）日本経済新聞　平成18年 6月13日　朝刊
（2）日本経済新聞　平成20年10月16日　朝刊
（3）日本経済新聞　平成22年12月30日　朝刊

≪関連用語≫　事前確認制度、消費税

1-37 消　費　税

消費税が導入されたのは平成元年で、それから20年余が経過している。消費税は、大平内閣（昭和53年～55年）の「一般消費税」構想並びに中曽根内閣（昭和57年～62年）の「売上税」構想の挫折を経て、竹下内閣（昭和62年～平成元年）の時代に「消費税法（昭和63年12月30日 法律第108号)」として成立した。施行は平成元年４月１日で、税率は３％であった。消費税は、ほとんど全ての国内取引と外国貨物に課税されるという税制であった。(1) ふたつの内閣が倒壊したように、難産の上の成立であった。それだけ、国民の反対意思が強いものであったことが分かる。

消費税法は第１条（趣旨）以下、主要な要点について、次のように定めている。

第１条（趣旨）

消費税について、課税の対象のほか必要な事項を定めるものとする。

第４条（課税の対象）

国内において事業者が行った資産の譲渡等に消費税を課する。

第５条（納税義務者）

事業者は、国内で行った課税資産の譲渡等につき、消費税を納める義務がある。

第９条（小規模事業者に係る納税義務の免除）

事業者のうち、課税売上高が1,000万円以下である者は、消費税を納める義務を免除する。

第13条（資産の譲渡等を行った者の実質判定）

法律上資産の譲渡等を行ったとみられる者が単なる名義人で、他の第三者が資産の譲渡等の対価を享受する場合には、その者に対して、この法律を適用する。

新法成立の背景に、国の財政問題があった。政府としては、脆弱な国家財政の建て直しの必要性に迫られていたが、消費税の導入によってしても「国家財政の建て直し」は図られるにはいたらなかった。というのは、平成元年３月末の国債残高（一般会計部門）は157兆円で、その18年後には527兆円にも膨れ上がっているからである。したがって、消費税の導入によってしても、財政改革が進められてきたということにはならないのである。それにもかかわらず、国家財政の改革には消費税を財源にするほかに有効な手段がないのが実情である。

国の財政は、フローとストックの両面がある。財政再建には、フローである毎年の財政赤字とストックである債務残高の両面から現状を分析して、改革していくことが必要である。日本政府は、平成18年7月7日、「経済財政運営と構造改革に関する基本方針2006」（以下「骨太方針2006」という）を閣議決定した。そこでは、3つの優先課題を取り上げているが、そのうちの1つが「財政の健全化」であり、歳入と歳出の一体改革によって、「平成23年度にプライマリー・バランス（基礎的財政収支）を黒字化する」ものである。そして、政府が平成20年12月20日に発表した「来年度予算財務省原案」によると、一般会計が前年度当初予算比6.6％増の89兆円で、歳入不足を補う新規国債の発行額が33兆円となっている。その結果、平成22年3月末の国債残高は581兆円になる見通しとなっている。(2) 国債残高54兆円の増加は、骨太方針2006の達成がほとんど不可能になっていることを意味している。

法人税と所得税とを中核とする直接税主体税制は、景気の浮沈の影響を受けやすいために、財政政策（安定的な税収確保）上、不安定要素である。そこで、比較的景気の影響を受けにくい間接税である消費税に軸足を置いた税制体系に立ち位置を変えていく必要がある。そこで、財政再建のためには、消費税率のアップが必要になってくる。その場合、OECDなどで主張しているように、消費税率20％が必要とされると考える。ただしこの場合、消費税の逆進性等を配慮して、生活関連支出への軽減税率が必要になるであろう。

参考文献

(1) 小池拓自『消費税を巡る論議』国立国会図書館調査及び立法考査局編「調査と情報第609号」(2008.2.28) 1頁
(2) 日本経済新聞　平成20年12月20日　夕刊

≪関連用語≫　附加価値税、実質課税の原則

1－38　附加価値税

税目の分類としては、課税客体に着目すると、所得課税（法人税、所得税）、消費課税（附加価値税、たばこ税、酒税など）および資産課税（相続税、固定資産税、自動車税など）がある。消費課税は、直接消費税と間接消費税に分けられる。さらに間接消費税は、関税、酒税やたばこ税などの個別消費税と一般消費税に分かれる。また、一般消費税は、特定の段階でのみ課税する単段階消費税と製造・流通の各段階で課税する多段階消費税に分けることができる。後者には、累積的取引高税と附加価値税があるが、累積的取引高税は仕入税額を控除することができないという短所があるため、ほとんど採用されていない。附加価値税にはGNP型附加価値税、所得型附加価値税および消費型附加価値税などの類型がある。

消費型附加価値税の課税ベースは、「賃金＋利子＋地代＋減価償却費＋利益－設備投資」である。一般的に附加価値税というときには、この消費型附加価値税を指している。[(1)] ソフト産業を含め、製品（無形の資産を含む）を製造するためには、製造（加工費）、製作に要した原材料費、人件費並びに利益等の合計額から構成されている。それが附加された製品の価値となる。

主要な先進諸国の法人税率と消費税率（附加価値税率）を比較してみると、以下に示した表（1－7）のようになっている。

表（1－7）主要先進諸国の法人税率・消費税率（附加価値税率）比較表

（単位：％）

	日　本	アメリカ	フランス	ドイツ	イギリス	中　国	韓　国
法人税率	40.69	40.75	33.33	29.83	28.00	25.00	27.50
消費税率	5.00	－	19.60	19.00	17.50	17.00	10.00

（注）1　財務省のホームページに掲載されている以下の二つの資料から必要な部分を抜粋して作成している。

①　法人所得課税の実効税率の国際比較（2008年７月）

②　G7及びアジア諸国の法人税及び附加価値税等の表面税率及び負担率（未定稿）

2　消費税率（附加価値税率）は、2008年７月現在である。

3　法人税率は実効税率であり、地方税を含んだものである。日本は東京、アメリカはカリフォルニア、韓国はソウルの数字である。中国は法人税（国税）である。

戦後日本の税制は、所得課税が中心であった。その中でも、所得税は累進課税であったために、とくに高額所得者に重税感があり、また、課税上の捕捉率の不公平観（給与所得者と事業所得者等との間）および各種の控除項目があるため複雑な計算が問題視されてきた。基本的に全ての国民に納税義務が課せられている関係上、税法は簡易さ（理解し易さ）が、受け入れられるための重要な要素であるが、現在の税法は極めて複雑になっている。そのようなこともあって、簡素な税並びに徴税と納税に関わる執行コスト抑制の観点から、単一税率の附加価値税である消費税が導入されたとされている。[(2)] ただし、「簡素な税」という視点からは大きな問題がある。税理士業務を含む納税トラブル（税務調査、訴訟関係）が最も多いのが消費税関係であることからも、その複雑性が指摘されている。

消費税は、ほぼ全ての商品とサービスに課税するものであるから「応能負担の原則に反している」という批判がある。負担能力の強い高所得者層ほど、収入に占める消費税額が低く、逆に中低位所得者層ほど収入に占める消費税額が相対的に高くなっている傾向にある。このように、中低位所得者ほど消費性向が高く、所得のうちに占める消費税額が高くなっているという「逆進性」が、消費税課税制度の最大の問題とされている。[(3)] 消費税の「逆進性の緩和策」として、食料品・雑貨・衣類などの生活必需品に対しては、軽減税率を採用して、税による生活への負の影響を極力抑える必要があると考える。ただし、この考え方には、相対的な点を指摘しているに過ぎず、絶対的な点（負担税総額）に対する考慮が欠けている。

参考文献

(1) 鎌倉治子『諸外国の付加価値税（2008版）』国立国会図書館調査及び立法考査局編「基本財務シリーズ①」2008年10月　1頁
(2) 小池拓自『消費税を巡る論議』国立国会図書館調査及び立法考査局編「調査と情報第609号」(2008.2.28)　3頁
(3) 鎌倉治子　　前掲書　3頁

≪関連用語≫　消費税、応能負担の原則、税理士の善管注意義務と責任

1－39　独立企業間価格

租税特別措置法第66条の４（国外関連取引者との取引に係る課税の特例）第１項第１号に定められている「独立企業間価格の計算方式」には、以下のものがある。

①　独立価格比準法

この計算方式は、特殊の関係にない売手と買手が、国外関連取引に係る棚卸資産と同種の棚卸資産を当該国外関連取引と取引段階、取引数量その他が同様の状況の下で売買した取引の対価の額に相当する金額をもって当該国外関連取引の対価の額とする方法である。ただし、当該同種の棚卸資産を当該国外関連取引と取引段階、取引数量その他に差異のある状況の下で売買した取引がある場合において、その差異により生じる対価の額の差を調整できるときは、その調整を行った後の対価の額を含むものとされている。

原則は正常価格で取り引きした価格で、取り引きがあったものとして計算するが、多数一括取引あるいは信用取引に対する現金取引を行ったような場合の値引取引が行われるような場合には、調整価格が認められるということである。

②　再販売価格基準法

この計算方式は、国外関連取引に係る棚卸資産の買手が特殊の関係にない者に対して当該棚卸資産を販売した対価の額（以下「再販売価格」という。）から通常の利潤の額（当該再販売価格に政令で定める通常の利益率を乗じて計算した金額をいう。）を控除して計算した金額をもって当該国外関連取引の対価の額とする方法である。

租税特別措置法施行令第39条の12第６号では、この「通常の利益率」について、「国外関連取引に係る棚卸資産と同種または類似の棚卸資産を、特殊の関係にない者から購入した者が、非関連者に対して販売した取引に係る売上総利益の額の収入金額合計額に対する割合とする」と定めている。

③　原価基準法

この計算方式は、国外関連取引に係る棚卸資産の売手の購入、製造その他の行為による取得の原価の額に通常の利潤の額（当該原価の額に政令で定める通常の利益率を乗じて計算した金額をいう。）を加算して計算した金額をもって当該国外関連取引の対価の額とする方法である。

同施行令第39条の12第7号では、この「通常の利益率」について、「国外関連取引に係る棚卸資産と同種または類似の棚卸資産を、購入(非関連者からの購入に限る。)、製造その他の行為により取得した者が、非関連者に対して販売した取引に係る当該販売者の売上総利益額の原価合計額に対する割合とする」と定めている。

上記の方法を用いることができない場合（措置法第66条の4第2項第1号ニ）には、以下の④「その他の方法」を用いることができることとされている。

④　その他政令で定める方法（同施行令第39条の12第8号）

ア　推定価格方式（仮称）

この計算方式は、国外関連取引に係る棚卸資産の国外関連者による購入（非関連者からの購入に限る。)、製造、販売その他の行為にかかる所得が、当該取引に要した費用の額、使用した固定資産の価格その他所得の発生に寄与したと推測するに足りる要因に応じて計算した金額をもって対価の額とする方法である。

イ　比較対象取引利益率方式（仮称）

この計算方式は、国外関連取引に係る棚卸資産の買手が非関連者に対して販売した再販売価格から、この再販売価格に比較対象取引に基づく利益率を乗じて計算した金額に、この取引国外関連取引に係る棚卸資産の販売のために要した販売費及び一般管理費の額を加算した金額を控除した金額をもって当該国外関連取引の対価の額とする方法である。

ただし、この比較対象取引に基づく利益率については、国外関連取引に係る棚卸資産の買手が棚卸資産を非関連者に対して販売した取引との関係で、売手の果たす機能その他において差異がある場合には、その差異により生ずる割合の差異につき必要な調整を加えた後の利益率にすることになっている。

≪関連用語≫　移転価格税制、租税条約、事前確認制度

1－40　財政の基本

(1)　国の財政

国家と地方公共団体を運営していく基礎である主要な財源は「租税」である。その管理の基本が財政法（昭和22年３月31日　法律第34号）と地方財政法（昭和23年７月７日　法律第109号）になる。

財政法は第２条第１項に「収入支出及び歳入歳出の定義」を置き「収入とは、国の各般の需要を充たすための支払の財源となるべき現金の収納をいい、支出とは、国の各般の需要を充たすための現金の支払」をいう。この「現金の収納」には、他の財産の処分または新規の債務の負担により発生するものを含み、また「現金の支払」には、他の財産の取得または債務の減少を生ずるものをも含むとされている。

収入は「国の需要を充たすための現金の収納」であり、支出は「国の需要を充たすための現金の支払」である。この「収入・支出」には、会計間の繰入その他国庫内において行う移換によるものを含んでいる。また「歳入とは、一会計年度における一切の収入をいい、歳出とは、一会計年度における一切の支出」をいい、「収入・支出」よりも広い概念となっている。予算の使途には厳しい規制があって「国の歳出は、公債又は借入金以外の歳入を以て、その財源としなければならない。」とされている。これは中国の・漢時代にされた「礼記」にある「入るを量りて、出ずるを為す」という「財政の原則」を意味しており「収支均衡の維持」（財政の健全性）を求めているものである。それは国家財政の安泰のための基本的条件である。

財政法第１条（この法律の趣旨）は「国の予算その他財政の基本に関しては、この法律の定めるところによる。」ものとし、同法第11条（会計年度）において、「国の会計年度は、毎年４月１日に始まり、翌年３月31日に終わるものとする。」と定めている。さらに、同法第12条（会計年度独立の原則）では、「各会計年度における経費は、その年度の歳入を以て、これを支弁しなければならない。」という決まりを設けている。したがって、国の会計においては、当該会計年度の歳出は、同一会計年度の歳入の範囲の中で対応しなければならないことになっている。財政の健全化のための当然の決まりである。

しかし、実際のところ、日本国は、毎年、財政不足を起こしている。その不足を国債の発行をもって充当している。平成20年12月、経済協力開発機構（OECD）は、同年末の日本の債務残高の国内総生産（GDP）に対する比率が174.1％に達する見込みであると発表している。このような財政事情もあって、日本政府は「経済財政運営の基本方針」として「骨太方針2009」を策定することにした。そして、平成23年３月には200％を超えることが確実に見込まれるほど日本の国家財政は悪化している。その立て直しが急務であることは、OECDやG20サミットで指摘されているにもかかわらず日本政府は動かず、また、日本の国民も同意を示していない。

(2) 地方の財政

地方財政法は、地方の財政の運営上の基本について、以下のような定めをおいている。

> 地方財政法第１条（この法律の目的）
> 　この法律は、地方公共団体の財政（以下「地方財政」という。）の運営、 国の財政と地方財政との関係等に関する基本原則を定め、もつて地方財政の健全性を確保し、地方自治の発達に資することを目的とする。
> 第２条（地方財政運営の基本）
> 　地方公共団体は、その財政の健全な運営に努め、いやしくも国の政策に反し、又は国の財政若しくは他の地方公共団体の財政に累を及ぼすような施策を行つてはならない。

このように、地方財政法は、地方公共団体の財政運営の基本を定めているが、現実のところ、地方の多くが財政不足に悩んでいるのが実情である。平成19年夏に始まったアメリカ発の金融不況、さらに、平成20年９月に起きたリーマン・ブラザースの経営破綻を契機とした世界経済不況のあおりを食って、地方、とくに企業城下町は事業税と住民税の激減によって、大きな痛手を受けている。

参考文献

(1) 日本経済新聞・平成21年５月31日　朝刊

≪関連用語≫　租・租税、国税、地方税、地方公共団体

第２章　租税法の基礎

2-1　書面添付制度

書面添付制度は、税理士法第33条の２に規定する書面添付と第35条に規定する意見聴取を総称したもので、平成13年の税理士法改正において事前通知前の意見聴取が創設されたことにより、平成14年４月１日から実施された制度である。同法各条は、以下のように規定（要点）している。その趣旨は、この書面に記載されている事項によって、課税庁が納税者の概要を容易に把握できるようにすることにある。

> 税理士法第33条の２（計算事項、審査事項等を記載した書面の添付）
> 第１項　税理士または税理士法人は、国税通則法に掲げる申告納税方式または地方税法に掲げる申告納付等による租税の課税標準等を記載した申告書を作成したときは、当該申告書の作成に関し、計算し、整理し、または相談に応じた事項を財務省令で定めるところにより記載した書面を当該申告書に添付することができる。
> 同法第35条（意見の聴取）
> 第１項　税務官公署の職員は、第33条の２第１項または第２項に規定する書面、いわゆる「添付書面」が添付されている申告書を提出した者について、帳簿書類を調査する場合において、書面を提出している税理士があるときは、通知をする前に、税理士に対し、意見を述べる機会を与えなければならない。

書面添付制度は、税務当局がこの制度を尊重することで、税務行政の効率化・円滑化・簡素化を図るとともに、税理士の社会的地位の向上に資することが期待されている。しかし、意図するように運営されているかどうかは、疑問である。条文の内容（要点）は、上記のようになっていて、ここに該当する書面が提出されていない場合、たとえ、申告書に税理士の氏名が記載されていたとしても、当該申告書に関して質問もしくは調査をする場合、申告書を提出した本人に対して直接通知をしてくる。

書面の添付の有無に係らず申告書の計算等は、委託者の意思により関与税理士が基本的に作成していることから、実質的にあまり意義がないと思われるが、制度としては書面の添付がない場合、税理士の関与を尊重しないというのが行政上の取り扱いのようである。

書面の添付は、あくまでも税理士の権利に基づくものであるという制度になっているが、書面の添付がある場合、税理士の専門性を尊重して調査等をしないということにはなっていないので、実質的な意義がどこにあるのか、必ずしも明確にはなっていない。

ともかく、この書面添付制度の要点は、以下の諸点にある。

① 税理士の関与の程度と確認事項を開示し、申告書の適正性を表明するものであること

② 納税に関連する業務の結果は申告書に反映されるが、添付書面は、その内容を更に詳細に開示するものであること

③ 第9号様式の書面は、申告書の作成過程において税理士が行った業務の内容を記載するものであること

なお、第9号様式では、1面の「自ら作成記入した帳簿書類に記載されている事項」、2面の「計算し、整理した主な事項」、さらに3面では「相談に応じた事項」などについて記載することになっている。

④ 第10号様式の書面には、他人の作成した申告書について相談を受けてこれを審査した場合に作成するもので、第10号様式の1面は「審査に当たって指示を受けた帳簿書類」、そして2面および3面の「審査した主な事項」欄や「審査結果」欄については、税理士がどのような審査を行ったのか、税理士の専門家としての意見を表明するものである。

参考文献

新聞様式『税理士界』 平成21年5月15日号「＜資料＞添付書面作成基準（指針）」制定 平成21年4月2日 日本税理士会連合会

≪関連用語≫ 税理士、税理士の善管注意義務と責任

税理士法第33条の2第1項に規定する添付書類（全4ページのうちの1ページ面）は、次ページに示した様式になっている。

税　　　申告書（　　年分・　年　月　日／年　月　日 事業年度分・　　　）に係る

受付印

税理士法第３３条の２第１項に規定する添付書面　33の2①

年　月　日

＿＿＿＿＿＿殿

※整理番号	

税理士又は税理士法人	氏名又は名称	印
	事務所の所在地	電話（　）　－
書面作成に係る税理士	氏　名	印
	事務所の所在地	電話（　）　－
	所属税理士会等	税理士会　支部　登録番号　第　　号
税務代理権限証書の提出		有（　　）・無
依頼者	氏名又は名称	
	住所又は事務所の所在地	電話（　）　－

私（当法人）が申告書の作成に関し、計算し、整理し、又は相談に応じた事項は、下記の１から４に掲げる事項であります。

１　自ら作成記入した帳簿書類に記載されている事項

帳簿書類の名称	作成記入の基礎となった書類等

２　提示を受けた帳簿書類（備考欄の帳簿書類を除く。）に記載されている事項

帳簿書類の名称	備考

※事務処理欄	部門	業種			意見聴取連絡事績		事前通知等事績	
					年月日	税理士名	通知年月日	予定年月日
					・　・		・　・	・　・

（１／４）

2-2 嘆願書制度

確定申告の内容が申告者にとって不利なものとなっている場合、納税者はそれを訂正することができることになっている。これが「更正の請求」という制度であるが、この制度は国税通則法第23条（更正の請求）において「法定申告期限から１年以内」とされている。しかし、これでは、納税者の権利を必ずしも守りきれるというわけではない。その場合の救済の仕組みが設けられている。それが「嘆願書制度」である。なお、「平成23年度税制改正大綱」では、更正の請求ができる期間を５年間に延長することとしていた。

国税通則法第70条（国税の更正、決定等の期間制限）は、第１項において「更正または賦課決定は、期限または賦課決定の日から３年を経過した日以後はすることができない。」と定めている。しかし、同条第２項において「第１項に掲げる更正または賦課決定で、次に掲げるものは、同項の規定にかかわらず、期限または賦課決定の日から５年を経過する日までにすることができる。」ものとされている。

① 納付税額を減少させる更正または賦課決定

② 純損失等の金額で、還付金を増額させる更正もしくは還付金があるという更正

③～④ ―略―

国税通則法では、上記のように更正の請求期限を過ぎた後でも「法定申告期限から５年間」、税務署長による減額更正を認めている。これは「職権更正」と言われているものである。この職権更正は、まず、税理士が税務署長に対して「嘆願書」を提出して行われる。この提出を受けて税務署長が職権更正を行うかどうかを判断するというプロセスを踏むことになる。しかし、この制度は税法に規定されている制度ではない。そのために、税理士の中には、この嘆願書による税務署長による職権更正は、税理士の義務もしくは業務の範疇ではないと考えている者がいる。

しかし、平成15年２月27日、東京高裁が「税理士が職権更正を求める嘆願を行わなかったことが、税理士顧問契約に係る債務不履行に当たる。」とする裁決を下している事例がある。現実の問題として、税法上、納税者に認められた権利である更正の請求を行うことが、税理士の職責の範疇であることは理解できるとしても、更正請求期限を経過した後のいわゆる「職権

更正」を求めることまでは要求されていないと考える税理士が多い。しかし、このような東京高裁の判決事例からすると、また、税理士に対する賠償が急増している昨今の傾向から見ると、税理士にとって、損害賠償からの回避対策が不可欠となってきている時代ということができる。[1]

ここに取り上げたケースに限らず、最近、税理士に対する損害賠償請求が多発している。その請求の内容はさまざまであるが、税理士による「嘆願書」に関係した事例をもうひとつ触れておきたい。相続税の申告を委任された税理士が、土地の評価につき、当初は個別通達を適用しなかったが、その後、嘆願書を提出して減額更正を受けた場合においても、賠償責任を負うのか否かについて争われた事件がある。この事例では、税理士が勝訴している（平成16年12月14日　東京地裁）。

税理士は、平成５年５月７日、相続税申告書を提出したが、土地の評価に関して「容積率の異なる２以上の地域にわたる宅地の評価」（当時は個別通達）および「都市計画道路予定地の区域内にある宅地の評価」を適用しなかった。その後、平成９年６月24日、税理士は相続税減額の嘆願書を提出し、宅地の評価額が減額されたことによって、税額8,723万円余の減額更正処分が行われた。しかし、減額更正によって、平成６年に土地の一部を売却した際の譲渡所得税の計算において、譲渡所得の計算上取得費に加算される相続税額が減少したために、所得税額が増加し、2,538万円余増額された。

判決では、評価が嘆願どおりに是正されたものであり、これらについて個別通達が存在したのであるから、これを見過ごした被告税理士に落ち度があることは明らかであるが、嘆願により是正されており、税理士には、この点の落ち度による原告が主張する損害はないとしている。[2]

参考文献

(1)『週間税務通信』 No.2763「職権更正の嘆願も税理士の義務？　東京高裁　嘆願怠った税理士に賠償命令」税務研究会　平成15年３月17日号　５頁

(2) 東京税理士会データ通信協同組合情報事業資料『justax』「嘆願書により減額更正された場合の税理士賠償責任」No.142 平成17年５月10日号

≪関連用語≫　税理士、税理士の善管注意義務と責任、更正、更正の請求

2-3 善意なる管理者としての注意義務

職業専門家には「善意なる管理者としての注意義務」（善管注意義務）がある。当然、一般国民にも善管義務があるが、職業専門家には、専門家として「より高度な善管注意義務」が求められているというべきである。一般国民に求められている善管注意義務としては、民法（明治29年4月27日　法律第89号）の以下の定めが適用されると解されている。

民法第643条（委任）
　委任は、当事者の一方が法律行為をすることを相手方に委託し、相手方がこれを承諾することによって、その効力を生ずる。
同法第644条（受任者の注意義務）
　受任者は、委任の本旨に従い、善良な管理者の注意をもって、委任事務を処理する義務を負う。
同法第645条（受任者による報告）
　受任者は、委任者の請求があるときは、いつでも委任事務の処理の状況を報告し、委任が終了した後は、遅滞なくその経過及び結果を報告しなければならない。

旧商法は第254条の3に（取締役の忠実義務）を定めており、「取締役は法令及び定款の定め並びに総会の決議を遵守し、会社のため忠実にその職務を遂行する義務を負う」ものとしていた。そして、会社法（平成17年7月26日　法律第86号）は、その規定を引き継いで、以下の定めを置いている。また、役員は「委任」の規定に従うものとされている。

会社法第355条（忠実義務）
　取締役は、法令及び定款並びに株主総会の決議を遵守し、株式会社のため忠実にその職務を行わなければならない。
同 法 第330条（株式会社と役員等との関係）
　株式会社と役員及び会計監査人との関係は、委任に関する規定に従う。

株式会社の業務執行取締役は、当該会社の業務（職務）に精通し、職務を執行する職業専門家である。当然に、忠実に職務を執行する責任がある。この取締役の業務執行責任を明確にしたのが、大和銀行ニューヨーク支店事件の判決である。

この判決では、内部統制システムの有効的機能の構築は取締役（最高経営責任者）にあり、また、他方において「他の取締役は取締役会を通して、取締役が内部統制システムを構築しているか」どうかを監視していく責任があるとした。取締役は、自ら法令を遵守するだけでは十分でなく、従業員が会社の業務を遂行する際に違法な行為に及ぶことを未然に防止し、会社全体として法令を遵守し、その上で、忠実に経営を実現しなければならないものとされた。事業規模が大きく従業員も多数である会社においては、効率的な経営を行うためには、組織を多数の部門・部署等に分化し、権限を部門もしくは部署等の長、さらにはその部下へ委譲せざるをえず、権限の委譲とともに責任を付与して、職務を執行させていくことになる。

大規模企業においては、取締役が直接全ての従業員を指導・監督することは、不適当であるだけではなく不可能である。そこで取締役は、職務を遂行する際、違法な行為に及ぶことを未然に防止するための法令遵守体制を確立すべき義務があり、これは取締役の善管注意義務および忠実義務の内容をなすものと言うべきであると、判旨している。ただし、これは必要要件であって十分条件ではない。これは体制の問題であって、運用の問題までを謳っているわけではないからである。この意味において、事務リスクの管理体制の整備は、同時に「法令遵守体制の整備」並びに「有効な運用の確保」を意味していると理解される。

取締役の善管注意義務および忠実義務は、受託者としてのアカウンタビリティの要請である。これらの意味から理解されるように、職業専門家には、一般国民に求められる善管注意義務よりも、高度な社会的使命を果たすべき職業人としての善管注意義務が求められているものと理解される。

参考文献

守屋俊晴『取締役の企業統治責任』中央経済社 平成15年6月1日　初版発行
118～120頁

≪関連用語≫　公認会計士、税理士、税理士の善管注意義務と責任

2-4　税理士の善管注意義務と責任

税理士に対する損害賠償請求事件の多発を受けて、昭和63年４月、「税理士職業賠償責任保険制度」が発足した。それから20年以上が経過して、その間に、保険事故の多発の影響を受けて、保険会社が「約款に定める免責事項」を楯に保険金を支払わない事例が目立ってきた。その背景には、職業専門家としての「税理士の善管注意義務違反」の可否が問われていることにある。税理士に善管注意義務違反があると判断されると、税理士に損害賠償責任が発生する。そして、税理士に対する損害賠償請求訴訟の大部分は、税理士法第２条に定める「税理士業務」に関連したものである。

損害賠償請求訴訟事件のうちで、税理士並びに委託者および税務研究家にとって参考となるものとして、以下のような事例がある。

(1)　税理士の善管注意義務違反の判示

平成９年12月24日の千葉地裁の事例

平成４年４月開始の相続税の申告に当たり、税理士は平成４年の路線価１㎡59万円の土地につき、39万円で申告し、平成６年９月の税務調査において否認された。争点は、定期預金等の申告漏れとこの土地評価の否認に関する二次にわたる修正申告書作成の税務代理報酬に関係したものである。まず、定期預金等の申告漏れは税理士としては知らされていなかったと抗弁するが、税理士として当然に確認すべき追加的事務処理のひとつであり、また、土地の評価額を１㎡39万円で申告したことは委任を受けた者のミスである。この結果、裁判所はこの税理士に対して、善管注意義務違反を認め、358万円の損害賠償を命じている。[(1)]

(2)　会計業務契約と不正発見義務の有無

平成12年８月９日の富山地裁の事例

この事例では、財務書類の作成・会計帳簿の記帳代行契約において、契約の内容に「従業員の不正発見」が含まれるか否かが争点になった。税理士法第１条並びに第41条の３（助言義務）の趣旨に照らせば、税理士が不正を発見したときには、これを委任者に報告する義務があると認められる。しかし、委任者（原告）が従業員の不正行為の疑いを持ったにもかかわらず、税理士（被告）に相談したり、調査を求めていないことから見て、両者の間の契約において、従業員の不正発見は合意内容ではなかったと判断されるところから、税理士に「不正発見義務の不履行」の義務は生じないと、裁判所は判断した。(2)

(3) 消費税に関する説明義務違反の事例

平成13年6月29日の東京地裁の事例

税理士の損害賠償請求訴訟事件のうちで、もっとも多いのが消費税に関連するものである。そこで、ここでは、消費税に関係する事案に触れてみることにした。このケースは、法人の設立と同時に業務委託契約を締結した税理士が行った消費税に関する事務処理に過誤があったとして、損害賠償を請求された訴訟事件である。委任者である法人（原告）は、会社設立と同時に7億円の有形固定資産を購入しているので、消費税について原則課税方式を採用すれば、相当額の消費税の還付を受けることができたはずであるから、課税事業者選択の届出書を提出するよう指導・助言する義務があったという提訴である。原告は、任意整理中の会社の業務を引き継いだ関係上、使用する建設機械等に商社等の所有権が留保されていたこと、設立間もない会社であって、運転資金の確保にも苦労していた。そのため、課税事業者選択の届出書の提出期限までに、建設機械等の原告への引き継ぎについて、明確な見通しが立てられる状況になかったことから判断しても、経理担当者の事務処理についてまで、指導・助言すべき注意義務があるということはできないとして、裁判所は原告の主張を退けている。(3)

(4) 課税事業者選択の届出書と税理士の責任範囲

平成10年11月26日東京地裁の事例・平成11年12月22日の東京高裁の事例

ここでは、税理士特約による保険契約において、保険金の支払いを拒まれた事例に触れておくことにする。会社は、平成2年まで課税事業者であったが、その後休眠状態になり、平成7年、事業を再開することになり、多額の設備投資を行った。そして、消費税の還付が受けられるものと考えていたが、課税事業者選択届出書の提出を失念したために、還付を受けることができなかったので、損失相当額を税理士は負担した。そこで、加入していた税理士職業賠償責任保険の請求を行った案件である。

東京地裁は、会社は消費税の還付を受けられる立場にないのに、還付申告書を提出したのであって、保険会社は免責特約により保険金を支払う義務はないと判断した。しかし、東京高裁は、免責特約は限定的に解釈すべきであり、拡大解釈できるとしても合理的範囲内に限るべきであり、税理士は会社に対して、消費税相当額の損害賠償義務を負担したと認められるから、保険会社は損害額を填補する義務があると、判旨している。[(4)]

(5) 委任者の意向を無視した税理士の虚偽申告

平成18年4月20日の最高裁判決の事例

原告は、虚偽の所得税確定申告書を提出したので、税理士に重加算税などを課するのは違法であるとして、国税当局に処分の取り消しを求めた訴訟で、最高裁第一小法廷は「女性に脱税の意図はなく、税理士の選任・監督に落ち度があっただけで重加算税は課せないと判断した。その上で、申告書の内容を確認しなかったなど、女性にも落ち度があった」として、過少申告加算税は適法であると認定している。なお、一審、二審を破棄した。[(5)]

参考文献

(1) 東京税理士会データ通信協同組合情報事業資料『justax』No.64平成10年11月10日号「税理士の善管注意義務は高度な専門家責任判示」
(2) 同情報資料『justax』No.96平成13年7月10日号「税理士の会計業務契約に不正発見義務は含まれるか？」
(3) 同情報資料『justax』No.116平成15年3月10日号「消費税に関して説明義務違反を問われた税理士が勝訴！」
(4) 同情報資料『justax』No.89平成12年12月10日号「税理士賠償責任保険の税理士特約で逆転判決」
(5) 日本経済新聞　平成18年4月20日　夕刊

≪関連用語≫　税理士、租税申告書、修正申告書

2-5　期限内申告と確定申告書

国税通則法は、期限内申告並びに納税申告書について、以下のような定めを置いている。

> 国税通則法第17条（期限内申告）
> 第１項　申告納税方式による国税の納税者は、国税に関する法律の定めるところにより、納税申告書を法定申告期限までに税務署長に提出しなければならない。
> 第２項　前項の規定により提出する納税申告書は、期限内申告書という。

国税通則法によれば、申告納税方式による国税の納税者が提出する必要書類を「納税申告書」といい、この納税申告書を法定申告期限までに提出した場合の当該納税申告書を「期限内申告書」というものとされている。この期限内申告書が「確定所得申告書（所得税）」もしくは「確定申告書（法人税）」などと呼ばれているものである。

所得税法は、この条項に関連した事項（要点）について、以下のように定めている。ここでは、確定所得申告書および確定損失申告書のことが記載（要約、一部著者加筆、以下本項において同じ）されている。

> 所得税法第120条（確定所得申告）
> 第１項　居住者は、その年分の総所得金額および退職所得金額、山林所得金額の合計額（以下「総所得金額合計額」という）が、所得控除の規定による雑損控除その他の控除の額の合計額を超える場合（プラスの所得がある場合）において、総所得金額合計額から所得控除の順序の規定に準じて控除した後の金額をそれぞれ課税総所得金額、課税退職所得金額または課税山林所得金額とみなして所得税税率（第87条の税率）を適用して計算した所得税額の合計額が配当控除額を超えるときは、必要な事項（総所得金額および退職所得金額、山林所得金額など）を記載した申告書を税務署長に対し、提出しなければならない。提出期限は、その年の翌年の２月16日から３月15日までの期間である。

ただし、確定損失申告書を提出する場合は除かれる。
第123条（確定損失申告）
第１項　居住者は、次の各号のいずれかに該当する場合において、その年の翌年以後において、特定の規定による還付を受けようとするときは、税務署長に対し、次項（記載省略）各号に掲げる事項を記載した申告書を提出することができる。
①　その年において生じた純損失の金額がある場合
②　その年において生じた雑損失の金額がその年分の総所得金額、退職所得金額および山林所得金額の合計額をこえる場合
③　その年の前年以前３年内の各年において生じた純損失の金額および雑損失の金額の合計額が、これらの金額を控除しないで計算した場合のその年分の総所得金額、退職所得金額および山林所得金額の合計額をこえる場合

上記のように「確定損失申告書の場合を除く」となっていることから、確定損失申告書の提出は期限後申告でもよいということである。また、申告期限が２月16日から３月15日までとされているが、申告の結果、還付される場合は、事務上１月16日から受け付けている。
上記の「特定の規定」とは、以下の事項である。
①　純損失の繰越控除
②　雑損失の繰越控除
③　純損失の繰戻還付
なお、所得税法第121条は「確定所得申告を要しない場合」を定めており、主要なものとしては、給与所得者の給与等の金額が２千万円以下の場合で、他に特段の収入がない場合、確定申告をする必要がないものとされている。給与所得者の場合、支払者の「年末調整」をもって終わる。また、特段の収入がない場合とは、利子所得、配当所得、不動産所得、事業所得、山林所得、譲渡所得、一時所得、雑所得の合計金額が20万円以下の場合をいう。

次に、法人税法であるが、法人税に関係した確定申告に関する条項（要点）は、以下のように定めている。

法人税法第74条（確定申告）
第１項　内国法人は、各事業年度終了の日の翌日から２月以内に、税務署長に対し、確定した決算に基づき次に掲げる事項を記載した申告書を提出しなければならない。
①　当該事業年度の課税標準である所得の金額または欠損金額
②　前号に掲げる所得の金額につき前節（税額の計算）の規定を適用して計算した法人税の額
③〜⑥　―省略―

法人税法上、国税通則法にいう「納税申告書の法定申告期限」は、各事業年度終了の日の翌日から２ヵ月以内とされている。ただし、法人税法には、以下に示したように「提出期限の延長」の規定がある。

①　同法第75条「確定申告書の提出期限の延長」
　災害その他やむを得ない理由により、提出期限までに確定申告書を提出できない場合等がこれに該当する。
②　同法第76条「確定申告書の提出期限の延長の特例」
　会計監査人の監査を受けなければならないことその他これに類する理由により、提出期限までに確定申告書を提出できない場合等がこれに該当する。

消費税法は、この条項に関連したものとして、以下の事項を定めている。

消費税法第45条（課税資産の譲渡等についての確定申告）
第１項　事業者（中略）は、課税期間ごとに、当該課税期間の末日の翌日から２月以内に、次に掲げる事項を記載した申告書を税務署長に提出しなければならない。ただし、国内における課税資産の譲渡等（中略）がなく、かつ、第４号に掲げる消費税額がない課税期間については、この限りではない。

この規定は、法人に関わる定めであって、個人事業者に対する申告期限は別の定めを置いている。租税特別措置法（昭和32年３月31日 法律第26号）

第86条の4（個人事業者に係る消費税の課税資産の譲渡等についての確定申告期限の特例）第1項は、以下のように定めている。

> 租税特別措置法第86条の4「要点」
> 第1項　消費税法に規定する個人事業者のその12月31日の属する課税期間に係る消費税確定申告書の提出期限は、その年の翌年3月31日とする。

消費税の課税・納付は、国と地方公共団体も関係している。消費税法施行令（昭和63年12月30日　政第360号）第76条に「国、地方公共団体等の申告期限の特例」を設けている。その要点は、以下のようになっている。

① 国　5ヵ月以内
② 地方公共団体　6ヵ月以内
③ 地方公営企業法適用企業　3ヵ月以内
④ 国、地方公共団体等のうち税務署長の特例承認を受けた法人
　6ヶ月以内で税務署長の承認を受けた期間内

相続税法は、申告期限に関連した事項として、以下のように定めている。

> 相続税法第27条（相続税の申告書）「要点」
> 第1項　相続により財産を取得した者は、相続税の課税価格の合計額がその遺産に係る基礎控除額を超える場合において、その者に係る相続税の課税価格の規定による相続税額があるときは、その相続の開始があったことを知つた日の翌日から10ヵ月以内に課税価格、相続税額その他財務省令で定める事項を記載した申告書を納税地の所轄税務署長に提出しなければならない。
> 第2項　前項の規定により申告書を提出すべき者が当該申告書の提出期限前に申告書を提出しないで死亡した場合には、その者の相続人は、その相続の開始があったことを知った日の翌日から10ヵ月以内に申告書を納税地の所轄税務署長に提出しなければならない。

《関連用語》　会計監査人、利子税、納税申告書、修正申告書、期限後申告、更正、決定、更正の請求

2-6　期限後申告

国税通則法は「期限後申告」について、以下の規定（要点）を置いている。この期限後申告は、申告納税制度の対象とされるものに対して適用される。

> 国税通則法第18条（期限後申告）
>
> 第１項　期限内申告書を提出すべきであつた者、たとえば（確定損失申告）、（年の中途で死亡した場合の確定損失申告）、（年の中途で出国をする場合の確定損失申告）、（非居住者に対する準用規定により準用する場合）これらの規定による申告書を提出することができる者で、その提出期限内に当該申告書を提出しなかつたもの及びこれらの者の相続人その他これらの者の財産に属する権利義務を包括して継承した者は、その提出期限後においても、第25条（決定）の規定による決定があるまでは、納税申告書を税務署長に提出することができる。
>
> 第２項　前項の規定により提出する納税申告書は、期限後申告書という。
>
> 第３項　期限後申告書には、その申告に係る国税の期限内申告書に記載すべきものとされている事項を記載し、その期限内申告書に添付すべきものとされている書類があるときは、当該書類を添付しなければならない。

国税通則法上、期限内申告書を提出すべきであった者で、確定損失申告書等を提出する者が期限内に納税申告書を提出しなかった場合でも、当該申告書を提出することができるとされている。この場合に提出した確定損失申告書等も「期限後申告書」というものとされている。

しかし、一般的には、確定申告書の提出期限を過ぎて提出したものを「期限後申告書」と呼んでいる。そして、提出期限経過後、提出するまでの間は「無申告」の状態になっている。無申告の場合、無申告加算税が課されるほか、青色申告の取り消しの処分を受けることにもなっている。

≪関連用語≫　期限内申告と確定申告書、無申告、無申告加算税、決定、青色申告制度

2-7 無申告

2－6「期限後申告」で一部触れたところであるが、一般的には、確定申告書の提出期限を過ぎて提出したものを「期限後申告書」と呼んでいるが、提出するまでの間は「無申告」の状態である。この無申告には、無申告加算税が課されることになっている。小規模企業の場合、税理士に税務代理業務を委託していないなど、また、個人の場合では、一定の収入があった場合で、課税所得になると思わなかったことなどから、確定申告書の提出を失念していることがありえる。現実に、長い期間、無申告のままの状態にある法人が存在する。ほとんどの場合、休眠状態であることが多い。

関西電力が、平成14年度の「消費税申告書」を提出期限までに提出していないことによって、無申告加算税が課された事例がある。消費税の確定納付額247億円を納付期限である平成15年6月2日（月曜日）までに納付したが、消費税申告書を提出期限までに提出しなかったことによって、無申告加算税5％、約12億3,500万円を収めるよう大阪国税局から通知を受けてしまった。担当者が、期限内に提出することを失念したものである。関西電力は「無申告加算税の決定処分は厳しすぎる」として、大阪国税不服審判所に「不服申し立て」を行ったが棄却された。条文どおりの規定に従った処分である。そこで、平成16年7月20日、「処分の取り消しを求める訴訟」を大阪地裁に行っている。

この事件を契機として、平成18年に「無申告加算税制度」の改正が行われた。国税通則法第66条第1項「ただし書き」において「ただし、期限内申告書の提出がなかったことについて正当な理由があると認められる場合には、この限りではない。」とされた。「正当な理由がある」場合については、各々の税目ごとに「国税庁の事務運営指針」が定められている。基本的には、災害、交通・通信の途絶その他提出期限までに提出できなかったことについて「やむを得なかった事由がある」と認められる場合をいう。

「申告所得税の過少申告加算税及び無申告加算税の取扱いについて（事務運営指針）」（抜粋）の「第2無申告加算税の取扱い」によれば、以下のように取り扱うものとしている。

通則法第66条の規定を適用する場合において、災害、交通、通信の途絶その他期限内に申告書を提出しなかったことについて真にやむを得ない事由があると認められるときは、期限内申告書の提出が無かったことについて正当な理由があるものとして取扱う。

無申告加算税制度の趣旨からすれば、期限内申告書を提出する意思があったと認められる場合で、かつ、法定申告期限後速やかに提出されたような場合にまで「行政上の制裁」を課すことになれば、誠実な納税者の適正な申告納税の意欲をそぐ結果ともなる。悪意があったということではなく、単純な「ニアミス」まで、形式的に法令の定めに従った処分を課することは、必ずしも近代国家の租税制度には、そぐわない。経済的かつ租税の趣旨の実質的な対応が求められるところである。

今回の改正により、期限後申告書の提出があった場合において、その提出が、期限内申告書を提出する意思があったと認められる一定の場合に該当してされたものであり、かつ、当該期限後申告書の提出が法定申告期限から2週間を経過する日までに行われたものであるときは、無申告加算税は課さないこととする「無申告加算税の不適用制度」が設けられるにいたった。なお、国税通則法施行令第27条の2によれば、「期限内申告書を提出する意思があったと認められる一定の場合」について、以下の2つの条件を示している。

① 継続的な条件適合提出

自主的な期限後申告書を提出した日以前5年間、期限内申告書を継続して提出していることによって無申告加算税もしくは決定による重加算税を受けていないこと

② 無申告加算税の不適用制度の未経験

国税通則法第66条第6項「無申告加算税の不適用制度」の適用を受けていないこと

参考文献

(1) 日本経済新聞　平成16年7月21日　朝刊

(2)『週間税務通信』 No.2930　松崎啓介「(平成18年度税制改正シリーズ) 国税通則法等の改正について」税務研究会 平成18年8月7日号　23頁

≪関連用語≫　期限内申告と確定申告書、無申告加算税、申告納税制度

2-8　納税申告書

国税通則法第17条（期限内申告書）の定めによれば、申告納税方式による国税の納税者は「納税申告書」を法定申告期限までに提出しなければならないことになっており、法定申告期限までに提出した納税申告書を「期限内申告書」というものとされている。とくに、所得税、法人税等においては、添付資料としての申告関係書類の提出を条件として、税制上の特典を与えていることもしくは損金認容上の要件としているので、その添付忘れは重要である。納税申告書もしくはその添付資料（別表）としての主要なものとしては、以下のようなものがある。

(1)　所得税関係

①　所得税の確定申告書A
　給与所得、雑所得、配当所得、一時所得がある者

②　所得税の確定申告書B
　事業所得、不動産所得、利子所得、配当所得、給与所得、雑所得、譲渡所得がある者
　所得税の確定申告書には、第一表と第二表（第二表の２表が住民税用）とがある。そのほかに「所得の明細書」が用意されている。

③　所得税の確定申告書・第三表　分離課税用

④　所得税の確定申告書・第四表　損失申告用

⑤　所得税の修正申告書・第五表

⑥　青色申告決算書（一般用）営業所得

⑦　青色申告決算書（一般用）その他の所得

⑧　青色申告決算書（不動産所得用）

⑨　青色申告決算書（農業所得用）

⑩　医療費の明細書

⑪　損益の通算の計算書

⑫　財産及び債務の明細書

⑬　住宅借入金等の計算明細書

⑭　株式等に係る譲渡所得等の金額の計算明細書

⑮　確定申告書付表（株式等に係る譲渡損失の繰越用）

⑯　譲渡所得の内訳表

(2)　法人税関係

①	別表一（一）	申告書（普通法人）
	別表一（二）	申告書（公益法人等）

（注）青色申告法人は緑色した用紙を使用し、その他の法人は白色申告法人になり、白色の用紙を使用する。

②	別表二	同族会社等の判定に関する明細書
③	別表三（一）	特定同族会社の留保金額に対する税額の計算に関する明細書
④	別表三（二）	土地の譲渡等に係る譲渡利益金額に対する税額の計算に関する明細書
⑤	別表三（二の二）	優良住宅地等のための譲渡に該当しないこととなった土地等の譲渡に係る譲渡利益金額に対する税額の計算に関する明細書
⑥	別表三（三）	短期所有に係る土地の譲渡等に係る譲渡利益金額に対する税額の計算に関する明細書
⑦	別表三（四）	超短期所有に係る土地の譲渡等に係る譲渡利益金額に対する税額の計算に関する明細書
⑧	別表三（四）付表	超短期所有に係る土地の譲渡等に係る課税土地譲渡利益金額の合計額の計算に関する明細書
⑨	別表四	所得の金額の計算に関する明細書
⑩	別表五（一）	利益積立金額及び資本金等の額の計算に関する明細書
⑪	別表五（二）	租税公課の納付状況等に関する明細書
⑫	別表六（一）	所得税額の控除及びみなし配当金額の一部の控除に関する明細書
⑬	別表六（二）	外国税額の控除に関する明細書
⑭	別表六（二の二）	当期の控除対象外国法人税額又は個別控除対象外国法人税額に関する明細書

⑮	別表六（三）	外国税額の繰越控除余裕額又は繰越控除限度超過額等の計算に関する明細書
⑯	別表六（三）付表一	地方税の控除限度額の計算の特例に関する明細書
⑰	別表六（四）	直接納付した控除対象外国法人税額又は個別控除対象外国法人税額に関する明細書
⑱	別表六（四の二）	利子等に係る控除対象外国法人税額又は個別控除対象外国法人税額等に関する明細書
⑲	別表六（五）	間接納付した控除対象外国法人税額又は個別控除対象外国法人税額等の計算に関する明細書
⑳	別表六（五の二）	外国孫会社に係る外国法人税額に関する明細書
㉑	別表六（五の三）	外国子会社が納付したとみなされる外国法人税額に関する明細書
㉒	別表六（六）	試験研究費の税額等に係る法人税額の特別控除に関する明細書
㉓	別表六（六）付表	繰越税額控除限度超過額等に関する明細書
㉔	別表六（七）	中小企業者等が試験研究に行った場合の法人税額の特別控除に関する明細書
㉕	別表六（八）	試験研究費の増加額等に係る法人税額の特別控除に関する明細書
㉖	別表六（九）	試験研究を行った場合の法人税額の特別控除における平均売上金額、比較試験研究費の額及び基準試験研究費の額の計算に関する明細書
㉗	別表六（十）	エネルギー需給構造改革推進設備等を取得した場合の法人税額の特別控除に関する明細書
㉘	別表六（十一）	中小企業者等が機械等を所得した場合の法人税額の特別控除に関する明細書
㉙	別表六（十四）	事業基盤強化設備等を取得した場合等の法人税額の特別控除に関する明細書
㉚	別表六（二十一）	情報基盤強化設備等を取得した場合の法人税額の特別控除に関する明細書
㉛	別表六（二十四）	法人税の額から控除される特別控除額に関する

		明細書
㉜	別表七（一）	欠損金・災害損失金等による損金算入に関する明細書
㉝	別表八（一）	受取配当金の益金不算入に関する明細書
㉞	別表八（二）	外国子会社から受ける配当等の益金不算入に関する明細書
㉟	別表十（六）	収用換地等及び特定事業の用地買収等の場合の所得の特別控除等に関する明細書
㊱	別表十（七）	社会保険診療報酬に係る損金算入、農業生産法人の肉用牛の売却に係る所得又は連結所得の特別控除、造林のための植林費の損金算入及び特定の基金に対する負担金等の損金算入に関する明細書
㊲	別表十一（一）	個別評価金銭債権に係る貸倒引当金の損金算入に関する明細書
㊳	別表十一（一の二）	一括評価金銭債権に係る貸倒引当金の損金算入に関する明細書
㊴	別表十一（二）	返品調整引当金の損金算入に関する明細書
㊵	別表十一（三）	退職給与引当金の益金算入に関する明細書
㊶	別表十四（一）	特殊支配同族会社の判定等の損金不算入（平成22年3月まで）
㊷	別表十四（一）付表	特殊支配同族会社の所得金額の明細書（同上）
㊸	別表十四（二）	寄付金の損金算入に関する明細書
㊹	別表十四（二）付表	公益社団法人又は公益財団法人の寄附金の公益法人特別限度額の計算に関するに関する明細書
㊺	別表十四（四）	完全支配関係がある法人の間の取引の損益の調整に関する明細書
㊻	別表十五	交際費等の損金算入に関する明細書
㊼	別表十六（一）	旧定額法又は定額法による減価償却資産の償却額の計算に関する明細書
㊽	別表十六（二）	旧定率法又は定率法による減価償却資産の償却額の計算に関する明細書

⑲ 別表十六（四）　旧国外リース期間定額法若しくは旧リース期間定額法又はリース期間定額法による償却額の計算に関する明細書
⑳ 別表十六（六）　繰延資産の償却額の計算に関する明細書
㉑ 別表十六（七）　小額減価償却資産の取得価額の損金算入の特例に関する明細書
㉒ 別表十六（八）　一括償却資産の損金算入に関する明細書
㉓ 別表十六（九）　特別償却準備金の損金算入に関する明細書
㉔ 別表十六（十）　資産に係る控除対象外消費税額等の損金算入に関する明細書
㉕ 別表十七（一）　国外支配株主等に係る負債の利子等の損金算入に関する明細書
㉖ 別表十七（四）　国外関連者に関する明細書
㉗ 付表（同族会社）　特定同族会社等の特別税率の不適用制度
㉘ 特別償却の付表（二）　中小企業者等又は中小連結法人が取得した機械等の特別償却の償却限度額の計算に係る付表
㉙ 特別償却の付表（三）　事業基盤強化設備等の特別償却の償却限度額の計算に関する付表
㉚ 特別償却の付表（五）　情報基盤強化設備等の特別償却の償却限度額の計算に関する付表
㉛ 特別償却の付表（十八）　医療用機器等の特別償却の償却限度額の計算に関する付表
㉜ 特別償却の付表（二十）　特定増改築施設の特別償却の償却限度額の計算に関する付表
㉝ 特別償却の付表（二十一）　建替え病院用等建物の特別償却の償却限度額の計算に関する付表

（注）所得税と消費税の場合、税務署に対して納税申告書を提出すればそれで済むことになる。

所得税の場合、所得税の確定申告書の第二表（第二表の２表が住民税用）が、税務署を通じて地方公共団体に渡り、各個人の住民税が計算されることになっている。また、消費税の場合には、消費税の確定申告書に地方消費税に関する必要事項を記載する欄があって、国を通じて、各地方公共団体に一定の基準に基づいた金額が配分されることになっている。したがって、法人税の場合、各法人が地方公共団体に対して、納税申告書を提出する必要がある。その場合の主要なものとして、以下のものがある。

(3) 地方税関係

①	六号様式	道府県民税・事業税・地方法人特別税の確定申告書
②	六号様式別表二の三	控除対象還付法人税額又は控除対象個別帰属還付税額の控除明細書
③	六号様式別表三	外国の法人税等の額の控除に関する明細書（その１）
④	六号様式別表四	外国の法人税等の額の控除に関する明細書（その２）
⑤	六号様式別表四の二	外国の法人税等の額の控除に関する明細書（その３）
⑥	六号様式別表四の三	均等割額の計算に関する明細書
⑦	六号様式別表四の四	利子割額の控除･充当･還付に関する明細書
⑧	六号様式別表五	所得金額に関する計算書
⑨	六号様式別表九	欠損金額等の控除明細書
⑩	六号様式別表十四	基準法人所得割額及び基準法人収入割額に関する計算書
⑪	九号の二様式	利子割額の都道府県別明細書
⑫	二十号様式	市町村民税
⑬	二十号様式別表二の三	控除対象還付法人税額又は控除対象個別帰属還付税額の控除明細書
⑭	二十号様式別表三	外国の法人税等の額の控除（その１）に関する明細書
⑮	二十号様式別表四	外国の法人税等の額の控除（その２）に関する明細書
⑯	二十号様式別表四の二	外国の法人税等の額の控除（その３）に関す

る明細書

⑰ 付表（医療法人） 医療法人等に係る所得金額の計算書

(4) 消費税関係

一般用申告書提出者

① 課税期間分の消費税及び地方消費税の確定申告書（一般用）

② 付表１ 旧・新税率別、消費税額計算書兼地方消費税の課税標準となる消費税額計算書

③ 付表２ 仕入控除税額に関する明細書（法人用）

④ 付表２ 仕入控除税額に関する明細書（個人用）

⑤ 付表２－(2) 課税売上割合・控除対象仕入税額等の計算書

簡易課税用申告書提出者

⑥ 課税期間分の消費税及び地方消費税の確定申告書（簡易課税用）

⑦ 付表３ 消費税申告書「差引税額⑨」欄の計算書兼地方消費税の課税標準となる消費税額の計算書

⑧ 付表４ 旧・新税率別、消費税額計算書兼地方消費税の課税標準となる消費税額計算書

⑨ 付表５－(2) 控除対象仕入税額の計算書

≪関連用語≫ 申告納税方式、国税、地方税、消費税

2-9　修正申告と修正申告書

国税通則法は「修正申告」と「修正申告書」について、以下の規定（要点）を置いている。

> 国税通則法第19条（修正申告）
>
> 第１項　納税申告書を提出した者（その相続人その他当該提出した者の財産に属する権利義務を包括して継承した者を含む）は、次の各号（下記の事項）のいずれかに該当する場合には、その申告について第24条（更正）の規定による更正があるまでは、その申告に係る課税標準等または税額等を修正する納税申告書を税務署長に提出することができる。
>
> 第２項　第24条から第26条まで（更正・決定）の規定による更正または決定を受けた者は、次の各号（下記の事項）のいずれかに該当する場合には、その更正または決定について第26条の更正があるまでは、納税申告書を提出することができる。
>
> 第３項　前２項の規定により提出する納税申告書は「修正申告書」という。

⑴　第１項に規定する事項

①　先の納税申告書の提出により納付すべきものとしてこれに記載した税額に不足額があるとき

②　先の納税申告書に記載した純損失等の金額が過大であるとき

③　先の納税申告書に記載した還付金額に相当する税額が過大であるとき

④　先の納税申告書に当該申告書の提出により納付すべき税額を記載しなかった場合において、その納付すべき税額があるとき

⑵　第２項に規定する事項

①　更正または決定により納付すべきものとして更正通知書または決定通知書に記載された税額に不足額があるとき

② 更正に係る更正通知書に記載された純損失等の金額が過大であるとき

③ 更正または決定により係る更正通知書または決定通知書に記載された還付金に相当する税額が過大であるとき

④ 納付すべき税額がない旨の更正を受けた場合において、その納付すべき税額があるとき

国税通則法第９条第４項によれば「修正申告書には、次に掲げる事項を記載し、その申告に係る国税の期限内申告書に添付すべきものとされている書類があるときは当該書類に記載すべき事項のうちその申告に係るものを記載した書類を添付しなければならない。」ものとされている。

① その申告前の課税標準等および税額等

② その申告後の課税標準等および税額等

③ その申告に係る次に掲げる金額

イ その申告前の納付すべき税額がその申告により増加するときは、その増加する部分の税額

ロ その申告前の還付金の額に相当する税額がその申告により減少するときは、その減少する部分の税額

ハ 所得税法（純損失の繰り戻しによる還付）または法人税法（欠損金の繰り戻しによる還付）などの規定によって、還付加算金があるときは、その還付加算金のうちロに掲げる税額に対応する部分の金額

要するに「修正申告制度の趣旨」もしくは「修正申告書」の提出は、納税者が不利な場合、つまり、追加的納付税額がある場合または還付金額が過大であったような場合に、自主的に過去に提出した納税申告書に係る修正申告書を提出して、不足税額を納付し、あるいは還付金額の減額を求めるものである。逆に、納税者にとって有利な場合、つまり、納付済額が過大であったために減額を求める場合または還付金額が過大であって、その減額を求める場合には「更正の請求」という別の手続が必要になってくる。

国税通則法第20条は「修正申告の効力」について触れており、「修正申告書で既に確定した納付すべき税額を増額させるものの提出は、既に確定した納付すべき税額に係る部分の国税についての納税義務に影響を及ぼさない。」ので、当初の納税申告書による税額はまず納付するということである。

≪関連用語≫ 納税申告書、過少申告加算税、更正、決定、更正の請求

2-10　書類送達の到達主義の原則

国税通則法は第12条に「書類の送達」について、以下の規定（要点）を置いている。

> 国税通則法第12条（書類の送達）
>
> 第１項　国税に関する法律の規定に基づいて税務署長その他の行政機関の長またはその職員が発する書類は、郵便もしくは民間事業者による信書の送達に関する法律に規定する一般信書便事業者もしくは特定信書便事業者による信書便による送達または交付送達により、その送達を受けるべき者の住所または居所に送達する。
>
> ただし、その送達を受けるべき者に納税管理者があるときは、その住所または居所に送達する。
>
> 第２項　通常の取扱いによる郵便または信書便によって前項に規定する書類を発送した場合には、通常到達すべきであつた時に送達があつたものと推定する。
>
> 以下の項　―省略―

このように、税務署長等が発する書類は「通常到達すべきであった時」に送達があったものとされている。しかし、この「通常到達すべきであった時」について、争われた事例（平成９年４月30日　横浜地裁）がある。

国税通則法によると、更正処分等に対する「不服申立の方法」として、「異議申立」および「審査請求」の手続を設けている。この２段階の手続を経た後でなければ「現処分の取消訴訟」を提起することができない。なお、異議申立は、国税通則法第77条（不服申立期間）により「処分があったことを知った日」の翌日から２ヵ月以内にしなければならないこととされている。

ここに取り上げる事例の内容は、以下のようなもの（要約）であった。原告は、平成３年にマンションを譲渡し、租税特別措置法第35条（居住用財産の譲渡所得の特別控除）の特例を適用して申告したところ、被告課税庁は、居住用家屋の譲渡には当たらないとして、平成５年12月27日、更正処分等に係る通知書を、あらかじめ調査官が、電話で通知書の送付先を確認しておいてから、簡易書留郵便により原告宛に発送した。ここで問題になっているのは、「通常到達すべきであった時」もしくは「処分に係る通知を受けた日」が「いつ」であるか、ということである。

原告は、A町には居住していないが実母がおり、実家にはよく行くので、そこで受け取ることができると応えている。そして、この通知書はA町の実家に送達され、平成5年12月29日、同所に住む実母が自分の印鑑を用いて受領した。この事実については、争いはない。

平成6年3月31日、原告は異議申し立てを行った。しかし、被告税務署長は異議申立期間を経過していることから「不適法な申立である」として却下の決定を行った。被告税務署長(課税庁)は、異議申立期間は、実母が通知書を受領した日の翌日である平成5年12月30日から進行することになると主張している。本件事件について、裁判所は、国税通則法第77条第1項の「処分に係る通知を受けた日」とは、郵便が名宛人の住所に配達されたときをいうことになっている。しかし、当該通知が受送達者あるいはこれと生計を一にする同居人もしくは受送達者のために受領権限を有する者と認められる客観的状態に置かれれば足りると判旨したのである。

原告と実母は、生計を一にする同居人ではないから、原告が実母に書留郵便の受領権限を委任しているかどうか、が問題になる。この件について、裁判所は、原告が実母に対して、本件通知書のような書留郵便物という法的に重要な意味を有する書類の受領のため、とくに印鑑を預けておくなど、授権行為を与えていたとは認められないと判旨した。そのようなことから「処分に係る通知を受けた日」は、実母が通知書を受領した平成5年12月29日ではなく、原告が実母から通知書を手渡され、これを開封した平成6年3月14日であると判断した。その結果、原告が勝訴したことになる。いずれにしても、形式基準ではなく、実際に原告が手に取った日とされたのである。

参考文献

東京税理士会データ通信協同組合情報事業資料『justax』No.52「書留郵便の受領権限はだれに？」平成9年11月10日号

≪関連用語≫　納税申告書、更正、不服申立制度、不服申立期間

2-11　書類発信主義の原則

国税通則法第12条は行政側から発信する「書類の送達」について定めており、同法第22条は逆に納税者側からの「書類の送達」について、以下のような規定を置いている。

> 国税通則法第22条（郵送等に係る納税申告書の提出時期）
>
> 納税申告書（当該申告書に添付すべき書類その他当該申告書の提出に関連して提出するものとされている書類を含む。）その他国税庁長官が定める書類が郵便又は信書便により提出された場合には、その郵便物又は信書便物の通信日付印により表示された日（その表示がないとき、又はその表示が明瞭でないときは、その郵便物又は信書便物について通常要する送付日数を基準とした場合にその日に相当するものと認められる日）にその提出がされたものとみなす。

納税申告書は提出期限内に提出することとされている。本条は、その「提出した日」に係る規定である。この提出した日については、到達日基準と発信日基準がある。この規定により、納税申告書については「発信日基準」が採られていることを示している。したがって、たとえば、所得税の場合、翌年の３月15日が提出期限であるから、郵送する場合、３月15日までに郵便局に持っていけばよいということになる。「その郵便物又は信書便物の通信日付印により表示された日」ということから、証拠として明らかにしておくために、書留郵便で送っておくことが大切である。

ただし、国税通則法第12条のような「民間事業者による信書の送達に関する法律に規定する一般信書便事業者もしくは特定信書便事業者による信書便による送達」の文言がないので、たとえ「通信日付印により表示された日」が明らかにされているときでも、宅配便などの民間事業者による宅配便の送達は「到達日基準」によることになる。

なお、３月15日が土曜日もしくは日曜日の場合、どのような扱いになるのか、本件については、国税通則法第10条（期間の計算及び期限の特例）第２項（要約）に「国税に関する法律に定める申告、申請、請求、届出その他書類の提出、通知、納付または徴収に関する期限が日曜日、国民の祝日、その他一般の休日または政令で定める日に当たるときは、これらの日の翌日をもってその期限とする。」旨、定められている。ところで「政令で定める日」とは、たとえば、所得税では、出国した者について「出国の時その他の時をもって定めた期限」という定めがある。

なお、国税通則法第22条は、納税申告書その他の書類に関する「提出期限の特例」を定めたものであって、一般的には民法上の原則である「到達主義」によるものとされている。民法（明治29年4月27日 法律第89号）第97条第1項（隔地者に対する意思表示）に「隔地者に対する意思表示は、その通知が相手側に到達した時からその効力を生ずる。」とされている。

この到達日基準は「官庁に対する意思表示の原則的主義」であり、これと同様に、税務当局に提出される税務関係書類の効力の発生に対する一般原則としている。この到達日基準に対して、国税通則法は郵便事情等考慮して、納税申告書等については「その郵便物又は信書便物の通信日付印により表示された日」をもって、提出があったものとみなす「発信日基準」という例外規定を設けているものである。納税申告書とは、国税通則法第2条（定義）第1項第6号に定めるものであって、期限内申告書、期限後申告書および修正申告書などにも適用される。また、同法第22条の規定は、更正の請求書、異議申立書および審査請求書などにも適用される。

ところで、納税者が税務官庁等に提出する書類には、納税申告書等以外にも所得税や法人税の青色申告申請書や減価償却資産の償却方法の届出書など諸種の書類がある。これらの書類の提出については、発信日基準の採用が要望されていたが、原則的基準である到達日基準が採られている。そこで、平成18年の改正で、「国税庁長官告示（国税通則法第22条に規定する国税庁長官が定める書類を定める件）」により国税庁長官が定める書類については、同法第22条の適用を受けるものとされた。

「税務手続に関する書類の提出時期」については、原則として「到達した日」とされているが、納税申告書については、「発信されたとみなされる日」が提出日とされている。その関係、主要な申告書および関連書類について、一覧表で示すと、次ページに示した表（2－1）のようになっている。

表（2－1）税務手続に関する主な書類の提出時期一覧表

番号	書類等の名称		提出時期	
			発信基準	到達基準
1	申告所得税関係	申告所得税の確定申告書	○	
2		所得税の予定納税額の減額申請書	○	
3		個人事業の開廃業等届出書	○	
4		所得税･消費税の納税管理人の届出書		○
5		所得税の青色申告承認申請書	○	
6		青色専従者給与に関する届出書	○	
7	源泉所得税関係	給与所得者の扶養控除等（異動）申告書		○
8		源泉所得税の納期の特例の承認に関する申請書	○	
9		納期の特例適用者に係る納期限の特例に関する届出書	○	
10		租税条約に関する届出書など		○
11	法人税関係	法人税の確定申告書	○	
12		法人設立届出書	○	
13		納税管理人届出書		○
14		申告期限の延長の特例の申請書	○	
15		青色申告の承認申請書	○	
16		欠損金の繰戻しによる還付請求書	○	
17	消費税関係	消費税の確定申告書	○	
18		消費税課税事業者選択届出書	○	
19		消費税課税事業者届出書		○
20		消費税簡易課税制度選択届出書	○	

参考文献

『週間税務通信』 No.2930 松崎啓介「（平成18年度税制改正シリーズ）国税通則法等の改正について」税務研究会 平成18年8月7日号 31～32頁

≪関連用語≫ 納税申告書

2-12　更正の請求

国税通則法は、「更正の請求」について、以下（要約）のように定めている。

国税通則法第23条（更正の請求）「要約」

第１項　納税申告書を提出した者は、次の各号の一に該当する場合には、当該申告書に係る国税の法定申告期限から１年以内に限り、その申告に係る課税標準等または税額等につき更正をすべき旨の請求をすることができる。

① 申告書に記載した課税標準等もしくは税額等の計算が国税に関する法律の規定に従っていなかったこと、または、当該計算に誤りがあったことにより、納付すべき税額が過大であるとき

② ①の理由により、申告書に記載した純損失等の金額が過小であるとき、または、申告書に純損失等の金額の記載がなかったとき

③ ①の理由により、申告書に記載した還付金の額に相当する税額が過小であるとき、または、申告書に還付金の額に相当する税額の記載がなかったとき

第２項　納税申告書を提出した者または決定を受けた者は、次の各号の一に該当する場合には、同項の規定にかかわらず、当該各号に掲げる期間において、その該当することを理由として同項の規定による更正の請求をすることができる。

① その申告、更正または決定に係る課税標準等または税額等の計算の基礎となった事実に関する訴えについての判決により、その事実が計算の基礎としたところと異なることが確定したとき

⇒　その確定した日の翌日から２ヵ月以内

② その申告、更正または決定に係る課税標準等または税額等の計算に当たって、申告しまたは決定を受けた者に帰属するものとする他の者に係る国税の更正または決定があったとき

⇒　更正または決定があった日の翌日から２ヵ月以内

③ その他国税の法定申告期限後に生じた前項の①と②に類する政令で定めるやむを得ない理由があるとき

⇒　理由が生じた日の翌日から2ヵ月以内

(1)　修正申告書と更正の請求

修正申告書は、当初提出した申告書に対して課税所得の増加、欠損金の減少、税額の増加もしくは還付金の減少がある場合等、納税者に不利な場合に限って、提出することができる申告書である。その逆の場合、つまり、納税者に有利な場合には、修正申告書の提出ではなく「更正の請求」を行うことになる。更正とは、税務署の調査を前提としたものであり、この更正の請求とは、調査を求めることを意味している。その結果として納税額の減額等の処分を受けることになる。この「更正の請求」が、租税制度に初めて設けられたのは、昭和25年の税制改正である。そのときには、納税者の税務に関する知識程度を勘案して、所得税および相続税についてのみ採用された手続であった。その後、昭和34年3月の税制改正において、法人税についても計算の誤謬など「善意な過ち」がありえるとして、認められることになった。

なお、更正の請求書の提出期限は、申告書の法定提出期限から1ヵ年以内とされている。ただし、たとえば、取引先の税務調査によって取引先との取引が否認されたことによって、当該会社が影響を受けることになった場合は別である。「嘆願書」の提出によって更正の請求に準じた取り扱いが行われることがあるが、これは法の予定したものではなく、税務事務処理上の取り扱いである。更正の請求は、法人税の納税申告書に記載された法人税額等が法令の適用を誤って計算されていた場合等において、その更正（減額の更正）を請求する制度であるが、その請求によって直ちに法人税額等が過大であることが確定するものというものではない。この申請により税務署長が更正をして、初めてその法律的効果が充足されるのである。

(2)　消費税の申告と計算方式の選択

平成9年5月27日の福岡地裁の事例

つぎに「更正の請求」が否決された事件に触れておくことにする。この事例は、「税理士の善管注意義務違反」並びに「税理士の賠償責任」に絡んでくる内容のもので、重要な事例である。案件の要旨は、以下のような内容であった。平成２年９月１日から平成３年８月31日までの課税期間に係る消費税の確定申告につき、原告Ｘ社は仕入税額控除の計算方法として「一括比例配分方式」を選択し、課税標準額に対する消費税額387百万円、税額控除39百万円、納付すべき消費税額348百万円とする確定申告書を法定申告期限までに提出した。その後、原告は、仕入税額控除の計算方法を消費税額の計算について「個別対応方式」に変更する更正の請求を行ったもので、この事例では、約２億円の納付税差額が発生している。

被告Ｙ税務署長は、平成５年12月21日、一括比例配分方式を適用して、消費税額390百万円、控除税額75百万円、消費税額315百万円とする更正処分を行った。被告は、一括比例配分方式と個別対応方式のいずれを選択するかは「納税者の自由」に委ねられていることから、確定申告において一括比例配分方式を選択した以上、その後において個別対応方式に変更することは計算の誤りには当たらず、また、確定申告の要素に錯誤があったともいえないと主張した。裁判所は、原告が主張するように、簡便な計算方法である一括比例配分方式の選択を認める法の趣旨からすれば、事業形態によって、その選択が許されないという性質のものではないのであるから、選択が許されないのに、これが許されるものと誤信して錯誤により一括比例配分方式を選択したとの原告の主張には理由がなく、税額計算に誤りがあったともいえないとして原告の主張を棄却している。

この事例では、原告は前課税期間において個別対応比例方式を選択していることから、あえて当該課税期間に一括比例配分方式を採用する理由があったわけではない。それにもかかわらず、一括比例配分方式を採用したということは、判断ミスとしか言いようがない。その結果、更正の請求が認められる「国税に関する法律の規定に従っていなかったこと」あるいは「計算に誤りがあったこと」にはならない。消費税の計算に係る「判断の誤り」があったということであるが、「納付すべき税額に２億円もの差額」が発生したことは、納税代理人としての税理士に「職業専門家としての正当な注意」が欠落していたと判断されかねないケースであり、判決後の方向性として、税理士の損害賠償責任に発展することが予想されるケースである。[(1)] いずれにしても、消費税が導入されてから、税理士に対する損害賠償責任問題（訴訟を含む）が増加傾向にあり、その中で最も多いのが、消費税に関連する事項である。税理士業務もリスクが高まってきたということがいえる。

⑶　株式配当の所得税額控除計算の誤り

平成19年7月10日の最高裁の事例

つぎに、納税者側の主張が認められた事例（最高裁判所第二小法廷・平成19年7月10日）について触れてみることにする。

本件は、まず、一審の熊本地裁では、納税者の主張を一部認容しているが、結果としては「所得税額の控除は申告書に記載された金額が限度となる」として更正すべき理由がない旨の処分が行われている。しかし、福岡高裁では原判決を取り消したために、納税者側が最高裁に上告していたケースである。そして、最高裁は、株式配当に係る所得税額控除の計算ミスで納付すべき法人税額を過大申告したことは、国税通則法の要件に該当することから、更正の請求の対象になるとして納税者の主張を認める判決を行っている。

納税者は、所有株式の一部について配当計算期間を取り違えて所有株式数を記載したため、控除所得税額を7億7,418万円とすべきところ、6億2,292万円と過少に記載して申告書を提出した。そこで、過大申告となったことから更正の請求を行ったという事例である。最高裁は、法人税法第68条（所得税額の控除）第3項は、納税者が所得税額控除の適用を受けることを選択しなかった以上、後になってこれを覆し、適用を受ける範囲を追加的に拡張する趣旨で更正の請求をすることを許さないとした規定であるとした。そして、本件の更正請求は同法の趣旨に反しないと判断（計算の誤り）し、控除税額を過少に記載し過大申告となったことは、更正の請求を規定する国税通則法第23条の要件に該当することは明らかだとして納税者の主張を認めたものである。[2]

参考文献

⑴　東京税理士会データ通信協同組合情報事業資料『justax』「一括比例配分方式の選択と更正の請求」No.50　平成9年9月10日号

⑵『週間税務通信』　No.3076「税額控除計算誤りの更正請求で納税者主張を認める―最高裁―請求は税額控除の適用範囲を追加的に拡張するものではないと判断」税務研究会　平成21年7月27日号　6～7頁

≪関連用語≫　納税申告書、修正申告書、嘆願書制度、更正、決定

2-13 更　正

「更正」とは、納税申告書（修正申告書等を含む）の提出があった場合において、その納税申告書に記載された「課税標準等または税額等」の計算が国税に関する法律の規定に従っていなかったときあるいは誤っていたような場合に正しい課税標準等または税額等に計算し直すことをいう。したがって、課税標準等または税額等は、増額する場合も減少する場合もある。国税通則法第23条は、「更正」について、以下のように定めている。

> 国税通則法第24条（更正）
>
> 税務署長は、納税申告書の提出があつた場合において、その納税申告書に記載された課税標準等又は税額等の計算が国税に関する法律の規定に従つていなかつたとき、その他当該課税標準等又は税額等がその調査したところと異なるときは、その調査により、当該申告書に係る課税標準等又は税額等を更正する。

税務調査があったときに、提出された納税申告書に記載されている課税標準等または税額等の計算が国税に関する法律の規定に従っていなかったとき、あるいはその他当該課税標準等または税額等がその調査したところと異なるときは、その申告書に記載されている課税標準等または税額等を更正するものとされている。この更正は「更正通知書」をもって行われる。

税務調査の結果、課税標準等または税額等が増額する場合の措置としては、納税者が修正申告書を提出して終わる場合と、課税庁が更正する場合とがある。修正申告書は納税者が、その内容を認めて提出するものであるから、後日、課税標準等または税額等を減額する「更正の請求」は、原則として認められない。増額するための再修正申告書の提出は認められる。

税務調査の結果、課税標準等または税額等が減額する場合は、更正が行われる。更正通知書には、たとえば、法人の場合、問題になった事項ごとにその内容と計算の結果が明記されている。その上で、確定申告書・別表五(一)「利益積立金額及び資本積立金額の計算に関する明細書」に記載されるべき「差引翌期首現在利益積立金額」についての更正前と更正後の数字が比較される様式で記載されている。

所得税法と法人税法には、さらに各々の税法に特段の規定が、以下のように置かれている。

所得税法上、青色申告書提出者に対する更正は、原則として「税務調査」を前提にした措置であるが、例外的に「推計課税」が認められている。

> 所得税法第155条（青色申告書に係る更正）
>
> 第１項　税務署長は、居住者の提出した青色申告書に係る年分の総所得金額、退職所得金額若しくは山林所得金額又は純損失の金額を更正する場合には、その居住者の帳簿書類を調査し、その調査によりこれらの金額の計算に誤りがあると認められる場合に限り、これをすることができる。
>
> ただし、次に掲げる場合は、その帳簿書類を調査しないでその更正をすることを妨げない。
>
> (但し書に係る第１号と２号は省略)
>
> 第２項　税務署長は、居住者の提出した青色申告書に係る年分の総所得金額（中略）の更正（中略）をする場合には、(中略）更正通知書にその更正の理由を附記しなければならない。
>
> 同法第156条（推計による更正又は決定）
>
> 税務署長は、居住者に係る所得税につき更正又は決定をする場合には、その者の財産若しくは債務の増減の状況、収入若しくは支出の状況（中略)、所得の金額又は損失の金額（中略）を推計して、これをすることができる。

青色申告制度の特徴（制度上の利点）は「推計課税の排除」にあるが、納税者の会計帳簿等の信頼性に問題があるような場合に限って、推計課税が採られる余地を残している。不動産を取得した場合、通常、税務署から「お買いになった資産の買入価額などについてのお尋ね」という書類が送られてくる。資金調達が明確でない場合、資金の出所（贈与など）が問題にされ、課税の対象とされることがある。バブル経済最盛期のことであるが、高級外車、高額ゴルフ会員権（券）並びに一定金額以上の株式について、よくこの「お尋ね」によって、脱税した資金で購入したようなケースが捕捉された事例がある。

いずれにしても、不動産等については登記所から、ゴルフ会員権についてはゴルフ場から、また株式については名義書換代行機関から税務署に通知されているので、税務署としては、一定の資金移動者（高額物品購入者）を把握することは容易なのである。脱税など不適切な資金については、納税者は説明できない場合がある。このような場合に推計課税が行われることになる。

法人税法上も、所得税法と同様に、青色申告書提出法人に対する更正は、原則として「税務調査」を前提にした措置であるが、例外的に「推計課税」が認められる余地を残している。

> 法人税法第130条（青色申告書等に係る更正）
>
> 第１項　税務署長は、内国法人の提出した青色申告書又は連結確定申告書等（中略）に係る法人税の課税標準又は欠損金額若しくは連結欠損金額の更正をする場合には、その内国法人の帳簿書類（中略）を調査し、その調査により（中略）誤りがあると認められる場合に限り、これをすることができる。ただし、（中略）法律の規定に従つていないことその他その計算に誤りがあることが明らかである場合には、その帳簿書類を調査しないでその更正をすることを妨げない。
>
> 第２項　税務署長は、内国法人の提出した青色申告書又は連結確定申告書等に係る法人税の課税標準又は欠損金額若しくは連結欠損金額の更正をする場合には、（中略）更正通知書にその更正の理由を付記しなければならない。
>
> 同法第131条（推計による更正又は決定）
>
> 税務署長は、内国法人に係る法人税につき更正又は決定をする場合には、内国法人の提出した青色申告書に係る法人税の課税標準又は欠損金額の更正をする場合を除き、その内国法人（中略）の財産若しくは債務の増減の状況、収入若しくは支出の状況（中略）により、その内国法人の課税標準（中略）を推計して、これをすることができる。

同法第130条「但し書」にいう「法律の規定に従つていないことその他その計算に誤りがあることが明らかである場合には、その帳簿書類を調査しないでその更正をすることを妨げない。」という意味は、提出した納税申告書の記載事項から見て、転記ミス、計算誤りなど明らかな場合のことであり、あえて税務調査をしないまでも修正を要する事項を発見した場合には、更正をすることができるという規定である。この場合でも、電話等で連絡することによって、修正申告書の提出を促すことがある。ただし、税額等が減額する場合には、更正することになる。

また、添付資料（明細書）の添付漏れがある場合もある。課税標準もしくは税額の計算において、関係資料（明細書）の添付を条件としているものにつき、その添付漏れ、もしくは記載誤りなどがあって、追加送付もしくは差し替えを要することがある。追加送付もしくは差し替えで済めばよいが、そうではなく、認められず、更正される場合もある。

最近は、ほとんどがコンピューターによる処理（納税申告書の作成）が行われているので、転記ミスは発生しないと思われるが、計算誤りは発生しやすい環境にある。毎年、税法の規定が改正されている上、より一層複雑化しているので、入力誤りを起こしやすいのである。たとえば、上場株式の配当金について、それまで源泉所得税額が20％であったものが、10％になり、しかもそのうち７％が国税であり、３％が地方税とされている。また、法人税率が中小法人の場合、軽減税率が適用されているが、その税率が変更になった場合の適用の時期並びに増資（不況時の資本増強が行われているケースがある）等によって、中小法人から外れることがある。これらのケースにおいて、コンピューター処理の場合、入力ミスを犯すことがある。

従来は、個人事業者の税務調査においては、誤り等があった場合、納税者に修正申告書の提出を求めて終わりとしていたが、最近の事例では更正を行うケースも多くなったようである。「平成23年度税制改正大綱」に折り込まれた定めに関連して「原則として、平成24年１月より、全ての処分について理由附記を実施し、個人の白色申告者に対する更正等にかかる理由附記については、記帳・帳簿等保存義務の拡大と併せて実施する」[(1)] ことに関係しているようで、更正とともに内容を口頭で説明するようになった。

引用文献

(1)『週間税務通信』No.3144「平成23年度税制改正大綱を閣議決定」平成22年12月20日　5頁

≪関連用語≫　青色申告制度、申告納税制度、賦課課税制度

2-14 決　定

国税通則法第25条は、「決定」について、以下のように定めている。

> 国税通則法第25条（決定）
> 　税務署長は、納税申告書を提出する義務があると認められる者が当該申告書を提出しなかつた場合には、その調査により、当該申告書に係る課税標準等及び税額等を決定する。ただし、決定により納付すべき税額及び還付金の額に相当する税額が生じないときは、この限りでない。

決定とは、無申告者（納税申告書未提出者）に対して、納付すべき税額等を決めることをいう。つまり、税務署長は、納税申告書を提出する義務があると認められる者が申告書を提出しなかった場合には、税務調査を実施した上で、申告書に係る税額等を決定することができる。要するに無申告者に対する税額を請求する手続である。

納税申告書を提出する義務のある者もしくは法人が、法定の提出期限内に納税申告書を提出していない場合、納税申告書を提出するまでは「無申告」の状態である。法定の提出期限後に提出した納税申告書は、期限後申告書となる。その場合、罰則に相当する無申告加算税が課せられる。

更正は更正通知書により、また、決定は決定通知書により行うものとされている。この決定通知書には、同法第28条（更正又は決定の手続）第３項により、決定に係る課税標準等及び税額等を記載することになるが、国税庁または国税局の職員が調査した結果に基づいてなされたときには「その旨を附記する」ものとされている。さらに、更正または決定を行う所轄庁は、同法第30条（更正又は決定の所轄庁）第１項により、「処分を行うその国税の納税地を所轄する税務署長」とされている。ただし、同条第４項によれば、輸入品に係る申告消費税等についての更正または決定は、「納税地を所轄する税関長」が行うものとされている。

≪関連用語≫　申告納税制度、納税申告書、無申告加算税

2-15 再 更 正

国税通則法第26条は、「再更正」並びに「国税庁又は国税局の職員の調査に基づく更正又は決定」について、以下のように定めている。

> 国税通則法第26条（再更正）
> 税務署長は、前2条又はこの条の規定による更正又は決定をした後、その更正又は決定をした課税標準等又は税額等が過大又は過少であることを知つたときは、その調査により、当該更正又は決定に係る課税標準等又は税額等を更正する。
> 同法第27条（国税庁又は国税局の職員の調査に基づく更正又は決定）
> 前3条の場合において、国税庁又は国税局の当該職員の調査があつたときは、税務署長は、当該調査したところに基づき、これらの規定による更正又は決定をすることができる。

この規定に従えば、再更正とは「税務署長が更正または決定をした」後において、その更正または決定をした税額等が過大または過少であることを知ったときに、調査をした上で、当該更正または決定に係る税額等を更正することをいうものとされている。なお、国税通則法は、第70条において国税の更正、決定等を行い得る期間について定めている。いわゆる時効であり、その期限を経過した以降、更正はできないものとされている。

① 更正 ⇒ その更正に係る国税の法定申告期限から3年を経過した日
　ただし、同日前に期限後申告書が提出された場合は、同日とその提出があった日から2年を経過した日とのいずれか遅い日
　また、法人税に係る更正については、その更正に係る国税の法定申告期限から5年を経過した日

② 課税標準申告書の提出を要する国税で、当該申告書の提出があつたものに係る賦課決定 ⇒ 当該申告書の提出期限

≪関連用語≫ 申告納税制度、納税申告書、更正、決定

2-16　不服申立制度

税金の納付は見返りのない資金支出であるから、納税者としては少しでも納付額を少額にしたいと考えるのは当然である。他方、徴税者側としては、国家財政の財源を担っているという自負があり、税収の確保に力が入る。そこで、税務処理、関係法令の解釈に相違が起きてくることにもなる。税務調査における税務調査官によっても、解釈なり、判断が異なってくることがあるとしても、納税書側から見て、納得しきれない税務調査官の判断（申告漏れの指摘等）が行われていることが、多々、起きている。このような場合の対応（救済措置）として、「不服申立制度」が設けられている。最近の事例として、以下のようなケースがある。

住友鋼管が関東信越国税局の税務調査を受け、アメリカの子会社の解散処理を巡り平成17年３月期までの３年間で約20億円の申告漏れを指摘され、過少申告加算税を含めた追徴税額約10億円の納税を求められたケースである。同社は、この処分を不服として国税不服審判所に審査請求をした。(1)

また、竹中工務店が大阪国税局の税務調査を受け、社員の持ち株会から自社株式を譲り受けて生じた利益相当額約281億円は同会に対する「みなし配当金」に当たるとして、源泉所得税徴収漏れを指摘され、不納付加算税を含めた追徴税額約61億円の納税を求められたケースがある。同社は、この処分を不服として国税不服審判所に審査請求をした。(2)

ところで、異例なケースがあったことがある。ある電気会社が東京国税局の税務調査を受け、相当額の申告漏れを指摘され、過少申告加算税を含めた多額な追徴税額の納税を求められたケースがある。同社は、この処分を不服として国税不服審判所に審査請求をしたのであるが、この税務調査を行った当該税務官が、人事異動で国税不服審判所に異動になっていて、しかも、当該案件の審査担当官に選任されていた。同社の指摘で、事実が判明し、「独立性の欠如」を理由に、審査不適格となり、審査をしないまま不服申立人の出張が認められた。(3)

ともかく、国税通則法第75条は、「不服申立」について、以下のように定めている。

国税通則法第75条（国税に関する処分についての不服申立て）
第１項　国税に関する法律に基づく処分で次の各号に掲げるものに不服がある者は、当該各号に掲げる不服申立てをすることができる。
① 税務署長がした処分（次項に規定する処分を除く。）
⇒　その処分をした税務署長に対する異議申立て
②～④　―省略―
⑤　国税庁、国税局、税務署及び税関以外の行政機関の長又はその職員がした処分 ⇒　国税不服審判所長に対する審査請求
第２項　国税に関する法律に基づき税務署長がした処分で、その処分に係る次項に関する調査が次の各号に掲げる職員によつてされた旨の記載がある書面により通知されたものに不服がある者は、当該各号に掲げる行政機関の長がその処分をしたものとみなして、当該行政機関の長に対して異議申立てをすることができる。
①　国税局の当該職員
⇒　その処分をした税務署長の管轄区域を所轄する国税局長
②　国税庁の当該職員⇒　国税庁長官

なお、国税通則法第76条は、「不服申立てができない処分」を定めていて、以下の二つの場合は、同法第75条の「国税に関する法律に基づく処分に含まれない」ものとされている。

①　行政不服審査法の規定による処分その他国税通則法第75条の規定による不服申立てについてした処分
②　行政不服審査法第４条第１項第７号に掲げる処分
（注）国税または地方税の犯則事件に関する法令に基づき、税務署長等が行う処分

参考文献

(1) 日本経済新聞　平成18年12月８日　朝刊
(2) 日本経済新聞　平成19年 2月７日　夕刊
(3) 参考文献・喪失

≪関連用語≫　国税不服審判所制度、税務調査、みなし配当金

2-17 不服申立期間

不服申立制度があって、税務調査等に対する救済措置が採られていることは、納税者にとって必要なことと考えるが、それがいつまで認められるかということは行政として必要である。さもないと、税務調査官が行った指摘事項がいつまでも結了とならないからである。つまり、税務調査官の任務の開放のためにも必要なことなのである。

国税通則法第77条は「不服申立期間」について、以下のように一定の期限を定めている。

> 国税通則法第77条（不服申立期間）
>
> 第１項　不服申立て（中略）は、処分があつたことを知つた日（処分に係る通知を受けた場合には、その受けた日）の翌日から起算して２月以内にしなければならない。
>
> 第２項　第75条第３項の規定による審査請求は、（中略）異議決定書の謄本の送達があつた日の翌日から起算して１月以内にしなければならない。
>
> 第３項　天災その他前２項の期間内に不服申立てをしなかつたことについてやむをえない理由があるときは、（中略）その理由がやんだ日から起算して７日以内にすることができる。
>
> 第４項　不服申立ては、処分があつた日の翌日から起算して１年を経過したときは、することができない。ただし、正当な理由があるときは、この限りでない。
>
> 第５項　―省略―
>
> 第６項　国税に関する法律に基づく処分をした者が誤つて法定の期間より長い期間を不服申立期間として教示した場合において、その教示された期間内に不服申立てがされたときは、当該不服申立ては、法定の期間内にされたものとみなす。

≪関連用語≫　国税不服審判所制度、不服申立制度

2-18　質問検査権

青色申告制度は、納税者の自己申告を前提としている制度であり、提出された納税申告書に記載された課税標準等および税額等の計算に誤りがあったとして更正する場合、もしくは更正の請求があって、それにしたがって措置するとき等の場合、原則として税務調査を行った上ですることになる。この税務調査実施権は「質問調査権」に基礎を置いている。

所得税法第234条および第236条は、この「質問調査権」およびその関連事項について、以下のように定めている。

> 所得税法第234条（当該職員の質問調査権）
>
> 第1項　国税庁、国税局又は税務署の当該職員は、所得税に関する調査について必要があるときは、次に掲げる者に質問し、又はその者の事業に関する帳簿書類、（中略）その他の物件を検査することができる。
>
> ①　納税義務がある者、納税義務があると認められる者又は（中略確定損失申告など）の規定による申告書を提出した者
>
> ②～③　—省略—
>
> 第2項　前項の規定による質問又は検査の権限は、犯罪捜査のために認められたものと解してはならない。
>
> 同法第236条（身分証明書の携帯等）
>
> 国税庁、国税局又は税務署の当該職員は、第234条（当該職員の質問検査権）の規定による質問又は検査をする場合には、その身分を示す証明書を携帯し、関係人の請求があつたときは、これを提示しなければならない。

税務調査を行う場合、通常、前もって納税申告書に記載されている税務代理人である税理士に連絡してから実施している。ただし、書面添付制度の導入以降、たとえ税理士の署名があっても、同書面の添付がない場合、税務官は直接、納税者に連絡するようになったようである。書面の添付によって、申告内容に実質的な変更がないにもかかわらず、また、税理士の署名があったとしてもである。小規模企業や個人の場合、納税者自体が十分に内容を記

憶かつ理解しているわけではないので、まず、税務代理人である税理士に連絡するべきものと考えている。ともかく、税務調査官による税務調査がある場合、調査の前にほとんどの場合、職制上、比較的下位のものは身分証明書を提示し、統括官（職制上の身分）以上の場合、名刺を渡している。

また、法人税法第153条、第156条および第157条は、この「質問調査権」およびその関連事項について、以下のように定めている。

法人税法第153条（当該職員の質問調査権）

第１項　国税庁の当該職員又は法人の納税地の所轄税務署若しくは所轄国税局の当該職員は、法人税に関する調査について必要があるときは、法人（中略）に質問し、又はその帳簿書類その他の物件を検査することができる。

第２項　連結子法人の本店又は主たる事務所の所在地の所轄税務署又は所轄国税局の当該職員は、連結親法人の各連結事業年度の連結所得に対する法人税に関する調査について必要があるときは、当該連結子法人及び当該連結親法人に質問し、又はその帳簿書類その他の物件を調査することができる。

同法第156条

前３条の規定による質問又は検査の権限は、犯罪捜査のために認められたものと解してはならない。

同法第157条（身分証明書の携帯等）

国税庁、国税局又は税務署の当該職員は、（中略）当該職員の質問検査権（中略）の規定による質問又は検査をする場合には、その身分を示す証明書を携帯し、関係人の請求があつたときは、これを提示しなければならない。

参考文献

(1) 水野忠恒『租税法』法律学体系　有斐閣　平成14年４月30日　初版第１刷発行　47～50頁

≪関連用語≫　国税不服審判所制度、不服申立制度、青色申告制度、更正、決定、更正の請求

2-19　租税法規不遡及の原則

憲法第84条（租税法律主義）は「あらたに租税を課し、又は現行の租税を変更するには、法律又は法律の定める条件によることを必要とする。」と定めている。この意味するところは「租税法規不遡及の原則」である。

改正された税制により否認された案件の訴訟において、この原則を適用して、課税当局が敗訴した事例があるので、それに触れておきたい。

平成16年4月1日施行の税制改正で「土地建物等の譲渡損失の損益通算が認められない」こととなり、この規定が施行日前に遡及して平成16年1月1日以降に行う譲渡について適用するとされた。この遡及適用が「憲法違反であるか否か」について争われた事案が、福岡と東京の2ヵ所の地方裁判所であり、続けて判決が出されたが、その判断（結審）は逆のものであった。ここでは、原告勝訴の事例を取り上げている。

原告が、平成16年3月10日に住宅を譲渡し、損失約2,000万円が生じたとして「更正の請求」をした。しかし、原告は、同年4月1日施行の法律の改正により損益通算ができなくなったとして、更正すべき理由がない旨の通知処分を受けた。そのため、原告は「原告に不利益を及ぼす租税法規の遡及適用は許されない」として、通知処分の取り消しを求めた。なお、この改正で、一定の借入金を有する場合に損益通算を認める特例措置（新措置法第41条の5、第41条の5の2）が設けられていたが、原告は本件買換資産に係る住宅借入金を有していなかったという事情があった。

裁判所は、本件改正は、新設された特例の適用もなく、損益通算の適用を受けられなくなった原告の事案においては「租税法規不遡及の原則に違反し、違憲無効というべきである」として、損益通算を認め、通知処分を取り消すべきであると判旨している。

なお、裁判所は、租税法規不遡及の原則は、絶対的なものではなく、遡及立法をしても国民の経済生活の法的安定性または予見可能性を害しない場合には、個々の国民に不利益を及ぼすことがあったとしても、遡及適用は憲法上許容されると解されるとしている。納税者は、その当時存在する租税法に従って課税が行われることを信頼して、各種の取引行為を行うのであり、その信頼を保護し、国民生活の法的安定性または予見可能性の維持を図るべきであるという要請は、遡及適用に当たるかどうかは「施行前の行為に適用されるものであるかどうか」で決せられるべきであるという。

この度の税制改正は、生活の基本である住宅の取得に関わるものであり、これにより不利益を被る国民の経済的損失額が多額になる場合も少なくないこと、並びに平成15年12月31日時点において、国民に対し本件改正が周知されているといえる状況ではなかったことなどを総合すると、本件改正の遡及適用が、国民の経済生活の法的安定性または予見可能性を害しないということはできないので、許容するものではないとした。[(1), (2)]

このように「租税法規不遡及の原則」は存在するものの、絶対的なものではなく、遡及立法をしても国民の経済生活の法的安定性または予見可能性を害しない場合には、認められるものとしている。現実に、バブル経済最盛期、比較的多くの人達が、不動産を取得して貸与し、その不動産所得の赤字を損益通算して、還付金を受けていた事例がある。それが税制の改正で、一定範囲を超える金額の損益通算が認められないことになった。税制改正は、通常、将来に向かって適用になるのであるが、この改正は過去に認められていた経済行為に対しても適用することにしている。租税特別措置法は、以下のように定めている。

> 租税特別措置法第41条の4（不動産所得に係る損益通算の特例）
> 第1項　個人の平成4年分以後の各年分の不動産所得の金額の計算上生じた損失の金額がある場合（中略）、負債の利子の額があるときは、当該損失の金額のうち当該負債の利子の額に相当する部分の金額として政令で定めるところにより計算した金額は、（中略）所得税に関する法令の規定の適用については、生じなかつたものとみなす。

参考文献

(1) 東京税理士会データ通信協同組合情報事業資料『justax』No.176「改正税法の遡及適用に違憲判決～土地建物等の譲渡損失の損益通算～」平成20年3月10日号
(2) 日本経済新聞　平成20年1月30日　夕刊

≪関連用語≫　憲法、租税法律主義、更正の請求

2-20　通達優先主義（通達行政）

憲法第84条により、租税制度は「租税法律主義」に立脚している。しかし、法令については、解釈はつきものである。税務行政において、各国税局並びに税務署が、独自に法令を解釈して実施していては、納税者に対する平等性、公平性、透明性を確保することが困難になる。そこで、上級行政庁に位置する国税庁が中心になって、課税庁としての「法令に対する解釈」を示し、全国の国税局並びに税務署に送達しているものが「通達」である。

通達は、このように上級行政庁の下級行政庁等に対する示達であって、行政の取り扱いの基準を示し、法令の解釈を統一する等の目的をもって発せられるものである。通達の法律的根拠は、国家行政組織法（昭和23年7月10日　法律第120号）第14条第2項の「各省大臣、各委員会及び各庁の長官は、その機関の所掌事務について、命令又は示達するため、所管の諸機関及び職員に対し、訓令又は通達を発することができる。」という規定にあり、所管の諸機関及び職員は、発せられた通達に従わなければならない。

旧来、通達は内部用のものであって、外部に公表されるものではなかった。税務行政おいて、納税者側が課税庁の解釈指針を知ることは、多くのトラブルを避けるためにも有効であることが理解され、公表されることになった。その基礎に共通の認識という要請があった。しかし、あくまでも、通達は「職員に対する行政組織内部における命令にすぎない」ので、一般の国民並びに裁判所がこれらの通達に拘束されることはない。裁判所は、通達に示された法令の解釈とは異なる独自の解釈をすることができるのである。

ところで、通達が発せられると、下級行政庁等は、これに従って事務を処理することとなり、長期にわたってこれを繰り返していくと、慣習法たる行政先例法として認められるようになってくる。そして、法令よりも、通達が優先的位置づけとなり、税務調査官は通達に従った行政処理を行っている。

参考文献

忠佐市『租税法の基本理論（租税法律主義論・租税法律関係論）』大蔵財務協会　昭和54年11月30日　発行

≪関連用語≫　憲法、租税法律主義、租税平等の原則

2-21　税制改革法

税制の全体の見直しに関する基本法として「税制改革法（昭和63年12月30日　法律第107号）」がある。本法では、その目的並びに所得税と法人税について、以下のような定めを置いている。

> 税制改革法第１条（目的）
> 　この法律は、昭和63年６月15日に行われた税制調査会の答申の趣旨にのつとつて行われる税制の抜本的な改革（中略）、今次の税制改革が我が国の経済社会に及ぼす影響にかんがみ、国等の配慮すべき事項について定めることを目的とする。
> 同法第７条（所得税の負担の軽減及び合理化等）
> 　第１項　次の措置を講ずることにより所得税の負担の軽減及び合理化を図る。
> 　　①　中堅所得者を中心として、税負担の累増感の解消を図り、所得税の負担を軽減するため、最低税率を100分の10とし、その適用範囲を大幅に拡大する等税率の累進度を緩和するとともに、簡素な税率構造とすること。
> 　　②　―省略―
> 　第２項　―省略―
> 同法第８条（法人税の負担の軽減及び合理化等）
> 　第１項　国際的視点に立つた法人税制の確立を目指し、法人税の基本税率を引き下げ、配当等に充てた所得に対する軽減税率を廃止するとともに、受取配当等の益金不算入制度についてその縮減を図ることにより、法人税の負担の軽減及び合理化を図る。
> 　第２項　―省略―
> 同法第15条（消費譲与税の創設）
> 　消費税の創設に伴い、地方公共団体の財源の安定的な確保に資するため、消費税の収入額のうち一定割合の額を地方公共団体に譲与する消費譲与税を創設する。

まず、所得税についてであるが、昭和62年度の税制改正においては、給与所得者を中心とする中堅所得者の税負担感（重圧感）、不公平感に配慮して、最低税率（10.5％）の適用所得範囲を50万円から150万円に拡大するとともに、全体の税率区分を15段階から12段階に、さらに最高税率が70％から60％に引き下げられた。そして、昭和63年12月の消費税の導入を含む税制改革の一環としては、所得税の税率区分が10％刻（きざ）みの5段階に簡素化された。この改正は平成元年分以降の所得税から適用になっている。

途中の改正を省略するとして、平成11年度の税制改正では、税負担の軽減を図る観点から、負担軽減措置法（平成11年 法律第８号）により、平成11年以降の所得税の最高税率が、3,000万円超の金額に対する50％が、1,800万円超の金額に対して37％に引き下げられている。また、平成18年の税制改正においては、所得税から個人住民税への３兆円の税源移譲の実施に当たって、個人所得課税の見直しが行われ、最低税率を５％に、最高税率を40％にする改正が行われた。平成19年からは適用課税所得区分が６段階にされ、195万円以下の金額には最低税率の５％が、そして1,800万円超の金額には最高税率の40％が課されることになった。[(1)] なお、税率とは、税額を計算するために課税標準額に乗じる一定の割合である。

個人所得税は、現在、年間約14兆円に達し、国の税収の３分の１になっている。この所得税は、明治20年（1887年）に、日清戦争における軍艦建造費用（イギリスから購入）の調達のために導入されたとされている。アメリカに所得税が導入されたのは、南北戦争の1862年である。[(2)]

所得税よりも法人税のほうが比較的課税しやすいのは、所得税のほうが個人の生活に密着に関係しているからである。法人税の場合、純所得（課税所得）に課税することになっているが、一定の割合を控除するとしても、所得税の場合、収入に対して課税している。そこでは、各家庭の生活費は基本的には考慮されていない。したがって、法人のほうが負担（支払い）能力に対応した仕組みになっている。

つぎに、法人税であるが、法人税は制度が導入された明治32年（1899年）には2.5％であったものが、明治37年（1904年）には4.25％に引き上げられている。明治32年に創設された当時の税率2.5％は、日清戦争の戦後処理費用のためのものであった。大正７年に17.5％に引き上げられているが、これは「軍備充実のための財源確保」にあった。その後も税率は引き上げられてきた。途中経過は省略するとして、昭和56年には、それまでの基本税率40％が42％に引き上げられている。そして、昭和63年12月には、基本税率42％の部分が37.5％に引き下げられている。そして、現行の税率は30％（資本金が１億円超の法人）になっている。[3]

税制改革法の趣旨にしたがう最近の改革は、「海外子会社の配当課税の緩和」がある。企業のグローバル化が加速し、企業による「税コスト意識」が高まってきた。企業にとって「法人税も必要経費」である。大企業の海外展開が進んでいく背景として、事業の拡大化のためには、日本国内に留まっていなければならない必要性があるわけではない。

そこで、事業場の選定に当たっては、諸種の法人課税（固定資産税等を含む）も事業経費として、判断要素に加えている。したがって、法人税率は大きな要素になっている。最近、問題となっていることのひとつに海外子会社の留保金問題がある。配当金として、日本の親会社に配当すると法人税がかかるので、海外に資金を留保しておいて、現地で再投資したほうが「コスト・パフォーマンスが高い」と考えるようになってきたのである。日本国家としては、これらの資金が日本に還流してきて、日本の中で投資されるように考えていくことが、これからの日本経済の成長を考えると、必要なことである。[4] これらのほか、日本の行政の関与（許認可を含め）の煩（わずら）わしさがある。税制とは別であるが、とくに、日本の医療事業においては、新薬の承認に対する「治験」の慎重さ（長期間を要する）があることなどの問題があって、日本の医薬の開発会社は欧米での認可を優先させている。

参考文献

(1) 武田昌輔監修『DHCコンメンタール所得税法　第３巻』第一法規　5035～5036頁
(2) 日本経済新聞　平成17年11月21日　朝刊
(3) 武田昌輔監修『DHCコンメンタール法人税法　第３巻』第一法規　4154～4157頁
(4) 守屋俊晴『税制研究NO55（再刊第15号）』「消費税と財政改革の問題について」谷山財政税制研究所・税制経営研究所　平成21年２月号　113頁

≪関連用語≫　国税、地方税、消費税

2-22　表面税率と実効税率

表面税率とは、所得税・法人税における課税所得に対して単純に税率を積算した税額との割合であり、実効税率とは、現実に負担することになる税額との割合である。

大規模法人が負担している全法人課税の表面税率は、以下の表（2－2）のようになっている。

表（2－2）大規模法人の表面税率

税の種類	税　　率
法　人　税	30.00％
道府県民税	1.50％
市町村民税	3.69％
事　業　税	7.20％
合　　計	42.39％

表面税率42.39％であっても、事業税額は納付した事業年度に損金として認容されるので、実効税率は39.54％になる。(1) 現在、この日本の実効税率が高いとして、その引き下げが検討されている。サブプライムローン問題が発生するまでの10年から15年の間、輸出型企業が海外で事業を拡大して、巨額の利益を獲得している。海外事業を展開する理由のひとつに、人件費の安さだけでなく、法人所得に対する税率（実効税率）の高さがある。

主要な日本の大企業は、積極的に海外に進出している。大手自動車会社を始めとして、海外進出企業は、売上と利益の50％以上を海外で上げている。海外進出の動機は、賃金の安さだけではない。諸種の法人税課税の高さも問題になっている。積極的な海外進出は、一面で雇用機会の輸出であり、日本経済の沈静化を齎（もたら）す要因にもなっている。その意味でも、法人税率の引き下げによる国内企業の活性化（事業化）が必要になっている。法人税収の減収に対応させる財源としては、当面、消費税収入しか考えられない。

KPMGインターナショナル（スイス）が調査した「2007年各国法人税率」によると、日本と経済協力開発機構（OECD）に加盟している30ヵ国の実効税率は、日本が最も高いことが分かったと報告している。OECDの加盟国の実効税率を比較すると、次ページに示した表（2－3）のようになっている。(2)

このような実効税率の高さは、日本企業の国際競争力を弱めていくことになり、また、日本国内での事業化の魅力度や誘引力を低めるだけでなく、海

表（2－3）OECD加盟国の実効税率比較表

順位	国　名	実行税率
1	日　本	40.70％
2	アメリカ	40.00％
3	ドイツ	38.40％
4	イタリア	37.30％
26	ポーランド	19.00％
26	スロバキア	19.00％
28	アイスランド	18.00％
29	ハンガリー	16.00％

外企業の日本国内への進出意欲を阻害していくことにもなるので、改善していく必要がある。

日本政府は、平成22年12月16日、閣議決定で「平成23年度税制改正大綱」をまとめた。この大綱では、「税制抜本改革に向けた基本的方向性」を示すに留まっており、「税制の抜本的改革」はしていない。法人実効税率の5%引き下げを柱に平年度の国税ベースで企業の税負担を5,800億円ほど減らす一方、個人は高所得者層を中心に約4,900億円の増税となる。大規模法人の表面税率は30%から25.5%への引き下げで、実効税率としては5%の引き下げでは、小手先の引き下げでしかない。

抜本的な税制改革としては、「法人税率20%」と「消費税率20%」が必要と考えている。法人税率については、多くの中小企業が赤字決算であることを考慮すると、税率の引き下げは、彼らにあまり影響がない。また、消費税については、常に逆進性が問題視されてくるので、その対策としては、食料品などの生活関係物品や教育関係費用への軽減税率の配慮が必要である。今回の税制改革の目玉は、法人税率の引き下げであるが、基本税率30%から25.5%への引き下げで実効税率が35.64%になったが、この10年ほどの間にヨーロッパ諸国の15ヵ国が27%、アジア諸国で25%になっていることを考慮すると、如何にも中途半端である。[(3)]

参考文献

（1）武田昌輔監修『DHCコンメンタール法人税法　第3巻』第一法規 4165の21頁

（2）日本経済新聞　平成19年 6月30日　朝刊

（3）日本経済新聞　平成22年12月30日　朝刊

≪関連用語≫　国税、地方税、消費税

2-23 税　率

税率とは、各税種において課税標準額に乗じて税額を計算する割合のことで、所得税、法人税、消費税に関連しては、以下のように定められている。

> 所得税法第89条（税率）
>
> 第１項　居住者に対して課する所得税の額は、その年分の課税総所得金額又は課税退職所得金額をそれぞれ次の表の上欄に掲げる金額に区分してそれぞれの金額に同表の下欄に掲げる税率を乗じて計算した金額を合計した金額と、その年分の課税山林所得金額の５分の１に相当する金額を同表の上欄に掲げる金額に区分してそれぞれの金額に同表の下欄に掲げる税率を乗じて計算した金額を合計した金額に５を乗じて計算した金額との合計額とする。
>
> —本文に記載されている表の掲載は省略—
>
> 第２項　課税総所得金額、課税退職所得金額又は課税山林所得金額は、それぞれ、総所得金額、退職所得金額又は山林所得金額から前章第四節（所得控除）の規定による控除をした金額とする。

所得税については、応能負担の原則に則り、所得金額の多寡により、限界税率が異なる多段階方式（現在６段階）を採用している。最低税率は195万円以下の金額に対する５％で、最高税率は1,800万円を超えた部分に対する40％となっている。なお、山林所得金額の課税方式は、「５分の５乗方式」というもので、当該年の年間取得を、計算上５年間に割って、１年間に相当する税額の５年分を納付するというものである。

また、同法第90条により「変動所得及び臨時所得の平均課税」の取り扱いがあり、変動所得と臨時所得については、１度に課税すると税負担が高くなるので、軽減措置が採られている。

つぎに法人税であるが、法人税では、以下のように所得税以上に細かく規定されている。

法人税法第66条（各事業年度の所得に対する法人税の税率）
第１項　内国法人である普通法人、一般社団法人等(中略)又は人格のない社団等に対して課する各事業年度の所得に対する法人税の額は、各事業年度の所得の金額に100分の30の税率を乗じて計算した金額とする。
第２項　前項の場合において、普通法人のうち各事業年度終了の時において資本金の額若しくは出資金の額が１億円以下であるもの若しくは資本若しくは出資を有しないもの（保険業法に規定する相互会社を除く。)、一般社団法人等又は人格のない社団等の各事業年度の所得の金額のうち年800万円以下の金額については、同項の規定にかかわらず、100分の22の税率による。
第３項　公益法人等（一般社団法人等を除く。）又は協同組合等に対して課する各事業年度の所得に対する法人税の額は、各事業年度の所得の金額に100分の22の税率を乗じて計算した金額とする。

法人税は、原則として一律税率となっている。基本税率は30％であるが、小規模企業に対しては、年間の課税所得800万円以下の部分に対して22％の軽減税率を適用することにしている。また、公益法人等に対しては、22％の軽減税率を適用することにしている。この場合、年間の課税所得800万円以下の部分という制限は設けられていない。なお、同法第67条に「特定同族会社の特別税率」という規定があったが、平成22年３月で廃止された。

さらに、消費税については、以下のように定められている。

消費税第29条（税率）
消費税の税率は、100分の４とする。

ただし、国税部分は４％であるが、地方税部分が１％あるので、合計で５％になっている。

《関連用語》　租税法律主義、租税平等主義の原則、応能負担の原則、国税、地方税、消費税

2-24 還付加算金

国税通則法第56条（還付）第１項は「国税局長、税務署長又は税関長は、還付金又は国税に係る過誤納金（以下「還付金等」という）があるときは、遅滞なく、金銭で還付しなければならない。」とし、同法第58条において「還付加算金」について、以下のように定めている。

> 国税通則法第58条（還付加算金）
>
> 第１項　国税局長、税務署長又は税関長は、還付金等を還付し、又は充当する場合には、次の各号に掲げる還付金等の区分に従い当該各号に定める日の翌日からその還付のための支払決定の日又はその充当の日（中略）までの期間（中略）の日数に応じ、その金額に年7.3パーセントの割合を乗じて計算した金額（以下「還付加算金」という。）をその還付し、又は充当すべき金額に加算しなければならない。（以下要点）
>
> ①　還付金・更正か決定に係る過納金
> ⇒　当該還付金又は過納金に係る納付があつた日
>
> ②　更正の請求に基づく更正により減少した国税に係る過納金
> ⇒　更正の請求があった日の翌日から３月を経過する日と当該更正があつた日の翌日から１月を経過する日とのいずれか早い日
>
> ③　前２号に掲げる過納金以外の国税に係る過誤納金
> ⇒　過誤納金日として政令で定める日の翌日から１月を経過する日

還付加算金は、一種の利息に相当するものである。そのために、時の経過を基準にして計算することにしている。全国の税務署が平成20年に支払った還付加算金は118億円である。会計検査院の調査では、支払決定日数の短縮など事務の効率化で27億円は節減できたと指摘している。[1]

参考文献

(1) 日本経済新聞　平成21年７月15日　朝刊

≪関連用語≫　更正の請求、更正、決定

2-25　延滞税と延滞金

延滞税は国税に、延滞金は地方税に関係するものであり、いずれも計算の基礎は日数であることから、利子の要素が含まれているものの、実質的には罰則（地方税に例外あり）である。したがって、損金としては認容されない。

> 国税通則法第60条（延滞税）
>
> 第１項　納税者は、次の各号の１に該当するときは、延滞税を納付しなければならない。
>
> ①　期限内申告書を提出した場合において、当該申告書の提出により納付すべき国税をその法定納期限までに完納しないとき。
>
> ②　期限後申告書若しくは修正申告書を提出し、又は更正若しくは第25条（決定）の規定による決定を受けた場合において、第35条第２項（期限後申告等による納付）の規定により納付すべき国税があるとき。
>
> ③　納税の告知を受けた場合において、当該告知により納付すべき国税（第５号に規定する国税、不納付加算税、重加算税及び過怠税を除く。）をその法定納期限後に納付するとき。
>
> ④　予定納税に係る所得税をその法定納期限までに完納しないとき。
>
> ⑤　源泉徴収による国税をその法定納期限までに完納しないとき。
>
> 第２項　延滞税の額は、前項各号に規定する国税の法定納期限（中略）の翌日からその国税を完納する日までの期間の日数に応じ、その未納の税額に年14.6パーセントの割合を乗じて計算した額とする。ただし、納期限（中略）までの期間又は納期限の翌日から２月を経過する日までの期間については、その未納の税額に年7.3パーセントの割合を乗じて計算した額とする。

このように、国税通則法は期限内申告書を提出し、かつ、法定期限内に納付すべき税額を納付した納税者との公平性、平等性を維持する意味からも、期限後申告書もしくは修正申告書を提出した納税者等に対しては、一定の計算式に基づき計算して金額を「延滞税」として課することにしている。この金額に相当する延滞税は罰課金であるから、所得税および法人税の計算上、損金として認容されない。損金として認容すれば、その金額に対応する税額相当額を軽減することになるからである。ともかく、納期限の翌日から2ヵ月間は7.3％であるが、それ以降は14.6％と倍になる。

なお、国税通則法第61条に「延滞税の額の計算の基礎となる期間の特例」が設けられている。善意に基づく修正申告書の提出または更正があった場合、一定の条件の下に、計算上の期間が短縮されることになっている。たとえば、期限内申告書が提出されている場合において、法定申告期限から1年を経過した日以後に修正申告書が提出されたようなときには、その法定申告期限から1年を経過した日の翌日から修正申告書が提出された日までの期間は除かれることになっている。計算の誤り等に気づいて、3年分の修正申告書を提出することがある。3年前と2年前のものは各1年分で、最新のものについては法定申告期限から修正申告書が提出された日までの期間が計算の基礎になるということである。

国税の滞納残高は、平成19年3月現在、1兆6,800億円でピーク時の約60％にまで下がっている。年度ごとの徴収決定額に占める滞納額の新規発生額の割合は、平成16年度以降3年間、2％以下になっている。平成元年の消費税の導入以後、国税全体の滞納額に占める消費税の滞納額並びにその割合が増加している。[(1)] それまでは、給与所得に対する源泉所得税の滞納額が一番大きかった。

とくに、中小企業者を中心として、経営（資金繰り）が苦しいことによって、預かっている源泉所得税と消費税を運転資金に回している実態がある。国税としては、浮かび上がってこないが、社会保険料の未納額も大きいことも問題なのである。とくに、社会保険庁が試算した平成20年度の国民年金保険料の実質納付率は45.6％となり、3年連続で50％を割っているというひどい状態になっている。その結果、「強制加入の国民皆年金」は、実態として空洞化しているということである。[(2)]

平成20年度（平成21年3月現在）に、新たに発生した所得税、法人税、消費税などの国税の滞納額は対前年比1.8％増の8,988億円となっている。新規発生額のうち最も多額になっているのが消費税で、前年比3.4％増の4,118億円に達している。滞納残高は、1兆5,538億円で、前年度より3.8％減少している。

つぎに、国税の延滞税に対応するものとして、地方税には「延滞金」がある。まず、道府県民税については、以下のような定めが置かれている。

> 地方税法第64条（納期限後に納付する法人の道府県民税に係る延滞金）
> 第１項　法人の道府県民税の納税者は、（中略）［法人の道府県民税の申告納付］の各納期限後にその税金を納付する場合（中略）、その納期限（中略）の翌日から納付の日までの期間の日数に応じ、年14.6パーセント（次の各号に掲げる税額の区分に応じ、当該各号に掲げる期間については、年7.3パーセント）の割合を乗じて計算した金額に相当する延滞金額を加算して納付しなければならない。
> ―各号全３号省略―

同条第２項に、国税通則法第60条第２項に準じた定めが設けられており、第３項は税金の未納付に正当な理由がある場合の「減免措置」を設けている。さらに、市町村民税であるが、地方税法第64条に準じた規定が同法第326条に「納期限後に納付し、又は納入する市町村民税に係る延滞金」として規定している。

ところで、地方税法第65条（法人の道府県民税に係る納期限の延長の場合の延滞金）並びに同法第327条（法人の市町村民税に係る納期限の延長の場合の延滞金）の規定が設けられている。この規定は、法人税法第75条の２（確定申告書の提出期限の延長の特例）に対応する規定であり、法人税法では「利子税」と称している。その結果、地方税法の延滞金には、国税の「延滞税」と「利子税」に該当する2つの異なる性質のものが含まれていることになる。この利子税に相当する延滞金は損金認容となる。また、上記の7.3％と14.6％については、金利動向により調整される。

参考文献

(1) 日本経済新聞　平成20年５月20日　朝刊
(2) 日本経済新聞　平成21年８月24日　朝刊
(3) 日本経済新聞　平成21年８月　1日　朝刊

≪関連用語≫　利子税、更正の請求、更正、決定

2-26　過少申告加算税

国税通則法第65条は修正申告書を提出した場合等において、本税に賦課して納付すべき罰課金に相当する「過少申告加算税」について、以下のような定めを置いている。

> 国税通則法第65条（過少申告加算税）
>
> 第1項　期限内申告書(還付請求申告書を含む。第3項において同じ。)が提出された場合（中略）において、修正申告書の提出又は更正があつたときは、当該納税者に対し、その修正申告又は更正に基づき第35条第2項（期限後申告等による納付）の規定により納付すべき税額に100分の10の割合を乗じて計算した金額に相当する過少申告加算税を課する。
>
> 第2項　前項の規定に該当する場合において、同項に規定する納付すべき税額（中略）がその国税に係る期限内申告税額に相当する金額と50万円とのいずれか多い金額を超えるときは、同項の過少申告加算税の額は、同項の規定にかかわらず、同項の規定により計算した金額に、当該超える部分に相当する税額（中略）に100分の5の割合を乗じて計算した金額を加算した金額とする。
>
> 第3項　―省略―
>
> 第4項　第1項又は第2項に規定する納付すべき税額の計算の基礎になつた事実のうちにその修正申告又は更正前の税額（還付金の額に相当する税額を含む。）の計算の基礎とされていなかつたことについて正当な理由があると認められるものがある場合には、（中略）政令で定めるところにより計算した金額を控除して、これらの項の規定を適用する。
>
> 第5項　第1項の規定は、修正申告書の提出があつた場合において、その提出が、その申告に係る国税についての調査があつたことにより当該国税について更正があるべきことを予知してされたものでないときは、適用しない。

過少申告加算税は、期限内申告書を提出している納税者が修正申告書を提出したことによって、もしくは更正を受けたことによって納付すべき税額が増額になったときに、その増額した税額の10％に相当する加算金が賦課されるという規定である。しかも、この増加税額が「期限内申告税額に相当する金額」と「50万円」とのいずれか多い金額を超えるときに、その超過金額に対してさらに５％の超過税率を乗じた税額の納付が必要とされている。

ただし、第５項により「善意の修正申告」に対してはこの適用はない。

課税庁による納付税額と過少申告加算税の課税処分が取り消された事例（平成13年11月９日　東京地裁）があるので、それに触れておきたい。

原告が100％出資して設立した外国子会社Ａ社の増資に際して、新株全部を原告の外国関連会社であるＢ社に著しく有利な価額で割り当て、原告が保有していたＡ社株式の資産価値を何らの対価も得ずにＢ社に移転させたとして、課税庁である被告がその移転した価値相当額255億円強を有価証券に係る利益の計上漏れとして、新たに納付すべき税額と過少申告加算税合計100億円超とする課税処分を行った。

本件事案に対して、裁判所は、以下のとおり更正処分および賦課決定処分について、全部取り消すべきであると判断した。

① 本件事案に関する決議は、あくまでもＡ社の株主総会が内部的な意思決定をしたもので、増資は、新株の払い込みを受けたＡ社と有利な条件でＡ社から新株の発行を受けたＢ社の間の行為にほかならず、原告はＢ社に対して何らの行為もしていないこと

② 被告が主張するところの経済的利益の移転を生ずる「無償供与」としての行為の存在は認められず、同行為を擬制するに足りるだけの根拠がないにもかかわらず、あえて無理な擬制をして結論を導いていること

③ 価値の移転が原告自らの行為によるものとは認められないから、法人税法第132条（同族会社等の行為又は計算の否認）を適用すべき旨の被告の主張には理由がないこと

参考文献

東京税理士会データ通信協同組合情報事業資料『justax』No.101「100億円の課税処分取消し!!納税者勝訴—低額割当増資」平成13年10月10日号

≪関連用語≫　期限内申告書、修正申告書、更正

2-27　無申告加算税

国税通則法第66条は「無申告」に対して、修正申告等の場合よりも、重い罰課金に相当する「無申告加算税」について、以下のように定めている。

> 国税通則法第66条（無申告加算税）
>
> 第１項　次の各号のいずれかに該当する場合には、当該納税者に対し、当該各号に規定する申告、更正又は決定に基づき第35条第２項（期限後申告等による納付）の規定により納付すべき税額に100分の15の割合を乗じて計算した金額に相当する無申告加算税を課する。ただし、期限内申告書の提出がなかつたことについて正当な理由があると認められる場合は、この限りでない。
>
> ①　期限後申告書の提出又は第25条（決定）の規定による決定があつた場合
>
> ②　期限後申告書の提出又は第25条の規定による決定があつた後に修正申告書の提出又は更正があつた場合
>
> 第２項　前項の規定に該当する場合において、同項に規定する納付すべき税額（中略）が50万円を超えるときは、同行の無申告加算税の額は、同項の規定にかかわらず、同項の規定により計算した金額に、当該超える部分に相当する税額（中略）に100分の５の割合を乗じて計算した金額を加算した金額とする。

無申告加算税は「無申告」という納税者の意図の重要性から、罰則的観点から15％という比較的重い加算率を設けているが、さらに納付税額が50万円を超えるときには、その超過額に対しては５％を上積みした20％を乗じた金額とされている。

ただし、同条第５項により、期限後申告書もしくは修正申告書の提出が税務調査の結果として行われたものでないこと並びに更正もしくは決定を予知して行われたものではないときには、納付すべき税額に対する加算率は５％と軽減されている。関西電力が、平成14年度の「消費税申告書」を提出期限までに提出しなかったことによって、無申告加算税５％、約12億円の無申告加算税が課された事例がある。[(1)]

同条第１項による「正当な理由」よって、課税庁が課した「無申告加算税の取消決定」が行われた事例（平成17年12月16日 東京地裁）がある。

国税通則法第22条（郵送等に係る納税申告書等の提出期限）は、納税申告書が郵便または信書便により提出された場合には、その郵便物等の通信日付印により表示された日にその提出がされたものとみなす旨規定している。本件事案では、原告は、平成16年３月15日の午後４時50分前後に、確定申告書の入った郵便物をＡ郵便局の窓口に差し出し、税務署長宛に郵送した。しかし、郵便局内部の取り扱いによって同申告書送付の際の通信日付印が法定申告期限の翌日の16日となり、期限後申告として無申告加算税の賦課決定を受けたというものである。Ａ郵便局は、郵便物の集配を行わない無集配局であったために、同日中に集配局であるＢ郵便局に搬送され、ここで、当日の通信日付印が押されることになっている。Ａ郵便局では、このような事情を一般に周知させる表示等をしていなかった。

本件事案に関して、裁判所は、原告が期限内申告書を提出することができなかったことについては、国税通則法第66条（無申告加算税）第１項ただし書きにいう「正当な理由」が認められるとして、無申告加算税の全部を取り消した。一般納税者としては、申告期限の最終日までに郵便局の窓口に確定申告書を提出すれば、期限内申告になるはずであると信じていたとしても無理はなく、業務時間内に郵便局の窓口へ普通郵便物を提出しても、無集配局である場合には、集配局まで搬送されないと通信日付印が押されないとか、場合によっては、翌日の通信日付印になってしまうことは、国民の多くが広く知っている常識であるということはできない、ということであった。[(2)]

個人の所得税の申告期限は３月15日である。この日の提出は多量になることが予想されており、「提出日」の確定が必要とされるので、要心のため書留郵便で送達することが望ましい。

参考文献

(1)　日本経済新聞　平成16年７月21日　朝刊

(2)　東京税理士会データ通信協同組合情報事業資料『justax』No.162「無申告加算税の「正当な理由」―通信日付印に関する郵便局内部の取扱い―」平成19年１月10日号

《関連用語》　無申告、期限内申告書、修正申告書、更正、決定

2-28　不納付加算税

国税通則法第67条は「不納付加算税」について、以下のように定めている。過少申告加算税や無申告加算税は、納税申告書に直接係るものであるが、この不納付加算税は「税金の納付」、しかも、給与の支払い等に係る源泉所得税の納付に関係するものである。

> 国税通則法第67条（不納付加算税）
>
> 第１項　源泉徴収による国税がその法定納期限までに完納されなかつた場合には、税務署長は、当該納税者から、第36条第１項第２号（源泉徴収による国税の納税の告知）の規定による納税の告知に係る税額又はその法定納期限後に当該告知を受けることなく納付された税額に100分の10の割合を乗じて計算した金額に相当する不納付加算税を徴収する。ただし、当該告知又は納付に係る国税を法定納期限までに納付しなかつたことについて正当な理由があると認められる場合は、この限りでない。
>
> 第２項　源泉徴収による国税が第36条第１項第２号の規定による納税の告知を受けることなくその法定納期限後に納付された場合において、その納付が、当該国税についての調査があつたことにより当該国税について当該告知があるべきことを予知してされたものでないときは、その納付された税額に係る前項の不納付加算税の額は、同項の規定にかかわらず、当該納付された税額に100分の５の割合を乗じて計算した金額とする。

源泉所得税は、原則として、給与等を支払った日の翌月の10日までに納付しなければならないこととされている。同法第67条第１項は、この納付をしなかった場合、納付税額に10％を乗じた不納付加算税を徴するものとしている。ただし、同条第２項により、税務署からの指摘等によってではなく、自己の意思で納付した場合には、加算率は５％に軽減されている。また、常時10人未満の従業員を雇用している小規模事業者には「納期の特例制度」があり、半年に１回、７月と１月に収めればよいこととされている。

≪関連用語≫　延滞税と延滞金

2-29 重加算税

国税通則法第68条は悪質と判断される過少申告加算税に対して「重加算税」を課することにしており、以下のように定めている。

> 国税通則法第68条（重加算税）
>
> 第１項　第65条第１項（過少申告加算税）の規定に該当する場合（中略）において、納税者がその国税の課税標準等又は税額等の計算の基礎となるべき事実の全部又は一部を隠ぺいし、又は仮装し、その隠ぺいし、又は仮装したところに基づき納税申告書を提出していたときは、（中略）過少申告加算税に代え、当該基礎となるべき税額に100分の35の割合を乗じて計算した金額に相当する重加算税を課する。
>
> 第２項　第66条第１項（無申告加算税）の規定に該当する場合（中略）において、納税者がその国税の課税標準等又は税額等の計算の基礎となるべき事実の全部又は一部を隠ぺいし、又は仮装し、その隠ぺいし、又は仮装したところに基づき法定申告期限までに納税申告書を提出せず、又は法定申告期限後に納税申告書を提出していたときは、当該納税者に対し、政令で定めるところにより、無申告加算税の額の計算の基礎となるべき税額（中略）に係る無申告加算税に代え、当該基礎となるべき税額に100分の40の割合を乗じて計算した金額に相当する重加算税を課する。
>
> 第３項　前条第１項の規定に該当する場合（中略）において、納税者が事実の全部又は一部を隠ぺいし、又は仮装し、その隠ぺいし、又は仮装したところに基づきその国税をその法定納期限までに納付しなかつたときは、税務署長は、当該納税者から、不納付加算税の額の計算の基礎となるべき税額（中略）に係る不納付加算税に代え、当該基礎となるべき税額に100分の35の割合を乗じて計算した金額に相当する重加算税を徴収する。
>
> 第４項　第１項又は第２項の規定は、消費税等（消費税を除く。）については、適用しない。

このように、国税通則法は、同法第68条第１項において、国税の課税標準等または税額等の計算の基礎となるべき事実の全部または一部を隠ぺいするなどして納税申告書を提出していたときは、故意・作為に基づく悪質な脱税として、過少申告加算税に代えて、35％の重加算税を課するものとしている。同条第２項では、国税の課税標準等または税額等の計算の基礎となるべき事実の全部または一部を隠ぺいするなどして、無申告である場合または法定申告期限後に納税申告書を提出していたときは、無申告加算税に代え、40％の重加算税を課するものとしている。

また、同条第３項では、納税者が事実の全部又は一部を隠ぺいするなどして、国税を法定納期限までに納付しなかつたときは、不納付加算税に代え、35％の重加算税を課するものとしている。なお、同条第４項にいう「消費税等（消費税を除く。）については、適用しない。」という意味は、消費税等の等が地方消費税であることから、国税としての重加算税は消費税には適用があるということである。

国税庁長官発「法人税の重加算税の取扱いについて（事務運営指針）」（平成12年７月３日）があり、本件指針の趣旨として「法人税の重加算税の賦課に関する取扱基準の整備を図ったものです。」と説明している。以下、一部を抜粋した。

⑴　隠ぺいまたは仮装に該当する場合

①　いわゆる「二重帳簿」を作成していること

②　帳簿、原始記録、証憑書類、貸借対照表、損益計算書その他決算に関係する書類（以下「帳簿書類」という）を破棄または隠匿していること

③　帳簿書類の改竄（かいざん）、帳簿書類への虚偽記載等の方法で仮装していること

④　簿外資産に係る利息収入、賃貸料収入等を計上していないこと

⑵　使途不明金および使途秘匿金の取扱いについては、次のいずれかの事実がある場合、不正事実に該当することに留意する。

①　帳簿書類の破棄、隠匿、改竄等があること

②　取引の慣行、取引の形態等から勘案して計上すべきものが、計上すべき勘定科目に計上されていないこと

≪関連用語≫　過少申告加算税、無申告加算税、交際費、使途秘匿金

2-30 附　帯　税

国税通則法は第六章に「附帯税」に関する規定を設けている。そして、第１節と第２節で、附帯税に含まれる項目として、以下のものを定めている。

⑴　第１節　延滞税および利子税

①　第60条（延滞税）

②　第64条（利子税）

⑵　第２節　加算税

①　第65条（過少申告加算税）

②　第66条（無申告加算税）

③　第67条（不納付加算税）

④　第68条（重加算税）

法人税法第55条（不正行為等に係る費用等の損金不算入）第３項は、次に掲げるものは所得の計算上、損金に算入しないと定めている。

①　国税に係る延滞税、過少申告加算税、無申告加算税、不納付加算税および重加算税並びに印紙税法の規定による過怠税

②　地方税法の規定による延滞金（中略)、過少申告加算金、不申告加算金および重加算金

これらのものは、罰則的な性格を有するものであるがために「損金不算入項目」とされている。損金に認容すると、当該金額だけ課税所得が減額になり、法人税額が軽減されることになるからである。

なお、この①に定めるものが、いわゆる「国税に係る附帯税等」と呼ばれているものである。

印紙税法（昭和42年５月31日 法律第23号）第20条では「印紙納付に係る不納税額があつた場合の過怠税の徴収」について定めている。同条第１項は、「印紙税を納付すべき課税文書の作成者が、納付すべき印紙税を納付しなかった場合には、当該印紙税額とその２倍の金額との合計額を過怠税として徴収する。」としている。したがって、本来の印紙税額を含む３倍に相当する金額が過怠税となる。その結果、期限内に納付すべきであった印紙税相当額も損金不算入となる。

なお、同条第２項には、印紙税に関する調査があったこと並びに国税通則

法の賦課決定の規定による決定を予知してなされたものでないなど善意の未納税者に対しては軽減措置が設けられている。その場合、納付しなかった印紙税額と当該印紙税額の20％との合計金額が過怠税とされている。

なお、印紙添付の有無は、契約書等の内容の権利・義務の効力には影響はない。

印紙法は、古くはイギリスに発している。七年戦争による戦費負担で、財政が逼迫していたイギリス議会は、財政再建の目的として、1765年に、それまでイギリス帝国の防衛費を負担してこなかった植民地アメリカに対して課税する印紙法を成立させた。実際、アメリカに派遣されているイギリス軍の駐屯費用はイギリス国家にとって無視しえないほどに大きな負担となっていた。

印紙法は、公文書、証書、契約書、トランプなどに政府が発行した印紙を貼ることを義務づけた法律であった。印紙法は、これまでの貿易統制のための関税とは違い、イギリス本国が植民地アメリカの人々の生活に直接介入し、徴税するものであった。イギリス本国に不満を募らせていたアメリカの人々は、ここに抵抗運動が起こした。これが遠因として、10年後の1775年、独立戦争が勃発した。[(1)]

1700年代のイギリス政府の支出の90％が軍事費と国債費であり、しかも国債発行の目的は軍事費用の調達であった。イギリス本土の立場から見れば、アメリカがイギリスの常備軍によって守られているにもかかわらず、これまで税金を払ってこなかったがために、アメリカに課税することにしたのである。他方、植民地アメリカの人々は「代表なくして、課税なし」と主張して、これに反対した。結局、イギリスは、財政再建の目的として印紙法を成立させたが、さらに戦争しなければならないような事態に陥ったことになる。[(2)]

参考文献

(1) 瞠目卓生『アダム・スミス（『道徳感情論』と『国富論』の世界）』中公信書　平成21年1月15日　5版　14頁
(2) 同　書　246～247頁

≪関連用語≫　延滞税と延滞金、利子税、過少申告加算税、無申告加算税、不納付加算税、重加算税

2-31 課　徴　金　等

課徴金等に相当するものについて、法人税法は「損金不算入」としており、同法第55条に以下のような定めを置いている。

法人税法第55条（不正行為等に係る費用等の損金不算入）

第１項　内国法人が、その所得の金額若しくは欠損金額又は法人税の額の計算の基礎となるべき事実の全部又は一部を隠ぺいし、又は仮装すること（以下この項及び次項において「隠ぺい仮装行為」という。）によりその法人税の負担を減少させ、又は減少させようとする場合には、当該隠ぺい仮装行為に要する費用の額又は当該隠ぺい仮装行為により生ずる損失の額は、その内国法人の各事業年度の所得の金額の計算上、損金の額に算入しない。

第２項　前項の規定は、内国法人が隠ぺい行為によりその納付すべき法人税以外の租税の負担を減少させ、又は減少させようとする場合について準用する。

第３項　内国法人が納付する次に掲げるものの額は、その内国法人の各事業年度の所得の金額の計算上、損金の額に算入しない。

① 国税に係る延滞税、過少申告加算税、無申告加算税、不納付加算税及び重加算税並びに印紙税法（中略）の規定による過怠税

② 地方税の規定による延滞金（中略)、過少申告加算金、不申告加算金及び重加算金

第４項　内国法人が納付する次に掲げるものの額は、その内国法人の各事業年度の所得の金額の計算上、損金の額に算入しない。

① 罰金及び科料（中略）並びに過料

② 国民生活安定緊急措置法（中略）の規定による課徴金及び延滞金

③ 私的独占の禁止及び公正取引の確保に関する法律（中略）の規定による課徴金及び延滞金（中略）

④ 金融商品取引法（中略）の規定による課徴金及び延滞金

⑤ 公認会計士法（中略）の規定による課徴金及び延滞金

これらのものは、罰則的な性格を有するものであるがために「損金不算入

項目」とされている。損金に認容すると、当該金額だけ課税所得が減額になり、法人税額が軽減されることになるからである。

なお、第４項第４号は、平成19年３月法律第６号により証券取引法が改正され、金融商品取引法と改称されたことにより、金融商品取引法に改められたものである。平成20年事務年度（平成20年７月から平成21年６月まで）において、証券取引等監視委員会が金融庁に対して出した課徴金の納付命令勧告は32件となり、過去最多となった。インサイダー取引や有価証券報告書の虚偽記載などが多かった。当該事務年度の課徴金額の最高額は、有価証券報告書の虚偽記載をしたビックカメラの２億5,000万円であった。[(1)]

第４項第５号の「公認会計士法の規定による課徴金及び延滞金」の規定は、平成19年６月法律第99号により、追加されたものである。これは、公認会計士法の改正により、監査法人に課徴金および延滞金が課されることになったことに伴い、当該金額は、監査法人の所得の計算上、損金に算入しないものとしたのである。

次に罰金と科料については、刑法（明治40年４月24日 法律第45号）に定めがあり、過料は刑罰ではなく、行政上、軽い禁令違反者に対して支払わせる金銭とされている。

① 刑法第15条（罰 金）

⇒ 罰金は、１万円以上とする。ただし、これを軽減する場合においては、１万円未満に下げることができる。

② 刑法第17条（科 料）

⇒ 科料は、千円以上１万円未満とする。

(注) 過 料 ⇒ 大辞林によれば「行政上の義務の履行を強制する手段として、あるいは法令の違反に対する制裁ないしは懲戒として科せられる金銭罰」と説明されている。

参考文献

(1) 日本経済新聞 平成21年８月30日 朝刊

《関連用語》 延滞税と延滞金、過少申告加算税、無申告加算税、不納付加算税、重加算税、附帯税

2-32 罰　科　金

法人税・基本通達は「罰科金」の取り扱いに関する定めを置いている。

法人税・基本通達9－5－5（役員等に対する罰課金等）

法人がその役員又は使用人対して課された罰金若しくは科料、過料又は交通反則金を負担した場合において、その罰金等が法人の業務の遂行に関連してされた行為等に対して課されたものであるときは法人の損金の額に算入しないものとし、その他のものであるときはその役員又は使用人に対する給与とする。

法人の業務遂行に関連して科せられた罰金、科料、過料または交通反則金は、法人が負担しても良いが、損金には算入しない。法人の業務遂行に関係のない行為によって、科せられた罰金、科料、過料または交通反則金は、役員または使用人に対する給与とすることになっているので、源泉所得税の対象になる。この給与とするという意味は、当該個人に帰属する経済的利益であるということからきている。

また、外国もしくは外国の地方公共団体等が課する罰科金に関する取り扱いが、以下のように定められている。

法人税・基本通達9－5－6
（外国等が課する罰金又は科料に相当するもの）

法第55条第4項第1号《不正行為等に係る費用等の損金不算入》に規定する外国又はこれに準ずる者として政令で定める者が課する罰金又は科料に相当するものとは、裁判手続（刑事訴訟手続）を経て外国又は外国の地方公共団体により課されるものをいう。

（注）いわゆる司法取引により支払われたものも、裁判手続（刑事訴訟手続）を経て課された罰金又は科料に相当するものに該当することに留意する。

法人税法第55条第4項第1号は「罰金及び科料（通告処分による罰金又は科料に相当するもの及び外国又はその地方公共団体が課する罰金又は科料

に相当するものを含む。）並びに過料」としている。旧規定では「外国又はその地方公共団体が課する罰金又は科料」という文言がなかった。そのため「外国が課する罰金等」の取り扱いについて、大きな問題が発生したことがある。

平成７年（1995年）７月24日、大和銀行ニューヨーク支店の行員による告発によって「アメリカ国債の簿外取引による巨額損失事件」が明るみに出された。そして、同年11月２日、アメリカ司法当局が大和銀行をニューヨーク連邦地裁に起訴した。その結果を受けて、アメリカ金融当局が大和銀行に対してアメリカ国内における業務停止処分を行った。この一連の不正行為に関連して、大和銀行は一部罪状を認め、司法取引に応じて、罰金３億4,000万ドル（約340億円）を払った。[(1)]

この事件を契機として「外国又はその地方公共団体が課する罰金又は科料」の文言が挿入された。そのため、海外における罰課金等は損金として認められないことになった。ここ数年、欧州委員会によるカルテル違反行為に対する課徴金の賦課が多発している。その金額は大きく企業にとって重要な問題になっている。ともかく、これらに該当する罰課金等は損金に算入されない。

また、法人税・基本通達は「損害賠償金」について、以下のように定めている。

> 法人税・基本通達９－７－16（法人が支出した役員等の損害賠償金）
>
> 法人の役員又は使用人がした行為等によつて他人に与えた損害賠償金を支出した場合には、次による。
>
> (1) その損害賠償金の対象となつた行為等が法人の業務の遂行に関連するものであり、かつ、故意又は重過失に基づかないものである場合には、その支出した損害賠償金の額は給与以外の損金の額に算入する。
>
> (2) その損害賠償金の対象となつた行為等が、法人の業務の遂行に関連するものであるが故意又は重過失に基づくものである場合又は法人の業務の遂行に関連しないものである場合には、その支出した損害賠償金に相当する金額は当該役員又は使用人に対する債権とする。

企業が業務を続けていく過程において、取引の相手に不足の事態（損害）

を与えてしまうことがありえる。そのような事例としては、提携事業の失敗、納期遅延、損傷品の提供など色々なケースがあり、そのような場合に、相手側に損害額に相当する補償を行うことになる。保険で補填できる場合なら良いが、そうではない場合には、企業が負担することになる。(1)のケースでは、法人の業務の遂行に関連し、故意または重過失に基づかないものである場合には、企業が負担しても「損金の額に算入する」ことを認めている。

なお、(2)のケースでは、故意または重過失に基づくものあるいは法人の業務の遂行に関連しないものならば、損害賠償金は当該役員または使用人に対する債権とするとしている。これは「当該個人の負担である」ということであり、もし、法人が負担するならば、当該個人に帰属する経済的利益であり、当該個人の給与とされることになる。なお、「損害賠償金に相当する金額は当該役員または使用人に対する債権とする」ということの背景は、個人の負担能力を超える金額を想定した処置であると考える。

先に示した大和銀行ニューヨーク支店における巨額損失事件に関連して、同行がアメリカ当局に支払った罰金など(弁護士費用等を含む)について、元役員49人が同行に対して与えた巨額の損失(損害賠償金)を賠償するように求めた株主代表訴訟が提起されていて、この判決が、平成12年9月20日、大阪地裁であった。この判決では、株主側の主張を認め、当時取締役であったニューヨーク支店長・元副頭取に対して567億円、他の元役員11人に対しては262億円の支払いを命じた。上告審の高裁では、和解しているが、第一審の結果にしたがえば、個人の支払い能力をはるかに超える結審である。[(2)]

このような事例に関係したものとして、以下の取り扱いが設けられている。

> 法人税・基本通達9－7－17（損害賠償金に係る債権の処理）
>
> 法人が、9－7－16(2)に定める債権につき、その役員又は使用人の支払能力等からみて求償できない事情にあるため、その全部又は一部に相当する金額を貸倒れとして損金経理をした場合（9－7－16(2)の損害賠償金相当額を債権として計上しないで損金の額に算入した場合を含む。）には、これを認める。ただし、当該貸倒れ等とした金額のうちその役員又は使用人の支払能力等からみて回収が確実であると認められる部分の金額については、これを当該役員又は使用人に対する給与とする。

本件裁判は、各個人に対して支払いを命じたものであるが、巨額の賠償金であることから、法人が立て替えて支払うことになることと思われる。このような法人の業務に関連した行為に基づく損害賠償金に関する取り扱いを示したものである。

自動車は「走る凶器」であり、日本全国で、毎年、交通事故が後を絶たない。とくに、飲酒運転による事故が多い。また、長距離運送自動車や観光バスなど大型車の運転手が過労等による事故を起こしている。このような「自動車事故に関係した損害賠償金」については、以下の取り扱いが設けられている。

> 法人税・基本通達9－7－18
> （自動車による人身事故に係る内払の損害賠償金）
> 　自動車による人身事故（死亡又は傷害事故をいう。）に伴い、損害賠償金（9－7－16⑵に係る損害賠償金を除く。）として支出した金額は、示談の成立等による確定前においても、その支出の日の属する事業年度の損金の額に算入ことができるものとする。この場合には、当該損金の額に算入した損害賠償金に相当する金額（その人身事故について既に益金の額に算入した保険金がある場合には、その累積額を当該人身事故に係る保険金見積額から控除した残額を限度とする。）の保険金は益金の額に算入する。

この通達の趣旨は「支出基準（現金主義）」を認めているということであり、事故の発生した場合、示談の成立する前においても、見舞金等の名目を含めて、支出した時点での損金処理を認めるということである。相手側に対する心証（示談の成立など）を良くするというためにも、示談の成立する前での支出が行われていることは、良くあることである。この社会通念上の行為を前提に、法人の処理を認めるという趣旨である。

参考文献

⑴　日本経済新聞　平成 8年2月29日　夕刊
⑵　日本経済新聞　平成12年9月20日　夕刊

≪関連用語≫　課徴金等、諸税金・罰課金の処理、益金、損金

2-33　諸税金・罰課金の処理

法人税法は、法人が、延滞税、利子税、延滞金、過少申告加算税、無申告加算税、重加算税、不納付加算税、過怠税などを納付した場合、別表五(二)「租税公課の納付状況に関する明細表」に記載すべきものとしている。ここでは、同別表五（二）の下半分の記載部分を以下のように示しておくことにした。

ここでは、仮想の法人「大日本東京株式会社」の事業年度（平成21年4月1日から平成22年3月31日まで）をモデルとしている。

租税公課の納付状況等に関する明細書

事業年度	平成 21・4・1 〜 平成 22・3・31	法人名	大日本東京株式会社

別表五(二)　平二十一・四・一以後終了事業年度分

税目及び事業年度				期首現在未納税額 ①	当期発生税額 ②	当期中の納付税額 充当金取崩しによる納付 ③	仮払経理による納付 ④	損金経理による納付 ⑤	期末現在未納税額 ①+②-③-④-⑤ ⑥
その他	損金算入のもの	利子税	21		1,200,000			1,200,000	0
		延滞金（延納に係るもの）	22		600,000			600,000	0
		固定資産税ほか	23		3,652,400			3,652,400	0
		印紙税ほか	24		125,000			125,000	0
	損金不算入のもの	加算税及び加算金	25		165,000			165,000	0
		延滞税	26		89,000			89,000	0
		延滞金（延納分を除く。）	27		580,000			580,000	0
		過怠税	28		36,000			36,000	0
			29						
			30						

納税充当金の計算

期首納税充当金		31	4,200,000円	取崩額	その他 損金算入のもの	37	円
繰入額	損金の額に算入した納税充当金	32	4,267,800		その他 損金不算入のもの	38	
		33			その他	39	
	計 (32)+(33)	34	4,267,800		仮払税金消却	40	
取崩額	法人税額等 (5の③)+(11の③)+(16の③)	35	4,467,800	計 (35)+(36)+(37)+(38)+(39)+(40)		41	4,467,800
	事業税 (20の③)	36		期末納税充当金 (31)+(34)-(41)		42	4,000,000

法 0301－0502

このモデルでは、「申告期限の延長の特例」を申請した大規模法人を前提に、国税としての利子税「利子税」(21) 1,200,000円と地方税の延滞金（延納に係るもの）「延滞金（延納に係るもの）」(22) 600,000円を納税したことを示している。利子税と延滞金は、同一の性格のものであるが、地方税の延滞金には、損金に算入可能な延納に係るものと罰則に相当する延滞金とがある。ここでは、後者に該当するものとしての延滞金として「延滞金（延納分を除く。)」(27) 580,000円を記載しておいた。

「損金算入のもの」には、「利子税」(21) と「延滞金」(22) のほか、「固定資産税･自動車税等」(23) および「印紙税ほか」(24) を記載することとされている。その上 (21) から (24) の合計額が損益計算書の「租税公課」の金額と一致させることが望ましいものとされている。つまり、内訳としての役割が求められているということである。

「損金不算入のもの」の「欄」には、「加算税及び加算金」(25) ここでは165,000円、「延滞税」(26) 89,000円、「延滞金」(27) 580,000円および「過怠税」(28) 36,000円を示しておいた。これらの金額は、罰則金に相当するものであり、損金算入が認められていない。これらの金額の合計額870,000円は、「損金経理による納付⑤」に記載されているように、経費処理上、費用扱いになっているので、申告調整を必要とする。そのため、別表四「所得の金額の計算に関する明細表（簡易様式)」の「加算」(6)「損金の額に算入した附帯税（利子税を除く。)、加算金、延滞金（延滞分を除く。）及び過怠税」の「欄」に記載して、当期利益に加算することになっている。

次に「納税充当金の計算」の部分であるが、「2－33」とは直接の関係はないが、多少、説明しておくことにした。期首の未払法人税等予定額「期首納税充当金」(31) 4,200,000円から、期中の納税額「法人税額等」(34) を支払ったことによって、不足額が発生したので、期末における当該会計期間に係る必要納税額である「期末納税充当金」(42) 4,000,000円が残るように未払額「損金の額に計上した納税充当金」(32) に4,267,800円を記載している。

≪関連用語≫　利子税、延滞税と延滞金、過少申告加算税、無申告加算税、重加算税、不納付加算税、課税標準、益金、損金、申告調整

2-34　地方税優先の原則

地方税法は「地方税優先の原則」を定めている。その内容は、以下のとおりである。

> 地方税法第14条（地方税優先の原則）
> 　地方団体の徴収金は、納税者又は特別徴収義務者の総財産について、本節に別段の定がある場合を除き、すべての公課（滞納処分の例により徴収することができる債権に限り、かつ、地方団体の徴収金並びに国税及びその滞納処分費（以下本章において「国税」という。）を除く。以下本章において同じ。）その他の債権に先だつて徴収する。

地方税法第14条（地方税優先の原則）は「地方団体の徴収金」について、まず国税とその滞納処分費に徴収優先権を認めた上で、それらに関係するもの以外のすべての公租公課（諸税効果）に優先して、徴収するものと定めている。

ただし、同法は第14条の3において「直接に要した滞納処分費」について「納税者または特別徴収義務者の財産を地方団体の徴収金の滞納処分により換価したときは、その滞納処分に係る滞納処分費」は、他の規定があったとしても、これらの規定に係らず「その換価代金につき、他の地方団体の徴収金、国税その他の債権に先立つて徴収する」ことができることになっている。徴収に要した費用の優先回収を規定しているもので、事務、手間、費用をかけて徴収した場合、まず、その直接に要した費用等から充当できなければ、徴収努力が無駄になってしまうことにもなり、当然の定めである。

また、同法第14条の5は、以下のことを定めている。

> 地方税法第14条の5（地方団体の徴収金のうちの優先順位）
> 第1項　―省略―
> 第2項　滞納処分費については、その徴収の基因となつた地方団体の徴収金に先立つて配当し、又は充当する。

≪関連用語≫　延滞税と延滞金、国税、地方税

2-35　地方交付税

日本の行政活動は、国と地方公共団体が担っており、国家財政と地方財政がその基礎にある。また、財政の中心は税収であり、租税は基本的に法人と個人に依存している。財産・資産を課税客体としている場合であっても、その基本的要素は法人もしくは個人である。ともかく、地方公共団体では人口の多い地方ほど財政が豊かになる。しかし、人口の少ない地方においても、教育の充実や社会資本の整備が必要なので、財政上の調整が必要になってくる。その機能を受け持つのが「地方財政調整制度」であり、この制度は、国と地方間、地方公共団体間に存在する財政力の格差を調整し、均衡化を図る制度であり、この制度を支えているのが地方交付税制度である。

この制度が最初に実施されたのが昭和11年の臨時町村財政補給金であり、昭和15年には「地方分与税」（還付税と配付税の２種類で構成）が創設されている。さらに、昭和24年８月には「シャウプ税制調査使節団」による「地方税財政制度改革に関する報告書」によって地方配付税制度が廃止され、新たに「地方財政平衡交付金制度」が創設されたが、現実の運営ではうまく機能せず、本来の理論的な財源不足額の決定方式とは全く異なり、政治的に決定されてしまったという経緯がある。そのような事情の反省の基に、地方交付税法（昭和25年５月30日　法律第211号）が創設された。同法はその目的について、以下のように謳っている。

> 地方交付税法第１条（目的）
>
> この法律は、地方団体が自主的にその財産を管理し、事務を処理し、及び行政を執行する機能をそこなわずに(中略)、地方自治の本旨の実現に資するとともに、地方団体の独立性を強化することを目的とする。

地方交付税制度は、憲法で保障されている地方自治を実現し、さらに地方公共団体の独立性を強化していくことを究極の目的としているもので、本来、地方公共団体の税収入とすべきものを、国税として国が代わって徴収し、一定の合理的な基準によって再配分するものである。その本旨は、地方公共団体間の財源の不均衡を是正し、すべての地方団体が一定の行政水準を維持できるように財源を保障することになる。

制度の趣旨としては「地方分権」を推進し、多くの事務を地方団体の意思に任せるものとして、その財源も各地方が徴収できることにすればよいのである。しかし、その変革には、大きな壁がある。国家としては各地方の事情、たとえば、過疎化社会、高齢化社会、無医村の増加などの発生により、国家的立場から支援していかなければならないという社会的要請がある。他方、その根底に、国家官僚が保持している権限を移譲したくない、あるいは、地方に対する権威（とくに補助金交付権限力）を示す体制の維持という姿勢が強いことにある。なお、地方交付税法は第３条「運営の基本」を定めている。

地方交付税法第３条（運営の基本）
第１項　総務大臣は、常に各地方団体の財政状況の的確なは握に努め、（中略）財政需要額が財政収入額をこえる地方団体に対し、衡平にその超過額を補てんすることを目途として交付しなければならない。

この交付税の総額は、同法第６条（交付税の総額）に規定されている。そこでは、以下の配分率で計算した金額を交付するものとしている。

表（2－4）交付税額の計算表

	種　　類	配分率
1	所得税・酒税	32.0％
2	法人税	34.0％
3	消費税	29.5％
4	たばこ税	25.0％

平成13年当初予算における交付税総額は17兆円で、一般会計の20％に相当する金額で、国家財政逼迫の折、国家財政に大きな影響を与えている。なお、同法第５条（交付税の算定に関する資料）において、都道府県知事は、総務省令で定めるところにより、基準財政需要額および基準財政収入額に関する資料を含む諸種の必要な資料を総務大臣に提出するとともに、これらの資料の基礎とした事項を記載した台帳を備置しなければならない。また、市町村長は、総務省令で定めるところにより、基準財政需要額および基準財政収入額に関する資料を含む諸種の必要な資料を都道府県知事に提出するとともに、これらの資料の基礎とした事項を記載した台帳を備置しなければならない。そして、都道府県知事は提出された資料を審査して、総務大臣に送付しなければならない。

《関連用語》　普通交付税と特別交付税

2-36　普通交付税と特別交付税

地方交付税法第６条の２（交付税の種類等）第１項は「交付税の種類は普通交付税および特別交付税」があるとしている。

(1)　普通交付税

地方交付税法第10条（普通交付税の額の算定）によれば、普通交付税は、毎年度、基準財政需要額が基準財政収入額を超える地方団体に対し、当該地方団体の当該超過額（財源不足額）を補填するために交付されるものである。なお、基準財政需要額は、各地方団体の財政需要を合理的に測定するために一定の方法により算定される額で「あるべき一般財源所要額」である。他方、基準財政収入額は各地方団体の財政力を合理的に測定するために、一定の方法により算定される額で「あるべき税収入額」である。特定の地方団体について算定した財源不足額が、そのまま当該地方団体の普通交付税の額となる。普通交付税の総額は、対象となる国税５税の一定割合と定められた地方交付税総額の94％と規定されており、自動的に決められるので、個々の地方団体ごとに計算した財源不足額を積み上げた合算額とは必ずしも一致しない。

(2)　特別交付税

特別交付税は、一つには普通交付税の算定が画一的、機械的になされるため、算定されなかったような財政需要や財政収入など各地方団体のよりきめ細やかな財政事情を反映し、実情との誤差を埋めるという目的と、もう一つには年度途中で発生した災害等予測しがたい事態に対処する目的をもって交付されるものである。地方団体へ交付された実際の普通交付税総額と特別交付税総額の割合は必ずしも94対６とはならない。これは、普通交付税の算定の基礎に用いられた数値に錯誤があって地方団体から返還された額など特別交付税総額に加算されることとなっているものがある一方、普通交付税の配分の最終段階でいわゆる調整率をかけて調整した結果交付団体から不交付団体になった団体がある場合に生じるロス（不足分）により普通交付税が不足する場合には、当該不足額は特別交付税総額を減額してこれに充てることとされているためなどの理由によるものである。

≪関連用語≫　地方交付税

2-37　財政膨張（財政赤字）

租税の基礎知識として「税法」のみの知識では、不十分である。中央政府もしくは地方政府にとって、租税は資金の調達（財源の確保）であり、財政が資金の使途（行政の執行）に相当する。中央政府の財政は地方財政法（昭和22年3月31日　法律第34号）が、また、地方政府の財政は地方財政法（昭和23年7月7日　法律第109号）が担っている。中央政府と地方政府の資金需要を賄うのが広い意味での税金である。そこで、ここからいくつか税金の使途に関係した専門的用語に触れていくことにする。

現在、日本の財政が悪化していく懸念が一段と強まっている。平成21年10月、財務大臣が、平成21年度の新規国債発行額が過去最高の50兆円超に膨らむ可能性があると発表している。この時点で、平成22年度予算の概算要求が95兆円という未曾有の規模に拡大することを示唆している。その結果、野放図な財政膨張による「将来の国民負担の増加」や「長期金利の急騰」という懸念が拡大している。ところで、この概算要求には、各省庁が要求額を提示していない「事項要求」もあり、一層、実質的財政が悪化していく傾向にある。そこに、政治不信が拍車をかけている。実際、民主党政権は中期的な財政再建の道筋も描けていないのが実状である。当初は、長期債務残高の国内総生産（GDP）比率など「財政の中期目標」を平成21年の年末までに策定する予定であったが、10月現在、先送りする考えを示唆している（21.10.26）。

国際通貨基金（IMF）は、平成21年11月3日、日本、アメリカ、ヨーロッパに新興国を加えた主要20ヵ国（いわゆる「G20」）の財政見通しを発表した。そこでは、日本について「財政赤字が国内総生産（GDP）比で10.5%になる」と予測し、将来の財政再建の必要性を強調する内容となっている。日本の平成26年時点の一般政府の債務残高は対象となった20ヵ国で最も高い「GDP比245.6%」になると警告している。前回より6.4ポイントも悪化するということである。その結果、日本はイギリスやアイルランドなどとともに、大規模な財政調整が必要になると指摘されている（21.11.4）。

平成20年代に入って、アメリカとヨーロッパの金融市場で日本への不信感が高まっている。格付会社のフィッチ・レーティングスは、平成22年4月22日、「日本国債の信用が中期的に低下するリスクがある。」と警告している。民主党政権になって、半年以上になるのに、一向に、日本国の方向性が定まらない。現首相をはじめとして、現職大臣が決断しない、行動しない。そのために、日本経済が回復していく気配を示していないことに、国民が苛立ちを覚えている。他の先進諸国から見ても「頼りがいのある国」からは遠くなっている。ともかく、同社は「政府債務は拡大する一方で、家計の貯蓄率は緩やかな低下が見込まれる」と指摘し、かつ、「日本国債の信用力は中期的に低下が避けられない。」と結論づけている。その理由は、日本の政府債務は増加を続け、平成21年度の残高は国内総生産（GDP）の約２倍に拡大していることを注視している。この傾向が続くことによって、長い目で見ると、経済大国の日本でも、徐々に「信用リスクが顕在化してくる」という懸念が高まっているからである。

格付会社のスタンダード・プアーズも平成22年１月に、日本国債の格付け見通しを、「安定的」から「引き下げ方向（ネガティブ）」に見直ししている。「財政再建の遅れ」や「中長期的な経済成長の見込み難さ」が、その理由として挙げられている。ともかく、平成20年９月のリーマン・ブラザースの経営破綻を契機とした金融危機を経て、「景気の梃入れ」および「国家の成長戦略」などに対する政府の果たす役割は格段に増したといえるが、改善への努力を怠っている（22.4.25）。

いずれにしても、今、問題になっている重要な課題は、平成22年から５年程度の近い将来、「日本の経常収支が黒字から赤字に転じるおそれ」が高まってきていることにある。多くの国民が貯蓄を取り崩して消費に充てる高齢者が増え、モノの輸入が伸びやすくなることにある。かつての常識が崩れ、財政収支と経常収支の「双子の赤字」に苦しむ日が来るということで、国家の体力が弱体化していくことをほのめかしている。その結果、国債の消化も難しくなる。政府が増発する国債の受け皿となってきた家計や企業の貯蓄が目減りするようなら、海外の投資家に依存することになり、国家の対外債務が拡大し、国家運営の柔軟性が、一層硬直化し、疲弊化していくことになる。そのため消費税を中心とする税制の大改革が、喫緊（きっきん）の課題である。

参考文献（注）

文章中の括弧書の数字は、日本経済新聞の発行日であり、とくに夕刊と示していない限り、朝刊である。以下、2－38から2－40まで同様である。

2-38 国の財政危機（国の債務超過）

財務省は、平成21年11月10日、国債と借入金、政府短期証券を合計した「国の借金」の総額が、９月末時点で865兆円に達したと発表した。10月１日時点の推計人口（概算値）の１億2,756万人で計算すると、国民が債務者であるわけではないが、最終的に、国民に負担がかかってくるとした場合、１人当たり債務負担額は約678万円となった（21.11.11）。１人当たり平均年収額が400万円台であるから、その1.5倍以上の金額になっている。なお、所得者の平均年収額は非所得者（扶養親族等）を除いた計算であるから、１家族４人の家庭で、他の３人が非所得者であったとすれば、１家庭の債務負担額は約2,700万円と巨額な金額になってくる。

財務省は、平成22年１月26日、平成20年度の国の資産と負債の状況を示した貸借対照表を公表した。この貸借対照表によれば、一般会計と特別会計を合わせて計算した場合、負債総額が資産総額を317兆億円も上回る「債務超過」となっている。また、企業の損益計算書に相当する業務費用計算書をみると、国の業務費用は平成19年度比３兆円増の75兆円に膨らんでいる（21.1.27）。財務省は、翌月の10日に、「国の借金」の総額が平成21年12月末時点で872兆円に達したと発表している。平成20年12月末に比べ23兆円増加して、過去最大を更新したと発表している（21.2.11）。

この貸借対照表（要約）は、次のページに示した表（２－５）のようになっている。

財務省は、平成22年５月10日、平成21年３月31日現在、国債や借入金などを合わせた「国の借金」の総額が883兆円に達したと発表している。前年度末に比べて36兆円も増大していることになる。この数字は、国際通貨基金（IMF）によると、国の借金に地方債などを加えた日本の公的債務残高の国内総生産（GDP）比率は平成22年３月31日現在218.6％で、アメリカの84.8％やイギリス68.7％を大きく上回っていると警告している。他方において、国の隠れ債務が発覚している（22.5.11）。その一つが、地方への支援である。平成22年３月末に全国の全783市と東京23区が抱えていた借金のうち、56％にあたる約41兆円について国が地方交付税で支払う約束になっている。３月末の806市区の広義の債務は84兆円にのぼる。ここから退職手当の負担見込み額などを除いた借金の合計は74兆円である（21.11.24）。

表（2—5）貸　借　対　照　表

（単位：億円）

	前会計年度	本会計年度		前会計年度	本会計年度
	H20.3.31	H21.3.31		H20.3.31	H21.3.31
資　産　の　部			負　債　の　部		
流動資産	186,600	218,288	未払金	13,915	12,795
現金・預金	44,774	62,797	未払費用	11,589	11,796
棚卸資産	10,723	9,844	公　債	5,445,099	5,498,199
未収金	75,614	77,864	借入金	185,574	196,429
貸付金	29,191	29,761	退職給付引当金	125,305	118,620
その他債権等	21,282	33,135	その他の債務等	185,548	189,174
その他	718	4,882	その他	8,371	8,496
貸倒引当金	△1,815	△1,897			
有形固定資産	1,613,138	1,693,228			
国有財産	251,477	251,319			
土　地	163,247	163,799			
建　物	33,114	33,076			
工作物	24,935	25,031			
船　舶	14,008	14,284			
航空機	10,335	9,900			
建設仮勘定	5,372	4,759			
公共用財産	1,337,287	1,415,658			
物　品	24,373	26,250			
その他	463	466			
無形固定資産	1,195	1,284			
出資金	338,559	329,304	負債合計	5,975,405	6,035,512
国債整理基金	347,365	229,471	＜資産・負債差額の部＞		
			資産・負債差額	△3,490,360	△3,565,833
資産合計	2,485,044	2,469,679	負債及び資産・負債差額合計	2,485,044	2,469,679

（注）1　国が保有する資産には、公共用財産のように、行政サービスを提供する目的で保有しており、売却して現金化することを基本的に予定していない資産が相当程度含まれている。

2　億円未満の数字を切り捨てて記載している。

3　国有財産は、公共用財産を除いた金額である。

2-39　欧州金融危機と日本の財政赤字の評価

ギリシャの過剰債務に端を発した信用不安が南欧に波及している。平成22年４月末、アメリカの格付け会社スタンダード・アンド・プアーズ（S＆P）がポルトガル、スペインと相次いで格付けを引き下げ、両国債の利回りは上昇（価格は低下）した。ヨーロッパ市場でスペイン国債（10年物）の利回りは足元で約４％、ポルトガル国債（同）は同約６％に上昇し、ドイツ国債（同）に対する利回りの上乗せ幅は、夫々（それぞれ）、約１％と約３％にもなっている。このような経済的背景が影響して、S＆Pはスペインの格付けを日本と同じ「AA」に引き下げている。アイルランドが同じAAで、イタリアがA＋で、ギリシャBB＋となっている（22.4.30）。現在、南ヨーロッパに位置するポルトガル、イタリア、アイスランド、ギリシャ、スペインのいわゆるPIIGS（複数の「豚」pigsを捩（もじ）ってそう呼んでもいる。）が財政赤字で苦境に入っている。ところで、このような国々が日本よりも上位に評価されていたことが問題である。むしろ、世界の評価としては、それほどまでに「日本の国家財政」が悪化していると見られていることにある。

同日の日本経済新聞・社説は、この格下げを引き金に売りが殺到したことから「積み上がった各国政府の借金がちゃんと返せるかとの心配が背景にある。ギリシャの財政赤字は2009年には国内総生産（GDP）に対し13.6％に膨らんだ。（中略）市場での信用リスク取引からはじいたギリシャの５年内のデフォルト（債務不履行）の確率は今や約50％。ベネズエラをも上回る。」と注意を促している。その１週間前の４月22日、欧州連合（EU）統計局は、2009年のギリシャの財政赤字が国内総生産（GDP）に対して13.6％になったと発表している。それを受けて、10年物ギリシャ国債の利回りは一時的に約９％上昇し、ユーロも下落している。ともかく「ギリシャを取り巻く経済・金融環境が厳しく、政府債務の削減が進まない可能性がある。」ことが問題なのである。

欧州連合（EU）全体のわずか２％程度の経済力しかないギリシャがユーロ圏全体を揺らしたことで、通貨統合の構造問題も改めて浮き彫りになってきた。本質的なことは「ギリシャ問題」ではなくて、ギリシャ国債を大量に購入している「フランスやドイツなどの大手金融機関の救済」にある。ギリシャがデフォルトになると、これら大手金融機関が経営破綻するリスクが非常に高いからである。ともかく、現在、財政赤字の膨張を放置してきたギリシャのような事態の再発を防ぐには、EUの機能強化が不可欠になっている。フランスのサルコジ大統領とドイツのメルケル首相が、平成22年５月６日、EUへの連名の書簡で「ユーロ圏財政の監視を強化する意向」を表明した。ユーロ安が止まらないのは、ギリシャの財政不安が近隣諸国に拡大しつつあることにある（22.5.7）。５年後のギリシャのデフォルト確率が５割を超えていることだけではない。巨額の財政赤字を抱えるイギリスも人ごとではない。新政府が財政の建て直しを図るとしても、具体的かつ有効な対策がないことにある。このように、現在の世界経済の特質が、ほとんど全ての国が「財政赤字に苦しんでいる」ことにある。

南欧諸国向け融資の多いヨーロッパの金融機関の財務（収益悪化）へ「どれだけ波及するか」あるいは「他の金融市場への影響は出てくるか」ということについて、市場は先行きを注視している。そのようなことが背景にあって、平成22年５月６日の東京市場で、とくに売り注文が目立ったのが、ヨーロッパ地区で売上高比率が高いキャノンやソニーなどの株式である。

主なEU加盟国の財政赤字の予測計算値は、以下に示した表（2－6）のように、また､ヨーロッパに本店を構えている主な金融機関が保有しているギリシャ国債金額は、以下に示した表(2－7)のようになっている。

表（２－６）主なEU加盟国の財政赤字の予測

（単位％、財政赤字の対国内総生産（GDP）比率）

	2009年	2010年
ユーロ圏16カ国	6.3	6.6
アイルランド	14.3	11.7
ギリシャ	13.6	9.3
スペイン	11.2	9.8
ポルトガル	9.4	8.5
フランス	7.5	8.0
イタリア	5.3	5.3
ドイツ	3.3	5.0
EU加盟27カ国	6.8	7.2
英国	11.5	12.0

（注）出典　平成22年５月６日
日本経済新聞　夕刊

表（２－７）主な欧州金融機関が開示したギリシャ国債保有額

クレディ・アグリコル(仏)	8億5000万ユーロ
ソシエテ・ジェネラル(仏)	30億ユーロ
BNPパリバ(仏)	50億ユーロ
コメルツ銀行(独)	31億ユーロ
ヒポ・レアル・エステート(独)	79億ユーロ
ING(オランダ)	30億ユーロ
ロイヤル・バンク・オブ・スコットランド(英)	10億ポンド未満

（注）出典　平成22年５月９日
日本経済新聞　朝刊

2-40　国家財政と税制政策

財務省が、平成22年６月６日、平成21年度の所得税収が27年ぶりの低水準になるのがほぼ確実となった発表した。３月までの「一般会計税収の累計額」で、所得税収が前年比13.4％減と大幅に落ち込んでいることによる。実際、世界的な金融危機の影響などで法人税収も63.7％減収となっている。平成21年度初めからの一般会計税収の累計額が、前年に比べて17.2％減の29兆円となった。このうち所得税収は11兆円であるが、３月に確定申告した分が４月に納税されるため、１兆円規模の追加が見込まれるとしても、最終的な所得税収は昭和57年度（1982年度）の12兆8,000億円以来、27年ぶりに13兆円を下回るのが確実な情勢となっている（22.5.7）。

平成21年度の主要な税目ごとの税収実績は、以下に示した表（2－8）のようになっている。

表（2－8）平成21年度主要税目の税収実績比較

（単位：億円）

税　目	金　額	前年比較
所得税	109,910	△13.4％
消費税	69,673	△ 5.0％
法人税	24,018	△63.7％
合　計	289,681	△17.2％

（注）１　出典　日本経済新聞 平成22年５月７日朝刊の資料によっている。
２　平成22年３月までの累計額である。
３　前年比較は前年度の同月までの累計額との比較である。

表（2－8）をみると、法人税収が大幅に減収となっていることが分かる。その主要な原因は、企業の平成21年３月期決算の減益決算にある。とくに平成20年３月決算実績に基づいて、平成20年９月中間期に見込納付した税額よりも、平成21年３月期決算の確定納付額が小さいことによって、還付した金額が相当程度大きかったことによるものである。平成21年３月下期決算（とくに第４四半期「21年１～３月」）の赤字が大きかった。トヨタや日立製作所など大企業の大幅赤字が報道されていたことからも明らかである。

一般会計税収が落ち込んだ背景には、このように法人税収の大幅な減少がある。さらに、構造的な税収減の原因としては、国が直接税と間接税の比率を見直すことによって、所得税率の累進性を緩和し、昭和62年に、それまで70％だった最高税率を40％まで引き下げたことも背景にある。しかし、重要なことは、景気が長期に低迷したことによって、国民の総所得が停滞していることにある。高度成長期のように、右肩上がりの経済成長が持続していたならば、このような税収減にはならなかったはずである。

いずれにしても、平成22年5月17日、このような税収の構造的な問題を背景に、財務省の背押しのもとに、政府税制調査会の専門家委員会が「消費税や所得税を増税する必要性」を明示した論点整理をまとめるための検討に入った。そこでは、過去の減税で、福祉などに対する財源確保が困難な現行税制を立て直すために、増税が必要であるという考えである。ほかに手立てがない現況において「所得税と消費税の増税」しか方策がないというのも現実である（22.5.18）。財務省が増税策を打ち上げようとしている一方で、経済産業省は「経済浮揚には法人税率引き下げが効果的である。」と主張している。「法人税率が低い方が高い成長率が見込める。」と指摘し、その根拠として、主要国で最高水準にある日本の税率が「企業の海外流出」につながったり、「対内投資を阻害したり」しているとの問題意識が背景にある。その上で、法人課税では、実効税率を国際水準まで引き下げることと研究開発税制など政策減税の必要性を提言するという姿勢を示している。

経済産業省の分析によると、欧州連合（EU）の15ヵ国では1995年（平成7年）から2007年（平成19年）にかけての12年間に「法人税の実効税率」が37.7％から28.7％へと9％下がっている。この一方で、名目国内総生産（GDP）に占める法人税収の割合は逆に2.2％から3.2％に上昇している。このことから、経済産業省は「税負担の軽減」が、企業の投資や雇用を促し、成長の基盤を支えるし、課税軽減が国内の投資促進とともに、海外企業の進出意欲を高める効果があると判断している（22.5.18）。

そのためには、日本経済が回復し、生産も雇用も拡大していくという成長（経済の拡大）路線が達成されていかなければならないのであるが、実態は別の方向に進んでいる。厚生労働省が、平成22年5月20日、発表した国民生活基礎調査によると、平成20年の1世帯当たりの平均所得は前年比1.6％減の548万円となっている。景気が振るわず、家計に寒波が吹いているということである。この調査は、全国の世帯を対象に無作為で抽出し、平成21年6月と7月に、所得と世帯の状況を調べた結果の数字である。1世帯当たりの平均所得は平成6年の664万円をピークに下がり続けている（22.5.21）。このような状況では、所得税収が増収することはありえない。国家の無為無策の結果とも言えることである。

国民が感じる「不安の本質」は、社会保障というよりも、むしろ「日本経済の競争力低下」に対する懸念、さらには「自分の所得獲得能力低下」への不安である。そのことを、日本政府は、肝に銘じて理解すべきである。安易な増税理論を振りかざし、容易な増税を実行すれば、大きくて非効率な政府のままで、中長期の成長力はさらに低下していく恐れが大きい。

日本の実効税率の高さだけが原因ではないとしても、その影響は大きい。現に、日本の自動車大手が「海外工場からの輸出」を拡大する傾向にある。たとえば、トヨタが、アメリカの工場で生産するエンジンを日本に持ち込むほか、東南アジア工場から中東などへの車両輸出を拡大していく計画を立てている。また、日産自動車が、アジアやヨーロッパで車両・部品を増産し、日本からの輸出を抑制するという。日本の自動車国内生産のうち輸出は半分近くを占めているが、この生産高が減少していくということになる。さらに、円高の進行が収益を直撃する状況が続いている（22.5.26）。

平成21年度の日本の主要企業の税引前利益に占める税負担額の割合（法定実効税率）は40.7％で、アメリカの約40％やイギリスの約28％、そしてドイツ企業の約29％を大きく上回っている。世界では、台湾が法人税率を約25％から約17％にするなど引き下げ競争が加速している。日本では国税、地方税を合わせて現在、世界最高水準の法定実効税率となっている。税負担の競争的要素は、法定税率の差だけではない。新日本製鉄、JFEホールディングスの固定資産税の負担は200億円～300億円にも上っている。税負担は資金流出を招き、投資余力の差に直結する。ソニーの税負担率（過去５年平均）は46.5％と、サムスンの同16.2％をはるかに上回っている。仮に韓国並みの法定税率で計算すると、ソニーは５年間で1,800億円の資金余力が発生していたことになる。

日本経済新聞（大機小機）「日本脱出考」（22.9.3）は、「資本主義における企業は利潤をあげ規模を拡大していくことで持続可能となる宿命を背負う。（中略）国内のみの事業展開では明るい未来は描きがたい。（中略）日本に本社をおいて高い法人税を納める理由は何だろうか。」と批判的意見を述べている。実際、経済産業省が、平成22年12月23日に発表した７～９月期の海外現地法人の四半期調査（3,588社回答）によると、前年同期比22.8％（2,278億ドル）増加して、過去最高となっている（22.12.23）。

第二部
法人税編

第３章　法人税の基礎

3-1　納税義務者

わが国においては、明治20年（1887年）に所得税が制定された。そして、所得税に遅れること12年後の明治32年（1899年）に「第一種所得税」として、法人に対しても所得税が課税されることになった。さらに、明治37・38年の日露戦争に必要な戦費調達のために「非常特別税」が施行された。(1)

法人税法第４条は「納税義務者」について、以下のように定めている。なお、同法は第３条において、「人格のない社団等は、法人とみなして、この法律（別表第二を除く。）の規定を適用する。」としている。

> 法人税法第４条（納税義務者）
> 第１項　内国法人は、この法律により、法人税を納める義務がある。ただし、公益法人等又は人格のない社団等については、収益事業を行う場合、法人課税信託の引受けを行う場合又は第84条第１項（退職年金等積立金の額の計算）に規定する退職年金業務等を行う場合に限る。
> 第２項　公共法人は、前項の規定にかかわらず、法人税を納める義務がない。
> 第３項　外国法人は、第138条（国内源泉所得）に規定する国内源泉所得を有するとき（中略）、法人課税信託の引受けを行うとき又は第145条の３（中略）に規定する退職年金業務等を行うときは、この法律により、法人税を納める義務がある。
> 第４項　個人は、法人課税信託の引受けを行うときは、この法律により、法人税を納める義務がある。

わが国の法人税法は、法人に対して「法人税を納める義務がある」と定めている。この法人が納める税額は、個人が納める所得税と合わせて、日本国を運営する二大財源となっている。同法第３条は、人格のない社団等も法人とみなして税金を納める義務があるとしている。さらに、同法第４条第４項は、個人について「法人課税信託の引受けを行うときは、法人税を納める義務がある」と、個人に関する課税関係を設けている。

また、法人税法は、連結納税義務者に関する規定をも設けている。そこでは、以下のように定めている。

> 法人税法第４条の２（連結納税義務者）
>
> 第１項　内国法人（普通法人又は協同組合等に限るものとし、次に掲げる法人を除く。）及び当該内国法人との間に当該内国法人による完全支配関係（発行済株式又は出資（自己が有する自己の株式又は出資を除く。）の全部を直接又は間接に保有する関係として政令で定める関係をいう。）がある他の内国法人（中略）のすべてが当該内国法人を納税義務者として法人税を納めることにつき国税庁長官の承認を受けた場合には、これらの法人は、この法律の定めるところにより、当該内国法人を納税義務者として法人税を納めるものとする。
>
> ①　清算中の法人
>
> ②　普通法人（外国法人を除く。）又は協同組合等との間に当該普通法人又は協同組合等による完全支配関係がある法人
>
> ③　その他政令で定める法人

現在、連結納税は、一定の範囲に入る企業集団を経済的な単一体として、その親会社を納税義務者としている。企業集団内に赤字会社があっても、黒字会社と合算した純課税所得に課税するというものである。ただし、事業税等地方税には、この規定がなく、各会社の所得に応じて計算するものとされている。なお、財務諸表公開制度としての連結財務諸表制度と違い「完全支配関係」を条件としていることと国税庁長官の承認を前提とした制度になっている。

平成22年10月１日から施行された「グループ税制」によって、大幅な変更があり、連結納税制度は、この制度の中に含まれることになった。

参考文献

(1) 武田昌輔『DHCコンメンタール法人税法沿革　第一巻』第一法規

≪関連用語≫　公共法人、公益法人（公益法人等）、国内源泉所得、連結納税制度

3-2　公共法人

公共法人は、国の特別な要請から、特別法に基づいて設立された法人であり、その設立の趣旨から、法人税の課税対象から除かれている。この公共法人は別表第一に掲記されている以下の法人（部分）である。

表（3－1）公共法人一覧表（第２条関係）

番　号	名　　　称	根　拠　法
1	沖縄振興開発金融公庫	沖縄振興開発金融公庫法
2	株式会社日本政策金融公庫	会社法及び株式会社日本政策金融公庫法
3	港務局	港湾法
4	国立大学法人	国立大学法人法
5	社会保険診療報酬支払基金	社会保険診療報酬支払基金法
6	水害予防組合	水害予防組合法
7	水害予防組合連合	水害予防組合法
8	大学共同利用機関法人	国立大学法人法
9	地方公共団体	地方自治法
10	地方公共団体金融機構	地方公共団体金融機構法
11	地方住宅供給公社	地方住宅供給公社法
12	地方道路公社	地方道路公社法
13	地方独立行政法人	地方独立行政法人法
14	土地開発公社	公有地の拡大の推進に関する法律
15	土地改良区	土地改良法
16	土地改良区連合	土地改良法
17	土地区画整理組合	土地区画整理法
18	日本下水道事業団	日本下水道事業団法
19	日本司法支援センター	総合法律支援法
20	日本放送協会	放送法

≪関連用語≫　納税義務者、公益法人（公益法人等）

3-3　公益法人（公益法人等）

公益法人等は、国民の生活もしくは行政上の関係から、特別法に基づいて設立された法人であり、その設立の趣旨から、法人税の課税対象から除かれているが、収益事業には課税される法人である。この公益等には別表第二に掲記されている以下の法人（部分）である。

表（3－2）公益法人等一覧表（第２条、第３条、第37条、第66条関係）

番　号	名　　称	根　拠　法
1	一般財団法人（非営利型法人に該当するものに限る。）	一般社団法人及び一般財団法人に関する法律
2	一般社団法人（非営利型法人に該当するものに限る。）	一般社団法人及び一般財団法人に関する法律
3	医療法人	医療法
4	貸金業協会	貸金業法
5	学校法人	私立学校法
6	企業年金基金	確定給付企業年金法
7	企業年金連合会	厚生年金保険法
8	行政書士会	行政書士法
9	健康保険組合	健康保険法
10	国家公務員共済組合	国家公務員共済組合法
11	国民健康保険組合	国民健康保険法
12	国民年金基金	国民年金法
13	市街地再開発組合	都市再開発法
14	社会福祉法人	社会福祉法
15	社会保険労務士会	社会保険労務士法
16	宗教法人	宗教法人法
17	酒造組合	酒税の保全及び酒類業組合等に関する法律
18	商工会	商工会法
19	商品先物取引協会	商品取引所法
20	職員団体等	職員団体等に対する法人格の付与に関する法律

番　号	名　　称	根 拠 法
21	職業訓練法人	職業能力開発促進法
22	信用保証協会	信用保証協会法
23	日本税理士会連合会	税理士法
24	全国健康保険協会	健康保険法
25	全国社会保険労務士会連合会	社会保険労務士法
26	全国農業会議所	農業委員会等に関する法律
27	損害保険料率算出団体	損害保険料率算出団体に関する法律
28	地方議会議員共済会	地方公務員等共済組合法
29	中央職業能力開発協会	職業能力開発促進法
30	中小企業団体中央会	中小企業等協同組合法
31	投資者保護基金	金融商品取引法
32	土地改良事業団体連合会	土地改良法
33	日本公認会計士協会	公認会計士法
34	日本商工会議所	商工会議所法
35	日本消防検定協会	消防法
36	日本赤十字社	日本赤十字社法
37	日本弁護士連合会	弁護士法
38	認可金融商品取引業協会	金融商品取引法
39	保険契約者保護機構	保険業法
40	労働組合（法人であるものに限る。）	労働組合法

公益法人（公益法人等）は、営利追求を目的としているではなく、たとえば、学校法人は「教育」を、また、日本公認会計士協会は「会員の指導、連絡および監督並びに登録に関する事務」を行う組織体とされているように、あくまでも公益的業務をする法人であるがゆえに、非課税法人とされている。しかし、収益業務を行っている場合には、その部分に対して課税される。

≪関連用語≫　納税義務者、公共法人、収益事業

3-4　収益事業

法人税法施行令第５条が定めている「収益事業の範囲」は、以下のようになっている。これらの事業に該当するものが収益事業であり、当該事業の実施者は法人税の納税義務者になり、各事業年度終了後、一定期間内に確定申告書を提出するとともに、必要な税額を納付する義務を負っている。

表（3－3）収益事業一覧表（但し、一部分）

番　号	収益事業に該当する業種業態の種類		
1	物品販売業	18	代理業
2	不動産販売業	19	仲立業
3	金銭貸付業	20	問屋業
4	物品貸付業	21	鉱　業
5	不動産貸付業	22	土石採取業
6	製造業	23	浴場業
7	通信業	24	理容業
8	運送業	25	美容業
9	倉庫業	26	興行業
10	請負業	27	遊技所業
11	印刷業	28	遊覧所業
12	出版業	29	医療保健業
13	写真業	30	技芸教授業
14	席貸業	31	駐車場業
15	旅館業	32	信用保証業
16	料理店業その他の飲食店業	33	無体財産権提供業
17	周旋業	34	労働者派遣業

≪関連用語≫　公共法人、公益法人（公益法人等）

「収益事業の内容」としては、具体的には、以下に示した表（3－4）のような内容になっている。ただし、特定法人には除外規定（一部のみ記載）が設けられている。

表（3－4）　収益事業の内容一覧表

番　号	収益事業	範囲のあらまし	例　示　等
1	物品販売業	物品（動植物その他通常物品といわないものを含む）の販売を継続して事業場を設けて営むもの	栽培等により取得した農産物等をそのままたは加工を加えた上で直接不特定または多数の者に販売する行為などを含む
2	不動産販売業	不特定または多数の者を対象として、反復あるいは継続的に土地、建物などの譲渡を行うもの	長期保有の土地を造成分譲等した場合の譲渡利益のうちの付加価値部分などを含む
3	金銭貸付業	金銭の貸付けを継続的に行うもの	手形の割引を含む 独立法人等の関係機関が行うものを除く
4	物品貸付業	物品（動植物その他通常物品といわないものを含む）を、その利用者の管理のもとに移して利用させるもの	施設を利用する者に対し、その施設利用の目的の範囲内で備え付けの物品を利用させる行為
5	不動産貸付業	土地、建物などの不動産をその用途、用法に従って他の者に利用させ、対価を得るもの	店舗の一画を他の者に継続的に使用させるいわゆるケース貸しその他
6	製　造　業	反復または継続して、原材料などに加工を加え、異種の製品を製造して卸売するもの	製造場等の施設を設け栽培等により取得した農産物等に最小限必要とされる加工を加えるものを含む
7	通　信　業	他人の通信を媒介もしくは介助し、または通信設備を、他人の通信の用に供するものおよび多数の者によって直接受信される通信の送信を行うもの	無線呼出業務、電報または郵便物の集配業務その他
8	運　送　業	他の者の委託に基づき、船舶、航空機、自動車、電車その他の運輸交通手段を利用して貨物や旅客を運搬するもの	リフト、ロープウェイ等の索道事業を含む

番　号	収益事業	範囲のあらまし	例　示　等
9	倉　庫　業	寄託を受けた物品の保管等を行うもの	手荷物、自転車等の預り業、保護預り施設による物品等の預り業を含む
10	請　負　業	仕事の完成を約して、その結果に対して報酬を受けるもの	他の者の委託に基づいて行う調査、研究、情報の収集および提供、手形の交換、為替、業務、検査等の事業を含む
11	印　刷　業	書籍、雑誌その他の印刷物を印刷することを請負うもの	謄写またはタイプ孔版印刷業、製版業、植字業、銅版･木版彫刻業、製本業、印刷物加工業等を含む
12	出　版　業	書籍や雑誌、新聞などの出版物を製作し出版するもの 特定の有資格者を会員とする会報等の配布を除く	各種の名簿、企業情報等印刷物等として刷成し、これを販売する事業を含む
13	写　真　業	写真機を用いて他の者の写真を撮り、対価を得るもの	他の者の撮影した写真フィルムの現像、焼付け等を行う事業を含む
14	席　貸　業	相手方、席貸し目的、相手方における利用状況などのいかんを問わず、有償で席貸しを行うもの	興行を目的とした集会場、野球場、体育館等を利用する者に対して貸付けを行う事業を含む
15	旅　館　業	ホテル、旅館その他の宿泊施設を設け、宿泊料を受けて人を宿泊させるもの（旅館業の認可を受けないで宿泊させるものも含まれる）	旅館業に係る施設内において使用させる物品の貸付けなどを含む
16	料理店業その他の飲食店業	不特定または多数の者を対象として、飲食の提供に適する場所において飲食物の提供を行うもの	他の者からの仕出しを受けて飲食物を提供するものを含む
17	周　旋　業	他の者のために商行為以外の行為の媒介、代理、取次ぎなどを行うもの	不動産仲介業、債権取立業、結婚相談所を含む

番　号	収益事業	範囲のあらまし	例　示　等
18	代　理　業	他の者のために商行為の代理を行うもの	保険代理店、旅行代理店等を含む
19	仲　立　業	他の者のために商行為の媒介を行うもの	商品売買、用船契約または金融等の仲介または斡旋を含む
20	問　屋　業	自己の名をもって、他の者のために売買その他の行為を行うもの	商品取引員、出版取次業、広告代理店等を含む
21	鉱　　業	鉱業法による鉱業権者または粗鋼権者が、その権限に基づいて鉱物の採掘を行うもの	請負契約により探鉱、坑道掘削、鉱石の搬出等の作業を行うものを含む
22	土石採取業	採石権者等として岩石、砂利、砂、土その他鉱物以外の土石を採取して販売するもの	採石権者ではないが、実質的に土石採取業を営んでいるものを含む
23	浴　場　業	不特定または多数の者に対して、入浴のサービスを提供し、その対価を得るもの	サウナ風呂、砂湯等の特殊浴場等を含む
24	理　容　業	不特定または多数の者に対して、理容サービスの対価を得るもの	理容学校併設の理容所などを含む
25	美　容　業	不特定または多数の者に対して、美容サービスを提供し、その対価を得るもの	マッサージ、パック、全身美容のサービスを提供する事業等を行うものを含む
26	興　行　業	映画、演劇、演芸、舞踊、音楽、スポーツ等の興行を行うもの	他の興行主等のために映画等の興行を行う事業および興行の媒介、または取次ぎを含む
27	遊技所業	野球、テニス、ゴルフ、囲碁その他の遊技に適する施設、場所等を設け、これをその用途に応じて不特定または多数の者に利用させるもの	遊技所業に係る施設内において使用させる物品の貸付け、会員制のものを含む
28	遊覧所業	専ら不特定または多数の者をして一定の場所を遊歩し、天然また	展望台、パノラマ、遊園地、庭園、動植物、海中公園等を遊覧させる事業を含む

番　号	収益事業	範囲のあらまし	例　示　等
		は人工の物、景観などを観覧させることを目的とするもの	
29	医療保健業	医師または歯科医師等が、患者に対し医業または医業類似行為を行うもの、およびこれに直接関連するサービスを提供するもの（医療業）、保健衛生のためのサービスを提供するもの（保健業）	療術業、助産婦業、看護業、歯科技工業、獣医業、血液事業等を含む
30	技芸教授業	課税対象として特掲されている一定の技芸について、直接実技の教授を行うもの、およびその技芸に関する免許の付与、その他これに類似する行為を行うもの	卒業資格、段位、級、師範、名取等の一定の資格、照合等を付与する行為等を含む
31	駐車場業	時間決めなどで不特定または多数の者に随時駐車させるもの、および月極め、年極めなどで相当期間にわたり継続して同一人物に駐車場を提供するもの	駐車場としての土地の貸付けを含む
32	信用保証業	他人の債務について保証するという形で信用を供与し、これについて保証料を得るもの	保証料の額が年２％以下のものを除く
33	無体財産権提供業	工業所有権その他の無体財産権の譲渡または提供を行うもの	国等に対する無体財産権の提供等を除く
34	労働者派遣業	自己の雇用する者その他の者を、他の者の指揮命令を受けて事業に従事させる事業を行うもの	

3-5 国内源泉所得

法人税法第138条の定める「国内源泉所得」(概要・範囲)とは、以下の内容のものであり、日本国内において行っている事業から得られた利益(税法上「所得」という)である。

① 国内において行う事業から生じ、又は国内にある資産の運用、保有若しくは譲渡により生ずる所得(次号から第11号までに該当するものを除く)その他その源泉が国内にある所得として政令で定めるもの
② 国内において人的役務の提供を主たる内容とする事業で政令で定めるものを行う法人が受ける当該人的役務の提供に係る対価
③ 国内にある不動産、国内にある不動産の上に存する権利若しくは採石法(中略)の規定による採石権の貸付け(中略)、鉱業法(中略)の規定による租鉱権の設定又は所得税法第2条第1項第3号に規定する居住者若しくは内国法人に対する船舶若しくは航空機の貸付けによる対価
④ 所得税法第23条第1項(利子所得)に規定する利子等のうち次に掲げるもの —詳細省略—
⑤ 所得税法第24条第1項(配当所得)に規定する配当等のうち次に掲げるもの —詳細省略—
⑥ 国内において業務を行う者に対する貸付金(これに準ずるものを含む。)の利子(中略)
⑦ 国内において業務を行う者から受ける次に掲げる使用料又は対価で当該業務に係るもの —詳細省略—
⑧ 国内において行う事業の広告宣伝のための賞金として政令で定めるもの。この「政令の定め」は国内において行われる事業の広告宣伝のために賞として支払う金品その他の経済的利益とされている。
⑨ 国内にある営業所又は国内において契約の締結の代理をする者を通じて締結した生命保険契約、損害保険契約その他の年金に係る契約で政令で定めるものに基づいて受ける年金
⑩ 次に掲げる給付補てん金、利息、利益又は差益 —詳細省略—
⑪ 国内において事業を行う者に対する出資につき、匿名組合契約(中略)に基づいて受ける利益の分配

以上のように「国内源泉所得」の範囲もしくは内容について定められている。また、同法第139条では「租税条約に異なる定めがある場合の国内源泉所得」について、規定を設けている。そこでは、日本国が締結した所得に対する「租税に関する二重課税防止」のための条約において、国内源泉所得について、法第138条の規定と異なる定めがある場合は、当該条約の定めによるものとしている。つまり、法第138条の規定よりも条約のほうが優先するということである。法人税法はあくまでも、日本国内の法人に対する定めである。他方、条約は国家間の取り決めであり、国家間の秩序維持の観点から国内法よりも、条約のほうが優先するのは当然のことである。

なお、同法第141・142条は、「外国法人に対する各事業年度の所得に対する法人税の課税所得」並びに「外国法人の国内源泉所得に係る所得の計算」に関係した規定を設けている。

法人税法施行令第176～184条は、上記の規定に関する細目を定めている。たとえば、同令第179条は「人的役務の提供を主たる内容とする事業の範囲」（前ページ②関係）として、以下の事業を挙げている。

① 演劇家等の事業
　映画もしくは演劇の俳優、音楽家その他の芸能人または職業運動家の役務を主たる内容とする事業
② 自由職業者の事業
　弁護士、公認会計士、建築士その他の自由職業者の役務の提供を主たる内容とする事業
③ その他の専門職に係る事業
　科学技術、経営管理その他の分野に関する専門的知識または特別の技能を有する者の当該知識または技能を活用して行う役務の提供を主たる内容とする事業

≪関連用語≫　納税義務者、収益事業、課税所得と課税標準

3-6　事業年度

法人税法第13条は「事業年度」について、以下のように定めている。

> 法人税法第13条（事業年度）
>
> 第１項　この法律において「事業年度」とは、法人の財産及び損益の計算の単位となる期間（以下この章において「会計期間」という）で、法令で定めるもの又は法人の定款、寄附行為、規則、規約その他これらに準ずるもの（中略）に定めるものをいい、法令又は定款等に会計期間の定めがない場合には、次項の規定により納税地の所轄税務署長に届け出た会計期間又は第３項の規定により納税地の所轄税務署長が指定した会計期間若しくは第４項に規定する期間をいう。
>
> —但し書　省略—
>
> 第２項　法令及び定款等に会計期間の定めがない法人は、次の各号に掲げる法人の区分に応じ当該各号に定める日以後２月以内に、会計期間を定めてこれを納税地の所轄税務署長に届け出なければならない。
>
> ①　内国法人　—詳細省略—
>
> ②　外国法人　—詳細省略—
>
> 第３項　前項の規定による届出をすべき法人（人格のない社団等を除く）がその届出をしない場合には、納税地の所轄税務署長は、その会計期間を指定し、当該法人に対し、書面によりその旨を通知する。
>
> 第４項　第２項の規定による届出をすべき人格のない社団等がその届出をしない場合には、その人格のない社団等の会計期間は、その年の１月１日（中略）から12月31日までの期間とする。

法人を設立した場合、通常、定款もしくは寄附行為等で事業年度を決めている。それが会計期間となる。人格のない社団等において、事業年度を決めていないことがあるとしても、決算収支の報告を要することになるので、決めていると思われるが、決めていない場合の対応をここで規定している。

≪関連用語≫　公共法人、公益法人（公益法人等）、収益事業

3-7　課税所得と課税標準

法人税法は第21条に「各事業年度の所得に対する法人税の課税標準」についての規定を設けており、「内国法人に対して課する各事業年度の所得に対する法人税の課税標準は、各事業年度の所得の金額とする。」としている。ここにいうところの「各事業年度の所得の金額」が課税所得になり、税率を乗じる課税客体となる。法人税の課税標準とは「課税所得」を意味している。

そして、同法第22条が定める「各事業年度の所得の金額の計算」のなかの第１項では「内国法人の各事業年度の所得の金額は、当該事業年度の益金の額から損金の額を控除した金額とする。」とされている。したがって、その算式は、以下のようになっている。

所得（課税所得）＝益金の額－損金の額

法人税法の「所得」という概念は、経済学上の「利潤」に、また、企業会計上の「利益」に通じる概念であり、とくに企業会計の利益概念と深い関係を持っている。法人税法は、同法第４項により「一般に公正妥当と認められる会計処理の基準に従って計算されるものとする。」としている。そこでは、一般の企業が採用している「企業会計の基準が基礎的要件」とされている。しかし、他方において、法人税法は「法人課税の計算体系」を設けている。つまり、国家財政政策の関係から、諸種の特有の規定を設けているということである。したがって、企業会計上、費用として認められない項目であっても、納税額軽減政策として、所得の計算上、損金として処理することが認められている項目がある。それらの多くは、租税特別措置法によって認められている項目である。逆に、企業会計上、費用として計上しなければならない項目であっても、損金として認めていない項目がある。

その結果、企業会計上の利益の金額と法人税上の所得の金額は乖離することになる。その間の調整をするものが、法人税の確定申告書・別表四「所得の金額の計算に関する明細書」の役割である。ここで、企業会計上の利益を基に税法特有の項目を加算し、もしくは減算するなどの調整を行って課税所得を計算することになっている。

≪関連用語≫　益金、損金

3-8 益　金

益金という用語は、税法特有の専門用語であって、あえていえば、国や地方の会計では「収入」に、また、企業会計では「収益もしくは売上」に相当もしくは類似する用語である。ところで、法人税法は第22条において「所得は益金の額から損金の額を控除した金額」とすると定めている。

そして、同条第２項において「益金の額に算入すべき金額は、別段の定めがあるものを除き、資産の販売、有償又は無償による資産の譲渡又は役務の提供、無償による資産の譲受けその他の取引で資本等取引以外のものに係る収益の額」としている。なお、同条第４項において収益を計算するに当たっては「一般に公正妥当と認められる会計処理の基準に従って計算される。」としている。これは昭和42年の改正で追加されたもので、税法は企業会計を尊重するという意図である。したがって、企業が「公正な会計方法」に従って会計処理をしている限り、原則として、その処理を容認するということである。そこで、法人税法特有の取り扱いを除き、原則として法人税法上の益金と企業会計上の収益もしくは売上とは、概念上、一致することになる。

法人税法特有の取り扱いとしては、「受取配当金の益金不算入」や「還付金等の益金不算入」その他がある。前者は「重複課税の廃止」という考え方に基づくものであり、後者は、法人税等は納税したとしても、損金として認められないので、還付された場合には、当然に益金に算入しないという定めである。また、「寄附金の損金不算入」並びに「交際費等の損金不算入」などの項目がある。ところで、企業会計では、営業損益と営業外損益並びに特別損益に区分して損益計算書に表示している。他方、税務会計では、課税所得を算定することが目的であるから、このような区分をせず、包括して「益金」として取り扱うものとしている。税務会計と企業会計は基本的に合致することはない。そこで、企業会計は、損益計算書が適正な経営成績を示すために、つまり、税引前当期純利益とそれに対応すべき法人税等の負担を示すために調整を行っている。それが税効果会計である。

《関連用語》　課税所得と課税標準、税効果会計、受取配当等の益金不算入制度、寄附金、使途秘匿金、交際費

3-9 損　金

損金という用語は、税法特有の専門用語であって、あえていえば、国や地方の会計では「支出」に、そして、企業会計では、事業遂行上の経済的犠牲を意味する「原価・費用および損失」に相当もしくは類似する用語である。しかし、税法特有の計算体系にわける用語であるから、相当の乖離がある。

法人税法は第22条第3号において「損金に算入すべき金額は、別段の定めがあるものを除き、つぎに掲げる額とする。」と定めている。

① 収益に係る売上原価、完成工事原価その他これらに準ずる原価の額

② ①のほか、販売費、一般管理費その他の費用（償却費以外の費用で当該事業年度終了の日までに債務の確定しないものを除く。）の額

③ 損失の額で資本等取引以外の取引に係るもの

収益（益金）の認識と原価および費用（損金）の認識は、ともに「一般に公正妥当な会計方法（会計処理の基準）に準拠して計算される」ものとしている。これは、企業会計が採用している「発生主義会計」を認めているということである。しかし、税務会計には特有の取り扱いがあるので、両者には差異が発生してくる。その根拠が「別段の定めがあるものを除き」という表現によってあらわされている。法人税法特有の取り扱いとしては、交際費、寄付金、附帯税、賠課金等がある。交際費は原則として損金不算入であり、寄付金（指定寄付金を除く）は、一定限度額以上は損金不算入とされている。附帯税も利子税を除き原則として損金としては認められない。

また、公正妥当な会計方法の例外もある。従来は、平成10年の税制改正で、企業会計上、公正妥当な会計方法と認めていた賞与引当金と退職給付引当金等を認めないことにした。ここに、発生主義会計の一部否定という重要な問題が発生してきた。従業員が提供した労働を企業が買い入れ、その対価を債務として認識することを否定したということは、重要な方向転換である。しかし、現在の世界の潮流は「資産負債法（財産法）」に移行しているので、その延長線においては、この改正は容認できないこともないといえる。

≪関連用語≫　課税所得と課税標準、税効果会計、資本金（資本金等）、減価償却費、寄附金、使途秘匿金、交際費、利子税、附帯税

3-10　税効果会計

企業会計審議会は、平成10年10月30日、「税効果会計に係る会計基準」を発表した。同基準「第一　税効果会計の目的」は、「税効果会計は、企業会計上の資産又は負債の額と課税所得計算上の資産又は負債の額に相違がある場合において、法人税その他利益に関連する金額を課税標準とする税金（以下「法人税等」という。）の額を適切に期間配分することにより、法人税等を控除する前の当期純利益と法人税等を合理的に対応させることを目的とする手続である。」としている。

また、同基準の前書に相当する部分の「税効果会計に係る会計基準の設定について」の「税効果会計の適用の必要性」では「法人税等の課税所得の計算に当たっては企業会計上の利益の額が基礎となるが、企業会計と課税所得計算とはその目的を異にするため、収益又は費用（益金又は損金）の認識時点や、資産又は負債の額に相違が見られるのが一般的である。このため、税効果会計を適用しない場合には、課税所得を基準とした法人税等の額が費用として計上され、法人税等を控除する前の企業会計上の利益と課税所得とに差異があるときは、法人税等の額が法人税等を控除する前の当期純利益と期間的に対応せず、また、将来の法人税等の支払額に対する影響が表示されないことになる。このような観点から、『財務諸表』の作成上、税効果会計を全面的に適用することが必要と考える。」と、記述している。

企業会計は、財務諸表によって企業活動の結果、獲得された収益とそれに要した費用を対応させて、一会計期間の利益を計算（損益計算書）するとともに、一定時点における財政状態（貸借対照表）並びに当該会計期間の資金の収支（キャッシュ・フロー計算書）を示すものである。他方、税務会計は、税務計算（課税所得計算のための体系）を中心に構成されており、一事業年度の「課税所得と納付税額を計算する」ことを目的としている。両者の間には、収益もしくは費用の計上時期と益金もしくは損金とされる時期との間に差異がある。その差異には「絶対的差異」と「相対的差異」ともいうべき差異がある。前者は「永久差異」と呼ばれ、他方、後者は「一時差異」と呼ばれている。絶対的差異とは、たとえば、交際費のように企業会計上は費用に計上されているものであっても、税務会計上は損金として認容されないもので、永久に差異が解消されることがないため「永久差異」と呼ばれている。法人税・住民税等の租税のほか交際費とか、寄付金（限度超過額）等がある。

相対的差異は「一時差異」といわれるように、企業会計と税務会計との間で認識する時期に差異があるというもので、いずれかの時期には益金もしくは損金として認識されるものである。ところが、認識の時期がずれることによって、企業利益と課税所得との間に大きなずれが発生してくることになる。企業が作成する財務諸表が適切な財政状態と経営成績を示すものであるとするならば、この調整をしなければならない。この調整を行うものが「税効果会計」で、その主要な目的は「税引前当期純利益とそれに対応する法人税等の納税額との対応関係の適切な表示」にある。

同基準「第二　税効果会計に係る会計基準」によれば、「一時差異に係る税金の額を適切な会計期間に配分しなければならない」とし、「一時差異とは、貸借対照表及び連結貸借対照表に計上されている資産及び負債の金額と課税所得上の資産及び負債の金額との差額をいう。」ものとされている。

この税効果会計は、上場会社等旧証券取引法（昭和23年４月13日　法律第25号）適用会社に対して、平成11年４月１日から始まる会計年度から全面的に適用されることになった。この税効果会計は連結財務諸表上だけの問題ではなく、個別財務諸表においても適用されている。また、原則として、連結子会社もその対象になっている。連結財務諸表作成手続上の修正項目（連結精算書）であると、限定的効果しか得られないからである。

なお、一時差異には、当該一時差異が解消するときにその期の課税所得を減額する効果を持つもの「将来減算一時差異」と、当該一時差異が解消するときにその期の課税所得を増額する効果を持つもの「将来加算一時差異」とがある。前者の例には、貸倒引当金の損金算入限度超過額や減価償却費の損金算入限度超過額がある。後者の例には、租税特別措置法上の諸準備金等の計上がある。ところで、将来の課税所得と相殺可能な繰越欠損金等については、一時差異と同様に取り扱うものとされている。

繰越欠損金に対する税効果会計は、基本的なものではないが、現実の社会経済的効果としては、繰越欠損金関係の繰延税金資産が大きな比重を占めている。

≪関連用語≫　課税所得と課税標準、繰延税金資産と繰延税金負債

3-11　繰延税金資産と繰延税金負債

税効果会計の計算方法には「繰延法」（収益費用法）と「資産負債法」とがある。繰延法とは、会計上の収益または費用の金額と税務上の益金または損金の額に相違がある場合、その相違項目のうち、損益の期間帰属の相違に基づく差異（期間差異）について、発生した年度の当該差異に対する税金負担額または税金軽減額を差異が解消する年度まで貸借対照表上、繰延税金資産または繰延税金負債として計上する方法である。したがって、税効果会計に適用される税率は、期間差異が発生した事業年度の課税所得に適用されている税率を用いる計算方法である。この計算方法は、税引前当期純利益と法人税等の納税額との対応関係を、つまり、損益計算書の経営成績の表示機能をより重視したものである。これに対して、資産負債法とは、会計上の資産または負債の金額と税務上の資産または負債の金額との間に差異があり、会計上の資産または負債が将来回収または決済されるなどにより当該差異が解消されるときに、税金を増額（支払い）または減額（節減）させる効果がある場合に、当該差異（一時差異）の発生年度に、それに対応する繰延税金資産または繰延税金負債を計上する計算方法である。したがって、資産負債法に適用される税率は、一時差異が解消される将来の年度に適用される税率を用いるもので、繰延税金資産としての財産性（債権価値の額）または繰延税金負債としての負債性（未払税金の額）を評価したものである。

一時差異と期間差異の範囲は原則として一致している。ともかく、税効果会計に係る会計基準の第二の二「繰延税金資産及び繰延税金負債等の表示方法」では「一時差異に係る税金の額は、将来の会計期間において回収又は支払が見込まれない税金の額を除き、繰延税金資産又は繰延税金負債として計上しなければならない。繰延税金資産については、将来の回収の見込みについて毎期見直しを行わなければならない。」としている。このように繰延税金資産については、将来の回収の見込みについて毎期見直しを行わなければならないとしているが、繰延税金負債の見直しについては、何ら、触れていない。

現行会計基準では資産負債法を採用している。その理由は、税率変更等に応じて繰延税金資産または繰延税金負債が回収額または支払額をより適切に示す方法であり、国際的にも主流となっているということである。この資産負債法は、貸借対照表上の残高の妥当性を問題としているもので、繰延税金資産もしくは繰延税金負債が解消される時期の税率等が計算上適用されることとされている。したがって、法人税等の率に変更がない場合、繰延法と資産負債法いずれの方法を採用しても、同一の結果となる。いずれにしても「繰延税金資産及び繰延税金負債等の表示方法」では「繰延税金資産又は繰延税金負債の金額は、回収又は支払が行われると見込まれる期の税率に基づいて計算するものとする。」として、資産負債法の採用を決めている。資産負債法においては繰延税金が解消する将来の税率を想定して計算することになるので、一般的には将来不確定のため現在の税率を適用することになるので、税率が変更になれば繰延税金の額を見直すことになる。

繰延税金資産は、将来の法人税等の支払額を減額する効果を有し、一般的には法人税等の前払額に相当するため、資産としての性格を有するものと考えられていること、また、繰延税金負債は、将来の法人税等の支払額を増額する効果を有し、法人税等の未払額に相当するため、負債としての性格を有するものと考えられていることによって、貸借対照表に計上することにされている。しかし、資産負債法において、「繰延税金資産の債務者」並びに「繰延税金負債の債権者」が存在していないことは明らかであり、資産もしくは負債としての貸借対照表計上能力に問題がある。

一時差異は「繰越欠損金等については、一時差異と同様に取り扱う」ことから「一時差異等」ということとされている。税務上の繰越欠損金は一時差異ではないが、一時差異と同様の税効果を有するものとされていることによる解釈である。この繰越欠損金（青色欠損金）がある場合、その範囲以内において、将来の納付税額が減額されることになるので、当該金額に対応する納付税額減額見込額が繰延税金資産として貸借対照表に計上することが認められている。そして、現実には、繰延税金資産の主要なものの内容がこの繰越欠損金に対応する繰延税金資産になっている。足利銀行がこの繰越欠損金に対応する繰延税金資産の計上が認められないことによって、債務超過となり、経営破綻していることは有名な事実である。

平成23年度税制改正大綱で法人税率が30％から25.5％に引き下げられたことによって、平成23年３月期決算（法律改正が成立したとして）で、多くの企業で繰延税金資産の取り崩しが行われることによる減益圧迫が強まることになった。

《関連用語》　課税所得と課税標準、繰越欠損金

3-12　同族会社

法人のうち、一部の少数の人達によって支配されている会社は、広く公開されている会社と違って、独裁的色彩が強く、特有な行為もしくは計算が行われることがありえる。そのため、課税上の公平性・透明性の観点から、税法上特別の措置を設けることにし、同族会社の定義を定めている。同定義は、大正12年の税法の改正で明らかにされた。

法人税法の定める「同族会社」もしくは「同族会社等」とは、法人税法第2条（定義）によれば、以下の定めに該当する会社である。

> 法人税法第2条第1項第10号（同族会社）
>
> 会社の株主等（その会社が自己の株式又は出資を有する場合のその会社を除く。）の3人以下並びにこれらと政令で定める特殊の関係のある個人及び法人がその会社の発行済株式又は出資（その会社が有する自己の株式又は出資を除く。）の総数又は総額の100分の50を超える数又は金額の株式又は出資を有する場合その他政令で定める場合におけるその会社をいう。

以下にいう「親族」は民法（明治29年4月27日　法律第89号）の規定によっている。同法第725条は「親族の範囲」を以下のように定めている。

①　六親等内の血族

②　配偶者

③　三親等内の姻族

同族会社に関する規定は、要するに大株主が3人以下で50％超を所有している場合、支配関係があるものとして、これに該当する会社を、法人税法上「同族会社」と規定している。なお、同法にいう「政令で定める特殊の関係のある個人」は、法人税法施行令第4条第1項で定める「同族関係者の範囲」は、以下のようになっている。

①　株主等の親族

②　株主等と婚姻の届出をしていないが事実上婚姻関係と同様の事情にある者

③　株主等（個人である株主等に限る。次号において同じ。）の使用人

④　前３号に掲げる者以外の者で株主等から受ける金銭その他の資産によって生計を維持しているもの
⑤　前３号に掲げる者と生計を一にするこれらの者の親族

また、同法にいう「政令で定める特殊の関係のある法人」は、同施行令第４条第２項で定める「同族関係者の範囲」は、以下のようになっている。
①　同族会社であるかどうかを判定しようとする会社の株主等の１人が、他の会社を支配している場合における当該他の会社
②　判定対象会社の株主等の１人およびこれと上記①に規定する特殊の関係のある会社が、他の会社を支配している場合における当該他の会社
③　判定対象会社の株主等の１人およびこれと上記②に規定する特殊の関係のある会社が、他の会社を支配している場合における当該他の会社

同施行令第４条第３項では、同第２項で定める第１号から第３号にいう「他の会社を支配している場合」は、以下のようになっている。
①　他の会社の発行済株式または出資の総数または総額の50％超を有している場合
②　他の会社の議決権の50％超を有している場合
法人税法基本通達１－３－２（名義株についての株主等の判定）によれば、「株主等」は、原則として、株主名簿、社員名簿または定款等に記録されている株主等によることになっているが、株主等が単なる名義人ある場合には、実際の権利者を株主等とすることになっている。これも法第11条が定める「実質所得者課税の原則」（実質課税の原則）の趣旨に基づくものである。
また、同通達１－３－３（生計を維持しているもの）によれば、「株主等から受ける金銭その他の資産によって生計を維持しているもの」とは、当該株主等から受ける金銭または受けた金銭等による運用収益によって、日常生活の主たる財源としている者をいう、とされている。さらに、同通達１－３－４（生計を一にすること）によれば、必ずしも同居していることは必要とされない。したがって、生活費の補助を受けている者が含まれる。

≪関連用語≫　実質課税の原則、特定同族会社、特殊支配同族会社

3-13　特定同族会社

特定同族会社に該当する場合、同会社に対して特別の税率が適用される。これは、いわゆる「留保金課税制度」といわれているもので、同族会社が一定額を超える各事業年度の所得のうち留保している所得の部分について10％から20％の累進税率による税額を加算するというものである。同族会社においては「配当をするかどうか、また、いくらするかどうか」は、経営者の自由な意思決定によるものである。そのため、通常の会社が配当負担を負っているのとは異なっている。個人株主の受ける配当等には、累進税率による所得税が課されているために、高額の配当はしないほうが得策になる。そこで、その代替的課税施策として、同族会社の留保金額に対して一定の課税強化を行うというものである。

法人税法第67条（特定同族会社の特別税率）は、以下のような規定になっている。

> 法人税法第67条（特定同族会社の特別税率）
> 第１項　内国法人である特定同族会社（中略・注）の各事業年度の留保金額が留保控除額を超える場合には、その特定同族会社に対して課する各事業年度の所得に対する法人税の額は、前条第１項又は第２項の規定にかかわらず、これらの規定により計算した法人税の額に、その超える部分の留保金額を次の各号に掲げる金額に区分してそれぞれの金額に当該各号に定める割合を乗じて計算した金額の合計額を加算した金額とする。
>
> | | | |
> |---|---|---|
> | ① | 年3,000万円以下の金額 | 10％ |
> | ② | 年3,000万円を超え、年１億円以下の金額 | 15％ |
> | ③ | 年１億円を超える金額 | 20％ |

この第１項の（中略・注）は、読みやすくするために括弧書を外したものであり、その内容は、以下のようになっている。

被支配会社で、被支配会社であることについての判定の基礎となった株主等のうちに被支配会社でない法人がある場合には、当該法人をその判定の基礎となる株主等から除外して判定するものとした場合においても被支配会社となるもの（資本金等の額が１億円以下であるものを除く。）をいう。

また、留保控除額（同条第５項）は、以下に掲げる金額のうち、最も多い金額である。

① 当該事業年度の所得等の金額の40％

② 年2,000万円

③ 当該事業年度末の利益積立金額が、同時点の資本金・出資金の25％に満たない場合における、その満たない金額

この第３号の意味は、財務の健全性確保の観点から資本金・出資金の25％までの金額に対しては、留保金課税の対象から除くとしているものである。

なお、「前条第１項又は第２項の規定」とは、同法第66条の「各事業年度の所得に対する法人税の税率」を定めたもので、以下の内容になっている。

① 内国法人である普通法人　　各事業年度の所得の30％

② 同中小法人（資本金・出資金１億円以下）　各事業年度の所得の22％

なお、この税率は、平成23年度税制改正大綱が成立すれば改新される。

法人税法第67条第２項は、以下のことを定めている。

> 法人税法第67条
> 第２項　前項に規定する被支配会社とは、会社の株主等（その会社が自己の株式又は出資を有する場合のその会社を除く。）の１人並びにこれと政令で定める特殊の関係のある個人及び法人がその会社の発行済株式又は出資（その会社が有する自己の株式又は出資を除く。）の総数又は総額の100分の50を超える数又は金額の株式又は出資を有する場合その他政令で定める場合におけるその会社をいう。

本第２項にいう「特殊の関係のある個人」とは、施行令第139条の７（被支配会社の範囲）が定めているが、同施行令第４条第１項の関係者と同一であり、また、「特殊の関係のある法人」の範囲は、同施行令第４条第２項が定めている内容とほぼ同一である。但し、同族会社を読み替える。

《関連用語》　同族会社、留保金課税制度、特殊支配同族会社

3-14　留保金課税制度

法人税法第67条（特定同族会社の特別税率）第3項は、以下のような規定になっている。第1項に規定する留保金額は、次に掲げる金額の合計額のうち留保した金額から、当該事業年度の所得金額につき、法第67条の第1項または第2項の規定にしたがって計算した法人税額並びに地方税法の規定による道府県民税額と市町村民税額として政令の定めによって計算した金額の合計額を控除した金額とされている。ここにいう「次に掲げる金額の合計額」は、いわゆる「加算項目」であり、以下の項目からなっている。

加算項目

①　当該事業年度の所得金額

②　受取配当等の益金不算入額

③　外国子会社から受ける配当等の益金不算入額

④　還付金等の益金不算入額

⑤　青色申告書を提出した事業年度の繰越欠損金の当期控除額

上記の項目のうち②から④までの項目は、課税政策上、益金の額に算入しないものとされているが、資金収支としては、内部に留保されているものであるが故に、法人税の留保金課税計算において、留保金額に含めるものとしている。また、後半部分の「法人税額並びに道府県民税額と市町村民税額の合計額を控除した金額」は、いわゆる「減算項目」（社外流出）に相当する項目であり、以下の項目がある。

減算項目

①　当該事業年度の所得金額に係る法人税額

②　当該事業年度の所得金額に係る地方税法の規定による道府県民税額と市町村民税額（この2つの合計額を一般に「住民税」と称している）

③　同条第4項に定める当該事業年度に係る剰余金の配当または利益の配当の額

事例・つぎのような状況（条件）にある場合の留保金に対する課税計算は、確定申告書別表三（一）において、以下（条件）に示した明細書のように計算される。

①　資本金　120,000千円

②　個人株主3人以内の同族会社

③　課税所得 145,000千円

④　留保金額　73,000千円

別表三(一)　平二十一・四・一以後終了事業年度分

特定同族会社の留保金額に対する税額の計算に関する明細書

事業年度	平成21・4・1 平成22・3・31	法人名	大日本東京株式会社

区分	項目	番号	金額	区分	項目	番号	金額
当期留保金額の計算	留保所得金額 (別表四「39の②」＋連結法人間配当等の当期支払額－連結法人間配当等の当期受取額)	1	円 145,000,000		定額基準額 2,000万円 × 12/12	15	円 20,000,000
	前期末配当等の額 (前期の(3))	2	0	所得基準額の計算	所得金額総計 (別表四「31の①」)	16	145,000,000
	当期末配当等の額	3	0		受取配当等の益金不算入額 ((別表八(一)「12」又は「24」)から連結法人間配当等の額に係る金額を除いた金額)	17	
	法人税額 (別表一(一)「4」＋「5」＋「7」＋「10の外書」－「11」－「44」)	4	43,500,000		外国子会社等から受ける剰余金の配当等の益金不算入額 (別表八(二)「13」＋別表十七(三の二)「31の計」)	18	
	住民税額の計算：住民税額の計算の基礎となる法人税額 ((別表一(一)「2」+「5」+「7」+「10の外書」-「11」-「43」)-別表六(一)「23の計」-別表六(七)「8」-別表六(十)「19」-別表六(十一)「18」-(別表六(十四)「14」+「17」)-別表六(十七)「20」-別表六(十八)「18」-別表六(二十一)「17」)	5	43,500,000		法人税額の還付金等（過誤納及び中間納付額に係る還付金を除く。） (別表四「17」及び益金不算入附帯税(利子税を除く。)の受取額)	19	
					新鉱床探鉱費又は海外新鉱床探鉱費の特別控除額 (別表十(二)「42」)	20	
					対外船舶運航事業者の日本船舶による収入金額に係る所得の金額の損金算入額 (別表十(三)「19」)	21	
					対外船舶運航事業者の日本船舶による収入金額に係る所得の金額の益金算入額 (別表十(三)「20」又は「22」)	22	
	住民税額の計算：住民税額 (5)×20.7%	6	9,004,500		沖縄の認定法人の所得の特別控除額 (別表十(一)「9」又は「12」)	23	
	当期留保金額 (1)＋(2)－(3)－(4)－(6)	7	92,495,500		収用等の場合等の所得の特別控除額 (別表十(六)「18」、「33」、「38」、「43」及び「48」)	24	
積立金基準額の計算	期末資本金の額又は出資金の額	8	120,000,000		肉用牛の売却に係る所得の特別控除額 (別表十(七)「22」)	25	
	同上の25%相当額	9	30,000,000		課税済留保金額の損金算入額 (別表十七(二の二)「35」)	26	
	期首利益積立金額 (別表五(一)「31の①」)－(2)	10	0		課税対象留保金額等の益金算入額 (別表十七(二)「40」＋別表十七(三)「36」)	27	
	期中増減：適格合併等により増加した利益積立金額	11			所得等の金額 (16)＋(17)＋(18)＋(19)＋(20)＋(21)－(22)＋(23)＋(24)＋(25)＋(26)－(27)	28	145,000,000
	期中増減：適格分割型分割等により減少した利益積立金額	12			所得基準額 (28)×40%	29	58,000,000
	期末利益積立金額 (10)＋(11)－(12)	13	0		留保控除額 ((14)、(15)又は(29)のいずれか多い金額)	30	58,000,000
	積立金基準額 (9)－(13)	14	30,000,000		課税留保金額 (7)－(30)	31	34,495,000

留保金額に対する税額の計算

課税留保金額	番号	金額	税額	番号	金額
年3,000万円相当額以下の金額 ((31)又は(3,000万円×12/12)のいずれか少ない金額)	32	円 30,000,000	(32)の10%相当額	36	円 3,000,000
年3,000万円相当額を超え年1億円相当額以下の金額 (((31)－(32))又は(1億円×12/12－(32))のいずれか少ない金額)	33	4,495,000	(33)の15%相当額	37	674,250
年1億円相当額を超える金額 (31)－(32)－(33)	34	0	(34)の20%相当額	38	0
計(31) (32)＋(33)＋(34)	35	34,495,000	計 (36)＋(37)＋(38)	39	3,674,250

法 0301－0301

3-15　特殊支配同族会社

法人税法第35条の「特殊支配同族会社の役員給与の損金不算入制度」は、平成18年度の税制改正で設けられたものである。

この制度が導入された趣旨として「特殊支配同族会社においては、①業務主宰(しゅさい)役員が自らへの役員給与を法人段階で経費として計上し損金の額に算入する一方で、②その役員給与について個人段階で給与所得控除を受けることが可能となっている。こうした仕組みは、特殊支配同族会社の実態は個人事業者と実質的に変わらないにもかかわらず、特殊支配同族会社においては稼得した収益に対する経費が法人段階と個人段階の二段階に分けて考慮されていることを意味し（いわゆる「経費の二重控除」）、個人事業者との課税上の不公平が端的に表れることになる。その上で、業務主宰役員が株主等であることを踏まえると、役員給与の支給は配当の支払いと実質的な差異を認めがたい面があり、直ちに損金算入を認めるということでは、課税上の公平を欠くこととなりかねない。」と説明されている。[(1)] しかし、これは論理のすり替えで、「実質的な改正の背景は増税」である。それは、後半に記述している経済的事実に現れている。平成21年の秋になって、経済産業省がこの制度の廃止を財務省に求めていることからも理解される。

条文は、以下のとおりである。

> 法人税法第35条（特殊支配同族会社の役員給与の損金不算入）
> 第１項　内国法人である特殊支配同族会社（同族会社の業務主宰役員（法人の業務を主宰している役員をいい、個人に限る。））及び当該業務主宰役員と特殊の関係のある者として政令で定める者「業務主宰役員関連者」が、その同族会社の発行済株式又は出資の総数又は総額の100分の90以上に相当する数又は金額の株式又は出資を有する場合、その他政令で定める場合における当該同族会社が、当該特殊支配同族会社の業務主宰役員に対して支給する給与の額のうち当該給与の額を基礎として政令で定めるところにより計算した金額は、当該特殊支配同族会社の各事業年度の所得の金額の計算上、損金の額に算入しない。
> 第２項　前項の特殊支配同族会社の基準所得金額（当該事業年度開始の日前３年以内に開始した各事業年度又は各連結事業年度の所得の金額

若しくは欠損金額又は第81条の18第１項（連結法人税の個別帰属額の計算）に規定する個別所得金額若しくは個別欠損金額を基礎として政令で定めるところにより計算した金額をいう。）が政令で定める金額以下である事業年度については、前項の規定は、適用しない。

（注）条文を読みやすくするため、一部の括弧書を省略しているほか、一部の文章の間に読点「、」を入れている。

法第35条第１項後半にいう「政令で定めるところにより計算した金額」は、同法施行令第72条の２に定めている「特殊支配同族会社の役員給与の損金不算入額及び基準所得金額の計算等」である。

この規定により計算した金額は、特殊支配同族会社の業務主宰役員に係る当該事業年度の業務主宰役員給与額が、次の各号に掲げる場合のいずれに該当するかに応じて、各々に定めている金額とするものとされている。なお、事業年度中に業務主宰役員に異動があった場合、期末業務主宰役員および期中業務主宰役員のそれぞれに対する業務主宰役員給与額については、前段の規定により計算した金額の合計額とされている。

① 65万円以下である場合
損金不算入額＝業務主宰役員給与額に相当する金額
（注）給与所得者対する給与収入から控除する「給与所得控除額」が65万円であるから、当該相当金額がここにきている。

② 65万円を超え、180万円以下である場合
損金不算入額＝業務主宰役員給与額の40％の金額（当該金額が65万円に満たない場合には、65万円）

③ 180万円を超え、360万円以下である場合
損金不算入額＝72万円＋(業務主宰役員給与額－180万円)×30％

④ 360万円を超え、660万円以下である場合
損金不算入額＝126万円＋(業務主宰役員給与額－360万円)×20％

⑤ 660万円を超え、1,000万円以下である場合
損金不算入額＝186万円＋(業務主宰役員給与額－660万円)×10％

⑥ 1,000万円を超える場合
損金不算入額＝220万円＋(業務主宰役員給与額－1,000万円)×５％
（注）ここで計算例を示せば、1,000万円丁度の場合、損金不算入額は220万円に

なる。所得税上、給与収入から控除する「給与所得控除額」は1,000万円×5％＋170万円であるから220万円になる。

なお、法第35条第1項は、以上のように「計算の本則」を定めているが、同第2項では「適用除外」を定めている。その具体的な内容は、同法施行令第72条の2第1項に、以下（要点）のように定めている。ここでの計算は、主として「青色申告法人」に関わる計算である。

この規定により計算した金額は、基準期間（同項に規定する前3年以内に開始した各事業年度「基準期間内事業年度」における以下の①の合計額から②と③の合計額を減算した金額とされている。

① 所得の金額に次に掲げる金額を加算した金額
  イ 業務主宰役員給与額
  ロ 青色申告書を提出した事業年度の欠損金の繰越しの規定の適用を受けた金額
② 欠損金額から前号イに掲げる金額を控除した金額
③ 各基準期間前事業年度等の次に掲げる金額を、これらの金額が生じた事業年度開始の日後7年以内に開始した各事業年度の最も古い事業年度に生じたものから順次控除するものとした場合における基準期間前事業年度等において生じ、かつ、基準期間内事業年度等の調整所得金額から控除されることとなる金額の合計額

要するに課税対象期間の純課税所得金額を基礎にして「特殊支配同族会社の増税金額を計算する」ということである。

平成21年8月の衆議院選挙に大勝して、主役（政権与党）になった民主党は「特殊支配同族会社制度の見直し」を政策課題のひとつに掲げている。税制調査会では、現在（平成21年11月時点）、民主党のマニフェストで廃止するとしている「特殊支配同族会社の業務主宰役員給与の損金不算入制度」に関する議論を行っている。同調査会の第4回で公表された資料には、平成19年度分（適用2年目）の適用件数や損金不算入額などの詳細なデータが明らかになった。そこでは、以前、提出されて衆議院の答弁書では、標本調査の結果によると、制度が適用された2年目の適用会社は56千社とされていた。しかし、今回の公表資料では120,153社と大幅な増加となっている。

さらに、税収額も672億円であることが明らかになった。

特殊支配同族会社の業務主宰役員給与の損金不算入制度は、オーナー会社と個人事業主との整合性を保つため、業務主宰役員の給与所得控除額相当額を損金不算入とする制度である。当該金額相当額が課税所得として増額し、結果として増税となる。同制度には、過去３年間の法人所得または欠損金額と業務主宰役員給与等の基準所得金額が一定金額以内であれば、損金不算入とならない適用除外要件が設けられている。適用除外要件は適用１年目では800万円以下であったが、適用２年目である平成19年度以降においては、1,600万円以下に拡大された。

今回、税制調査会で公表されたデータは、適用条件が緩和された適用２年目の会社標本調査の標本法人51,942社の申告書のデータをもとに調査した結果、適用対象とされた法人数3,011社に関するものである。本件制度の適用により、損金不算入となった法人数は120,153社である。そのうち課税（増税）された会社は92,577社にのぼっている。他方、納税額が発生しなかった欠損法人は27,576社であった。業務主宰役員給与の支給額でみた損金不算入の状況は、利益（課税所得）が増額した法人では1,500万円超2,000万円以下が22,654社と最も多くなっている。基準所得金額に関連しては、利益計上法人で基準所得金額の計算を行う法人91,538社の合計額は６兆3,000億円となっている。(2)

民主党政権発足後、初めての税制改正作業（平成21年11月時点）が進められている。今回の要望事項で注目されるのは、「既存の租税特別措置法の見直し事項」が要望と一緒に示されていることにある。そのなかでも、とくに実務家から注目されているのが、経済産業省が要望事項として盛り込んだ「特殊支配同族会社の業務主宰役員給与の損金不算入制度の廃止」である。(3)そして、この制度は平成22年３月期をもって、廃止された。しかし、本書には、この制度が単なる増税（不適切税制の意味）策として導入されたことに対する批判の意味で掲載（当時の原稿を残すこと）しておくことにした。

参考文献

(1) 武田章輔『DHCコンメンタール法人税法２』第一法規　2171の２頁

(2)『週間税務通信』No.3088「特殊支配の適用数等の詳細が税調で明らかに」平成21年11月2日　税務研究会　3～4頁

(3) 『週間税務通信』No.3089「経済産業省特殊支配同族会社の廃止を要望」平成21年11月09日　税務研究会　4～5頁

≪関連用語≫　同族会社、特定同族会社、業務主宰役員と業務主宰役員関連者

以下に掲記した条件の基に関係申告書を作成すると、次ページの明細書に示したような計算になる。

①	資本金額20百万円	ここに掲載した申告書には関係しない。
②	前３年事業年度所得金額	37,500,000円
③	前々事業年度所得金額	41,200,000円
④	前事業年度所得金額	45,300,000円
⑤	各事業年度の業務主宰役員の給与金額	20,000,000円

まず、次ページに示した別表十四（一）付表「特殊支配同族会社の前三年基準所得金額の計算に関する明細書」を作成する。つぎに同付表を基礎にして別表十四（一）「特殊支配同族会社の判定等及び業務主宰役員給与の損金不算入額の計算に関する明細書」を作成する。

ここでは、東京一郎、同次郎、同三郎の三兄弟が株主であると同時に取締役であるとし、また、弟たちは株主であるが、業務に従事していない役員としている。したがって、業務主宰役員は東京一郎１人である。また、各自が保有している株式数は別表十四（一）③に記載しているとおりであ。本件事例では、業務主宰役員給与の損金不算入額は2,700,000円となっている。

筆者の立場としては、この制度は平成22年３月で廃止されたことになっているが、不適切税制（批判の対象）のひとつとして残しておくことにした。また、本書は「まえがき」で述べているように、平成22年１月１日現在の法令を基に記載している関係で、この時点では、制度として実施されているという理由もある。

別表十四(一)付表　平二十一・四・一以後終了事業年度分

特殊支配同族会社の前三年基準所得金額の計算に関する明細書

事業年度	平成 21・4・1 平成 22・3・31	法人名	大日本東京株式会社

基準期間がある場合における前三年基準所得金額の計算

基準期間内事業年度等		所得の金額又は欠損金額（欠損金額の場合は△を付すこと）	欠損金等の控除額	業務主宰役員給与額	調整所得金額 (1)+(2)+(3)-((3)の内書)（マイナスの場合は0）	調整欠損金額 (((1)+(2)+(3)-((3)の内書)) がマイナスの場合のマイナスの部分の金額)	過年度欠損金額の調整控除額
		1	2	3	4	5	6
平 18・4・1 平 19・3・31	①	37,500,000 円	円	内 20,000,000 円	57,500,000 円	円	(8の②) 円
平 19・4・1 平 20・3・31	②	41,200,000		内 20,000,000	61,200,000		(9の②)
当期直前事業年度等	③	45,300,000		内 20,000,000	65,300,000		(10の②)
計 ①+②+③	④			内 60,000,000	184,000,000		

基準期間内事業年度等の調整所得金額から控除される調整繰越欠損金額の計算

	調整繰越欠損金額（前期の(11)）		前三年調整所得金額：当期前三年前事業年度等の調整所得金額	前三年調整所得金額：当期前二年前事業年度等の調整所得金額	前三年調整所得金額：当期直前事業年度等の調整所得金額	差引翌期調整繰越欠損金額 (7)－(8)
	7		8	9	10	11
		①	(4の①) 57,500,000 円	(4の②) 61,200,000 円	(4の③) 65,300,000 円	

別表十四(一)　平二十一・四・一以後終了事業年度分

特殊支配同族会社の判定等及び業務主宰役員給与の損金不算入額の計算に関する明細書

事業年度	平成21・4・1 平成22・3・31	法人名	大日本東京株式会社

Ⅰ　特殊支配同族会社の判定

区分	項目	番号	金額等
株式数等、議決権数又は社員数による判定	期末現在の発行済株式の総数又は出資の総額(別表二「1」)	1	40,000
	同上のうち、業務主宰役員及び業務主宰役員関連者等の株式数又は出資の金額(14の①)	2	40,000
	株式数等による判定 (2)/(1)	3	100.0 %
	期末現在の議決権の総数	4	40,000
	同上のうち、業務主宰役員及び業務主宰役員関連者等の議決権の数(14の②)	5	40,000
	議決権の数による判定 (5)/(4)	6	100.0 %
	期末現在の社員の総数	7	
	同上のうち、業務主宰役員及び業務主宰役員関連者等の数	8	
	社員の数による判定 (8)/(7)	9	%
	株式数等、議決権数又は社員数による判定割合((3)、(6)又は(9)のうち最も高い割合)	10	100.0
常務に従事する役員数による判定	期末現在の常務に従事する役員の総数	11	1 人
	同上のうち、業務主宰役員及び常務に従事する業務主宰役員関連者の数(14の③)	12	1
	常務従事役員数による判定割合 (12)/(11)	13	100.0 %

業務主宰役員及び業務主宰役員関連者等に関する事項

区分		氏名又は法人名	業務主宰役員との続柄	株式数 ①	議決権数 ②	常務従事役員の別 ③
業務主宰役員		東京一郎	本人	30,000	30,000	常務従事役員
業務主宰役員グループに属する者	業務主宰役員関連者	東京次郎	弟	5,000	5,000	常務従事役員・(常務従事役員以外)
		東京三郎	弟	5,000	5,000	常務従事役員・(常務従事役員以外)
						常務従事役員・常務従事役員以外
						常務従事役員・常務従事役員以外
						常務従事役員・常務従事役員以外
	同上以外の者					
合計(③にあっては、常務従事役員の総数)			14	40,000	40,000	1 人

Ⅱ　基準期間がある場合等の適用除外の判定

区分	項目	番号	金額等
基準期間がある場合の適用除外の判定	基準期間開始の日	15	平18・4・1
	基準期間内事業年度等の月数	16	36
前三年基準所得金額の計算	調整所得金額又は調整欠損金額(別表十四(一)付表「4の④」－「5の④」)	17	184,000,000 円
	過年度欠損金額の調整控除額(別表十四(一)付表「6の④」)	18	
	差引計 (17)－(18)(マイナスの場合は0)	19	184,000,000
	前三年基準所得金額 (19)×12/(16)	20	61,333,333
	前三年業務主宰役員平均給与額(別表十四(一)付表「3の④」)×12/(16)	21	
	前三年基準所得金額に占める前三年業務主宰役員平均給与額の割合 (21)/(20)	22	%

区分	項目	番号	金額等
基準期間がない場合の適用除外の判定	当期利益又は当期欠損の額(別表四「1の①」又は別表四の二付表「1の①」)	23	円
	所得加算額	24	
	所得減算額	25	
	期首控除未済欠損金額(別表七(一)「1の計」又は別表七の二付表二「22」)	26	
	当期に支給した業務主宰役員給与額	27	外
	同上の年換算額 (27)×12/当期の月数	28	
	業務主宰役員給与調整後の所得の金額又は欠損金額 (23)＋(24)－(25)－(26)＋(27)	29	
	当年度基準所得金額 (29)×12/当期の月数	30	
	当年度基準所得金額に占める当期業務主宰役員給与額の割合 (28)/(30)	31	%

Ⅲ　業務主宰役員給与の損金不算入額の計算

当期に支給した業務主宰役員給与額	32	外 20,000,000 円
当期の業務主宰役員であった期間の月数	33	12
合算対象給与額	34	円
年換算業務主宰役員給与額等 ((32)＋(34))×12/(33)	35	20,000,000
年換算業務主宰役員給与額等に係る損金不算入額((38)から(43)までの金額)	36	2,700,000
損金不算入額 ((36)×(33)/12) 又は ((36)×(33)/12×(32)/((32)＋(34)))	37	2,700,000

損金不算入額の計算	(35)が65万円以下である場合 (35)	38	円
	(35)が65万円を超え180万円以下である場合 (35)×40%(65万円に満たない場合は、65万円)	39	
	(35)が180万円を超え360万円以下である場合 72万円＋((35)－180万円)×30%	40	
	(35)が360万円を超え660万円以下である場合 126万円＋((35)－360万円)×20%	41	
	(35)が660万円を超え1,000万円以下である場合 186万円＋((35)－660万円)×10%	42	
	(35)が1,000万円を超える場合 220万円＋((35)－1,000万円)×5%	43	2,700,000

法 0301－1401

3-16　業務主宰役員と業務主宰役員関連者

特殊支配同族会社に該当するためには「役員」について一定の要件が設けられている。この役員要件は、法人税法第35条第1項の括弧書で「当該業務主宰役員及び常務に従事する業務主宰役員関連者の総数が常務に従事する役員の総数の半数を超えるものに限る。」とされている。常務に従事する役員については、株式等を通じて経営権を支配している者（グループ）によって、会社の役員（実質的に会社の業務に携わっている役員に限る。）の過半数を占めていることが要件とされている。したがって、特殊支配同族会社とは「所有と経営が実質的に一致している会社」である。

なお「業務主宰役員」は、法人の業務を主宰している役員1人を指す概念であって、あくまでも個人に限られる。具体的には、税務上の役員のうち、法人の目的である具体的事業活動に最も中心的に関わっている役員のことである。通常は、代表取締役や社長といわれる役員がこれに該当することになる。しかし、会社における役員の肩書きや給与の金額と実際の業務の主宰者（オーナー）が誰であるかといった点との関係は、その会社により様々である。たとえば、中小企業の中には、実際には、本人が取り仕切っていながら、その妻を代表取締役社長で登記していることがある。このようなケースもあることから、単に肩書きにより判定するのではなく実質的な関わりにより判定する必要がある。このような場合の判定に当たっての例示として、次の基本通達に、例示事項としての判断要素を示している。

> 法人税法基本通達9－2－53（業務主宰役員の意義）
>
> 法第35条第1項《特殊支配同族会社の役員給与の損金不算入》に規定する「法人の業務を主宰している役員」とは、会社の経営に最も中心的に関わつている役員1人をいう。この場合、最も中心的に関わつているかは、事業計画の策定、多額の融資契約の実行、人事権の行使等に際しての意思決定の状況や役員給与の多寡等を総合的に勘案して判定する。

したがって、私法上、役員としての地位を有しない者であっても、会社の経営に従事している事実があり「税務上役員とみなされる場合」には、業務主宰役員になり得ることとなる。「常務に従事する役員」とは、会社の経営に関する業務を役員として実質的に、かつ、日常継続的に遂行している役員をいう。

つまり、その会社の役員が常務に従事する役員に該当するかどうかについては、その実質的な業務の従事に応じて個々に判断することになる。

なお、法人税法施行令第72条（特殊支配同族会社の判定等）が定めている判断する場合「法第35条第1項に規定する政令で定める者は、次に掲げる者とする。ただし、第1号から第5号までに掲げる者にあつては、同項の同族会社の役員であるものに限られる。」の具体的な要点は、以下のようになっている。

① 法第35条第1項に規定する業務主宰役員（以下この項および第3項において「業務主宰役員」という。）の親族

② 業務主宰役員の婚姻の届出をしていないが、事実上婚姻関係と同様の事情にある者

③ 業務主宰役員の使用人

④ 前3号に掲げる者以外の者で業務主宰役員から受ける金銭その他の資産によつて生計を維持しているもの

⑤ 前3号に掲げる者と生計を一にするこれらの者の親族

⑥ 業務主宰役員および前各号に掲げる者（次号および第8号において「業務主宰役員等」という。）が同族会社を支配している場合における当該同族会社

⑦ 前号もしくは次号に掲げる者または業務主宰役員等および前号もしくは次号に掲げる者が同族会社を支配している場合における当該同族会社

⑧ 前号に掲げる者または業務主宰役員等および同号に掲げる者が同族会社を支配している場合における当該同族会社

参考文献

武田昌輔『DHCコンメンタール法人税法沿革第二巻』第一法規
2171の5～8頁

≪関連用語≫　同族会社、特定同族会社、特殊支配同族会社

3-17 連結財務諸表

連結財務諸表原則（昭和50年６月24日　企業会計審議会）は、その目的として「連結財務諸表は、支配従属関係にある２以上の会社（会社に準ずる被支配事業体を含む。以下同じ。）からなる企業集団を単一の組織体とみなして、親会社が当該企業集団の財政状態及び経営成績を総合的に報告するために作成するものである。」としている。

ここに「企業集団を単一の組織体」とみなすということの意味は、法律上、独立の人格を有するとしても、経済的には１つの統合された組織体と考えるということである。そこでは、親子会社間の取引は内部取引とみなすことによって消去される。つまり、親子会社間の取引によって発生した利益（損失の場合、処理が異なる。）は、実現していないものとして処理される。したがって、親会社が子会社に商品・製品等を販売して、利益を出しても、その利益は個別財務諸表上表示されたとしても、連結財務諸表上では現れてこない。企業集団外への販売（取引全般で、販売以外の取引を含む）によって、初めて実現したものとなる。このようにして、利益操作の防止だけのためではないが、企業集団内における利益操作の可能性を封じ込めることができる。

連結財務諸表が、「企業集団の財政状態及び経営成績に関して真実な報告を提供するものでなければならない。」とすれば、すべての子会社を連結の範囲に含めるのが原則となる。しかし、「重要性の原則」（注解１）により「連結財務諸表を作成するに当たっては、企業集団の財政状態及び経営成績に関する利害関係者の判断を誤らせない限り、連結の範囲の決定、持分法の適用範囲の決定、子会社の決算日が連結決算日と異なる場合の仮決算の手続、連結のための個別財務諸表の修正、子会社の資産及び負債の評価、連結調整勘定の処理、未実現損益の消去、連結財務諸表の表示等に関して重要性の原則が適用される。」ことになっている。実務上では、たとえば「未実現損益の消去」の手続きについては、企業集団内で器具備品等の取引があったとして、一定金額以内の取引（事例・１件100万円未満）については取り上げないというようなことが行われている。

連結財務諸表を作成するに当たっては、「個別財務諸表基準性の原則」があり、そこでは「連結財務諸表は、企業集団に属する親会社及び子会社が一般に公正妥当と認められる企業会計の基準に準拠して作成した個別財務諸表を基礎として作成しなければならない。」とされている。つまり、まず、適正な個別財務諸表を作成することが肝要であって、この関係各社が作成した適正な個別財務諸表を基にして連結財務諸表を作成することになる。したがって、貸倒引当金の引当不足額の積み増しや減損会計の適用、その他必要とされる会計処理を連結精算書の中で取り入れることによって、適正とみなされる連結財務諸表を作成すればよいというものではない。

また、以下のような「連結財務諸表作成の基本原則」その他がある。

① 連結貸借対照表作成の基本原則

連結貸借対照表は、親会社および子会社の個別貸借対照表における資産、負債および資本の金額を基礎とし、子会社の資産および負債の評価、親会社および連結される子会社（以下、「連結会社」という。）相互間の投資と資本および債権と債務の相殺消去等の処理を行って作成する。

② 連結損益計算書作成の基本原則

連結損益計算書は、親会社および子会社の個別損益計算書における収益、費用等の金額を基礎とし、連結会社相互間の取引高の相殺消去および未実現損益の消去等の処理を行って作成する。

③ 会計処理の原則および手続の統一性の確保

同一環境下で行われた同一の性質の取引等について、親会社および子会社が採用する会計処理の原則および手続は、原則として統一しなければならないとされている。したがって、業種業態が異なることによって、当該業種業態に適切であるという会計処理の原則および手続を採用することによって、統一性が確保されない場合があっても、容認される。

④ 未実現損益の消去

連結会社相互間の取引によって取得した棚卸資産、固定資産その他の資産に含まれる未実現損益は、その全額を消去しなければならない。ただし、未実現損失については、売手側の帳簿価額のうち回収不能と認められる部分は、消去しないものとする。

したがって、未実現利益と未実現損失の取り扱いは異なる。その理由は保守主義の原則によると理解されている。

≪関連用語≫　親会社説と経済的単一体説、連結納税制度

3-18　親会社説と経済的単一体説

連結財務諸表原則に関係する「連結財務諸表の制度化に関する意見書」（昭和50年6月24日　企業会計審議会）では「連結財務諸表原則は、わが国の会社が、証券取引法に基づいて提出する連結財務諸表の作成基準を示したものである。（中略）同時に、この原則は、公認会計士又は監査法人が連結財務諸表について監査を行う場合において従わなければならない基準となる。」としているように、「連結財務諸表原則」は、会社が連結財務諸表を作成する場合の準拠すべき基準であると同時に公認会計士等が監査する場合の基準という位置づけになっている。

同意見書では、連結財務諸表の作成については、親会社説と経済的単一体説の２つの考え方があるとして上で、いずれの説においても「単一の指揮下にある企業集団全体の資産・負債と収益・費用を連結財務諸表に表示するという点では変わりはない」としながらも、両者の違い（一部の説明部分）を以下のように示している。

①　親会社説

親会社説は、連結財務諸表を親会社の財務諸表の延長線上に位置づけて、親会社の株主持分のみを反映させるという考え方である。なお、親会社説には親会社株主説と狭義の親会社説に区分する考え方がある。

前者では、子会社の資産・負債に対する親会社の持分相当額のみを連結貸借対照表に反映させるもので、比例連結方式ともいう。後者では、親会社の立場に立って、子会社の財務諸表を連結するもので、全部連結方式ともいい、少数株主持分は外部者持分として、負債の部に表示する。

②　経済的単一体説

経済的単一体説は、連結財務諸表を親会社とは区別される企業集団全体の財務諸表と位置づけて、企業集団を構成するすべての会社の株主持分を反映させるという考え方である。

本説では、少数株主も親会社株主と同様に企業集団への参加者として扱うもので、少数株主持分は純資産の部に表示することになる。

≪関連用語≫　連結財務諸表、連結納税制度

3-19　連結納税制度

法人税法第４条の２（連結納税義務者）および同法第４条の３（連結納税の承認の申請）は、連結納税制度の適用法人並びに納税義務に関する規定を設けている。同法は、国税庁長官の承認を受けた内国法人を連結納税義務者としている。この制度は、平成14年７月の法律第79号による税法改正によって導入された。

連結納税制度は、事業会社の経営に大きな影響を与えている。税金の納付は、企業戦略上大きな要素を占めているからである。NTTが持ち株会社になって、地域事業会社を東日本と西日本に分割するときに大きく問題視された。人口および事業会社が多いNTT東日本が黒字会社になって、NTT西日本が赤字会社になると予想されていたからである。従前の制度では、単体のときよりも、NTT西日本が赤字であるがゆえに、NTT東日本の納税額が大きくなってしまうからである。そこで、特例をもってNTTの場合、連結納税が認められることになって、事業分割が行われたということがあった。

いずれにしても、企業集団の中に黒字会社と赤字会社とがある場合、合算して、納税額を計算するというのが、この制度である。この制度ができたことによって、ホールデン・カンパニー制度が機能するようになり、多くの会社で持株会社化している。実際、事業会社の上に持株会社を置くことによって、企業合併もしくは企業買収がし易くなった。

同第４条の２で定める内国法人および当該内国法人との間に「完全支配関係（要するに100％子会社）」があることが必要である。ただし、株式の保有は直接保有と間接保有いずれも認められている。企業会計における連結財務諸表作成の対象範囲は内国法人だけでなく、海外子会社を含むこと並びに原則として50％超の保有関係にある会社としている。しかし、法人税法の連結範囲は内国法人並びに100％子会社に限られている。なお、連結納税の承認を受けようとする会社（内国法人「親会社」および完全支配会社がある他の内国法人「子会社」）は、各連結事業年度の連結所得に対する法人税を納める最初の連結事業年度の開始の日（期首日）の３ヵ月前の日までに、連結関係全ての会社の連名で、必要書類を提出しなければならないとされている。

《関連用語》　連結財務諸表

3-20　税率・軽減税率

(1)　内国法人の税率について

法人税法第66条は「各事業年度の所得に対する法人税の税率」に関する定めを設けている。税率（法人税率）とは課税所得に乗じる率のことで、納付する税額を計算するための数値で、以下のような算式が成り立っている。

課税所得×法人税率＝納付税額

その要点は、以下のとおりである。

① 内国法人である普通法人、一般社団法人等（別表第二に掲げる法人等をいう）または人格のない社団等　　30％

30％（この税率を一般に「基本税率」という）

② ①の普通法人のうち資本金等の額が1億円以下のもの、もしくは資本金等がないもの、または一般社団法人等で所得金額が800万円以下の金額22％（この税率を一般に「軽減税率」という）

③ 公益法人等（一般社団法人等を除く）

22％（この税率を一般に「軽減税率」という）

これらの計算における月数は、暦にしたがって計算するものとし、1ヵ月に満たない端数が生じた場合には、これを切り上げて1ヵ月として計算するものとされている。なお、ここに計算された税額は納付すべき税額であるが、源泉所得税など既に納付した税額等がある場合、これらを控除した残額を納付することになる。

明治32年（1899年）、法人税が導入された当時の税率は2.5％であった。そして、明治32年に4.25％に引き上げられている。歴史的経過をみると、その後、年を経るごとに税率は引き上げられてきている。第一次オイルショック後の昭和49年には、基本税率のうちの留保所得分40.0％、配当所得分30.0％となっている。このときの軽減税率（資本金1億円以下、年600万円以下の金額）は、留保所得分28.0％、配当所得分22.0％となっている。昭和59年（1984年）には、基本税率のうちの留保所得分43.3％、配当所得分33.3％となっている。このときの軽減税率は、留保所得分31.0％、配当所得分25.0％となっている。[(1)]

内国法人についての現行税率一覧表を掲げると、以下に示した表（3－5）のとおりである。[(2)] ただし、租税特別措置法第42条の3の2において、平成21年4月1日から平成23年3月31日までの間に終了する事業年度（軽減税率適用法人）の税率は18％とされている。

表（3－5）法人税の税率一覧表

区分		税率
各事業年度の所得に対する法人税率	① 株式会社・合資会社・合名会社・合同会社その他の普通法人	
	a 資本金が1億円を超える法人	→ 30％
	b 資本金が1億円以下の法人（受託法人を除く）	㋑ 年800万円を超える所得金額 30％ ㋺ 年800万円以下の所得金額 22％
	ただし、特定同族会社の留保所得については、さらに留保所得金額のうち	年1億円を超える金額 20％ 年3,000万円を超え1億円以下の金額 15％ 年3,000万円以下の金額 10％
	② 非営利型法人に該当する一般社団法人・一般財団法人及び公益社団法人・公益財団法人	㋑ 年800万円を超える所得金額 30％ ㋺ 年800万円以下の所得金額 22％
	③ ②以外の公益法人等及び協同組合等	→ 22％
	④ 人格のない社団等	㋑ 年800万円を超える所得金額 30％ ㋺ 年800万円以下の所得金額 22％
退職年金等積立金に対する税率		1％
清算所得に対する税率	上記①の普通法人　（平成22年廃止）	27.1％
	上記③の協同組合　（同上）	20.5％

（注）1　上記の税率は、平成11年4月1日以降に開始する事業年度の法人税または同日以降の解散による清算所得に対する法人税について適用される。

2　なお、措置法において、特定医療法人にあっては22％の軽減税率制度、また、特定の大規模協同組合にあっては、年間所得10億円を超過する部分に対する税率を26％とする重課制度が設けられている。

(2)　法人税率の国家間比較について

次ページに示した表（3－6）「法人課税の税率の国際比較一覧表（平成15年2月現在)」は、主要先進諸国の法人に対する課税率の比較表である。[(3)]

表（3－6）法人課税の税率の国際比較一覧表（平成15年２月現在）

	税目	表面税率 年400万円以下	表面税率 年400万円～年800万円	表面税率 年800万円超	調整後 年400万円以下	調整後 年400万円～年800万円	調整後 年800万円超
日本	〔平成14年度〕						
	法人税	22.00%	22.00%	30.00%	20.95%	20.50%	27.37%
	道府県民税	1.10%	1.10%	1.50%	1.05%	1.03%	1.37%
	市町村民税	2.71%	2.71%	3.69%	2.58%	2.52%	3.37%
	事業税	5.00%	7.30%	9.60%	4.76%	6.80%	8.76%
					（計） 29.34%	（計） 30.85%	（計） 40.87%

	税目	表面税率 年50千ドル以下	表面税率 年50千ドル～75千ドル	表面税率 年75千ドル～1千万ドル	表面税率 1千万ドル超	調整後 年50千ドル以下	調整後 年50千ドル～75千ドル	調整後 年75千ドル～1千万ドル	調整後 1千万ドル超
アメリカ	法人税	15.00%	25.00%	34.00%	35.00%	13.67%	22.79%	30.99%	31.91%
	州法人税	8.84%	8.84%	8.84%	8.84%	8.84%	8.84%	8.84%	8.84%
						（計）22.51%	（計）31.63%	（計）39.83%	（計）40.75%

	税目	表面税率 年間利潤額1万ポンド以下	表面税率 年間利潤額1万～30万ポンド	表面税率 年間利潤額30万ポンド超	調整後 年間利潤額1万ポンド以下	調整後 年間利潤額1万～5万ポンド	調整後 年間利潤額5万～30万ポンド	調整後 年間利潤額30万～150万ポンド	調整後 年間利潤額150万ポンド超
イギリス	法人税	0%	19.00%	30.00%	0%	0～19.00%	19.00%	19.00～30.00%	30.00%

	税目	表面税率	調整後
ドイツ	法人税	26.50%	23.41%
	営業税	19.45%	16.28%
			（計） 39.69%
フランス	法人税	33 1/3%	34 1/3%
			（計） 34 1/3%

ここでの比較は表面税率である。各国の事情により、課税上の損金認容に相違があるとしても、ここではその調整をしていない。

法人に課する税率には「表面税率」と「実効税率」がある。地方税の事業税は、応能負担の原則により、所得課税の方式を採用している。この事業税は当該事業の所得に課税しているが、損金算入時期は納付した事業年度である。応能負担の原則の一貫性の前提に立てば、課税所得に対応した損金認容をすべきところであるが、日本の税制ではそのような立場をとっていない。いずれにしても、所得課税の事業税の損金算入時期の税率に影響している。

表面税率は、税法において定められている税率（道府県民税および市町村民税にあっては、標準税率を所得に対する税率に変換）をそのまま単純に加えたものをいう。たとえば、事業税に導入された外形標準課税が適用される大規模法人の所得金額についてみれば、次のように42.39％となっている。[4]

法　人　税	30.00％
道府県民税	1.50％
市町村民税	3.69％
計	42.39％

本来、法人税は均一税率を適用すべであるという考え方もあるが、日本においては、中小法人の小額所得（年800万円以下の金額）に対しては、その担税能力を考慮して、低い税率を適用することにしている。ドイツとフランスでは、規模の大小による差異を設けていない。

平成23年度税制改正大綱による法人税率の引き下げは、平成23年１月１日、法律として成立していないので、ここには反映していない。

参考文献

(1) 武田昌輔『DHCコンメンタール法人税法沿革第三巻』第一法規　4154～4156頁
(2) 前掲書　4153頁
(3) 前掲書　4165の７頁
(4) 前掲書　4165の21頁

≪関連用語≫　課税所得と課税標準、所得税額の控除

3-21　所得税額の控除

法人税法第68条には、以下の定めが設けられている。

> 法人税法第68条（所得税額の控除）
>
> 第1項　内国法人が各事業年度において所得税法第174条各号（内国法人に係る所得税の課税標準）に規定する利子等、配当等、給付補てん金、利息、利益、差益、利益の分配又は賞金（以下この条において「利子及び配当等」という。）の支払を受ける場合には、これらにつき同法の規定により課される所得税の額は、政令で定めるところにより、当該事業年度の所得に対する法人税の額から控除する。
>
> 第2項　前項の規定は、内国法人である公益法人等又は人格のない社団等が支払を受ける利子及び配当等で収益事業以外の事業又はこれに属する資産から生ずるものにつき課される同項の所得税の額については、適用しない。
>
> 第3項　第1項の規定は、確定申告書に同項の規定による控除を受けるべき金額及びその計算に関する明細の記載がある場合に限り、適用する。この場合において、同項の規定による控除をされるべき金額は、当該金額として記載された金額を限度とする。

法第68条第2項の規定は、内国法人である公益法人等、たとえば、学校法人や宗教法人が行っている公益事業すなわち学校事業、宗教事業に関係して保有している預貯金および有価証券等から得られる「利子及び配当等」については、第1項の定める「法人税の額から控除する規定」は適用しないということを明らかにしているものである。現実としては、あらかじめ当該関係者（金融機関等支払者）に届け出しておくことによって、税額控除前の全額（預金利息等）が支払われることになっている。また、同第3項の規定は、第1項の定める「法人税の額から控除する規定」を適用するためには、確定申告書・別表六（一）「所得税の控除及びみなし配当金額の一部の控除に関する明細書」を添付する必要があること、並びに、この明細書に記載されている金額の範囲内で認められることを明らかにしているものである。記載していないものまで、控除できないのは、常識的に考えて当然のことである。

法人税法施行令第140条の2は、以下のように「法人税額から控除する所得税額の計算」に関する内容を定めている。

同条第1項は法人税法第68条第1項の規定により法人税の額から控除する所得税の額は、以下の①と②の区分に応じ、それぞれの定めるものとされている。ただし、第2項以降の規定に関する説明は省略している。

① 公債もしくは社債の利子、法人から受ける剰余金の配当もしくは利益の配当もしくは剰余金の分配（法第24条「配当等の額とみなす金額」の規定により法第23条第1項第1号「受取配当等の益金不算入」に掲げる金額とみなされるものを除く。）もしくは資産の流動化に関する法律第115条第1項（中間配当）に規定する金銭の分配または集団投資信託の収益の分配に対する所得税

その元本を所有していた期間に対応するものとして計算される所得税の額

② 前号に掲げるもの以外の所得税　　　　その全額

この所得税（源泉徴収税額）の控除は、利子・配当等の所有期間に対応する部分についてのみ控除することができる「所有期間按分方式」が採られている。なお、昭和62年に所得税法（第175条第1項）と地方税（第71条の6）が改正され、それまで利子等および金融類似商品に係わる源泉所得税が20％であったものが、国税15％と地方税（法人道府県民税の利子割）5％となった。所得税法第175条第2項により株式配当金等については、従前どおり国税20％である。所得税の源泉徴収税額が納付すべき法人税額よりも大きい場合もしくは納付すべき地方税額よりも大きい場合、その部分については還付される。平成21年12月現在、措置法による暫定的措置として上場株式に係わる配当金等については、国税7％と地方税（法人道府県民税の利子割）3％の合計10％となっている。これは政府の「預貯金から投資へ」の政策によるものであるが、必ずしもうまく進んでいないのが実情である。

≪関連用語≫　課税所得と課税標準、外国税額の控除

事例

ここで、事例を基に国税の確定申告書・別表六（一）「所得税の控除及びみなし配当金額の一部の控除に関する明細書」（部分）並びに地方税の第六号様式別表四の四「利子割

額の控除・充当・還付に関する明細書」(部分) を示しておくこととする。条件は以下のとおりとする。

① 預金利息総額800,000円、うち国税120,000円、利子割額40,000円

② 上場株式の配当金総額500,000円、うち国税35,0000円 (保有期間は1年超)

③ 上場株式の場合、個人は国税7%、地方税3%徴収されるが、法人の場合は7%だけ徴収されるので、地方税には影響はない。

所得税額の控除及びみなし配当金額の一部の控除に関する明細書	事業年度	平成22・4・1 平成23・3・31	法人名	大日本東京株式会社

別表六(一)　平二十二・四・一以後終了事業年度分

I　所得税額の控除に関する明細書

区分		収入金額	①について課される所得税額	②のうち控除を受ける所得税額
		①	②	③
預貯金の利子及び合同運用信託の収益の分配	1	800,000円	120,000円	120,000円
公社債の利子等	2			
剰余金の配当、利益の配当及び剰余金の分配(みなし配当等を除く。)	3	500,000	35,000	35,000
集団投資信託(合同運用信託を除く。)の収益の分配	4			
その他	5			
計	6	1,300,000	155,000	155,000

公社債の利子等、剰余金の配当、利益の配当及び剰余金の分配又は集団投資信託(合同運用信託を除く。)の収益の分配に係る控除を受ける所得税額の計算

個別法による場合	銘柄	収入金額	所得税額	利子配当等の計算基礎期間	(9)のうち元本所有期間	所有期間割合 (10)/(9) (小数点以下3位未満切上げ)	控除を受ける所得税額 (8)×(11)
		7	8	9	10	11	12
	○○○○株式会社	500,000円	35,000円	12月	12月	1.000	35,000円

法人名	大日本東京株式会社	事業年度	平成22年4月1日から 平成23年3月31日まで

第六号様式別表四の四

利子割額の控除・充当・還付に関する明細書　※

区分		収入金額 ①	①について課された利子割額 ②	②のうち控除・充当・還付を受ける利子割額 ③
預貯金の利子及び合同運用信託の収益の分配	1	800,000円	15,000円	15,000円
公社債の利子	2			
投資信託の収益の分配	3			
その他	4			
計	5	800,000	15,000	15,000

地方税の申告書には、第六号様式別表四の四「利子割額の控除・充当・還付に関する明細書」に関係したものとして第九号様式の二様式「利子割額の都道府県別明細書」を添付することになっている。ここでの事例では、東京都だけで記載しているが、預金利息だけを取っても、生命保険会社や大手の旅行代理店などは全国展開しているから、各地方の金融機関等から受け取った利息と源泉所得税の集計が大変である。中小企業の場合、普通預金利息については金額が小額であることもあって、逆算で源泉所得税を計算しても、あまり問題にはならないが、生命保険会社や大手の旅行代理店などでは各金融機関等から証明書を受領して整理しておく必要がある。

第九号の二様式（提出用）

※処理事項	整理番号	事務所	区分	法人番号	申告区分

法人名	大日本東京株式会社	事業年度	平成 22 年 4 月 1 日から 平成 23 年 3 月 31 日まで

利子割額の都道府県別明細書

※

都道府県名	事務所の有無	都道府県コード	控除・充当・還付を受ける利子割額（十億 百万 千 円）	都道府県名	事務所の有無	都道府県コード	控除・充当・還付を受ける利子割額（十億 百万 千 円）
北海道		01		滋賀		25	
青森		02		京都		26	
岩手		03		大阪		27	
宮城		04		兵庫		28	
秋田		05		奈良		29	
山形		06		和歌山		30	
福島		07		鳥取		31	
茨城		08		島根		32	
栃木		09		岡山		33	
群馬		10		広島		34	
埼玉		11		山口		35	
千葉		12		徳島		36	
東京	○	13	15,000	香川		37	
神奈川		14		愛媛		38	
新潟		15		高知		39	
富山		16		福岡		40	
石川		17		佐賀		41	
福井		18		長崎		42	
山梨		19		熊本		43	
長野		20		大分		44	
岐阜		21		宮崎		45	
静岡		22		鹿児島		46	
愛知		23		沖縄		47	
三重		24		合計		㊽	15,000

3-22　外国税額の控除

外国税額の控除制度は、昭和28年に導入された制度であって、それまでは外国税額を損金に算入するだけであった。この制度は、外国で納付した税金のうちの一定の限度内の金額を、日本で納付する税額から控除することを認めるというものである。そして、この一定の限度内の計算は「国別限度額計算方式」によるものとされている。そして、昭和37年の改正において、前述の国別限度額計算方式に加えて、国外所得全体として一括して限度額を計算する「全世界一括限度額計算方式」が認められることになった。後者の計算式は、以下のようになっている。

$$\text{全世界一括控除限度額} = \text{日本での法人税額} \times \frac{\text{国外所得額}}{\text{全世界所得額}} = \text{国外所得額} \times \frac{\text{日本での法人税額}}{\text{全世界所得額}}$$

他方、国別限度額計算方式は、所得の生じた外国ごとに上記の計算方式によって、控除すべき限度額を計算する方式である。

外国税額の控除制度には、外国で直接納付した税額の控除と間接納付した税額の控除とがある。前者に該当するものが、日本の企業が海外に設置した支店等の所得に対して課税された法人税額並びに相手国の法人（子会社等を含む）から受け取った利子、配当等に対して当該国で源泉徴収された税額のうち一定の条件に該当する金額を、日本で納付する税額から控除するものである。これが本来的な「外国税額控除制度」である。後者に該当するものは、日本の企業が海外で、合併その他により子会社等を設立した場合に、その子会社（持株比率25％以上等の要件を満たすもの）である外国法人から配当を受領したときに、当該会社が課せられた外国法人税額のうち受領した配当に対応する部分を日本で納付する税額から控除するものである。(1)

法人税法第69条に「外国税額の控除」に関する規定が設けられている。本件規定の主要な内容（要点）は、以下のとおりであるが、平成21年度に一部の改正が行われている。

法人税法第69条（外国税額の控除）

第１項　内国法人が、各事業年度において外国法人税を納付することになる場合には、当該事業年度の所得の金額につき第66条第１項から第

３項まで（各事業年度の所得に対する法人税の税率）の規定を適用して計算した金額のうち、当該事業年度の所得で、その源泉が国外にあるものに対応するものとして政令で定めるところにより計算した金額（以下「控除限度額」という）を限度として、その外国法人税の額を当該事業年度の所得に対する法人税の額から控除する。

ただし、負担が高率な部分として政令で定める外国法人税の額、内国法人の通常行われる取引と認められないものとして政令で定める取引に基因して生じた所得に対して課される外国法人税の額など一部の外国法人税の額は控除できない。これを「控除対象外国法人税の額」という。

第２項　内国法人が、各事業年度において納付することとなる控除対象外国法人税の額が、当該事業年度の控除限度額と地方税限度額として政令で定める金額との合計額を超える場合において、前３年内事業年度の控除限度額のうち当該事業年度に繰り越される部分として政令で定める金額「繰越控除限度額」があるときは、政令で定めるところにより、その繰越控除限度額を限度として、その超える部分の金額を当該事業年度の所得に対する法人税の額から控除する。

第３項　内国法人が、各事業年度において納付することとなる控除対象外国法人税の額が、当該事業年度の控除限度額に満たない場合において、その前３年内事業年度において納付することとなった控除対象外国法人税の額のうち当該事業年度に繰り越される部分として政令で定める金額（以下「繰越控除対象外国法人税額」という）があるときは、政令で定めるところにより、当該控除限度額から当該事業年度において納付することとなる控除対象外国法人税の額を控除した残額を限度として、その繰越控除対象外国法人税額を当該事業年度の所得に対する法人税の額から控除する。

第12項　税務署長は、第１項から第３項までの規定による控除をされるべきこととなる金額、または、控除限度額等の全部または一部につき前２項の記載もしくは書類の添付がない確定申告書もしくは連結確定申告書の提出があった場合、または、前２項に規定する書類の保存がない場合においても、その記載もしくは書類の添付または書類の保存がなかったことについて、やむをえない事情があると認めるときは、その記載もしくは書類の添付または書類の保存がなかった金額につき第１項から第３項までの規定を適用することができる。

（注）１　条文のうち、主に括弧書を省略して記載している。
　　　２　主として、合併等特別な事情のない事業年度に関わる部分を記載している。
　　　３　適宜（てきぎ）、読みやすいように読点「、」を入れている。

平成21年度税制改正において、以下のような改正が行われている。

①　間接外国税額控除制度について、経過措置を講じた上、廃止したこと

②　外国税額控除の適用を受けた外国法人税の額が、後に減額された場合において、その減額に係る事業年度の控除対象外国法人税額から、その減額された外国法人税の額を控除する等の措置の適用については、外国税額控除の適用を受けた事業年度開始の日後７年以内に開始する各事業年度において減額された場合に限ることにしたこと

③　内国法人が外国税額控除制度の適用を受ける場合に、確定申告書に添付することとされている書類のうち、一定の書類については、添付することに代えて保存することにより、その適用を認めることにしたこと

この外国税額の控除については、逆の立場で、外国法人が日本に対して投資した場合に、日本で源泉徴収される税額に大きな影響を与えていることになる。平成21年12月６日、政府税制調査会は平成22年度から、日本企業が国内で発行した社債を保有する海外投資家に対し、利子に対する源泉徴収税（現行15％）を非課税にするという方針を打ち出した。海外投資家による日本企業の社債の保有率が低迷しているからである。アメリカやイギリスでは非課税としていることもあって、アメリカの社債保有率は24％で、イギリスでは61％にもなっている。[(2)]

参考文献

(1)　武田昌輔『DHCコンメンタール法人税法沿革第三巻』第一法規
4243の５～4244頁
(2)　日本経済新聞　平成21年12月７日　朝刊

《関連用語》　課税所得と課税標準、所得税額の控除

3-23　中間申告と予定申告

法人税法の第71条および第72条に「中間申告」および「予定申告」並びに同法第76条に「中間納付」に関する規定が設けられている。これらに関する規定（要点）は、以下のとおりである。

(1)　中間申告と中間納付

中間申告に関する規定は、以下のように定められている。

> 法人税法の第71条（中間申告）
> 第１項　内国法人である普通法人は、その事業年度が６月を超える場合には、当該事業年度開始の日以後６月を経過した日から２月以内に、税務署長に対し、次に掲げる事項を記載した申告書を提出しなければならない。
> ただし、第１号に掲げる金額が10万円以下である場合又は当該金額がない場合は、当該申告書を提出することを要しない。

ここに「次に掲げる事項を記載した申告書」とは、前事業年度の確定申告書を基にした６ヵ月間相当の金額その他の事項である。そして、それらの金額が、10万円（６ヵ月相当分）以下である場合には、納税額の重要性と事務の簡素化の観点から申告書を提出することを要しないものとされている。

法人の事業年度の期間は、１年以内であれば、任意に定めることが可能であった。そこで、６ヵ月決算の法人との平等性の観点から、１年決算の法人に対して、６ヵ月を１事業年度とみなして、確定申告書に準じた申告書（中間申告書）を提出することとされている。平等性という意味は、１年決算の法人が年に１回決算して、その時点で納税すればよいということであれば、年２回納税する法人との間に差別が生じるからである。

昭和24年までは「仮決算方式」とされていたが、昭和25年の税制改正によって、原則として「前事業年度の実績方式」によるものとされた。[(1)]

中間申告書を提出しなかった場合の措置は、以下のようになっている。

法人税法第73条（中間申告書の提出がない場合の特例）「要点」

　中間申告書を提出すべき内国法人である普通法人がその中間申告書をその提出期限までに提出しなかつた場合には、その提出期限において、税務署長に対して、前期の実績による中間申告書の記載事項に掲げる事項を記載した中間申告書の提出があつたものとみなして、この法律の規定を適用する。

　中間申告書を提出しなかった場合には、法第71条第１項の規定にしたがって「前期の実績による中間申告書」が提出されたものとして取り扱うということであるから、「無申告」もしくは「期限後申告」ということはない。いずれにしても、「前事業年度の実績方式」よる申告をし、かつ、当該該当納税額を納付することになる。この場合の納税を、一般に「中間納付」と呼んでいる。この場合の「中間申告による納付」は、法第76条において「中間申告書を提出した普通法人は、前期の実績による中間申告書に記載した法人税額を提出期限までに、国に納付しなければならない。」とされている。

⑵　予定申告と予定納付

　昭和40年代までの会社の決算は、一般的に「半年決算」（６ヵ月の事業期間）であった。半年ごとに決算を締め、株主総会を開催して、決算を確定していた。ただし、相互会社である生命保険会社等は、この当時においても、１年決算法人であった。半年ごとの決算確定と株主総会の開催は、会社として大変な手間を要した。とくに、株主総会絡みの「特殊株主対策」の事務（不正行為の温床）が問題とされたこともあって、決算手続の簡素化のためおよび財務諸表の信頼性の確保のための「会計監査人監査の導入」を理由として、昭和49年の商法改正によって、会社の決算が１年決算に変更になった。この商法の改正に伴い税務申告（確定申告）も年１回に変更されたことに伴い中間申告制度が整備された。

　中間申告制度は大別して、「前事業年度の実績方式」と「仮決算方式」がある。前者がいわゆる狭義の「中間申告」であり、後者が「予定申告」である。ただし、前事業年度の実績方式を「予定申告」と、また、仮決算方式は「中間決算」をする方式であるがゆえに、法条にとらわれることなく「中間申告」と呼んでいることがある。法第72条は、以下のように定めている。

> 法人税法第72条（仮決算をした場合の中間申告書の記載事項等）「要点」
> 第1項　中間申告書を提出すべき内国法人である普通法人が、当該事業年度開始の日以後6月の期間を1事業年度とみなして、当該期間に係る課税標準である所得の金額または欠損金額を計算した場合には、その普通法人は、その提出する中間申告書に、前条第1項各号に掲げる事項に代えて、次に掲げる事項を記載することができる。
> ①　当該所得の金額または欠損金額
> ②　当該期間を1事業年度とみなして前号に掲げる所得の金額につき前節の規定を適用するものとした場合に計算される法人税の額
> 第2項　前項に規定する事項を記載した中間申告書には、同項に規定する期間の末日における貸借対照表、当該期間の損益計算書その他の財務省令で定める書類を添付しなければならない。

法第72条が定めている「仮決算による中間申告・中間申告書」は、「仮決算方式」とも呼ばれている方式であって、事業年度開始の日以後6ヵ月間を1事業年度とみなして課税標準である所得または欠損金額を計算して申告書を作成する制度である。この場合の中間申告書には、確定申告書の場合に準じて、貸借対照表、損益計算書、その他の書類を添付しなければならない。前事業年度の実績方式の場合、あくまでも前年度の1／2の税額の納付でよいので、このような書類の提出は求められていない。

公共事業を中心とする企業は、概して後期（10～翌3月期）型で、前期（4～9月）は赤字決算、後期に黒字決算となり、年間で黒字決算となるパターンが多かった。このような企業は前期の納付額がないため、仮決算方式を採用している。

参考文献

(1) 武田昌輔『DHCコンメンタール法人税法沿革第四巻』第一法規　4313頁

≪関連用語≫　確定納付と見込納付

3—24　確定納付と見込納付

法人税法の第74条および第77条に「確定申告」および「確定申告による納付」に関する規定が設けられている。これらに関する規定（部分）は、以下のとおりである。

⑴　確定申告・確定申告書と添付書類並びに例外規定

> 法人税法第74条（確定申告）
>
> 第１項　内国法人（清算中の内国法人である普通法人及び清算中の協同組合等を除く。）は、各事業年度終了の日の翌日から２月以内に、税務署長に対し、確定した決算に基づき次に掲げる事項を記載した申告書を提出しなければならない。
>
> ①　当該事業年度の課税標準である所得の金額又は欠損金額
>
> ②　前号に掲げる所得の金額につき前節（税額の計算）の規定を適用して計算した法人税の額
>
> ③～⑥　—省略—
>
> 第２項　前項の規定による申告書には、当該事業年度の貸借対照表、損益計算書その他の財務省令で定める書類を添付しなければならない。

上記第２項の「財務省令で定める書類」とは、法人税法施行規則第35条に定めているもので、「株主資本等変動計算書」並びに貸借対照表と損益計算書に係る「勘定科目内訳明細書」および内国法人の「事業等の概況に関する書類」その他の書類である。

法人税に関する確定申告書は、各事業年度終了の日の翌日から、原則として２ヵ月以内に所轄の税務署長に提出しなければならない。これが期限内申告書であり「確定申告書」とされるものである。期限を経過して提出されたものは「期限後申告書」となる。ただし、例外規定が法第75条（確定申告書の提出期限の延長）および第76条（確定申告書の提出期限の延長の特例）に定められている。なお、期限を延長して納付することになった法人税額に対して、年率7.3％に相当する利子税が課されることになっている。ただし、低金利状態の場合、調整が行われることになっている。そこで、現在、確定申告書の提出期限の延長の特例に関する利子税の割合は、租税特別措置法施行令第39条の11により年率5.5％となっている。

⑵　見込納付と確定納付

内国法人の普通法人は、各事業年度終了の日の翌日から２ヵ月以内に、確定申告書を提出するとともに、必要な法人税額を納付しなければならない。

> 法人税法第77条（確定申告による納付）
> 第１項　第74条第１項（確定申告）の規定による申告書を提出した内国法人は、当該申告書に記載した同項第２号に掲げる金額があるときは、当該申告書の提出期限までに、当該金額に相当する法人税を国に納付しなければならない。

ただし「確定申告書の提出期限の延長の特例」等の規定にしたがって、確定申告書の提出期限の延長が認められた法人は、株主総会の終了（事業年度終了の日の翌日から３ヵ月以内）した後に、確定申告書を提出し、法人税額を納付すればよいこととされている。しかし、原則規定にしたがって２ヵ月以内に確定申告書を提出し、法人税額を納付した法人との均衡（平等性の維持）を図るために延納した法人税に対して利子税を課するものとしている。この利子税は、利息に相当するものであるから、損金処理することが認められている。必要と計算された法人税額のうち２ヵ月以内に納付した金額を「見込納付」といい、決算が確定した後（株主総会終了日）に残金を納付することになる。この金額は、納税額の精算を意味しているものであり「確定納付」と呼んでいる。

ここで示している「事業等の概況に関する書類」は、両面印刷の様式になっているもので、表面は「法人事業概況説明書」となっている。税務署の担当官は、この資料によって、当該法人の概況を把握している。一定の事項、とくに金額に関する事項を入力しておいて、数年間のトレンドを把握しやすくするために利用している資料である。

この「事業等の概況に関する書類」の表面には、①事業の内容、②経理の状況のほか③貸借対照表並びに損益計算書の主要な科目に関係する金額などを記載することになっている。ここに示した当該資料については、貸借対照表並びに損益計算書の主要な科目に関係する金額等を除いた部分に関する事項について例示している。また、裏面については、①事業の形態、②税理士の関与状況、③帳簿類の備付状況のほか④月別の売上高等の状況などを記載することになっている。ここに示した当該資料については月別の売上高等の状況を除いた部分に関する事項について例示している。

平成23年度税制改正大綱では、「税務調査手続」について、以下の諸点（要点）につき触れている。

① 原則として、税務調査を行うには、あらかじめ事前通知を行うこと。

（注） 税務調査とは、所得税、法人税等の各税の課税及び条約相手国への情報提供のための調査又は法定監査をいう。

② 事前通知の対象者は、納税者本人、調書提供者及びその代理人（税理士（税理士登録を行った弁護士及び公認会計士を含む。）、税理士業務を行うことを国税局長に通知した弁護士）、反面先とすること。

③ 原則として、文書で事前に行うこと。

④ 反面調査については、反面先には、調査対象者（納税者）の名称及び確認対象取引は通知しないこと。調査対象者本人には通知しないこと。

⑤ ただし、調査の相手方の同意がある場合は、例外的に実施の調査当日に文書を交付することができること。

⑥ 実地の調査終了後、更正・決定等すべきと認められない納税者に対しては、「その時点で更正・決定等すべきと認められない」旨を記載した通知書（B）を交付すること。

⑦ 課税庁の職員は、上記の終了通知書（B）が交付された後においても、調査について必要があるときは、再調査ができること。

⑧ 事前通知の内容に「調査対象となる帳簿書類その他の物件」を明示することと併せ、課税庁が現行の「質問」「検査」に加え、調査の相手方に対し、帳簿書類その他の物件（その写しを含む。）の「提示」「提出」を求めることができること。

（注） 条規の改正は、平成24年1月1日以後に新たに納税者に対して開始する調査及び当該調査に係る反面調査について適用する。

法人事業概況説明書

FB1005

別添「法人事業概況説明書の書き方」を参考に記載し、法人税申告書等に一部添付して提出してください。
なお、記載欄が不足する項目につきましては、お手数ですが、適宜の用紙に別途記載の上、添付願います。

整理番号	1234567

法人名	屋号(ニホンハヨイヒ　　　) 大日本東京株式会社	事業年度	自 平成 21年 04月 01日 至 平成 22年 03月 31日
税務署処理欄			
納税地	〒 108 - 0074 東京都港区高輪2-15-20	電話番号	(03　　) 3411 － 5678
		ホームページアドレス	
応答者氏名	阿寒太運人		

この用紙はとじこまないでください

OCR入力用（この用紙は機械で読み取ります。折ったり汚したりしないでください。）

1 事業内容

衣料品の製造販売
衣装関係の企画立案
衣料品の仕入販売
その他業務指導

2 支店・海外取引状況

(1) 支店数	総支店数	2
	主な所在地	東京都内・横浜市内
	上記のうち海外支店数	1
	所在国	香港
	従業員数	10
(2) 子会社	海外子会社の数	0
	所在国	‐ ‐
	出資割合 (%)	0

(3) 取引種類	○輸入	○輸出	◌無	取引金額(百万円)
輸入	相手国 香港	商品 衣料・衣装関商品		35
輸出	香港	衣料・衣装関原材料		18
(4) 貿易外取引	○有	◌無		
	○手数料	◌ロイヤルティー	○役務の提供	◌証券の売買
	◌金銭の貸借	◌不動産の売買	◌その他	(　　　)

3 期末従事員等の状況

(1) 期末従事員の状況（単位・人）	常勤役員	6
	本社	15
	工場	50
	営業所	75
	その他顧問	4
	計	150
	計のうち代表者家族数	1
	計のうちアルバイト数	30
(2) 賃金の定め方	◌A固定給　◌B歩合給　○AB併用	
(3) 社宅・寮の有無	◌有　○無	

4 電子計算機の利用状況

(1) 利用	○有	◌無		
(2) 電子商取引	◌有	○無		
(3) プログラム	◌自社作成	◌一部自社	○他社作成	◌市販ソフト
(4) 適用業務	○給与管理	○販売管理	○在庫管理	○生産管理
	○固定資産	○財務管理	○その他	(予算・決算管理)
(5) 機種名	リース料月額 250千円			
(6) 市販会計ソフトの名称				
(7) 委託先	委託料月額　千円			
(8) LAN	◌無線LAN	◌有線LAN	○無	
(9) 保存媒体	◌FD	◌MO	◌MT	
	◌CD-R	○その他	(　　　)	

5 経理の状況

(1) 管理者	区分	氏名	代表者との関係	
	現金	甲 遙	◌親族	○他人
	小切手	乙 眸	○親族	◌他人
(2) 試算表の作成状況	○毎月	◌おおむね月ごと	◌決算時のみ	
(3) 源泉徴収対象所得	○給与	○報酬・料金	◌利子等	
	○配当	○非居住者	◌退職	
(4) 消費税 経理	売上 ○税抜 ◌税込	固定資産 ○税抜 ◌税込		
	仕入 ○税抜 ◌税込	経費 ○税抜 ◌税込		
	当期課税売上高（単位・千円）	65432		

6 株主又は株式所有異動の有無

◌有　◌無

7 主要科目（単位・千円）

※各科目の単位：千円

売上（収入）高	
上記のうち兼業売上(収入)高	
売上（収入）原価	
売上原価のうち 期首棚卸高	
原材料費（仕入高） 注1	
労務費 ※福利厚生費等を除いてください	
外注費	
期末棚卸高	
減価償却費	
地代家賃・租税公課	
売上（収入）総利益	
販管費のうち 役員報酬	
従業員給料	
交際費	
減価償却費	
地代家賃・租税公課	
営業損益	
支払利息割引料	
税引前当期損益	

資産の部合計（負債の部合計＋純資産の部合計）	
資産のうち 現金預金	
受取手形 ※貸倒引当金控除前	
売掛金 ※貸倒引当金控除前、注2	
棚卸資産(未成工事支出金)	
貸付金	
建物 ※減価償却累計額控除後	
機械装置 ※減価償却累計額控除後	
車両・船舶 ※減価償却累計額控除後	
土地	
負債の部合計（資産の部合計－純資産の部合計）	
負債のうち 支払手形	
買掛金 注2	
個人借入金	
その他借入金	
純資産の部合計（資産の部合計－負債の部合計）	

8 インターネットバンキング等の利用の有無

(1) インターネットバンキング ○有 ◌無　(2) ファームバンキング ○有 ◌無

9 役員又は役員報酬額の異動の有無

◌有　○無

10 代表者に対する報酬等の金額

注3　※各科目の単位：千円

報酬		貸付金		仮払金	
賃借料		支払利息		借入金	
				仮受金	

注1　運送業においては燃料費、金融業・保険代理業においては、支払利息割引料を記載してください。
注2　金融業・保険代理業においては、売掛金欄には未収利息、買掛金欄には未払利息を記載してください。
注3　「10代表者に対する報酬等の金額」の各欄は貴社(貴法人)が同族会社の場合に記載してください。

11 事業形態	(1) 兼業の状況	(兼業種目)	(兼業割合) %	12 主な設備等の状況	
	(2) 事業内容の特異性				
	(3) 売上区分	現金売上 %	掛売上 %		

13 決済日等の状況				
売上	締切日		決済日	
仕入	締切日		決済日	
外注費	締切日		決済日	
給料	締切日		支給日	

15 税理士の関与状況	
(1) 氏名	甲斐慶司
(2) 事務所所在地	東京都港区高輪1-1-1-101 公認会計士・税理士甲斐会計事務所
(3) 電話番号	03-3441-7890
(4) 関与状況	○申告書の作成 ○調査立会 ○税務相談 ○決算書の作成 ○伝票の整理 ○補助簿の記帳 ○総勘定元帳の記帳 ○源泉徴収関係事務

14 帳簿類の備付状況	
帳簿書類の名称	
会計伝票	現金出納帳
仕訳日記帳	
総勘定元帳	
固定資産台帳	
給与支払台帳	
得意先元帳	
仕入先元帳	

16 加入組合等の状況	
(役職名)	
(役職名)	
営業時間	開店 9 時 30　閉店 18 時 30
定休日	毎週(毎月)　日曜日(　日)

17 月別の売上高等の状況 月別	売上(収入)金額		仕入金額		外注費	人件費	源泉徴収税額		従事員数
	千円	千円	千円	千円	千円	千円	円	千円	人
4月									
5月									
6月									
7月									
8月									
9月									
10月									
11月									
12月									
1月									
2月									
3月									
計									
前期の実績									

18 当期の営業成績の概要	

3-25　青色欠損金の繰越控除

(1)　青色欠損金の意義

「青色欠損金の繰越控除制度」は、ある特定の事業年度に発生した欠損金について、その事業年度以降、将来の一定期間（現行では7年間）にわたって繰り延べを行うことができるという制度であり、青色申告制度の最大の特典である。白色申告法人の欠損金は「白色欠損金」であり、繰越控除は認められていない。また、青色申告法人であっても、期限経過後の欠損金は「白色欠損金」となり、繰越控除が認められないことになる。すなわち、法人の所得は、原則として事業年度ごとに区切って計算するため、前期から繰り越した益金または損金は、当期の益金または損金に算入されないが、一定の条件のもとにおいて、数期間の損益の通算を行うことができるというのが「欠損金の繰越控除」の制度である。

法人課税が行われるようになった明治32年から大正14年までは、欠損金の繰越控除は所得から無制限に控除することができた。大正15年の改正で、認められなくなった。その後、昭和25年3月のシャウプ勧告によって、「欠損金の繰越控除制度の乱用防止の視点から、青色申告書を継続的に提出している法人を対象に、各事業年度開始の日前5年以内に開始した事業年度に生じた欠損金に限って繰越控除を認める」こととされた。そして、昭和34年、昭和40年などに所要の改正が行われている。平成15年には「連結納税制度の創設」に関連して、法律第8号により所要の規定の整備が行われた。さらに平成16年の改正によって、欠損金の繰越期間が5年から7年に延長された。ただし、平成13年4月1日以後に開始した事業年度において生じた欠損金について適用があるものとされている。[(1)]

(2)　青色欠損金の制度と条件

法人税法第57条（青色申告書を提出した事業年度の欠損金の繰越し）では、「確定申告書を提出する内国法人の各事業年度開始の日前7年以内に開始した事業年度において生じた欠損金額がある場合には、当該欠損金額に相当する金額は、当該各事業年度の所得の金額の計算上、損金の額に算入する。」と定めている。

青色申告書を提出した事業年度の欠損金の繰越控除が認められるためには、以下の条件が必要である。

① 青色申告書を提出した事業年度に生じた欠損金であること
② 前7年以内に生じた欠損金であること
③ 欠損金の生じた事業年度について青色申告書である確定申告書を提出し、かつ、その後において連続して確定申告書を提出していること
④ 税務計算上の欠損金であること
⑤ 利益積立金等で補填された欠損金でも繰越控除の対象となること
⑥ 宗教法人等公益法人その他の欠損金は収益事業分に限られること
⑦ 欠損金の損金算入は、欠損金額が複数の事業年度から生じている場合、もっとも古い事業年度に生じた欠損金から損金に算入すること

(3) 特定株主等によって支配された欠損等法人の欠損金の繰越控除不適用制度

平成18年3月の税制改正において、特定株主等によって支配された欠損等法人の「欠損金の繰越控除不適用制度」並びに特定株主等によって支配された欠損等法人の「資産の譲渡等損失額の損金不適用制度」が創設されたことによる規定の整備が行われた。

法人税法第57条の2第1項は、以下のように定めている。

法人税法第57条の2（特定株主等によつて支配された欠損等法人の欠損金の繰越しの不適用）「要点」

第1項　内国法人で、他の者との間に当該他の者による特定支配関係を有することとなつたもののうち、当該特定支配関係を有することとなつた日（支配日）の属する事業年度（特定支配事業年度）において、当該特定支配事業年度前の各事業年度において生じた欠損金額又は評価損資産を有するものが、当該支配日（特定支配日）以後5年を経過した日の前日までに、次に掲げる事由に該当する場合には、その該当することとなつた日（適用事業年度）以後の各事業年度においては、当該適用事業年度前の各事業年度において生じた欠損金額については、前条第1項の規定は、適用しない。

特定支配関係とは、当該他の者が、当該内国法人の発行株式または出資（自己が有する自己の株式または出資を除く。）の総数または総額の50％を超える数または金額の株式または出資を直接に、あるいは間接に保有する関係その他の政令で定める関係をいう。ただし、政令で定める事由によって生じたものは除かれる。また、次に掲げる事由とは、当該欠損等法人が、当該特定支配日の直前において事業を営んでいない場合において、当該特定支配日以後に事業を開始する場合などのケースが該当する。

(4) 青色申告書を提出しなかった事業年度の災害による損失金の取り扱い

法人税法第58条第１項は、青色申告書を提出しなかった事業年度の災害による損失金の繰越控除に関する取り扱いについて定めている。

> 法人税法第58条（青色申告書を提出しなかつた事業年度の災害による損失金の繰越し）「要点」
> 第１項　確定申告書を提出する内国法人の各事業年度開始の日前７年以内に開始した事業年度において生じた欠損金額のうち、棚卸資産、固定資産又は政令で定める繰延資産について震災、風水害、火災その他政令で定める災害により生じた損失に係るもので、政令で定めるもの（災害損失欠損金額）があるときは、当該災害損失欠損金額に相当する金額は、当該各事業年度の所得の金額の計算上、損金の額に算入する。

青色申告制度は、期限内申告を原則としているが、政令で定める災害を起因として発生した欠損金の取り扱いについては、例外規定を設けている。

平成23年度税制改正大綱では青色欠損金の繰越控除期間を９年間に延長する一方、限度額を欠損金額の80％に抑えることにしている。

参考文献

(1) 武田昌輔『DHCコンメンタール法人税法沿革第三巻』第一法規　3454頁

≪関連用語≫　青色申告制度、申告納税制度、青色欠損金の繰戻還付

青色欠損金が生じた場合、生じた各事業年度の欠損金額を確定申告書・別表七（一）「欠損金額又は災害損失金の損金算入に関する明細書」に記載して提出する必要がある。特定の事業年度に所得（黒字決算）が出て、過去の欠損金額を控除する場合であっても、また、欠損金（赤字決算）が出て、翌年以降に繰り越していく場合においても必要である。

以下に示した条件の基における同明細書の記載事例は、次ページのようになる。

なお、国税の別表七（一）「欠損金額又は災害損失金の損金算入に関する明細書」に相当するものとして、地方税・都道府県民税に第六号様式別表九「欠損金額等の控除明細書」がある。これを基に作成した欠損金額等の控除明細書は、以下のようになる。

事例

	事業年度	欠損金額・所得金額
①	平成18年4月1日～平成19年3月31日	△15,642,000円
②	平成19年4月1日～平成20年3月31日	△25,198,100円
③	平成20年4月1日～平成21年3月31日	△10,800,500円
④	平成21年4月1日～平成22年3月31日	28,500,800円

以上の結果、①の△15,642,000円と②の欠損金額のうちの12,858,800円の合計28,500,800円を今年度控除したことになる。そして、翌年度以降への繰越額は23,139,800円である。

ここで示したケース（条件）では、国税の別表七（一）と地方税の第六号様式別表九は、同一の内容となっているが、国税には青色欠損金の繰戻還付の制度があるが、地方税にはないので、この制度を適用した場合、国税と地方税の欠損金に係る明細書の記入方法は異なってくる。

欠損金又は災害損失金の損金算入に関する明細書

事業年度	平成 21・4・1 平成 22・3・31	法人名	大日本東京株式会社

別表七(一)　平二十一・四・一以後終了事業年度分

事業年度	区分	控除未済欠損金額 1	当期控除額（別表四「37の①」－（別表七(二)「11」又は「22」）を限度） 2	翌期繰越額 (1)－(2) 3
	青色欠損・連結みなし欠損・災害損失	円	円	
	青色欠損・連結みなし欠損・災害損失			円
	青色欠損・連結みなし欠損・災害損失			
	青色欠損・連結みなし欠損・災害損失			
平 18・4・1 平 19・3・31	青色欠損・連結みなし欠損・災害損失	15,642,000	15,642,000	0
平 19・4・1 平 20・3・31	青色欠損・連結みなし欠損・災害損失	25,198,100	12,858,800	12,339,300
平 20・4・1 平 21・3・31	青色欠損・連結みなし欠損・災害損失	10,800,500	0	10,800,500
計		51,640,600	28,500,800	23,139,800
当期分	欠損金額（別表四「39の①」）		欠損金の繰戻し額	
当期分	同上のうち 災害損失金 (10)			
当期分	同上のうち 青色欠損金			
合計				23,139,800

災害により生じた損失の額の計算

災害の種類			災害のやんだ日	
災害を受けた資産の別		棚卸資産 ①	固定資産（固定資産に準ずる繰延資産を含む。） ②	計 ①＋② ③
当期の欠損金額（別表四「39の①」）	4			円
災害により生じた損失の額　資産の滅失等により生じた損失の額	5	円	円	
災害により生じた損失の額　被害資産の原状回復のための費用の額	6			
災害により生じた損失の額　計 (5)＋(6)	7			
保険金又は損害賠償金等の額	8			
差引災害により生じた損失の額 (7)－(8)	9			
繰越控除の対象となる損失の額（((4)の③)と((9)の③)のうち少ない金額）	10			

法 0301－0701

欠損金額等の控除明細書

事業年度	平成21年 4月 1日から 平成22年 3月31日まで	法人名	大日本東京株式会社

第六号様式別表九

事業年度	控除未済欠損金額又は控除未済個別欠損金額	当期控除額	翌期繰越額
	円	円	
			円
平 18・4・1 平 19・3・31	15,642,000	15,642,000	0
平 19・4・1 平 20・3・31	25,198,100	12,858,800	12,339,300
平 20・4・1 平 21・3・31	10,800,500	0	10,800,500
当期分			
計	51,640,600	円 28,500,800	23,139,800

3-26　青色欠損金の繰戻還付

「青色欠損金の繰戻還付」とは、特定の事業年度に発生した欠損金について、その前事業年度が黒字決算で、納付税額がある場合、その納付税額を限度として損益を通算して赤字部分に相当する税額を還付するというもので、「欠損金の繰戻控除」ともいう。この制度は青色申告の特典の１つである。

法人税法第80条第１項は（欠損金の繰戻しによる還付）として「内国法人の青色申告書である確定申告書を提出する事業年度において生じた欠損金額がある場合には、その内国法人は、当該申告書の提出と同時に、欠損金額に係る事業年度（以下「欠損事業年度」という）開始の日前１年以内に開始したいずれかの事業年度の所得に対する法人税の額に、当該いずれかの事業年度（以下「還付所得事業年度」という）の所得の金額に占める欠損事業年度の欠損金額に相当する金額の割合を乗じて計算した法人税の還付を請求することができる。」と定めている。

この規定の適用を受けるには、以下の条件が必要となっている。

①　青色申告書である確定申告書を提出した事業年度の欠損金であること
②　欠損事業年度の前１年以内に開始した事業年度に限って遡及できること
③　欠損事業年度の前事業年度までの各事業年度において連続して確定申告（青色申告書）を提出していること
④　欠損事業年度の確定申告書が期限内申告であること
⑤　還付される税額に適用する税率は、前事業年度の税率であること
⑥　還付請求を行う場合、財務省令で定める還付請求書を添付すること
⑦　税務署長は、欠損金額について調査し、もしくは調査したところにより、その請求した額を限度にして還付すること
　ただし、請求の理由がない場合、その旨を書面により通知すること

昭和59年の税制改正では、租税特別措置法により、一時（昭和59年４月１日から昭和61年３月31日までの期間）、この制度を適用しないこととされた。昭和61年の改正で、期限が２年間延長された。さらに、平成４年の改正で、この停止条項が復活（期間２年）し、かつ、２年ごとに改正され、期

限が延長されている。現在では、平成22年の改正によって、この「繰戻還付停止措置」は、平成24年3月31日までに終了する事業年度までとされている。この繰戻還付停止措置は、国家財政上の理由から実施されているものであるが、不景気な時期ほど企業にとって重要な制度であるにもかかわらず、結果として、好景気な時に適用し、不景気な時に停止しているということは、制度の趣旨としては極めて不適切な制度になっている。

なお、この制度は、現在、中小企業等には適用されることになっている。

租税特別措置法第66条の13（中小企業者等以外の法人の欠損金の繰戻しによる還付の不適用）は、繰戻還付停止措置について「次に掲げる法人以外の法人の平成4年4月1日から平成24年3月31日までの間に終了する各事業年度において生じた欠損金額については、適用しない。」と定めている。

① 資本金額もしくは出資金額が1億円以下の法人
② 公益法人等または協同組合等
③ 法人税法以外の法律によって公益法人等とみなされる法人
④ 人格のない社団等

この除外規定によって、中小企業等に「青色欠損金の繰戻還付」が適用されることになっている。なお、この制度は事業税と都道府県民税、市町村民税等の地方税には適用されない。地方公共団体における財政上の問題が、その理由である。税の還付は、とくに企業城下町と呼ばれる市町村では重要である。地方には、特定の大企業もしくは当該大企業の工場があり、事業税等の納税額はこれらの地方公共団体の財源の主要な部分を占めていることが多い。還付請求があると、財源の減少を意味し、安定した予算調製を行うことができないことになってしまう。このようなことから、上記の地方税には、青色欠損金の繰戻還付制度の適用がない。

ただし、中間納付額の確定申告による還付はある。平成20年9月は、リーマン・ブラザーズの経営破綻が起きたときであるが、この時点ではまだよかったものの、第4四半期（平成21年4月～3月期）は、トヨタや日立製作所が大きな赤字決算になったように、平成21年7月（6月に申告）以降の中間納付額の還付額が大きく、国と地方の財政に大きな影響を与えたケースがある。

中小企業等に認められている「青色欠損金の繰戻還付」の制度を利用する場合、同法第80条第５項では、以下のように定めている。

> 法人税法第80条
> 第５項　第１項（前項において準用する場合を含む。）の規定による還付の請求をしようとする内国法人は、その還付を受けようとする法人税の額、その計算の基礎その他財務省令で定める事項を記載した還付請求書を納税地の所轄税務署長に提出しなければならない。

この財務省令で定める事項を記載した還付請求書（これを「欠損金の繰戻しによる還付請求書」という）を所轄の税務署長に提出しなければならないものとされている。この還付請求書には、諸種の細かい事項を記載する必要があるので、一定の条件を付して記載するのは不都合なので、次ページに記載様式（同請求書の雛形）のみを示しておくことにした。

なお、この規定を適用して受ける還付金については、還付加算金が付加される。同法第７項により、その場合の計算期間は還付請求日（第１項の規定による確定申告書の提出期限がある場合には、その提出期限）の翌日以降３ヵ月を経過した日から還付支払決定日までの期間とされている。

参考文献

(1) 武田昌輔『DHCコンメンタール法人税法沿革第四巻』第一法規　4655～4658頁

≪関連用語≫　青色申告制度、申告納税制度、青色欠損金の繰越控除、事業税

欠損金の繰戻しによる還付請求書

※整理番号	
※連結グループ整理番号	

税務署受付印

平成　年　月　日

税務署長殿

（フリガナ）	
法人名等	
納税地	〒 電話（　）　－
（フリガナ）	
代表者氏名	㊞
代表者住所	〒
事業種目	業

法人税法第80条の規定に基づき下記のとおり欠損金の繰戻しによる法人税額の還付を請求します。

記

欠損事業年度	自 平成　年　月　日 至 平成　年　月　日	還付所得事業年度	自 平成　年　月　日 至 平成　年　月　日

区	分		請求金額	※金額
欠損事業年度の欠損金額	欠損金額	1		
	同上のうち還付所得事業年度に繰り戻す欠損金額	2		
還付所得事業年度の所得金額	所得金額	3		
	既に欠損金の繰戻しを行った金額	4		
	差引所得金額（3－4）	5		
還付所得事業年度の法人税額	納付の確定した法人税額	6		
	仮装経理に基づく過大申告の更正に伴う控除法人税額	7		
	控除税額	8		
	使途秘匿金額に対する税額	9		
	課税土地譲渡利益金額に対する税額	10		
	リース特別控除取戻税額	11		
	法人税額（6＋7＋8－9－10－11）	12		
	既に欠損金の繰戻しにより還付を受けた法人税額	13		
	差引法人税額（12－13）	14		
還付金額（14×2／5）		15		

請求期限	平成　年　月　日	確定申告書提出年月日	平成　年　月　日

還付を受けようとする金融機関等	1　銀行等の預金口座に振込みを希望する場合 銀行　本店・支店 金庫・組合　出張所 ____漁協・農協 ____本所・支所 ____預金　口座番号____	2　ゆうちょ銀行の貯金口座に振込みを希望する場合 貯金口座の記号番号 ____－____ 3　郵便局等の窓口での受け取りを希望する場合 郵便局名等 ____

(1)　この請求書が次の場合に該当するときは、次の事項を記載した書類を別に作成して添付してください。
　イ　期限後提出の場合、確定申告書をその提出期限までに提出することができなかった事情の詳細
　ロ　法人税法第80条第4項の規定に基づくものである場合には、解散、事業の全部の譲渡等の事実発生年月日及びその事実の詳細
(2)　既に請求した還付金額が、その請求の基礎となった欠損金額が過大であること等によって減少するために修正申告書を提出する場合には、次の事項を記入してください。
　イ　当初請求に係る還付金額　　円
　ロ　当初請求書提出年月日　平成　年　月　日
　ハ　修正申告書提出年月日　平成　年　月　日

税理士署名押印	㊞

※税務署処理欄	部門		決算期		業種番号		整理簿		備考		通信日付印	年　月　日	確認印	

（規格A4）

21.06 改正　　（法1342）

3-27　事業税と課税標準

地方税法第72条の２並びに同法第72条の12に、事業税の「納税義務者等」および「課税標準」に関する事項が定められている。

まず、同法第72条の２（事業税の納税義務者等）であるが、第１項では「法人の行う事業に対する事業税は、法人の行う事業に対し、次の各号に掲げる事業の区分に応じ、当該各号に定める額によって事務所または事業所所在の道府県において、その法人に課する。」とされているように、事業税の課税主体は道府県である。なお、同法第１条（定義）の第２項により、都は道府県の規定を準用することとなっているので、本規定は都道府県税ということになっている。

そして、同項第１号は原則的適用（事業）法人と中小事業者等に対するものと、さらに例外適用法人に関する規定を設けている。

① 次号に掲げる事業以外の事業

次に掲げる法人の区分に応じ、それぞれ次に定める額

イ 原則的適用法人（ロに掲げる法人以外の法人）

付加価値割額、資本割額および所得割額の合算額

ロ 細かい規定（法第72条の４第１項各号の法人を含む除外規定）が設けられているが、適用の対象となる主要な事業法人は中小法人であって、資本金額もしくは出資金額が１億円以下のものまたは資本金額もしくは出資を有しないもの　所得割額

② 電気供給業、ガス供給業および保険業　収入割額

事業税は、地方公共団体が提供するサービス（行政上の役務）に対する対価という位置づけであり、そのために法人が負担する納税額は損金の額に認容されることになっている。しかし「応能負担の原則」の適用によって、課税客体は所得とされている。したがって、赤字法人は負担を免れていた。このように、従来は、原則適用法人における「資本割額および所得割額の合算額」であったものが、赤字企業が負担していないという不具合が問題視され、また、地方公共団体の財政確保の観点から見直しが行われ、赤字企業も負担するように、計算の基準に付加価値割額が加味されるようになった。この付加価値割額の導入に関して、節税並びに計算の手間（事務手続の増加）もあ

って、資本金額を１億円以下に減資している企業が少なからずある。

なお、同法第72条の４は、事業税の「非課税の範囲」に関する規定を設けている。

> 地方税法第72条の４（事業税の非課税の範囲）
> 第１項　道府県は、国及び次に掲げる法人が行う事業に対しては、事業税を課することができない。
> ①　都道府県、市町村、特別区、これらの組合、地方開発事業団及び合併特例区その他政令で定める公共団体
> ①の２　地方独立行政法人
> ②　法人税法別表第１〔公共法人の表〕に規定する独立行政法人
> ②の２　国立大学法人等及び日本司法支援センター
> ―③と④省略―

事業税の課税標準は、同法第72条の12に、以下のように定めている。

> 地方税法第72条の12（法人の事業税の課税標準）
> 法人の行う事業に対する事業税の課税標準は、次の各号に掲げる事業の区分に応じ、当該各号に定めるものによる。
> ①　次号に掲げる事業以外の事業
> 次に掲げる事業税の区分に応じ、それぞれ次に定めるもの
> イ　付加価値割　各事業年度の付加価値額
> ロ　資本割　各事業年度の資本金等の額
> ハ　所得割　各事業年度の所得
> ②　電気供給業、ガス供給業及び保険業　各事業年度の収入金額

ところで、新しく導入された「付加価値割額」にいう付加価値額は、同法第72条の14（付加価値割の課税標準の算定の方法）により、「各事業年度の報酬給与額＋純支払利子＋純支払賃借料＋各事業年度の単年度損益」とされている。

神奈川県が独自に、条例を設けて制定した「臨時特例企業税」があり、訴

訟問題になった。本税は、平成13年8月に導入した神奈川県独自の「法定外普通税」である。この法定外普通税は、地方税法第4条第2項に定めている「普通税」に準ずるとして設けられたもので、使途が限定されている法定外目的税とは異なるものである。課税対象は、県内に事業所があり、資本金が5億円以上で、単年度損益が黒字であっても、過去に青色欠損金があるために、欠損金の繰越控除を受けることによって、事業税を納税していない企業である。神奈川県は、平成20年3月までに、約415億円を徴収している。平成20年3月、横浜地裁の判決では「条例は地方税法に違反し無効である」と結審した。法人事業税は、欠損金の繰越控除を認めているが、控除を認めない臨時特例企業税は、法の規定の目的や効果を阻害していると結論付けている。この結果、横浜地裁は、藤沢市の桐ヶ谷工業団地に工場を持ついすゞ自動車（本社・東京）が納税した約19億円と誤納金の還付加算金などを合わせた合計金額21億円余りを支払うよう県に命じた。なお、平成22年2月25日、控訴審において、東京高裁は逆転判決で県の勝訴としている。(2)

地方税法第4条第3項は、第2項各号に掲げるものを除くほか「別に税目を起こして、普通税を課すことができる。」としている。本件、判決の結果は、この地方税法の趣旨と整合しているのか、また、地方公共団体の「課税自主権の行使」の否定につながないのか、問題を提供した判決である。

参考資料

(1) 日本経済新聞　平成20年3月20日　朝刊

(2) 日本経済新聞　平成22年2月26日　朝刊

ここでは地方税の事業税・道県民税の申告書の事例を示しておくことにする。以下の条件の基（本店所在地東京都特別区内）に作成している。

条件

①　前事業年度（欠損事業年度）の欠損金額

　　平成20年4月1日～平成21年3月31日　　△18,630,000円

②　当事業年度（所得事業年度）の所得金額

　　平成21年4月1日～平成22年3月31日　　23,450,000円

以上の結果、当事業年度において、事業税では①の前年度に生じた欠損金△18,630,000円を控除した残余金4,820,000円が課税所得となる。

第六号様式（提出用）

24006B81

受付印

平成 22 年 5 月 31 日

港都税事務所長 殿

※処理事項	整理番号	事務所	区分	法人番号	申告区分

法人税の平成	年 月 日の 申告・修正・更正・決定・再更正 による。	申告年月日 22 5 31

所在地（本店が支店等の場合は本店所在地を併記）	（電話 03-3456-7890 ）	事業種目	
（ふりがな）	だいにほんとうきょうかぶしきかいしゃだいにほんとうきょうかぶしきかいしやかぶしきかいしゃ	期末現在の資本金の額又は出資金の額	20,000,000
法人名	大日本東京株式会社	期末現在の資本金等の額又は連結個別資本金等の額	
（ふりがな）代表者自署押印		経理責任者自署押印	

平成21年4月1日から平成22年3月31日までの事業年度分又は連結事業年度分の道府県民税・事業税・地方法人特別税の確定申告書

（事業税）

摘要		課税標準	税率（/100）	税額
所得割	所得金額総額 ㊸	4,820,000		
	年400万円以下の金額 ㊹	4,000,000	2.7000	108,000
	年400万円を超え年800万円以下の金額 ㊺	820,000	4.0000	32,800
	年800万円を超える金額 ㊻	000	5.3000	00
	計 ㊹+㊺+㊻ ㊼	4,820,000		140,800
	軽減税率不適用法人の金額 ㊽	000		00
付加価値割	付加価値額総額 ㊾			
	付加価値額 ㊿	000		00
資本割	資本金等の額総額 (41)			
	資本金等の額 (42)	000		00
収入割	収入金額総額 (43)			
	収入金額 (44)	000		00

項目		金額	項目		金額
合計事業税額 (37)+(40)+(42)+(44)又は(38)+(40)+(42)+(44)	(45)	140,800			
仮装経理に基づく事業税額の控除額	(46)		既に納付の確定した当期分の事業税額	(47)	00
租税条約の実施に係る事業税額の控除額	(48)		この申告により納付すべき事業税額 (45)-(46)-(47)-(48)	(49)	140,800
(49)の内訳 所得割	(50)	140,800	付加価値割	(51)	00
資本割	(52)	00	収入割	(53)	00
(49)のうち見込納付額	(54)		差引 (49)-(54)	(55)	140,800

（地方法人特別税）

摘要		課税標準	税率（/100）	税額
(58)の内訳	所得割に係る地方法人特別税額 (56)	140,800	81	114,000
	収入割に係る地方法人特別税額 (57)	00		00
合計地方法人特別税額（(56)+(57)）	(58)			114,000

項目		金額	項目		金額
仮装経理に基づく地方法人特別税額の控除額	(59)		既に納付の確定した当期分の地方法人特別税額	(60)	00
租税条約の実施に係る地方法人特別税額の控除額	(61)		この申告により納付すべき地方法人特別税額 (58)-(59)-(60)-(61)	(62)	114,000
(62)のうち見込納付額	(63)		差引 (62)-(63)	(64)	114,000

所得金額の計算

項目			金額
所得金額（法人税の明細書（別表4）の(31)）又は個別所得金額（法人税の明細書（別表4の2付表）の(42)）		(65)	2,345,000,000
加算	損金の額又は個別帰属損金額に算入した所得税額	(66)	
	損金の額又は個別帰属損金額に算入した海外投資等損失準備金勘定への繰入額	(67)	
減算	益金の額又は個別帰属益金額に算入した海外投資等損失準備金勘定からの戻入額	(68)	
	外国の事業に帰属する所得以外の所得に対して課された外国法人税額	(69)	
繰越欠損金額等若しくは災害損失金額又は債務免除等があった場合の欠損金額等の当期控除額		(70)	1,863,000,000
所得金額差引計 (65)+(66)+(67)-(68)-(69)-(70)		(71)	482,000,000
法人税の所得金額（法人税の明細書（別表4）の(39)）又は個別所得金額（法人税の明細書（別表4の2付表）の(47)）		(72)	2,345,000,000

（道府県民税）

項目		金額
（使途秘匿金税額等）法人税法の規定によって計算した法人税額	①	6,075,000
試験研究費の額に係る法人税額の特別控除額	②	
みなし配当の25%相当額の控除額	③	
還付法人税額等の控除額	④	5,589,000
退職年金等積立金に係る法人税額	⑤	
課税標準となる法人税額又は個別帰属法人税額 ①+②-③-④+⑤	⑥	486,000
2以上の道府県に事務所又は事業所を有する法人における課税標準となる法人税額又は個別帰属法人税額	⑦	000
法人税割額（⑥又は⑦×/100）	⑧	24,300
外国の法人税等の額の控除額	⑨	
仮装経理に基づく法人税割額の控除額	⑩	
利子割額の控除額（控除した金額㉙）	⑪	
差引法人税割額 ⑧-⑨-⑩-⑪	⑫	24,300
既に納付の確定した当期分の法人税割額	⑬	00
租税条約の実施に係る法人税割額の控除額	⑭	
既還付請求利子割額が過大である場合の納付額（㉜）	⑮	00
この申告により納付すべき法人税割額 ⑫-⑬-⑭+⑮	⑯	24,300
均等割額 算定期間中において事務所等を有していた月数	⑰	12月
200,000円×⑰/12	⑱	200,000
既に納付の確定した当期分の均等割額	⑲	00
この申告により納付すべき均等割額 ⑱-⑲	⑳	200,000
この申告により納付すべき道府県民税額 ⑯+⑳	㉑	224,300
㉑のうち見込納付額	㉒	
差引 ㉑-㉒	㉓	224,300
東京都の場合に⑤の申告の計算 特別区分の課税標準額	㉔	000
同上に対する税額 ㉔×17.30/100	㉕	
市町村分の課税標準額	㉖	486,000
同上に対する税額 ㉖×5.00/100	㉗	24,300
利子割額に関する計算 利子割額（控除されるべき額）	㉘	
控除した金額（⑧-⑨-⑩と㉘のうち少ない額）	㉙	
控除することができなかった金額 ㉘-㉙	㉚	
既に還付を請求した利子割額	㉛	
既還付請求利子割額が過大である場合の納付額 ㉛-㉚(㉘)	㉜	

利子割還付額の均等割への充当 □ 希望する □ 希望しない

項目		項目	
決算確定の日	平成 22 年 5 月 30 日	法第15条の4の徴収猶予を受けようとする税額 (73)	
申告期限の延長の処分（承認）の有無	事業税 有・無 法人税 有・無	法人税の申告書の種類	青色・その他
この申告が中間申告の場合の計算期間	平成 年 月 日から 平成 年 月 日まで	法人税の当期の確定税額又は連結法人税個別帰属支払額	6,075,000 円
翌期の中間申告の要否	要・否	国外関連者の有無	有・無

還付請求		
中間納付額	(74)	
利子割額	(75)	
還付を受けようとする金融機関及び支払方法	口座番号（ ）	銀行 支店

関与税理士署名押印 甲斐慶司（電話 〇三―三四四一―七七三〇）

3-28　税務調査

国税通則法は第24条（更正）、第25条（決定）および第26条（再更正）に関連した税務署長による「調査」を定めている。所得税法第154条は「更正または決定をすべき事項に関する特例」を定めている。そこでは、更正または決定に関連して、国税通則法第24条、第25条および第26条の規定のほか所得税法第120条（確定申告書）第1項が定めているうちの第9号（変動所得もしくは臨時所得に関係する所得税の額）と第10号（特別農業所得者の確定申告書の記載事項）に関連して、調査の上、更正もしくは決定を行うことができることとされている。

法人税法第130条（青色申告書等に係る更正）は「税務署長は、内国法人の提出した青色申告書に係る法人税の課税標準または欠損金額を更正する場合には、帳簿書類を調査し、その調査により、当該青色申告書に係る法人税の課税標準または欠損金額に誤りがあると認められる場合に限り、これをすることができる。」こととされている。

税務調査には、大別して「実地調査」と「書面調査」がある。そして、実地調査には、以下のような種類がある。

①　特別調査

効率的な調査等を実施するために、多額な脱漏が見込まれる者等を対象に相当な日数（たとえば、1件当たり10日以上が目安）を確保して行う調査のこと

②　一般調査

特別調査まではいたらないが6日程度の日数をかけて行う調査のこと

③　着眼調査

申告漏れをした所得等の把握を実地調査により短期間（2～3日程度）で行う調査のこと

④　簡易な接触

文書または来署依頼（出頭）による面接などにより、計算誤り等を是正するもの

書面調査とは、提出された確定申告書並びにその添付書類を閲覧（査閲）することである。そこで発見したものについては、たとえば、法文の解釈誤

り、計算違い、転記ミスなどによって、課税標準もしくは欠損金額並びに法人税額もしくは還付金額に相違が出た場合に、通知（電話連絡を含む）することによって、修正申告書の提出を促すこと、もしくは更正（更正通知書の送付）することになる。簡易な記載誤りのような場合、通知で済まされている。

国税庁が、平成20事務年度（平成20年7月から平成21年6月までの間）に実施した所得税と個人事業者の消費税の調査結果を公表している。国税庁は限られた人員のなかで効率的な調査事務を行うため、高額・悪質な不正計算が見込まれるものを対象に、優先的に調査を実施している。平成20事務年度は、所得税について73万3千件の調査を行い、9,155億円の申告漏れをした所得金額が把握された。その追徴税額は1,216億円となっている。

実地調査6万279件のうち15％に相当する9,245件は高額・悪質と見込まれた無申告者に対する調査であった。無申告者のなかには、不動産所得やFX取引（Forign Exchange 外国為替証拠金取引）により多額の利益を得ていたにもかかわらず申告を行っていなかった者などが含まれている。[(1)]

法人税の申告件数については、280万5,000件（対前年比99.8％）となり、ほぼ横ばいとなったが、黒字申告法人の割合は法人税申告事績の公表を開始した昭和42事務年度以来、初めて30％を割り込む結果となった。それに伴い法人の申告所得金額は37兆9,874億円、申告税額は9兆7,077億円となり、前年度に比べて、それぞれ20兆8,370億円（35.4％減）、4兆8,244億円（33.2％減）と大幅に減少し、過去最大の下落幅となっている。なお、前事務年度までは7月～6月までの申告を集計期間としていたが、平成20事務年度からは、4月～翌年3月決算法人で、翌年7月までの申告を集計している。[(2)]

参考資料

(1)『週間税務通信』No.3088「国税庁　平成20事務年度における所得税及び消費税調査等の状況を公表」平成21年11月2日　12頁
(2) 同　上　No.3089「国税庁20事務年度の法人税申告事績を公表」平成21年11月9日 10頁

≪関連用語≫　青色申告制度、更正、決定、再更正

3-29　青色申告の承認の取消し

法人税法第127条は「青色申告の承認の取消し」に関する規定を設けている。なお、ここでは税務調査に関連して「青色申告の承認の取消処分」（所得税法関係）ついて争われた係争事件があるので、それに触れておくことにする。まず、「法の定め」から見ていくことにする。

> 法人税法第127条（青色申告の承認の取消し）
> 第1項　第121条第1項（青色申告）の承認を受けた内国法人につき次の各号のいずれかに該当する事実がある場合には、納税地の所轄税務署長は、当該各号に定める事業年度までさかのぼつて、その承認を取り消すことができる。この場合において、その取消しがあつたときは、当該事業年度開始の日以後その内国法人が提出したその承認に係る青色申告書（納付すべき義務が同日前に成立した法人税に係るものを除く。）は、青色申告書以外の申告書とみなす。

ここにいう「青色申告書以外の申告書」とは「白色申告書」のことである。上記にいう「取消の事由となる事実（各号のいずれかに該当する事実）」並びに該当する事業年度は、以下に示した事項および事業年度である。

①　帳簿書類等の不存在

帳簿書類の備付け、記録または保存が、法第126条第1項（青色申告法人）に規定する財務省令で定めるところに従って行われていないこと　当該事業年度

②　税務署長の指示事項の拒否

帳簿書類について法第126条第2項の規定による税務署長の指示に従わなかったこと　当該事業年度

③　隠蔽、仮装等による信頼性欠如の存在

帳簿書類に取引の全部または一部を隠ぺいしまたは仮装して記載しまたは記録し、その他その記載または記録をした事項の全体について、その真実性を疑うに足りる相当の理由があること　当該事業年度

④　無申告、期限後申告

法第74条第1項（確定申告）または第102条第1項（清算中の所得に

係る予納申告）の規定による申告書をその提出期限までに提出しなかったこと　　　　　　　当該申告書に係る事業年度

⑤　連結納税の承認取消

第４条の５第１項の規定により連結納税義務者の承認が取り消されたこと　　　　　　　　　その取り消された日の前日の属する事業年度

青色申告書の帳簿の記載事項のうち、現金出納等に関する事項は、日々の残高を記載しなければならないが、納税者は大蔵省令の規定に従って記載した現金出納帳を備えており、所得税法第150条（青色申告の承認の取消し）第１項第１号の「取消事由に該当しない」と認められるから、原処分庁が行った青色申告承認取消処分は違法な処分であると判旨した非公開裁決がある(平成14年11月29日裁決)。

本件事例では、会計帳簿の右側のページには、現金出納帳、振替仕訳などの欄があり、左側のページには、領収書添付欄が設けられていて、現金出納帳には、現金残高の記載をしていないが、総勘定元帳の現金勘定には、日々の現金売上および現金による支払い並びに総勘定元帳の現金勘定に、家事関連費について相手科目を店主貸とした現金の出金の記載がある。このように事実関係を説明した上で、「青色申告承認取消説明書には、取り消しの基因となった具体的事実を適示したものとはいえない。」として原処分庁処分を退けている。[(1)]

なお、平成21年12月22日、日本経済新聞（朝刊）によると、不動産会社のリベエラコーポレーションとそのグループが東京国税局の税務調査によって、平成20年までの７年間で、10億円超の所得隠しを行っていたことから、重加算税を含め約９億円の追徴税額が課されている。本件と直接の関係はないものの、このような７年間の税務調査と重加算税も、青色申告承認取消の原因の要件のひとつであると理解される。

参考資料

(1) 東京税理士会データ通信協同組合情報事業資料『justax』「青色申告承認取消処分は違法―全部取消しー」No. 146　平成17年9月10日号

≪関連用語≫　青色申告制度、税務調査、国税敗訴率

3-30　国税敗訴率

最近、徴税者と納税者との間で齟齬（税法の法文解釈の相違）が拡大化し、深刻化している。その背景に、経済社会（企業活動）の国際化と複雑化並びに税法の複雑化と錯綜化が進んでいることにある。日本経済新聞（平成19年７月２日　朝刊）が「国税敗訴率じわり上昇（海外絡みの課税訴訟激化）」として「海外が絡む経済行為などへの課税を巡り、国税当局と納税者との訴訟が激化している。」と、指摘している。

(1) 事例・船舶リース事業事件

国内外に設けた組合を使った「リース事業への投資を巡る課税訴訟」の控訴審判決が、平成19年３月、名古屋高裁であった。名古屋市内に居住している投資家３人はリース会社の斡旋で「国内の民法上の任意組合」に出資し、この組合を通じて船舶リース事業を行うためイギリス領ケイマン諸島に設立された組合に1995年ごろから参加（出資）し、赤字所得相当分を他の所得と損益通算（合算）して確定申告書を提出した。課税庁は「赤字所得相当分は雑所得」であって損益通算ができないものと判断し、追徴課税をしたという事例である。名古屋高裁は「組合契約は有効であり、節税も税法が認める範囲内である」として、課税処分を取り消した一審判決を支持し、国税側の主張を退けている。同上新聞記事参照。

(2) 事例・航空機リース事業事件

本件事例の類似ケースとして「航空機リース事件」があり、全国で140件もの訴訟事件が起こされている。ここでは、航空機リース事業を目的とする民法上の任意組合契約を締結し、この事業による所得を不動産所得として減価償却費等を必要経費に算入し、赤字額を損益通算して確定申告した。ところが、課税庁は、当該契約は民法第667条に定める組合契約ではないので、これによる所得は雑所得になり、損益通算は許せないとして更正処分および過少申告加算税賦課決定処分が行われ、争われているものである。

（注）民法第667条（組合契約）「組合契約は、各当事者が出資をして共同の事業を営むことを約することによって、その効力を生ずる。」

本件取引に関するひとつの係争事件ついて、名古屋地裁が、平成17年10月27日、控訴人税務署長の請求を棄却し確定している。なお、租税特別措置法第41条の４の２に「特定組合員等の不動産所得に係る損益通算等の特

例」が定められ、平成18年度以降の所得税から適用不可となっている。[(1)]

(3)　事例・海外居住者への贈与税課税事件

ここにひとつの事件がある。贈与税を巡り消費者金融大手、武富士の元会長の長男が約1,300億円の追徴課税処分が行われたケースについて、その取り消しを求めた訴訟事件がある。本件事件について、東京地裁は、平成19年5月、課税処分取り消しを命じている。訴訟では、財産取得時の居住地と課税対象範囲を巡り、長男の香港移住について税逃れの意図の有無や、「実質的な居住地が日本か香港か」などが争われたが、裁判所は国税側の主張を退けた。改正前の相続税法では、日本国籍をもつ贈与受取人が財産取得時に国内に住所がなければ、国内財産のみが課税対象とされていた。改正後は、日本国籍をもつ受取人は国内在住でなくても、国外財産も原則、課税対象となった。バブル経済が崩壊した以後、納税額を少しでも抑えようという納税者の意識が、以前にも増して強くなった傾向にある。こうしたなか、課税訴訟で国側の敗訴が増えている。国税庁が発表した平成18年度の概要では、国側が一部または全面敗訴し、課税処分を取り消されたのは計80件と過去最多となり、課税訴訟全体での敗訴率も17.9%と過去2番目となった。納税者側も著名な弁護士に依頼するなどして国税と対決姿勢を強めている。[(2)]

武富士の創業者による長男への生前贈与に対する上告審である最高裁判決が、平成23年2月18日にあり、課税を適法とした東京高裁判決を破棄し、取り消しを命じた東京地裁判決を支持する決審を行った。これにより、納付済額1,600億円と還付加算金と加えた合計2,000億円が支払われることになった。[(3)]

(4)　事例・有姿除却訴訟事件

さらに、中部電力の「有姿除却訴訟事件」に触れておくものとする。この訴訟事件では、平成19年1月31日の東京地裁で「全部取消」が行われ、原告側が勝訴している。原告は、火力発電設備について、電気事業法等に基づく廃止の手続を執った上で、有姿除却として除却損を計上し、損金の額に算入して確定申告を行ったところ、所轄税務署長より「今後、通常の方法により事業の用に供する可能性がないとは認められない」として、更正処分等を受けた。そのため、これらの更正処分等は有姿除却等に関する法令の解釈を誤った違法なものであると主張して訴訟を提起した事件である。

東京地裁は「電気事業会計規則上、電気事業固定資産の除却とは、既存の施設場所におけるその電気事業固定資産としての固有の用途を廃止したものをいうものと解すべきであり、本件火力発電設備が廃止され、将来再稼動の可能性がないと認められる以上、本件火力発電設備を構成する個々の電気事業固定資産についても、その固有の用途が廃止されたものと認められ、同規則にいう除却の要件を満たすことになるから、被告（所轄税務署長）の主張は失当である。」と判旨している。[4]

(5) 事例・ 税務調査官の越権行為事件

また、次のような「勇み足」に相当する行為による敗訴もある。納税者の承諾を得ずに居宅部分である２階に立ち入り、無断でタンス等の捜索を行った調査官の行為には、重大な違法があるとして、納税者の国家賠償請求が認容されたいわゆる「北村事件」である。この事件は、税務調査官の適正な調査のあり方について、大きな波紋を社会に呼び起こした事件でもあった。この事件で、京都地方裁判所は、平成12年２月25日、「本件処分に至るまでの税務調査の適法性及び右税務調査以後の被告の対応について検証し、被告は原告の帳簿書類の備付け状況等を確認するための社会通念上当然要求される程度の努力を尽くしたとは認められない」として、課税庁の処分を取り消した。同地裁は、国税調査官らの本件税務調査において任意調査として許容される限度を著しく逸脱した重大な違法行為を行ったことは認定のとおりであり、帳簿書類の備付け状況等の確認を行うために社会通念上当然要求される程度の努力を尽くしたものとはいえないという判断を下している。その結果、課税庁の対応が「青色申告承認取消事由の要件に影響を与える」というべきであるとして、課税庁の処分の取り消しを命じている。[5]

参考資料

(1) 東京税理士会データ通信協同組合情報事業資料『justax』「民法上の任意組合による航空機リース事件」No. 149　平成17年12月10日号

(2) 日本経済新聞　平成19年７月２日　朝刊

(3) 日本経済新聞　平成23年２月19日　朝刊

(4) 東京税理士会データ通信協同組合情報事業資料『justax』「有姿除却訴訟で納税者全面勝訴」No. 164　平成19年3月10日号

(5) 東京税理士会データ通信協同組合情報事業資料『justax』「青色申告承認取消処分を取消し！納税者勝訴―違法な調査と取消事由の存否―」No. 80　平成12年3月10日号

3-31 フラット税制

フラット税制とは「均一税率課税制度」のことである。収入の多寡に係わらず、均一の税率で課税するもので、一方において「富裕層優遇税制」という批判があが、他方において「税制の簡素化」というメリットがある。基本的な目的は、低税率により課税対象の広範囲化による税増収策にある。

現在、日本の法人税法においては、普通法人、公益法人等、中小企業では課税する税率に差異を設けている。また、所得税、相続税では累進課税となっていて、課税金額が大きくなるにしたがって税率（限界税率）が高くなっている。所得税法では、最低税率の5％から最高税率40％（課税所得18百万円超）までの6段階である。このように不均一税率税制になっている。

一般的な解釈では、税率を上げれば増収になる。それは、他の条件を一定にした場合の仮定計算である。しかし、税率を上げれば、つまり高税率になれば、納税者はいろいろと節税を考える。「航空機リース事件」もその反映のひとつである。場合によっては、脱税に走る納税者が多数発生することにもなる。また、高税率は高額納税者の勤労意欲を減退させることにもなる。現実に、歯科医師の中には、一定金額以上の社会保険診療報酬を達成した時点で、休業してしまう者がいる。租税特別措置法第26条に規定している「社会保険診療報酬の所得計算の特例」いわゆる「概算経費控除制度」を適用することができなくなるからである。

ラッファーによれば、レーガン大統領の主要な経済政策のひとつは「個人所得税の税率引下」であり、それによって、貯蓄、投資、労働意欲を刺激し、経済効率を高めることにあった。1970年代後半、高税率が災いして、アメリカは「資本の純輸出国」になっていた。この現象が、レーガンの減税政策が効果を発し、逆転する。低税率になったことによって、富裕層が増加し、もしくは無理な節税に走らなくなった人によって、結果として、富裕層が納めた納税額が増加した。ただし、レーガン政権下において、財政の均衡化は達成できなかった。1980～84年の間に、財政赤字は4倍になり、政府の債務残高は1兆ドルから3兆ドルへと3倍に膨らんでいる。しかし、それまでの10年間に比較して、予算の伸び率を低く抑えることに成功している。

他方、クリントン大統領は、就任後の最初の2年間（1993～94年）の政策は大幅増税であった。しかも、増税に見合う予算削減は行わなかった。クリントンは、増税によって財政の均衡化を図ったのである。ただし、キャピタル減税を実施したことによって、株式取引が活発になり、当該関連の税収が増加した。株式市場の活性化は経済活動の刺激的効果に必要な要素であり、資本（有価証券）取引の減税効果は大きい。いずれの時代においても、財政赤字膨張の大きな原因は「防衛費用の巨額化」にあったことは確かである。

この低税率政策に反対しているのが、日本の政府と一部の経済政策関係論者である。菊池英博は「レーガン大統領は、フラット税制を導入して、法人税と所得税を極端に低くして、一部の富裕層等の所得を最大にする財政政策を採ったことによって、アメリカを債務国に転落させ『財政赤字と貿易赤字の双子の赤字国』にしてしまった」と批判している。他方、クリントン大統領は、レーガン税制を全面的に改正して法人税率と所得税率を引き上げたことによって、５年間で財政の黒字化に成功しているという。

カリフォルニア州は、アメリカ経済にとって重要な州である。同州は経済規模で、世界第７位に相当し、人口は3,800万人、GDPは1.7兆ドルを超えており、フランスに匹敵する規模となっている。しかし、同州の財政赤字は他の26州の予算規模より大きい140億ドルとなっている。その原因は、高税率にある。所得税率が10％であるため、税率０％のテネシィ州その他の州への州外移転が起きているからである。サブプライムローン事件の最も大きな被害が発生したのが、カリフォルニア州である。返済能力を超えた債務を負った購買者に問題があったとしても、住宅不況が続いているのは、同州の固定資産税と所得税の高さにも一因がある。

参考資料

(1) アーサー・B・ラッファー、ステファン・ムーア、ピーター・タナフス、村井章子訳『増税が国を滅ぼす』日経BP社　平成21年９月20日　第１版第１刷発行　128,130,138,170,203頁

(2) 菊池英博『消費税は０％にできる』ダイヤモンド社 平成21年７月16日　第１刷発行　iii～iv,012頁

≪関連用語≫　表面税率と実効税率、税率

3-32　受取配当等の益金不算入制度

(1)　制度の意義について

企業会計上、受取配当等（主として株式の受取配当金）は、収益（一般会社は営業外収益で、証券会社等金融機関は営業収益）として認識されている。現行の法人税法は、シャウプ勧告に基づき「法人擬制説」の立場に立っており、「法人の利益は配当として最終的には個人に帰属する」ものと解されている。歴史上、会社が創設された時期は個人が株主であった。その前提に立てば、最終的帰属者としての株主に課税すればよいとされる。以下、主として株式会社の配当金を前提に考えてみる。

会社が配当する原資は、法人税等が課された残余である当期純利益（もしくは過去からの利益留保金）である。したがって、配当金受領会社において、当該受取配当金は収益になるので、益金として認識されるならば、そこでまた課税されることになる。この配当金の循環過程を見ると、際限なく課税されていくことになる。これを「重複課税」もしくは「二重課税」と呼んでいる。この「二重課税」等を排除するために、「受取配当等の益金不算入制度」が設けられた。

受取配当等の益金不算入制度は、昭和25年の税制改正で創設された。そして、翌26年には、配当に「証券投資信託の収益の分配金」が含まれることとし、かつ、受取配当等とみなす金額は60％とされた。昭和28年には、いわゆる「短期譲渡株式の除外規定」が設けられた。さらに、昭和40年の改正では、株式等を配当期前１ヵ月以内に取得して、配当期後２ヵ月以内に譲渡した場合の適用除外「短期株式の売買不適用」および負債利子控除制度における「紐付計算方式の廃止」などの制度整備が行われている。最近の主要な改正では、平成21年３月に法律第13号によって「間接外国税額控除制度」が廃止され、代わって「外国子会社配当益金不算入制度」が設けられた。また、この制度の導入に関連して、所要の整備が行われている。[(1)]

本来、受取配当等の益金不算入制度を採用するのであれば、課税の洗礼を受けた利益（剰余金）が配当の原資であるから、全額益金不算入とすべきであるが、課税政策の意図から、そうはなっていないところに問題がある。

⑷　短期保有株式等に係わる配当等の益金不算入制度の不適用について

法人税法第23条第３項は「内国法人が、受取配当等の額の元本である株式等を、その支払いに係る基準日以前１ヵ月以内に取得（購入）し、かつ、当該株式等または当該株式等と同一銘柄の株式等を基準日後２ヵ月以内に譲渡（売却）した場合には、当該譲渡株式等のうち政令で定めるものの配当等については、受取配当等の益金不算入制度は適用しない。」と定めている。この趣旨は、たとえば、３月決算会社の株式を３月中に購入して配当金の権利を確保して、５月までに売却して売却損（売却益が発生してもよいのだが）を計上したような場合、配当金は益金に算入されず、他方において売却損が損金として認められるならば、課税の公平性が欠けることになるからである。そこで「短期の売買に該当する株式等の配当等については、益金不算入制度を適用しない。」としたのである。なお、短期の期間は、理屈の問題ではなく、あくまでも政策的判断によっている。

また、同一銘柄について、保有と売買がある場合の短期に該当する株式数の計算については、法人税法施行令第20条に「益金に算入される配当等の元本たる株式等」の計算が定められている。それは、以下のような計算式になっている。このようにして計算された短期所有株式等の数に対応する配当等は益金に算入することになる。

$$\text{短期所有株式等の数} = E \times \frac{C \times \dfrac{B}{A + B}}{C + D}$$

A：配当基準日から起算して１ヵ月前の日における株式等の数
B：配当基準日以前１ヵ月以内に取得した株式等の数
C：配当基準日における株式等の数
D：配当基準日後２ヵ月以内に取得した株式等の数
E：配当基準日後２ヵ月以内に譲渡した株式等の数

参考文献

(1)　武田昌輔『DHCコンメンタール法人税法沿革第二巻』第一法規
1203～1211の３頁
(2)　前掲書　1214頁

≪関連用語≫　負債利子、外国子会社配当益金不算入制度、みなし配当金

3-33　みなし配当金

法人税法第24条は「みなし配当金」に関する定めを置いている。

> 法人税法第24条（配当等の額とみなす金額）
> 第１項　法人（公益法人等及び人格のない社団等を除く。以下この条において同じ。）の株主等である内国法人が当該法人の次に掲げる事由により金銭その他の資産の交付を受けた場合において、その金銭の額及び金銭以外の資産の価額の合計額が当該法人の資本金等の額又は連結個別資本金等の額のうちその交付の基因となった当該法人の株式又は出資に対応する部分の金額を超えるときは、この法律の規定の適用については、その超える部分の金額は、第23条第１項第１号（受取配当等の益金不算入）に掲げる金額とみなす。

この規定によって、以下のような原因（法律的もしくは経済的行為）によって「金銭その他の資産の交付」を受けた場合には、法第23条第１項第１号（剰余金の配当もしくは分配）に該当するものとされる。なお、法第24条第１項にいう「次に掲げる事由」とは、上記の「以下のような原因」であり、以下の事項がその内容である。

①　合併
②　分割型分割
③　資本の払い戻しまたは解散による残余財産の分配
④　自己の株式または出資の取得
⑤　出資の消却
⑥　組織変更

なお、本件規定は、法第23条第３項の括弧書によって、「連結法人株式等に係る配当等の100％益金不算入規定」の適用を受けることはできないことになっている。

≪関連用語≫　受取配当等の益金不算入制度、負債利子、外国子会社配当益金不算入制度

3-34　負債利子

負債利子の制度は、受取配当金を益金に算入しないとする以上、株式を取得するために要した負債の利子は損金に算入しないという制度である。つまり、借金して株式等を購入した場合、配当金は益金に算入しないが、他方、支払利息は損金として認めることにすれば、課税上の公平性が欠けることになるからである。法人税法第23条第４項は「負債利子の計算」について、「第１項の場合において、内国法人が当該事業年度において支払う負債の利子があるときは、当該事業年度の所得の計算上『益金の額に算入しない金額』は、次の金額の合計額とする」と定めている。

① 保有する一般的株式の受取配当金の合計額から、当該負債利子の額のうち当該一般的株式に係わる金額として、政令で定めにより計算した金額を控除した金額の50％

② 保有する関係法人株式等の受取配当金の合計額から、当該負債利子の額のうち当該関係法人株式に係わる金額として、政令で定めるところにより計算した金額を控除した金額

負債利子の計算において、間違いやすい事項は、①一般的株式と②関係法人株式等に係わる負債利子の計算が異なっているにもかかわらず、同一のものとして、もしくは一般的株式に係わる50％基準を失念して計算してしまうことである。なお、支払利子の額は、発生主義会計の基に計算された金額である。さらに、建設中の利子で資産化された利子は含まれる。

同上第４項に定める「政令の定め」には、同法施行令第21条（負債の利子に準ずるもの）と第22条（株式等に係る負債の利子の額「負債利子の控除額の計算」）とがある。まず、前者の「負債の利子に準ずるもの」としては、手形の割引料、その他経済的な性質が利子に準ずるもので、当該事業年度に係るものとされている。基本通達３－２－３（割賦購入資産等の取得金額に算入しない利息相当額）により、割賦販売契約または延払条件付譲渡契約（これらに類する契約を含む。）によって購入した資産に係る割賦期間分の利息相当額を当該資産の取得価額に含めず費用処理した場合には、「支払う負債の利子」に含めることになる。また、同通達３－２－３の２（売上割引料）により、売掛金等売上債権について、その支払期日前に支払いを受けた

ことによって差し引いた金額は、一種の利息に相当するものであるが、「支払う負債の利子」には該当しないものとされている。

後者の「株式等に係る負債の利子の額」の計算方法には、以下に示した原則的計算方法である「当年度実績方式」もしくは「総資産按分方式」と簡便的計算方法である「基準年度方式」もしくは「実績割合方式」とがある。

① 当年度実績方式（A × B ÷ C = D）

ア 一般株式等に係わる負債利子控除額の計算

A：当期の支払利子総額

B：前期末と当期末の一般株式の帳簿価額＋前期末と当期末の証券投資信託受益証券の帳簿価額× 50％

C：前期末と当期末の総資産の帳簿価額の合計額

D：一般株式に係わる負債利子控除額

イ 関係法人株式等に係わる負債利子控除額の計算（A × B ÷ C = D）

A：当期の支払利子総額

B：前期末と当期末の関係法人株式の帳簿価額

C：前期末と当期末の総資産の帳簿価額の合計額

D：関係法人株式に係わる負債利子控除額の額

この方式による計算は、以下に参考までに掲記した確定申告書・別表八「受取配当等の益金不算入に関する明細書」における「当年度実績による場合の総資産価額等の計算」と「当年度実績により負債利子等の額を計算する場合」の各欄に必要事項を記載して計算される仕組みになっている。

② 基準年度方式（A × B ÷ C = D）

ア 一般株式等に係わる負債利子控除額の計算

A：当期の支払利子総額

B：基準年度に総資産按分方式で計算した一般株式等に係わる負債利子控除額

C：基準年度の支払利子総額

D：当期の一般株式等に係わる負債利子控除額

イ 関係法人株式等に係わる控除する負債利子の計算（A × B ÷ C = D）

A：当期の支払利子総額

　B：基準年度に総資産按分方式で計算した関係法人株式に係わる負債利子控除額
　C：基準年度の支払利子総額
　D：当期の関係法人株式に係わる負債利子控除額

この方式による計算は、以下の確定申告書・別表八（一）「基準年度実績により負債利子等の額を計算する場合」の各欄に必要事項を記載していくことによって計算される仕組みになっている。なお、基準年度とは、平成10年4月1日から平成12年3月31日に開始した2事業年度の平均値として計算することになっている。また、いずれの方式を採用した場合においても、法第23条第6項により、確定申告書に「益金の額に算入されない配当等の額」および「その計算に関する明細の記載」があることを要件としている。

上記の計算式において、留意する事項として、税効果会計の関係がある。基本通達3－2－6（税効果会計を適用している場合の総資産の帳簿価額）により、貸借対照表に計上されている繰延税金資産がある場合には、当該繰延税金資産の額は総資産の帳簿価額に含めることとされている。同様に、負債利子の計算において、間違いやすい事項は、上記における計算要素の取り扱い、または解釈であり、とくに①当期の支払利子総額並びに②総資産の帳簿価額の計算である。たとえば、総資産の帳簿価額の計算において、租税特別措置法の適用を受けて特別償却準備金として積み立てた金額は、総資産から控除して計算することとされているが、失念することがある。

ところで「利益の配当」と認識する時期は、原則として「権利確定の日」であり、法人税基本通達2－1－27（剰余金の配当等の帰属の時期）に、以下のように定められている。

①　法第23条第1項第1号に規定する剰余金の配当若しくは利益の配当又は剰余金の分配については、次による。

　イ　剰余金の配当　当該配当の効力を生ずる日

　ロ　利益の配当又は剰余金の分配　当該配当又は分配をする法人の社員総会又はこれに準ずるものにおいて、当該利益の配当又は剰余金の分配に関する決議のあった日。ただし、持分会社にあっては定款で定め

た日がある場合にはその日

（注） 法人が、配当落ち日に未収配当金の見積計上している場合であっても、当該未収配当金の額は、未確定の収益として当該配当落ち日の属する事業年度の益金の額に算入しない。次の(2)において同じ。

② 特定目的会社に係る中間配当については、当該中間配当に係る取締役会の決定のあった日。ただし、その決議又は決定により中間配当の請求権に関しその効力発生日として定められた日があるときは、その日。

③ 投資信託及び特定目的信託の収益の分配のうち信託の開始の時からその終了の時までの間におけるものについては、当該収益の計算期間の末日とし、投資信託及び特定目的信託の終了又は投資信託及び特定目的信託の一部の解約による収益の分配については、当該終了又は解約のあった日。ただし、特例（2－1－28）が定められており、「法人が他の法人から受ける剰余金の配当等の額でその支払のために通常要する期間内に支払を受けるものにつき継続してその支払を受けた日の属する事業年度の収益としている場合には、2－1－27にかかわらず、これを認めることとされている。

≪関連用語≫ 受取配当等の益金不算入制度、みなし配当金、外国子会社配当益金不算入制度受取配当等の益金不算入制度においては、明細書の添付が要件となっている。それが別表八（一）「受取配当等の益金不算入に関する明細書」である。以下のような事項を明細書作成の条件として、当該明細書を作成してみると、次ページに示した明細書のようになる。

条件

① 連結法人と関係法人等はなく「一般的株式」のみの保有としている。
② 負債利子の計算は「当年度実績方式」としている。
③ 保有株式に「短期保有株式に該当するものはない」としている。
④ 保有株式は銘柄が多数のため、別に明細書を添付することにしている。
⑤ その他、計算に必要な数字は、仮定の数字を記載している。

また、この明細書に記載した事項が、別表四「所得の金額の計算に関する明細書」に連動しており、課税所得を計算するこの明細書の14「受取配当等の益金不算入額」の①「総額」と③「社外流出」に転記されるので、以下の条件の基で必要な事項を明細書作成の条件として、当該明細書を作成してみることにした。

① 現在、暫定的に上場株式の配当金について、源泉所得税が10％としているが、ここでは本則に基づき受取利息と同様に20％（うち国税15％、利子割５％）として計算している。
② 一般的に、源泉所得税は流動資産の部（仮払税金）に計上している。当該金額は別表四の25「法人税から控除される所得税」の①「総額」と③「社外流出」に転記し「加算項目」とされる。そのために、申告調整で「減算の項目」に記載して調整する必要がある。

これは、かつて純額方式（源泉所得税控除後の純受取配当額の収益計上）を採用していた昭和40年代の名残りである。

受取配当等の益金不算入に関する明細書

事業年度	平成 21・4・1 平成 22・3・31	法人名	大日本東京株式会社

別表八(一)　平二十一・四・一以後終了事業年度分

当年度実績により負債利子等の額を計算する場合

連結法人株式等及び関係法人株式等に該当しない株式等	受取配当等の金額 (33の計)		1	45,670,000円
	負債利子等の額の計算	当期に支払う負債利子等の額	2	3,562,500
		連結法人に支払う負債利子等の額	3	
		差引金額 (2)－(3)	4	3,562,500
		総資産価額 (27の計)	5	10,529,329,990
		連結法人株式等及び関係法人株式等に該当しない株式等の帳簿価額 (28の計)＋(29の計)	6	571,246,300
		受取配当等の金額から控除する負債利子等の額 $(4)\times\frac{(6)}{(5)}$	7	193,275
関係法人株式等	受取配当等の金額 (36の計)		8	
	負債利子等の計算	関係法人株式等の帳簿価額 (30の計)	9	0
		受取配当等の金額から控除する負債利子等の額 $(4)\times\frac{(9)}{(5)}$	10	0
連結法人株式等に係る受取配当等の金額 (37の計)			11	
受取配当等の益金不算入額 ((1)－(7))×50%＋((8)－(10))＋(11)			12	22,738,362

基準年度実績により負債利子等の額を計算する場合

連結法人株式等及び関係法人株式等に該当しない株式等	受取配当等の金額 (33の計)		13	円
	負債利子等の額の計算	当期に支払う負債利子等の額	14	
		平成10年4月1日から平成12年3月31日までの間に開始した各事業年度の負債利子等の額の合計額	15	
		同上の各事業年度の連結法人株式等及び関係法人株式等に該当しない株式等に係る負債利子等の額の合計額	16	
		負債利子控除割合 $\frac{(16)}{(15)}$ (小数点以下3位未満切捨て)	17	
		受取配当等の金額から控除する負債利子等の額 (14)×(17)	18	円
関係法人株式等	受取配当等の金額 (36の計)		19	
	負債利子の額等の計算	(15)の各事業年度の関係法人株式等に係る負債利子等の額の合計額	20	
		負債利子控除割合 $\frac{(20)}{(15)}$ (小数点以下3位未満切捨て)	21	
		受取配当等の金額から控除する負債利子等の額 (14)×(21)	22	円
連結法人株式等に係る受取配当等の金額 (37の計)			23	
受取配当等の益金不算入額 ((13)－(18))×50%＋((19)－(22))＋(23)			24	

当年度実績による場合の総資産価額等の計算

区分	総資産の帳簿価額	連結法人に支払う負債利子等の元本の負債の額等	総資産価額 (25)－(26)	連結法人株式等及び関係法人株式等に該当しない株式及び出資等の帳簿価額	受益権の帳簿価額の $\frac{1}{2又は4}$ 相当額	関係法人株式等の帳簿価額
	25	26	27	28	29	30
前期末現在額	5,144,085,700円	0円	5,144,085,700円	245,632,000円	円	0円
当期末現在額	5,385,244,290	0	5,385,244,290	325,614,300		0
計	10,529,329,990	0	10,529,329,990	571,246,300		0

受取配当等の金額の明細

区分	法人名又は銘柄	本店の所在地	受取配当等の金額 31	左のうち益金の額に算入される金額 32	益金不算入の対象となる金額 (31)－(32) 33
連結法人株式等及び関係法人株式等に該当しない株式等	別紙明細添付		45,670,000円	円	45,670,000円
	計		45,670,000		45,670,000

区分	法人名	本店の所在地	効力発生日までの保有期間	保有割合	受取配当等の金額 34	左のうち益金の額に算入される金額 35	益金不算入の対象となる金額 (34)－(35) 36
関係法人株式等					円	円	円
	計						

区分	法人名	本店の所在地	受取配当等の金額の計算対象期間	受取配当等の金額 37
連結法人株式等			・　・	円
			・　・	
			・　・	
			・　・	
	計			

法 0301－0801

別表四

平二十一・四・一以後終了事業年度分

所得の金額の計算に関する明細書

事業年度	平成 21・4・1 平成 22・3・31	法人名	大日本東京株式会社

区分			総額	処分		
				留保	社外流出	
			①	②	③	
当期利益又は当期欠損の額		1	円 123,450,000	円 123,450,000	配当	円
					その他	
加算	損金の額に算入した法人税(附帯税を除く。)	2				
	損金の額に算入した道府県民税(利子割額を除く。)及び市町村民税	3				
	損金の額に算入した道府県民税利子割額	4				
	損金の額に算入した納税充当金	5				
	損金の額に算入した附帯税(利子税を除く。)、加算金、延滞金(延納分を除く。)及び過怠税	6			その他	
	減価償却の償却超過額	7				
	役員給与の損金不算入額	8			その他	
	交際費等の損金不算入額	9			その他	
		10				
	小計	11				
減算	減価償却超過額の当期認容額	12				
	納税充当金から支出した事業税等の金額	13				
	受取配当等の益金不算入額(別表八(一)「12」又は「24」)	14	22,738,362		※	22,738,362
	外国子会社から受ける剰余金の配当等の益金不算入額(別表八(二)「13」)	15			※	
	法人税等の中間納付額及び過誤納に係る還付金額	16				
	所得税額等及び欠損金の繰戻しによる還付金額等	17			※	
	仮払税金	18	7,232,452	7,232,452		
		19				
		20				
	小計	21	29,970,814	7,232,452	外 ※	22,738,362
仮計 (1)+(11)−(21)		22	93,479,186	116,217,548	外 ※	△22,738,362
寄附金の損金不算入額 (別表十四(二)「24」又は「40」)		23			その他	
沖縄の認定法人の所得の特別控除額 (別表十(一)「9」又は「12」)		24			※	
法人税額から控除される所得税額 (別表六(一)「6の③」)		25	7,232,452		その他	7,232,452
税額控除の対象となる外国法人税の額等 (別表六(二の二)「10」−別表十七(二の二)「39の計」)		26			その他	
組合等損失額の損金不算入額又は組合等損失超過合計額の損金算入額(別表九(四)「10」)		27				
合計 ((22)から(27)までの計)		28	100,711,638	116,217,548	外 ※	△22,738,362 7,232,452

3-35　外国子会社配当益金不算入制度

「外国子会社配当益金不算入制度」は、平成21年度の税制改正で「間接外国税額控除制度」に代えて導入された制度である。この取り扱いは、平成21年4月1日以後開始される事業年度から適用される。これまでは「全世界所得課税方式」の下で、国際的な二重課税の排除方法として「外国税額控除制度」が適用されてきた。外国子会社の配当については、外国子会社が納付した法人税を、内国法人の親会社が納付したものとして外国税額を控除するという間接外国税額控除制度により二重課税の防止のための調整を行ってきた。ただし、この制度においては、制度自体の複雑さや添付書類の事務負担が大きいなどの批判があった。また、全世界所得課税を原則としていたために、外国子会社の所在地国の税率が日本の税率より低い場合には、配当を行うことによって追加の納税額が発生するという弊害があった。(1)

たとえば、現在20％の国で稼いだ利益を配当金として日本の親会社に戻すと、日本の税率（約40％）との差である20％が、追加して課税されることになっている。そのために、海外に留保しておけば20％で済むので、企業集団内の資金流失が抑えられることになる。平成18年度末で、留保されている外国子会社の利益相当額が17兆円に上っていると試算されている。(2)外国子会社が稼いだ利益が親会社に還流せず、日本国内の経済の活性化の障害になっているという強い批判が、経済界等からあり、適切な二重課税の排除を維持しつつ、制度を簡素化し、かつ、日本国内への資金の還流を図る意図の基に税制改正が行われた。

この「外国子会社配当益金不算入制度」は、以下のように規定されている。

> 法人税法第23条の2（外国子会社から受ける配当等の益金不算入）
> 「要点」
> 第1項　内国法人が外国子会社から受ける前条第1項第1号に掲げる金額（剰余金の配当等の額）がある場合には、当該剰余金の配当等の額から当該剰余金の配当等に係る費用に相当するものとして、政令で定めるところにより計算した金額を控除した金額は、その内国法人の各事業年度の所得金額の計算上、益金の額に算入しない。
> 第2項　前項の規定は、確定申告書に益金の額に算入されない剰余金の

配当等の額及びその計算に関する明細の記載があり、かつ、財務省令で定める書類を保存している場合に限り、適用する。この場合において、同項の規定により益金の額に算入されない金額は、当該金額として記載された金額を限度とする。

この制度の適用を受けるための主要要件としては、以下の事項がある。

① 外国子会社の範囲（法第23条の2第1項括弧書）

外国子会社とは、当該内国法人が保有しているその株式または出資の数・金額が、その発行済株式・出資（自己株式等を除く）の総数・総額の25％以上に相当する数または金額となっている外国法人をいう。

② 外国子会社の株式等の保有期間（法人税法施行令第22条の3）

外国子会社に関する株式等の保有の状態（25％以上の保有）が、支払義務が確定する日以前6ヵ月以上継続していること

③ 新設法人の場合（同令第22条の3括弧書）

当該外国法人が、支払義務が確定する日以前6ヵ月以内に設立された場合には、その設立された日から当該確定した日まで保有していること

④ 保存すべき書類（法人税法施行規則第8条の5）

ア 法第23条の2に規定する配当等の支払外国法人が、本条の「外国子会社」に該当することを証する書類

イ 外国子会社の配当等に係る事業年度の財務書類一式

ウ 外国子会社の配当等に係る外国源泉税がある場合、当該外国源泉税等が課されたことを証する申告書の写しなどの書類

これらの書類は、従来の制度において添付要件とされていたが、新制度においては、制度の簡素化と納税者の事務負担の経験等を考慮して「保存書類（必要要件）」とされたものである。法第23条の2第1項に規定している「剰余金の配当等の額から剰余金の配当等に係る費用に相当するものとして、政令で定めるところにより計算した金額」は、施行令第22条の3第2項で「剰余金等の配当等の5％」とするとされている。したがって、受取配当金等の95％が外国子会社配当益金不算入の額となる。この措置は、国外所得免税方式を採用するドイツや資本参加免税を採用するフランスにおいても、剰余金等の配当等の5％相当額が経費否認されている事例に即したものである。(3)

外国子会社配当益金不算入制度は、税効果会計にも大きな影響を与えることになる。これまで、外国子会社からの配当等は課税対象であったために、いずれ将来、外国子会社からの配当等を受け入れたときに備えて企業は、「繰延税金負債」を引き当ててきた。繰延税金負債は、会計上の税金負担と実際の税金の納付の違いを調整する勘定科目で、将来、益金算入した事業年度に負担する法人税等の額を「一種の未払税金」として負債に計上しておくものである。この繰延税金負債には、外国子会社からの配当等に対する税金相当額のほか、金融商品会計の下で、時価評価した有価証券等の評価益に対応する見込税金相当額が含まれている。

表(3－7)配当等の繰延税金負債

(単位：億円)

	企業名	金額
1	トヨタ	6,075
2	ソニー	1,047
3	東芝	616
4	武田薬品	313
5	リコー	206
6	ファナック	185

(注) 日本経済新聞 平成20年11月21日・平成21年4月2日朝刊の記事を基に作成している。

外国子会社配当益金不算入制度の導入によって、税効果会計による「繰延税金負債」は必要がないことなった。そのために、一時的に企業利益を押し上げる効果がある。主要な企業（株価時価総額上位20社、ただし金融を除く）の当該金額は約20兆円である。これら企業の外国子会社からの配当等に対する繰延税金負債は、上記の表（3－7）に示した金額になっている。

参考文献

(1) 武田昌輔『DHCコンメンタール法人税法沿革第二巻』第一法規 1254～1255頁
(2) 日本経済新聞　平成21年11月21日　朝刊
(3) 武田昌輔　前掲書　1255の7頁

外国子会社配当益金不算入制度においては、明細書の添付が要件となっている。それが別表八（二）「外国子会社から受ける配当等の益金不算入に関する明細書」である。以下の条件で当該明細書を作成してみることにした。

① 外国子会社はアメリカとフランスの2社である。
② いずれも100％会社である。
③ ここでは繰延税金負債の取り崩しによる税務調整には触れていない。
④ アメリカとフランスの各子会社の配当金は10百万円および8百万円で、源泉税率はともに15％と仮定して計算している。

外国子会社から受ける配当等の益金不算入に関する明細書

事業年度	平成21・4・1 平成22・3・31	法人名	大日本東京株式会社

別表八(二)　平二十一・四・一以後終了事業年度分

外国子会社の名称等	名称	1	DTアメリカ	DTフランス			
	本店又は主たる事務所の所在 国名又は地域名	2	アメリカ	フランス			
	本店又は主たる事務所の所在 所在地	3	ニュヨーク	パリ			
	発行済株式等の保有割合	4	100.0 %	100.0 %	%	%	%
	発行済株式等の連結保有割合	5	100.0 %	100.0 %	%	%	%
益金不算入額の計算	支払義務確定日	6	平 22・3・20	平 22・3・15			
	支払義務確定日までの保有期間	7	12	12			
	剰余金の配当等の額	8	(　) 円 10,000,000	(　) 円 8,000,000	(　) 円	(　) 円	(　) 円
	剰余金の配当等の額に係る外国源泉税等の額	9	(　) 円 1,500,000	(　) 円 1,200,000	(　) 円	(　) 円	(　) 円
	剰余金の配当等の額に係る費用の額 (8)×5%	10	500,000	400,000			
	特定課税対象金額又は特定個別課税対象金額に対応する部分の金額 (別表十七(三の二)「27」又は「28」)	11					
	益金不算入額 (8)−(10)+(11)	12	9,500,000	7,600,000			
	合計 ((12)欄の合計)	13					円 17,100,000

法 0301−0802

3-36　還付金等の益金不算入制度

法人税法第26条は「還付金等の益金不算入制度」について、以下のように規定している。

> 法人税法第26条（還付金等の益金不算入）「要点」
>
> 第１項　内国法人が次に掲げるものの還付を受け、又はその還付を受けるべき金額を未納の国税若しくは地方税に充当される場合には、その還付を受け又は充当される金額は、その内国法人の各事業年度の所得の金額の計算上、益金の額に算入しない。
>
> ①　法人税額等の損金不算入の規定により各事業年度の所得の金額の計算上損金の額に算入されないもの
>
> ②　不正行為等に係る費用等の損金不算入の規定により各事業年度の所得の金額の計算上損金の額に算入されないもの
>
> ③　確定申告による所得税額等の還付の規定による還付並びにこれに準ずるもの（連結確定申告による所得税額等の還付など）の規定による還付金
>
> ④　欠損金の繰戻しによる還付の規定による還付金又は連結欠損金の繰戻しによる還付の規定による還付金
>
> 第２項　内国法人が第39条の２（外国子会社から受ける配当等に係る外国源泉税等の損金不算入）の規定により各事業年度の所得の金額の計算上損金の額に算入されない同条に規定する外国源泉税等の額が減額された場合には、その減額された金額は、その内国法人の各事業年度の所得の金額の計算上、益金の額に算入しない。
>
> 第３項　―以下省略―

還付金等の益金不算入制度は、昭和25年の税制改正に関連して、法人税施行規則第17条の３に取り入れられた規定である。法人の各事業年度の所得の計算上、法人が納付した租税公課のうち一部のものについて「損金の額に算入しない」ものとされた。

法第38条は「法人税額等の損金不算入」を定めている。法人税並びに地方税の住民税は、課税対象を課税所得としており、「所得課税」は所得から支払われる。納付した法人税の額は、企業利益の計算上、費用であったとしても、税務会計上では損金の額に算入されないので、これらの金額の一部が還付されたとしても、益金の額に算入しない。同条第6項に「各事業年度の所得の計算上、損金の額に算入されないものの還付を受ける場合には、当該金額は各事業年度の所得の計算上、益金の額に算入しない。」としている。

還付金等の益金不算入制度は、租税公課の損金不算入の規定および不正行為等に係わる損金不算入の規定と密接な関係がある。したがって、損金の額に算入された納付税額が還付された場合、もしくは他の未納税額に充当されたときには、益金の額に算入されることになる。ひとつの事例としては、上期が黒字決算であったために、中間納付の時期に事業税を納付したが、下期(事業年度そのもの)が赤字決算もしくは減益決算となり、納付済み事業税の全額もしくは一部の還付を受けることになったような場合で、(都)道府県民税に充当されるということがある。とくに、平成20年3月期は一般的に大増益決算会社が多かったが、世界大不況の影響を受けた翌平成21年3月期は多くの会社で大幅な赤字決算か減益決算となっている。このようなケースで、上記のような事例が生起する。

また、法第39条の2は「外国子会社から受ける配当等に係る外国源泉税等の損金不算入」を定めている。ここでは「法第23条の2第1項（外国子会社から受ける配当等の益金不算入）に規定する外国子会社から受ける同項に規定する剰余金の配当等の額につき、同項の規定の適用を受ける場合に外国法人税が課せられる場合として政令で定める外国源泉税の額は、各事業年度の所得の計算上、損金の額に算入しない。」としている。この規定の関係から、所得の金額の計算上損金の額に算入されない同条に規定する外国源泉税等の額が減額された場合には、その減額された金額は、その内国法人の各事業年度の所得の金額の計算上、益金の額に算入しないのは当然のことである。

≪関連用語≫　青色欠損金の繰越控除、青色欠損金の繰戻還付、受取配当等の益金不算入制度、みなし配当金、外国子会社配当益金不算入制度

3-37　役員給与の損金不算入制度

従来から「役員給与の支給の恣意性」が問題視されてきた。「役員給与の損金不算入制度」における損金算入限度額の考え方は、役員給与の範囲を「職務執行の対価としての相当とされる金額以内」にするというものである。平成18年度の税制改正以前では、定期に定額支給するものを「役員報酬」とし、それ以外のものを「役員賞与」とに区別し、役員賞与に該当するものを損金に算入しないとしていた。平成18年度の税制改正においては、従来の役員報酬に相当するものだけでなく、事前の定めにより役員給与の支給時期・支給額に対する恣意性が排除されているもの、並びに法人の利益に連動する役員給与についても、その適正性や透明性などが担保されていることを条件に損金の額に算入することを認めることにした。[(1)]

法人税法第34条は「役員給与の損金不算入制度」について、以下のように規定している。

> 法人税法第34条（役員給与の損金不算入）「要点」
>
> 第1項　内国法人がその役員に対して支給する給与のうち、次に掲げる給与のいずれにも該当しないものの額は、その内国法人の各事業年度の所得の金額の計算上、損金の額に算入しない。
>
> ①　その支給時期が1月以下の一定の期間ごとである給与（定期給与）で、当該事業年度の各支給時期における支給額が同額であるもの、その他これに準ずるものとして政令で定める給与（定期同額給与）
>
> ②　その役員の職務につき所定の時期に確定額を支給する旨の定めに基づいて支給する給与
>
> ③　同族会社に該当しない内国法人が、その業務執行役員に対して支給する利益連動給与で、次に掲げる要件を満たすもの
>
> イ　その算定方法が、当該事業年度の利益に関する指標を基礎とした客観的なものであること
>
> ロ　その他政令で定める要件

上記の規定中、第１項本文の「役員に対して支給する給与」の中には、退職給与および新株予約権によるもの、並びに使用人としての職務に対応する部分、その他一定の条件の基に算定される利益連動給与（非同族会社に限る）は除かれている。また、「次に掲げる給与のいずれにも該当しないものの額は、損金の額に算入しない。」という意味は、これらの条件に該当すれば、所得の金額の計算上、損金の額に算入することができるということである。

第１項第２号（上記の②）の「支給する給与」は、定期同額給与および利益連動給与を除くものとし、定期給与を支給しない役員に対して支給する給与（非同族会社に限る）以外の給与にあっては、政令で定めるところにより納税地の所轄税務署長に、その定めの内容に関する届出をしている場合における給与に限ることとされている。納税地の所轄税務署長への届出は、役員給与の支給の恣意性の排除、とくに利益操作の排除に効果がある。

第１項第３号（上記の③のイ）にいう「利益に関する指標を基礎とした客観的なもの」としての要件は、以下の事項である。

① 確定額を限度としているものであり、かつ、他の業務執行役員に対して支給する利益連動給与に係る算定方法と同様のものであること

② 政令で定める日までに、報酬委員会（会社法が定める委員会設置会社の報酬委員会）が決定をしていること、その他これに準ずる適正な手続として政令で定める手続を経ていること

　ここにいう政令で定める日は、法人税法施行令第69条（定期同額給与の範囲等）第７項によれば、当該事業年度開始の日の属する会計期間開始の日から３ヵ月を経過する日とされている。つまり、株式会社の株主総会で、大幅な役員人事が行われたような場合に、新役員に対応する支給報酬が決定されることになるので、それに対応したものである。したがって、決算日後４ヵ月以内に社員総会を開催することにしている保険会社には、３ヵ月を経過する日が４ヵ月を経過する日とされている。

③ その内容が②の決定または手続の終了の日以後遅滞なく、有価証券報告書に記載されていること、その他財務省令で定める方法により開示されていること

さらに、第１項第３号（上記の③のロ）にいう「その他政令で定める要

件」とは、以下の事項である。

① 第1項第3号（上記の③のイ）に規定する利益に関する指標の数値が確定した後1ヵ月以内に支払われること、支払われる見込みであること
② 損金経理をしていること

これらの規定のほか「役員給与の損金不算入制度」には、高額報酬や不正行為による役員給与の損金不算入の定めがある。

法人税法第34条
第2項 内国法人がその役員に対して支給する給与（第1項・第3項の規定の適用があるものを除く。）の額のうち不相当に高額な部分の金額として政令で定める金額は、その内国法人の各事業年度の所得の金額の計算上、損金の額に算入しない。
第3項 内国法人が、事実を隠ぺいし、又は仮装して経理することによりその役員に対して支給する給与の額は、その内国法人の各事業年度の所得の金額の計算上、損金の額に算入しない。

不相当に高額な金額とは、施行令第70条（過大な役員給与の額）第1項によれば、次に掲げる金額の合計額とされている。

① 当該役員の職務の内容、他の使用人に対する給与支給額並びに同種の法人の支給状況に比較して相当額以上の金額と定款の規定もしくは株主総会の決議金額等を超える金額のいずれか多い金額
② 退職役員の退職給与金のうち相当と認められる金額を超える金額
③ 使用人兼務役員の使用人部分で、他の使用人に対する賞与の支給時期と異なる時期に支給した金額

上記第3項の損金に算入されない金額は、当該役員に対する賞与と認定される可能性が高いので、法人（損金否認で課税）と個人（個人の所得課税）との合算で課税負担が高くなる。

参考文献

(1) 武田昌輔『DHCコンメンタール法人税法第二巻』第一法規 2161の3頁

3-38 寄附金

寄附金に係る「限度超過額の損金不算入制度」は、昭和17年の臨時租税措置法の改正により導入されたものである。寄附金の立法趣旨としては、昭和38年の税制調査会・税法整備小委員会の報告書で「法人が利益処分以外の方法により支出する寄附金の中には、法人の業務遂行上明らかに必要な寄附金とそうでない寄附金がある。後者に属する寄附金を税法上の寄附金として損金算入限度額を設けて、形式基準による区分を行うこととした。なお、例外として指定寄附金および試験研究法人等に対する特例制度を設けている。さらに、寄附金の範囲を明確化する意味において、税法上の寄附金が通常の意味の寄附金のほか、一般に無償の支出を含むことなどを法令上明らかにした。」(要約) ということになっている。

このように、法人が支出した寄附金の中には、法人の事業遂行に関連するものと、明確には必要経費という意味で、事業との関連付けをすることができないものがある。そのために、一定の金額基準を用いて、画一的に限度額を定めて、その範囲以内であれば、所得の計算上、損金算入を容認することにしたものである。ただし、政策的見地から国または地方公共団体に対する寄附金および指定寄附金については、全額損金算入にすることができる。それが、以下に示した法第37条第3項の規定である。

平成14年7月の改正で、連結納税制度が導入されたが、連結関係法人間での寄附金は「全額損金不算入」とされた。それが法第37条第2項の規定である。なお、それ以前の昭和61年4月の税制改正において、移転価格税制が導入された。その折、この制度の対象となる国外関連者である外国法人に対する寄附金は「全額損金不算入」とされた。[(1)]

寄附金については、以下の2点に区分して、その取り扱いが異なっている。

① 国と地方公共団体に対する寄付金および指定寄付金

② 一般の寄付金と特定公益増進法人に対する寄付金

法人税法第37条は「寄附金の損金不算入制度」について、以下のように規定している。

> 法人税法第37条（寄附金の損金不算入）
> 第１項　内国法人が各事業年度において支出した寄附金の額（次項の規定の適用を受ける寄附金の額を除く。）の合計額のうち、その内国法人の当該事業年度終了の時の資本金等の額又は当該事業年度の所得の金額を基礎として政令で定めるところにより計算した金額を超える部分の金額は、当該内国法人の各事業年度の所得の金額の計算上、損金の額に算入しない。
> 第２項　内国法人が各事業年度において当該内国法人との間に連結完全支配関係がある連結法人に対して支出した寄附金の額があるときは、その寄附金の額は、当該内国法人の各事業年度の所得の金額の計算上、損金の額に算入しない。

上記第１項に規定する「政令で定めるところにより計算した金額」は、法人税法施行令第73条第１項（一般寄附金）に、以下のように定めている。

①　普通法人、協同組合等および人格のない社団等

次の金額の合計額の50％

イ　当該事業年度末日の資本金等の額の0.25％

ロ　当該事業年度の所得金額の2.5％

②　普通法人、協同組合等および人格のない社団等のうち資本または出資を有しないもの（法別表第二に掲げる一般法人および一般財団法人並びに財務省令で定める法人）

当該事業年度の所得金額の2.5％

なお、財務省令で定める法人とは、法人税法施行規則第22条の５に定められている法人であって、地方自治法が規定している認可地縁団体や特定非営利活動促進法が規定する特定非営利活動法人などがある。

③　公益法人等（法別表第二に掲げる一般法人および一般財団法人並びに財務省令で定める法人を除く。）

次に掲げる法人の区分に応じ、それぞれ次に定める金額

イ　公益社団法人または公益財団法人

当該事業年度の所得金額の50％

ロ　私立学校法第３条（定義）に規定する学校法人等

当該事業年度の所得金額の50％（ただし、年200万円未満の場合、年200万円）

ハ　イまたはロに掲げる法人以外の公益法人等

当該事業年度の所得金額の20％

なお、上記の①～③に規定する所得金額を計算するに当たっては、施行令第73条第２項により、以下に掲げる規定（一部のみ掲載）を適用しないで、計算した金額とされている。

①　法人税額から控除する所得税額の損金不算入

②　法人税額から控除する外国税額の損金不算入

③　繰越欠損金の損金算入

④　災害による損失金の繰越し等

また、同令第73条第１項に規定する所得の金額は、同条第３項により「寄附金の全額を損金経理する前の金額である」ことに注意する必要がある。

法第37条第３項によれば、同条第１項に規定する寄附金の額のうちに次の各号に掲げる寄附金は、「寄附金の額の合計額に算入しない」こととされている。この規定は、支出内容が寄附金であったとしても、国家の税制政策上、損金不算入の計算から除外するというものである。

①　国または地方公共団体に対する寄附金

②　公益社団法人、公益財団法人その他公益とする事業を行う法人または団体に対する寄附金

ただし、これらの場合、以下のような条件が付されている。

イ　広く一般に募集されること

ロ　教育または科学の振興、文化の向上、その他公益の増進に寄与するための支出で緊急を要するものに充てられることが確実であること

この②のイとロの要件は、特定の法人もしくは団体に対する寄附金（特定の法人もしくは団体への資金移転）を抑止し、一般の公益に資するための資金支出に限定することを求めているものである。これらに対する寄附金は一般に「指定寄附金」とされているものであり、指定寄附金の指定を受けるためには、令第76条の審査を受けなければならない。

また、同条は、以下のような定めを置いている。

法人税法第37条「要点」

第4項　第1項の場合において、同項に規定する寄附金の額のうちに、公共法人、公益法人等（法別表第二に掲げる一般法人及び一般財団法人を除く）、その他特別の法律により設立された法人のうち、教育又は科学の振興、文化の向上、社会福祉への貢献その他公益の増進に著しく寄与するものとして政令で定めるものに対する当該法人の主たる目的である業務に関連する寄附金は、第1項に規定する寄附金の額の合計額に算入しない。ただし、公益法人等が支出した寄附金の額については、この限りでない。

第5項　公益法人等が、その収益事業に属する資産のうちから、その収益事業以外の事業のために支出した金額は、その収益事業に係る寄附金の額とみなして、第1項の規定を適用する。

第6項　―省略―

第7項　前各項に規定する寄附金の額は、寄附金、拠出金、見舞金その他いずれの名義をもつてするかを問わず、内国法人が金銭その他の資産又は経済的な利益の贈与又は無償の供与をした場合における当該金銭の額若しくは金銭以外の資産のその贈与の時における価額又は当該経済的な利益のその供与の時における価額によるものとする。

第8項　内国法人が資産の譲渡又は経済的な利益の供与をした場合において、その譲渡又は供与の対価の額が当該資産のその譲渡の時における価額又は当該経済的な利益のその供与の時における価額に比して低いときは、当該対価の額と当該価額との差額のうち実質的に贈与又は無償の供与をしたと認められる金額は、前項の寄附金の額に含まれるものとする。

これらの規定の中で、とくに第5項の規定に特段の意義がある。公益法人等については、まず、法第66条第3項により、普通法人（税率30％）に対するよりも低い軽減税率（税率22％）が課せられているほか、施行令第1項第3号により、以下のように一般寄附金の損金算入額が緩和されている。

①　私立学校法に規定する学校法人等　　所得金額の50％

②　宗教法人等　　所得金額の20％

そして、次がこの第５項の規定であり、「収益事業に属する資産のうちから、公益事業のために支出した金額は、寄附金の額とみなす」という取り扱いである。したがって、収益事業を営む私立学校法人等の場合、寄附金等の損金算入前所得金額の50％、また、宗教法人等の場合には同所得金額の20％について非課税扱い（寄附金の損金認容）の取扱規定があるということである。ここで注意しておくことは、収益事業に属する資産のうちから、公益事業のために支出した金額、たとえば、現金預金であれば、口座振替をして、明確に収益事業の勘定から公益事業の勘定に移転しておく必要があるということである。そして、各事業の計算書類を作成する必要がある。

経済協力開発機構（OECD）が、平成21年11月19日に発表した「世界経済見通し」によると、日本の「経済成長率見通し」は平成21年度が△5.3％で、不安定な経済情勢が続くものと指摘している。このような現状から鑑みて、日本政府は、長期的施策として教育（施設設備の増強と人財の育成）の充実に全力投球すべきである。OECDの発表（平成21年９月８日）によると、日本の国内総生産（GDP）に占める教育関係への公的支出は3.3％（平成18年現在、全体平均は4.9％）で、主要28ヵ国中27位という低い水準にある。その結果、日本の高等教育修了率が他の諸国に比較して高い水準にあるといわれる反面、教育関係の家計負担が高くなっている。ここで問題にしたいことは、教育関係に対する寄附金の認容規定を緩和して、多くの企業もしくは個人が寄附金を拠出しやすい税制を構築すべきであるということである。

参考文献

(1) 武田昌輔『DHCコンメンタール法人税法第二巻』第一法規　2555～6頁

ここで、寄附金の損金認容の要件とされている明細書の添付に関連して、以下の条件の下で、その例示（普通法人）を示しておくことにする。その明細書が、別表十四（二）「寄附金の損金算入に関する明細書」である。

①	所得金額	60,000,000円
②	寄附金等損金算入前所得金額	65,000,000円
③	指定寄附金の額	3,000,000円
④	一般寄附金の額	2,000,000円

この結果、損金不算入額は375,000円となる。

別表十四(二) 平二十一・四・一以後終了事業年度分

寄附金の損金算入に関する明細書

事業年度	平成21・4・1 平成22・3・31	法人名	大日本東京株式会社

公益法人等以外の法人の場合

一般寄附金の損金算入限度額の計算	支出した寄附金の額	指定寄附金等の金額 (41の計)	1	3,000,000円
		特定公益増進法人等に対する寄附金額 (42の計)	2	
		その他の寄附金額	3	2,000,000
		計 (1)+(2)+(3)	4	5,000,000
		連結法人間の寄附金額	5	
		計 (4)+(5)	6	5,000,000
	所得金額仮計 (別表四「22の①」)		7	60,000,000
	寄附金支出前所得金額 (6)+(7) (マイナスの場合は0)		8	65,000,000
	同上の $\frac{2.5}{100}$ 相当額		9	1,625,000
	期末の資本金等の額 (別表五(一)「36の④」) (マイナスの場合は0)		10	
	同上の月数換算額 (10)× $\frac{12}{12}$		11	
	同上の $\frac{2.5}{1,000}$ 相当額		12	
	一般寄附金の損金算入限度額 ((9)+(12))× $\frac{1}{2}$		13	
特定公益増進法人等に対する寄附金の特別損金算入限度額の計算	寄附金支出前所得金額の $\frac{5}{100}$ 相当額 (8)× $\frac{5}{100}$		14	3,250,000
	期末の資本金等の額の月数換算額の $\frac{2.5}{1,000}$ 相当額 (12)		15	
	特定公益増進法人等に対する寄附金の特別損金算入限度額 ((14)+(15))× $\frac{1}{2}$		16	1,625,000
特定公益増進法人等に対する寄附金の損金算入額 ((2)と((14)又は(16))のうち少ない金額)			17	0
指定寄附金等の金額 (1)			18	3,000,000
国外関連者に対する寄附金額			19	
(4)の寄附金額のうち同上の寄附金以外の寄附金額 (4)−(19)			20	5,000,000
損金不算入額	同上のうち損金の額に算入されない金額 (20)−((9)又は(13))−(17)−(18)		21	375,000
	国外関連者に対する寄附金額 (19)		22	
	連結法人間の寄附金額 (5)		23	
	計 (21)+(22)+(23)		24	375,000

公益法人等の場合

損金算入限度額の計算	支出した寄附金の額	指定寄附金等の金額 (41の計)	25	円
		長期給付事業への繰入利子額	26	
		その他の寄附金額	27	
		計 (25)+(26)+(27)	28	
	所得金額仮計 (別表四「22の①」)		29	
	寄附金支出前所得金額 (28)+(29) (マイナスの場合は0)		30	
	同上の $\frac{20又は50}{100}$ 相当額 ($\frac{50}{100}$ 相当額が年200万円に満たない場合(当該法人が公益社団法人又は公益財団法人である場合を除く。)は、年200万円)		31	
	公益社団法人又は公益財団法人の公益法人特別限度額 (別表十四(二)付表「3」)		32	
	長期給付事業を行う共済組合等の損金算入限度額 ((26)と融資額の年5.5%相当額のうち少ない金額)		33	
	損金算入限度額 (31)、((31)と(32)のうち多い金額)又は((31)と(33)のうち多い金額)		34	
指定寄附金等の金額 (25)			35	
国外関連者に対する寄附金額			36	
(28)の寄附金額のうち同上の寄附金以外の寄附金額 (28)−(36)			37	
損金不算入額	同上のうち損金の額に算入されない金額 (37)−(34)−(35)		38	
	国外関連者に対する寄附金額 (36)		39	
	計 (38)+(39)		40	

指定寄附金等に関する明細

寄附した日	寄附先	告示番号	寄附金の使途	寄附金額 41
平22・3・1	学校法人○○大学		記念講堂の建設資金	3,000,000円
計				3,000,000

特定公益増進法人、認定特定非営利活動法人若しくは特定地域雇用会社若しくは特定地域雇用等促進法人に対する寄附金又は認定特定公益信託に対する支出金の明細

寄附した日又は支出した日	寄附先又は受託者	所在地	寄附金の使途又は認定特定公益信託の名称	寄附金額又は支出金額 42
				円
計				

その他の寄附金のうち特定公益信託(認定特定公益信託を除く。)に対する支出金の明細

支出した日	受託者	所在地	特定公益信託の名称	支出金額
				円

法 0301−1402

3-39 交際費

(1) 交際費課税の歴史的変遷

① 昭和29年の改正

交際費課税は、昭和29年3月法律第37号の改正で、租税特別措置法（以下「措置法」という）第5条の12に設けられ、昭和29年4月1日以降開始する事業年度から適用されることになった。当初は3年間の時限立法であったが、現在に至っても適用されているように、半永久的な課税制度となっている。要するに政府の意図は増税であった。この法律の制定前においては、「法人税法の一部を改正する法律案の第9条の10」として、制定することにしたと考えられていたものである。ところが、この改正案は、税制調査会等における審議はまったくなく、突然、法案化されたこともあって、産業界からは「交際費の一部を利益として課税するものである」として強い反発があった。この批判に対して、政府見解は「税金が高いから交際費を使うということなどがあるために、冗費を抑制し、資本の蓄積を促進する必要がある」という理屈で、この制度を導入した。

この時点の損金不算入額の計算は、以下のように基準交際費額の70％を超過する支出交際費額の50％を課税所得に加算するというものであった。

損金不算入額＝{支出交際費額－基準交際費額×70％}×1／2

ただし、基準交際費額がない場合、もしくは70％相当の金額が、一定の金額に満たない場合には、別に定める金額とされていた。「基準交際費額」とは、基準年度の交際費額であり、昭和29年4月1日を含む事業年度開始の日前1年以内に開始した各事業年度において支出した交際費の額である。なお、この当時の株式会社の事業年度は6ヵ月決算であった。一般の会社が1年決算になったのは、昭和49年の商法改正による。さらに、このときの制度においては、資本の額または出資の額が500万円未満の法人および資本金等がない法人は適用除外とされていた。

② 昭和32年と同34年の改正

昭和32年3月法律第54号による全面改正で、措置法第62条として規定された。そこでは、基準交際費額に乗じる割合を70％から60％に引き下げる一方、課税対象法人の資本金額を500万円以上から1,000万円以上に引き上げている。なお、基準交際費額は従前と同一で、適用期間は2年間の延長とされた。そして、昭和34年の改正で、基準年度を昭和33年として、その80％か旧基準年度の60％か、そのいずれか多い金額を超過する支出交際費額について損金不算入額とした。

③　昭和36年の改正

昭和36年の改正は、これまでの制度の全面的な改正を行った。まず、すべての法人が対象とされた。つぎに金額基準は、支出交際費額から300万円と資本金額等の一定の金額を控除した金額の20％を損金不算入額とするものである。このように計算方法が変更になっている。ここでは1年決算会社を想定して示している。なお、資本金額等の一定の金額並びに損金不算入額の計算は、以下のように定められている。

資本金額等の一定の金額＝

資本金額＋{資本積立金等＋その他の政令で定める積立金}×0.1％

損金不算入額＝{支出交際費額－300万円＋資本金額等の一定の金額}×20％

④　昭和39年と40年の改正

昭和39年の改正においては、上記のうちの以下の数字が変更された。

ア　損金不算入割合　　20％　⇒　30％

イ　基礎金額　　300万円　⇒　400万円

ウ　資本金額等の一定の金額の割合0.1％　⇒　0.25％

エ　資本金額等の一定の金額に、これまで利益積立金が含まれていたが、資本金、再評価積立金および資本積立金の三種に限定された。

また、このときの改正では、海外取引に関係して、海外から来日した外国人の旅費交通費を負担した場合、交際費に含めないこととされた。

昭和38年度の交際費総額は4,520億円にのぼり、同一年度の法人税額の約50％に相当するほどの大きな金額になっている。そのために「企業の自己資本の充実の必要性から、過大な交際費の支出を抑制して、内部留保の増大に資するため」という観点から交際費課税を強化することにし、昭和40年の改正で、損金不算入割合を30％から50％に引き上げている。

⑤　継続的な引上改正

表（3－8）損金不算入割合のすう勢比較表

改正年度	旧　%	新　%
昭和40年	30％	50％
昭和44年	50％	60％
昭和46年	60％	70％
昭和48年	70％	75％
昭和51年	75％	80％
昭和52年	80％	85％
昭和54年	85％	90％
昭和57年	90％	100％

その後も、左記の表（3－8）に見られるように、継続的に損金不算入割合を引き上げている。また、各改正年度において「資本金額等の一定の金額の割合」の変更も行われている。その継続的税制改正の基本的姿勢は増税にある。

⑥　昭和54年と57年の改正

昭和54年の改正においては、左記の表（3－8）に見られる損金不算入割合の改正のほか、以下に示す主要な改正が行われている。

ア　定額控除額の変更

定額控除額について、以下に示した表（3－9）に見られるように規模別定額控除制度（年額）が導入された。

表（3－9）損金不算入割合のすう勢比較表

	資本金の額	定額控除額
大会社	5,000万円超	200万円
中会社	1,000万円超5,000万円以下	300万円
小会社	1,000万円以下	400万円

イ　定額控除額は上限額であるから、支出交際費の額がそれ以下であれば、その実支出額が限度額となる。そして、昭和57年の改正において、資本金5,000万円超の会社に対する200万円の定額控除額が廃止され、原則として交際費は損金不算入とされた。

⑥　平成6年の改正

昭和57年の改正以降、基本的には、このときの内容がそのまま引き継がれてきた。そして、平成6年の改正において、資本金5,000万円以下の法人の支出交際費のうち定額控除限度額以下の部分について、支出交際費実額の10％を損金不算入と改正した。

⑦　平成14年と15年の改正

平成14年の改正では、1,000万円超5,000万円以下の法人の定額控除限度額を300万円から400万円に引き上げるとともに、支出交際費実額の10％の損金不算入部分を20％と改正した。そして、その翌年には、400万円の定額控除額適用対象法人の範囲を資本金1億円以下の中小法人に拡大し、支出交際費実額の10％を損金不算入に戻している。[(1)]

⑧　平成18年と21年の改正

平成18年の改正において、「資本又は出資の金額」という見出しが、「資本金の額又は出資金の額」に改めるとともに、2年間（平成20年3月31日まで）の期限延長が行われている。さらに、平成21年度の追加的改正において、「定額控除限度額」が400万円から600万円へ引き上げられ、また、平成24年まで延長された。

> 租税特別措置法第61条の4（交際費等の損金不算入）
>
> 第1項　法人が平成18年4月1日から平成24年3月31日までの間に開始する各事業年度（清算中の各事業年度を除く。）において支出する交際費等の額（当該事業年度終了の日における資本金の額又は出資金の額（中略）が1億円以下である法人については、当該交際費等の額のうち次に掲げる金額の合計額）は、当該事業年度の所得の金額の計算上、損金の額に算入しない。
>
> ①　当該交際費等の額のうち600万円（中略）「定額控除限度額」に達するまでの金額の100分の10に相当する金額
>
> ②　当該交際費等の額が定額控除限度額を超える場合におけるその超える部分の金額

(2)　原則損金認容から原則損金不算入へ

昭和57年の改正で、損金不算入割合が100％に引き上げられたということは、「原則損金認容」から「原則損金不算入」へと改正されたことを意味している。それまでは一定の金額について損金として認容していたのであるが、この改正で全額損金不算入とされたからである。その本来の主旨は、財源の確保であり、国家として一定の税収を目途とした税制の改正なのである。

全額損金不算入とされたが、運用面では大きな変化がある。交際費課税の問題では、つねに「交際費」か「会議費」か、という帰属（区分）の問題が発生する。この区分は、損金（非課税）か、非損金（課税対象）かという、企業にとっては重要な問題になってくるからである。会議費となるのは、「会議に関連して、茶菓、弁当その他これらに類する飲食物を供与するために通常要する費用」とされている。

会議費として認容されるものは、旧規定において「酒類を伴わない飲食物等」とされていた。そのため、会食等においてアルコールを出した場合、すべて交際費と認定されていた。しかし、昭和57年の改正においては、「通常供与される昼食の程度を超えない飲食物等」と改められ、その内容は、会議に際して社内または通常会議を行う場所において、通常供与される昼食の程度を超えない飲食物等の接待に要する費用が、これに該当するものとされた。たとえば、ホテルの一室を借りて、商談を行い、その後昼食をとるような場合、大抵、ビールの１本ぐらいは出るものである。

この改正の背景には、国際的な事情が反映していた。昭和50年代に入り、日本の、とくに大企業を中心として、国際的な取引が活発になっていった。日本人が海外に出向き商談の際の食事において、ワインやビールが伴うことが稀なことではなくなった。また、海外の取引先が日本に来た折りの食事において、酒類を伴うこともありえた。こうした状況を背景として、経済取引に伴う商交渉の国際化が進むにつれ、日本の交際費課税の在り方は不適当とされ、改正されるに至った。たとえば、実際に会議を行い、その後の食事会において一人ビール１本程度ならば「会議の体勢を越えていない」と解釈されるようになったのである。

⑶　交際費等の範囲

措置法第61条の４（交際費等の損金不算入）第３項は「交際費等の範囲」を規定している。そこでは「交際費等とは、交際費、接待費、機密費その他の費用で、法人が、その得意先、仕入先その他事業に関係のある者等に対して接待、供応、慰安、贈答その他これらに類する行為のために支出するものをいう。」とされている。なお、税法上の「交際費等」は、交際費、接待費、機密費その他の費用を含むことによって「等」が付されているが、それだけではなく、税法上の「交際費等」は一般通念上の「交際費」とは異なっていることを意味している。課税上の問題で、交際費に該当するが、税法上の交際費に含めないものがある一方、一般通念上交際費に該当しないが、交際費に含めるものがあるからである。さらに、寄附金との違いは、寄附金は必ず資金支出等が条件となっているが、交際費等は未払計上が認められていることにある。それは役務の提供を受けているからである。

交際費等の範囲（内容）は、以下のように区分することができる。

① 交際費

取引先その他の者との付き合いに伴い支出するもので、料亭やホテルなどにおける食事代、取引先に対する慶弔費用、贈答品代等がある。ところで、日本では国内事情（居住環境等）が影響しているのか、社内交際費（社内の人々の飲食費用）が、比較的多く、全体の半分以上ともいわれている。とくに「その他事業に関係のある者等」が意味しているように、役員や従業員に対するものが含まれている。

② 接待費（摂待費）

接待とは、もともと茶道の言葉で、湯茶を用意して振る舞うことを意味していた。転じて「客を持て成す」こと、そのための費用をいうようになった。広辞苑は「仏家の布施の一。路上に湯茶を用意し、往来の人に施しふるまうこと。」と説明している。現在の日本では、ゴルフなどの接待がある。

③ 機密費

広辞苑は、機密について「（枢機に関する秘密の意）政治・軍事上もっとも大切な秘密」、機密費は「支出の内容を明示せぬ機密の用途にあてる費用」と説明している。民間企業においては、たとえば、取引の維持、営業路線の拡大等のためにトップの意思決定によって機敏に支出されるもので、相手から領収書などがもらえないものがある。そのため、時として使途秘匿金に関連してくるものが含まれてくる。

国の機密費である「官房報償費」は、歴代内閣の官房長官が管理している。国会対策や外遊する議員への餞別として、10億円以上が使われている。「国政を円滑に遂行するための経費」であり、記録を一切せず、証憑の保存もしていないものである。新政権となってほぼ4ヵ月後の平成21年11月19日、平野官房長官は参院内閣委員会で、内閣官房機密費の平成22年度の予算案での扱いについて「機密費の使途を公開しない方針」であることを表明した。政権交代時の公約違反と批判されているが、公開すれば、機密費でなくなることになる。平成22年度の当初予算額は14億6,165万円である。[(2)]

④　その他の費用　　その他の費用としては以下のものがある。

ア　お見舞金　　病気や災害にあった人に対して、慰める気持をあらわす意味で送る金銭

イ　香　典　　死者の霊に供するため香の代りに霊前に供える金銭

ウ　餞　別　　転任する人や遠くに旅立つ人などに対して、別れのしるしとして送る金銭

エ　お祝金　　祝意の心もしくは感謝の意を表すために送る金銭

会計科目（税務会計）は、一般に形態別分類で行われるが、この交際費等においては機能別分類で行われている。機能別分類のほうが管理上（資金使途別把握）効率的である。たとえば、宿泊代やタクシー代は、形態別処理では旅費交通費であるが、得意先を料亭やゴルフに招き、それに要した場合、飲食代もしくはゴルフだけが交際費等になるのではなく、その関連費用としての宿泊代やタクシー代も交際費等に含まれる。他方、従業員に対する慶弔費等は交際・接待の意味があったとしても、交際費等には含めない。これらの支出は、損金認容対象の福利厚生費として処理することができる。

措置法第61条の4第3項は、交際費等の範囲と以下の除外項目を定めている。

①　福利厚生費

専ら従業員の慰安のために行われる運動会、演芸会、旅行等のために通常要する費用

かつて社内旅行は、海外旅行のほうが安く済んでいたにもかかわらず、

海外は除外していた。今では、一定の範囲で認容している。

なお、法人税関係通達61の4(1)－10により、以下のものは交際費等に含まれないとされている。これらの費用は福利厚生費になる。

ア　式典等における飲食費用

　創立記念日、国民祝日等に際して、従業員等におおむね一律に社内において供与される飲食費用

イ　慶弔関連費用

　従業員等（OBを含む）またはその親族等の慶弔、禍福に際し一定の基準に従って支給される金品に要する費用

② 小額な交際費

小額な交際費は、平成18年の改正で設けられたものである。飲食その他これに類する行為のために要する費用のうち１人当たり5,000円以下の費用は交際費等に含めない。これなども、税法特有の措置であって、内容は交際費であっても、課税対象からは除くとしているものである。

なお、この規定において、法人の役員、従業員もしくはこれらの親族に対する接待等は除くとしているので、たとえ１人当たり5,000円以下の費用であっても、交際費等に含まれることになる。

③ その他の交際費等

次いで、法人税関係通達61の4(1)－15により、以下のものは原則として交際費等に含まれるものとされている。ただし、措置法第61条の４第３項第２号（前項の①と②）の規定を受けるものは除かれる。

ア　式典等関連費用　会社の何周年記念、社長就任挨拶等の式典における宴会費、記念品代に要する費用

イ　営業活動関連費用　下請工場、特約店、代理店等となるために、もしくはするための運動費等の費用

ウ　取引関係者等に対する慶弔関連費用　得意先、仕入先等社外の者の慶弔、禍福に際し支出する金品等の費用

エ　取引関係者等に対する謝礼金等　得意先、仕入先等の従業員等に対して取引の謝礼として支出する金品等の費用

オ　談合金等の費用　建設業者等が工事の入札等に際して支出するいわゆる談合金その他これに類する費用

カ　その他関連費用　　そのほか、得意先、仕入先等社外の者に対する接待、供応に要した費用

⑷　原価に算入された交際費等の調整

法人税関係通達61の4⑵－7「原価に算入された交際費等の調整」について、以下（要約）のように触れている。まず、基本的に損金処理したかどうかにかかわらず、支出交際費等のうちに損金に算入されない額がある場合、確定申告書に記載しなければならないことになっている。

法人が支出した交際費等の金額のうち棚卸資産もしくは固定資産の取得価額に含めたために損金の額に算入していない部分の金額「原価算入額」がある場合において、当該交際費等の金額のうち損金の額に算入されないことになった金額「損金不算入額」があるときは、確定申告書において原価算入額のうちの損金不算入額を限度として、棚卸資産もしくは固定資産の取得価額を減額することができることとされている。したがって、棚卸資産もしくは固定資産に含まれている支出交際費等を確定申告書において、元々損金処理していないものであるが、加算調整した場合、翌事業年度（棚卸資産の場合、原価計上した事業年度）において調整することになる。

参考文献

(1)　武田昌輔『DHCコンメンタール法人税法第八巻』第一法規　3180の１～3197頁
(2)　日本経済新聞　平成21年10月29日　朝刊、平成21年11月20日　朝刊

ここで、「交際費等の損金算入の額」の事例に触れておくことにする。その明細書が、別表十五「交際費等の損金算入に関する明細書」である。

条件

①　資本金5,000千万円
②　売上原価計上交際費等の額　　2,586,520円
③　一般管理費計上交際費等の額　　6,650,900円
④　交際費処理した従業員等慶弔費　　3,380,000円
⑤　棚卸資産計上交際費等の額　　1,280,450円
⑥　雑費処理交際費等の額　　1,000,000円
⑦　税引前当期純利益　　7,579,234円
⑧　法人税等未払計上額　　4,200,000円
⑨　事業年度は平成21年４月１日から平成22年３月31日
⑩　期首日（前期末日）繰越額並びに中間納付額等は無視している。

① 交際費等の損金算入に関する明細書

事業年度	平成21・4・1 平成22・3・31	法人名	大日本東京株式会社

別表十五　平二十一・四・一以後終了事業年度分

支出交際費等の額 (7の計)	1	円 8,137,870	損金算入限度額 ((1)と(2)のうち少ない金額)×$\frac{90}{100}$	3	円 5,400,000
定額控除限度額 (~~0円又は~~600万円)×$\frac{12}{12}$	2	6,000,000	損金不算入額 (1)−(3)	4	2,737,870

支出交際費等の額の明細

科目	支出額 5	交際費等の額から控除される費用の額 6	差引交際費等の額 7
交際費	円 6,650,900	円 3,380,000	円 3,270,900
売上原価	2,586,520		2,586,520
棚卸資産計上額	1,280,450		1,280,450
雑費	1,000,000		1,000,000
計	11,517,870	3,380,000	8,137,870

法 0301−1500

3-40　使途秘匿金

使途不明金の旧来の表現は「費途不明金」である。その後、税務調査に際して法人側がその支出の内容を明らかにしないものであり、税務当局にとって不明であるため「使途不明金」と呼ぶようになった。

実際には使用した法人側で、その支出先と内容が不明であることはない。税務当局の調査に対して、支出の相手先とその内容を明らかにしない支出である。その意味では「使途秘匿金」といえる。平成５年１月に発覚した建設疑惑をきっかけとして、租税特別措置法第62条に「使途秘匿金の支出がある場合の課税の特例」が設けられ、平成６年４月１日から平成24年３月31日まで期間に、使途秘匿金を支出した場合、当該法人に対して課する各事業年度の所得に対する法人税の額は、通常の法人税の額に、当該使途秘匿金の支出の額に40％を乗じて計算した金額（特別課税額）を加算した金額とするとしたものである。この40％の税率は、この制度が導入された時点の普通法人の基本税率である。現在の普通法人の基本税率は30％であり、この当時より、引き下げられているが、罰則的意味合いのある使途秘匿金に対する重課（重複課税）の税率の見直しは行っていない。

その基本的な考え方は、使途秘匿金は実際に支出されたかどうかの確証がなく、また、仮にその支出のあったことが推測できる場合においても、その支出が損金に算入できる費用等に該当するかどうか、税務当局が確認できないことにある。水戸地裁の判決（昭和54年６月14日）では「法人が交際費の名義で支出した金銭も損金として計上できるためには、それが業務上必要であって、支出の目的、相手方、行為の形態が明確であることを要するものと解するところ、社長交際費は、いずれもその支出先、支出目的が必ずしも明確とはいい難く、課税庁がこれら交際費を否認したのは理由があるというべきである。」と判旨している。この判決の趣旨が、使途秘匿金に対する重課に生かされているものと理解されるところである。とくに中小企業の場合、使途を秘匿しているために経営責任者が私消しても不明であるため、悪質と判断された場合、経営責任者への役員賞与と認定（損金否認）されることもありえる。この場合、法人では損金とされず、他方で個人の所得とされるため重課となるので、注意しておかなければならない。

措置法第62条第１項（要点）では、「前項に規定する使途秘匿金の支出とは、法人がした金銭の支出（贈与、供与その他これらに類する目的のためにする金銭以外の資産の引き渡しを含む）のうち、相当の理由がなく、その相手方の氏名、名称、住所等、並びにその事由を当該法人の帳簿書類に記載していないものをいう。」とされている。

いずれにしても、企業が支出する相手先を秘匿するような支出は、実際に事業目的として支出されたかどうか不明である。経営者が自己目的として支出（流用）しているかもしれない。さらに、秘匿された支出は、違法もしくは不当な支出につながりやすく、公正な取引を阻害することにもなるので、このような支出を抑制することを目的として設けられた規定である。

前述したように平成５年１月に発覚した金丸信元副総裁が関係した建設会社疑惑事件をきっかけとして、特定の会社に巨額な不明金が明らかにされるに及んで、使途不明金から「使途秘匿金」と呼ぶようになった。この当時、つまり、平成５事務年度（平成５年７月１日から平成６年６月30日まで）における税務調査において507社に対して、使途秘匿金が530億円指摘されている。ところで、この「建設会社疑惑事件」に関係して、日本公認会計士協会は、平成６年２月２日、業種別監査研究部会・建設業部会から「建設業における不正支出、使途秘匿金等に係わる監査の充実強化について」という通牒を出して、会員に「使途秘匿金等に係わる監査の充実強化」を図っている。その中の一文として、以下のような内容が記載されている。

> 使途・相手先等が秘匿されている支出等を発見した場合は、実施可能な手続を十分に適用して使途・相手先等の糺明に努め、なお解明されないものがあるときは、不明分の件別一覧表及び支出先不明金報告書を入手し、記載内容を閲覧吟味した後、その写しを商法特例法第８条第１項の規定に基づき監査役に提出する。

実は、これ以前の昭和54年12月10日に、同協会は会長通達「不正支出・使途不明金等に係る監査の充実強化について」を出して、会員に注意を喚起していたのであるが、実効性に乏しかった。とくに、建設業界を中心に、その後も使途秘匿金、談合金の支出が後を絶たないのが現実なのである。
同通達では、以下のことが明記（2と4のみ記載）されていた。

> 2　不正支出又は使途不明金に係る取引については、一般に、現金取引を介して行われることが多いことにかえりみ、現金に関する取引記録の監査手続を充実すること
> 4　企業の内部統制が、いわゆる不正支出や裏金の発生の防止等に有効に機能しているかどうかについて確かめること。

租税特別措置法（法人税関係）通達の61の4(1)－15（交際費等に含まれる費用の例示）の(10)に「談合金その他これに類する費用」が掲示されているが、その支出の形態によっては、使途秘匿金に該当するものと判断されることがありえるので、留意しておく必要がある。

なお、措置法第62条第3項によれば、「税務署長は、法人が相手先の氏名等を帳簿書類に記載していない場合においても、相手先の氏名等を秘匿するためのものではないと認めるときは、第1項の使途秘匿金に含めないことができる。」ことになっている。したがって、本項の規定が適用できるためには、たとえ、相手先の氏名等を帳簿書類に記載していなかったとしても、税務調査等において、説明できるようにしておく必要がある。
ところで、法人が金銭以外の資産を引き渡した場合の使途秘匿金の額は、当該資産の時価相当額とされている。

参考文献

(1) 守屋俊晴『取締役の企業統治責任』中央経済社 平成15年6月1日　60～61頁
(2) 同　上　68～69頁

≪関連用語≫　寄付金、交際費

第４章　法人税・本論編

Ⅰ　棚卸資産を中心とする会計と税務

4－1　資産の評価益の益金不算入

法人税法第25条は「資産の評価益」の取り扱いについて、以下のような定めを置いている。

> 法人税法第25条（資産の評価益の益金不算入等）
> 第１項　内国法人がその有する資産の評価換えをしてその帳簿価額を増額した場合には、その増額した部分の金額は、その内国法人の各事業年度の所得の金額の計算上、益金の額に算入しない。
> 第４項　第１項の規定の適用があつた場合において、同項の評価換えにより増額された金額を益金の額に算入されなかつた資産については、その評価換えをした日の属する事業年度以後の各事業年度の所得の金額の計算上、当該資産の帳簿価額は、その増額がされなかつたものとみなす。

ここにいう「資産」は、棚卸資産に限るものではなく「資産一般」である。法人税法第22条第２項は「所得の金額の計算上、当該事業年度の益金の額に算入すべき金額は、別段の定めがあるものを除き、（中略）資本等取引以外のものに係る当該事業年度の収益の額とする。」と定めている。したがって、資産の評価換えをして帳簿価額を増額した場合の「評価益」も、所得金額の計算上、益金の額に算入させることになる。しかし、この評価益は「未実現の収益」である。そのために、法第25条第４項において「評価換えにより増額された金額を益金の額に算入されなかつた資産については、その増額がされなかつたものとみなす。」とされている。この法的措置は、法第22条第２項の「別段の定めがあるものを除き」の規定に沿うものとされている。

この規定は、企業会計原則・第二損益計算書原則の３のＢ「売上高は、実現主義の原則に従い、商品等の販売又は役務の給付によつて実現したものに限る。」としている趣旨に立脚している。現に、法第22条第４項は、第２項に規定する収益の額は「一般に公正妥当と認められる会計処理の基準に従って計算されるものとする。」と定めている。企業会計は発生主義会計であるが、収益認識の基準として「実現主義の原則」の適応を求めているのは、明瞭性の原則や保守主義の原則の精神と整合しているからである。とくに、未実現収益はキャッシュ・インを伴わない取引であるがゆえに、配当の原資および税金等の支払いなどのキャッシュ・アウトを促してしまうと、企業体質（財務的基盤）を弱体化させてしまう恐れがある。

なお、この企業会計原則は、取得原価主義会計、費用収益法（損益法）を基礎に会計基準を構築している時代のものであり、原則を制定して以来、多くの会計基準が新たに導入されている。現在は、全てではないにしても、多くの項目に対して、時価評価会計、資産負債法（財産法）を基礎に会計基準を構築している。したがって、その間には、相当の乖離が生起している。また、企業会計と税務会計の間にも、乖離が拡大している。後者の乖離を調整するもののひとつが「税効果会計」である。

ところで、過去の法人税法の下においては、「評価益は原則として益金の額に算入する」こととされていた。昭和25年の改正で、「時価を超える評価益は益金の額に算入しない」とされた。そして、昭和40年の改正において、ほぼ、現行の制度に改正されている。平成８年６月の税制の改正において、本条の例外として、同法第25条第２項に「資産の評価益」が認められるケースとして、金融機関等の更生手続の特例等に関する法律による更生手続の開始に伴う評価換えがある。なお、法人税法施行令第24条に「資産の評価益の計上ができる評価換え」として、「保険会社が保険業法第112条（株式の評価の特例）の規定に基づいて行う株式の評価換え」がある。[1]

また、法人税法第25条第３項において、再生計画認可の決定あったこと、その他これに準ずる政令で定める事実が生じた場合などにおいて、評価益の計上が認められている事例がある。

参考文献

(1) 武田昌輔『DHCコンメンタール法人税法　第２巻』第一法規 1353～1354頁

≪関連用語≫　発生主義会計、益金、実現基準、税効果会計、資産の評価損の損金不算入

4-2　資産の評価損の損金不算入

法人税法第33条は「資産の評価損」の取り扱いについて、以下のような定めを置いている。

法人税法第33条（資産の評価損の損金不算入等） 第１項　内国法人がその有する資産の評価換えをしてその帳簿価額を減額した場合には、その減額した部分の金額は、その内国法人の各事業年度の所得の金額の計算上、損金の額に算入しない。 第２項　内国法人の有する資産につき、災害による著しい損傷により当該資産の価額がその帳簿価額を下回ることとなつたことその他の政令で定める事実が生じた場合において、その内国法人が当該資産の評価換えをして損金経理によりその帳簿価額を減額したときは、その減額した部分の金額のうち、その評価換えの直前の当該資産の帳簿価額とその評価換えをした日の属する事業年度終了の時における当該資産の価額との差額に達するまでの金額は、前項の規定にかかわらず、その評価換えをした日の属する事業年度の所得の金額の計算上、損金の額に算入する。 第５項　第１項の規定の適用があつた場合において、同項の評価換えにより減額された金額を損金の額に算入されなかつた資産については、その評価換えをした日の属する事業年度以後の各事業年度の所得の金額の計算上、当該資産の帳簿価額は、その減額がされなかつたものとみなす。

ここにいう「資産」は、「資産の評価益」の項で触れたところと同様に棚卸資産に限るものではなく「資産一般」である。したがって、棚卸資産の場合、評価換前帳簿価額が次期以降の売上原価を構成することになる。また、減価償却資産の場合、評価換前帳簿価額が減価償却の計算対象金額になる。

法第33条第２項のいう「災害による著しい損傷により当該資産の価額がその帳簿価額を下回ることとなつたことその他の政令で定める事実が生じた場合」とは、以下の事項に該当する場合である。

①　物損等の事実

② 法的整理の事実（会社更生法または金融機関等の更生手続の特例等に関する法律の規定による更生手続における評定が行われたことに準ずる特別の事実）

なお、上記①の「物損等の事実」に係る具体的な内容は、法人税法施行令第68条（資産の評価損を計上することができる事実）第1項に、以下のように掲記されている。

① 棚卸資産　　次に掲げる事実

イ 当該資産が災害により著しく損傷したこと

ロ 当該資産が著しく陳腐化したこと

ハ イまたはロに準ずる特別の事実

② 有価証券　　次に掲げる事実

イ 第119条の13で、以下の有価証券の価額が、著しく低下したこと

a 取引所売買有価証券

b 店頭売買有価証券

c その他価格公表有価証券

ロ イに規定する有価証券以外の有価証券

当該有価証券を発行する法人の資産状態が著しく低下したこと

ハ ロに準ずる特別の事実

③ 固定資産　　次に掲げる事実

イ 当該資産が災害により著しく損傷したこと

ロ 当該資産が1年以上にわたり遊休状態にあること

ハ 当該資産が、その本来の用途に使用することができないため、他の用途に使用されたこと

ニ 当該資産の所在する場所の状況が著しく変化したこと

ホ イからニまでに準ずる特別の事実

④ 繰延資産　　次に掲げる事実

イ 繰延資産（固定資産利用支出）前号イからニまでに掲げる事実が生じたこと

ロ イに準ずる特別の事実

≪関連用語≫　発生主義会計、損金、資産の評価益の益金不算入

4-3　棚卸資産（意義）

法人税法第２条（定義）によれば、棚卸資産とは、以下のものをいうとされている。なお、同法は定義としているが、定義もしくは意義は説明されていない。その範囲を規定しているにすぎない。

> 法人税法第2条（定義）第1項第20号（棚卸資産）
> 　商品、製品、半製品、仕掛品、原材料その他の資産で、 棚卸しをすべきものとして政令で定めるもの（有価証券及び「中略」短期売買商品を除く。）をいう。

企業会計原則・第三貸借対照表原則の４の（一）Ａでは「商品、製品、半製品、原材料、仕掛品等のたな資産」としているので、法人税法第２条（定義）とほぼ同一の内容となっている。また、企業会計基準第９号「棚卸資産の評価に関する会計基準」（平成18年７月５日）の「範囲３」では「棚卸資産は、商品、製品、半製品、原材料、仕掛品等の資産であり、企業がその営業目的を達成するために所有し、かつ、売却を予定する資産のほか、売却を予定しない資産であっても、販売活動及び一般管理活動において短期的に消費される事務用消耗品等も含まれる。」としている。

棚卸資産と固定資産は、明確に区分されなければならない。棚卸資産には、商品としての開発済みソフトや受注したソフト開発中の仕掛品などの無形の財産（資産）があるとしても、財産とその財産が有している価値（役務提供能力）が一体となって取引の対象となるものをいう。他方、固定資産は財産とその財産が有している価値が分離して取引の対象となるものをいう。たとえば、自動車製造・販売会社と運送会社・タクシー会社を念頭に考えれば分かりやすい。前者においては、財産とその財産が有している価値が一体となって取引の対象とされている。所有権が移転している。他方、後者においては、財産の保有会社は財産を保有したまま、その財産が提供する役務（サービス）を買い手に提供して対価を受領している。

≪関連用語≫　発生主義会計、実現基準、固定資産（意義）、減価償却（意義）

4-4　棚卸資産の評価基準

棚卸資産の評価基準には、以下の三基準がある。

⑴　原価基準（原価法）

原価基準とは、取得原価主義会計の基礎（基本的構造）を成すものであり、取得価額をもって会計帳簿への記帳数額とするものである。取得価額は購入価額と取得経費の合計額であり、「歴史的価額」ともいう。その利点は、会計記録の①客観性、②検証可能性、③把握容易性等にある。他方、デメリットは、インフレーションもしくはディフレーション並びに当該物品の価格変動時には実勢価額を反映していないことにある。したがって、取得価額には含み益もしくは含み損を抱えていることがある。なお、法人税法では「原価基準」に相当するものを原価法と称し、以下のように定めている。

> 法人税法施行令第28条第1項第1号（棚卸資産の評価の方法）
> 　当該事業年度終了の時において有する棚卸資産につき次に掲げる方法のうちいずれかの方法（本書4－5参照 321頁）によつてその取得価額を算出し、その算出した取得価額をもつて当該期末棚卸資産の評価額とする方法をいう。

つまり、税法においては、「評価基準」と「評価方法」について、明確な区別をしていないということなる。たとえば、原油価格は平成20年7月に、ドバイ相場において、1バーレル147ドルにまで高騰したが、その半年後には、その半値以下にまで下落しているようなことがある。このような異常ともいえる価格変動があったような場合、原価基準は実勢価格と大きな乖離を生じることになってしまう。

⑵　時価基準（時価法）

時価には、歴史的時価（取得時の時価）、現在価額、将来時価（現金転換時価額）もしくは将来キャシュ・フローの現在割引価値額がある。しかし、会計的認識の指標としての時価は、現在価額（現在取引価額）もしくは将来キャシュ・フローの現在割引価値額となる。また「公正価値」という表現が用いられることもある。最近の会計は「時価会計」ともいわれているように時価を中心とした会計（資産負債重視思考会計）となっている。ただし、全ての項目が時価で評価されているわけではない。とくに「退職給付債務」を除き、現在、負債項目に時価会計が導入されていない。たとえば、財政的支援を受けて借入金に対して金利の減免（ゼロ金利を含む）を受けたような場合の借入金は、通常の金利負担をしている企業の借入金よりも有利となる。そこでは、金額が同一であったとしても、実態としての「債務の価値」は低く評価されるべきであるという考え方ができる。

⑶　低価基準（低価法）

低価基準は「原価時価比較低価基準」であり、原価と時価のいずれか低いほうの価額をもって棚卸資産の帳簿価額とするものであり、法人税法においては、低価法と称している。この低価法は、同施行令第28条に、以下のように定められている。

> 期末棚卸資産をその種類等（前号へに掲げる売価還元法により算出した取得価額による原価法により計算した価額を基礎とするものにあつては、種類等又は通常の差益の率。以下この条において同じ。）の異なるごとに区別し、その種類等の同じものについて、同号に掲げる方法のうちいずれかの方法により算出した取得価額による原価法により評価した価額と当該事業年度終了の時における価額のうちいずれか低い価額をもつてその評価額とする方法をいう。

この低価法は企業会計原則・一般原則「安全性の原則」の要請する「保守主義」に応えるものであるが、他方において「論理の一貫性にかける」という批判もある。いずれにしても、期末棚卸資産の中に価額が下落したものがあるならば、将来における回収可能性が低下したことを意味しているので、当該部分を当期の費用として処理する合理性がある。

≪関連用語≫　棚卸資産の評価方法、棚卸資産の取得価額、強制低価法

4-5　棚卸資産の評価方法

法人税法第29条第１項で規定している「たな卸資産の売上原価等の計算及びその評価の方法」に関係して、「選定することができる評価の方法」が、同施行令第28条に「棚卸資産の評価の方法」として、以下に示したように定められている。

(1)　原価法

① 個別法

期末棚卸資産の全部について、その個々の取得価額をその取得価額とする方法をいう。

宝石や高級家具など、個々の商品ごとに品質並びに価格が異なるものについては、単品ごとに仕入価格を記帳し、管理する必要がある。個別法は、これらの商品等について適用することが合理的な方法である。そこで、同条第３項は「棚卸資産のうち通常一の取引によって大量に取得され、かつ、規格に応じて価額が定められているものについては、選定することができない。」としている。

② 口別法（個別法の例外適用）

口別法は、同条に規定されている方法ではないが、個別法の例外的に適用する方法として位置づけられている方法である。法人税法基本通達５－２－１（個別法を選定することができる棚卸資産）として、以下の事例が挙げられている。

> (1)　商品の取得から販売に至るまでの過程を通じて具体的に個品管理が行われている場合又は製品、半製品若しくは仕掛品の取得から販売若しくは消費までの過程を通じて具体的に個品管理が行われ、かつ、個別原価計算が実施されている場合において、その個品管理を行うこと又は個別原価計算を実施することに合理性があると認められるときにおけるその商品又は製品、半製品若しくは仕掛品

たとえば、受注産業において、製造指図書（契約案件別に作成するものとして）ごとに原価計算をしているような事例が、上記の「個別原価計算が実施されている場合の個品（契約案件別）管理」に相当するものと理解される。

③　先入先出法

期末棚卸資産を、その種類、品質および型（以下「種類等」という。）の異なるごとに区別し、その種類等の同じものについて、当該期末棚卸資産を当該事業年度終了の時から最も近い時において取得をした種類等を同じくする棚卸資産から順次成るものとみなし、そのみなされた棚卸資産の取得価額を、その取得価額とする方法をいう。

ここでは、期末棚卸資産の評価について規定しているが、結果として、以下の算式から売上原価が計算されることになる。

期首棚卸資産＋当期仕入高－期末棚卸資産＝売上原価

しかし、先入先出法においては、払い出しごとに売上原価が計算される仕組みになっている。ともかく、この先入先出法は、商品等の流れに即した現実的な評価方法である。つまり、先に取得したものから払い出すということになっているからである。

④　総平均法

棚卸資産を、その種類の異なるごとに区別し、その種類等の同じものについて、当該事業年度開始の時において有していた種類等を同じくする棚卸資産の取得価額の総額と当該事業年度において取得をした種類等を同じくする棚卸資産の取得価額の総額との合計額を、これらの棚卸資産の総数量で除して計算した価額を、その1単位当たりの取得価額とする方法をいう。

この総平均法においては、種類等の同じものについて、期首日の保有在高と期中の取得について、幾つかの価格の相違するものがあったとしても、最終的には、総取得価額（期首在高を含む）を総取得数量（期首在高を含む）で除して計算した1単位当たりの取得価額を計算する。そして、この1単位当たりの取得価額を期末保有数量に積算して期末棚卸資産評価額とする方法である。したがって、期中の払出単価と期末の評価単価は同一の金額となる。本条（施行令）では、明記されていないが、この総平均法には、単純平均法と加重総平均法とがある。前者は、種類の異なるごとに、数量に関係なく、年間の取引の中での価格の異なるものを単純に合計して、その金額を価格の異なる数（合計に加えた価格の種類の数）で除して、１単位当たりの取得価額とする計算方法であり、簡便な方法として採用されている。また、後者がここで説明している総平均法である。なお、この単純平均法は、平成21年度の税制改正で廃止された。

不動産会社等において、たとえば、マンション販売などを業としている事業において、採用している棚卸資産に適用している評価方法として総平均法としている事例があるが、その計算方法が不明確である。建物面積を分母としているとしても、「収益との対応関係」もしくは「原価（建設費用）配分の合理性」を説明することができないからである。

⑤　移動平均法

棚卸資産を、その種類等の異なるごとに区分し、種類等の同じものについて、当初の１単位当たりの取得価額について、再び種類等を同じくする棚卸資産を取得した場合に、その取得した時に有する棚卸資産と新たに取得をした資産との数量および取得価額を基礎として算出した平均単価によって改定（計算）されたものとみなす計算方法である。そして、それ以後、種類等を同じくする棚卸資産を取得した都度同様の方法により１単位当たりの取得価額を改定していくことにし、事業年度終了の時において、最も近い時点で改定された１単位当たりの取得価額を当該棚卸資産の１単位当たりの取得価額とする方法をいうとされている。ここでは、期末棚卸資産の評価として規定しているが、実際の取り扱いは「払出単価の計算方法」であって、販売した時の売上原価の計算単位、もしくは、原材料については、製造工程に投入された時の原価計算上の原価要素単位となるものである。

本条（施行令）では、明記されていないが、移動平均法には、単純移動平均法と加重移動平均法がある。前者は、数量に関係なく、取得の都度、価格の異なるものについて、単純に合計して、その金額を価格の異なる数で除して、１単位当たりの取得価額とする計算方法であり、後者は、異なる価格の商品等について、次のように計算される。

（価格×数量＋価格×数量）÷全数量＝１単位当たりの取得価額

なお、法人税法基本通達5－2－3（月別総平均法等）では、以下のような定めがある。

> １月ごとに、総平均法又は移動平均法により計算した価額を当該月末における棚卸資産の取得価額とみなし、翌月においてこれを繰越価額として順次計算することにより当該事業年度終了の日における棚卸資産の取得価額を計算する方法は、それぞれ、総平均法又は移動平均法に該当するものとする。

このように、１ヵ月単位で総平均法もしくは移動平均法等を採用した場合においても、この採用した各計算方法は、それぞれの評価方法として容認されることになっている。とくに、製造会社等においては、毎月の原価計算上（月次決算の必要性）、また、日々の異なる取引価格を考慮しない手続の簡素化の要請から、１ヵ月単位で総平均法もしくは移動平均法を採用している。１ヵ月を計算単位とした総平均法もしくは移動平均法は、同一のものとなる。同5－2－4（６月ごと総平均法等）においては、６ヵ月を計算単位とした総平均法、単純平均法もしくは売価還元法も容認されている。ただし、６ヵ月を計算単位とした移動平均法は移動平均法に該当しないものとされている。

有価証券の評価方法としては、総平均法もしくは移動平均法のみが認められているが、このような１ヵ月もしくは６ヵ月を計算単位とした計算方法は、通達5－2－3もしくは同5－2－3の２に該当するものがないので、容認されていないということになる。施行令第119条の７によれば、法定の評価方法は移動平均法である。

⑥　最終仕入原価法

棚卸資産をその種類等の異なるごとに区分し、その種類等の同じものについて、当該事業年度終了の時から最も近い時において取得した商品等の１単位当たりの取得価額を、その１単位当たりの取得価額とする方法をいう。施行令第31条によれば、この計算方法が「法定評価方法」

とされている。

棚卸資産について、詳細な受払い記録を行うことが煩雑な事業等について、この方法は利便性が高い。期末近くに取得（仕入）した商品等について、複数の価格があったとしても、種類等が同一の商品等に対しては、最後に仕入れた商品等の価格をもって、期末棚卸資産の取得価額とする評価方法である。たとえば、スーパー・マーケット（チェーン・ストア）などで扱っている生鮮三品（鮮魚、精肉、青果）は、原則として、今日仕入れたものは今日中に売ってしまう取扱商品（実際には、明日の商品を保有している。）である。したがって、期末日に在庫としている商品は、最後に仕入れた商品という考え方に合理性がある。

⑦　売価還元法

期末棚卸資産を、その種類等または通常の差益の率の異なるごとに区分し、その種類等または通常の差益の率の同じものについて、当該事業年度終了の時における種類等または通常の差益の率を同じくする棚卸資産の通常の販売価額の総額に原価の率を乗じて計算した金額をその取得価額とする方法をいう。

「差益の率」は、棚卸資産の通常の販売価額のうちに当該通常の販売価額から当該棚卸資産を取得するために通常要する価額を控除した金額の占める割合であり、「原価の率」は、当該通常の販売価額の総額と当該事業年度において販売した当該棚卸資産の対価の総額との合計額のうちに、当該事業年度開始の時における当該棚卸資産の取得価額の総額と当該事業年度において取得をした当該棚卸資産の取得価額の総額との合計額の占める割合である。

⑦　後入先出法

全体的な会計基準（国際会計基準の動向等）の見直しが行われ、一般に公正妥当と認められる会計方法から取り除かれたことによって、後入先出法は、現在、施行令から削除された。従前の施行令には、以下のように定められていた。

期末棚卸資産を、その種類等の異なるごとに区別し、その種類等の同じものについて、まず、事業年度の前期末日における種類等を同じくする棚卸資産から成り、次に、当該事業年度開始後その開始の時に最も近い時において取得をした種類等を同じくする棚卸資産から順次成るものとみなし、そのみなされた棚卸資産の取得価額をその取得価額とする方法をいう。なお、当該期末棚卸資産の在高数量が、前期末日の在高数量より少ない場合、その在高数量は、その時から最も遠い時において取得をしたものから構成されているとみなすことになる。

この後入先出法は、強いインフレーションになっている時勢において、有効な棚卸資産の評価方法とされている。売上高に対応する売上原価を売上時点もしくはそれに近い時点の取得原価とする方法である。つまり、売上高と原価原価を現在価額（その近似値）で対応させるものである。

損益計算（費用回収「補償」計算）を重視する場合、売上高（現在価格）に対応される売上原価（現在仕入価額）として理論的合理性がある。ただし、時価会計の時代においてはインフレーションの影響を受け含み益が発生するため容認されない方法とされたのである。従来の当期業績計算重視思考（収益費用法「損益法」）において採用されていたものであるが、最近の会計思考は貸借対照表項目重視思考（資産負債法「財産法」に移行していくことによって、棚卸資産の現在価格を表示していないことから廃止された。「棚卸資産の評価に関する会計基準」（改定企業会計基準第９号）では、国際会計基準第２号で「棚卸資産の評価方法として後入先出法は認められていない。」ことを考慮し、会計基準のコンバージェンスの加速化に向けた取り組みへの合意（東京合意）から廃止された。平成21年度の税制改正で、税法においても廃止された。改定会計基準は、平成22年４月１日以後開始する事業年度からの適用となっている。

≪関連用語≫　棚卸資産（意義）、棚卸資産の評価基準、棚卸資産の取得価額、強制低価法、売価還元法

4-6　棚卸資産の取得価額

法人税法施行令第32条において「棚卸資産の取得価額」が、定められている。そこでは、同施行令第28条第１項（棚卸資産の評価の方法）または第28条の２第１項（棚卸資産の特別な評価の方法）の規定による棚卸資産の評価額の計算の基礎となる「棚卸資産の取得価額」は、別段の定めがあるものを除き、次の各号に掲げる資産の区分に応じ当該各号に定める金額とするものとされている。

① 購入した棚卸資産

次に掲げる金額の合計額。ただし、法第61条の５第２項が定めているデリバティブ取引による金銭以外の資産を取得した場合の規定の適用があるものについては、この規定から除かれている。

イ　当該資産の購入の代価（引取運賃、荷役費、運送保険料、購入手数料、関税、その他当該資産の購入のために要した費用。）

ロ　当該資産を消費し、または販売の用に供するために直接要した費用

② 自己の製造、採掘、採取、栽培、養殖その他これらに準ずる行為（以下「製造等」という。）に係る棚卸資産

次に掲げる金額の合計額。

イ　当該資産の製造等のために要した原材料費、労務費および経費

ロ　当該資産を消費し、または販売の用に供するために直接要した費用

③ 前２号に規定する方法以外の方法により取得した棚卸資産

次に掲げる金額の合計額。

イ　その取得の時における当該資産の取得のために通常要する価額

ロ　当該資産を消費し、または販売の用に供するために直接要した費用

なお、内国法人が、上記の②に掲げる棚卸資産につき算定した製造等の原価の額が同号イおよびロに掲げる金額の合計額と異なる場合において、その原価の額が適正な原価計算に基づいて算定されているときは、その原価の額に相当する金額をもって当該資産の同号の規定による取得価額とみなすことができることになっている。

≪関連用語≫　棚卸資産の評価基準、棚卸資産の評価方法

4-7　棚卸資産の売上原価の計算

法人税法第29条は「棚卸資産の売上原価等の計算」と「評価方法」を、以下に示したように規定している。

> 法人税法第29条（たな卸資産の売上原価等の計算及びその評価の方法）
> 第１項　内国法人のたな卸資産につき第22条第３項（各事業年度の損金の額に算入する金額）の規定により各事業年度の所得の金額の計算上当該事業年度の損金の額に算入する金額を算定する場合におけるその算定の基礎となる当該事業年度終了の時において有するたな卸資産の価額は、その内国法人がたな卸資産について選定した評価の方法により評価した金額（評価の方法を選定しなかった場合又は選定した評価の方法により評価しなかった場合には、評価の方法のうち政令で定める方法により評価した金額。）とする。

ここにいう「たな卸資産について選定した評価の方法により評価した金額」が、「棚卸資産の評価方法」で触れた内容である。

ところで、企業会計基準第９号「棚卸資産の評価に関する会計基準」の会計処理では「通常の販売目的で保有する棚卸資産は、取得価額をもって貸借対照表価額とし、期末における正味売却価額が取得価額よりも下落している場合には、当該正味売却価額をもって貸借対照表価額とする。」としている。これが新基準としての「強制低価法」である。ところで、同基準15は「トレーディング目的で保有する棚卸資産については、市場価額に基づく価額をもって貸借対照表価額とし、帳簿価額との差額（評価差額）は、当期の損益として処理する。」としているようにトレーディング目的の資産を棚卸資産に含めている。しかし、法人税法上では、同法第61条に「短期売買商品の譲渡損益及び時価評価損益の益金又は損金算入」として棚卸資産とは別の定めをしている。要するに「法人税法上の棚卸資産」には含めず、別に設けているということである。

《関連用語》　棚卸資産の評価基準、棚卸資産の評価方法、強制低価法

4-8　強制低価法

企業会計基準第９号「棚卸資産の評価に関する会計基準」（以下、本項においては「新会計基準」という）は、その「目的」で「本会計基準は、棚卸資産の期末における評価基準及び開示について定めることを目的としている。」としている。ここで重要な点は「棚卸資産の期末における評価」であり、「棚卸資産が期末に存在していること」が、当然の前提になっている。なお、上記「公表」の「開示⑴損益計算書の表示」では、「本会計基準では、これまでの会計基準等に基づく品質低下や陳腐化による評価損と低価法評価損を会計処理上は相違のないものとして扱い、収益性の低下による簿価切下額は売上原価（中略）として処理する。」ものとしている。

この新会計基準の重要な点は、以下の性格の異なる２つのものをひとつのものとして処理することにした点にある。

①　これまでの会計基準等　品質低下や陳腐化による評価損

品質低下や陳腐化による評価損は、傷物やシーズン遅れなど、物質的劣化もしくは機能的劣化を原因とするものであり、従来の取得原価主義会計の基においても、当然のこととして処理してきたものである。重要な点は、認識した時点で評価することであるが、原則としては「実地棚卸をした時点」である。ここでも、その根底に「棚卸資産を評価する時点に対象とするものが存在していること」が前提になっている。

②　新しい会計基準　　　　低価法を適用した評価損

低価法評価損は、低価法（従来の原価基準に対する低価基準）の強制的適用という新しい会計制度による評価損である。「新会計基準39」においては、「これまでは（中略）品質低下・陳腐化評価損と低価法評価損の間には、その取扱いに明確な差異がみられた。（中略）収益性が低下しているという点からみれば、会計処理上、それぞれの区分を設ける意義は乏しい」としているが、その理由として「実務上、必ずしも明確に区分できない」からであり、その結果「収益性の低下の観点からは相違がないものとして取り扱う」こととしている。

同基準37では「棚卸資産の場合には、固定資産のように使用を通じて、また、債権のように契約を通じて投下資金の回収を図ることは想定されておらず、通常、販売によってのみ資金の回収を図る点に特徴がある。このような投資の回収形態の特徴を踏まえると、評価時点における資金回収額を示す棚卸資産の正味売却価額が、その帳簿価額を下回っているときには、収益性が低下していると考え、帳簿価額の切下げを行うことが適当である。」としている。これは「任意規定」ではなく「原則規定」である。

ただし、施行令第28条に規定している「低価法」は、「いずれか低い価額をもって評価額とする方法」であるということに留めているにすぎない。したがって、法人税上、原価法と低価法は「選択適用」となっている。

「新会計基準39」が対象としている範囲は、記載上の文言を読む限り、あくまでも「①品質低下や陳腐化による評価損と②低価法を適応した評価損」である。ここには「廃棄等による事例」は記載されていないので、「廃棄損失」を含むものとは理解できない。ここにおいて、重要な点は「期末において評価すべき対象としての棚卸資産が存在していない」点にある。なお、会計処理は期末日に行うものではなく、廃棄等「宣伝広告等のため譲渡したものを含む」とした時点で、その内容に応じて、会計処理をする必要があるということである。この廃棄には、品質としては劣化していないが、新製品の拡販のための廃棄（流通経路からの排除「交代」）などがある。

新会計基準は、市場の動向を反映したものであるが、「廃棄損失」は経営者の意思決定に基づくもので、その本質は異なっている。ただし、廃棄すべき棚卸資産が期末に存在しているならば、評価損の対象になる。また、廃棄すべき商品・製品は販売目的外、原料・材料は生産利用目的外となるので、評価損計上後は棚卸資産に該当しないことになる。したがって、処分価値があれば、その価格で他の科目で表示することになる。なお、経常的に発生する「廃棄損失」は営業外費用というよりも、むしろ原価性があるという見解が強く、売上原価もしくは製造原価で処理することのほうが妥当と判断される場合がある。

≪関連用語≫　棚卸資産の評価方法、棚卸資産の取得価額、棚卸資産の売上原価の計算、切放方式（切放し法）と洗替方式（洗替え法）

4-9　切放方式（切放し法）と洗替方式（洗替え法）

棚卸資産の評価方法として「低価法」を採用した場合に、簿価を切り下げた後の価額を改定取得価額として翌期以降の事業年度の売上原価を計算する方式（切放し法）と簿価を切り下げる前の価額（取得価額）を基にして翌期以降の事業年度の売上原価を計算する方式（洗替え法）とがある。後者では、前事業年度で評価損を計上した金額を「評価額戻入益」として受け入れることになる。法人税法上、その適用については施行令第28条第２項に定めがあり、切放し法を「原則的方式」としている。なお、そこでは継続適用を求めてはいない。なお、平成23年度税制改正大綱では「切放し低価法」を廃止し、「洗替え低価法」のみにすることにしている。

前項（4－8）で触れた企業会計基準第９号「新会計基準」(56) では、「切放し法」と「洗替え法」について、以下のように扱っている。

①　切放し法（57）

収益性の低下に基づき帳簿価額を切り下げ、いったん費用処理した金額を正味売却価額が回復したからといって戻し入れることは、適切ではないという考え方がある。しかし、直接的に帳簿価額を切り下げる場合には、切放し法に整合性がある。

②　洗替え法（56）

棚卸資産における収益性の低下は、期末における正味売却価額が帳簿価額を下回っているかどうかによって判断するため、簿価切下額の戻し入れを行う洗替え法のほうが、切放し法に比して、正味売却価額の回復という事実を反映するため、整合性があるという考え方があるとしている。

新会計基準では、洗替え法と切放し法のいずれが実務上簡便であるかは企業により異なるため、「洗替え法と切放し法のいずれによることもできる」とし、また、「いったん採用した方法については、継続して適用しなければならない。」としている。その理由として、いずれを採用したとしても「結果は大きく異ならない」からであるということからきている。

≪関連用語≫　棚卸資産の評価方法、棚卸資産の取得価額、棚卸資産の売上原価の計算、強制低価法

4−10　短期売買商品の譲渡損益

前々項（4－8）で触れた企業会計基準第９号「新会計基準」（60・61）では、「トレーディング目的で保有する棚卸資産の評価基準」について、単に市場価格の変動により利益を得るトレーディング目的で保有する棚卸資産については、「市場価格に基づく価額をもって貸借対照表価額」とする。その場合、購買市場と販売市場とが区別されていない単一の市場の存在を前提としており、市場価格の変動による「評価差額は当期の損益」として処理する。このトレーディング目的で保有する棚卸資産に係る会計処理は、売買目的有価証券の会計処理と同様であるため、その具体的な適用は、金融商品基準に準ずることとしている。

新会計基準が棚卸資産の範囲中で扱っている「トレーディング目的で保有する資産」は、法人税法上は棚卸資産とは別枠で規定している。同法第61条は「短期売買商品の譲渡損益」の取り扱いについて、「短期売買商品の譲渡損益及び時価評価損益の益金又は損金算入」として、規定している。

同条第１項　内国法人が、短期売買商品の譲渡をした場合には、その譲渡に係る譲渡利益額または譲渡損失額は、その譲渡に係る契約をした日の属する事業年度の所得の金額の計算上、益金の額または損金の額に算入する。

（注）１　短期売買商品とは、短期的な価格の変動を利用して利益を得る目的で取得した資産として政令で定めるもの（有価証券を除く）をいう。

２　譲渡利益額は、以下の①が②の金額を超える部分の金額である。

①　短期売買商品の譲渡に係る対価の額

②　短期売買商品の譲渡に係る原価の額

３　譲渡損失額は、上記の②が①の金額を超える部分の金額である。

４　上記の１にいう「価格の変動を利用目的で取得した資産として政令で定めるもの」とは、施行令第118条の４（短期売買商品の範囲）において、金、銀、白金その他の資産のうち、市場における短期的な価格の変動または市場間の価格差を利用して利益を得る目的で行う取引にもっぱら従事する者が、短期売買目的で取得したことを帳簿書類に記載した資産が該当することになっている。

同条第２項　内国法人が、事業年度終了の時において有する短期売買商品については、時価法により評価した金額（時価評価金額）をもって、その時における評価額とする。

（注）１　時価法とは、事業年度終了の時において有する短期売買商品の種類等の異なるごとに区別し、その種類等の同じものについて、その時における価額として政令で定めるところにより計算した金額をもって、当該短期売買商品のその時における評価額とする方法をいう。

２　上記の「政令で定めるところにより計算した金額」とは、施行令第118条の７（短期売買商品の時価評価金額）において、事業年度終了の時において有する短期売買商品を、その種類等の異なるごとに区分し、当該短期売買商品ごとに、次に掲げるいずれかの価格に、当該短期売買商品の数量を乗じて計算した金額である。

①　価格公表者（売買の価格等を継続的に公表し、かつ、その価格が売買する商品の価格に重要な影響を与える場合）によって、公表された事業年度末日の短期売買商品の最終の売買価格

②　価格公表者によって公表される短期売買商品またはその類似する商品の最終価格に必要な調整をして計算された価格

法人税法上「資産の評価損益については益金・損金不算入制度」があるが、短期売買商品については、以下のように時価評価主義を採用している。

同条第３項　内国法人が、事業年度終了の時において、短期売買商品を有する場合には、当該短期売買商品に係る評価益または評価損は、当該事業年度の所得の金額の計算上、益金の額または損金の額に算入する。

短期売買商品の収益認識の基準は、基本通達２－１－21の２（短期売買商品の譲渡による損益の計上時期の特例）において「短期売買商品の譲渡損益の額は、原則として、譲渡に係る契約の成立した日に計上しなければならない。」が、例外として「法人が当該譲渡損益の額を、その短期売買商品の引渡しのあった日に計上している場合には、これを認める。」こととされている。

≪関連用語≫　棚卸資産の評価方法、棚卸資産の取得価額、棚卸資産の売上原価の計算

4-11　売価還元法

(1)　売価還元法の意義

棚卸資産の評価方法としての「売価還元法」は、原則的方法としての「取引記録法」に対して例外的方法ということができる。原則的な棚卸資産の評価もしく売上原価の計算は、その種類、形態、品質もしくは寸法等その相違によって区分し、その異なる区分ごとに「継続的な受払記録」をとっておき、それによって払出単価（売上原価）を算定することになっている。ところが、百貨店、チェーンストア等においては、取扱品目が多種多様で、商品一つひとつにつき、取引ごとに受払記録を継続して保持していくことは、事実上、不可能な経営形態となっている。

会計上「管理されている」ということは、品質、形態、機能等につき正常な状況に維持されているということ、いつでも正常な価格で販売できる状態で保存されているということは、もとより、それが継続的な記録をもってどこに、いくつ保有（在庫）されているかということについて、容易に把握できるようになっていることを意味する。しかも、この記録が存在するということは、「保管と記録」に携わる担当者の責任を明確にするものである。

棚卸方法に帳簿棚卸法（継続記録法）と実地棚卸法とがあるが、これは減価償却の方法である定額法、定率法と異なり決して並列して存在しているというものではなく、現代の会計においては「帳簿棚卸法」が基本的方法なのである。財貨の個々の動きについての受払に関する帳簿記録がない、もしくは、あっても必ずしも正確に記録することが困難な業種業態がある場合に実地棚卸法が、現実的で、かつ重要な手続となる。

棚卸資産に関しては、貸借対照表計上額（期末繰越高）と損益計算書計上額（売上原価）というふたつの金額が求められなければならないのであるが、売価還元法においては、まず、前者が確認され、その結果として後者が算定されることになる。したがって、売上原価のなかに減耗損失が含まれ、ときとして原価性のないもの（盗難等）が含まれてくる危険性を含んでいる。売価還元法は、棚卸資産の評価に際して、日頃は売価で管理しておき、期末において、値入率により期末在庫をして仕入価格に引き戻す棚卸資産の評価方法（期末在高の確認）をいう。

(2) 連続意見書における売価還元法の計算方式

「企業会計原則と関係諸法令との調整に関する連続意見書」の「第４棚卸資産の評価について」（以下、連続意見書No. 4という）では、売価還元法は次のように説明されている。

取扱品種のきわめて多い小売業および卸売業における棚卸資産の評価には、売価還元法（小売棚卸法又は売価棚卸法ともいう。）の適用が認められている。売価還元法は、一品目ごとの単位原価をもって棚卸資産を評価することが困難なこの種の企業において、棚卸資産のグループごとにその売価合計額から取得原価の合計額を概算する方法である。

すなわち売価還元法にあっては、商品の自然的分類（形状、性質、等級等の相違による分類）に基づく品種の差異をある程度無視し、異なる品目を値入率、回転率の類似性にしたがって適当なグループにまとめ、１グループに属する期末商品の売価合計額に原価率を適用して求めた原価額を期末商品の貸借対照表価額とする（当該商品グループの期首繰越原価と当期受入原価総額の合計からこの期末商品原価を差し引くことによって当期の費用に配分される商品原価すなわち売上原価を求めるものである。）。

原価率の計算は次の算式による。

$$\text{原価率} = \frac{\text{期首繰越商品原価} + \text{当期受入原価総額}}{\begin{matrix}\text{期首繰越商}\\\text{品小売価額}\end{matrix} + \begin{matrix}\text{当期受入}\\\text{原価総額}\end{matrix} + \begin{matrix}\text{原　始}\\\text{値入額}\end{matrix} + \text{値上額} - \begin{matrix}\text{値　上}\\\text{取消額}\end{matrix} - \text{値下額} + \begin{matrix}\text{値　下}\\\text{取消額}\end{matrix}}$$

連続意見書No. 4によれば、この原価率を適用する売価還元法によれば、期末商品の総平均原価に相当する評価額が求められるので、これを「売価還元平均原価法」と名づけ、「取得原価基準に属する評価方法とする」ということである。

これをわかりやすい計算式にすると以下のようになる。

$$\text{原価率} = \frac{\text{期首商品繰越高} + \text{当期商品仕入高}}{\text{期首商品売価} + \text{当期商品仕入売価} + \text{値上} - \text{値下}}$$

売価還元法の基本は「期末商品売価の把握」であり、その把握の方法が実地棚卸法なのである。実地棚卸によって、企業が貸借対照表日に保有するすべての商品を売価で棚卸する。その合計額が期末商品売価である。このグループ別に把握された期末商品売価に当該グループごとの原価率を乗じて期末商品原価を計算する。その差し引き計算によって、「当該事業年度の売上原価」が計算されることになる。多くの大規模小売業においては、仕入価格は取引契約で決まっており、また、当該事業年度における仕入商品に関する仕入価格と仕入売価は、計画的に実施されているので、検証可能性が問題になることはない。問題（会計記録の信頼性）は「値上と値下並びにその取消」の会計処理がきちんと実施されているかどうかということにある。これを漏れなく的確に行うことが重要なのである。

なお、企業会計基準第９号「新会計基準」の54（売価還元法を採用している場合）では、連続意見書の「売価還元平均原価法」を採用している場合でも、正味売却価額が帳簿価額よりも下落しているときには、当該正味売却価額をもって貸借対照表価額とするものとしている。

⑶　法人税法における売価還元法の計算方式

本書40－5「棚卸資産の評価方法」の⑦売価還元法で触れた施行令（へ）に規定している原価率の計算式は、以下のようになっている。

$$\text{原価率} = \frac{\text{期首日の取得価額総額} + \text{期中の取得価額総額}}{\text{期末日の保有在庫に係る正常の販売価額総額} + \text{期中の販売価額総額}}$$

これをわかりやすい算式にすると以下のようになる。

$$\text{原価率} = \frac{\text{商品期首繰越高} + \text{商品当期仕入高}}{\text{当期売上高} + \text{期末商品売価}}$$

「連続意見書方式」と「税法方式」との差異はふたつある。１つは、前者が「値付替え」を考慮した厳密さを求めているのに対し、後者はこの問題を考慮外において計算の簡便性を求めていることにある。そして２つ目が、前者が売価にあまり気をつかわず正常価格以外のものをも含むものと理解されかねないのに対し、後者は異常性価格のものを排除し、あくまでも、正常な価格のもとにおける原価率を求めている点にある。

原価率区分とは、売価還元法の適用において、原価率を一本とするものではなく、少しでも原価率を適正なものとするために適当な品目グループに分類し、その区分ごとに原価率を算入することをいう。連続意見書No. 4においては、①値入率、②回転率の類似性にしたがって区分するものと例示し、税法においては、③種類、④差益率の類似性によって区分するものと例示している。

原価率区分の基準は2つある。ひとつは理論的基準であり、細分化するほど異分子の混入を避けうるので原価率が適正なものとなる。連続意見書No.4および税法は、原則としては、いずれも1事業年度を1計算の期間単位としている。しかし、衣料品のように季節的商品のことを考えると、半年ごとに区分して原価率を算定したほうが、むしろ合理的と考える。法人税法基本通達5－2－3の2（6月ごと総平均法）によれば「6ヵ月ごとの売価還元法」も税法上、適法な売価還元法と認められている。

(4) 売価還元低価法の意義と計算方法

売価還元法には、売価還元原価法のほかに売価還元低価法がある。これまでに述べてきた計算方法は、連続意見書の「売価還元平均原価法」もしくは税法の「売価還元原価法」である。

連続意見書No.4は（注3）において以下のように説明している。

> 原価率の算式における分母から値下額および値下取消額を除外して原価率を計算し、これを期末商品の小売価額に適用すれば低価基準の評価額が求められる。したがって、この原価率による売価還元法を売価還元低価法とよぶことができる。売価還元法の全体は、取得原価基準に属する評価方法と低価基準に属する評価方法の両者を含むものと解されなければならない。

売価還元低価法は、売価還元原価法に対して低下基準を適用したものとされているが、売価還元低価法のもとでは原価と時価の比較という方法を採らず、特殊な方法で「低価主義的評価」を行うものである。売価還元低価法は、原価率の算式に当たっての分母の計算に値下額および値下取消額を入れないので、売価還元原価法に比して分母が大きくなり、その結果、原価率は小さくなる。そこで期末商品の貸借対照表計上額は小さくなり、低下基準を採用したのと同一の効果をもたらす結果になっている。

企業会計基準第９号「新会計基準」の55（売価還元法を採用している場合）では、値下額および値下取消額を除外した売価還元法の原価率を採用する方法は、収益性の低下に基づく簿価切り下げという考え方と必ずしも整合するものではないが、当該原価率を適用して計算された期末棚卸資産の帳簿価額は「収益性の低下に基づく簿価切下額を反映したものとみなすことができる」としている。したがって、強制低価法そのものではないが、強制低価法を適用したことと同一の結果となるということである。

税法上の取り扱いは、施行令第28条第２項第２号に規定されており、また本書では（4－4）「棚卸資産の評価基準」で触れている。

(5) 小売業・卸売業以外の事業における売価還元法の適用

連続意見書No. 4においても、売価還元法は小売業と卸売業以外の製造業等においても適用し得るものとしている。とくに、多品種製品の生産形態である自動車部品や家庭電器製品、部品生産等の企業形態においては、この売価還元法は適用度が強い棚卸資産の評価方法である。つまり、連産品を作っている生産形態においては「原価配分基準の合理性」とくに等級の設定等の合理性について、原価配分に問題が出てくる。この場合「原価負担能力」の観点から、つまり、資本回収計算という企業会計のメカニズムの側面からみて、「各連産品の売上高を基準とする売価還元法」は、きわめて合理的な会計方法ということができる。

たとえば、不動産事業、とくにマンション等集合住宅の販売事業を例にとってみた場合、建築原価が売上高をもって回収するものであるとすれば、建築原価（広告宣伝費等の販売経費を含む）を売上高比で按分すればよいことになる。「売上高比による原価按分」とは、たとえば、マンション等の場合、戸別の販売価格（パンフレット記載売値）を分母とした、建築原価配分計算のことである。個々の商品の値付（販売価格）は、階層や床面積の相違によって異なってくるが、その場合、数量（床面積等物理的数字）比例ではなく、きわめて政策的な判断をもって決定される。マンションにおいて同じ床面積でも角の部屋や高い階のものから先に売れ、低層階のものが残るということもある。戸建住宅においても面積は広いが、土地区画の関係上法面（傾斜地）の土地評価額等の問題がある物件が売れ残ってしまうことがある。このようなケースにおいては土地や面積を基準に配賦することは収益と費用との対応計算として、合理的であるとは言いがたいのである。

いずれにしても、このような場合において、値付総額（売上高）が、原価配分の共通な分母とすることに合理性がある。内装工事を同一のものとすれば、床面積が同一であっても、南面の物件のほうが、あるいは高層部分のほうが、値付を高くしているのが、業者の販売（値付）政策である。そのようなことを考えると、建築原価の回収計算としては、応能負担の観点から考えても、売価還元法の合理性を保証することができる。

不動産会社が財務諸表に注記している事項として、「総平均法もしくは団地別、工事物件別の総平均法」という記載内容を見ることがあるが、現実的な経済計算方式としては、売価還元法に合理性を見ることができる。

売価還元法は棚卸売価から原価率をもって、間接的に売上原価を算定するものと考えられているが、むしろ、本質としては、収益をもって原価を回収（応能配分による費用補償）する、きわめて「資本主義的経済計算」の合理性をもった会計方法なのである。

(6) 製造業における売価還元法

なお、法人税法基本通達５－２－５は「半製品又は仕掛品についての売価還元法の適用を認めている。売価還元法により評価額を計算する場合には、その種類の著しく異なるものを除き、通常の差益の率がおおむね同じ棚卸資産は、これをその計算上の一区分とすることができるものとする。

この方法（考え方）も、投下資本の回収計算という視点から評価すれば、きわめて合理的な計算方法ということができる。

参考文献

守屋俊晴『企業会計の理論と実践』中央経済社　平成６年11月10日　初版発行
172～185頁

≪関連用語≫　棚卸資産の評価方法、棚卸資産の取得価額、棚卸資産の売上原価の計算

4-12　時価（意義）と計算

企業会計基準第９号「新会計基準」（強制低価法）は、「用語の定義」で、以下のように説明している。

① 時価

公正な評価額で、市場価格に基づく価額

② 正味売却価額

売価（購買市場と売却市場とが区別されている場合における売却市場の時価）から見積追加製造原価および見積販売直接経費を控除した価額

③ 再調達原価

購買市場と売却市場とが区別されている場合における購買市場の時価に、購入に付随する費用を加算した価額

その上で「通常の販売目的で保有する棚卸資産の評価基準」では、原則的評価基準を「正味売却価額」としている。ただし、例外的取り扱いとして「再調達原価」の適用を認め、以下のように定めている。

① 販売目的保有資産（基準７）

通常の販売目的（販売するための製造目的を含む。）で保有する棚卸資産は、取得価額をもって貸借対照表価額とし、期末における正味売却価額が取得価額よりも下落している場合には、当該正味売却価額をもって貸借対照表価額とする。

② 製造目的保有資産（基準10）

製造業における原材料等のように再調達原価のほうが把握しやすく、正味売却価額が当該再調達原価に歩調を合わせて動くと想定される場合には、継続して適用することを条件として、再調達原価（最終仕入原価を含む。）によることができる。

正味売却価額の算定には、以下のように３つの算定方法が考えられている。

① 売却可能価額（市場価格）

上記の「時価」であり、公正な評価額で、市場価格に基づく価額

② 経費控除売却価額（回収可能価格）

上記の「正味売却価額」で、売価から見積販売経費を控除した価額

③　経費＋正常利益控除売却価額

この計算方法は、売却可能価額（市場価格）から必要経費と通常実現可能とされる一定の利益を控除したものであり、かつて税法で認められていた方法であった。この場合の一定の利益（正常利益）は売却可能価額の５％相当額とされていた。しかし、昭和50年代前半期、税務調査において、この計算方法は中小企業に限って認められる方法であるとして、大企業で否認されているケースがあった。その影響か、その後、通達に中小企業に限って認められる方法として明記されることになった。現在、この規定はない。

法人税法の取り扱いは、以下のようにされている。

法人税法基本通達５－２－11（時価）では、棚卸資産について低価法（施行令第28条）を適用する場合における「当該事業年度終了の時における価額」とは、当該事業年度終了の時において、その棚卸資産を売却するものとした場合に通常付される価額をいうものとされている。ただし、注記で、棚卸資産の期末時価の算定に当たっては、通常、商品または製品として売却するとした場合の売却可能価額から見積追加製造原価（未完成品に限る）および見積販売直接経費を控除した正味売却価額に留意するものとされている。このように、会計基準がいろいろ改変されていく中で、税法の取り扱いにおいても、企業会計基準第９号「新会計基準」（強制低価法）との整合性を図っている。

なお、同通達５－２－９（低価法における低価の事実の判定の単位）において、低価法における低価の事実の判定は、棚卸資産の種類等の同じものについて行うべきであるが、法人が事業の種類ごとに、かつ、施行令第29条（棚卸資産の評価方法の選定単位）に規定する棚卸資産の区分ごとに一括して計算している場合であっても認められる。ただし、施行令第28条第２項（切放し低価法）の規定を適用している棚卸資産については、一括して計算することはできない。

≪関連用語≫　棚卸資産の評価方法、棚卸資産の取得価額、棚卸資産の売上原価の計算、強制低価法

4-13　法定評価方法

法人税法施行令第29条は「棚卸資産の評価の方法の選定」を定めており、同施行令第28条第１項（棚卸資産の評価の方法）に規定する棚卸資産の評価の方法は「内国法人の行う事業の種類ごとに、かつ、商品または製品、半製品、仕掛品、主要原材料および補助原材料その他の棚卸資産の区分ごとに選定しなければならない。」とされている。また、この選定した棚卸資産の評価方法は、確定申告書の提出期限の日までに書面により、所轄税務署長に提出しなければならない。ただし、以下の法人に関しては、当該日の属する事業年度の確定申告書の提出期限までに提出することを要する。

①	新たに設立した内国法人	設立の日
②	新たに収益事業を開始した公益法人等	新たに収益事業を開始した日
③	非公益法人等の普通法人・協同組合等	普通法人・協同組合等に該当することになった日

同施行令第30条（棚卸資産の評価の方法の変更手続）によると、内国法人が選定した棚卸資産の評価の方法を変更しようとするときは、その新たな棚卸資産の評価の方法を採用しようとする事業年度開始の前日（前期末日）までに、その旨、変更しようとする理由、その他財務省令で定める事項を記載した申請書を納税地の所轄税務署長に提出しなければならない。この変更の申請書が提出された申請該当事業年度の終了の日（中間申告書を提出する場合には、当該事業年度開始の日以後６ヵ月を経過した日）までに、その申請につき承認もしくは却下の処分がなかったときは、その日において承認があったものとみなされる。

なお、同施行令第31条に「棚卸資産の法定評価方法」に関する規定が設けられている。法人税法第29条（棚卸資産の売上原価等の計算及びその評価の方法）のなかで、規定している①評価の方法を選定しなかった場合、または②選定した評価の方法により評価しなかった場合には、同施行令第31条第１項により「最終仕入原価法」をもって行うものとされている。この定めに従う棚卸資産の評価の方法が「法定評価方法」である。

≪関連用語≫　棚卸資産の評価基準、棚卸資産の評価方法、強制低価法

「棚卸資産の評価方法の届出書」の記載要領は、以下のようになっている。

棚卸資産の評価方法の届出書

※整理番号	
※連結グループ整理番号	

税務署受付印

平成　年　月　日

税務署長殿

提出法人			
□単体法人 □連結親法人	(フリガナ) 法人名等		
	納税地	〒 電話(　　)　　－	
	(フリガナ) 代表者氏名		㊞
	代表者住所	〒	
	事業種目		業

連結子法人（届出の対象が連結子法人である場合に限り記載）			※税務署処理欄		
	(フリガナ) 法人名等			整理番号	
	本店又は主たる事務所の所在地	〒　（　局　署） 電話（　　）　　－		部門	
	(フリガナ) 代表者氏名			決算期	
	代表者住所	〒		業種番号	
	事業種目	業		整理簿	
				回付先	□ 親署 ⇒ 子署 □ 子署 ⇒ 調査課

棚卸資産の評価方法を下記のとおり届け出ます。

記

事業の種類（又は事業所別）	資産の区分	評価方法
	商品又は製品	
	半製品	
	仕掛品（半成工事）	
	主要原材料	
	補助原材料 その他の棚卸資産	

参考事項	
	1　新設法人等の場合には、設立等年月日　平成　年　月　日 2　新たに他の種類の事業を開始した場合又は事業の種類を変更した場合には、開始又は変更の年月日　平成　年　月　日 3　その他

税理士署名押印	㊞

（規格A4）

※税務署処理欄	部門		決算期		業種番号		整理簿		備考		通信日付印	年　月　日	確認印	

20．06改正　　　　(法1305)

棚卸資産の評価方法の届出書の記載要領等

1　この届出書は、単体法人（連結申告法人を除く法人をいいます。）又は連結親法人が、棚卸資産の評価方法を選定して届け出るときに使用するもので、次の区分に応じてそれぞれの提出期限までに提出してください。

区　　分	提　出　期　限
普通法人を設立した場合	設立第1期の確定申告書の提出期限（合併により設立された法人が法人税法第72条に規定する仮決算をした場合の中間申告書を提出するときは、その中間申告書の提出期限）
公益法人等及び人格のない社団等が新たに収益事業を開始した場合	新たに収益事業を開始した日の属する事業年度の確定申告書の提出期限
設立後（又は収益事業開始後）新たに他の種類の事業（又は収益事業）を開始し、あるいは事業（又は収益事業）の種類を変更した場合	他の種類の事業（又は収益事業）を開始し、あるいは事業（又は収益事業）の種類を変更した日の属する事業年度の確定申告書の提出期限（普通法人が法人税法第72条に規定する仮決算をした場合の中間申告書を提出するときは、その中間申告書の提出期限）

(注) 連結親法人については、法人税法施行令第155条の6の規定によって提出してください。また、外国法人については、法人税法施行令第188条第3項の規定によって提出してください。

2　この届出書は、納税地の所轄税務署長に1通（調査課所管法人にあっては2通）提出してください。

3　棚卸資産の評価方法の選定は、事業の種類ごとに、かつ、資産の区分ごとに行うことになっていますから、その区分ごとに評価方法を定めて明確に記載しますが、事業の種類ごとのほか事業所別に、又は資産の区分をさらに細分して異なる評価方法を選定することができます。

4　各欄は、次により記載します。

(1) 「提出法人」欄には、該当する□にレ印を付すとともに、当該提出法人の「法人名等」、「納税地」、「代表者氏名」、「代表者住所」及び「事業種目」を記載してください。

(2) 「連結子法人」欄には、当該子法人の「法人名等」、「本店又は主たる事務所の所在地」、「代表者氏名」、「代表者住所」及び「事業種目」を記載してください。

(3) 「事業の種類(又は事業所別)」欄には、実際に行っている事業の内容を種類別に記載しますが、事業所別に選定しようとする場合には、その事業所名を記載してください。

(4) 「資産の区分」の空白欄には、事業を2以上営んでいる場合又は事業所別に選定しようとする場合に、棚卸資産を次の区分によって記載してください。

イ　商品又は製品（副産物及び作業くずを除きます。）
ロ　半　製　品
ハ　仕　掛　品（半成工事を含みます。）
ニ　主要原材料
ホ　補助原材料その他の棚卸資産

(注) 副産物及び作業くずは、その他の棚卸資産の中に含まれます。

(5) 「評価方法」欄には、次に掲げる評価方法のうち採用しようとする評価方法を記載してください。なお、個別法による原価法(当該原価法により評価した価額を基礎とする低価法を含みます。）は、通常一の取引によって大量に取得され、かつ、規格に応じて価額が定められている棚卸資産については、選定できないことになっていますから注意してください。

イ　原　価　法
(イ) 個別法による原価法
(ロ) 先入先出法による原価法
(ハ) 後入先出法による原価法
(ニ) 総平均法による原価法
(ホ) 移動平均法による原価法
(ヘ) 単純平均法による原価法
(ト) 最終仕入原価法による原価法
(チ) 売価還元法による原価法

ロ　低　価　法
(イ) 個別法による原価法に基づく低価法
(ロ) 先入先出法による原価法に基づく低価法
(ハ) 後入先出法による原価法に基づく低価法
(ニ) 総平均法による原価法に基づく低価法
(ホ) 移動平均法による原価法に基づく低価法
(ヘ) 単純平均法による原価法に基づく低価法
(ト) 最終仕入原価法による原価法に基づく低価法
(チ) 売価還元法による原価法に基づく低価法

(注) (5)に掲げる法定の評価方法によらないで、特別な評価方法により行おうとする場合には、その評価方法についてあらかじめ税務署長の承認を受ける必要がありますので、その場合には「棚卸資産の特別な評価方法の承認申請書」を作成し、所轄税務署長に提出してください。

(6) 「税理士署名押印」欄は、この届出書を税理士及び税理士法人が作成した場合に、その税理士等が署名押印してください。

(7) 「※」欄は、記載しないでください。

5　留意事項

○　法人課税信託の名称の併記

法人税法第2条第29号の2に規定する法人課税信託の受託者がその法人課税信託について、国税に関する法律に基づき税務署長等に申請書等を提出する場合には、申請書等の「法人名等」の欄には、受託者の法人名又は氏名のほか、その法人課税信託の名称を併せて記載してください。

4-14　収益の認識

企業会計原則・損益計算書原則（売上高等の計上基準）すなわち「収益の認識」について「売上高は、実現主義の原則に従い、商品等の販売又は役務の給付によって実現したものにかぎる。」と記載している。ここにいう実現主義は、むしろ「実現基準」であり、また「実現」とは、財貨もしくは役務の対価として、現金もしくは現金同等物（受取手形・売掛金等）を受け取ることをいう。通常、その具体的な形態が「販売行為」であるため、実現基準は販売基準（引渡基準）として適用されている。

発生主義会計は「経済事象の発生」という事実の確認に基礎を置いている。企業利益は企業の経済活動の全体的な過程において育成（発生）されていくものであるが、発生主義会計においては、①確実性の観点から、並びに②実践適合性の欠如から、そして③数値把握の客観性の観点から、実現基準が採用されている。発生主義会計における収益の認識としての「発生基準」に一定の歯止めをかけているものである。発生主義会計において、収益認識の基準として発生基準が認められているのは、上記の３点が充足されている場合である。たとえば、金融事業における利子収入や不動産事業における賃貸料収入などである。

実践適合性並びに客観性の確保から、収益認識の基準として実現基準（引渡基準）が採られている。この実現基準は以下のように区分される。

①　（狭義）引渡基準

これは物品（無形の財産を含む、たとえば、ソフト産業におけるその利用権の引渡、以下同様）を引き渡したときに収益が実現（売上高の計上）したものとみなす基準である。電車等の乗車券、飛行機の搭乗券、映画等の入場券は、当該券を引き渡ししたときではなく、当該券が有している権利（役務の収受）が行使されたときである。

不動産、とくに土地のように引き渡しの事実が明確でないものについては、法的には取引は「両者の合意」によって成立するとしても、経済的には「使用収益の権利」が移転したときとされている。登記は、あくまでも第三者対抗要件であるにすぎない。ただし、税法では、取引認識の明確化のため以下のように「特別の取扱」を設けている。

(a) 代金の相当部分（おおむね50％）を収受するに至った日

(b) 所有権移転登記の申請（その登記の申請に必要な書類の相手方への交付を含む）をした日

② 出荷基準

これは物品、とくに製造会社などおいて生産物を工場から出荷時点で収益が実現（売上高の計上）したものとみなす基準である。しかし、最近の「会計基準の見直し」によって、この基準を認めない方向で検討されている。原則的基準は納入基準（到達基準）となる。

ただし、取引の形態は多様であり、それぞれの取引において、最も妥当性もしくは合理性がある基準を採用すべきであると考える。物品の異動が伴わないなかで、取引が行われている事例がある。たとえば、倉庫会社に預託している物品について、倉荷証券の譲渡・譲受によって物品の移動（取引の成立・所有権の移動）が行われている。この取引は引渡基準に相当するものと考える。輸出品については、船舶会社等（航空貨物を含む）に引き渡しを行った時点（船積）で、船荷証券が発行され、この船荷証券の譲渡・譲受によって物品の移動が行われている。

③ 納入基準（到達基準）

これは、買い手の指定する場所に、売り手が物品を納入した時点で、収益が実現（売上高の計上）したものとみなす基準である。最近の「会計基準の見直し」によって、この基準を原則的基準（到達基準）とすることにしている。この基準は、出荷基準よりも収益認識の時点が遅くなる意味で、保守主義（堅実性）の原則とも合致することになる。

それよりも、「会計基準の見直し」は納入基準（到達基準）だけでなく、より重要な影響を百貨店業界の慣習的収益認識基準に与えることになった。それは「消化仕入取引」である。たとえば、飛騨等の高級家具、緞帳（どんちょう）などは店内に展示してあっても、仕入れたものではない。購入者との契約が成立したときに初めて売上高と仕入高を同時に会計処理している。また、たとえば、絵画やラン等の催事物についても、ほぼ同様の会計処理をしている。これらの取引は慣習として行われてきたものであるが、リスクを負わない百貨店業界の慣習的業法であった。実態は「場所貸し」である。そこで、今後は「場所貸し料に相当する純額取引」として処理することになるので、売上高が大きく減収することになる。

④　検収基準

これは、物品を相手側に納入しただけでなく、相手側の同意（検収報告書）を得た時点で、収益が実現（売上高の計上）したものとみなす基準である。コンピューター機器やソフト並びに大型設備などがこれに該当する。物品を納入もしくは設置しただけではなく、当該物品が正常に機能・操業（操作）できることを確認しない限り、買い手としては取得したことにならないので、確認できた時点で、売り手が引き渡ししたことになる。

法人税法における取り扱いは、法人税法基本通達に示されている。同通達2－1－1（棚卸資産の販売による収益の帰属の時期）では、「棚卸資産の販売による収益の額は、その引渡しがあった日の属する事業年度の益金の額に算入する。」としている。

さらに、同通達2－1－2（棚卸資産の引渡しの日の判定）によれば、上記の2－1－1の場合において、棚卸資産の引渡しの日がいつであるかについては、たとえば、（ア）出荷した日、（イ）相手方が検収した日、（ウ）相手方において使用収益ができることとなった日、（エ）検針等により販売数量を確認した日等、当該棚卸資産の種類および性質、その販売に係る契約の内容等に応じ、その引渡しの日として合理的であると認められる日のうち、法人が継続して、その収益計上を行うこととしている日によるものとする。この場合において、当該棚卸資産が土地または土地の上に存する権利であり、その引渡しの日がいつであるかが明らかでないときは、前ページの(a)もしくは(b)に掲げる日のうちいずれか早い日に、その引渡しがあったものとすることができるということになっているが、これ以外の基準を設定して適用している場合、法人として、その妥当性を説明できるようにしておく必要がある。

参考文献

守屋俊晴『企業会計の理論と実践』中央経済社　平成６年11月10日　初版発行
112～122頁

≪関連用語≫　棚卸資産の売上原価の計算、特殊な販売契約

4-15　原価差額と調整方法

原価計算基準（大蔵省企業会計審議会中間報告　昭和37年11月8日）では、原価差額（原価計算基準では「原価差異」と称している）について「実際原価計算制度において、原価の一部を予定価格等をもつて計算した場合における原価と実際発生額との間に生ずる差額、ならびに標準原価計算制度において、標準原価と実際発生額との間に生ずる差額をいう。」ものと説明されている。企業、とくに製造会社では操業度の管理（物理的・経済的な管理）並びに諸原価要素の管理（物理的・経済的な管理）のために、上記にいう予定価格等もしくは標準原価を適用した原価計算を行っている。その場合、実際原価との間に差異（差額）が発生する。発生した原価差異は、その大きさを算定記録し、原因を分析して、次期以降の原価管理（利益向上計画）に適切に役立てることが大切である。

原価計算基準では、実際原価計算制度において発生した原価差異については、以下のように会計処理するものとしている。

① 原価差異は、材料受入価格差異を除き、原則として当年度の売上原価に賦課する。

② 材料受入価格差異は、当年度の材料の払出高と期末在高に配賦する。材料受入価格差異は、予定していた仕入価格と実際の購入価格との差異であり、期中の製造原価もしくは期末の棚卸資産に影響しているものであるから、上記①のように売上原価に直接賦課するのは適当ではない。

また、標準原価計算制度においては、主要な原価差異について異常性（とくに大きな変動）の原価差異は「非原価項目」として会計処理し、その他の事項については、実際原価計算制度における会計処理の方法に準じた処理を行うものとされている。

法人税法における取り扱いは、施行令第32条第2項において「原価の額が適正な原価計算に基づいて算定されているときには、当該金額をもって棚卸資産の取得価額とみなす。」こととされている。しかし、法人税法基本通達5－3－1（原価差額の調整）は、以下のように取り扱うものとしている。

法人が、各事業年度において製造等をした棚卸資産につき算定した取得価額が、施行令第32条第1項《棚卸資産の取得価額》に規定する取得価額に満たない場合には、その差額（以下「原価差額」という。）のうち期末棚卸資産に対応する部分の金額は、当該期末棚卸資産の評価額に加算する。原価差額には、材料費差額、労務費差額、経費差額等のほか、内部振替差額を含むことに留意することとされている。また、この原価差額の調整期間について、6ヵ月間（中間事業年度）を1計算期間とする調整を認めている。

原価計算基準によれば、原価差額（原価差異）には、実際原価計算制度と標準原価計算制度とを区分し、前者には（一）材料副費配賦差異、（二）材料受入価格差異、（三）材料消費価格差異、（四）賃率差異、（五）製造間接費配賦差異、（六）加工費配賦差異、（七）補助部門費配賦差異、（八）振替差異があり、後者には（一）材料受入価格差異、（二）直接材料費差異、（三）直接労務費差異、（四）製造間接費差異がある。

同通達5－3－3（原価差額の調整を要しない場合）として、原価差額が少額（総製造費用のおおむね1％相当額以内の金額）である場合において、法人がその計算を明らかにした明細書を確定申告書に添付したときは、原価差額の調整を行わないことができるものとする。この場合において、総製造費用の計算が困難であるときは、法人の計算による製造受入高合計に仕掛品および半製品の期末棚卸高に加算し、仕掛品および半製品の期首棚卸高を控除して計算することができることとされている。

また、同通達5－3－4（原価差額の簡便調整方法）において、法人が各事業年度において生じた原価差額を仕掛品、半製品および製品の順に調整することをしないで、その原価差額を一括し、次に掲げる算式により計算した金額を期末棚卸資産に配賦したときは、この「簡便調整方法」を認めることとされている。なお、この一括処理した場合、翌事業年度において資産化した金額を損金処理し、改めて当該事業年度において簡便調整方法を採用することが認められている。

$$\text{資産化原価差額} = \text{原価差額} \times \frac{\text{期末の製品、半製品、仕掛品の合計額}}{\text{売上原価} + \text{期末の製品、半製品、仕掛品の合計額}}$$

≪関連用語≫　棚卸資産の取得価額、棚卸資産の売上原価の計算

4-16　特殊な販売契約

企業会計原則・[注6]の「実現主義の適用について」では、「特殊な販売契約による売上収益の実現基準」として、以下の事項が挙げられている。

①　委託販売

委託販売については、受託者が委託品を販売した日をもって売上収益の実現の日とする。したがって、決算手続中に仕切精算書（売上計算書）が到達すること等により決算日までに販売された事実が明らかとなったものについては、これを当期の売上収益に計上しなければならない。ただし、仕切精算書が販売のつど送付されている場合には、当該仕切精算書が到達した日をもって売上収益の実現の日とみなすことができる。

委託販売においては、取引先に販売を委託いているので、物品の搬送は収益の実現を意味していない。預託品を意味しているにすぎない。先に触れた百貨店業界の慣習的収益認識基準の「消化仕入取引」における相手先のほうの取引が、これに該当するひとつの取引形態である。

委託者が物品を搬送した場合、以下の仕訳を行う。ここでは、仕入原価10,000円の商品を送ったものとする。

（借方）	積送品	10,000円	（貸方）	商　品	10,000円

そして、委託先から仕切精算書（売上計算書）が送られてきた時点で、以下の仕訳を行う。上記の商品が12,000円で販売されたこと、並びに手数料率を販売価格の10％にしている。

（借方）	売掛金	10,800円	（貸方）	売上高	12,000円
	支払手数料	1,200円			
	売上原価	10,000円		積送品	10,000円

なお、売掛金12,000円を立てて、支払手数料1,200円を未払金計上する方法もあるが、実際の清算金額は10,800円で行われるのが、通常であるから、上記の会計仕訳がよいと考えている。ここでは、消費税に関する仕訳は無視している。また、支払手数料1,200円を差し引いた純額で記帳する方法もある。逆に、受託者側の取引記録は、以下のように行われる。

（借方）	現金預金	12,000円	（貸方）	受託販売預り金	10,800円
				受託販売収入	1,200円

百貨店業界の「消化仕入取引」（受託者）では、以下のように行われてきた。

（借方）	現金預金	12,000円	（貸方）	売上高	12,000円
	仕入高	10,000円		買掛金	10,000円

法人税法における取り扱いは、法人税法基本通達2－1－3（委託販売による収益の帰属の時期）により、「棚卸資産の委託販売による収益の額は、その委託品について受託者が販売した日の属する事業年度の益金の額に算入する。」こととされている。現在の通信技術の発達により、日々の取引が相手先に連絡できる体制になっているので、実際の取引日に委託者に伝達できるので、このような処理は十分可能である。ただし、当該委託品についての売上計算書が、売上の都度、作成・送付されている場合において、法人が継続して、その収益を当該売上計算書の到達した日の属する事業年度の収益として会計処理しているときには、この会計処理方法も認められる。

② 試用販売

企業会計原則では「試用販売については、得意先が買い取りの意志を表示することによって売上が実現するのであるから、それまでは、当期の売上高に計上してはならない。」としている。この試用販売は、あらかじめ商品等を相手先に送っておき、当該相手先が買い取りの意思表示を行ったときに、収益を認識する取引形態の販売方法である。とくに、書籍類、音楽関係商品、家庭電化商品等において利用されている。一定期間の試用期間を設けて、当該期間内に返品可能としている事例が多い。

この取引形態の会計処理としては、商品等を送り届けた時点においては、会計処理をしないことも考えられるが、委託販売の積送品勘定と同様に、たとえば、試用品勘定で処理するのが妥当と考える。手元にない商品であり、返品率等の把握など、財務的管理（データの作成と利用）のためにも必要なことと考える。一般に、書籍（重要なものは週刊誌、月刊誌等）の販売形態は、販売元から書店等に一定の冊数を送っておき、この時点で売上に計上し、返品を受けた段階で、その取消処理を行っている。したがって、出版会社が売上代金を現金化するまで期間が比較的長いことになっている。

③　予約販売

企業会計原則では「予約販売については、予約金受取額のうち、決算日までに商品の引渡し又は役務の給付が完了した分だけを当期の売上高に計上し、残額は貸借対照表の負債の部に記載して次期以後に繰延べなければならない。」としている。予約販売とは、相手先から前もって購入の約定をもらい、予約金（前受金）を受領し、後日、商品の引き渡しの都度、当該部分に相当する金額を収益として計上する会計基準である。単一種類の大量な受注物件やシリーズものの書籍などに見られる取引形態に適用される会計基準である。

仕訳の事例としては、以下のように行う。

①　予約金（80,000円）を受領したとき

（借方）現金預金　80,000円　（貸方）前受金　80,000円

②　一部の納品（10,000円部分）を行ったとき

（借方）前受金　10,000円　（貸方）売上高　10,000円

③　納品（20,000円部分）が完了して、残金（回収不足20,000円）が残った場合

（借方）前受金　20,000円　（貸方）売上高　40,000円
売掛金　20,000円

④　割賦販売

割賦販売については、次項で触れることにしている。

⑤　配置販売

配置販売については、企業会計原則では取り上げられていない販売形態であるが、これも特殊な販売契約のひとつである。いわゆる「富山の薬売商法」に見られ販売形態である。この商法は、メーカー等において使用する間接補助原材料（たとえば、油脂、薬剤等）においても見られる販売形態である。相手先に一定の必要物品を預けておき、定期的に在庫を検量することによって、使用量部分を請求する販売形態である。

参考文献

守屋俊晴『企業会計の理論と実践』中央経済社　平成６年11月10日　初版発行
115～117頁

≪関連用語≫　棚卸資産の売上原価の計算、割賦販売

4-17　割賦販売

(1)　割賦販売の意義と会計処理

企業会計原則では「割賦販売については、商品等を引渡した日をもって売上収益の実現の日とする。」としている。これが原則的な会計処理の基準なのである。しかし、「但し書」で「割賦販売は通常の販売と異なり、その代金回収の期間が長期にわたり、かつ、分割払であることから代金回収上の危険率が高いので、貸倒引当金及び代金回収費、アフター・サービス費等の引当金の計上について特別の配慮を要するが、その算定に当たっては、不確実性と煩雑さを伴う場合が多い。従って、収益の認識を慎重に行うため、販売基準に代えて、割賦金の回収期限の到来の日又は入金の日をもって売上収益実現の日とすることも認められる。」ものとしている。割賦販売に関する例外的処理の方法として「回収期限の到来の日」（債権確定基準）もしくは「入金の日」（回収基準）を認めている。

割賦販売とは、月賦、年賦その他の賦払いの方法により対価の支払いを受けることを定型的に定めた約款に基づいて行われるものをいう。割賦販売は、一般に、代金の支払いが割賦であるため回収期間が長期にわたるので、とくに資金繰りの観点からみて、販売時に全額収益に計上すると利益の処分可能性が不適当になることもあり、上記に示したように企業会計原則・注解[注6]は、原則として「引渡基準」を採るものとしながら、安全性の立場から例外（割賦基準）の適用を認めている。

なお、「企業会計原則と関係諸法令との調整に関する意見書」のうちのいわゆる「税法意見書」は、総論第一（要約）で、以下のように説明している。

> 割賦基準は、販売基準の例外の１つをなすもので、回収基準ともいわれるが、一種の現金基準である。割賦販売業においては、売上代金の回収が定期分割払の方法により長期にわたって行われるので、（中略）代金の回収に比例して収益の実現を測定する必要がある。したがって、未回収の割賦販売代金に含まれた収益の部分は、未実現収益として繰延整理することが、一般に認められた会計原則となっている。

(2) 税法の規定

法人税法は第63条に「長期割賦販売等に係る収益及び費用の帰属事業年度」に関する規定を設けている。同条第１項で原則的な方法として、内国法人が、長期割賦販売等に該当する資産の販売もしくは譲渡、工事（製造を含む。）の請負または役務の提供をした場合において、その資産の販売等に係る収益の額および費用の額につき、その資産の販売等に係る目的物または役務の引き渡し、または提供の日の属する事業年度以後の各事業年度の確定した決算において「政令で定める延払基準の方法」により経理したときは、その経理した収益の額および費用の額は、当該各事業年度の所得の金額の計算上、益金の額及び損金の額に算入すると、定めている。ただし、当該延払基準の方法により経理しなかった場合、当該適用しなかった事業年度に限って、この延払基準の方法による経理処理は認められないことになる。

なお、同条第６項において「長期割賦販売等の条件」を定めている。そこでは、長期割賦販売等とは、資産の販売等で、次に掲げる要件に適合する条件を定めた契約に基づき当該条件により行われるものをいうとなっている。

① 月賦、年賦その他の賦払の方法により３回以上に分割して対価の支払を受けること

② 資産の販売等に係る目的物または役務の引き渡しまたは提供の期日の翌日から最後の賦払金の支払の期日までの期間が２年以上であること

③ その他政令で定める要件

上記にいう「政令で定める延払基準の方法」とは、施行令第124条（延払基準の方法）第１条で定めている次に掲げる方法である。

① 法第63条第６項に規定する長期割賦販売等の対価の額およびその原価の額に、その長期割賦販売等に係る賦払金割合を乗じて計算した金額を、当該事業年度の収益の額および費用の額とする方法

② リース取引　―省略―

この「長期割賦販売等の対価の額およびその原価の額に、その長期割賦販売等に係る賦払金割合を乗じて計算した金額」が示している計算方法は、現金等の入金の事実にかかわらず、約定の日を基準として計算するものであり、企業会計原則がいう「回収期限の到来の日」（債権確定基準）に相当する。

(3) 回収期限到来日基準

割賦基準の会計処理の方法に２通りの考え方があるが、回収期限到来日基準は法人税法の求める方法であり、どちらかといえば、回収基準は企業会計の求めている方法であるといえる。前者においては、債権確定主義に基づき、回収すべき期限（債権の確定）の到来に主眼を置いている。したがって、当該回収日に入金されなかった部分についても、収益として認識することになる。他方、後者は、引渡基準の例外として、割賦基準を認めた以上、現金の回収という事実に主眼をおき、入金の都度、収益もしくは当該収益に対応すべき利益の実現を認めるものである。

「税法意見書」各論第一において、以下のように述べている。

> 会計原則においては、割賦金を回収した各期間に、代金の回収額に比例して割賦販売収益を配分する会計方法を認めるのに対して、税法上の割賦基準は、割賦金入金の時期をもって割賦販売収益の実現のときとするのではなくて、割賦金の支払期限の到来のときをもって、入金の有無にかかわらず、その実現のときとみなすのである。（中略）これは未収収益の場合と同じく、発生主義の適用に弾力性を認めないもので、健全な会計慣行の発展を阻害するおそれがあるので、通常の意味における所得の割賦計算の原則を認めるよう改めることが望ましい。

回収期限到来日基準は「履行日基準」もしくは「契約日基準」と呼ばれるもので、現金等の入金の事実にかかわらず、入金すべき約定の日に入金すべき金額をもって収益として計上する会計方法である。

(4) 回収基準（現金基準・入金基準）

回収基準とは、現実に割賦金を入金した時にその額を当該期間の収益に計上する方法をいう。回収期限到来日基準の場合には、期限到来済と未到来に分けて管理する煩わしさがあるが、回収基準の場合はあくまでも入金ベースであり、事務上簡便であり、実現主義の変形としての割賦販売を認めている以上、後者の方がベターと考えるが、法人税法は後者の方法を認めていない。

(5)　未実現利益の会計処理

割賦販売は、最終的には「課税所得の計算」の問題であるから、売上高は販売時に計上しておいて、割賦販売による繰延利益（粗利部分）相当額についてのみ繰延経理すれば、当初の目的が達成されることになる。この趣旨に即した会計処理が「割賦売上繰延利益」に関するものである。

割賦売上繰延利益（来期以降の利益）は、未実現利益であるとして貸借対照表・負債の部に表示され、翌期以降に繰り越されることになる。他方、割賦売上繰延利益戻入額は前期以前の未実現利益であり、当期中に実現したものとして処理する。これを、いわゆる「洗替方式」と呼ぶ。原則上は、割賦売上繰延利益のうち、当期に実現したもののみが当該事業年度の実現利益として計算すべきなのであるが、簡便法としての洗替方式が認められている。原則的方法と簡便法でも、結果は同一である。法人税法上、当期に属する売上高と売上原価を分割計上する方法を予定しているが、課税所得に影響するのは利益部分であるため、上記のように翌期以降の期間に属する未実現利益を繰り延べる方法が認められている。損益計算書上での表示様式は、以下のようになる。

売上高		××××
売上原価		
商品期首棚卸高	××	
当期商品仕入高	×××	
計	×××	
商品期末棚卸高	××	××××
割賦売上利益調整		
割賦売上繰延利益戻入額	××	
割賦売上繰延利益繰入額	××	××
売上高総利益		××

参考文献

守屋俊晴『企業会計の理論と実践』中央経済社　平成6年11月10日　初版発行
117～121頁

≪関連用語≫　棚卸資産の売上原価の計算、特殊な販売契約

4-18　工事進行基準と工事完成基準

(1)　企業会計原則の見解

企業会計原則・[注７]の「工事収益について」では、「長期の請負工事に関する収益の計上については、工事進行基準又は工事完成基準のいずれかを選択適用することができる。」として、以下の事項が挙げられている。

①　工事進行基準

決算期末に工事進行程度を見積り、適正な工事収益率によって工事収益の一部を当期の損益計算に計上する会計方法

②　工事完成基準

工事が完了し、その引き渡しが完了した日に工事収益を計上する会計方法

(2)　税法の規定

法人税法は同第64条に、以下に示したように「工事等に関する収益の帰属」についての規定を設けている。

> 法人税法第64条（工事の請負に係る収益及び費用の帰属事業年度）
> 第１項　内国法人が、長期大規模工事（工事「製造及びソフトウエアの開発を含む。以下この条において同じ。」のうち、その着手の日から当該工事に係る契約において定められている目的物の引渡しの期日までの期間が１年以上であること、政令で定める大規模な工事であることその他政令で定める要件に該当するものをいう。以下この条において同じ。）の請負をしたときは、その着手の日の属する事業年度からその目的物の引渡しの日の属する事業年度の前事業年度までの各事業年度の所得の金額の計算上、その長期大規模工事の請負に係る収益の額及び費用の額のうち、当該各事業年度の収益の額及び費用の額として政令で定める工事進行基準の方法により計算した金額を、益金の額及び損金の額に算入する。

第２項　内国法人が、工事（その着手の日の属する事業年度（以下この項において「着工事業年度」という。）中にその目的物の引渡しが行われないものに限るものとし、長期大規模工事に該当するものを除く。以下この条において同じ。）の請負をした場合において、その工事の請負に係る収益の額及び費用の額につき、着工事業年度からその工事の目的物の引渡しの日の属する事業年度の前事業年度までの各事業年度の確定した決算において政令で定める工事進行基準の方法により経理したときは、その経理した収益の額及び費用の額は、当該各事業年度の所得の金額の計算上、益金の額及び損金の額に算入する。ただし、その工事の請負に係る収益の額及び費用の額につき、着工事業年度後のいずれかの事業年度の確定した決算において当該工事進行基準の方法により経理しなかつた場合には、その経理しなかつた決算に係る事業年度の翌事業年度以後の事業年度については、この限りでない。

①　第１項の「政令で定める大規模な工事」は、施行令第129条（工事の請負）第１項により10億円以上の工事とされている。なお、外国通貨による契約の場合、契約時の外国為替相場による円換算額である。

②　第１項の「その他政令で定める要件」は、施行令同条第２項により、請負の対価の50％以上の金額が、「目的物の引渡後１年を経過する日後に支払われることが定められていないもの」であるとされている。

③　同条で定めている「工事進行基準の方法」は、工事の請負金額とその工事原価（当該事業年度末日の現況により見積もられた金額）に、当該事業年度末日における当該工事の進行割合を乗じて計算した金額から、当該事業年度前の各事業年度に計上された収益の額と費用の額を控除した金額を、当該事業年度の収益の額および費用の額とする。

④　進行割合の計算

進行割合は以下の計算式で算定する。

$$\text{当該事業年度の進行割合} = \frac{\text{当該事業年度の発生費用の額}}{\text{当該事業年度末日の総工事見積額}}$$

④　当該事業年度の収益と費用の計算

当該事業年度の収益の額および費用の額は、以下のとおりである。

ア　収益の額

当該事業年度の収益の額＝（請負金額－既計上収益の額）×当該事業年度の進行割合

イ　費用（原価）の額

当該事業年度の費用の額＝（当該事業年度末日の総工事見積額－既計上費用の額）×当該事業年度の進行割合

⑤　平成20年度の税制改正以前においては、「赤字見込みの長期請負工事」は、原則として、工事進行基準の適用が認められなかった。ただし、工事期間が２年以上で、請負金額が50億円以上の案件については認められていた。

⑥　施行令第129条第６項によれば、長期大規模工事であって、工事着手の日から６ヵ月を経過していないもの、もしくは、進行割合が20％未満のものは、工事進行基準を採用している法人であっても、工事進行基準を適用しないことができるとされている。

⑥　法人税法基本通達２－４－19（損失が見込まれる場合の工事進行基準）は、赤字工事について「工事損失引当金」を計上したときであっても、工事進行基準の適用を否定するものではないが、当該金額は「工事請負費用には含まれない」ものとしている。

(3)　工事進行基準の意義・内容

船舶、建物およびダム、橋梁等の建設のような大型工事は工期が長く、金額が多額になる。したがって、通常の実現基準を採っていると、作業をいかに行っても、完成するまでは売上高が計上されず、また、引き渡しが完了した事業年度においては、一時に高額な売上高が計上されることになり、かえって個々の事業年度の適正な利益計算を損なうことにもなりかねない。そこで、各事業年度の利益が当該事業年度の遂行された努力と報われた成果とを合理的に表示し得るように、長期かつ巨額の工事について工事進行基準の適用が認められている。長期請負工事等の会計処理を適用するに当たって採用される工事進行基準は、発生基準に相当するもので、生産の進捗度に応じた収益を認識・計上するものであるが、「収益の確実性」の観点から、売上高が契約によって確定している注文生産・請負工事等に適用される。前掲した「税法意見書」は、２の(2)「工事進行基準」において、以下のように説明している。

> 工事進行基準は、一種の生産基準であって、建設工業等における長期請負工事契約の場合において、工事完了および引渡後の事業年度において一度に工事収益を計上する代りに、工事遂行の途中の各期間に工事総収益を適当に配分する方法である。この場合には、毎期末に工事進行率を測定し、適正な工事収益率に基づき予想収益を計上しなければならない。

ところで、時間的経過と工事原価の発生とは必ずしも適合せず、ある時期に一度に工事高が発生することもあり、また、作業努力と原価の発生との間に不適合な関係が発生することもある。したがって、その限りにおいては工事原価が工事進行度を測る唯一の尺度を提供するとは言い難いが、会計が経済計算（金額）をその対象としている限りにおいて、「工事原価の発生」をもって最良の尺度と考えられている。なお、「税法意見書」は、「健全な会計慣行では、収益の計上は原価の確定と対応して行うのであり、工事進行基準の適用についても、適正な収益の見積りは、仕掛工事原価の確実な計算を基礎として行われる。」としている。これを最近では「原価比例法」と呼んでいる。

(4) 工事完成基準の意義・内容

工事完成基準の適用の妥当性は、以下のように説明することができる。利益は生産の各過程において稼得され、完成引渡によって実現する。そこで、生産期間が短い場合には、工事完成基準によっても企業業績に大きな不合理は発生してこない。他方において、大規模かつ長期の工事になると、企業の経済活動が各期の収益に合理的に反映されないという不合理が発生することがあることから、工事進行基準を適用する理論的根拠があることになる。しかしながら、現代の大企業は仕事量と契約上の関係から工事完成基準を採っても、そう不合理な決算とはならない。大型工事は、工事の内容によって各々別個の契約を締結することによって個々の工事を小型化しているのが実状である。そこで、建設業等を営む大規模企業は工事完成基準を採用している事例が意外と多い。つまり、仕事量と１件ごとの規模によっては、工事完成基準が、適当な会計方法となり得るのである。

(5) 新会計基準と工事進行基準の強制適用

企業会計基準委員会は、平成19年12月27日、企業会計基準第15号「工事契約に関する会計基準」（以下「工事契約新会計基準」という）を公表した。この工事契約新会計基準では、９（工事契約に係る認識基準）では「工事契約に関して、工事の進行途上においても、その進捗部分について成果の確実性が認められる場合には工事進行基準を適用し、この要件を満たさない場合には工事完成基準を適用する。」ものとしている。その結果、工事進行基準を強制適用としていることになる。

成果の確実性を確保する３つの要素（見積計算値）は①工事収益の総額（通常、契約金額）、②工事原価の総額（当初は受注時の原価見積額）および③各事業年度末日工事進捗度（税法上の進行割合）である。なお、受注製作のソフトウェアの制作費については「研究開発費等に係る会計基準」(32)において、「請負工事の会計処理に準じて処理することとされていることから、本会計基準は、このような取引についても、契約の形態を問わず適用範囲に含めること」にしたことになっている。また、赤字工事に対する「工事損失引当金」（19、20、74）を売上原価に計上することを求めている。

本会計基準は、平成21年４月１日以後開始する事業年度からの適用であり、また、適用対象工事は適用する最初の事業年度以後着手する工事契約となっている。ただし、早期適用と適用する最初の事業年度の期首日に存在する全ての工事契約に対する一括適用が認められている。

参考文献

守屋俊晴『企業会計の理論と実践』中央経済社 平成６年11月10日　初版発行 107～111頁

≪関連用語≫　棚卸資産の売上原価の計算、特殊な販売契約

4-19　売上割戻しと仕入割戻し

売上割戻高は売上値引高、現金割引高と、そして仕入割戻高は仕入値引高、現金割引高と関係している。ところで、企業会計基準委員会・企業会計基準第９号「棚卸資産の評価に関する会計基準」（平成18年７月５日）の主題は「強制低価法の適用」であり、また、改定企業会計基準第９号「棚卸資産の評価に関する会計基準」（平成20年９月26日）の主題は「後入先出法の廃止」であって、いずれも売上割戻高、売上値引高、仕入割戻高、仕入値引高に関する具体的な措置については触れていない。

①　売上割戻高

売上割戻高は「売上高の増進策」の一環として、販売量の増加に対応した成果報酬として、仕入先に対して支払う報奨金に相当するものである。一般的な事例としては、電車等の回数券の割引などである。この販売奨励策は、広く経済社会で採用されている。スーパー・マーケットの各種食品や家電製品の家庭電器機器などで多く利用されている。航空業界では、代理店に対して支払う報奨金をキック・バックと呼んでいる。

②　売上値引高

売上値引高は、品質劣化、陳腐化、流行遅れ品、過剰在庫品などに対して値付け替えを行った場合の評価損に相当するものである。したがって、正常品の売上増進策の一環として行われる売上割戻高とは異なる。そのために、値付け替えを行った原因によって、原価性の有無を検討する必要がある。たとえば、災害等により被害を受けたものは、金額の多寡にもよるが、営業外損失もしくは特別損失として処理することになる。

③　売上に関する現金割引高

信用販売（掛売り販売）を中心とする経済市場において、現金決済を行った場合もしくは決済の約定日前に支払いを受けた場合、信用に対するリスク（不良債権化）がないことと資金回収が早期になることから、利息相当額を取引価額から控除する。この控除額のことである。原因が、財務的要因であるがゆえに、営業外損失（現金割引高）として会計処理する。現金取引を前面に出して廉価販売をしている企業にとっては、本来の取引であるから、取引高が売上高になる。

④　仕入割戻高

仕入割戻高は、売上割戻高の逆の立場に立った取引となる。取引形態（契約内容）は多様であるから、その実態に即した会計処理が必要になる。実績の計算期間（評価期間）も、暦である場合、販売先の事業年度あるいは特定の販売促進期間である場合もある。医薬業界では、試供品として、正常品と同一の薬剤を添えて納品するというようなことも行われている。これらの各々において、棚卸資産の評価方法にどのように組み入れていくことが妥当なのかということが問題となる。

⑤　仕入値引高

仕入値引高は、売上値引高の逆の立場に立った取引であるとはいえ、売り手側とは違い、仕入品が品質劣化、陳腐化、流行遅れ品、過剰在庫品などであるとすれば、実際の仕入高を取得価額とすればよいことになる。

⑥　仕入に関する現金割引高（割戻高）

仕入に関する現金割引高は、売上に関する現金割引高と同様に、信用販売（掛売り販売）を中心とする経済市場において、現金決済を行った場合もしくは決済の約定日前に支払いをした場合の利息相当額であるから、原因が、財務的要因であるがゆえに、営業外収益（現金割引高）として会計処理する。

法人税法関係としては、法人税法基本通達２－５－１（売上割戻しの計上時期）で「販売した棚卸資産に係る売上割戻しの金額の計上の時期は、次の区分に応じ、次に掲げる事業年度とする。」と定めている。

①　金額基準・数量基準が明確なものについて

その算定基準が、販売価額または販売数量によっており、かつ、その算定基準が、契約その他の方法により相手方に明示されている売上割戻しについては、販売した日の属する事業年度に計上する。

ただし、法人が継続して売上割戻しの金額の通知または支払いをした日の属する事業年度に計上することとしている場合には、この方法も認められる。

②　上記の①に該当しない売上割戻しについて

その売上割戻しの金額の通知または支払いをした日の属する事業年度

に計上する。

ただし、各事業年度末日までに、その販売した棚卸資産について売上割戻しを支払うことおよびその売上割戻しの算定基準が、内部的に決定されている場合において、法人がその基準により計算した金額を当該事業年度の未払金として計上するとともに、確定申告書の提出期限（法第75条の２《確定申告書の提出期限の延長の特例》の規定によりその提出期限が延長されている場合には、その延長された期限とする。）までに相手方に通知したときは、継続適用を条件として、この方法も認められる。

同通達２－５－４（仕入割戻しの計上時期）では「購入した棚卸資産に係る仕入割戻しの金額の計上の時期は、次の区分に応じ、次に掲げる事業年度とする。」と定めている。

① 金額基準・数量基準が明確なものについて

その算定基準が、購入価額または購入数量によっており、かつ、その算定基準が契約その他の方法により明示されている仕入割戻しについては、購入した日の属する事業年度に計上する。

② 上記の①に該当しない仕入割戻しについて

仕入割戻しの金額の通知を受けた日の属する事業年度に計上する。

なお、同通達２－５－６は「法人が計上しなかった仕入割戻しの処理」について、「法人が購入した棚卸資産に係る仕入割戻しの金額につき２－５－４または２－５－５に定める事業年度において計上しなかった場合には、その仕入割戻しの金額は、当該事業年度の総仕入高から控除しないで益金の額に算入する。」ものとしている。本来、仕入割戻額は仕入価額そのものに直接関係しているので、当該物品の１単位当たりの取得金額の計算に参加させるべきである。しかし、たとえば、航空業界のキック・バックのように、１年間の取引高に対して支払われる契約になっているようなケースでは一括処理が簡便な方法として認められている。

≪関連用語≫ 棚卸資産の評価方法、棚卸資産の取得価額

4-20　未経過勘定項目（繰延経理項目）

(1)　未経過勘定項目（繰延経理項目）の意義

発生主義会計においては、収益および費用の認識の尺度として、現金の収支には依存しないが、測定の尺度としての現金の収入または支出に基づいて行う。それは、過去・現在もしくは未来の収入と支出という貨幣的大きさをもって計算するという意味である。発生主義会計は、費用の認識においてその特徴が多く表れてくる。それが減価償却と繰延経理である。後者の属するものには、いわゆる未経過勘定と称されるもののほか、無形固定資産、繰延資産および繰延収益がある。

発生主義においては、測定の尺度として現金もしくは現金等価物の収支を用いるが、帰属期間の決定は収支という事実に拘束されない。収益もしくは費用を特定の期間に帰属させる基準として発生という理念を持ち入る会計思考なのである。これに該当する項目には以下の項目がある。

①　支出済にして未費用　⇒　前払費用・繰延資産

②　既収益にして未収入　⇒　未収収益

③　既費用にして未支出　⇒　未払費用

④　収入済にして未収益　⇒　前受収益・繰延収益

これらの内容は、当期以前（主として当期）の期間利益の計算に参加しているが、将来の収支をもって精算させるためもしくは収支という事実があったが、将来の期間利益の計算に参加させるため経過的に貸借対照表に計上しておき、該当する会計期間において精算するまでの待機中の項目である。これらの処理は適正な期間利益計算を行うために必要とされる会計行為である。繰延資産は、発生主義会計に基づき、費用の期間配分を行うに当たって、経過的に貸借対照表に計上したものであって、将来の費用となるものである。その意味では、未経過勘定と同様にきわめて会計（発生主義）的色彩の強いものであり、前払費用と共通する要素がある。しかし、繰延資産には支払済のものと未払いのものが含まれるが、前払費用には未払いのものはない。また、繰延処理することと当該事業年度に一括処理することの選択適用が認められているものとがある。

前払費用と繰延資産の関係について、大蔵省企業会計審議会・中間報告

「企業会計原則と関係諸法令との調整に関する連続意見書」（昭和37年８月７日「第五繰延資産について」（以下「連続意見書」という）は、「前払費用は、すでに支出は完了したが、いまだ当期中に提供を受けていない役務の対価としての特徴を有している。これに対し、繰延資産は支出が完了していることは同様であるが、役務そのものはすでに提供されている場合に生ずる。」と論じている。これらの未経過勘定項目（繰延経理項目）は、税法の債権・債務確定主義ではなく、企業会計の発生主義会計のもとで費用もしくは収益として認識された会計項目である。

法人税法は第23条第４項において「当該事業年度の収益の額および前項各号に掲げる額（売上原価、販売費、一般管理費）は、（一般に公正妥当と認められる会計処理の基準）に従って計算されるものとする。」として、企業会計の発生主義会計のもとでの費用もしくは収益の計上を認めている。その主要な項目が、以下に示す未経過勘定項目（繰延経理項目）である。

(1) 前払費用

企業会計原則は[注６]「経過勘定項目について」のなかで、前払費用について、以下のように説明（要約、以下他の項目についても同様）している。なお、前払費用と未払費用は会計の専門用語であって、前払費用は費用の前払いではなく、同様に未払費用は未払いの費用ではない。

前払費用は、一定の契約に従い、継続して役務の提供を受ける場合、いまだ提供されていない役務に対し支払われた対価をいう。このような役務に対する対価は、「時間の経過」とともに次期以降の費用となるもので役務提供契約以外の契約等による前払金とは区別される。基本的なことは「役務の取引」であって、有形の財貨の受渡を伴う取引ではなく、時の流れに伴って価値が移転もしくは喪失していくものがその対象となる。該当する具体的な例としては、未経過保険料、未経過割引料、未経過支払利息、前払貸借料等がある。

(2) 未払費用

未払費用は、一定の契約に従い、継続して「役務の提供」を受ける場合、すでに提供された役務に対する対価が支払われていないものをいう。このような役務に対する対価は、「時間の経過」に伴いすでに当期の費用として発生しているもので、役務提供契約以外の契約等による未払金とは区別される。これは法的な支払日は、まだ到来していないが、企業が適正な期間利益計算を行うため、独自の計算体系から発生してきたもので、具体的な例としては、未払賃金または給料、未払利息、未払貸借料、未払いリース等がある。ただし、残業手当等の未払人件費は、役務の提供であっても、時の経過に伴って発生するものではないので、本来の未払費用には該当しないが、未払費用（未払人件費）として費用処理していることが多い。

なお、水道光熱費等については、時の経過にしたがって発生するものではなく、使用料に基づいて発生するものである。そこには、物理的な測定が行われている。単純に時間の経過で発生するものではない。そのため請求書が到達してから処理する場合には「未払金」に該当する。請求書作成上の締め日以降期末日までの経済的価値量の消費が行われているのであるから、これを見積もって計上しないと本来の発生基準にしたがった処理とはいえないことになる。その場合でも、未払費用ではなく買掛金か未払金となる。財務諸表等規則ガイドライン（「財務諸表等の用語、様式及び作成方法に関する規則」の取扱いに関する留意事項について）の47－2では、但し書で「買掛金には、通常の取引に基づいて発生した役務の提供による営業上の未払金、例えば、電気・ガス・水道料等を含めることができる。」としている。

⑶　未収収益

未収収益は、一定の契約に従い、継続して「役務の提供」を行う場合、すでに提供した役務に対していまだその対価の支払いを受けていないものをいう。このような役務に対する対価は「時間の経過」に伴い、すでに当期の収益として発生しているもので、役務提供契約以外の契約等による未収金とは区別される。未収収益は、企業独自の発生主義会計のもとに計算されたものであって相手に対する法的請求権が、あるかどうかには関係がない。したがって、決済日経過後の未収収益は、未収金もしくは未収入金として処理される。そこでは経過勘定の性格が失われる。後者は、相手先に対する請求権が発生しているが、前者の未収収益は法的な請求権は発生していない。具体的な例としては、貸借契約等の継続的な役務の給付を内容とする契約に基づいて発生したもので、営業外収益で貸借対照表日までの収益に属するもの、例としては未収利息、未収地代、未収家賃、未収手数料等をいう。ただし、利息、地代等で営業収益に該当するものは売掛金であって未収収益とはならない。不動産賃貸業における営業上の未収賃貸料は売掛金（営業未収入金）になる。

(4) 前受収益

前受収益は、一定の契約に従い、継続して「役務の提供」を行う場合、いまだ提供していない役務に対し支払いを受けた対価をいう。このような役務に対する対価は、「時間の経過」とともに次期以降の収益となるもので、役務提供契約以外の契約等による前受金とは区別される。前受金は、当該企業の営業行為に付随して発生する売上高の前受金である。具体的な例としては、貸借対照表日後の収益に属すべきもので、それまでに支払いを受けた前受賃貸料、前受利息、前受手数料等をいう。前掲した財務諸表等規則ガイドラインの47－3では、「不動産業、倉庫業、映画業その他役務の給付を営業目的とするものの営業収益（例えば、不動産賃貸料、倉庫保管料、映画配給料等）の前受料は、規則第47条第3号の前受金に属するものとする。」と定めている。したがって、未収収益の場合と同様に前受収益においても営業収益に該当するものは「前受金」で処理することになる。

(4) 繰延収益（長期繰延収益）

企業会計基準等の会計に関する基準で、繰延収益に関する会計処理に触れているものはないが、現実には発生している。たとえば、長期外貨建債務を調達した場合に、返済期日に合わせて、外貨の買い入れ予約をしておく場合に、返済金額が確定し、為替差益相当額の長期繰延収益が発生することがある。

参考文献

守屋俊晴『企業会計の理論と実践』中央経済社　平成6年11月10日　初版発行
123～130頁

≪関連用語≫　債権・債務確定主義、発生主義会計

Ⅱ　固定資産を中心とする会計と税務

4-21　固定資産（意義）

資本（固定資産）が価値を有しているのは、それが有する生産力（収益獲得能力）に由来する。資本は生産用具として使用価値を有し、労働と結合して、生産的に消費されることによって生産物（財貨）に価値が移転する。財貨は資本と労働力の結合体として「使用価値」を有する。つまり、双方の価値が生産的に消費され、一方で、それが復元していることを意味する。資本の価値は「交換価値」を持つ商品の生産、販売を通じて行う価値増殖機能にある。財貨の使用価値を認めるとしても、重要なことは「交換価値を持つ財貨の生産」である。しかしながら、使用価値なくして交換価値はなく、使用価値が交換価値の形態で取引される。それが「価格」である。資本の価値は、資本が獲得し得る「将来収益の現在割引価値」であり、それが当初の資本価値を超過する貨幣的大きさが利益である。

固定資本（設備資産）は固定資産であり、商品資本（棚卸資産）は流動資産であると区別されるが、両者に相違する特徴は、棚卸資産は「使用価値と交換価値とが同時に移転する」のに対して、固定資産は、見積られた使用可能期間の全体を通して使用価値を発揮していき、その使用価値の不特定な一部分が交換価値として外部経済の間で具体化されていくところにある。

法人税法は第2条（定義）第1項第22号で「固定資産」について「土地（土地の上に存する権利を含む。)、減価償却資産、電話加入権その他の資産で政令で定めるものをいう。」としている。ここでは定義ではなく、範囲を示しているにすぎない。なお、「政令で定めるもの」（施行令第12条）は「棚卸資産、有価証券および繰延資産以外の資産で、土地、減価償却資産、電話加入権およびこれらに準じる資産」とされている。

参考文献

守屋俊晴『企業会計の理論と実践』中央経済社　平成6年11月10日　初版発行
190～192頁

≪関連用語≫　減価償却（意義)、物理的減価と機能的減価

4-22　減価償却（意義）

固定資産の本質は長期存続性にあるのでなく、生産用具としての使用価値＝用役可能性が、企業の生産活動に全体的に参加しているということにある。そして、この「部分的価値移転の会計的認識」が減価償却である。全体的機能を持つ固定資本における減価償却の理解は、その部分的価値移転が行われていると仮定するところにある。固定資本の価値移転は、経済的現象を観念でとらえることにとどまり、現実の会計的測定は「費用配分の形態」をとることになる。投下された資本量が生産物に転化される現象面の会計的認識は、期間計算を建前とする企業会計にあっては期間的・総体的に行われる。それは投下固定資本の存続期間を見積もることによって、当該期間内の生産物に計画的に賦課させる方法である。

長期間にわたって利用される固定資産は、いずれ寿命が尽きて使用できない時期がくる。そのために、その利用可能期間（これを耐用年数という）に一定の計算方法（これを減価償却方法という）をもって、費用を配分（これを減価償却という）していく必要がある。この費用配分は、収益で回収することを意味しているので、減価償却の基本的性格（会計的認識）は「費用補償計算」にある。土地は価値が減耗しないという前提の基に、減価償却計算の対象としていない。ただし、減損会計の対象とはなる。

法人税法は第２条（定義）第１項第23号で「減価償却資産」について「建物、構築物、機械及び装置、船舶、車両及び運搬具、工具、器具及び備品、鉱業権その他の資産で償却をすべきものとして政令で定めるものをいう。」としている。ここでも定義ではなく、範囲を示しているにすぎない。なお、「政令で定めるもの」（施行令第13条）には、建物には附属設備が含まれるものとし、無形固定資産として特許権、実用新案権、ソフトウエア、営業権など並びに牛、馬等の動物のほか、かんきつ樹や茶樹なども含まれるとしている。

参考文献

守屋俊晴『企業会計の理論と実践』中央経済社　平成６年11月10日　初版発行　189～190頁

≪関連用語≫　固定資産（意義）、物理的減価と機能的減価

4-23　物理的減価と機能的減価

(1)　物理的減価

固定資産は生産的に利用することによって磨耗していき、いずれは生産に利用できなくなる。これを「物理的減価」という。その利用可能な期間に費用負担させる計算方法を減価償却といい、前に触れたように利用可能期間を耐用年数という。減価償却の計算要素は、①取得価額と②残存価額と③耐用年数である。前二者によって要償却額が算出される。そして、これに定額法、定率法等の減価償却の方法を選択し、適用することによって耐用年数の各期間に計画的、規則的に配分していくことになる。固定資産は価値移転によって減価するが、それは物理的減価である。耐用年数の測定に当たっては、通常の使用状況における物理的磨耗期間が見積られる。

(2)　機能的減価

さらに、固定資産は物理的には機能するが、技術革新、品質の改良、流行の変化等によって経済的に機能が喪失し、交換価値としての生産機能が喪失していくことがある。つまり、造っても売れないか、製造原価に見合う価格で売れないという現象が起きてくる。それだけ固定資産の寿命は短くなっている。資本投下は、なんらかの形で回収されなければ、企業は経済的に維持されない。そこで、価値移転的減価から独立して「投下資本回収計算」としての側面の減価償却計算が、会計的認識として中心的位置を占めていくことになる。この場合の減価を「機能的減価」もしくは「経済的減価」といい、ここでは企業経営上の採算を根底において耐用年数を見積もることになる。なお、価値移転的減価（投下資本回収計算を含む）と損失的減価は、明確に区分して認識されなければならない。前者は正常な原価要素であり、後者は費用収益対応計算から離れて、それ自体回収されなければならない価値損失部分であるからである。

参考文献

守屋俊晴『企業会計の理論と実践』中央経済社　平成６年11月10日　初版発行
190～196頁

4-24　減価償却の方法

(1)　減価償却方法の意義と計算に関する規定

法人税法は第31条に「減価償却資産の償却費の計算及びその償却の方法」に関する規定を設けており、その第１項に以下のように示している。

> 法人税法第31条（減価償却資産の償却費の計算及びその償却の方法）
> 第１項　内国法人の各事業年度終了の時において有する減価償却資産につき、その償却費として第22条第３項（各事業年度の損金の額に算入する金額）の規定により当該事業年度の所得の金額の計算上損金の額に算入する金額は、その内国法人が当該事業年度においてその償却費として損金経理をした金額（以下この条において「損金経理額」という。）のうち、その取得をした日及びその種類の区分に応じ政令で定める償却の方法の中からその内国法人が当該資産について選定した償却の方法（注２）に基づき政令で定めるところにより計算した金額（次項において「償却限度額」という。）に達するまでの金額とする。

（注）１　読みやすくするために、一部の括弧書をはずし、また、必要に応じて読点を入れている。
２　選定した償却の方法に関しては、償却の方法を選定しなかった場合には、償却の方法のうち政令で定める方法を適用するものとされている。これを「法定償却方法」という。

これを要するに、法人税法上、減価償却費の計上は「法人の任意」とされていることを示している。計上の有無は法人の意志による。ただし、計上額には限度額を定めている。したがって、償却費として損金経理をした金額のうち、政令で定めにより計算した金額までの金額が損金として認容される。また、同条第６項では、選定をすることができる償却の方法の特例、償却の方法の選定の手続、償却費の計算の基礎となる減価償却資産の取得価額、その他減価償却資産の償却に必要な事項は、政令で定めることとされている。

(2) 減価償却方法適用の細目

法人税法施行令は、法第31条を受けて、第48条に「減価償却資産の償却の方法」に関する細目を設けている。

① 建　物（第３号の鉱業用減価償却資産を除く）

以下の各号に掲げる区分に応じ、それぞれに定める方法による。

A　平成10年３月31日以前に取得した建物

（注）平成10年３月に税制が改正されて、同年４月１日以後取得した建物については、全て定額法が適用されることになった。また、同時に耐用年数が改正され、年限が短縮された。従来は、定額法と定率法の選択適用が認められていたので、この税制の改正後においても、従前の物件に対しては、継続適用が認められている。

イ　旧定額法

ロ　旧定率法

B　平成10年４月１日以後取得した建物　　　　旧定額法

② 施行令第13条第１号に掲げる建物附属設備（暖冷房設備、照明設備、その他の建物に附属する設備）および第２号（構築物）から第７号（工具、器具及び備品）に掲げる減価償却資産

イ　旧定額法

ロ　旧定率法

③ 鉱業用減価償却資産（第５・６号に掲げるものを除く）

イ　旧定額法

ロ　旧定率法

ハ　旧生産高比例法

④ 施行令第13条第８号に掲げる無形固定資産（第５号に掲げるものを除く）および第９号に掲げる生物　　　　旧定額法

⑤ 施行令第13条第８号イに掲げる鉱業権

イ　旧定額法

ロ　旧生産高比例法

≪関連用語≫　固定資産（意義）、減価償却（意義）、法定償却方法、減価償却資産の取得価額、定額法、定率法、生産高比例法、取替法

4-25　法定償却方法

法人税法施行令第53条は「減価償却資産の法定償却方法」を定めている。

上項4－24「減価償却の方法」でいう「償却の方法を選定しなかった場合における政令で定める方法」は、以下の各号に掲げる資産の区分に応じ、それぞれに定める方法によるものとされている。

①　平成19年3月31日以前に取得した減価償却資産

イ　第48条第1項第1号イ（平成10年3月31日以前に取得した建物）および、同項第2号の減価償却資産

⇒　　　旧定率法

ロ　第48条第1項第3号（鉱業用減価償却資産）および5号（鉱業権）の減価償却資産

⇒　　　旧生産高比例法

②　平成19年4月1日以後に取得した減価償却資産

イ　第48条の2第1項第2号の減価償却資産

施行令第13条第1号に掲げる建物附属設備（暖冷房設備、照明設備、その他の建物に附属する設備）および第2号（構築物）から第7号（工具、器具及び備品）に掲げる減価償却資産

⇒　　　定率法

ロ　第48条の2第1項第3号（鉱業用減価償却資産）および5号（鉱業権）の減価償却資産

⇒　　　生産高比例法

なお、繰延資産については法人税法第32条に（繰延資産の償却費の計算及びその償却の方法）があり、「支出の効果の及ぶ期間を基礎として政令（施行令第64条～第67条）で定めるところに計算した金額に達するまでの金額とする。」の定めがあるだけで、法定の償却方法としての定めはない。

≪関連用語≫　固定資産（意義）、減価償却（意義）、減価償却資産の取得価額、定額法、定率法、生産高比例法、取替法

4-26　減価償却資産の取得価額

法人税法施行令第54条は「減価償却資産の取得価額」を定めている。

ここでは、減価償却資産の第48条から第50条までに規定する取得価額は、以下の各号に掲げる資産の区分に応じ、それぞれに定める方法によるものとされている。

① 購入した減価償却資産　　　　　　次に掲げる金額の合計額

イ　当該資産の購入代価（引取運賃、荷役費、運送保険料、購入手数料等）およびその他購入のために要した費用

ロ　当該資産を事業のように供するために直接要した費用

② 自己の建設、製作または製造（以下「建設等」という）に係る減価償却資産　　　　　　次に掲げる金額の合計額

イ　当該資産の建設等のために要した原材料費、労務費および経費の額

　このように規定されているが、現実的な問題としては、微妙な問題が起きることが多い。本社等の間接部門の費用をまったく関係がないものとして、配賦対象外としてよいかということなどである。

ロ　当該資産を事業のように供するために直接要した費用

③ 自己が育成した第13条第９号イに掲げる生物（以下「牛馬等」という）　　　　　　次に掲げる金額の合計額

イ　生育させるために取得した牛馬等に係る種付費、出産費等の額並びに生育のために要した飼料費、労務費および経費の額

ロ　生育させた牛馬等を事業のように供するために直接要した費用

④ 自己が成熟させた第13条第９号ロ・ハに掲げる生物（以下「果樹等」という）　　　　　　次に掲げる金額の合計額

イ　成熟させるために取得した果樹等に係る種苗費等の額並びに生育のために要した肥料費、労務費および経費の額

ロ　成熟させた果樹等を事業のように供するために直接要した費用

固定資産を購入した場合の取得経費については、たとえば、土地および建物を購入したような場合などに要する仲介手数料等については、注意を要する。取得に必要な費用である仲介手数料は取得経費に算入するが、租税公課

は支払時の損金として処理することが認められているからである。租税公課は、購入者の意志に関係なく、国家政策として課されるものであるがためである。

法人税法基本通達7－3－3の2（固定資産の取得価額に算入しないことができる費用の例示）によれば、以下に掲げるような費用は、たとえ、固定資産取得のために支出するものであっても、固定資産の取得価額に算入しないことができるとされている。したがって、法人が自己の意思で算入した場合には、それも認められる。その部分だけ、損金の額が小さくなる。

① 次に掲げるような租税公課等の額
　イ　不動産取得税または自動車取得税
　ロ　特別土地保有税のうち土地の取得に対して課されるもの
　ハ　新増設に係る事業所税
　ニ　登録免許税その他登記または登録のために要する費用

② 建物の建設等のために行った調査、測量、設計、基礎工事等で、その建設計画を変更したことにより不要となったものに係る費用の額

③ いったん締結した固定資産の取得に関する契約を解除して、他の固定資産を取得することとした場合に支出する違約金の額

さらに、同通達7－3－15の2（自己の製作に係るソフトウエアの取得価額等）では、以下のように定めている。

自己の製作に係るソフトウエアの取得価額については、施行令第54条第1項第2号の規定に基づき、当該ソフトウエアの製作のために要した原材料費、労務費および経費の額並びに当該ソフトウエアを事業の用に供するために直接要した費用の額の合計額となることに留意する。この場合、その取得価額については適正な原価計算に基づき算定することとなるのであるが、法人が、原価の集計、配賦等につき、合理的であると認められる方法により継続して計算している場合には、これを認めるものとする。この場合においても、前掲したような本社等の間接部門の配賦の問題が発生する。

《関連用語》　固定資産（意義）、減価償却（意義）、減価償却の方法

4-27　定額法

(1)　定額法

平成19年3月31日を基点として、定額法の内容が変わった。平成19年4月1日以降取得したものについては（新）定額法が適用されることになった。

施行令第61条第1項第2号にしたがい、取得価額が要償却額（備忘価額1円を残す）とされることになったことに伴い「定額法の内容」も、当該減価償却資産の取得価額に、その償却費が、毎年、同一となるように当該資産の耐用年数に応じた償却率を乗じて計算した金額を、各事業年度の償却限度額として償却する方法をいうこととされた。その算式（平年度、以下同様）は、以下のように示すことができる。単純な計算式は下段の算式で表せる。

取得価額 × 定額法の償却率 ＝ 償却限度額

（取得価額 －備忘価額） ÷ 耐用年数 ＝ 償却限度額

(2)　旧定額法

旧来（平成19年3月31日以前に取得した減価償却資産）は、取得価額から残存価額（10％相当額）を控除した要償却額を耐用年数に均等額を配分する方法であった。当該減価償却資産の取得価額から、その残族価額を控除した金額に、その償却費が、毎年、同一となるように当該資産の耐用年数に応じた償却率を乗じて計算した金額を、各事業年度の償却限度額として償却する方法をいうこととされていた。その算式は、以下のように示すことができる。

（取得価額－残存価額）×旧定額法の償却率＝償却限度額

なお、耐用年数が到来した後においても、使用している場合、同条第1項第1号により取得価額の95％まで償却することが認められていた。したがって、ここでは、当該減価償却資産が残存する限り、取得価額の5％がいつまでも帳簿価額として存続することになる。（新）定額法が適用されることになったことに伴い、同条第2項により当該帳簿価額（備忘価額1円を残す）を5年間（60ヵ月の月数計算）で償却することが認められた。

≪関連用語≫　固定資産（意義）、減価償却（意義）、定率法、生産高比例法、取替法

4-28　定率法

(1)　定率法

平成19年3月31日を基点として、定率法の内容が変わった。平成19年4月1日以降取得したものについては（新）定率法が適用されることになった。

施行令第48条の2第1項第2号に定めがある。当該減価償却資産の取得価額（注1）に、その償却費が「毎年一定の割合で逓減する」ように当該資産の耐用年数に応じた償却率を乗じて計算した金額（注2）を各事業年度の償却限度額として償却する方法をいう。

（注1）上記の「取得価額」は帳簿価額であり、既に行った償却額で、各事業年度の所得の金額の計算上損金の額に算入された金額がある場合には、当該金額を控除した金額が「帳簿価額」である。また、（注2）「償却率を乗じて計算した金額」は、当該計算した金額が償却保証額に満たない場合には、減価償却資産に、その償却費が、その後毎年同一となるように当該資産の耐用年数に応じた改定償却率を乗じて計算した金額とされている。

同条第5号によれば、「償却保証額」とは、減価償却資産の取得価額に当該資産の耐用年数に応じた償却率を乗じて計算した金額である。減価償却資産に対して、その規定する耐用年数に応じて計算した金額である「調整前償却額」が、償却保証額に満たない場合、取得価額が改定取得価額となる。

(2)　旧定率法

当該減価償却資産の取得価額（注3）に、その償却費が毎年一定の割合で逓減するように当該資産の耐用年数に応じた償却率を乗じて計算した金額を各事業年度の償却限度額として償却する方法をいう。

（注3）上記の（注1）「取得価額」と同一である。旧定率法においては、 償却対象金額（初年度は取得価額、その後は各事業年度の帳簿価額）に、 毎年、同一の償却率を乗じる計算方法で、耐用年数が終了した時点で、残存価額が帳簿残高となるように償却率が設定されていた。旧定率法においては、未償却残高に一定の償却率（同一の率）を乗じた金額を当該事業年度の償却額とする方法であった。

《関連用語》　固定資産（意義）、減価償却（意義）、定額法、生産高比例法

4-29　生産高比例法

(1)　生産高比例法

鉱山すなわち鉱山の鉱業権・採掘権等を購入した時などにおいて、当該権利の取得価額を生産高・採掘量に対応させて、各事業年度の償却額として配分する方法である。施行令第48条の２第１項第３号に定めがある。そこでは、当該鉱業用減価償却資産の取得価額を、当該資産の耐用年数（注１）の期間内における当該資産の属する鉱区の採掘予定数量で除して計算した一定単位当たりの金額に、当該事業年度における当該鉱区の採掘数量を乗じて計算した金額を、各事業年度の償却限度額として償却する方法をいう。

（注１）上記の「耐用年数」は、当該資産の属する鉱区の採掘予定年数が、その耐用年数より短い場合には、当該鉱区の採掘予定年数となる。

鉱業用減価償却資産とは、施行令第48条第５項が定めている「鉱業経営上、直接必要な減価償却資産で、鉱業の廃止により著しくその価値を減ずるもの」が該当する。なお、現在においては、とくに鉱業用品（鉱石全般）は国際価格の変動が大きく影響してくるので、採掘品の種類によって、機能的減価の見積りに困難を伴うことが多い。採算悪化の鉱山が、国際価格の高騰によって、採算割れしていた鉱山が再開発で息を吹き返すことがある。さらに、これからの鉱山開発においては「資産除去債務」の問題が発生している。

(2)　旧生産高比例法

旧生産高比例法は、施行令第48条第１項第３号に定めがある。そこでは、当該鉱業用減価償却資産の取得価額から、その残存価額を控除した金額を当該資産の耐用年数（注２）の期間内における当該資産の属する鉱区の採掘予定数量で除して計算した一定単位当たりの金額に各事業年度における当該鉱区の採掘数量を乗じて計算した金額を当該事業年度の償却限度額として償却する方法をいう。

（注２）上記の「耐用年数」は、（注１）と同一である。

≪関連用語≫　固定資産（意義）、減価償却（意義）、定額法、定率法、取替法、資産除去債務

4-30　取替法

法人税法施行令は第49条に、減価償却方法の一つの類型としての「取替法」に関する規定を設けている。取替法は、厳格な意味において、減価償却方法に該当しないが、事業の業態によっては、その簡便な代替法として認められている。

> 法人税法施行令第49条（取替資産に係る償却の方法の特例）
> 第１項　取替資産の償却限度額の計算については、納税地の所轄税務署長の承認を受けた場合には、その採用している第48条第１項第２号又は第48条の２第１項第２号（減価償却資産の償却の方法）に定める償却の方法に代えて、取替法を選定することができる。
> 第２項　前項に規定する取替法とは、次に掲げる金額の合計額を各事業年度の償却限度額として償却する方法をいう。
> ①　当該取替資産につきその取得価額「中略」の100分の50に達するまで旧定額法、旧定率法、定額法又は定率法のうちいずれかの方法により計算した金額
> ②　当該取替資産が使用に耐えなくなつたため当該事業年度において種類及び品質を同じくするこれに代わる新たな資産と取り替えた場合におけるその新たな資産の取得価額で当該事業年度において損金経理したもの
> 第３項　前２項に規定する取替資産とは、軌条、まくら木その他多量に同一の目的のために使用される減価償却資産で、毎事業年度使用に耐えなくなつたこれらの資産の一部がほぼ同数量ずつ取り替えられるもののうち財務省令で定めるものをいう。

上記「中略」の内容は、「当該事業年度以前の各事業年度に係る次号（上記の第２項第２号に相当するもの）に掲げる新たな資産の取得価額に相当する金額を除くものとし、当該資産が昭和27年12月31日以前に取得された資産である場合には、当該資産の取得価額にその取得の時期に応じて定められた資産再評価法（昭和25年法律第110号）別表第３の倍数を乗じて計算した金額とする。」というものである。この文章の前半の部分「除く規定」

は、新規に取得したものは、現在価額（時価）を反映した取得価額であるから、これを除外するものとして、後半の部分「倍数調整規定」は、日本経済の成長によるインフレーション（価格騰貴）を加味するものとした規定である。また、本来、取替法は「100％取替法」であるべきものであるが、日本の税法においては課税上の政策的配慮から「50％取替法」となっている。

上記の第３項「財務省令で定めるもの」は、法人税法施行規則第10条（取替資産の範囲）の定めであり、以下の事項（一部）が掲記されている。

① 鉄道設備または軌道設備に属する構築物のうち、軌条およびその附属品、まくら木、分岐器、信号機、電灯電力線、送配電線、電車線並びに電線支持物（鉄柱、鉄塔、コンクリート柱及びコンクリート塔を除く。）
② 送電設備に属する構築物のうち、木柱、送電線、地線、添架電話線
③ 配電設備に属する構築物のうち、木柱、配電線、引込線、添架電話線
④ 電気事業用配電設備に属する機械及び装置のうち、計器、柱上変圧器、保安開閉装置、電力用蓄電器および屋内配線
⑤ ガスまたはコークスの製造設備およびガスの供給設備に属する機械及び装置のうち、鋳鉄ガス導管

取替法における「取り替え」は、固定資産として当初の使用に耐えられなくなったものについて、交換工事をするのであるから「当初の物理的機能を復元する」ものである。ところで、固定資産としては「旧資産の除却」と「新規資産の取得」が行われたということであるが、あえて物理的事象にとらわれることなく、経済的効果の観点から「取替費用の会計的認識」を行うというものである。ここに掲記されている項目の中には含まれていないが、有料道路事業における舗装道路の表層部分、信号機、電灯電力線、通信線などが該当するものと思われる。たとえば、道路が磨耗した場合、表層部分（約６cm）の交換工事を行っている。また、同様に鉄道事業ではまくら木や線路の交換工事を行っている。これらの工事は計画的、定期的に実施されている。

≪関連用語≫　固定資産（意義）、減価償却（意義）、定額法、定率法、取替法、資産除去債務

4－31　特別な減価償却方法

特別な減価償却方法については、施行令第48条の４に（減価償却資産の特別な償却の方法）として、適用除外資産を除き、その適用が認められている。

①　適用対象資産

施行令第13条の減価償却資産（９号の生物を除く）

②　適用除外資産

ア　同施行令第49条（取替法）と第50条（特別な償却率適用）の規定を受けるもの

イ　同施行令第48条第１項第１号（ロ）と第６号

⇒　平成10年４月１日以後に取得した建物とリース資産

ウ　同施行令第48条の２第１項第１号と第６号

⇒　建物（鉱業用減価償却資産等を除く）とリース資産

適用対象資産については、当該減価償却資産の償却限度額を当該資産の区分に応じて定められている施行令第48条の旧定額法、旧定率法、旧生産高比例法および同施行令第48条の２の定額法、定率法、生産高比例法に代えて「特別な減価償却方法」を採用することができる。この特別な減価償却方法を採用する場合には、あらかじめ採用する償却方法の内容、採用する理由、対象とする資産の種類その他財務省令で定める事項を記載した申請書を納税地の所轄税務署長に提出しなければならない。法人税法施行規則第12条に「適用範囲」として、①なつ染用銅ロール、②映画用フイルム（２以上の常設館で順次上映されるものに限る。）および③非鉄金属圧延用ロール（電線圧延用ロールを除く。）などが示されている。

なお、船舶については、通常、定額法もしくは定率法が適用されているが、事業年度ごとの運行距離に大きな差異があるような場合、「海運企業財務諸表準則」（昭和29年運輸省告示第431号）の第36条に定めている「運行距離比例法」が特別な償却方法として認められている。ただし、不況時は運行距離が短く償却額が小さくなるが、逆に、係船が長期化することによって、維持費用がかさむということにもなる。

≪関連用語≫　定額法、定率法、生産高比例法、取替法

4-32　少額な減価償却資産

固定資産は、１年以上使用に耐えられる資産であり、それゆえにその使用可能期間（耐用年数）にわたって、費用配分する必要がある。費用配分する対象資産を減価償却資産というが、少額な資産にまで、すべて費用配分対象資産とすることは、事務作業上煩雑である。そこで少額の減価償却資産については、購入時もしくは使用時に費用処理することを認めている。たとえば、万年筆のような文具等は長期間の使用が可能である。企業会計にも税務会計にも「重要性の原則」があり、財政状態の真実な表示並びに課税所得の適正な計算に大きな影響を与えないものについては、費用化を認めるとしているものである。施行令は、以下のように規定している。

> 法人税法施行令第133条（少額の減価償却資産の取得価額の損金算入）
>
> 内国法人がその事業の用に供した減価償却資産（第48条第１項第６号及び第48条の２第１項第６号（減価償却資産の償却の方法）に掲げるものを除く。）で、前条第１号に規定する使用可能期間が１年未満であるもの又は取得価額（第54条第１項各号（減価償却資産の取得価額）の規定により計算した価額をいう。次条第１項において同じ。）が10万円未満であるものを有する場合において、その内国法人が当該資産の当該取得価額に相当する金額につきその事業の用に供した日の属する事業年度において損金経理をしたときは、その損金経理をした金額は、当該事業年度の所得の金額の計算上、損金の額に算入する。

この「少額の減価償却資産」に関する規定は、昭和22年に設けられ、当時1,000円未満であった損金算入限度金額が、昭和26年の改正で10,000円未満とされた。その後、幾度か改正されて、昭和49年には100,000円未満まで引き上げられた。なお、昭和36年の税制改正で、いわゆる業務の性質上基本的に重要なものとされる「少額重要資産」と業務の必要上多量に保有されている「少額多量資産」が減価償却資産として扱われることになったが、この昭和49年の改正時に廃止された。その理由は、実務上、どのようなものが「業務の性質上基本的に重要なものと判断するのか」著しく困難であるほか、煩雑であること並びに納税者の事務の簡素化の要請からとされている。少額重要資産には、パチンコ屋のパチンコ器、ホテル事業のベットやその他の機器備品などがあり、少額多量資産にはビール会社のビール瓶や水産業者では木製の運搬用氷冷パレットなどが該当するものとされた。

昭和63年12月の政令第362号により、この10万円未満基準が20万円未満基準に引き上げられている。翌年からの適用である。この基準の変更は、極めて政治的要因によるものであった。翌年からの「消費税の導入」に合わせたもので、経済界に対する「アメとムチ」のアメの部分に相当する。そして、10年後の平成10年3月の政令第105号により、この20万円未満基準が10万円未満基準に引き下げられている。アメが溶けた、というよりもバブル経済崩壊後の財政悪化に対応させるための増税政策であった。単純に基準が引き上げられたということではなく、従来の基準のまま、10万円以上20万円未満に該当する資産について、課税の繰延を行うというものであった。その結果、この金額基準に該当する資産は使用時もしくは購入時からの3ヵ年均等額償却で、月数按分がなく、残存価額も備忘価額もなしとされていた。これを「一括償却資産」という。

施行令第133条のいう「使用可能期間が1年未満であるもの」または「取得価額が10万円未満であるもの」（一括償却資産で触れる）については、法人税法基本通達に定めがある。同通達7－1－12（使用可能期間が1年未満の減価償却資産の範囲）によれば、法人が属する業種（たとえば、紡績業、鉄鋼業、建設業等の業種）において種類等を同じくする減価償却資産の使用状況、補充状況等を勘案して、一般的に消耗性のものとして認識されている減価償却資産で、その法人の平均的な使用状況、補充状況等からみて、その使用可能期間が1ヵ年未満であるものとされている。なお、平均的な使用状況、補充状況等は、おおむね3ヵ年間の平均値で判定する。

参考文献

武田昌輔『DHCコンメンタール法人税法　第4巻』第一法規　3781～3785頁

≪関連用語≫　固定資産（意義）、減価償却（意義）、一括償却資産

4-33　一括償却資産

平成10年3月の税制改正で10万円以上20万円未満に該当する資産は「課税の繰延対象」とされ、3ヵ年の均等額償却を行うものとされた。それまで使用時もしくは購入時の損金算入とされていたことから、同様に使用時もしくは購入時の損金算入を前提に、申告調整をすればよいことになっている。そのため月数按分がなく、残存価額も備忘価額もない。

一括償却資産に関する規定は、法人税法施行令第133条の2に「一括償却資産の損金算入」として設けられている。そこでは、内国法人が、各事業年度において減価償却資産で取得価額が20万円未満であるものを、事業の用に供した場合において、その内国法人が、その全部または特定の一部を一括したもの（これを「一括償却資産」という）の取得価額の合計額を、当該事業年度以後の各事業年度の所得の計算上、損金に算入する額は、当該一括償却資産の全部または一部につき損金経理をした金額のうち、当該一括償却資産の額を3で除した金額とされている。

施行令第133条のいう「取得価額が10万円未満であるもの」の細目については、法人税法基本通達に定めがある。同通達7－1－11（少額の減価償却資産又は一括償却資産の取得価額の判定）によれば、取得価額が10万円未満または20万円未満であるかどうかは、通常1単位として取引されるその単位、たとえば、機械及び装置については1台または1基ごとに、工具、器具及び備品については、1個、1組または1揃いごとに判定し、構築物のうち、たとえば、まくら木、電柱等単体では機能を発揮できないものについては、一の工事等ごとに判定することになっている。

金額基準が20万円未満から10万円未満に引き下げられても、減価償却資産としての取り扱いではないので、地方税（償却資産税）上の改正はなく、償却資産税の課税対象とはされていない。ただし、たとえ10万円未満の資産であっても、固定資産に計上した場合には、償却資産税の課税対象となる。

≪関連用語≫　固定資産（意義）、減価償却（意義）、償却資産税（地方税）

一括償却資産に関する規定の適用を受けるためには、別表十六（八）「一括償却資産の損金算入に関する明細書」の添付が必要とされる。ここでは、以下の条件の基に作成した例示を示しておくことにした。

条件

① 以下の各事業年度において、該当する一括償却資産は取得した事業年度に全額損金処理している。

② 平成20月３月期　6,789,000円

③ 平成21月３月期　10,500,000円

④ 平成22月３月期　8,456,000円

① 一括償却資産の損金算入に関する明細書

事業年度	平成21・4・1 平成22・3・31	法人名	大日本東京株式会社

事業の用に供した事業年度又は連結事業年度		1	平21・4・1 平22・3・31	平20・4・1 平21・3・31	平19・4・1 平20・3・31	平18・4・1 平19・3・31	平　・　・ 平　・　・	（当期分）
同上の事業年度又は連結事業年度において事業の用に供した一括償却資産の取得価額の合計額		2	円 8,456,000	円 10,500,000	円 6,789,000	円	円	円
当期の月数 （事業の用に供した事業年度の中間申告又は連結事業年度の連結中間申告の場合は、当該事業年度又は連結事業年度の月数）		3	月 12	月 12	月 12	月	月	月 12
当期分の損金算入限度額 $(2) \times \frac{(3)}{36}$		4	円 2,818,666	円 3,500,000	円 2,263,000	円	円	円
当期損金経理額		5	8,456,000	0	0			
差引	損金算入不足額 (4)－(5)	6		3,500,000	2,263,000			
	損金算入限度超過額 (5)－(4)	7	5,637,334					
損金算入限度超過額	前期からの繰越額	8		7,000,000	2,263,000			
	同上のうち当期損金認容額 ((6)と(8)のうち少ない金額)	9		3,500,000	2,263,000			
	翌期への繰越額 (7)＋(8)－(9)	10	5,637,334	3,500,000	0			

別表十六(八)　平二十一・四・一以後終了事業年度分

法 0301－1608

4-34　償却資産税（地方税）

地方税法第５条は「市町村が課することができる税目」として第２項第２号に「固定資産税」を挙げている。その上で、同法第341条（固定資産税に関する用語の定義）の中で「償却資産」に触れている。

償却資産とは、土地および家屋（建物）以外の事業の用に供することができる資産（鉱業権、特許権その他の無形減価償却資産を除く。）で、その減価償却額または減価償却費が、法人税法（第31条「減価償却資産の償却費の計算及びその償却の方法」）または所得税法（第37条「必要経費」）の規定による所得の計算上、損金または必要な経費に算入されるもののうち、その取得価額が少額である資産その他の政令で定める資産以外の資産である。つまり、土地と建物に対して課する固定資産税は、非事業用資産である個人の所有に帰するものに対しても課税対象にしているが、償却資産税は事業用資産に対して課税対象としている。なお、但し書きで、自動車税と軽自動車税が課されるものを除くとしている。したがって、償却資産は事業用資産で、土地、建物については固定資産税が、また自動車税、軽自動車税が課されるものは、重複課税の意味から除かれている。このように事業用資産のうちの減価償却資産に対して課する地方税である。

取得金額が20万円未満の減価償却資産は、課税対象から除かれているが、損金処理が要件とされている。したがって、ホテル事業のように少額の減価償却資産を大量に保有、使用している事業で、たとえば、ベット、テレビ、冷蔵庫、照明機器、装飾品、食器などを、操業開始時は赤字が予想されるとして固定資産に計上した場合、償却資産税の対象になる。

なお、同法第342条（固定資産税の課税客体等）第１項では、固定資産の課税主体は当該固定資産所在の市町村であり、第２項によれば、償却資産のうち船舶、車両その他これらに類する物件については、道府県知事または総務大臣の評価の権限等の規定の適用がある場合を除き、その主たる定けい場または定置場所所在の市町村である。また、納税義務者は所有者であるが、この所有者は登記簿、土地補充課税台帳等に登記、登録されている者である。

≪関連用語≫　地方税、一括償却資産

4-35　資本的取引と収益的取引（資本的支出と修繕費）

(1)　資本的支出の意義と範囲

企業会計において「資本的取引」（資産取引）とは、資金支出の効果が資産計上となるものであり、一方、「収益的取引」（損益取引）は費用処理されるものである。税務会計においては、これに相当するものを「資本的支出」と「修繕費」という表現で表している。税務の実務において、この「資本的支出と修繕費」の関係（損金認容の判断）は、直接、課税所得に影響してくるので、極めて重要な領域を成している。

法人税法施行令は、以下のように規定している。

> 法人税法施行令第132条（資本的支出）
>
> 内国法人が、修理、改良その他いずれの名義をもつてするかを問わず、その有する固定資産について支出する金額で次に掲げる金額に該当するもの（そのいずれにも該当する場合には、いずれか多い金額）は、その内国法人のその支出する日の属する事業年度の所得の金額の計算上、損金の額に算入しない。
>
> ①　当該支出する金額のうち、その支出により、当該資産の取得の時において当該資産につき通常の管理又は修理をするものとした場合に予測される当該資産の使用可能期間を延長させる部分に対応する金額
>
> ②　当該支出する金額のうち、その支出により、当該資産の取得の時において当該資産につき通常の管理又は修理をするものとした場合に予測されるその支出の時における当該資産の価額を増加させる部分に対応する金額

この施行令にいう「資産の使用可能期間を延長させる部分」もしくは「資産の価額を増加させる部分」に係る「法令の解釈と事実の判断」は、実務の世界においては、相当に困難を極めることが多い。

そのために、法人税法基本通達では、以下のような取り扱いとしている。

⑵　資本的支出の例示（同通達7－8－1）

法人が、その有する固定資産の修理、改良等のために支出した金額のうち当該固定資産の価値を高め、または、その耐久性を増やすこととなると認められる部分に対応する金額が資本的支出（固定資産計上）となる。したがって、たとえば、次に掲げるような金額は、原則として資本的支出に該当することになる。

①　建物の避難階段の取り付け等、物理的に付加した部分に係る費用の額
　これには、騒音防止のための二重窓設置等が該当する。

②　用途変更のための模様替え等、改造または改装に直接要した費用の額
　これには、間仕切りの設置等が該当する。

③　機械の部分品を、とくに品質または性能の高いものに取り替えた場合のその取り替えに要した費用の額のうち、通常の取り替えの場合に、その取り替えに要すると認められる費用の額を超える部分の金額
　これには、窓枠（サッシ）について、旧来の鉄製からアルミ製への取り替えや門扉の自動開閉式への変更等が該当する。

なお、建物の増築、構築物の拡張、延長等は建物等の取得に当たる。

⑶　修繕費の意義と範囲（同通達7－8－2）

法人が、その有する固定資産の修理、改良等のために支出した金額のうち当該固定資産の通常の維持管理のため、または毀損（きそん）した固定資産につき、その原状を回復するために要したと認められる部分の金額が修繕費となる。したがって、たとえば、次に掲げるような金額は、修繕費に該当する。

①　建物の移曳（いえい）または解体移築をした場合のそれに要した費用の額

ア　ただし、移曳または解体移築を予定して取得した建物について行った場合は除かれる。

イ　ただし、解体移築にあっては、旧資材の70％以上が、その性質上、再使用できる場合であって、当該旧資材をそのまま利用して従前の建物と同一の規模および構造の建物を再建築するものに限られる。

本件次項に関係したものとして、「固定資産の取得価額」（同通達7－3－

6）との関係で、以下のような取り扱いが設けられている。法人が、建物等が存する土地（借地権を含む）を、土地と建物を一体として取得した場合で、取得後おおむね1年以内に、この建物等の取り壊しに着手したような場合には、当初から土地（更地）そのものを取得する意思であったとみなされて、土地と建物そのものの取得価額のほか、事後費用の取壊費用も、当該物件（土地）の取得価額に含まれることとされている。したがって、マンション業者が販売物件用地として取得したような場合、いずれも売上原価を構成するから、問題がないが、不動産賃貸用物件の場合、取得資産を1年以上使用し、その後において、解体・建築するのが通常になっている。費用化支出額を多くして、不動産賃貸用物件の直接投資額を小さくし、資産投資利回りの極大化を図るのが経営姿勢となっている。

② 機械装置の移設に要した費用（解体費を含む。）の額

ただし、同通達7－3－12「集中生産を行う等のための機械装置の移設費」の本文の適用のある移設に該当するものは除かれる。この場合には、資本的支出とされる。

③ 地盤沈下した土地を、沈下前の状態に回復するために行う地盛りに要した費用の額

要するに、この費用は、原状復帰費用である。したがって、次に掲げる場合のその地盛りに要した費用の額は除かれる。

ア 土地の取得後、直ちに地盛りを行った場合

イ 土地の利用目的の変更、その他土地の効用を著しく増加するための地盛りを行った場合

ウ 地盤沈下により評価損を計上した土地について地盛りを行った場合

④ 建物、機械装置等が地盤沈下により海水等の侵害を受けることとなったために行う床上げ、地上げまたは移設に要した費用の額

ただし、その床上工事等が、従来の床面の構造、材質等を改良するものである等、明らかに改良工事であると認められる場合のその改良部分に対応する金額は除かれる。

⑤ 現に使用している土地の水はけを良くする等のために行う砂利、砕石等の敷設に要した費用の額および砂利道もしくは砂利路面に砂利、砕石等を補充するために要した費用の額

(4) 短期的・周期的な修理・改良工事（同通達7－8－3）

一の計画に基づき同一の固定資産について行う修理、改良等（以下「一の修理、改良等」という。）が、次のいずれかに該当する場合には、その修理、改良等のために要した費用の額については、通達7－8－1（資本的支出の例示）にかかわらず、修繕費として損金経理をすることができる。

① その一の修理、改良等のために要した費用の額が20万円に満たない場合（以下、7－8－5までにおいて同じ。）

ただし、その一の修理、改良等が2以上の事業年度にわたって行われるときは、事業年度ごとに要した金額で判断する。

② その修理、改良等がおおむね3年以内の期間を周期として行われることが既往の実績その他の事情からみて明らかである場合

ところで、本文の「同一の固定資産」は、一の設備が2以上の資産によって構成されている場合には、当該一の設備を構成する個々の資産とし、送配管、送配電線、伝導装置等のように一定規模でなければ、その機能を発揮できないものについては、その最小規模として合理的に区分した区分ごとで判断する。（以下、7－8－5までにおいて同じ。）

(5) 形式基準による修繕費の判定（同通達7－8－4）

一の修理、改良等のために要した費用の額のうちに資本的支出であるか、それとも修繕費であるかが明らかでない部分または金額がある場合においては、その部分もしくは金額が、次のいずれかに該当するときは、修繕費として損金経理をすることができることとされている。少額な金額（相対的判断を含む）は、課税所得の計算において、特段の影響がないものとして、「形式基準」による修繕費処理を容認するというものである。

① その金額が60万円に満たない場合

② その金額がその修理、改良等に係る固定資産の前期末における取得価額のおおむね10％相当額以下である場合

ただし、固定資産には、当該固定資産について行った資本的支出が含まれるのであるから、当該資本的支出が施行令第55条第5項の規定の適用を受けた場合であっても、当該固定資産に係る追加償却資産の取得価額は当該固

定資産の取得価額に含まれることに留意することとされている。

さらに、同通達7－8－5（資本的支出と修繕費の区分の特例）によれば、一の修理、改良等のために要した費用の額のうちに資本的支出であるか、修繕費であるかが明らかでない金額（通達7－8－3もしくは通達7－8－4の適用を受けるものを除く）がある場合において、法人が、継続してその金額の30％相当額とその修理、改良等をした固定資産の前期末における取得価額の10％相当額とのいずれか少ない金額を修繕費として損金に算入し、残額を資本的支出とする経理をしているときは、この会計処理が容認される。なお、当該固定資産の前期末における取得価額は、上記の「ただし書き」によるものとされている。

(5) その他の関連事項（同通達7－8－8、9）

① 地盤沈下による防潮堤、防波堤等の積上費用の処理

法人が、地盤沈下に起因して防潮堤、防波堤、防水堤等について、積上工事を行った場合において、数年以内に、再度、積上工事を行わなければならないものであると認められるときは、その積上工事に要した費用を、一の減価償却資産として償却することができることとされている。

なお、地盤沈下した土地を元の高さに復元する費用は、修繕費として処理することが容認されるが、元の高さ以上に積上工事を行った場合の当該部分の金額は資本的支出とされる。

② 耐用年数を経過した資産について、実施した修理、改良等の処理

耐用年数を経過した減価償却資産について、修理、改良等を実施した場合であっても、その修理、改良等のために支出した費用に係る資本的支出と修繕費の区分は、一般の例により判定するもとされている。

≪関連用語≫　固定資産（意義）、減価償却（意義）、減価償却資産の取得価額

4-36　固定資産の取得価額と利子の資産化

固定資産の取得価額に借入金（社債等の債務を含む）の利子が含まれるかについては、企業会計の考え方では、否定的に解釈されている。とくに、土地については、投下資本の回収の機会がないため全面的に否定されている。減価償却資産については、減価償却が行われることから「建設中の利子」について、限定的（紐付き債務の利子）に認めるという見解がある。とくに、不動産賃貸業においては、「物件の採算性（利益管理）」の判断として、借入金利子を含めたところで計算している。管理会計（利益管理）としては、当然なことである。しかし、制度会計としては認めていない。

税務会計では、制度会計とは異なった取り扱いをしている。同通達7－3－1の2（借入金の利子）では、固定資産を取得するために借り入れた借入金の利子の額は、たとえ、当該固定資産の使用開始前の期間に係るものであっても「取得価額に算入しないことができる」としていることから、文意上、原則としては「取得価額に算入する」という理解がされるところである。税法上、損金処理は法人の任意であるという立場に立っている。なお、借入金の利子の額を建設中の固定資産に係る建設仮勘定に計上した時には、固定資産の取得価額に算入したものとされている。ただし、上場会社等の公開会社では、一般に公正妥当な会計処理としては認められていない。

たとえば、建物等の建築を行い、代金を後払いもしくは分割払いしたような場合には、建設会社としては、建設代金に利子相当額（利子の原価要素）を含めているはずである。そのような場合、結果として、買い手側の固定資産の取得価額に利子の資産化が行われてしまうことになる。このような場合の対処として、同通達7－3－2（割賦購入資産等の取得価額に算入しないことができる利息相当部分）では、割賦販売契約によって購入した固定資産の取得価額には、契約において、割賦期間分の利息相当部分および売り手側の代金回収のための費用等に相当する金額が明確にされている場合には、この利息と代金回収費用等を含めないことができるとされている。

≪関連用語≫　固定資産（意義）、減価償却（意義）、減価償却資産の取得価額

4-37　劣化資産

劣化資産に対する取り扱いが、基本通達7－9－1～5に定められている。

①　意義と範囲

劣化資産とは、生産設備の本体の一部と一体となって繰り返し使用される資産で、数量的に減耗し、または、質的に劣化するもので、冷媒（れいばい）（冷房・冷凍機等で、温度を下げるために用いる物質で、フロンなどのガス）、触媒（しょくばい）、か性ソーダ製造における水銀や鋳物製造における砂などがある。

②　棚卸資産としての劣化資産

劣化資産のうち製造工程において、生産の流れに参加し、かつ、中間生産物の物理的または化学的組成となるものについては、法人が、これを棚卸資産として経理している場合には、これを認める。これらに該当するものとしては、製造工程（溶接作業など）で利用される溶接棒などの補助材料があり、通常、貯蔵品として扱われている。

③　少額な劣化資産の損金算入

一つの設備に、通常、使用される劣化資産で、その取得価額が少額（おおむね60万円未満）なものは、事業の用に供した都度、損金に算入することができる。これも「重要性の原則」の適用である。たとえば、製造工程（プレス作業など）で利用されるオイルなどについては、開缶した時点で、消費（間接材料費もしくは補助材料費）したものとして、原価計算上の原価に算入している。

④　劣化資産の減耗分の補充

劣化資産について、劣化等による減耗分を補充した場合には、補充に要した金額を、その支出した都度、損金に算入する。

⑤　随時補充する劣化資産の取り扱い

事業の開始または拡張のために取得した劣化資産については、その取得価額を資産に計上し、その取得価額の50％まで減耗率によって、計算した金額（償却額）を損金として処理し、その後は、補充に要した支出額を損金に算入する。これは取替法の適用である。

≪関連用語≫　棚卸資産（意義）、固定資産（意義）、減価償却（意義）

4-38　増加償却

税法上の規定は、原則として「通常の使用を前提とした規定」である。ここに通常とは、一般的もしくは常識的な使用（操業）のことで、たとえば、24時間操業のような場合には、機械及び装置等の有形固定資産は磨耗度が激しいことになる。そのような場合の取り扱いが、施行令第60条（通常の使用時間を超えて使用される機械及び装置の償却限度額の特例）にある。

法人が有する機械及び装置の使用時間が、その法人の営む事業の通常の経済事情における平均的な使用時間を超える場合において、当該機械及び装置の償却限度額と平均的な使用時間を超えて使用することによる損耗の程度に応ずるものとして財務省令の定めにより計算した増加償却割合を乗じて計算した金額との合計額をもって当該機械及び装置の当該事業年度の償却限度額とすることができる。ただし、以下に示したような一定の条件がある。

① 増加償却の届け出　　確定申告書等（中間申告書の提出を含む）の書類の提出期限までに、増加償却をする旨の書類を、所轄税務署長あてに提出すること

② 適用減価償却方法　　適用している減価償却の方法は、定額法、定率法、旧定額法もしくは旧定率法であること

③ 対象固定資産　　機械及び装置であること

④ 増加償却割合の計算

「耐用年数の適用等に関する取扱通達」（昭和45年5月25日）3－1－3（平均超過使用時間の意義）によれば、増加償却割合の計算の基礎となる平均超過使用時間は、当該法人の属する業種における標準稼働時間を超えて使用される個々の機械及び装置の1日当たりの時間である。なお、機械及び装置の標準稼働時間は週6日制における時間である。

⑤ 増加償却割合の容認限度　　増加償却割合が10％未満の場合は認められないこと

上記に関係するいわゆる「財務省令で定める事項」は、法人税法施行規則第20条の2（増加償却の届出書の記載事項）であり、提出を要する①の「増加償却の届出書」の雛形は、次ページに示したものである。また、その裏面に記載されている「増加償却の届出書の記載要領等」は、次々ページに掲載してあるとおりである。

<table>
<tr><td>※整理番号</td><td></td></tr>
<tr><td>※連結グループ整理番号</td><td></td></tr>
</table>

増加償却の届出書

税務署受付印

<table>
<tr><td rowspan="7">平成　年　月　日

税務署長殿</td><td rowspan="7">提出法人
□ 単体法人
□ 連結親法人</td><td>(フリガナ)
法人名等</td><td></td></tr>
<tr><td>納税地</td><td>〒
電話(　　)　　－</td></tr>
<tr><td>(フリガナ)
代表者氏名</td><td>㊞</td></tr>
<tr><td>代表者住所</td><td>〒</td></tr>
<tr><td>事業種目</td><td>業</td></tr>
</table>

<table>
<tr><td rowspan="6">連結子法人
(届出の対象が連結子法人である場合に限り記載)</td><td>(フリガナ)
法人名等</td><td></td><td rowspan="6">※税務署処理欄</td><td>整理番号</td><td></td></tr>
<tr><td>本店又は主たる事務所の所在地</td><td>〒　　　(　　局　　署)
電話(　　)　　－</td><td>部門</td><td></td></tr>
<tr><td>(フリガナ)
代表者氏名</td><td></td><td>決算期</td><td></td></tr>
<tr><td>代表者住所</td><td>〒</td><td>業種番号</td><td></td></tr>
<tr><td>事業種目</td><td>業</td><td>整理簿</td><td></td></tr>
<tr><td></td><td></td><td>回付先</td><td>□ 親署 ⇒ 子署
□ 子署 ⇒ 調査課</td></tr>
</table>

自　平成　年　月　日
至　平成　年　月　日　（連結）事業年度における次の機械及び装置については、増加償却を行いますので届け出ます。

設備の種類	1	
細目	2	
所在する場所	3	
通常の経済事情における1日当りの平均的な使用時間	4	
通常使用されるべき日数	5	
平均的な使用時間を超えて使用した時間の合計時間	6	
1日当りの超過使用時間	7	
同上の時間の計算方法	8	第一号該当　　第二号該当
増加償却割合［35／1000×「7」］	9	

操業度上昇の理由

超過使用したことを証する書類として保存するものの名称

税理士署名押印	㊞

※税務署処理欄	部門		決算期		業種番号		整理簿		備考		通信日付印	年　月　日	確認印

（規格A4）

20．06改正　　　　(法1317)

増加償却の届出書の記載要領等

1　この届出書は、単体法人（連結申告法人を除く法人をいいます。）又は連結親法人が、通常の使用時間を超えて使用される機械及び装置の償却限度額の計算について、法人税法施行令第 60 条又は第 155 条の 6 に規定する増加償却を適用しようとする場合に使用してください。

2　増加償却を適用する場合には、その適用を受けようとする事業年度の確定申告書又は連結事業年度の連結確定申告書の提出期限までに、納税地の所轄税務署長に１通（調査課所管法人にあっては２通）提出してください。

3　届出書の各欄は、次により記載してください。

(1)「提出法人」欄には、該当する□にレ印を付すとともに、当該提出法人の「法人名等」、「納税地」、「代表者氏名」、「代表者住所」及び「事業種目」を記載してください。

(2)「連結子法人」欄には、当該子法人の「法人名等」、「本店又は主たる事務所の所在地」、「代表者氏名」、「代表者住所」及び「事業種目」を記載してください。

(3)「設備の種類１」欄には、適用を受ける機械及び装置の減価償却資産の耐用年数等に関する省令（以下「耐用年数省令」といいます。）別表第二に掲げる設備の種類を記載してください。

(4)「細目２」欄には、増加償却を適用しようとする機械及び装置について、耐用年数省令別表第二の細目（細目がない資産については個々の資産の名称）を記載してください。

(5)「所在する場所３」欄には、機械及び装置の所在する事業場名及びその所在地を記載してください。

(6)「通常の経済事情における１日当りの平均的な使用時間４」欄には、法人の営む事業の通常の経済事情における１日当りの平均使用時間を記載してください。

(7)「通常使用されるべき日数５」欄には、増加償却を適用する事業年度の日数から、日曜、祭日、年末年始の休日等貴社の属する業種において通常休日とされている日数を控除した日数を記載してください。

(8)「平均的な使用時間を超えて使用した時間の合計時間６」欄には、増加償却を適用しようとする事業年度において、その対象となる機械及び装置を、(6)に掲げる時間を超えて使用した時間の合計時間を記載してください。

(9)「１日当りの超過使用時間７」欄には、次のイ又はロに掲げる方法のいずれか一の方法で計算した１日当りの超過使用時間を記載してください。

イ　機械及び装置に属する個々の機械及び装置ごとに次の算式により計算した時間の合計時間を１日当りの超過使用時間とする方法

$$\left(\begin{array}{l}\text{個々の機械及び装置の増加償却を実施しよう}\\ \text{とする事業年度における平均超過使用時間}\end{array}\right) \times \frac{\text{個々の機械及び装置の取得価額}}{\text{機械及び装置の取得価額}}$$

ロ　次の算式により計算する方法

$$\text{１日当りの超過使用時間} = \frac{\left(\begin{array}{l}\text{個々の機械及び装置の増加償却を実施しようとする}\\ \text{事業年度における平均超過使用時間の合計時間}\end{array}\right)}{\text{個々の機械及び装置の総数}}$$

(10)「同上の時間の計算方法８」欄には、１日当りの超過使用時間の計算を(9)のイの方法によったときは第一号該当を、(9)のロの方法によったときは第二号該当を○で囲んでください。

(11)「増加償却割合９」欄には、次の算式により計算した割合（その割合に小数点以下２位未満の端数があるときは、切り上げる。）を記載してください。

$$\frac{35}{1,000} \times \text{「１日当りの超過使用時間７」}$$

(12)「操業度上昇の理由」欄には、適用を受ける機械及び装置の操業度上昇の理由及び超過操業の状況を記載します。

(13)「税理士署名押印」欄は、この届出書を税理士及び税理士法人が作成した場合に、その税理士等が署名押印してください。

(14)「※」欄は、記載しないでください。

4　留意事項

○　法人課税信託の名称の併記

法人税法第２条第 29 号の２に規定する法人課税信託の受託者がその法人課税信託について、国税に関する法律に基づき税務署長等に申請書等を提出する場合には、申請書等の「法人名等」の欄には、受託者の法人名又は氏名のほか、その法人課税信託の名称を併せて記載してください。

4−39　有姿除却

有姿除却は、使用見込みがなくなった固定資産について、税務会計上、除却処理（損金処理）を容認するという制度である。たとえば、構築物や建物等について、取壊費用並びにその残骸の処理費用が高くつくというような場合において、あえて物理的な取り壊しをしない場合においても、事実上の除却を認めるということである。たとえば、ゴルフ場事業において、カート道路を新しく敷設し、旧来のカート道路を使用しなくなったケースなどがある。

法人税法基本通達は、以下のように定めている。

同通達7－7－2（有姿除却）は、次に掲げるような固定資産については、たとえ当該資産につき解撤、破砕、廃棄等をしていない場合であっても、当該資産の帳簿価額から、その処分見込価額を控除した金額を除却損として損金の額に算入することができるものとする。なお、この処分見込価額は、収入見込額であって、処分に要する取壊費用等のことではない。

① その使用を廃止し、今後、通常の方法により事業の用に供する可能性がないと認められる固定資産

② 特定の製品の生産のために専用されていた金型等で、当該製品の生産を中止したことにより、将来、使用される可能性のほとんどないことがその後の状況等からみて明らかな固定資産

また、同通達7－7－2の2（ソフトウエアの除却）は、ソフトウエアにつき物理的な除却、廃棄、消滅等がない場合であっても、次に掲げるように当該ソフトウエアを、今後事業の用に供しないことが明らかな事実があるときは、当該ソフトウエアの帳簿価額（処分見込価額差引後の残額）を、当該事実が生じた日の属する事業年度の損金の額に算入することができる。

① 自社利用のソフトウエアについて、そのソフトウエアによるデータ処理の対象となる業務が廃止されるなど、従来のソフトウエアを利用しなくなったことが明らかな場合

② 複写して販売するための原本となるソフトウエアについて、新製品の出現等により、今後、販売を行わないことが明らかな場合

≪関連用語≫　減価償却（意義）、国税敗訴率（ただし、中部電力関係）

4-40　特別償却（措置法関係）

特別償却は、一般的に租税特別措置法が定めている「特別に容認された償却費」をいい、国の景気対策や中小企業に対する支援などの一環として行われているものである。したがって、企業会計上の物理的減価や機能的減価を反映した償却もしくは償却費ではない。同法は第42条の５以下に、以下に示したような事項を定めている。

(1)　特別償却の内容

特別償却には、取得価額の一定割合の償却を特別に認める特別償却（狭義）と普通償却額の割り増しを認める割増償却（割増償却限度額）とがある。

①　特別償却（狭義）

特定の減価償却資産を取得し、事業の用に供したときに、以下の金額を限度に特別に償却できる制度

取得価額等×一定割合＝特別償却限度額

②　割増償却

特定の減価償却資産を取得し、事業の用に供した時に、それ以後一定の期間内に限り、以下の金額を限度に割増償却できる制度

普通償却限度額×一定割合＝割増償却限度額

(2)　租税特別措置法の主要な内容

①　同法第42条の５　（エネルギー需給構造改革推進設備等を取得した場合の特別償却又は法人税額の特別控除）

②　同法第42条の６　（中小企業者等が機械等を取得した場合の特別償却又は法人税額の特別控除）

③　同法第42条の７　（事業基盤強化設備を取得した場合等の特別償却又は法人税額の特別控除）

④　同法第42条の９　（沖縄の特定地域において工業用機械等を取得した場合の法人税額の特別控除）

⑤　同法第42条の10　（沖縄の特定中小企業者が経営革新設備等を取得

した場合の特別償却又は法人税額の特別控除）

⑥　同法第42条の11　（情報基盤強化設備等を取得した場合の特別償却又は法人税額の特別控除）

⑦　同法第43条　（特定設備等の特別償却）

⑧　同法第43条の２　（関西文化学術研究都市の文化学術研究地区における文化学術研究施設の特別償却）

⑨　同法第44条　（地震防災対策用資産の特別償却）

⑩　同法第44条の２　（集積区域における集積産業用資産の特別償却）

⑪　同法第44条の３　（事業革新設備等の特別控除）

⑫　同法第44条の４　（特定設備等の特別償却）

⑬　同法第44条の５　（共同利用施設の特別償却）

⑭　同法第44条の６　（資源再生化設備等の特別償却）

⑮　同法第44条の７　（新用途米穀加工品等製造設備の特別償却）

⑯　同法第45条　（特定地域における工業用機械等の特別償却）

⑰　同法第45条の２　（医療用機器等の特別償却）

⑱　同法第46条　（経営基盤強化計画を実施する指定中小企業者の機械等の割増償却）

⑲　同法第46条の２　（障害者を雇用する場合の機械等の割増償却等）

⑳　同法第46条の３　（支援事業所取引金額が増加した場合の３年以内取得資産の割増償却）

㉑　同法第46条の４　（事業所内託児施設等の割増償却）

㉒　同法第47条　（優良賃貸住宅の割増償却）

㉓　同法第47条の２　（特定再開発建築物等の割増償却）

㉔　同法第48条　（倉庫用建物等の割増償却）

(3)　法人税額の特別控除

租税特別措置法は、特別償却だけではなく、それと同一の効果がある「法人税の特別控除」という制度を設けている。特別償却は当該規定により増額した損金算入額に対応する法人税額相当額が、納付すべき法人税が減額されることになるので、法人税の特別控除と同一の効果があるということである。同法第42条の５以下の幾つかの規定がそれである。ただし、特別償却ではなく「法人税の特別控除」のみの定めもある。

同法第42条の4（試験研究を行つた場合の法人税の特別控除）では、青色申告書提出法人の各事業年度において、当該事業年度の所得金額の計算上「損金に算入される試験研究費」がある場合、当該事業年度の法人税の額から、当該試験研究費の10％を控除できるものとしている。ただし、試験研究費の割合が10％未満であるときには、当該試験研究費の割合に20％を乗じて計算した割合に８％を加算した割合に相当する金額とすることになっている。これを「税額控除限度額」という。

この法人税の特別控除制度も、景気対策の一環として導入されているものであるが、平成21年３月期およびその翌事業年度（とくに第１四半期）の主要な企業の利益動向を鑑みると、ほとんど効果がない。赤字決算であったから、試験研究費への追加的投資が行われなかった。好景気のときには、法人税の特別控除は、節税と将来に対する投資の視点から効果があるとしても、不況下においては、その政策的意図は限定的である。

(4)　植林費の損金算入の特例

同法第52条は「植林費の損金算入の特例」を設けている。この制度は「環境破壊」が進んでいる日本（日本に限定されるものではないが）において、環境の育成、保全、維持の視点から有用な税制であると考える。とくに、現在、必要な間伐等の手入れが施されず、荒れた森林が増加しているからである。同法第52条は、森林法が規定する森林所有者（青色申告書提出法人に限る）が、その有する山林につき、市町村長の認定を受けた森林施業計画（公益的機能別森林施業）に基づき造林（植林、播種（はしゅ）「たねまき」）により森林を造成するための植林費用を支出した場合には、支出した各事業年度において、支出した金額の35％以下の金額の損金経理を条件に、損金として認容するというものである。この規定の適用には、以下の条件が付されている。

①　確定申告書等において損金算入に関する記載をすること

②　資本金等の金額が１億円超で、従業員が300人以上の法人であること

≪関連用語≫　減価償却（意義）、物理的減価と機能的減価

Ⅲ　有価証券を中心とする会計と税務

4-41　有価証券（意義）

法人税法第２条（定義）第21号「有価証券」では、「金融商品取引法第２条第１項に規定する有価証券その他これに準ずるもので、政令で定めるものをいうとされている。ただし、自己株式や同法第61条の５第１項に規定するデリバティブ取引に係るものは除かれている。企業会計上、自己株式は純資産の部の控除項目とされており、保有有価証券と明確に区分している。ただし、株式の消去手続をするまでは、自己株式自体は株式として存在している。しかし、税務の考え方では、「自己株式は資本金の減少取引」という考え方から企業会計とは相違した認識をとっている。

ところで、商取引の中では、倉荷証券や船荷証券も有価証券であるが、企業会計と同様に税法の中では、これらの証券は有価証券の範囲に入れていない。あくまで、上記の規定によっている。なお、上記の「政令で定めるもの」は、施行令第11条（有価証券に準ずるものの範囲）に定めがある。そこでは、以下のものが挙げられている。

①　金融商品取引法第２条第１項第１号から第15号までに掲げる有価証券および第17号の有価証券に表示される権利

②　銀行法第10条第２項第５号（業務の範囲）に規定する証書をもって表示される金銭債権のうち財務省令で定めるもの

　これには銀行法施行規則に掲げる譲渡性預金証書が該当する。

③　合名会社、合資会社または合同会社の社員の持分、協同組合等の組合員または会員の持分その他法人の出資者の持分

④　株主または投資主（投資信託及び投資法人に関する法律）となる権利、優先出資者（協同組織金融機関の優先出資に関する法律）となる権利、特定社員（「資産の流動化に関する法律」に規定する特定社員または優先出資社員）となる権利、その他法人の出資者の持分

≪関連用語≫　金融商品取引法（有価証券の範囲）

4-42　金融商品取引法（有価証券の範囲）

(1)　金融商品取引法の目的

金融商品取引法は、平成18年6月7日に「証券取引法等の一部を改正する法律」（法律第65号）により成立し、同月14日に交付された。このように、同法は証券取引法（昭和23年4月13日 法律第25号）が衣替えして制定された法律である。なお、証券取引法は、アメリカの1933年証券法（証券の発行市場を規制するもの）および1934年証券取引所法（証券の流通市場を規制するもの）を母体として、それを統合する形で、日本に導入された法律である。[(1)]

金融商品取引法は、第1条にその「目的」が謳われている。その要点は、以下のように示すことができる。

この法律の目的は、

①　企業内容等の開示の制度を整備するとともに

②　金融取引業者に関する事項を定め

③　金融商品取引所の適切な運営を確保すること等により

有価証券の発行および金融商品等の取引等を公正にし、有価証券の流通を円滑にするほか

④　資本市場の十分な機能を発揮させ、金融商品の公正な価格形成を図り

その結果として、

「国民経済の健全な発展」および「投資者の保護」に資することにある。

なお、金融庁によるこの法律の「具体的な内容（目的）」は、以下の4点にあるとしている。[(2)]

①　投資性の強い金融商品に対する横断的な投資者保護法制の構築

②　開示制度の拡充

③　取引所の自主規制機能の強化

④　不公正取引等への厳正な対応

(2)　金融商品取引法の有価証券の範囲（種類）

金融商品取引法は、第2条（定義）において、有価証券とは、「次に掲げ

るものをいう」としているだけで、定義はしていない。あくまでも、その範囲（種類）を掲げているにすぎない。したがって、同法は「有価証券の（なんたるか)」を示してはいない。

① 国債証券
② 地方債証券
③ 特別の法律により法人の発行する債券
④ 資産の流動化に関する法律に規定する特定社債券
⑤ 社債権
⑥ 特別の法律により設立された法人の発行する出資証券
⑦ 協同組織金融機関の優先出資に関する法律に規定する優先出資証券
⑧ 資産の流動化に関する法律に規定する優先出資証券または新優先出資引受権を表示する証券
⑨ 株券または新株予約権証券
⑩ 投資信託および投資法人に関する法律に規定する投資信託または外国投資信託の受益証券
⑪ 投資信託および投資法人に関する法律に規定する投資証券もしくは投資法人債券または外国投資証券
⑫ 貸付信託の受益証券
⑬ 資産の流動化に関する法律に規定する特定目的信託の受益証券
⑭ 信託法に規定する受益証券発行信託の受益証券
⑮ 法人が事業に必要な資金を調達するために発行する約束手形のうち、内閣府令で定めるもの
⑯ 抵当証券法に規定する抵当証券
⑰ 外国または外国の者の発行する証券または証書で第1号から第9号まで、または第12号から前号までに掲げる証券、もしくは証書の性質を有するもの（次号に掲げるものを除く）
⑱ 外国の者の発行する証券または証書で、銀行業を営む者、その他の金銭の貸し付けを業として行う者の貸付債権を信託する信託の受益権、またはこれに類する権利を表示するもののうち、内閣府令で定めるもの
⑲ 金融商品市場において金融商品市場を開設する者の定める基準および方法に従い行う第21項第3号に掲げる取引に係る権利、外国金融市場において行う取引であって第21項第3号に掲げる取引と類似の取引に

係る権利など、いわゆる「オプション」を表示する証券または証書

⑳　前各号に掲げる証券または証書の預託を受けた者が、当該証券または証書の発行された国以外の国において発行する証券または証書に係る権利を表示するもの

㉑　前各号に掲げるもののほか、流通性その他の事情を勘案し、公益または投資者の保護を確保することが必要と認められるものとして政令で定める証券または証書

なお、同法第２条第２項は、以下のように規定している。

前項第１号から第15号までに掲げる有価証券、同項第17号に掲げる有価証券および同項第18号に掲げる有価証券に表示されるべき権利並びに同項第16号に掲げる有価証券、同項第17号に掲げる有価証券および同項第19号から第21号までに掲げる有価証券であって内閣府令で定めるものに表示されるべき権利は、当該権利を有価証券とみなし、次に掲げる権利は、証券または証書に表示されるべき権利以外の権利であっても有価証券とみなして、この法律の規定を適用するということとされている。

①　信託の受益権

②　外国の者に対する権利で前号に掲げる権利の性質を有するもの

③　合名会社もしくは合資会社の社員権または合同会社の社員権

④　外国法人の社員権で、前号に掲げる権利の性質を有するもの

⑤　民法の規定に基づくもの「出資者相当関係」で、内容は省略する

⑥　外国の法令に基づく権利であって、前号に掲げる権利に類するもの

⑦　前各号に掲げるもののほか、前項に規定する有価証券および前各号に掲げる権利と同様の経済的性質を有すること、その他政令で定める権利

参考文献

(1)　守屋俊晴『監査の実践技法〔第２版〕―内部統制部門・監査役・公認会計士の業務と責任―』平成８年11月30日　第２版発行　96～100頁

(2)　http://www.fsa.go.jp／policy／kinyusyohin／index.html

≪関連用語≫　有価証券（意義）

4−43　有価証券の評価方法および法定評価方法

⑴　有価証券の評価方法の特異性

棚卸資産については、法人税法第29条第１項で規定している「たな卸資産の売上原価等の計算及びその評価の方法」に関係して、「選定することができる評価の方法」が、同施行令第28条に「棚卸資産の評価の方法」として定められている。他方、有価証券の評価方法については、この規定に該当するものがない。同施行令第119条の２（有価証券の１単位当たりの帳簿価額の算出の方法）第１項によれば、「有価証券を譲渡した場合の１単位当たりの帳簿価額の算出方法」は、以下の方法、すなわち、移動平均法もしくは総平均法の選択適用とされているだけである。したがって、このふたつの評価方法以外の棚卸資産について認められている評価方法は認められていない。また、移動平均法もしくは総平均法について、法人税法基本通達5−2−3が認めている月別による計算に関するものがないことから、月別移動平均法もしくは月別総平均法は認められないということになる。

①　移動平均法

この計算方法は、有価証券をその銘柄の異なるごとに区別し、その銘柄を同じくする有価証券の取得をする都度、その有価証券の取得直前の帳簿価額と、取得した有価証券の帳簿価額との合計額を、これらの有価証券の総数で除して平均単価を算出し、その算出した平均単価をもって、有価証券の１単位当たりの帳簿価額とする方法である。この計算方式は「加重移動平均法」であり、棚卸資産に認めている単純移動平均法は認められていない。いずれにしても、この計算方式によると、有価証券の取得ごとに譲渡した場合の譲渡単価が変化することになる。

②　総平均法

この計算方法は、有価証券を前号と同様に区分し、その銘柄の同じものについて、当該事業年度開始の時において有していたその有価証券の帳簿価額と当該事業年度において取得した同一銘柄の有価証券の取得価額の総額との合計額を、当該有価証券の総数で除して平均単価を算出し、その算出した平均単価をもって、有価証券の１単位当たりの帳簿価額とする方法である。いずれにしても、この計算方式によると、有価証券の取得ごとに譲渡した場合の譲渡単価は、事業年度末にならないと計算することができないことになっている。したがって、事業年度内に有価証券の取引（譲渡）の都度、譲渡単価を確定することができる移動平均法のほうに、有用性があると考える。

⑵ 有価証券の区分と評価方法の選定

同施行令第119条の２第２項は「有価証券の区分と評価方法の選定」において定めている。そこでは、移動平均法もしくは総平均法を適用する場合、有価証券を以下に区分した後のそれぞれの銘柄について行うものとしている。

① 売買目的有価証券
② 満期保有目的等有価証券
③ その他有価証券（上記①と②以外の有価証券）

⑶ 有価証券の法定評価方法

同施行令第119条の７（有価証券の１単位当たりの帳簿価額の法定算出方法）は、法人税法第61条の２第１項第２号（有価証券の譲渡原価の額）に規定する政令で定める方法を「移動平均法」としている。なお、同施行令第119条のでは「評価方法の変更手続」について定めている。有価証券につき選定した１単位当たりの帳簿価額の算出方法（有価証券の評価方法）および選定しなかったことによって採用したとみなされた法定評価方法（移動平均法）を変更しようとする場合、新たに採用しようとする評価方法を、当該事業年度の前事業年度末日までに所轄の税務署長に提出しなければならない。

なお、税務署長は、内国法人が、有価証券につき選定した評価方法により１単位当たりの帳簿価額を算出しなかった場合については、当該法人が採用した算出方法（評価方法）が、同施行令第119条の２第１項各号（移動平均法もしくは総平均法）のいずれかの方法に該当し、かつ、適正に行われていると認められる場合には、その方法により当該事業年度の所得を基礎として更正または決定をすることができるものとしている。

≪関連用語≫　有価証券（意義）、金融商品取引法（有価証券の範囲）

4-44　有価証券の譲渡損益の計算

法人税法第61条の２（有価証券の譲渡益又は譲渡損の益金又は損金算入）は「取引の成立日」を定めている。本条第１項では、内国法人が有価証券の譲渡をした場合には、その譲渡に係る譲渡利益額または譲渡損失額は、その譲渡に係る契約をした日の属する事業年度の所得の計算上、益金の額または損金の額に算入することとしている。

ここでは、契約日が「取引成立日」としている。しかし、従来は、取引の成立した日の４営業日（当日を含む）の日に取引があったものとして、継続的に当該日に取引を認識することにしていれば、それを認めるということにされていた。この慣習は、たとえば、株式でいえば、証券会社等事業者間の「現物の受渡」が取引成立日後４営業日であったためである。

譲渡利益額または譲渡損失額は、同項により、以下の算式で計算された金額であり、譲渡対価のほうが大きければ譲渡利益額が、逆に譲渡原価のほうが大きければ譲渡損失額が算出されることになる。

有価証券の譲渡対価－譲渡原価＝譲渡利益額（または譲渡損失額）

なお、ここにいう有価証券の譲渡をした場合には、当該有価証券が合併、分割または適格現物出資により合併法人、分割継承法人または被現物出資法人に移転する場合における当該移転は除くことになっている。法人税法上、これらの事例に該当するケース（有価証券の移転）は、譲渡には該当しないということである。

譲渡対価と譲渡原価の算定においては、以下の点に留意する必要がある。

①　譲渡対価

第24条第１項（配当等とみなす金額）の規定により、第23条第１項第１号（受取配当等の益金不算入）に掲げる金額とみなされた「みなし配当金」相当額を控除して計算した金額である。

②　譲渡原価

有価証券について採用した評価方法（有価証券につき選定した１単位当たりの帳簿価額を算出方法）により計算した金額である。

≪関連用語≫　有価証券（意義）、有価証券の評価方法、有価証券の取得価額

4-45　有価証券の取得価額

法人税法施行令第119条は「有価証券の取得価額」について、以下に掲げる有価証券の区分に応じて、それぞれの金額とする旨定めている。

①　購入した有価証券

購入の代価。これには購入手数料その他購入のために要した費用を加算した金額である。

ただし、信用取引およびデリバティブによる取得は除かれる。

法人税法基本通達2－3－5（有価証券の購入のための付随費用）によれば、上記の「その他購入のために要した費用」には、有価証券を取得するために要した通信費、名義書換料の額を含めないことができる。また、外国有価証券の取得に際して徴収される有価証券取得税その他これに類する税についても、同様に含めないことができるとされている。

②　金銭の払い込みまたは金銭以外の資産の給付により取得した有価証券

その払い込みをした金銭の額および金銭以外の資産の価額の合計額。新株予約権の行使により取得した有価証券にあっては、当該新株予約権を行使する直前の帳簿価額を含み、その払い込みまたは給付による取得に要した費用を加算した金額である。

ただし、同条第4号（有利発行もしくは低廉発行の場合「以下の④」）および第19号（新株予約権付社債の社債部分の行使によって取得した株式）並びに適格現物出資によって取得したものは除かれる。

③　株式等無償交付により取得した株式または新株予約権

零（0円）。なお、株式等無償交付とは、法人が、その株主等に対して新たに金銭の払い込みまたは金銭以外の資産の給付（以下「払込金額等」という）をさせないで、当該法人の株式（出資を含む）または新株予約権を交付することをいう。

④　有価証券と引き換えに行った払込金額等の合計額が、払込金額等の価額を定める時における有価証券の取得のために通常要する価額に比して

有利な金額である場合における当該払込金額等により取得した有価証券

その有価証券の取得のために通常要する価額。つまり、有利取得した有価証券の取得価額は、時価で取得したものとみなすということである。

同通達2－3－7（通常要する価額に比して有利な金額）によれば払込金額等を決定する日の現況における当該発行法人の株式の価額（時価相当額）に比して社会通念上相当と認められる価額を下回る価額をいい、有利な価額が当該法人の株式価額のおおむね10％以上であるかどうかで判定するものとしている。また、払込金額等を決定する日の現況における当該法人の株式価額は、決定日の価額のみをいうのではなく、決定日前1ヵ月間の平均株価等、払込金額等を決定するための基礎として相当と認められる価額をいうものとされている。

⑤　株式交換により交付を受けた株式交換完全親会社の株式または当該親会社の株式

当該株式交換完全子法人の株式交換の直前の帳簿価額。つまり、この株式交換取引は、法人税法上、株式の譲渡並びに譲受とはせず、譲渡損益の認識は行わないということである。

この場合の株式交換は、特定の会社（買収対象会社）もしくは子会社について、株式交換により完全子会社にするために、当該会社の株式もしくは親会社の株式を特定の会社もしくは子会社の株主に対して交付する場合に限って認められている。したがって、株式以外の資産を交付する場合は、この規定の適用を受けることができない。ただし、当該株主に対する剰余金の配当として交付される金銭その他の資産および株式交換に反対する株主に対する買取請求に基づく対価として交付される金銭その他の資産は、例外事項として除かれている。

なお、同施行令第119条第1項が定めている「有価証券の取得価額」は、第1号から第23号まであるが、ここに列挙した以外の項目は省略している。

≪関連用語≫　有価証券（意義）、有価証券の評価方法

4-46　金融資産と金融負債

企業会計基準第10号「金融商品に関する会計基準」（企業会計審議会 平成11年1月22日）は、金融資産と金融負債の範囲を次のように定めている。

①　金融資産

金融資産とは、現金預金、受取手形、売掛金および貸付金等の金銭債権、株式その他の出資証券および公社債等の有価証券並びに先物取引、オプション取引、スワップ取引およびこれらに類似する取引（以下「デリバティブ取引」という。）により生ずる正味の債権等をいう。

②　金融負債

金融負債とは、支払手形、買掛金、借入金および社債等の金銭債務並びにデリバティブ取引により生ずる正味の債務等をいう。

同会計基準は有価証券について、以下のように4つに区分して、各々の会計処理（損益の認識）を示している。

①　売買目的有価証券

売買目的有価証券は、時価の変動により利益を得ることを目的として保有する有価証券であり、時価をもって貸借対照表価額とし、評価差額（評価益もしくは評価損）は当期の損益として処理する。

②　満期保有目的の債券

満期保有目的の債券とは、満期まで所有する意図をもって保有する社債その他の債券であり、この債券は取得原価（取得価額）をもって貸借対照表価額とする。ただし、債券を債券金額より低い価額または高い価額で取得した場合において、取得価額と債券金額との差額の性格が金利の調整と認められるときは、償却原価法に基づいて算定された価額もって貸借対照表価額としなければならない。

償却原価法とは、金融資産または金融負債を債権額または債務額と異なる金額で計上した場合において、当該差額に相当する金額を弁済期または償還期にいたるまで、毎期一定の方法で取得価額に加減する計算方法である。この場合、当該加減額を受取利息または支払利息に含めて処理する。

③　子会社および関連会社株式

子会社および関連会社株式は、取得原価をもって貸借対照表価額とする。

④　その他有価証券

その他有価証券とは、売買目的有価証券、満期保有目的の債券、子会社および関連会社株式以外の有価証券をいう。このその他有価証券は、時価をもって貸借対照表価額とし、評価差額は洗替方式に基づき、次のいずれかの方法によって処理するもとされている。

ア　評価差額の合計額を純資産の部に計上する。

イ　時価が取得原価を上回る銘柄に係る評価差額は、純資産の部に計上し、時価が取得原価を下回る銘柄に係る評価差額は、当期の損失として処理する。

この会計処理は、保守主義の原則（安全性の原則）の要請に合致するとしても、首尾一貫性の観点から見ると明らかに矛盾している。ともかく、純資産の部に計上されるその他有価証券の評価差額については、税効果会計を適用することになっている。純資産の部に計上される評価差額には、実現利益になったときに納付すべき税額が含まれているからである。

なお、その他有価証券の決算時の時価は、原則として、期末時の市場価格に基づいて算定された価額である。ただし、継続適用を条件に、期末日1ヵ月の市場価格の平均価額を適用することも認められている。

「金融商品に関する会計基準」における有価証券の範囲は、原則として、金融商品取引法に定義（範囲）する有価証券に基づくものとされているが、それ以外のものであっても、金融商品取引法上の有価証券に類似し、企業会計上の有価証券として取り扱うことが適当と認められものについても有価証券の範囲に含めるものとしている。他方、逆に、金融商品取引法上の有価証券であっても、企業会計上の有価証券として取り扱うことが適当と認められないものについては、本会計基準上、有価証券として取り扱わないこととされている。

≪関連用語≫　有価証券（意義）、有価証券の評価方法、有価証券の取得価額

4-47　売買目的有価証券と評価

法人税法第61条の３第１項は「売買目的等の有価証券に関する評価」に関する定めを設けている。同項では、事業年度末日において保有している有価証券について、売買目的有価証券と売買目的外有価証券に区分して、各々につき、定める金額をもって決算時の評価額とするものとしている。

まず、売買目的有価証券の決算時の評価額は「時価法により評価した金額」である。この売買目的有価証券は、短期的な価格の変動を利用して利益を得る目的（以下「短期売買目的」という）で取得した有価証券であり、その範囲は同施行令第119条の12で定める以下のものである。

① 法人が取得した有価証券（以下に掲記するイ、ウ(省略)、エ(省略)を除く）のうち、以下に該当する有価証券

ア　短期売買目的で行う取引にもっぱら従事する者が、短期売買目的で取得した有価証券（これを「専担者売買有価証券」という）

基本通達２－３－26（専担者売買有価証券の意義）によれば、専担者売買有価証券とは、いわゆるトレーディング目的で取得した有価証券であるから、特定の取引勘定を設けて有価証券の取引を行い、かつ、この取引業務を日常的に遂行しえる人材から構成された独立の専門部署（関係会社を含む）を設置して運用されている場合の有価証券をいうものとされている。

イ　取得日において短期売買目的として取得した旨を財務省令で定める帳簿書類に記載した有価証券

財務省令（施行規則第27条の５）による「帳簿書類の記載」は、勘定科目において、短期売買目的有価証券勘定と短期売買目的外有価証券勘定とに区分して行うこととされている。したがって、基本通達２－３－27の（注）が示しているように、短期的に売買し、または大量に売買を行っている有価証券であっても、本規則の規定に基づき区分していないものは、短期売買目的有価証券とはみなされない。

② 金銭の信託のうち、その契約をしたことに伴い、信託財産となる金銭を支出した日において、その「信託財産として短期売買目的の有価証券

を取得する旨」を財務省令で定める帳簿書類に記載した有価証券

ただし、法人税法第12条第1項但書に挙げられている集団投資信託、退職年金等信託に該当する信託はこの規定から除かれている。なお、この金銭の信託に属する有価証券は、信託の契約ごとに短期売買目的有価証券に該当するかどうか判定することになっている。

財務省令（施行規則第27条の5）による「帳簿書類の記載」は、勘定科目において、短期売買目的で有価証券を取得する金銭の信託とその金銭の信託以外の金銭の信託に属する有価証券の勘定とに区分して行う。

③ 適格合併、適格分割、適格現物出資または適格事後設立により被合併法人、分割法人、現物出資法人または事後設立法人（以下「被合併法人等」という）から移転を受けた有価証券のうち、その移転の直前の合併法人等において前2号および次号に掲げる有価証券

④ 内国法人が第119条（有価証券の取得価額）第1項のうち第5号（合併）、第6号（分割型分割）、第8号（株式交換）および第10号（株式移転）に規定する（以下「合併等」という）ところにより交付されたこれら合併等に係る合併法人、上記第5号に規定する親法人、分割継承法人もしくは上記第6号に規定する親法人、株式交換完全親法人もしくは上記第8号に規定する親法人または株式移転完全親法人の株式（出資を含む）で、その交付の基因となった合併等に係る被合併法人、分割法人もしくは株式交換完全子法人または株式移転完全子法人の株式で、前3号に掲げる有価証券とされているもの

この項において、株式以外の現金等の資産の交付が行われない場合には、投資行為が引き継がれているものとみなされ、当該株式が実質的に継続して保有されているものと考えられるところから、その目的区分を引き継ぐこととされている。

≪関連用語≫　有価証券（意義）、有価証券の評価方法、有価証券の取得価額

4-48　売買目的外有価証券と評価

法人税法第61条の3第1項第2号は「売買目的外有価証券に関する評価」に関する定めを設けている。そこでは、売買目的外有価証券は「売買目的有価証券以外の有価証券」をいうとされている。

売買目的外有価証券の期末保有有価証券の評価額は「原価法により評価した金額」である。原価法は、期末保有有価証券について、その時の帳簿価額をもって当該期末保有有価証券の評価額とする評価基準（本書でいう「原価基準」のこと）である。なお、この場合の帳簿価額とは、償還期限および償還金額の定めのある有価証券にあっては、政令で定めるところにより帳簿価額と償還金額との差額のうち当該事業年度に配分すべき金額を加減調整した後の金額である。この加減調整は、施行令第119条の14（償還有価証券の帳簿価額の調整）に定めている。

法人が事業年度末日に保有している償還期限および償還金額の定めのある売買目的外有価証券（以下「償還有価証券」という）のその時点の帳簿価額は、その償還有価証券を銘柄の異なるごとに区分し、銘柄の同じものについて、その償還有価証券の当期末調整前帳簿価額について、施行令第139条の2第2項に規定する調整差益または調整差損を加算し、もしくは減算した金額である。なお、償還有価証券であるため、償還期限に償還されないと見込まれる新株予約権付社債その他これに準ずるものは、この範囲から除かれる。

施行令第139条の2（償還有価証券の調整差益又は調整差損の益金又は損金算入）第1項は、償還有価証券に係る調整差益または調整差損は、所得金額の計算上、益金の額または損金の額に算入するものとしている。さらに、第2項において、この場合の調整差益は、償還有価証券の当期末額面合計額が、その償還有価証券の当期末調整前帳簿価額を超える場合のその超過金額を取得後満期日までの期間（日数）で配分した当該事業年度分の金額である。また、調整差損は、償還有価証券の当期末調整前帳簿価額がその償還有価証券の当期末額面合計額を超える場合のその超過金額を取得後満期日までの期間（日数）で配分した当該事業年度分の金額である。

≪関連用語≫　売買目的有価証券と評価、売買目的有価証券の評価損益

4-49　売買目的有価証券の評価損益

⑴　売買目的有価証券の評価益または評価損の処理

売買目的有価証券の評価益または評価損の処理については、法人税法第61条の３第２項に定めがある。法人が事業年度末日において売買目的有価証券を保有している場合で、当該売買目的有価証券の評価益または評価損は、当該事業年度の所得金額の計算上、益金の額または損金の額に算入するものとしている。したがって、この規定は法人税法第25条（資産の評価益の益金不算入等）および第33条（資産の評価損の益金不算入等）の例外規定となる。なお、この場合の評価益は、当該売買目的有価証券の時価評価金額が期末帳簿価額を超過している金額である。他方、評価損は、当該売買目的有価証券の期末帳簿価額が時価評価金額を超過している金額である。

⑵　洗替方式（洗替え法）の適用

法人税法第61条の３第２項に規定により、売買目的有価証券の評価益または評価損を、当該事業年度の所得金額の計算上、益金の額または損金の額に算入した金額は、施行令第119条の15により、当該事業年度の翌事業年度の所得金額の計算上、益金の額または損金の額に算入するとされている。この意味は、一度、所得金額の計算上、益金の額に算入した金額を、翌事業年度の所得金額の計算上、損金の額に算入するというもので、逆に、一度、所得金額の計算上、損金の額に算入した金額を、翌事業年度の所得金額の計算上、益金の額に算入するというもので、この会計処理を洗替方式（洗替え法）と呼んでいる。売買目的有価証券の評価益または評価損について「純額処理（差額繰入処理）」を行っても、課税所得金額に影響はないが、会社法上、評価益は配当可能利益から除外されているので、留意する必要がある。

ただし、分割型分割により分割継承法人に売買目的有価証券を移転する場合におけるその売買目的有価証券に係る金額は、この定めの対象外である。

≪関連用語≫　売買目的有価証券と評価、売買目的外有価証券と評価、切放方式（切放し法）と洗替方式（洗替え法）

4-50　売買目的有価証券の時価

法人税法施行令第119条の13（売買目的有価証券の時価評価金額）によれば「売買目的有価証券の時価法により評価した金額」は、事業年度末日に保有している有価証券を銘柄別に区分し、以下の各号に掲げる有価証券に応じ、当該各号に定める金額に数量を乗じた金額である。

① 取引所売買有価証券（金融商品取引法第２条第16項に規定する金融商品取引所が開設する市場において取引される有価証券）

金融商品取引所が公表した当該事業年度末日におけるその取引所売買有価証券の最終の売買の価格（終値）

終値がない場合は、最終の気配相場とし、そのいずれもがない場合には、同日前の終値もしくは最終の気配相場が公表された日で、事業年度末日にもっとも近い日の終値もしくは最終の気配相場とする。

② 店頭売買有価証券（金融商品取引法第２条第８項第10号ハに規定する店頭売買有価証券）および取扱有価証券（同法第67条の18第４号に規定する取扱有価証券）

同法第67条の19（売買高、価格等の通知）の規定により公表された当該事業年度末日における店頭売買有価証券または取扱有価証券の最終の売買の価格（終値）

終値がない場合は、上記①に準ずる。

③ その他価格公表有価証券（前２号に掲げる有価証券以外の有価証券のうち、価格公表者によって公表された売買または気配相場があるもの）

価格公表者によって公表された事業年度末日における当該その他価格公表有価証券の最終の売買の価格（終値）

終値がない場合は、上記①に準ずる。

④ 前３号に掲げる有価証券以外の有価証券（以下の区分に応じた金額）

ア　償還期限および償還金額の定めのある有価証券

事業年度末日の帳簿価額に必要な配分額を調整した金額

イ　アの有価証券以外の有価証券　　事業年度末日の帳簿価額

≪関連用語≫　売買目的有価証券と評価、売買目的有価証券の評価損益

4－51　有価証券の空売取引と損益の処理

法人税法第61条の２第19項は「有価証券の空売取引」に関する規定を設けている。そこでは、法人が「有価証券の空売りの方法により、有価証券の売り付けをし、その後に、その有価証券と同一銘柄の有価証券を買い戻しをして決済した場合における第１項（譲渡損益の処理）の規定の適用については、以下の計算によるものとされている。

譲渡利益の額＝売付有価証券の対価－買戻有価証券の対価

譲渡損失の額＝買戻有価証券の対価－売付有価証券の対価

この場合の「売付有価証券の対価」は、売り付けをした有価証券の１単位当たりの譲渡に係る対価の額を算出する方法として政令で定める方法により算出した金額に、その買い戻しをした有価証券の数を乗じた金額である。

また、「有価証券の空売り」とは、有価証券を有さないで、売り付けをし、その後に、その有価証券と同一の銘柄を買い戻して決済をする取引、その他財務省令で定める取引をいうものとされている。ただし、同条第20項に規定している信用取引および発行日取引に該当するものは除かれる。

この財務省令で定める取引（施行規則第27条の４）は、以下に掲げる取引である。

①　売買目的外有価証券

売買目的外有価証券と銘柄を同一とする有価証券を短期的な価格の変動を利用して利益を得る目的で売り付け、その後に、同一銘柄の有価証券を買い戻して決済する取引

②　保険会社売買目的勘定―記載省略―

③　保有有価証券（法人が保有する有価証券）

保有有価証券と価額の変動が類似する有価証券（以下「類似有価証券」という）を、その保有有価証券の価額の変動に伴って生ずるおそれのある損失の額を減少させる目的で売り付け、その後に、その類似有価証券を買い戻して決済する取引

≪関連用語≫　売買目的有価証券と評価、売買目的有価証券の評価損益、信用取引と損益の認識

4－52　信用取引と損益の処理

(1)　決済済み取引の処理（損益の認識）

法人税法第61条の２第20項は「有価証券の信用取引」に関する規定を設けている。そこでは、法人が金融商品取引法第156条の24第１項に規定する信用取引または発行日取引の方法により、株式の売り付けまたは買い付けをし、その後に、その株式と同一銘柄の株式を買い付けし、または売り付けをして決済をした場合の第１項（譲渡損益の処理）の規定の適用については、以下の計算によるものとされている。

譲渡利益の額＝売付有価証券の対価－買付有価証券の対価

譲渡損失の額＝買付有価証券の対価－売付有価証券の対価

譲渡契約日は、その決済に係る買い付けし、または売り付けの契約をした日である。また、発行日取引とは、有価証券が発行される前に、その売買を行う取引であって、財務省令で定める取引をいうものとされている。

この財務省令で定める取引（施行規則第27条の４）は、以下に掲げる取引である。

①　金融商品取引法第161条の２に規定する取引

　金融商品取引業者が、内閣府令の定めにより、一定金額の預託金を受けて取り扱う信用取引その他内閣府令の定める取引

②　保証金に関する内閣府令第１条第２項に定めている発行日取引

(2)　未決済取引の処理（みなし損益の認識）

法人税法第61条の４は、同法第61条の２第19項「有価証券の空売取引」および第20項「有価証券の信用取引」並びに金融商品取引法第２条第８項第６号に規定する「有価証券の引き受け」を行った場合において、これらの取引うち事業年度末日に決済されていないものがある場合、その年度末日において決済したものとみなして算出した利益の額もしくは損失の額を当該事業年度の所得金額の計算上、益金の額もしくは損金の額に算入するものとされている。

≪関連用語≫　有価証券の空売取引と損益の処理

4−53　デリバティブ取引と損益の処理

(1)　デリバティブ取引の意義と範囲

法人税法第61条の５は「デリバティブ取引に係る損益の処理」に関する規定を設けている。本条において、デリバティブ取引とは、金利、通貨の価格、商品の価格、その他の指標の数値として、あらかじめ当事者間で約定された数値と将来の一定の時期における現実の当該指標の数値との差に基づいて算出される金銭の授受（決済することもしくは精算の意味）を行うことを契約する取引もしくはこれに準ずる取引である。その範囲は、財務省令（施行規則第27条の７第１項）で、以下の事項を定めている。

①　金融商品取引法第２条第20項（定義）に規定するデリバティブ取引
　同項では、デリバティブ取引とは、市場デリバティブ取引、店頭デリバティブ取引、または外国市場デリバティブ取引をいうとしている。

②　銀行法施行規則第13条の２の３第１項並びに同規則第13条の６の３第５項第４号（選択権付債券売買）が定めている取引

②　外国通貨をもって表示される支払手段または外貨債権の売買契約に基づく債券の発生，変更または消滅に係る取引を、その売買契約の締結の日後一定の時期に、外国為替の売買相場により実行（決済することもしくは精算の意味）する取引（以下「先物外国為替取引」という）

③　前各号に掲げる取引に類似する取引

(2)　未決済取引の処理（みなし損益の認識）

法人がデリバティブ取引を行った場合において、当該デリバティブ取引のうち事業年度末日に決済されていないもの（以下「未決済デリバティブ取引」という）があるときは、その時点で「決済したものとみなして財務省令の定めに従い計算した利益の額または損失の額」を当該事業年度の所得金額の計算上、益金の額もしくは損金の額に算入するものとされている。

上記の「事業年度末日に決済されていないもの」の中には、法人税法第61条の８第２項（先物外国為替契約等により円換算額を確定した外貨建取引）の規定の適用を受ける先物外国為替契約等およびその他財務省令が定める取引は除かれる。ここにいう「その他財務省令が定めている取引」とは、施行規則第27条の7第2項に規定している取引であり、同条第1項第1号(金融商品取引法に規定しているデリバティブ取引)の取引のうち、以下の要件を満たしているものである。

① 金利の変動に伴って生じるおそれのある損失の額(以下「金利変動損失額」という)を減少させるために行ったものであること

② その取引を行った日において、金利変動損失額を減少させようとする法人税法第61条の6第1項第1号(繰延ヘッジ処理)に規定する資産もしくは負債、または同項第2号に規定する金利に係る元本(以下「ヘッジ対象資産等」という)の種類、名称、金額、金利変動損失額を減少させようとする期間およびそのための取引を行った旨、事業年度末日において決済したものとみなさない旨およびその他参考となる事項を帳簿書類に記載すること

③ その取引の当事者が、その取引の元本として定めた金額とヘッジ対象資産等の金額とがおおむね同額であること

④ その取引を行う期間の終了の日とヘッジ対象資産等の償還等の日がおおむね同一であることなど

なお、「決済したものとみなして財務省令の定めに従い計算した利益の額または損失の額」は、施行規則第27条の7第3に規定があり、たとえば、市場デリバティブ取引等については、金融商品取引所もしくは外国金融商品市場における事業年度末日の最終の価格で決済したものとした場合に、授受される差金に基づく金額もしくはこれに準ずる合理的な方法によって算出した金額である。

未決済デリバティブ取引について「みなし損益の処理」をした場合、施行令第120条(未決済デリバティブ取引に係る利益相当額又は損失相当額の翌事業年度における処理等)の規定により、洗替方式(洗替え法)を適用し、一度、所得金額の計算上、益金の額もしくは損金の額に算入した金額を、翌事業年度の所得金額の計算上、損金の額もしくは益金の額に算入する。

≪関連用語≫ 有価証券の空売取引と損益の処理、信用取引と損益の処理、繰延ヘッジ処理、切放方式(切放し法)と洗替方式(洗替え法)

4-54　ヘッジ会計

金融商品に関する会計基準は（Ⅵ）「ヘッジ会計」に関する会計を取り扱っている。まず、意義であるが、そこでは「ヘッジ会計とは、ヘッジ取引のうち一定の要件を充たすものについて、ヘッジ対象に係る損益とヘッジ手段に係る損益を同一の会計期間に認識し、ヘッジの効果を会計に反映させるための特殊な会計処理をいう。」としている。ヘッジ会計が適用されるためには、ヘッジ対象が「相場の変動リスク」を負っているものであり、ヘッジ対象とヘッジ手段とのそれぞれに生じる損失が互いに相殺されるか、あるいはヘッジ手段を講じたことにより、ヘッジ対象のキャッシュ・フローが固定されることによって、変動リスクが回避される関係になければならない。

ヘッジ会計が適用されるヘッジ対象は、相場変動等による損失の可能性がある資産または負債で、当該資産または負債に係る相場変動等の影響額が評価金額（貸借対照表計上額）に反映されていないもの、あるいは相場変動等の影響額が評価に反映されてはいるが評価差額が損益として処理されていないもの、もしくは当該資産または負債に係るキャッシュ・フローが固定化されることによって、その変動リスクが回避される取引である。

ヘッジ会計は、原則として、時価評価されているヘッジ手段に係る損益または評価差額を、ヘッジ対象に係る損益が認識されるまで純資産の部において繰り延べる方法により処理することとされている。ただし、ヘッジ対象である資産または負債に係る相場変動等の影響額を損益に反映させることにより、その損益とヘッジ手段に係る損益を同一の会計期間において処理することも認められている。なお、純資産の部に計上されるヘッジ手段に係る損益または評価差額については、税効果会計を適用しなければならない。

ヘッジ会計の適用にあたり、決済時における円貨額を確定させることにより為替相場の変動リスクを減殺するため、為替予約、通貨先物、通貨スワップおよび権利行使が確実に見込まれる買建通貨オプションを外貨建金銭債権債務等のヘッジ手段として利用している場合においては、会計要件充足を条件に「外貨建取引等会計処理基準」の振当処理が、当分の間、認められる。

≪関連用語≫　繰延ヘッジ処理、市場デリバティブ取引（意義）

4-55　繰延ヘッジ処理

法人税法第61条の6は「繰延ヘッジ処理」に関する規定を設けている。繰延ヘッジ処理は、その名の意味するように、ヘッジ取引（経済的行為）による「損益認識の繰延」であるから、当該事業年度の所得金額の計算上、損金の額もしくは益金の額に算入しないとするものである。

同法よれば、法人が、次に掲げる損失の額（以下「ヘッジ対象資産等損失額」という）を減少させるためにデリバティブ取引等を行った場合において、当該デリバティブ取引等を行った時から事業年度末日までの間において、当該ヘッジ対象資産等損失額を減少させようとする次の①の資産もしくは負債または②の金銭につき譲渡、消滅、受け取り、支払いがなく、かつ、その他減少取引として有効であると認められるときは、当該デリバティブ取引等に係る利益の額もしくは損失の額（以下「決済損益額」という）は、当該事業年度の所得金額の計算上、損金の額もしくは益金の額に算入しない。

ただし、法人税法第61条の7（時価ヘッジ処理による売買目的外有価証券の評価益又は評価損の計上）の規定の適用があるものについては除かれる。そして、当該デリバティブ取引等が、ヘッジ対象資産等損失額を減少させるために行った旨並びに施行規則第27条の8の定めによりデリバティブ取引等の種類、名称、金額、期間、その他参考事項を帳簿書類に記載しておいた場合に限って認められる。

①　資産または負債の価格の変動に伴って生ずるおそれのある損失
　ただし、以下の事項は対象範囲から除かれている。
　ア　第61条第1項（短期売買商品の譲渡損益及び時価評価損益の益金又は損金算入）に規定する短期売買商品
　イ　第61条の3第1項第1号（売買目的有価証券の評価益又は評価損の益金又は損金算入等）に規定する売買目的有価証券

また、「資産または負債の価格の変動」の中には、外貨建取引の換算による外国為替の売買相場の変動は含まれない。

②　資産の取得もしくは譲渡、負債の発生もしくは消滅、金利の受け取りもしくは支払い（以下「決済取引」という）その他これらに準ずる取引に係る決済により受け取ることになり、もしくは支払うことになる金銭

の額の変動に伴って生ずるおそれのある損失

上記の繰延ヘッジ処理については、施行令第121条に規定する「繰延ヘッジ処理におけるヘッジの有効性判定等」が必要になる。法人税法第61条の6第1項（繰延ヘッジ処理による利益額又は損失額の繰延べ）に規定するヘッジ対象資産等損失額を減少させるためにデリバティブ取引等を行った法人は、期末時（未決済取引）および決済時（デリバティブ取引等の決済の時）において、次の各号に掲げる場合の区分に応じ、それぞれに定める方法により、そのデリバティブ取引等がヘッジ対象資産等損失額を減少させるために有効であるか否かの判定を行わなければならない。

① 資産または負債に係るヘッジ対象資産等損失額を減少させるためにデリバティブ取引等を行った場合

期末時または決済時におけるデリバティブ取引等に係る利益の額または損失の額とヘッジ対象資産等の評価額とを比較する方法

② 金銭に係るヘッジ対象資産等損失額を減少させるためにデリバティブ取引等を行った場合

期末時または決済時における利益の額または損失の額とヘッジ対象金銭受払差額とを比較する方法

繰り延べたデリバティブ取引等に係る「決済損益の額の計上時期」については施行令第121条の5に定めがある。法人税法第61条の6第1項（繰延べヘッジ処理による利益額または損失額の繰延べ）に規定する政令で定めるところにより計算した金額のうちデリバティブ取引等に係る決済損益の額については、そのデリバティブ取引等によりヘッジ対象資産等損失額を減少させようとする資産もしくは負債の譲渡または消滅、あるいは金銭の受け取りもしくは支払いのあった日の属する事業年度の益金の額または損金の額に算入することとしている。

《関連用語》 ヘッジ会計、市場デリバティブ取引（意義）

4-56　市場デリバティブ取引（意義）

金融商品取引法は第２条（定義）第21項において「市場デリバティブ取引」等に関する規定をおいている。そこでは、各取引につき、以下のように定義している。

(1)　市場デリバティブ取引

市場デリバティブ取引とは、金融商品市場において、金融商品市場を開設する者の定める基準および方法に従い行う次に掲げる取引をいう。

①　売買の当事者が、将来の一定の時期において、金融商品およびその対価の授受を約する売買であって、当該売買の目的となっている金融商品の転売または買い戻しをしたときは「差金の授受によって決済する」ことができる取引であること

②　当事者が、あらかじめ金融指標として約定する数値（以下「約定数値」という。）と、将来の一定の時期における現実の当該金融指標の数値（以下「現実数値」という。）の差に基づいて算出される金銭の授受を約する取引であること

　いわゆる純粋の差金取引であり、株式をはじめとする「信用取引」に準じた取引である。

③　当事者の一方の意思表示により、当事者間において、次に掲げる取引を成立させることができる権利を、相手方が当事者の一方に付与し、当事者の一方が、これに対して対価を支払うことを約する取引であること

ア　金融商品の売買（第１号に掲げる取引を除く。）

イ　前２号および次号から第６号までに掲げる取引

④　当事者が元本として定めた金額について、当事者と相手側との間に行われる以下の取引であること

　当事者の一方が、相手方と取り決めた金融商品の利率等または金融指標の約定した期間における変化率に基づいて金銭を支払い、また、相手側が、当事者の一方と取り決めた金融商品の利率等または金融指標の約定した期間における変化率に基づいて金銭を支払うことを相互に約する取引（本号の金融商品から通貨は除外されている。）

⑤　当事者の一方が、金銭を支払い、これに対して当事者があらかじめ定めた次に掲げるいずれかの事由が発生した場合において、相手方が金銭を支払うことを約する取引であること

ア　法人の信用状態に係る事由、その他これに類似するものとして政令で定めるもの

イ　当事者がその発生に影響を及ぼすことが不可能または著しく困難な事由であって、当該当事者その他の事業者の事業活動に重大な影響を与えるものとして政令で定めるもの

⑥　全各号に掲げる取引に類似する取引であって、政令で定めるもの

⑵　店頭デリバティブ取引

この法律において「店頭デリバティブ取引」とは、金融商品市場および外国金融商品市場によらないで行う次に掲げる取引をいう。

①　売買の当事者が、将来の一定の時期において金融商品およびその対価の授受を約する売買であって、当該売買の目的となっている金融商品の売り戻しまたは買い戻し、その他政令で定める行為をしたときは、差金の授受によって決済することができる取引であること

②　約定数値と現実数値の差に基づいて算出される金銭の授受を約する取引またはこれに類似する取引であること

③　当事者の一方の意思表示により当事者間において、次に掲げる取引を成立させることができる権利を相手方の一方に付与し、当事者の一方がこれに対して対価を支払うことを約する取引またはこれに類似する取引

ア　金融商品の売買（上記①に掲げる取引を除く）

イ　上記②と同法第２条第22項第５号から第７項に掲げる取引を除く

⑶　外国市場デリバティブ取引

外国市場デリバティブ取引とは、外国金融商品市場において行う取引であって、市場デリバティブ取引と類似する取引をいう。

≪関連用語≫　ヘッジ会計、市場デリバティブ取引（意義）

4-57　資本金減少差益と資本準備金減少差益

(1)　資本金と法的性格の変遷

資本金もしくはそれに関連する項目の取り扱いは、会計理論というよりも、極めて「法律的性格」の強いもので、また、同時に政治的判断の産物である。その一つの事例として挙げられるのは、時価発行増資額のうちの資本金への組み入れ額の規制（法的定め）であり、二つ目としては、最低資本金制度の問題がある。株式会社の株主は、自己の出資した範囲以内（上限）で責任を負うにすぎない。責任は限定的である。企業の債権者に対する唯一の担保は企業の有する財産であるとすれば、債権者保護という視点から、企業の財政的基盤を強化しておく必要がある。前者に関して言及すれば、長い間、時価発行増資額（発行価格）のうち額面株式の額面金額相当額を資本金に組み入れ、その額を超える金額を資本準備金として会計処理してきた。その後、時価発行増資額（発行価格）のうち1／2を超えない金額を資本準備金に組み入れることができるということに変化していった。これらの法律上の改正は、決して「資本金の本質的理論」の変化によるものではなく、極めて社会的・政治的対応（産業界の意見との調整）を反映したものとなっている。そして、額面株式が廃止され、無額面株式への一本化が行われている。

最低資本金制度に関しては、平成２年（平成３年４月１日施行）の商法改正で、債権者保護の立場から最低資本金を10百万円（有限会社にあっては３百万円）にした。このとき弱小企業に大きな痛手になったことが、何度となく報道された。増資資金の手当てがつかないということである。報道の批判に対して、政府（現在の法務省関係者を含む）は、一定の事業をしている限り、「10百万円程度の財産（資本金に対する実物資産）はたいしたことないでしょう」という説明であった。この最低資本金制度は、当初、20百万円（有限会社にあっては５百万円）にするという案であったが、中小企業を中心とする強い反対にあって後退したものである。最低資本金の達成には５年間の猶予期間が設けられていた。しかし、期限が到来した平成８年に、株式会社の約11万社（有限会社は約35万社）が解散扱いになっている。増資の資金が不足していたことよりも、むしろ休眠会社が多かったことによる。それだけ、会社の登記関係が整理されたことになる。

それが、現在では、資本金がゼロでも設立することが可能になった。ただし、期間限定があるとしても、新規起業者への支援ということであるが、実際のところ「元手がゼロで、はたしてなにができるのであろうか」大きな疑問を感じているところである。債権者保護という視点から、企業の財政的基盤を強化しておく必要があるという思考が後退したことになる。日本は、アメリカに比較して、起廃率（廃業社数に対する起業社数）が低い。アメリカのほうが高いということである。しかし、問題は、近年の傾向として、廃業社数よりも起業社数のほうが多いアメリカに対して、日本では、起業社数よりも廃業社数のほうが多数になっていることにある。このようなことにも、最近の日本の経済成長率の低い原因がある。

これらの改善は会社法で対応し切れる課題ではない。むしろ税法の問題である。新規起業者への支援金（資金提供＝出資）の損金算入（たとえば、出資額の50％の費用化）を容認し、当該企業が上場したときに実現利益に課税するような仕組みを構築すれば、新しい資金提供者が現れるであろうし、そのようなことができれば、日本の社会経済力を高めることになると考える。

⑵　資本金減少差益と資本準備金減少差益

ところで「その他の資本剰余金（資本金減少差益および資本準備金減少差益）の性格の変質」は、極めて、政治的な意図の下に決定されたものである。

バブル経済崩壊後、大型の不況が日本経済に襲い掛かった。それは長期にわたり、日本全土を覆いつくし、回復の兆しを、中々、見せることがなかった。主として不動産と株式に関係（財テク・投機的資金の投入）した企業が崩壊し、金融機関の疲弊（ひへい）を招いた。それが、金融機関が過剰融資した結果であったとしても、火の粉は金融機関自らに降りかかってきた。そして、平成９年11月になって、三洋証券、北海道拓殖銀行そして山一證券が連鎖的に経営破綻していった。都市銀行は破綻しないという「不倒神話」は、ここに崩れていった。それは、大蔵行政の変化の犠牲でもあった。

平成10年３月、銀行救済のため、準大手を含む21銀行に対して１兆8,000億円の公的資金が投入された。この当時、この程度の資金で足りるのかと言う強い批判も出ていた。明らかに焼け石に水であった。平成10年10月に日本長期信用銀行（現新生銀行）が、そして11月に日本債券銀行（現青空銀行）が経営破綻した。そのため、平成11年３月、改めて大手15行に対して公的資金７兆5,000億円が注入された。公的資金の合計は９兆3,000億円になる。平成11年は、金融機関にとって激動の時代であって、旧相互銀行である第二地方銀行を中心とする幾つかの銀行のほか東邦生命が破綻している。東邦生命は渋谷の高層ビルへの過度ともいえる投資の結果であるといわれている。

大手都市銀行が巨額の不良債権で苦境に遭遇している時に、国庫資金が優先株式（議決権無き株式）という形で、大手都市銀行に注入された。国を揚げての民間企業の救済で、合計で９兆円を超える巨額の資金である。問題は、このように国の救済を受けている一方で「貸し渋りや貸し剥がし」を金融機関が行ったことにある。国は、大手都市銀行だけでなく金融機関全般に対して優遇策をとっているし、現在でも採り続けている。それは「長期にわたる低金利政策」である。低金利によって金融機関は業務利益を確保、すなわち「利差率の恩恵」を享受することができた。その果実によって、財務体質を相当程度、改善することができた。その結果、大手都市銀行は平成18年度中に国庫資金のほとんどの返還を完了させている。また、借入金の大きな企業もその恩恵を受けていることは確かなことである。

他方、犠牲を強いられたのは一般国民である。低金利政策によって、機会損失（免失利益）を受けているからである。この「所得移転効果」（マイナスの経済的効果）は非常に大きな金額に達している。バブル経済時期の高金利時代からゼロ金利時代にかけての、それぞれの年の平均金利をどの程度に設定するかによって、大きく変わってくることになるとしても、ある研究機関の試算によると、ざっと300兆円にものぼるとされている。ここに、日本国内において、消費が伸びていかない一つの大きな原因がある。

大手都市銀行に対する国庫資金の投入についてであるが、投入された銀行が赤字（配当原資不足）になると配当ができないことになる。優先株式に対する配当が無配になると、優先株式は普通株式に転換され、議決権のある株式に変化する。その場合、大蔵大臣（現財務大臣）が議決権のある大株主になる。これは是非避けたいという。大蔵大臣が議決権を行使しないわけにはいかないし、無条件に議案の全てに賛成というのも、国民の目から見ておかしいことになるからである。

そこで、資本金および資本準備金を配当の原資に使用するということを考え出したのである。苦肉の策である。ここに、これまで守ってきた「商法の資本充実の原則」は破られることになった。いずれにしても、優先株式に対する配当が可能となった。このような政治的・政策的判断の下に平成13年の商法改正によって、払込資本に相当するものをもって「配当の原資とする」ことができるようになった。そして、このこと「法律の改正」によって、旧来の債権者保護の立場から維持されるべき最低の資本「一定の財産」の確保・維持という大原則「前提」が崩れていった。

この規定は、当初、金融機関だけに認めるという考え方であった。しかし、それではいかにも「金融機関支援対策」であるということになってしまう。その結果、一般の企業にも適用されることにした。鉄道事業や不動産事業を行っている企業をはじめとして、この規定を利用した企業が比較的多数現れた。減損会計を導入（早期の適用が可能になった）し、多額の損失を計上して赤字になった企業が、この規定を利用して配当を行っている。資本金減少差益および資本準備金減少差益については、今回の新会計基準での変更は行われていない。ただし、資本の部から純資産の部で表示されることになった。いずれにしても、資本金なり、資本準備金を配当の原資にする場合には、直接、配当にするのではなく、あらかじめ、以下のように資本金減少差益もしくは資本準備金減少差益に振り替えておく必要がある。

（借方）		（貸方）	
資本準備金	×××	資本準備金減少差益	×××

資本金もしくは資本準備金を減少させて配当等に回した残余金は、「資本金減少差益」もしくは「資本準備金減少差益」として「その他の資本剰余金」の内訳項目として表示されことになった。ともかく、株主からの拠出金が配当の原資になり得るということは、従来の「資本金本質論」を根底から覆すものであった。

(3)　受取配当金の処理

企業会計基準適用指針第３号「その他資本剰余金の処分による配当を受けた株主の会計処理」によると、以下の区分に応じて、各号の会計処理をするものとしている。

① 売買目的有価証券

配当受領額を受取配当金（売買目的有価証券運用損益）として計上する。

その他資本剰余金は、資本金および資本準備金の額の減少により生じた剰余金および自己株式処分差益等の額で構成され、その内容は原則として株主からの払込資本である。したがって、その他資本剰余金の処分による配当は「基本的には投資の払い戻し」という性格を持っていることになるので、配当を受けた株主の側では、原則として「有価証券の帳簿価額の減額」という会計処理をすることにした。

ただし、その他資本剰余金の処分による配当受領額であっても、収益として計上することが明らかに合理的であると認められる場合には、受取配当金として収益に計上することができることとされている。この場合の「合理的理由」としては、以下のような事項が挙げられている。

ア 配当の対象となる時価のある有価証券を時価まで減損処理した会計期間における配当

イ 投資先企業を結合当事企業とした企業再編が行われた場合において、結合後企業からの配当に相当する留保利益が当該企業再編直前に投資先企業において存在し、当該留保利益を原資とすると認められた配当

ウ 配当の対象となる有価証券が優先株式であって、払込額による償還が約定されており、一定の時期に償還されることが確実に見込められる場合の当該優先株式に対する配当

② 売買目的外有価証券（その他有価証券）

原則として配当受領額を配当の対象である有価証券の帳簿価額から減額する。

(4) 税務会計上の処理

企業会計基準による会計処理とは別に、税法には税法特有の処理（税務会計としての取り扱い）がある。新しい企業会計の導入に合わせて、平成18年に税制が改正された。従来は、企業が受け取る配当の原資が資本剰余金か

利益剰余金であるかに関係なく、商法上の配当手続（取締役会、株主総会の決議等）が充足している限り、受取配当金として扱ってきた。そして、平成18年度の税制改正により、資本剰余金を原資とする配当のうち「資本金等の額を超える部分はみなし配当とする」旨、定められた。

法人税法第24条第1項の規定により、同項第3号の「資本の払い戻し（資本剰余金に限る)」に該当する金額のうち資本金等の額を超える部分は「みなし配当」とされると同時に同法第23条第1項第1号（受取配当等の益金不算入）の適用を受ける。なお、剰余金の配当のうち、みなし配当を除いた資本金等の額から構成されていると見られる部分は、配当の効力発生日に株式の譲渡があったものとして、同法第61条の2第1項の規定（有価証券の譲渡益又は譲渡損の益金又は損金算入）を受けることになる。その場合の譲渡対価の額および譲渡原価の額は、以下のように計算される。

譲渡対価の額＝剰余金の配当の額－みなし配当の額

譲渡原価の額＝配当対象株式の譲渡直前の帳簿価額×純資産減少割合

純資産減少割合＝資本の払い戻しにより減少した資本剰余金の額÷
（前期末日の資産の帳簿価額－前期末日の負債の帳簿価額）

この計算は、施行令第119条の9（資本の払戻し等の場合の株式の譲渡原価の額等）の定めによっている。このように「その他有価証券」（売買目的外有価証券）について、資本剰余金を原資とする配当を受けた場合、企業会計では株式の帳簿価額を直接減額する。しかし、税務上では、みなし配当と株式譲渡との二つに区分して処理することになっている。[(1)]

⑸ 実務上のケース

上記のように株主が拠出した資金は「資本」であるにもかかわらず、これを取り崩して配当の原資にすることが可能になった。この法律改正を有効に利用して、減損会計が導入されることになった時期に、前倒しして巨額の減損会計損失を計上して、それを資本準備金を取り崩したその他資本剰余金をもって充当し、その残余金で配当原資とした企業が比較的多く（著者が想定した以上にという意味で）あった。

最近の傾向においても、この株主が拠出した資金である「資本（主として資本剰余金)」を原資とする配当が行われている。とくに、平成19年8月のサブプライムローンの金融システムの崩壊並びに平成20年９月のリーマン・ブラザーズの経営破綻を原因とする長引く世界不況による赤字決算のため、配当に必要な利益を確保できないことに理由がある。上場企業の間で、その他資本剰余金を配当原資として活用する動きが広がっている。その状況は、以下に示した表（4－1）のとおりである。(2)

表（4－1）その他資本剰余金を原資として配当する主要な企業一覧表

（単位：百万円）

社　　名	最終損益	利益剰余金	年間配当金
学研ホールディングス	1,979	△　639	845
サンリオ	△　1,885	△　186	873
石塚硝子	△　2,026	△　675	105
シダックス	△　2,499	△　2,499	613
フォーバル	△　2,697	△　1,353	172
東京機械製作所	△　6,096	△　2,882	359
マルハニチロホールディングス	△　8,159	△　7,178	1,524
第一三共	△　264,662	△　252,370	56,315

（注）１　配当金は普通株のみで、利益剰余金による配当を一部含んでいる。
２　平成22年３月期単独の数字である。
３　日本経済新聞・朝刊（平成21年６月４日）の数字を基に作成している。

第一三共は、平成20年に買収したインド製薬最大手ランバクシー・ラボラトリーズの株価が急落して、大幅な最終赤字に陥った。配当原資となる単独決算の利益剰余金は2,523億円のマイナスとなったが、同社は１株当たり40円、合計で281億円の期末配当をするということである。

参考文献

⑴　成松洋一『週間税務通信』平成21年12月14日号「税務相談・法人税・利益準備金の資本組入れをした場合等のみなし配当課税の有無」税務研究会
⑵　日本経済新聞　平成21年６月４日　朝刊

≪関連用語≫　有価証券（意義）

4-58　自己株式処分差益と自己株式処分差損

⑴　自己株式保有の制度変更

昭和40年代の当初から、経団連を中心とした経済界から「自己株式の取得規制」を緩和するよう要望が強く出されてきた。アメリカを含む諸外国が採用している「金庫株」は、ストック・オプション制度の導入や敵対的企業買収の対抗策のひとつとして、取り上げられてきた。平成４年には、国際社会における競争力維持の視点から、その整合性・必要性が、一層、求められるようになり、平成５年に「自己株式の取得及び保有規制に対する問題点」という報告書が公表された。そして、平成６年６月に商法が改正された（同年10月１日施行）。この改正の主要な点である「自己株式の『取得自由の範囲』の拡大」は、以下のものである。

①　使用人に譲渡する目的の取得
②　利益をもって消去する目的の取得（定時株主総会の決議）
③　譲渡制限会社における自己株式取得の特例

従業員持株会に譲渡するような正当な理由があれば、定時株主総会における利益処分後の配当可能利益の範囲内であれば、発行済株式総数の３％を限度として、市場取引（市場性のある株式の場合）によって取得することができるようになった。このときの商法改正によって、自己株式の取得や処分の規制が緩和されたが、自己株式の取得については「資本の払い戻し」になりかねないので「利益処分後の配当可能利益の範囲内」という財源規制が設けられていた。

日本では、長い間、自己株式の取得は原則として保有が禁止されてきたため、多量にかつ長期間にかけて保有することは無いという前提の措置がされてきた。したがって、取得は一時的に資産（仮払金的性格のもの）として処理し、その処分損益は営業外損益で処理してきた。そして、自己株式の取得（保有）については、「原則禁止」から「原則自由」に制度変更され、「自己株式に関する取引は資本取引」とされるにいたった。したがって、自己株式の取引差額は資本の部に表示されることになった。この変更に伴う制度対応が必要になり、平成14年２月21日に、企業会計基準委員会から企業会計基準第１号「自己株式及び法定準備金の取崩等に関する会計基準（以下、本稿４－58においては「新会計基準」という）」（平成14年２月21日）が公表された。そこでは、以下の区分が設けられることになった。

① 資本性の剰余金を計上する資本剰余金の区分を設定したこと
② 利益性の剰余金を計上する利益剰余金の区分を設定したこと

これについては、今回の新会計基準での変更は無い。ただし、資本の部から「純資産の部」で表示されることになった。このように区分するという、その考え方の根底には、以下に示したように、①債権者保護の観点から資本の部の構成を構築する商法の考え方と、②企業会計における払込資本と留保利益に区分するという考え方を調整するものであった。

① 債権者保護の観点からの商法の考え方による区分
　ア 資本金　イ 法定準備金　ウ 剰余金
② 企業会計における区分
　ア 払込資本　イ 留保利益

(2) 自己株式取引と会計処理

新会計基準による「用語の定義」と「会計処理等」によると、以下のようになっている。

① 自己株式処分差額とは、自己株式の処分の対価から自己株式の帳簿価額を控除した額をいう。
② 自己株式処分差益とは、自己株式処分差額が「正の値」の場合における当該差額をいう。

自己株式処分額－自己株式取得原価＝自己株式処分差益

(借方)		(貸方)	
現金預金	×××	自己株式	×××
		自己株式処分差益	×××

③　自己株式処分差損とは、自己株式処分差額が「負の値」の場合における当該差額をいう。

自己株式処分額－自己株式取得原価＝自己株式処分差損

（借方）		（貸方）	
現　金　預　金	×××	自　己　株　式	×××
自己株式処分差損	×××		

④　取得した自己株式は、取得原価（取得価額）をもって純資産の部の株主資本から控除する。

⑤　期末に保有する自己株式は、純資産の部の株主資本の末尾に自己株式として一括して控除する形式で表示する。

⑥　自己株式処分差益は、その他資本剰余金に計上する。

自己株式取引は、資本取引とされたことによって、取引差額についても株主資本に属することにしている。その根底に、自己株式処分差益については、自己株式の処分が「新株の発行と同様の経済的実態」を表し「払込資本と同様の経済的実態」を有するという考え方である「新会計基準」(37) からきている。

⑦　自己株式処分差損は、その他資本剰余金から減額する。

ただし、上記のケースにおいて、その他資本剰余金が「負の値（マイナス）」となった場合には、会計期間末（当該事業年度末日）において、その他資本剰余金の額をゼロとし、当該マイナスの金額をその他利益剰余金（繰越利益剰余金）から減額する。すなわち、その他資本剰余金がマイナスになった場合には、その金額に相当する部分を繰越利益剰余金に賦課（補填）するということである。

(3)　自己株式処分差額と科目表示

新会計基準 (35) によれば、自己株式処分差額の科目表示について、これまでは自己株式売却損益として表示されてきた。しかし「平成13年の改正商法施行後は自己株式の処分が売却だけに限定されなくなった」ことから正の自己株式処分差額を自己株式処分差益とし、負の自己株式処分差額を自己株式処分差損とすることにしたと説明している。

新会計基準における考え方は、旧来の「資本の部」の考え方を引き継いでいる。その結果、株主資本の部は、（ア）資本金、（イ）資本剰余金、（ウ）利益剰余金に区分している。

株主資本を他の純資産に属する項目から区分することが適当と考えた新会計基準においては、純資産の部を、大きく分けて、（ア）株主資本の部と、（イ）その他の純資産（株主資本以外の項目）に区分している。その結果、損益計算書における当期純利益の額と貸借対照表における株主資本の資本取引を除く当期変動額は一致することになるとしている。

ところで「資本と利益の区分と相殺」については問題がある。企業会計原則・一般原則「資本取引・損益取引区分の原則」よる「資本取引と損益取引とを明瞭に区分し、特に資本剰余金と利益剰余金とを混同してはならない。」という考え方は生きている。同注解（注２）は、「資本剰余金は、資本取引から生じた剰余金であり、利益剰余金は損益取引から生じた剰余金、すなわち利益の留保額であるから、両者が混同されると、企業の財政状態及び経営成績が適正に示されないことになる。」と説明をしている。

新会計基準によれば「資本と利益の区分と相殺」等について、以下のように規定している。

① 資本剰余金と利益剰余金との混同の禁止

企業会計基準（19）は「資本剰余金の各項目は、利益剰余金の各項目と混同してはならない。」としているので、資本剰余金の利益剰余金への振替は原則として認められないことになっている。ここでは、企業会計原則「資本取引・損益取引区分の原則」の趣旨が生きている。ただし「振替は原則として認められない」としているので、例外として認められるケースがあるということである。なお、利益剰余金の資本剰余金への振替については触れていない。利益準備金もしくはその他利益剰余金の資本組入れは認められないということになるのか不明である。

② 振替（赤字補てん）の例外処置

企業会計基準（61）は「ただし書き」において「利益剰余金が負の残高のときにその他資本剰余金で補てんするのは、資本剰余金と利益剰余金の混同にはあたらないと考えられる。」という言い回しをしている。利益剰余金がマイナス（赤字）のときに、その他資本剰余金で補てんすることは「資本剰余金と利益剰余金の混同に相当する」ことにはなるのであるが、制度としてそれを、すなわち「赤字の解消」を認めるということである。従来の商法の規定においても「減資による赤字の解消」という手続が設けられていた。

③ 自己株式処分差損「自己株式の処分」の取り扱い (10)

自己株式処分差損は、その他資本剰余金から減額し、減額しきれない場合は、その他利益剰余金（繰越利益剰余金）から減額する。

自己株式処分差益はその他資本剰余金を構成する。そこで、自己株式処分差損もその他資本剰余金のマイナスの構成要素に該当するので、その他資本剰余金から減額するとされた。しかし「減額しきれない場合は、その他利益剰余金（繰越利益剰余金）から減額するという規定は、資本剰余金と利益剰余金の混同に相当する。」ものと理解する。

純資産合計額もしくは株主資本合計額が変わらないとしても「減額しきれない場合はその他資本剰余金をマイナスで表示する」ことにすべきであったと考える。新会計基準等の設定関係者の説明では「その他資本剰余金がマイナスであってはならない」ということであるが、それは論理的ではない。

自己株式処分差損は資本取引の事実（結果）として開示すべき重要な財務情報であるので、減額しきれないとして、その他利益剰余金（繰越利益剰余金）から減額させてしまうと、この重要な財務情報が埋没してしまう。財務情報の明瞭な開示から遠ざけてしまうことになる。自己株式処分差損は、会計期間の一期だけでも開示させ、取締役会等一定の機関の決議をもって減額（相殺）処理させたほうが適切であったと考える。会計取引が資本剰余金と利益剰余金の振替を内包しているからである。

④ 同一会計期間内の処理

同一会計期間内に発生した自己株式処分差益と自己株式処分差損は、相殺した上で、自己株式処分差益もしくは自己株式処分差損として処理する。ここでは、同一会計期間内に発生したものについて規定している。複数の会計期間に発生したものについては触れていない。しかし、貸借対照表の表示は残高表示であるから、結果としては同じことになる。

≪関連用語≫ 有価証券（意義）

4-59　新株予約権（意義と所得の帰属問題）

(1)　新株予約権「ストック・オプション」（意義）

新株予約権とは「ストック・オプション」のことであるが、会社法では、あくまでも「新株予約権」として規定している。

会社法は、第三章に「新株予約権」という独立した章を設け、第236条から第294条まで、広範囲にわたって、以下のことを定めている。

①　第一節　総　則

②　第二節　新株予約権の発行

③　第三節　新株予約権原簿

④　第四節　新株予約権の譲渡等

⑤　第五節　株式会社による自己の新株予約権の取得

⑥　第六節　新株予約権無償割当て

⑦　第七節　新株予約権の行使

⑧　第八節　新株予約権に係る証券

また、会社法施行規則は第三章「新株予約権」において、第53条から第62条にわたって、実施上の細目を定めている。会社計算規則第86条は「新株予約権の表示」について、以下のように規定している。

> 会社計算規則第86条（新株予約権の表示）
>
> 自己新株予約権の額は、新株予約権の金額から直接控除し、その控除残高を新株予約権の金額として表示しなければならない。
>
> ただし、自己新株予約権を控除項目として表示することを妨げない。

会社法並びに会社計算規則においては「新株予約権の意義」について触れていない。新株予約権の会計処理等に関しては、企業会計基準委員会から以下のものが公表されている。

①　企業会計基準第８号「ストック・オプション等に関する会計基準」（平成17年12月27日）

②　企業会計基準適用指針第11号「ストック・オプション等に関する会計基準の適用指針」（平成17年12月27日）

前記会計基準の「用語の定義」によれば、以下のように記述（ただし、一部表現を変えている。）されている。

> 1　自社株式オプション
> 「自社株式オプション」とは、自社の株式を原資産とするコール・オプションをいう。新株予約権がこれに該当する。
> なお、コール・オプションとは、一定の金額の支払いにより、原資産である自社の株式を取得する権利である。
> 2　ストック・オプション
> 「ストック・オプション」とは、自社株式オプションのうち、特に企業がその従業員等に、報酬として付与するものをいう。

この新株予約権の性格と会計処理（表示上の問題を含む）については、以下のように考えられている。

①　負債の性格を持つという見方

新株予約権は、失効時に課税所得（新株予約権戻入益「特別利益」）を増額する効果をもつ課税所得計算上の負債に該当するため、税効果会計の対象になるという考え方がある。失効時に課税所得を増額するのは、新株予約権の付与時に費用処理したものの修正（過去に費用処理したものの戻し入れ）の性格を有しているので、当然のことである。

②　負債に該当しないという見方

権利行使の有無が確定するまでの間は、その性格が確定しないことから、貸借対照表に計上されている負債に該当しないのみならず、税効果会計の適用において、課税所得計算上の負債に該当しないという考え方がある。新株予約権が行使されれば、資本金もしくは資本金と資本準備金に振り替えられることになる。これは資本取引である。この場合、課税所得は発生しないので税効果会計を適用する余地がない。

③　新会計運用指針の立場

以上のような「見方」を検討した結果、新会計運用指針の立場としては「新株予約権については、税効果会計の対象としない」ことにしたと説明している。

⑵　新株予約権の内容

会社法第三章「新株予約権」の第一節「総則」の第236条第１項は「新株予約権の内容」を定めているので、その内容について一部触れておくことにする。株式会社が新株予約権を発行するときには、次に掲げる事項を当該新株予約権の内容（内容というよりも発行要件である。筆者注）としなければならない。

①　株式の数と算定方法

当該新株予約権の目的である株式の数（種類株式発行会社にあっては、株式の種類及び種類ごとの数）またはその数の算定方法

②　出資財産の価額と算定方法

当該新株予約権の行使に際して出資される財産の価額またはその算定方法

③　金銭以外の出資財産の場合

金銭以外の財産を当該新株予約権の行使に際してする出資の目的とするときは、その旨並びに当該財産の内容および価額

④　行使可能期間

当該新株予約権を行使することができる期間

⑤　増加する資本金等

当該新株予約権の行使により株式を発行する場合に増加する資本金及び資本準備金に関する事項

⑥　譲渡による取得の場合の取り扱い

譲渡による当該新株予約権の取得について当該株式会社の承認を要することとするときは、その旨

⑦～⑪は、本書では記載を省略している。

なお、新株予約権付社債は、従来の「転換社債」に相当ものであり、同条第２項に、本件に関する規定が置かれている。

> 会社法第236条（新株予約権の内容）
> 第２項　新株予約権付社債に付された新株予約権の数は、当該新株予約権付社債についての社債の金額ごとに、均等に定めなければならない。

新株予約権付社債を発行した場合には、その発行した都度並びに種類ごとに付与した新株予約権を定めなければならないのであるが、同一のものについての条件は均等でなければならない。

日本で使われている新株予約権のタイプとしては、４つ考えられている。

①　業績貢献報酬として

これは、取締役あるいは従業員（使用人）に対するものである。アメリカの多くの企業で採用されており、アメリカ法人企業（親会社）の日本法人（子会社）の取締役あるいは従業員（使用人）に対して、新株予約権が付与されていることがある。

この制度を日本法人が採用するようになってきている。取締役あるいは従業員が努力して、企業業績を上げ、株価を上昇させると、多額の成果（報酬）を獲得することができるので、取締役あるいは従業員が、より一層、日々の業務に励む（精勤）ことになるという「勤労意欲上昇効果」をねらったものである。

②　資金調達手段として

金融商品として資金調達として利用するものである。この場合、新株予約権を単独で出す場合と新株予約権付社債として発行する場合とがある。多くのケースとしては、新株予約権付社債の形式で出す傾向にある。

③　株主優遇対策として

次が、株主優待策として、一定の日（権利確定の日）の株主に対して、新株予約権を付与するものである。ただし、日本の事例では、このような形式で利用されているケースは極めて稀（まれ）のようである。

④　買収防衛対策として

特定の企業が買収されるリスクに備えて、特定の相手方に、一定の新株予約権を与えるものである。

買収されることになった時に、発行株式数を増加させ、買収側の持株比率を低下させる目的で、特定の相手方に、新株予約権を付与するものである。日本では、この「買収防衛策の一環」として利用されているようであるが実際に発効したケースはほとんど聞いていない。

(3) 所得の帰属に関する問題点

新株予約権制度は、アメリカの多くの企業で採用されてきた。アメリカにおいては、新株予約権（ストック・オプション）を付与しても、また、権利の行使に伴い新株を発行しても、費用処理しないことが認められてきた。このように、これまで、新株予約権は会計上、取引として認識されてこなかった。新株予約権を行使したことによって、企業から財貨が社外に流失するわけではないので、経済的現象が起きていないという認識であった。ただし、既存の株主にとっては、行使価格と株価との差額に相当する部分（発行済み株式数と追加的発行株式数の相対的関係において）について、希薄化が生じるという批判（考え方）があった。

ともかく、費用として処理しないために、その分、利益を大きくすることができたので、広く利用されてきた。それが、アメリカ企業をして高株価経営に走らせた一因でもあった。 他方においては、高株価経営（経営戦略）を目標とし、その達成のための経営戦術（手段）として利用してきたきらいもある。いずれにしても、アメリカ法人企業（親会社）から、日本法人（子会社）の取締役あるいは従業員（使用人）に対して、新株予約権が付与され、その権利の行使によって、高額の所得を得たものが、比較的多数いたという事実があった。

これまで多くの事例において、「一時所得」として扱われてきた。相談に応じて、税務当局は、一時所得として指導してきたようであった。また、他方、一部では「給与所得」として処理したところがあったように、対応が統一されていなかった。そのため、一部に混乱が生じてきていた。

一時所得であれば、基礎控除額の50万円を控除した残額の50％が課税されるのであるが、給与所得の場合には、給与所得控除があったとしても、そのほとんどが課税所得に合算されてくるので、所得税額ははるかに多額になる。高額所得者が受け取っていたこともあり、その影響額はきわめて大きかった。

その後、税務当局は「給与所得」として統一した処理をするようになった。しかも、過去に遡及して処理したため、過少申告加算税を含めて多額の税金を徴収することになり、社会に大きな波紋を投じた。これを不服として、ほとんどの関係者が提訴した。そして、国が敗訴した場合と原告側が敗訴した場合と、幾つもの事例が生じた。後半になってからは、国が勝訴するケースが多くなってきた。しかし、過少申告加算税については、原告側の勝訴となっている。このような背景のもと、国は法令を変えることなく、解釈を統一し「給与所得」として処理することにした。

所得税基本通達（23～35共－６）「株式等を取得する権利を与えられた場合の所得区分」は、以下のように規定している。ただし、以下の事項は、所得税法施行令第84条各号「株式等を取得する権利の価額」の適用を受ける場合に限られている。

① 同施行令第84条第１号または第２号に掲げる権利を与えられた取締役または使用人が、これを行使した場合
⇒ 給与所得

② 同施行令第84条第３号または第４号に掲げる権利を与えられた者が、これを行使した場合
発行法人と権利者との関係で、以下のように分かれる。
イ 雇用契約またはこれに準じる関係に起因して権利が与えられた場合
⇒ 給与所得
ロ 権利を与えられた者が営む業務に関連して権利が与えられた場合
⇒ 事業所得または雑所得
たとえば、弁護士等がその営む業務に関連して権利が与えられた場合などが、これに該当することになる。
ハ 上記のイおよびロ以外のとき
⇒ 原則として雑所得

③ 同施行令第84条第５号に掲げる権利を与えられた者が、これを行使した場合
⇒ 一時所得

なお、これらの規定を適応する場合、発行法人が外国法人であっても同様な取り扱いとなる。

(4)　新株予約権に関する基礎的な考え方

企業会計基準第８号「ストック・オプション等に関する会計基準（以下「会計基準」という）」が、適用対象として中心的に想定している取引は「従業員等に報酬として付与される自社株式オプション（ストック・オプション）」である。

従業員等に付与される自社株式オプションは、一般的に報酬（役員報酬・従業員給与）としての性格を持つと考えられるとしている。その結果、新株予約権を従業員等に付与した場合「対価としての費用を認識する」ことになる。なお、従業員等には、企業の取締役、監査役、会計参与、執行役、使用人並びにこれらに準じる者が含まれる。また、会計基準では、親会社が子会社の従業員等に、親会社株式を原資産とした株式オプションを付与する取引についても検討し、対価性を認めることとした。子会社が業積を伸ばせは、親会社の株価にも反映することになるからである。

会計基準は、企業が従業員等からサービス（労務）の提供を受ける際に、対価として自社株式オプションを付与するストック・オプションの取引に係る会計上の取り扱いを明らかにすることを主眼とし、次いで、ストック・オプションに関する会計処理を中心的な適用範囲としている。

なお、本会計基準においては、次のような取引には適用されないものとしている。

①　自社株式オプションまたは自社の株式を用いない取引

②　付与した自社株式オプションまたは交付した自社の株式が、財貨またはサービスの取得の対価に当たらない場合

③　デット・エクイティ・スワップ取引

　デット・エクイティ・スワップ取引とは、債権者と債務者の事後の合意に基づき、債権者側から見て債権を株式とする取引をいう。

④　取得するものが事業である場合

⑤　従業員持株制度において自社の株式購入に関し、奨励金を支出する取引

⑥　敵対的買収防止策として付与される自社株式オプション

ストック・オプションの会計処理に関連して、幾つかの問題点が提起された。その主要なものは、以下の事項である。

① 費用認識に根拠があるという指摘があった。

従業員等は、ストック・オプションを対価としてこれと引き換えに企業にサービスを提供し、企業はこれを消費しているから、費用認識に根拠があるというものである。

② 費用認識の前提条件に疑問があるとする指摘があった。

費用認識に根拠があるとする指摘の前提となっている、ストック・オプションがサービスに対する対価として付与されているという前提（対価性）に疑問があるという指摘である。

③ 費用認識に根拠がないとする指摘があった。

ストック・オプションを付与しても、企業には現金その他の会社財産の流出が生じないため、費用認識に根拠がないという考え方である。

④ 見積りの信頼性の観点から、費用認識が困難または不適当であるとする指摘があった。

ストック・オプションの公正な評価額の見積りに信頼性がないという考え方である。

(5) 新株予約権に関する権利の収入の時期

所得税基本通達（23～35共－６の２）「株式等を取得する権利を与えられた場合の所得の収入すべき時期」によれば、発行法人から施行令第84条各号に掲げる権利を与えられた場合の当該権利に係る所得として収入すべき時期は、当該権利の行使により取得した株式の取得について申し込みをした日によるものとされている。ただし、申し込みをしなかった等により失権した場合には、課税所得とはならない。

≪関連用語≫　有価証券（意義）、金融商品取引法（有価証券の範囲）

4-60　新株予約権の会計と税務

(1)　新株予約権の性格（会計的認識）

新株予約権は、将来、権利が行使されて払込資本金になるものであるが、他方において、失効して払込資本金にならないこともありえる。発行会社の株価（市場価格）が権利行使の価格（払込必要価格）よりも高くない限り、権利行使者は経済的損失を被ることになるので、そのような場合、権利を放棄することになる。ただし、支配的影響力を得たいという人、もしくは、なにがしかの法人「組織」（ファンド等の機関を含む）は、応じることがあるとも考えられる。会社法では「新株予約権」と表現しているが、会計基準では「ストック・オプション」という言い方をしている。そのため、本書においては、会社法に即した記述については新株予約権とし、会計基準に即した記述についてはストック・オプションという言い方をしている。なお「行使価格」とは、ストック・オプションの権利行使にあたり、払い込むべきものとして定められたストック・オプションの単位当たりの金額である。

いずれにしても、発行者側の新株予約権は、権利行使の有無が確定するまでの間は、その性格が確定していないということである。そのため、仮勘定として負債の部に計上することとされてきた。しかし「新株予約権は返済義務のある負債ではない」ので、負債の部に表示することは適当ではないと考えたため、会計基準では「純資産の部」に記載することにしたと説明している。ところで、この一文でも分かるように「計上する」、「表示する」、「記載する」という言葉（用語）が使われている。どのように使い分けしているのか、本文上からは明確な意味合いの相違は感じられない。したがって、これらの表現についてはあまり神経質にならないように注意して置かれたい。

「業績貢献報酬としての新株予約権」は、アメリカにおいて、権利の行使に伴い新株を発行して交付しても、費用として認識しない（費用処理しない）ことが認められてきたので、広く利用されてきた。それが「高株価維持経営」の弊害をもたらし、アメリカ経済に大きな痛手を与えた。エンロン事件を始めとして多くの企業に蔓延した事実が発覚した。現実に、この高株価維持経営は、一握りの経営者（主として最高経営者層群）に高額役員報酬を保証したに過ぎなかった。多くの従業員と一般株主はその恩恵の枠外に置かれていた。そのようなことからも、経済的歪（ひずみ）並びに会計的不適切性が指摘されるようになった。そして、このような会計処理は、必ずしも当該企業の経営成績を適正に表すようにはなっていないという考え方から見直され、新株予約権を付与した時点で費用処理することが求められるようになった。

なお「付与日」とは、ストック・オプションが付与された日をいい、会社法第238条第1項第4号に定められている「募集新株予約権の割当日」のことである。この日に会計取引を認識することになる。とくに、アメリカにおいて、高株価経営が企業の最大価値を表す（株価が企業業績を反映するという考え方）ものであるとして、もてはやされてきた。そのため「高株価経営」を目標とし、その達成のための手段として費用処理しない新株予約権を利用してきらいがある。

日本における新しい制度として導入されることになった新株予約権について、公開会社が開示する事項として、つまり、取締役あるいは従業員に対する新株予約権の付与に関して、公開会社が事業報告（書）に記載する事項について、会社法施行規則第123条は、以下のことを定めている。

① 会社役員に関係して

株式会社の会社役員が、当該会社の新株予約権等を有しているときは、次に掲げる者の区分ごとの（a）新株予約権等の内容の概要および（b）新株予約権等を有する者の人数

イ　当該株式会社の取締役（社外役員を除き、執行役を含む）

ロ　当該株式会社の社外取締役（社外役員に限る）

ハ　当該株式会社の取締役（執行役を含む）以外の会社役員

② 使用人その他の者に関係して

株式会社が交付した新株予約権等があるときは、次に掲げる者の区分ごとの（a）新株予約権等の内容の概要および（b）交付した者の人数

イ　当該株式会社の使用人

ロ　当該株式会社の子会社の役員および使用人

③ その他の事項に関係して

上記の①および②に掲げるもののほか、当該株式会社の新株予約権等に関する重要な事項

⑵　新しいストック・オプションに関する会計基準等の設定の背景

新しいストック・オプションに関する会計基準等の設定の背景については、以下のように説明することができる。

①　新株予約権取引の会計処理の必要性について

会計基準の検討は、平成13年11月の商法改正における新株予約権制度の導入に伴い行われた。新株予約権のストック・オプションとしての利用が活発化していることを踏まえ、このような「新株予約権取引の会計処理」を明らかにするという要請に応えるためである。

会計基準における「範囲の考え方」によれば、既に触れたところであるが、会計基準が適用対象として中心的に考えている「新株予約権の取引」は、企業がその従業員等に報酬として付与する自社株式オプション（ストック・オプション）である。そのため、会計基準の一義的な目的は、(ア)「従業員等に対する報酬として認識すること」にしたこと、それによって、現金等の会社財産ではなく、(イ)「自社株式オプションを付与する取引の会計処理」を明らかにすることにある。

②　子会社の従業員等に対する措置について

会計基準では、親会社が子会社の従業員等に対して、株式のオプションを付与した場合についても触れている。親会社が子会社の従業員等に対して、親会社株式を原資産とした株式のオプションを付与した場合には、それによって追加的に提供されるサービスの直接の受領者はあくまでも当該子会社そのものである。

親会社が子会社の従業員等に対して、自社株式オプションを付与するのは、子会社の従業員等に対して、勤労意欲を高めさせることによって、当該子会社それ自体の企業価値を高めさせることに直接の効果を求めて行うものである。しかし、子会社の企業価値が高められれば、間接的に親会社の企業価値が高められることになる。それは、親会社の子会社に対する投資価値が高まることになるからである。

したがって、このような取引についても、対価性を認めることができるので、会計基準の適用範囲に含まれるとしている。

③　会計基準の適用範囲について

会計基準は、次の取引に対して適用するものとしている。

ア　対従業員取引

企業がその従業員等に対してストック・オプションを付与する取引

イ　自社株式オプション

企業が財貨またはサービスの取得において、対価として自社株式オプションを付与する取引

ウ　自社株式の交付

企業が財貨またはサービスの取得において、対価として自社の株式を交付する取引

(3)　新株予約権に関する権利確定日以前の会計処理

会計基準によると「ストック・オプションに関する権利確定日以前の会計処理」は、以下のように記述されている（会計基準４・５）。

> ストック・オプションを付与し、これに応じて企業が従業員等から取得するサービスは、その取得に応じて費用として計上し、対応する金額を、ストック・オプションの権利の行使又は失効が確定するまでの間、貸借対照表の純資産の部に新株予約権として計上する。
>
> 各会計期間における費用計上額は、ストック・オプションの公正な評価額のうち、対象勤務期間を基礎とする方法その他の合理的な方法に基づき当期に発生したと認められる額である。ストック・オプションの公正な評価額は、公正な評価単価にストック・オプション数を乗じて算定する。

一部は、既に触れたところであるが「ストック・オプション」とは、自社株式オプションのうち、とくに企業がその従業員等に報酬として付与するものをいう。ストック・オプションには「権利を行使することによって、その対象となる株式を取得することができるストック・オプション本来の権利を獲得すること」（以下「権利の確定」という）につき条件が付されているものが多い。当該権利の確定についての条件（以下「権利確定条件」という）には、勤務条件や業績条件がある。会計基準が取り上げているのは、主として、このような「企業がその従業員等に対してストック・オプションを付与

する取引」である。

① 対象勤務期間

対象勤務期間とは、ストック・オプションと報酬関係にあるサービスの提供期間（勤続年数等）であり、付与日から権利確定日までの期間をいう。

② 勤務条件

勤務条件とは、ストック・オプションのうち、条件付きのものにおいて、従業員等の一定期間の勤務や業務執行に基づく条件をいう。

③ 業績条件

業績条件とは、ストック・オプションのうち、条件付きのものにおいて、一定の業績（株価を含む）の達成または不達成に基づく条件をいう。

④ 権利確定日

権利確定日とは、権利の確定した日をいう。

権利確定日が明らかでない場合には、原則として、ストック・オプションを付与された従業員等がその権利を行使できる期間の開始日の前日を権利確定日とみなす。

新株予約権を付与した場合、以下のように会計処理を行う。

（借方）		（貸方）	
株式報酬費用	×××	新株予約権	×××

なお、株式報酬費用は原則として、人件費である。したがって、会社役員に対して新株予約権を付与した場合には、以下のように会計処理を行う。

（借方）		（貸方）	
役員報酬	×××	新株予約権	×××

また、使用人に対して新株予約権を付与した場合には、以下のように会計処理を行う。

（借方）		（貸方）	
給与手当	×××	新株予約権	×××

新株予約権を付与した場合の取引は、費用の発生と純資産の増加であり、損益取引であると考える。そうでなければ、失効した時の会計処理との整合性が保てられない。なお、各会計期間において費用として計上する金額は、

ストック・オプションの公正な評価額のうち、以下のいずれかの方法によって計算した当該期間に発生したと認められる金額である。

ア　対象勤務期間を基礎とする方法

イ　その他の合理的な方法

(4)　新株予約権に関する権利確定日後の会計処理

ストック・オプションの権利が行使され、これに対して新株を発行した場合には、新株予約権として計上した額のうち、当該権利行使に対応する部分を払込資本に振り替える会計処理（仕訳）を行う。

この場合、以下のように会計処理を行う。この場合は、一部、現金等による支払いがあったものとしている。

（借方）		（貸方）	
現金預金	×××	資　本　金	×××
新株予約権	×××		

従業員や役員等に対する新株予約権の付与は、過去の勤務に対する対価（報酬）という意味からすれば、現金等による支払いはない、もしくは1単位1円という少額であることが多いと考えられる。また、資本金に対する振り替えにおいて、1／2を越えない範囲内で資本準備金への振り替えが行われるものと思われる。この場合、以下のように会計処理を行う。

（借方）		（貸方）	
新株予約権	×××	資　本　金	×××
		資本準備金	×××

これは資本取引である。損益計算書に関係する科目はない。ただし、株式の交付に付随した費用は発生する。これらの支払いは費用として処理する。新株予約権は権利が行使されるまでは、株主の地位にないので、株主との直接な取引とは認識されないため、資本取引にはならない。それゆえに、株主資本以外の純資産の増加とされている。

なお、新株予約権の行使に伴い、当該企業が保有している自己株式を処分した場合には、自己株式の取得原価と、新株予約権の帳簿価額および権利行使に伴う払込金額との差額は「自己株式処分差額（差益）」として会計処理を行うものとされている。

この場合、以下のように会計処理を行う。

（借方）		（貸方）	
現金預金	×××	自己株式	×××
新株予約権	×××	自己株式処分差益	×××

ところで、新株予約権が失効した場合の会計処理が、次に問題になってくる。新株予約権のうち、権利行使期間中に権利が行使されなかった分（権利不行使による失効分）については、以下のように会計処理（仕訳）を行う。この会計処理は、当該失効が確定した日の属する会計期間に行う。

（借方）		（貸方）	
新株予約権	×××	新株予約権戻入益	×××

新株予約権のうち、権利が行使されなかった分については「新株予約権戻入益」として会計処理（仕訳）を行うものとされているが、その性格としては、過去において株式報酬費用として処理したもののうちの一部の戻入であるから「過年度損益修正益」としての性格を有している。そのため、原則として特別利益の中の項目として処理することになる。

企業業績が芳しくなく、赤字経営を余儀なくされて、株価も低迷しているような場合には、新株予約権が行使されないということがありえる。そのような場合、新株予約権が消滅して、特別利益が発生して、赤字の解消に役立つということにもなる。潜在的資本金として待機していた新株予約権が特別利益「新株予約権戻入益」になる（会計処理）というのは「損益と利益の混同になる」という比較的強い指摘がある。

これらの「新株予約権を付与する」という一連の取引について「企業がその従業員等に報酬として付与する」ものであるならば、現金取引を介在させて考えてみたい。

① 権利の付与日（人件費の認識）

（借方）		（貸方）	
給与手当	×××	現金預金	×××
		（未払人件費）	（×××）

ここでは、企業は新株予約権を付与することについて、対価を支払うか、未払いとして計上する。この取引（会計処理）は損益取引である。

② 権利の行使（資本金への振替もしくは払込）

（借方）		（貸方）	
現金預金	×××	資　本　金	×××
（未払人件費）	（×××）	資本準備金	×××

ここでは、権利の行使として現金預金を払い込むか、未払いとして留保していた資金を振り替えるものとする。この取引（会計処理）は資本取引である。

③ 権利の消滅・放棄（権利付与日の修正仕訳）

（借方）		（貸方）	
現金預金	×××	新株予約権戻入益	×××
（未払人件費）	（×××）	（特別利益）	

ここでは、新株予約権が行使されなかったことによって、当初に付与した日に起こした会計取引の修正「過年度損益修正益の性格を有している。」を行う。この取引（会計処理）は損益取引である。

ただし、新株予約権の発生と行使の放棄は別のものであって、あくまでも「損益と利益の混同になる」という指摘がある。新株予約権の発生は企業側の意思決定に委ねられているが、新株予約権の放棄は、潜在的株主（新株予約権保有者）側の意思決定だからである。

≪関連用語≫　有価証券（意義）、金融商品取引法（有価証券の範囲）

以下、参考資料

個別貸借対照表における新会計基準による純資産の部と旧来（財務諸表の用語、様式及び作成方法に関する規則「以下（財務諸表等規則）という」）による資本の部の記載様式を比較すると、以下に示した様式（4－2）のようになっている。

様式（4－2）「純資産の部」の旧来と新会計基準における記載様式の比較表（個別貸借対照表）

旧来の記載様式	新会計基準の記載様式
(資本の部)	(純資産の部)
Ⅰ　資本金	**Ⅰ　株主資本**
	1　資本金
Ⅱ　新株式払込金（又は新株式申込証拠金）	2　新株式申込証拠金
Ⅲ　資本剰余金	3　資本剰余金
1　資本準備金	(1)　資本準備金
2　その他資本剰余金	(2)　その他資本剰余金
(1)　資本金及び資本準備金減少差益	
(2)　自己株式処分差益	
(3)　-------------	
資本剰余金合計	資本剰余金合計
Ⅳ　利益剰余金	4　利益剰余金
1　利益準備金	(1)　利益準備金
2　任意積立金	(2)　その他利益剰余金
(1)　中間配当積立金	(3)　××積立金
(2)　-------------	
	繰越利益剰余金
3　当期未処分利益（又は当期未処理損失）	
利益剰余金合計	利益剰余金合計
	5　自己株式
	6　自己株式申込証拠金
	株主資本合計
Ⅴ　土地再評価差額金	**Ⅱ　評価・換算差額等**
	1　その他有価証券評価差額金
Ⅵ　その他有価証券評価差額金	2　繰延ヘッジ損益
	3　土地再評価差額金
Ⅶ　自己株式（△表示）	評価・換算差額等合計
	Ⅲ　新株予約権
資本合計	純資産合計

（注）1　旧来の記載様式の欄は「財務諸表等規則・様式第二号貸借対照表」に基づいて作成しているが、以下の条項の定めを加えている。

2	同規則第62条	新株式払込金等の表示
3	同規則第63条	資本剰余金の区分表示
4	同規則第68条の２	再評価差額金の表示
5	同規則第68条の２の２	その他有価証券評価差額金の表示
6	同規則第68条の２の３	自己株式払込金等の表示 自己株式の処分に係る払込金又は申込期日経過後における申込証拠金は、自己株式の前に別に区分を設け、「自己株式払込金又は自己株式申込証拠金」の科目をもって掲記しなければならないとされているが、（様式４－２）「貸借対照表の新旧対照比較表」においては省略している。
7	同規則第68条の２の４	自己株式の表示

貸借対照表の新旧対照比較表によって明らかなように旧来の「資本合計（株主持分扱い相当額）」が、「株主資本合計（純株主持分相当額）」とされることになった。そして金融商品に係る会計基準等の適用による「その他有価証券評価差額金等」は、旧来の会計制度においては、資本の部に記載され「株主持分」の一部とみなされてきた。しかし、（新）会計基準では「株主持分には帰属しない」ものという考え方をとることにし、別に区分して表示することにした。したがって、ここに大きな問題が発生してくることになる。世界の潮流として、企業評価に「株式価値」が問われるようになってきている。その場合、１株当たりの利益なり、株主資本利益率（旧来では資本利益率）が重要な指標とされている。一般的にいって、日本企業の資本利益率は、世界の企業に比較して低いものとされてきた。しかし、（新）会計基準の採用によって、株主資本が限定的に表示されることになったので、従来よりも高い数値を表すようになった。分母が小さくなるからである。そのため、従来の数値との比較可能性を失うことになった。

連結貸借対照表における新会計基準による純資産の部と旧来（連結財務諸表の用語、様式及び作成方法に関する規則「以下（連結財務諸表規則）という」）による資本の部の記載様式を比較すると、以下に示した様式（４－３）のようになっている。

様式（4－3）「純資産の部」の旧来と新会計基準における記載様式の比較表（連結貸借対照表）

旧来の記載様式	新会計基準の記載様式
負債の部	**負債の部**
以下－略－	以下－略－
負債合計	負債合計
（少数株主持分）	
少数株主持分	
（資本の部）	**（純資産の部）**
Ⅰ　資本金	**Ⅰ　株主資本**
	1　資本金
Ⅱ　新株式払込金（又は新株式申込証拠金）	2　新株式申込証拠金
Ⅲ　資本剰余金	3　資本剰余金
Ⅳ　利益剰余金	4　利益剰余金
	5　自己株式
	6　自己株式申込証拠金
	株主資本合計
	Ⅱ　評価・換算差額等
Ⅴ　土地再評価差額金	1　その他有価証券評価差額金
	2　繰延ヘッジ損益
Ⅵ　その他有価証券評価差額金	3　土地再評価差額金
Ⅶ　為替換算調整勘定	4　為替換算調整勘定
Ⅷ　自己株式払込金（又は自己株式申込証拠金）	評価・換算差額等合計
Ⅸ　自己株式	
	Ⅲ　新株予約権
	Ⅳ　少数株主持分
資本合計	
	純資産合計
負債、少数株主持分及び資本合計	負債及び純資産合計

（注）1　旧来の記載様式の欄は「連結財務諸表規則・様式第四号貸借対照表」に基づいて作成しているが、以下の条項の定めを加えている。

2　連結財務諸表規則第42条第２項　新株式払込金（又は新株式申込証拠金）の掲記

3　連結財務諸表規則第42条第３項　土地再評価差額金の掲記

4　連結財務諸表規則第42条第４項　その他有価証券評価差額金の掲記

5　連結財務諸表規則第42条第５項　為替換算調整勘定の掲記

6　連結財務諸表規則第42条第６項　自己株式処分に係る自己株式払込金又は自己株式申込証拠金の掲記

7　連結財務諸表規則第43条　自己株式の表示（資本の控除項目）

連結貸借対照表の新旧対照比較表によって明らかなように旧来の「資本合計」が、「純資産合計」とされることになった。大きな違いは、少数株主持分が、旧来の貸借対照表においては、負債の部と資本の部との中間に位置づけられていたものが、新しい貸借対照表においては、純資産の部に取り込まれたことにある。

次に（新）会計基準においては、個別貸借対照表と連結貸借対照表における新しい表示様式による「貸借対照表の純資産の部」を対照して表示しているので、それを様式（４－４）として掲載することにした。

様式（4－4）新しい表示様式による純資産の部の対照表示表

個別貸借対照表	連結貸借対照表
（純資産の部）	（純資産の部）
Ⅰ　株主資本	Ⅰ　株主資本
1　資本金	1　資本金
2　新株式申込証拠金	2　新株式申込証拠金
3　資本剰余金	3　資本剰余金
(1)　資本準備金	
(2)　その他資本剰余金	
資本剰余金合計	
4　利益剰余金	4　利益剰余金
(1)　利益準備金	
(2)　その他利益剰余金	
××積立金	
繰越利益剰余金	
利益剰余金合計	
5　自己株式	5　自己株式
6　自己株式申込証拠金	
株主資本合計	株主資本合計
Ⅱ　評価・換算差額金等	Ⅱ　評価・換算差額等
1　その他有価証券評価差額金	1　その他有価証券評価差額金
2　繰延ヘッジ損益	2　繰延ヘッジ損益
3　土地再評価差額金	3　土地再評価差額金
	4　為替換算調整勘定
評価・換算差額金等合計	評価・換算差額等合計
Ⅲ　新株予約権	Ⅲ　新株予約権
	Ⅳ　少数株主持分
純資産合計	純資産合計

第5章　法人税・応用編

I　引当金を中心とする会計と税務

5-1　引当金会計（意義）

引当金会計の最大の特徴は「適正な期間利益計算のための見積費用の計上」にある。近代の会計、とくに現代会計は多様多彩な見積計算の要素を内抱している。「引当金会計」はその最たるものである。[(1)] 最近になって、とくに問題視されてきている「退職給付債務の会計」並びに「資産除去債務の会計」も、広い意味で引当金会計の範疇に入るものと考え、本書ではここ（第5章）で取り上げている。もともと、引当金なる用語は、ドイツ語のRückstellungの訳語であり[(2)]、わが国では、昭和9年、産業合理局の財務管理委員会で造語されたものである。[(3)] 引当金会計は、イギリスの会計慣行の歴史的産物であって、イギリスにおける保守主義の会計原則が生み出した会計処理である。その後の歴史的過程において、一般的に健全な会計処理—発生主義の原則、費用収益対応の原則等—の見地から「適正な期間利益」算定の用具として利用されてきた。[(4)]

引当金会計の「本質は見積計算」に、「目的は適正な期間利益の算定」に資することにある。企業会計が「企業の経営成績」を示す期間利益の計算を目的としている以上、より真実な期間成績を算定することを求めている会計手法の結果になる。また、同時に、同一会計期間内における「企業経営者の業務の執行の結果」を表しているものである。財務諸表は、このような意味において、企業経営者の業務執行の結果を評価するための「財務に関する情報提供機能」という目的を担っていることになる。永続企業体を前提とする現代会計の特徴は、任意なる一定の期間（事業年度もしくは会計期間）を設定し、第一にはその期間内の利益等業績数値を算定し、第二には複数期間の利益等財務数値の比較を行うことによって企業の財政状態および経営成績等を表示することにある。

引当金会計は、将来の特定の費用または損失であって、その発生が当期以前（主として当該事業年度）の事象に起因し、発生の可能性が高く、かつ、その金額を合理的に見積ることができる場合には、当期の負担に属する金額を当期の費用または損失、会計処理科目は「○○引当金繰入額」として繰り入れ、当該引当金の残高を貸借対照表の負債の部または資産の部（関係勘定科目の控除形式）に表示するものである。

引当金会計も「費用収益対応の原則（matching cost with revenue principle）」に依拠した会計（理論的構築の産物）である。その考え方は、発生した費用を収益に対応させるということであり、収益をもって費用を回収することを意味している。費用は「資本の投下（経済的犠牲）」であり、収益は「投下資本の回収（経済的成果）」である。企業が経済的事業体（利益追求型事業体）であると同時に永続的活動体として、事業を展開していくためには、投下した資本を超過する資本回収を図らなければならない。したがって、当期以前の事象に起因する特定の費用または損失を、当該事業年度の収益をもって補填（これを「費用補償計算」という）する仕組み、すなわち計算構造が図られていなければならない。

引当金に属する勘定科目としては、製品保証引当金、売上割戻引当金、返品調整引当金、賞与引当金（現在は未払費用）、工事補償引当金、退職給与引当金（現在は退職給付債務）、修繕引当金、特別修繕引当金、債務保証損失引当金、損害補償損失引当金、投資損失引当金、貸倒引当金等がある。なお、発生の可能性の低い偶発事象に係る費用または損失は、引当金として計上することはできない。これを、旧来では「利益性引当金」として、会計的認識から排除されてきた。

参考文献

(1) 守屋俊晴『「引当金」について』 昭和52年3月1日 初版1～2頁
(2) 沼田嘉穂『企業会計』「引当金を論考する」昭和50年1月号 4頁
(3) 会田義雄『会計』「引当論」昭和46年8月号 43頁
(4) 黒澤 清『会計』「貸借対照表能力問題としての引当金」昭和50年6月号 14頁

≪関連用語≫ 貸倒引当金、返品調整引当金、役員賞与と引当金
退職給付債務、資産除去債務

5-2　貸倒引当金

(1)　性格（意義）

貸倒引当金は、債権につき将来発生する恐れのある貸し倒れという事実に対し、その債権が生起した期間に危険負担料を見積計上するものであり、当該債権の存続期間中、貸倒引当金も継続していき、債権回収時点で戻入される性格のものである。貸倒引当金は、将来発生する恐れのある債権の回収不能という事態に対する備えである限りでは、一種の準備金的性格を有する。そして、現実に貸し倒れが発生し、もしくは債権を放棄した時点で、以下のように会計処理することになる。

①　貸倒引当金の設定

（借方）		（貸方）	
貸倒引当金繰入額	×××	貸倒引当金	×××

貸倒引当金は評価勘定で、貸借対照表の資産科目から控除する方式で表示される。

②　貸倒の発生

（借方）		（貸方）	
貸倒損失	×××	売　掛　金	×××

貸倒引当金を設定していない特定の債権（ここでは売掛金、当期中に発生したものを含む）に貸し倒れが発生した場合には、上記のような会計処理をすることになる。

③　一部の回収と損失の発生

（借方）		（貸方）	
貸倒引当金	×××	売　掛　金	×××
貸倒損失	×××		

一部の債権を回収することができたが、その他の部分は放棄したというようなケースでは、上記のような会計処理をすることになる。

引当金会計が認識されるようになった当初、貸倒引当金は営業上の債権に対してのみ設定が認められていた。企業活動上発生した売上債権について発生する危険負担料を意味し、合理的な範囲内において必要な営業費用とみなされるものであった。税法基準が債権全般に対して引き当てすることを認めることにしたことによって、それが会計原則上、いつの間にか「税法規定の浸蝕」によって凌駕されてしまい、一般債権についてまで貸倒引当金を設定することができるようになった。[(1)]

企業会計原則における貸倒引当金の設定対象は「受取手形・売掛金その他の債権」であり、主に営業上の債権（貸付金を含む）を予定しているが、固定資産中の債権（非営業債権）についても貸倒発生の恐れがあるかぎり計上しないと適正な利益計算（費用収益法の考え方「旧損益法に準ずる思考」）が維持されないことになる。損失の発生の見込みが強いものに対しては、当該損失見込み額を債権金額から控除して適正な資産評価額（資産負債法の考え方「旧財産法に準ずる思考」）を貸借対照表に表示する。企業会計原則と旧商法規則は、いずれも貸借対照表において控除形式で表示することを要求している。これは貸倒引当金が評価性引当金であるという認識に基因している。

⑵　歴史的変遷（税法）

昭和25年の税法改正で、貸倒引当金の前身である貸倒準備金が認められるようになった。この時点の法人税法施行令第14条で、青色申告法人が各事業年度末日に有する「売掛金、貸付金、前貸金、その他これらに準ずる債権の貸倒に因る損失の補填に充てるため貸金の帳簿価額の0.3％と当該事業年度の所得金額の20％とのいずれか低い金額以下の金額」を貸倒準備金に繰り入れることが認められることになった。

そして、昭和39年の税法改正で、貸倒準備金が貸倒引当金に改められ、また、「全額洗替方式」が採用され、引当金として繰り入れた金額は、翌事業年度に全額益金に戻入することとされた。

①　貸倒引当金の設定

（借方）		（貸方）	
貸倒引当金繰入額	×××	貸倒引当金	×××

特定の事業年度において、貸倒引当金を設定した場合の会計処理はこのようになる。

② 全額洗替方式による会計処理

(借方)		(貸方)	
貸倒引当金	×××	貸倒引当金戻入益 (特別利益)	×××

一旦、前事業年度の貸倒引当金をゼロに戻し、改めて、以下のように当該事業年度の貸倒引当金を設定するということである。

(借方)		(貸方)	
貸倒引当金繰入額 (販売費一般管理費)	×××	貸倒引当金	×××

これは、税務会計の中では、貸倒引当金繰入相当額に対する税額を節税(課税の繰延)するという特有の考え方からきている。したがって、従来認められていた賞与引当金に対しても、同様な会計処理をしているケースが見られた。税務代理業を主体とする税理士が記帳代理業務を行っている場合の財務諸表は、このような会計処理が行われていた。ただし、上場会社等の旧証券取引法適用会社においては、このような会計処理は認められていなかった。あくまでも「引当金の目的使用という考え方」が強く、結果として、同一のことになるとしても、「全額洗替方式」を採用していなかった。

なお、法人税法基本通達11－1－1(貸倒引当金等の差額繰入れ等の特例)において、取崩額と繰入額との差額を損金経理していた場合においても、確定申告書に添付する明細書において、その相殺前の金額に基づく繰り入れであること等のことが明らかにされているときは、この会計処理が認められる。

以下、歴史的変遷に戻ることにする。昭和45年の税法改正で、引当金は本来的費用であるという理由から、「青色申告書提出法人」という適用要件が廃止された。このような歴史的沿革を経て、昭和52年、税法上の貸倒引当金が「評価性引当金」として純化されることになった。(2)

平成10年には、大幅な税法改正が行われた。賞与引当金と退職給与引当金が原則的に廃止の方向に変わった。貸倒引当金については、「売掛金、貸付金その他これらに準ずる債権の貸倒れ」から「金銭債権の貸倒れその他これに類する事由」に改められた。法定繰入率が廃止されるとともに、債権償却特別勘定の取り扱いが貸倒引当金に含められることになった。その上、貸倒引当金の繰入限度額の計算が、以下の２つに区分して計算する方式に改められた。

①　期末金銭債権個別評価方式

個別評価する債権　⇒　旧債権償却特別勘定の繰入基準に相当する基準で回収不能見込額を計算した金額

②　一括評価方式（一般売掛債権等が対象）

一括評価する債権（一般売掛債権等）　⇒　一般売掛債権等の帳簿価額の合計額に過去３年間の貸倒実績率（中小企業については法定繰入率）を乗じて計算した金額

この①と②の合計額が貸倒引当金の繰入限度額となる。

今回の改正は、貸倒実績率と法定繰入率のいずれか高い率による繰り入れを認めるという仕組みは、実務上簡便であるとしても、企業によっては過大計上（節税効果）となっていることがあり、他方、不良債権が発生している業界もしくは企業によっては不足していることがあるなど、税務課税の公平性の観点から問題が発生しているということから法定繰入率制度が廃止された。(3)

なお、ここで注意しておくことがある。基本通達11－２－１の２（個別評価金銭債権に係る貸倒引当金と一括評価金銭債権に係る貸倒引当金との関係）によれば、個別評価金銭債権に係る貸倒引当金の繰入限度額の計算と一括評価金銭債権に係る貸倒引当金の繰入限度額の計算は、別に計算することとされていることから、たとえば、個別評価金銭債権に係る貸倒引当金の繰入額に限度超過額があり、他方、一括評価金銭債権に係る貸倒引当金の繰入額が限度に達していなかったとしても、この不足額の範囲以内で、上記の限度超過額を相殺するということは認められないこととされている。

(3)　貸倒引当金の税制の概要

法人税法第52条に「貸倒引当金」が設けられている。その概要は、以下のとおりである。

①　同条第１項（期末金銭債権個別評価方式）

内国法人が、会社更生法の規定による更正計画認可の決定に基づいて、その有する金銭債権の弁済を猶予され、または賦払により弁済される場合、その他の政令で定める場合において、その一部につき貸し倒れ、その他これに類する事由による損失が見込まれる金銭債権（以下「個別評価金銭債権」という。）について、損失の見込額として、各事業年度において「損金経理により貸倒引当金勘定に繰り入れた金額」については、当該繰り入れた金額のうち、当該事業年度終了の時において当該個別評価金銭債権の取り立て、または、弁済の見込みがないと認められる部分の金額を基礎として政令で定めるところにより計算した金額に達するまでの金額は、当該事業年度の所得の金額の計算上、損金の額に算入する。ここには、損金経理と政令で定める計算による金額以内の金額という条件が付されている。

② 同条第２項（一括評価方式）

内国法人が、その有する売掛金、貸付金、その他これらに準ずる金銭債権（以下「一括評価金銭債権」という。）の貸し倒れによる損失の見込額として、各事業年度において「損金経理により貸倒引当金勘定に繰り入れた金額」については、当該繰り入れた金額のうち、当該事業年度終了の時において有する一括評価金銭債権の額および最近における売掛金、貸付金、その他これらに準ずる金銭債権の貸し倒れによる損失の額を基礎として政令で定めるところにより計算した金額に達するまでの金額は、当該事業年度の所得の金額の計算上、損金の額に算入する。ここでも、損金経理と政令で定める計算による金額以内の金額という条件が付されている。

⑷ 期末金銭債権個別評価方式の内容

法人税法第52条第１項に規定する政令で定める場合は、次の各号に掲げる場合とし、同項に規定する政令で定めるところにより計算した金額は、当該各号に掲げる場合の区分に応じ当該各号に定める金額とする。

① 法第52条第１項の内国法人が、当該事業年度終了の時において有する個別評価金銭債権につき、当該個別評価金銭債権に係る債務者について生じた次に掲げる事由に基づいて、その弁済を猶予され、または、賦払により弁済されることになった場合は、当該個別評価金銭債権の額のうち当該事由が生じた日の属する事業年度終了の日の翌日から５年を経過する日までに弁済されることとなっている金額以外の金額（担保権の実行その他により、その取り立てもしくは弁済の見込みがあると認めら

れる部分の金額は除かれる。)。要するに、弁済期限が５年を超える部分について、引当金に繰り入れることによって、損金として容認されるということである。

ア　会社更生法または金融機関等の更正手続の特例等に関する法律の規定による更生計画認可の決定

イ　民事再生法の規定による再生計画認可の決定

ウ　会社法の規定による特別清算に係る協定の認可の決定

エ　アからウまでに掲げる事由に準ずるものとして財務省令で定める事由

この財務省令の定めは、法人税法施行規則第25条の２「更生計画認可の決定等に準ずる事由」であり、法定の規定による整理手続によらない「債権者集会の協議決定による負債整理」や「行政機関等の斡旋による当事者間の協議による負債整理」とされている。

② 内国法人が、当該事業年度終了の時において有する個別評価金銭債権に係る債務者につき、債務超過の状態が相当期間継続し、かつ、その営む事業に好転の見通しがないこと、災害、経済事業の急変等により多大な損害が生じたこと、その他の事由が生じていることにより、個別評価金銭債権の一部の金額につき、その取り立て等の見込みがないと認められる場合の当該一部の金額に相当する金額が損金として容認されるということである。

さらに、内国法人が、当該事業年度終了の時において有する個別評価金銭債権に係る債務者につき次に掲げる事由が生じている場合には、個別評価金銭債権金額の50％相当額が損金として容認される。ただし、当該個別評価金銭債権のうち、当該債務者から受け入れた金額があるため実質的に債権とみられない部分および担保権の実行、金融機関または保証機関による保証債務の履行その他により取り立て等の見込みがあると認められる部分の金額は除かれる。

ア　会社更生法または金融機関等の更正手続の特例等に関する法律の規定による更正手続開始の申し立て

イ　民事再生法の規定による再生手続開始の申し立て

ウ　破産法規定による破産手続開始の申し立て

エ　会社法の規定による特別清算開始の申し立て

オ　アからエまでに掲げる事由に準ずるものとして財務省令で定める事由

この財務省令の定めは、施行規則第25条の3「更生手続開始の申立て等に準ずる事由」で、手形交換所よる取引停止処分となっている。

なお、上記にいう「債務超過の状態が相当期間継続し」に関する相当期間は、基本通達11－2－6（相当期間の意義）より、「おおむね1年以上」とし、その債務超過に至った事情と事業好転の見通しをみて、同号に規定する事由が生じているかどうかを判定するものとしている。

(5) 外国の政府、中央銀行または地方公共団体に対する個別評価金銭債権

内国法人が、当該事業年度終了の時において有する外国の政府、中央銀行または地方公共団体に対する個別評価金銭債権につき、これらの者の長期にわたる債務の履行遅滞により、その経済的な価値が著しく減少し、かつ、その弁済を受けることが著しく困難であると認められる事由が生じている場合には、該当する個別評価金銭債権額の50％相当額が損金として容認される。ただし、個別評価金銭債権額のうち、これらの者から受け入れた金額があるため実質的に債権とみられない部分の金額および保証債務の履行その他により取り立て等の見込みがあると認められる部分の金額は除かれる。

(6) 一括評価方式の内容

法第52条第2項に規定（一括評価金銭債権）する政令で定めるところにより計算した金額は、同項の内国法人の当該事業年度終了の時において有する一括評価金銭債権の帳簿価額の合計額に貸倒実績率を乗じて計算した金額とする。この場合の計算値は、以下の①に占める②の割合である。

①　一括評価金銭債権の帳簿価額

内国法人の前3年内事業年度終了の時における一括評価金銭債権の帳簿価額の合計額の平均値

②　以下の加算項目の合計額から減算項目の合計額を差し引いた前3年間の平均値

ア　加算項目

a　前３年内事業年度において売掛金、貸付金、その他これらに準ずる金銭債権の貸し倒れにより生じた損失の額

b　前３年内事業年度において法第52条第１項および第５項の規定により各事業年度の所得金額の計算上損金に算入した貸倒引当金の額

イ　減算項目

a　前３年内事業年度において各事業年度の所得金額の計算上益金に算入した貸倒引当金の額のうち、当該各事業年度の所得金額の計算上損金に算入した個別評価貸倒引当金の額

b　当該部分を含む一部の規定　―省略―

(7)　確定申告書の添付用明細書一括評価方式の内容

確定申告書に添付する明細書は、上記の規定により、以下の二種類がある。

①　個別評価金銭債権に係る貸倒引当金の損金算入に関する明細書

本件事項に関係する事例は、多種多様な類型があり、特段の事例を想定して記載することは必ずしも得策ではないと考えて、ここでは様式のみ提示することにした。

②　一括評価金銭債権に係る貸倒引当金の損金算入に関する明細書

ここでは、中小企業を想定して「法定繰入率」を採用して作成している。「実質的に債権とみられないものの額」は、売掛債権先に対する買掛債務を想定したものである。

参考文献

① 守屋俊晴『「引当金」について』　昭和52年３月１日　初版　第二章
② 武田昌輔『DHCコンメンタール法人税法　第３巻』　3182～3188頁
③ 前掲書　3192頁

≪関連用語≫　引当金会計（意義）、返品調整引当金、役員賞与と引当金、退職給付債務、資産除去債務

① 個別評価金銭債権に係る貸倒引当金の損金算入に関する明細書

事業年度	平成21・4・1 平成22・3・31	法人名	大日本東京株式会社

別表十一(一) 平二十一・四・一以後終了事業年度分

債務者	住所又は所在地	1					計
債務者	氏名又は名称 (外国政府等の別)	2	( )	( )	( )	( )	
	個別評価の事由	3	令第96条第1項 第　号該当	令第96条第1項 第　号該当	令第96条第1項 第　号該当	令第96条第1項 第　号該当	
	同上の発生時期	4	平　・　・	平　・　・	平　・　・	平　・　・	
	当期繰入額	5	円	円	円	円	円
繰入限度額の計算	個別評価金銭債権の額	6					
繰入限度額の計算	(6)のうち5年以内に弁済される金額 (令第96条第1項第1号に該当する場合)	7					
繰入限度額の計算	(6)のうち取立て等の見込額：担保権の実行による取立て等の見込額	8					
繰入限度額の計算	(6)のうち取立て等の見込額：他の者の保証による取立て等の見込額	9					
繰入限度額の計算	(6)のうち取立て等の見込額：その他による取立て等の見込額	10					
繰入限度額の計算	(6)のうち取立て等の見込額：(8)＋(9)＋(10)	11					
繰入限度額の計算	(6)のうち実質的に債権とみられない部分の金額	12					
繰入限度額の計算	(6)－(7)－(11)－(12)	13					
繰入限度額の計算	繰入限度額：令第96条第1項第1号該当 (13)	14					円
繰入限度額の計算	繰入限度額：令第96条第1項第2号該当 (13)	15					
繰入限度額の計算	繰入限度額：令第96条第1項第3号該当 (13)×50%	16					
繰入限度額の計算	繰入限度額：令第96条第1項第4号該当 (13)×50%	17					
	繰入限度超過額 (5)－((14)、(15)、(16)又は(17))	18					
貸倒実績率の計算の基礎となる金額の明細	貸倒れによる損失の額等の合計額に加える金額 ((6)の個別評価金銭債権が売掛債権等である場合の(5)と((14)、(15)、(16)又は(17))のうち少ない金額)	19					
貸倒実績率の計算の基礎となる金額の明細	貸倒れによる損失の額等の合計額から控除する金額：前期の個別評価金銭債権の額 (前期の(6))	20					
貸倒実績率の計算の基礎となる金額の明細	貸倒れによる損失の額等の合計額から控除する金額：前期の損金の額に算入された同上の個別評価金銭債権に係る貸倒引当金	21					
貸倒実績率の計算の基礎となる金額の明細	貸倒れによる損失の額等の合計額から控除する金額：(20)の個別評価金銭債権が売掛債権等である場合の同上の金額 (前期の(19))	22					
貸倒実績率の計算の基礎となる金額の明細	貸倒れによる損失の額等の合計額から控除する金額：(22)に係る売掛債権等が当期において貸倒れとなった場合のその貸倒れとなった金額	23					
貸倒実績率の計算の基礎となる金額の明細	貸倒れによる損失の額等の合計額から控除する金額：(22)に係る売掛債権等が当期においても個別評価の対象となった場合のその対象となった金額	24					
貸倒実績率の計算の基礎となる金額の明細	貸倒れによる損失の額等の合計額から控除する金額：(23)又は(24)に金額の記載がある場合の(22)の金額	25					

法 0301－1101

① 一括評価金銭債権に係る貸倒引当金の損金算入に関する明細書

事業年度	平成21・4・1 平成22・3・31	法人名	大日本東京株式会社

別表十一(一の二) 平二十一・四・一以後終了事業年度分

項目		金額	貸倒実績率の計算		
当期繰入額	1	250,000円	前3年内事業年度(設立事業年度である場合には当該事業年度又は連結事業年度)末における一括評価金銭債権の帳簿価額の合計額	9	円
繰入限度額の計算 期末一括評価金銭債権の帳簿価額の合計額 (26の計)	2	37,565,000	(9)/前3年内事業年度における事業年度及び連結事業年度の数	10	
貸倒実績率 (20)	3		前3年内事業年度又は連結事業年度(設立事業年度である場合には当該事業年度)における貸倒れによる損失の額等の合計額: 令第96条第2項第2号イの貸倒れによる損失の額の合計額	11	円
			損金の額に算入された令第96条第2項第2号ロの貸倒引当金勘定の金額等の合計額	12	
			損金の額に算入された令第96条第2項第2号ハの貸倒引当金勘定の金額等の合計額	13	
実質的に債権とみられないものの額を控除した期末一括評価金銭債権の帳簿価額の合計額 (28の計)	4	36,065,000円	益金の額に算入された令第96条第2項第2号ニの貸倒引当金勘定の金額の合計額	14	
			益金の額に算入された令第96条第2項第2号ホの貸倒引当金勘定の金額の合計額	15	
法定の繰入率	5	$\frac{6}{1,000}$	益金の額に算入された令第96条第2項第2号ヘの貸倒引当金勘定の金額等の合計額	16	
繰入限度額 ((2)×(3))又は((4)×(5))	6	216,390円	益金の額に算入された令第96条第2項第2号トの貸倒引当金勘定の金額等の合計額	17	
公益法人等・協同組合等の繰入限度額 ((2)×(3)×$\frac{116}{100}$)又は((4)×(5)×$\frac{116}{100}$)	7		貸倒れによる損失の額等の合計額 (11)+(12)+(13)−(14)−(15)−(16)−(17)	18	
			(18)×12/前3年内事業年度における事業年度及び連結事業年度の月数の合計	19	
繰入限度超過額 (1)−((6)又は(7))	8	33,610	貸倒実績率 (19)/(10) (小数点以下4位未満切上げ)	20	

一括評価金銭債権の明細

勘定科目	期末残高	売掛債権等とみなされる額及び貸倒否認額	(21)のうち税務上貸倒れがあったものとみなされる額及び売掛債権等に該当しないものの額	個別評価の対象となった売掛債権等の額及び非適格合併等により合併法人等に移転する売掛債権等の額	連結完全支配関係がある連結法人に対する売掛債権等の額	期末一括評価金銭債権の額 (21)+(22)−(23)−(24)−(25)	実質的に債権とみられないものの額	差引期末一括評価金銭債権の額 (26)−(27)
	21	22	23	24	25	26	27	28
売掛金	円 15,670,000	円	円	円	円	円 15,670,000	円 1,500,000	円 14,170,000
短期貸付金	20,000,000					20,000,000		20,000,000
仮払金	1,895,000					1,895,000		1,895,000
計	37,565,000					37,565,000	1,500,000	36,065,000

基準年度の実績により実質的に債権とみられないものの額を計算する場合の明細

平成10年4月1日から平成12年3月31日までの間に開始した各事業年度末の一括評価金銭債権の額の合計額	29	円	債権からの控除割合 (30)/(29) (小数点以下3位未満切捨て)	31	
同上の各事業年度末の実質的に債権とみられないものの額の合計額	30		実質的に債権とみられないものの額 (26の計)×(31)	32	円

法 0301−1101−2

5-3　貸倒損失と事実認識

(1)　税法上の取り扱い

貸倒損失は、法人税法第22条第３項第３号に定めている「当該事業年度の損失の額」にいう損失である。ただし、損金の額に算入できる事実認識（判定）は、かなり厳しいのが現実である。

法人税法基本通達には、以下のような解釈指針が設けられている。

9－6－1（金銭債権の全部又は一部の切捨てをした場合の貸倒れ）

法人の有する金銭債権について、次に掲げる事実が発生した場合には、その金銭債権の額のうち次に掲げる金額は、その事実の発生した事業年度において貸し倒れとして、損金の額に算入する。ここに「事実の発生した事業年度」の事実認識が問題になってくる。事実の発生した事業年度以外の事業年度には認められないということになるからである。それは、決算操作の余地を認めないという課税上の弊害防止からもきている。

①　会社更生法もしくは金融機関等の更正手続の特例等に関する法律の規定による「更生計画認可の決定」または民事再生法の規定による「再生計画認可の決定」があった場合において、これらの決定により切り捨てられることになった部分の金額

②　会社法の規定による「特別清算に係る協定の認可の決定」があった場合において、この決定により切り捨てられることになった部分の金額

③　法令の規定による整理手続によらない「関係者の協議決定」で、次に掲げるものにより切り捨てられることになった部分の金額

ア　債権者集会の協議決定で、合理的な基準により債務者の負債整理を定めているもの

イ　行政機関、金融機関、その他の第三者の斡旋による「当事者間の協議」により締結された契約で、その内容がアに準ずるもの

④　債務者の債務超過の状態が、相当期間継続し、その金銭債権の弁済を受けることができないと認められる場合において、その債務者に対し、書面により明らかにされた債務免除額

9－6－2（回収不能の金銭債権の貸倒れ）

法人の有する金銭債権について、その債務者の資産状況、支払能力等からみて、その全額が回収できないことが明らかになった場合には、その明らかになった事業年度において貸し倒れ（貸倒損失）として損金経理することができる。ただし、担保物があるときは、その担保物を処分した後でなければ貸し倒れとして損金経理することはできないとされているので、担保物の評価額を除いた金額しか損金経理することはできないことになっている。また、保証債務は、これを現実に履行した後でなければ、貸し倒れの対象とすることはできない。

(2) ひとつの訴訟事件の結末が示唆するもの

貸倒損失の損金認容の可否に関する以下の訴訟事件は有名である。

旧日本興業銀行（現みずほコーポレート銀行、以下「興銀」という）が、住宅金融専門会社（以下「住専」という）に対して有する金銭債権（貸出金）を「全額が回収不能」ということで債権放棄し、損金処理したことについて、税務当局がこれを否認した。この措置の取り消しを求めた訴訟事件の最高裁判決が、平成16年12月24日にあった。

住専は、個人の住宅購入者に対する融資を本業として、主として大手都市銀行を母体として設立された金融機関である。昭和46年6月から昭和54年8月までの間に、次ページの表（5－1）に見られる8社が設立されている。[(1)] 住専は、当初、国民のホームローンを供給する専門会社として設立されたが、その後、銀行が直接住宅ローン融資を行うことになったこともあって、より大きな利益を求めて不動産融資に傾斜していった。そのため、平成4年3月現在、ホームローンの融資残高は、融資総額の50％を割り込んでいた。バブル経済の崩壊により、土地価格は下落し、その回復がないまま経済が推移したことによって、融資先の不動産会社が倒産し、その影響がもろに住専を直撃した。そして、この当時、銀行を中心とする金融機関は、住専を含め不動産担保融資に約200兆円も貸し出していた。その多くの金融資産の財産価値が毀損していたのである。[(2)]

表（5－1）住宅金融専門会社一覧表（金額は資金調達額）

（平成４年９月末残高　単位：億円）

	住専の名称	設立年月	金　額	設立母体
1	日本住宅金融	昭和46年６月	25,797	都銀、信託、地銀
2	日本ハウジングローン	昭和51年６月	25,700	興銀、日債銀ほか
3	住　総	昭和46年10月	20,868	信託７行
4	第一住宅金融	昭和50年10月	19,263	長銀、野村證券ほか
5	住宅ローンサービス	昭和46年９月	17,264	富士、三菱等７行
6	総合住宅	昭和47年７月	14,956	第二地銀
7	地銀生保住宅ローン	昭和51年６月	13,236	地銀、生保
8	協同住宅ローン	昭和54年８月	8,401	県信連、農中ほか
	合　　計		145,485	

（注）出典：守屋俊晴『中央商科短期大学論集29号』「―監査論―金融の虚構と粉飾」平成６年６月　322頁の表を基に作成している。

ここに表（5－1）を掲げたのは、興銀以外の金融機関も大なり小なり、不良金融債権を抱えていたということを明らかにするためである。なお、本件税務訴訟を起したのは、興銀のみが他の金融機関よりも、１事業年度早く債権放棄し、税務当局がそれを否認したことによる。他の金融機関の損金経理は、容認されている。興銀の本件税務訴訟では、第一審（平成13年３月２日 東京地裁）では興銀側が勝訴しているが、その控訴審（平成14年３月14日 東京高裁）では逆に国側（税務当局）が勝訴している。

バブル経済崩壊の影響を受けて、事実上、経営破綻した住専問題を重視した内閣は、平成７年12月、公的資金・法的措置を含む住専処理策を閣議決定し、かつ、平成８年１月に閣議了解した。しかし、住専処理法並びに住専処理に係る公的資金を盛り込んだ平成８年度予算は、年度内に成立しなかった。

興銀は、これらの一連の状況を前提に、住専に対する貸付債権は、事実上、貸倒損失になっているものと判断して、平成８年３月29日、日本ハウジンググローンに対する貸付債権3,760億5,500万円の債権放棄を行い、貸倒損失として損金経理した。最高裁は、以下の理由から、貸付債権の貸倒損失を平成８年３月期の損金の額に算入することはできないとした「更正処分は違法

である」と判断し、控訴審判決を破棄した。還付加算金を含めた還付金総額は3,200億円である。[(3)]

判決の要旨は、以下の内容である。

① 金銭債権の貸倒損失を法人税法第22条第3項第3号に定めている当該事業年度の損失の額とするためには、「金銭債権の全額が回収不能である」ことを要するが、そのためには、債務者の資産状況、支払能力等のほか、債権回収に必要な労力、債権回収を強行した場合の他の債権者との軋轢(あつれき)などといったことを含め総合的に判断されるべきである。

② 閣議決定および閣議了解の住専処理策に沿った日本ハウジングローンの処理策において、興銀が貸付債権を全額放棄することを公にしている。

③ 仮に住専処理法および住専処理に係る公的資金を盛り込んだ予算が成立しなかった場合に、興銀が、興銀の金融債権を引き受ける立場にある農協系金融機関の反発に伴う経営的損失を覚悟してまで、非母体金融機関に「損失の平等負担」を主張できたとは、社会通念上想定しがたい。

④ 以上、日本ハウジングローンの資産等の状況からして、貸付債権の全額が回収不能であることは客観的に明らかになっていた。

本件判決に対して、日本経済新聞(平成16年12月28日夕刊)は、「巨額税務紛争で最高裁が国敗訴の判断を示すのは異例だ。」とした上で、「最高裁判事の人事権を持つ政府に対し、及び腰といわれてきた最高裁」としては良くやったと賞賛している。

参考文献

(1) 日本経済新聞 平成4年10月24日 朝刊
(2) 守屋俊晴『中央商科短期大学論集29号』「一監査論一金融の虚構と粉飾」平成6年6月 323頁
(3) 東京税理士会データ通信協同組合情報事業資料『justax』No.138「金銭債権の貸倒損失における回収不能の判断基準」 平成17年1月10日号

《関連用語》 引当金会計、貸倒引当金、返品調整引当金、役員賞与と引当金、退職給付債務、資産除去債務

5-4　返品調整引当金

法人税法第53条は「返品調整引当金」について、以下のように規定している。ただし、括弧書の部分を省略している。

> 法人税法第53条（返品調整引当金）
> 第１項　内国法人で出版業その他の政令で定める事業（以下「対象事業」という）を営むもののうち、常時、その販売する当該対象事業に係る棚卸資産の大部分につき、当該販売の際の価額による買戻しに係る特約その他の政令で定める特約を結んでいるものが、当該棚卸資産の当該特約に基づく買戻しによる損失の見込額として、各事業年度終了の時において損金経理により返品調整引当金勘定に繰り入れた金額については、当該繰り入れた金額のうち、最近における当該対象事業に係る棚卸資産の当該特約に基づく買戻しの実績を基礎として政令で定めるところにより計算した金額に達するまでの金額は、当該事業年度の所得の金額の計算上、損金の額に算入する。

この返品調整引当金については、税法上、「全額洗替方式」が採用されている。同条第７項において「第１項の規定により各事業年度の所得の金額の計算上損金の額に算入された同項に規定する返品調整引当金勘定の金額は、当該事業年度の翌事業年度の所得の金額の計算上、益金の額に算入する。」としている。なお、上記本文上の「政令の定め」は、以下の内容である。

施行令第99条（返品調整引当金勘定を設定することができる事業の範囲）

①　出版業

②　出版に係る取次業

③　医薬品（医薬部外品を含む。）、農薬、化粧品、既製服、蓄音機用レコード、磁気音声再生機用レコードまたはデジタル式の音声再生機用レコードの製造業

④　前号に規定する物品の卸売業

ところで、③の「既製服の製造業」には、基本通達11－3－1（既製服の製造業の範囲）により、背広服、制服、婦人子供服等一般に既製服と称されているものの製造業のほか、既製和服、メリヤス製婦人服、スポーツウェア、

その他通常外衣として着用される既製の衣服が含まれる。

施行令第100条（返品調整引当金勘定の設定要件）

① 法第53条第1項の内国法人において、販売先からの求めに応じ、その販売した棚卸資産を当初の販売価額によって無条件に買い戻すこと

② 販売先において、同第1項の内国法人から棚卸資産の送付を受けた場合に、その注文によるものかどうかを問わずこれを購入すること

本件条項に該当するもっとも分かりやすい商売（事業）は、書籍一般、新聞、週刊誌、月刊誌などに関する取り扱いである。たとえば、書籍については、出版元が過去の実績や経験（新刊書籍の販売見込み）などから、一定数量を書店等に送ってくる。書店等は、一定期間、店頭に置き、そして販売できなかったものを返品するという契約形態が、慣習として行われている。書店は在庫処分というリスクを負わない。したがって、粗利も低い。ともかく、近時、新刊本の増加と本を読まなくなった傾向もあり、初期配送と返品に係る間接経費の負担が大きくなってきたことにより、この慣習的商法の見直しがされつつある。買取制への移行であり、買い手の手腕が試されることになる。

平成21年12月、IFRS（International Financial Reporting Standards「国際財務報告基準」）における「収益認識」およびそれに関連した「不確実な対価の見積り」に関係した要項が明らかにされた。「無条件の返品権が顧客側にある場合の収益認識」について、以下のことが決定（仮）された。(1)

① 顧客からの返品が予想される物品販売による収益は認識しない。

② 返金債務を計上した場合、その見積り変動額は、事後的に認識する。

③ 返金債務の決済時に、返品原価を資産（受取権利）として認識する。

④ 約束した返品サービスは、履行義務（費用）として処理する。

この会計基準は、これから検討されて、導入されることになるのであり、その場合、税法の規定がどのように調整されていくのか、今のところ、明らかになっていない。

なお、法人税法基本通達には、以下のような解釈指針が設けられている。

9－6－4（返品債権特別勘定の設定）

出版業を営む法人で、返品調整引当金勘定を設けることのできるものが、雑誌（週刊誌、旬刊誌、月刊誌等の定期刊行物をいう。）の販売に関

し、その取次業者または販売業者（以下「販売業者」という。）との間に、以下に掲げる事項を内容とする特約を結んでいる場合には、その販売した事業年度において9－6－5に定める繰入限度額以下の金額を損金経理により返品債権特別勘定に繰り入れることができる。

① 各事業年度末日に、その販売業者がまだ販売していない雑誌（期末直前の発行日のものを除く。以下「店頭売れ残り品」という。）に係る売掛金に対応する債務を、当該時において免除すること

② 店頭売れ残り品を当該事業年度末日に、自己に帰属させること

9－6－5（返品債権特別勘定の繰入限度額）

返品債権特別勘定の繰入限度額は、以下に掲げる場合に応じ、それぞれ次に掲げる金額とする。

① 当該法人が返品調整引当金勘定への繰入限度額を施行令第101条第1項第1号《売掛金基準》の方法により計算している場合

当該事業年度末日における雑誌の販売に係る売掛金（期末直前の発行日のものを除く。）の帳簿価額の合計額に同号に規定する返品率を乗じて計算した金額から店頭売れ残り品の当該事業年度終了の時における価額を控除した金額

② 当該法人が返品調整引当金勘定への繰入限度額を施行令第101条第1項第2号《販売高基準》の方法により計算している場合または返品調整引当金勘定を設けていない場合

当該事業年度末日以前2ヵ月間における雑誌の販売の対価の額（期末直前の発行日のものを除く。）の合計額に同号に規定する返品率を乗じて計算した金額から店頭売れ残り品の当該事業年度終了の時における価額を控除した金額

参考文献

(1) あらた監査法人・企業会計研究会『週間経営財務』「IFRSをめぐる動向第2回収益認識」平成22年3月15日号　No. 2958　27頁

≪関連用語≫　引当金会計、貸倒引当金、役員賞与と引当金、退職給付債務、資産除去債務

5-5　役員賞与と引当金

企業会計基準第４号「役員賞与に関する会計基準」(平成17年11月29日)は、３.会計処理において「役員賞与は、発生した会計期間の費用として処理する。」としている。会社法施行前の旧商法時代においては、役員賞与は株主総会の決議（利益処分)によって支給されていた。業務の執行期間と支給の事業年度に齟齬があった。同会計基準の７.では、以下のように記載している。

従来、我が国においては、取締役や監査役に対する報酬（以下「役員報酬」という。）は、発生時の費用として会計処理し、取締役や監査役に対する役員賞与は利益処分で支給するのが一般的であった。そして、平成15年４月１日に施行された「商法の一部を改正する法律」に基づく機関設計や役員報酬額についての定め方の相違により、内容的に同様の性格と考えられる取締役や監査役の職務に関連する支給についての会計処理が異なるなどの意見があったことから、企業会計基準委員会が検討し、平成16年３月９日、実務対応報告第13号を公表するに至った。そこでは「役員賞与は、発生した会計期間の費用として会計処理することが適当である。この場合には、取締役報酬額又は監査役報酬額の株主総会決議により支給することになる。」としていた。

会社法では、以下のように定めている。

第361条（取締役の報酬等)

第１項　取締役の報酬、賞与その他の職務執行の対価として株式会社から受ける財産上の利益についての次に掲げる事項は、定款に当該事項を定めていないときは、株主総会の決議によって定める。

① 報酬等のうち額が確定しているものについては、その額

② 報酬等のうち額が確定していないものについては、その具体的な算定方法

③ 報酬等のうち金銭でないものについては、その具体的な内容

第387条（監査役の報酬等)

第１項　監査役の報酬等は、定款にその額を定めていないときは、株主総会の決議によって定める。

この会社法の規定に関連して、法人税法が改正された。同法第34条（役員給与の損金不算入）第1項第2号では、以下の条件に適合するものが、損金の額に算入することができるものとしている。

① 役員の職務につき所定の時期に確定額を支給する旨の定めに基づいて支給する給与（定期同額給与および利益連動給与）

② そのほかに、所轄の税務署長にあらかじめ届出している給与

定期同額給与とは別に役員賞与を支給する場合、この部分の条項に合わせて、あらかじめ届出しておくことによって支給することができることになる。ところで、このような会社法の規定に基づき、同会計基準9.においては、「会社法では、役員賞与と役員報酬とが同一の手続により支給されることになった（株主総会の決議という制約がなくなった）。」ため、同制約を前提とする実務対応報告第13号の見直しが必要となった。

それが同会計基準の内容である。同会計基準では、役員報酬は、確定報酬として支給される場合と業績連動型報酬として支給される場合があるが、職務執行の対価として支給されることに変わりはなく、会計上は、いずれも費用として処理される。役員賞与は、利益をあげた功労に報いるために支給されるものであったとしても、業績連動型の役員報酬と同様に職務執行の対価として支給されるものである。

当事業年度の職務に係る役員賞与を期末後に開催される株主総会の決議事項とする場合には、当該支給は株主総会の決議が前提となるので、当該決議事項とする額または見込み額を「原則として引当金」として計上する。なお、同会計基準では、これまでの実務慣行であった処分可能な剰余金を原資とする支給が可能であるかどうかは、会社法上、必ずしも明らかではない。このため、役員賞与が支給された場合、会計上、費用処理すべきか、剰余金の額の減少として処理することも認められるのかを明らかにすることが必要になったとしている。それが、はじめに示した「役員賞与は費用として処理する。」という結論である。

《関連用語》 引当金会計、貸倒引当金、返品調整引当金、退職給付債務、資産除去債務

5-6　債務保証損失引当金

現行税法には、債務保証引当金に関する規定は設けられていない。しかし、経済社会においては、特定の企業（主に子会社）に対する債務の保証という経済行為（金融行為）は、行われている。

東アジア地区を襲った通貨危機、この時、大きな打撃を受けた国として、たとえばインドネシアがあり、ルピアの大幅な切り下げを行い、また韓国がIMFから財政支援を受けている。日本の企業においても、たとえば、インドネシアに設立した子会社などが大きな影響を受けている。東京証券取引所一部上場会社の甲社は、インドネシアに子会社乙社を設立して事業を展開していた。この乙社は、資金調達を、日本の金融機関からの円建債務（借入金）に依存していた。事業が思わしくないところに通貨切り下げが追い討ちをかけ、大きく財務体質を悪化させていた。そのために、融資金の回収可能性が低下したと判断した銀行団は、親会社である甲社に対して、債務の保証をするか、もしくは親会社経由の貸付に変更することを求めた。甲社は、自社への影響の大きさから、この申し出を拒否した。そこで、銀行団を構成する各銀行は、甲社に対する短期貸出金について、期限到来時の貸し替えに応じなかった。その結果、甲社は資金繰りに行き詰まって経営破綻を起したというケースがある。

この時に甲社が、たとえば、債務保証に応じていれば、終盤、経営破綻を起すことになったとしても、延命できたはずである。ところで、乙社に対して債務の保証を行った場合、当該会社の財務状態から、直ちに債務保証引当金の設定が必要になる。その場合の会計処理、以下のように行われる。

(借方)		(貸方)	
債務保証引当金繰入額	×××	債務保証引当金	×××
(損益計算書項目)		(貸借対照表項目)	

しかし、この債務保証引当金は、税務上、損金の額に算入することはできないので、申告調整（所得加算）する必要がある。税務上、損金として認容される場合は、以下の条件が充足されたときである。

法人税基本通達「後半部分」9－6－2（回収不能の金銭債権の貸倒れ）によれば「保証債務は、これを現実に履行した後でなければ、貸倒れの対象とすることはできない。」となっているので、債務の保証を履行（肩代わり）

して、その債権の回収見込みがない場合である。

債務保証引当金は、連結子会社に対するものである場合、個別財務諸表には表示されるが、連結財務諸表では相殺消去されて、表示されない。当該子会社の債務が表示されることになる。たとえば、帝人株式会社の平成22年3月期の個別貸借対照表では5,651百万円（前期分10,620百万円）と記載されている。他方、連結財務諸表では記載がない。

なお、債務の保証については、過去、以下のような事例があった。[1]

昭和54年3月期に22億円の欠損を出して無配に転落した東京証券取引所一部上場会社の大光相互銀行（当時、本店新潟県長岡市）は、昭和53年9月期の有価証券報告書に770億円の債務保証の額を記載していなかったことを明らかにした。この事実は、相互銀行法（当時）第24条が規定する「不実の記載」に該当するものとされた。また、証券取引法違反にもなる。

債務保証は一般企業では脚注記載事項であるが、金融機関ではその重要性から「支払承諾見返」勘定と対照する形式で両建表示することになっている。大光相互銀行の昭和54年3月期の債務保証額は、この770億円を加えて1,660億円にのぼっている。金融業界では、この未計上の債務保証を「裏保証」と呼んでいる。それは「二重保証」のことを意味し、特定の融資先に対して融資した金融機関（主として同業の銀行）に対して保証する行為である。この裏保証は、表面化を回避するために、保証料を取っていない。あくまでも「二重帳簿」として秘匿している。実際、大光相互銀行は、それまでに大蔵省や日本銀行による検査によって「債務保証の削減」を強く指摘されてきた。そのために裏保証に走っていったという背景があった。この裏保証の根底には、得意先の維持、確保という営業姿勢があったとしても、そのほとんどが不良債権化していたことから、貸倒損失の具現化逃れにあったと指摘されている。

参考文献

(1) 守屋俊晴『監査の実践技法―内部統制部門・監査役・公認会計士の業務と責任―』第2版　平成8年11月30日　149〜150頁

≪関連用語≫　引当金会計、貸倒引当金、申告調整、貸倒損失と事実認識

5-7　特別修繕準備金

(1)　特別修繕準備金の意義・内容

租税特別措置法は同法第57条の８に「特別修繕準備金」に関する定めを置いている。「準備金」は、一般に公正妥当と認められている会計方法ではなく、あくまでも特定の事業における特定の設備に対する税法上の特典（優遇措置）である。同条は以下のように規定している。

> 同法第57条の８（特別修繕準備金）「本文中の括弧書部分省略」
> 第１項　青色申告書を提出する法人が、各事業年度において、その事業の用に供する次の各号に掲げる固定資産について行う修繕に要する費用の支出に備えるため、当該固定資産ごとに、積立限度額以下の金額を損金経理の方法により特別修繕準備金として積み立てたときは、当該積み立てた金額は、当該事業年度の所得の計算上、損金の額に算入する。

上記に示したように、本件規定による損金認容額は、あくまでも税法上の特典であり、企業会計上の正常な費用ではない。そのために、税法は、企業会計との整合性を図るために「当該事業年度の決算の確定の日までに剰余金の処分により積立金として積み立てる方法により特別修繕準備金として積み立てたときを含む。」としている。この方法は、損益計算書に計上することなく、かつての利益処分計算書、現在の株主資本等変動計算書の中で示すことになる。

(2)　特別修繕準備金の対象

なお、上記の「次の各号に掲げる固定資産」とは、以下の事項である。

①　船舶安全法第５条第１項第１号の規定による定期検査を受けなければならない船舶（総トン数５トン未満を除く。）
　当該定期検査を受けるための修繕

②　銑鉄用の溶鉱炉、熱風炉、ガラス製造用の連続式溶解炉

当該炉に使用するレンガの過半を取り替えるための修繕

③　ガス事業法第２条第１項に規定する一般ガス事業の用に供する球形のガスホルダー

当該ガスホルダーにつき定期的に行われる検査で、財務省令で定めるものを受けるための修繕

④　石油の備蓄の確保等に関する法律第２条第１項に規定する石油の貯蔵の用に供する貯油槽

当該貯油槽につき消防法第14条の３第１項の規定により定期的に行われる検査、または、同法第14条の３の２の規定により定期的に行われる点検を受けるための修繕

(3)　特別修繕準備金の計算

上記に示した積立限度額の計算は、租税特別措置法施行令第33条の７に定めがあり、以下の各号に定める金額としている。

①　前項の法人が前項の固定資産に事業年度内に特別修繕を行った場合

政令で定めるところにより計算した金額は、最近（前回）行った特別修繕費用額の75％を基礎として、以下の数値で計算した金額である。

ア　(2)の①　船舶　　1／5（60ヵ月分の12ヵ月の意）

イ　(2)の②　炉　　12／前々から前回の特別修繕の期間（月数）

ウ　(2)の③　ガスホルダー　　1／10

エ　(2)の④　貯油槽　　1／10

②　前項の法人が、前項に該当する船舶（特定船舶）に事業年度内に特別修繕を行ってはいないが、類似する船舶（類似船舶）について特別修繕を行っている場合

類似する船舶について最近行った特別修繕費用額を基礎として、政令で定めるところにより計算した金額

類似船舶に最近行った特別修繕費用額×Ａ／Ｂ＝Ｃ

Ａは特定船舶の総トン数、Ｂは類似船舶の総トン数、ここに計算されたＣの金額の75％に対して①を適用して計算された金額とする。

③　前２項（①と②）に掲げる場合以外の場合

前項の固定資産と状況が類似する他の資産につき最近行った特別修繕費用額を基礎として、政令で定めるところにより計算した金額―省略―

5-8　賞与引当金

(1)　賞与の意義・性格

日本の社会において「賞与の支給」は、一般的・社会的慣習として行われている。戦後間もない時期から暫くの間（おそらく30年以上）は、賃金・給与等の支払額が、従業員の月々の生活費を賄うに不足する状況にあった。実際、多くの企業が支払能力に苦労している状態にあった。そのために、お盆と年末の時期には、たとえば、後者では「年越しの資金」として、「賞与という名の一定の金額」を支給する慣習が定着していた。このように、これまでの時代は、明らかに「後払給与」であった。

そして、昭和40年代後半の所得倍増時代を経過して、また、第一次オイルショックの後遺症を乗り越えてからの高度経済の成長期から、利益（業績反映）の分配の意味を持つようになってきた。そこでは、部分的ではあるが、業績に連動した賞与の支給が行われるようになってきた。受け取る方にも余裕が出てきて、生活費の補充というよりも、むしろ海外旅行や貯蓄に向けられるようになっている。このように賞与の意味合いが変化してきたのであるが、会計的には、当時、いくつかの問題点が発生していた。一つは、賞与の支給時期およびその計算期間と費用処理する会計期間の不一致である。二つ目は、企業会計と税務会計の乖離である。

(2)　税法上の歴史的変遷

賞与引当金は、昭和40年の税法改正の折に、引当金のひとつとして設けられた。昭和40年以前においても通達で、賞与を支給することが確実であること、確定申告書の申告期限までに受領者ごとに分別されていることを条件に損金算入が認められていた。会計的認識としては、この「受領者ごとの分別」は、引当金というよりも、未払賃金（確定的債務）である。このような意味から、賞与引当金は一種の未払金として措置されたものである。このときの改正では、青色申告書提出法人に限って認められた制度であるが、昭和43年の改正では、青色申告書提出法人という適用要件が廃止されている。

昭和49年の改正では、従来、賞与引当金の計算の基礎となる賞与見積額は前年支給額とされていたが、多くの場合、当年中の賞与支給額が前年の賞与支給額を下回ることがない社会的実態から見ると、実際に賞与を支給する時に引当不足となるのが実情であるので、当年の賞与支給見積り額として「前年支給額」に代えて「前１年間の支給額」を用いることに改正された。この結果、暦年基準と支給対象期間基準のいずれの基準に従ったとしても、「当該事業年度終了の日以前１年間」の実績を基礎として賞与引当金を計上することに改正されたのである。引当金制度は「法人税の課税所得を合理的に計算する」ために設けられているものであるが、平成10年３月法律第24号により廃止された。ただし、平成14年度までの経過措置が講じられている。その理由は「課税の明確性・統一性を図る観点から、賞与については、原則として、実際に賞与を支給した日の属する事業年度の損金の額に算入する。」ことにしたということである。しかし、この理由の根拠は不明確であって、あくまでも「増税という国家政策である」という本旨が示されていない。

旧法人税法では、以下のように定められていた。

旧法人税法第54条

第１項　内国法人が、その使用人及び第35条第５項（役員賞与等の損金不算入）に規定する使用人としての職務を有する役員に対して支給する同条第４項に規定する賞与に充てるため、各事業年度において損金経理により賞与引当金勘定に繰り入れた金額については、(中略)政令で定めるところにより計算した金額に達するまでの金額は、当該事業年度の所得の金額の計算上、損金の額に算入する。

第２項　前項の規定により当該事業年度の所得の金額の計算上損金の額に算入された賞与引当金勘定の金額は、当該事業年度の翌事業年度の所得の金額の計算上、益金の額に算入する。

以上、旧来の税法の規定では、第１項により「賞与引当金勘定の設定による損金算入」を認めているが、税務上の会計処理としては、第２項で「毎期全額洗替方式」が採られている。ただし、差額処理をしている場合であっても、確定申告書に添付する明細書に、その相殺前の金額に基づく繰り入れ等であることを明らかにしているときは、その相殺前の金額によりその繰り入れおよび取り崩しがあつたものとして取り扱われることになっていた。[(1)]

(3) ふたつの計算方法

法人税法上、暦年基準と支給対象期間基準のふたつの繰入方法がある。そのうちいずれを採用するかは企業の自由であるが、税法上はいざしらず、企業会計上は継続的適用が要求されてくる。健全な会計慣行に裏打ちされた発生主義会計の建前上支給対象期間基準がより妥当な会計方法である。[2]

法人税法上、廃止されたので、暦年基準と支給対象期間基準の計算方法については省略する。いずれにしても、賞与引当金は、当初決算日の属する年度の「前年度支給実績額」を基礎に算出されることになっていたが、賞与の支給額が継続的に高騰していく時代的背景にあって、より現実の支給実額を反映すべく、昭和49年３月、「決算日前一年内の支給実績額」を基礎に繰入計算を行えるよう改正されている。この当時、法人税法施行令第103条2－2によると、賞与支給規程において賞与の「支給対象期間」を定めている企業にあっては、暦年基準によることなく支給対象期間基準を採用することができるとされていた。税法規定は、あくまでも過去の計算である。その限りでは暦年基準であれ、支給対象期間基準であり現金（支出）基準である。そこで各会計期間において、税法基準にかかわりなく「合理的な金額」を見積り計上する会計基準の必要性をみるのである。

(4) 実際の採用状況の例示

法人税法上廃止された会計方法であるが、現実の経済社会では、賞与引当金は採用されている。たとえば、平成21年12月の決算では、旭硝子4,009百万円、平成21年３月の決算では、東京急行電鉄4,140百万円、パナソニック44,528百万円（いずれも個別財務諸表）などである。

参考文献

(1) 武田昌輔『DHCコンメンタール法人税法　第３巻』 3236～3255頁

(2) 守屋俊晴『「引当金」について』昭和52年３月１日　43頁

《関連用語》　引当金会計、貸倒引当金、退職給与引当金

5-9　事業構造改善引当金

平成19年８月に起きたアメリカ発のサブプライムローン事件、そして平成20年９月に発生したリーマン・ブラザーズの経営破綻の影響で、世界に金融不況が波及していった。そして、同年11月に入ると金融の世界を超えて実物経済に大きな影響が現れてきた。経済（生産規模・売上高）が縮小し、需要と供給の乖離が拡大している。この需給差額は、日本国内で45兆円と試算されている。(1) これには、供給が需要を超過しているという意見があり、その見解が現在のデフレの説明になっている。他方、需要が供給を下回っているという意見があり、その見解が現在の長期不況の説明になっている。需要が供給を下回っているために、とくに自動車産業が、世界に需要を求めて海外生産に移行していることの根拠とされている。

この経済現象の影響を受けて、明らかに供給過剰（過剰設備）になっているために設備の廃棄等を含む事業再構築（リストラ）が求められている。そして、いくつかの企業がリストラの前倒処理を行っている。それが事業構造改善引当金への繰り入れである。前倒費用であるために、税務上、損金認容とはならず、申告調整が必要になっている。

主要な企業が、平成21年３月期に計上したリストラ費用（特別損失）としては、以下に示した表（5－2）のようなケースがある。なお、帝人は平成22年３月期に、同引当金181億円を連結貸借対照表に計上している。

表（5－2）主要な企業のリストラ費用

（単位：億円）

企　業　名	特別損失	最終損益
三菱ケミカルHD	500	△700
神戸製鋼所	326	△320
三井金属	275	△720
日本製紙グループ	229	△240
Ｔ　Ｄ　Ｋ	320	△620

（注）出典 日本経済新聞 平成21年４月20日　朝刊

参考文献

(1) 日本経済新聞　平成21年6月2日　朝刊

《関連用語》 引当金会計、返品調整引当金

5-10　退職給与引当金

(1)　退職給付金の性格と退職給与引当金

退職給付金の性格としては、大蔵省企業会計審議会報告「企業会計上の個別問題に関する意見第三（以下「個別意見」という）」（昭和43年11月11日）は、①賃金後払説、②功績報償説および③生活保障説の三つの基本的な考え方があるとして、次のように論述している。

退職金の性格を賃金後払説に求めるならば、将来における退職金の支出を必要ならしめる原因は、支出がなされる以前の期間において労働の費消に伴って発生することになるから、この事実を期間損益計算に反映させるためには、退職給与引当金を設定する必要がある。また、退職金の性格を功績報償説又は生活保障説に求める場合においても、退職金は、企業側における生産性の維持昂揚、労働力の確保などのための費用又は社会一般から期待されている福利厚生のための費用であると考えられるので、この事実を期間損益計算に反映させるためには、毎期規則的に退職給与引当金を設定する必要がある。

退職給付金の性格がどのようなものであったとしても、また、これらの性格に囚われることなく、現在では「退職給付金制度」は実社会に定着している。つまり、実際の退職給付金を収受する当事者たちにとって、退職給付金の性格や本質は補促的意味しかない。費用収益対応の原則からすると、本来、当該従業員の「労働の貢献度」に比例した期間負担計算を建前とする。しかし、労働貢献度の正確な経済計算はほとんど不可能である。従業員の退職給付金計算においては、個人別要素に余り係りなく決まるのが実状であり、どちらかといえば、退職時の役職と勤続年数を基礎的要素とした俗人的計算によっている。個別意見「解説」では、「一般に、企業が退職給与引当金を設定しなければならないことは、企業会計上は負債性引当金の考え方からいって当然のことである。負債性引当金は、通常、条件付債務であるとする商法上の立場においても、また、同様である。」と記述している。[(1)]

⑵　退職給与引当金の計算

費用収益対応計算の立場上、退職給付金の現金基準による会計処理は認められない。退職給付金について、①賃金後払説、②功績報償説もしくは③生活保障説があったとしても、そのいずれかの性格を有しているというものではなく、三要素の混合体であり、本質的に退職給付金は「労働の対価」である。退職という事実は、相当長期の勤続後に発生する事柄であるため、事実が生起するまでの各期間に費用配分しておかないとかなりの簿外負債が延々と累積されていくことになる。会計的認識として、重要なことは各会計期間が、それ相応の費用を負担し、将来における退職時の支出に備えておくことが必要なのである。ここで大切なことは支出に備えるということと、さらには過去の勤続中の期間が応分に費用負担したということ、すなわち、以上の計算方式によって当該従業員の労働提供期間が費用負担と対応しているということである。個別意見では、①将来支給額予測方式、②期末要支給額計上方式（支給倍率加味方式）および③現価方式の三つの計算方式を示している。なお、ここでは、計算方式の内容の記載並びに個人的意見は省略している。

退職給付金並びに退職給与引当金については、以下の歴史的経緯がある。

日本公認会計士協会は、昭和44年３月10日、会長通牒「退職給与引当金に関する会計処理及び監査上の取扱い」を公表し、個別意見に準拠して「会計処理」がなされているならば「監査意見」（条件充足による適正意見）が形成されることにした。通牒「解説」によると昭和37年正規監査委員会が「退職給与引当金に関する監査意見の表明について」（報告第１号）を公表し、毎期、少なくとも税法上の損金算入限度額以上の額を繰り入れなければならないとした。ここでの措置（理論的対応）として、法人税法上の取り扱いは別にして、企業会計の立場においては「期末要支給額計上方式」が、一般に公正妥当な会計方法として認められるにいたっている。[(2)]

⑶　税法上の歴史的変遷

退職給与引当金は、昭和27年の税制改正において、以下のように創設された制度である。

旧法人税法第15の7（本文中の括弧書省略）

第1項　青色申告書を提出する法人で、退職給与規程を定めているものが、従業員の退職に因る退職給与金の支出に因る費用に充てるため、各事業年度において、左の各号に掲げる金額のうちいずれか低い金額以下の金額を退職給与引当金勘定に繰入れた場合においては、当該繰入金額は、当該繰入をなした事業年度の計算上これを損金に算入する。

①　各事業年度終了の日において在職する従業員の全員が同日において自己の都合に因り退職するものと仮定した場合において、同日現在において定められている退職給与規程により計算される退職給与金の額から、当該従業員のうち前事業年度終了の日から引続き在職する者の全員が同日において自己の都合に因り退職するものと仮定した場合において同日現在において定められている退職給与規程により計算される退職給与金の額を控除した金額

（注）これを自己都合基準による発生額基準方式という。

②　細かい規程であるため、記載を省略している。

要は資産基準ともいうべき一定の資産の金額の4倍の金額から前期から繰越されてきた退職給与引当金残高を控除した金額である。

ここでは、①青色申告法人であること、②退職給与規程が定められていること並びに③従業員に対する支給であること、という要件が示されている。そして、昭和28年の改正では、労働協約または就業規則を有していない法人でも、あらかじめ「税務署長に退職給与規程を届出たもの」については、就業規則による退職給与規程を定めている法人と同様な方式により繰り入れを認めることとした。なお、青色申告が取り消された場合は、その後2年間で均分して益金に算入することとされた。また、昭和30年の改正では、期限後申告による場合も引き当てを認めることとされ、特別の事情があるときは、申告の記載がない場合にも認めることができるものされた。

そして、その後、課税の仕組みが強化（増税）されていくことになる。まず、昭和31年の改正では、①累積限度額が期末要支給額の50％とし、②引当金の取崩額が退職給付金支給額とされた。①は税務の政策的意図としてやむを得ないものとしても、②の規定は二つの要素で大きな誤りがあった。まず、もともと50％しか積んでいないのに「支給額全額の取崩」を求めてい

ること、並びに退職した当該事業年度に勤務したことによる上積額は引当の対象としていないにもかかわらず、取崩額の対象としていることにある。このようなことは、この事項に限るものではないが、理論的裏付けがない税務会計の強制的適用によって、適正な企業会計が歪められてしまうという弊害が発生している。これを「税務会計の企業会計への浸蝕」と呼んでいる。

昭和34年の改正では、退職金共済掛金の損金算入制度の創設に伴い、限度額計算の基礎となる退職金要支給額から退職金共済契約に基づく退職給付見込額を控除し、また、給与総額の４％相当額から退職金共済掛金を控除して計算するものとされた。そして、昭和43年の改正においては、青色申告書提出法人の適用要件が廃止され、同時に、適格退職年金契約等への移行に伴う調整前累積限度超過額の取り崩しを、移行年度の翌事業年度開始の日から７年間とすることとされた。

昭和55年の改正では、退職給与引当金の累積限度額について期末要支給額の40％（従前50％）に縮減された。50％への縮減のときには、いろいろと理屈を立てていたが、この40％への縮減のときにはさほどの理屈を立てることをしていない。まず「増税ありきの税制改革」であったからで、現にこの縮減による増収額は、初年度2,770億円、平成度2,610億円とされている。平成10年の改正では、退職給与引当金の累積限度額について期末要支給額の20％に縮減された。このときには「課税ベースの適正化の観点から債務確定主義の徹底等を図る」こととされ、引当金全般について大幅な見直しをした、その一環としての改訂である。この「債務確定主義の徹底」の観点からすれば、従業員が提供した「過去の労働の対価」を明確に認識すべきであったはずなのである。時代に逆行した取り扱いとなっている。平成14年には、連結納税制度導入に伴い、課税ベース見直しの観点から退職給与引当金の制度が廃止されたが、所要の経過措置が設けられている。[3] 経過規定により、毎期、一定額の取り崩しを行うことになっている。以下、参考として別表十一（三）「退職給与引当金の益金算入に関する明細書」を示しておいた。

参考文献

(1) 守屋俊晴『「引当金」について』昭和52年３月１日　65～66頁

(2) 前掲書　71～75頁

(3) 武田昌輔『DHCコンメンタール法人税法　第３巻』 3313～3321頁

① 退職給与引当金の益金算入に関する明細書

事業年度	平成21・4・1 平成22・3・31	法人名	大日本東京株式会社

別表十一(三)　平二十一・四・一以後終了事業年度分

改正事業年度（平成15年3月31日以後最初に終了するもの）				改正事業年度終了の時における資本の金額又は出資金額			円
当期取崩額に係る取崩不足額又は取崩超過額の計算	当期取崩額	1	円	翌期繰越額の計算	期首現在額	15	
	同上のうち前期までに益金の額に算入された金額に相当する部分の金額	2			当期取崩額 (1)	16	
	基準退職給与引当金 改正事業年度開始の時に有する退職給与引当金勘定の金額	3			組織再編成により移転をした金額	17	
	基準退職給与引当金 組織再編成に伴う退職給与引当金勘定の金額の調整額	4			組織再編成により移転を受けた金額	18	
	基準退職給与引当金 計 (3)＋(4)	5			差引期末現在額 (15)－(16)－(17)＋(18)	19	
	要取崩額の計算 当期に取り崩すべき金額 $\left((5)\times\frac{12}{120}\right)$又は退職給与引当金勘定の残高	6			同上のうち前期までに益金の額に算入された金額	20	
	要取崩額の計算 当期に組織再編成を行った場合の調整額	7			前期までに損金の額に算入された取崩超過額 (当期の別表五(一)又は別表五の二(一)付表一の期首現在の取崩超過額に相当する金額)	21	
	要取崩額の計算 計 (6)＋(7)	8			当期の取崩不足額 (9)	22	
	取崩不足額 (8)－((1)－(2)) (マイナスの場合は0)	9			当期の取崩超過額 (10)	23	
	取崩超過額 ((1)－(2))－(8) (マイナスの場合は0)	10			差引退職給与引当金 (19)－(20)＋(21)－(22)＋(23)	24	
要支給額基準による計算	差引退職給与引当金 (24)	11			上記のうち事業主が支給する期末退職給与の額を超える部分の金額 (13)	25	
	当期末退職給与の要支給額のうち事業主が支給する部分の金額	12			期末退職給与引当金 (24)－(25)	26	
	事業主が支給する部分の金額を超える金額 (11)－(12) (マイナスの場合は0)	13		組織再編成を行った日			
差引取崩不足額又は取崩超過額 ((9)＋(13))又は((13)－(10))		14		退職年金制度等への移行年度			

法 0301－1103

5-11　退職給付債務と退職給付会計

(1)　退職給付債務と退職給付会計の意義と会計基準の基本的な考え方

企業会計審議会・企業会計基準第３号「退職給付に係る会計基準」（平成10年６月16日）によると、退職給付会計（退職給付に係る会計処理）については、将来の退職給付のうち当期の負担に属する額を当期の費用として引当金に繰り入れ、当該引当金の残高を貸借対照表の負債の部に計上することが、企業会計原則に基づく基本的な会計処理の考え方であるとし、このような基本的処理に加え、退職給付に係る会計処理に特有の事象について、次のような考え方を採用することとした、と記述している。

①　企業年金制度における会計処理の考え方

企業年金制度に基づく退職給付においては、負債の計上に当たって外部に積み立てられた年金資産を差し引くとともに、年金資産の運用により生じると期待される収益を、退職給付費用の計算において差し引くこと

②　見積計算における計算要素の変更

退職給付の水準の改訂および退職給付の見積りの基礎となる計算要素の変更等により「過去勤務債務」および「数理計算上の差異」が生じるが、これらは、原則として、負債の計上に当たって差し引くとともに、一定の期間にわたり規則的に費用として処理すること

この計算式の意味は、ここに生起した過去勤務債務と数理計算との差異を、認識された会計期間のみに計上するのではなく、将来期間にわたって平準化して処理することを求めていることにある。

(2)　退職給付債務会計に関係する専門用語の意義

退職給付に係る会計基準による関連する専門用語（会計処理を含む）については、以下のように説明（一部解釈を含む）されている。

①　退職給付（退職給付金）

給付には、無形の財産（経済的価値物）が含まれるとしても、ほとんど金銭で支給されるので、退職給付金のほうが適当と考える。退職給付金は、一定の期間にわたり労働を提供した対価として、退職という事実に基づき

従業員に支給される給付金で、退職一時金もしくは退職年金あるいはその併用した支給金がその典型である。退職給付金の支給方法（一時金支給、年金支給）や退職給付の積立方法（内部引当、外部積立）が異なっているとしても、いずれも退職給付金であることに相違はない。

ところで、同基準では、このような観点から「企業年金制度を含めた退職給付（金）」を包括的に検討したとしている。

② 退職給付債務

退職給付債務とは、一定の期間にわたり労働を提供したこと等の事由に基づいて、退職以後に従業員に支給される給付（以下「退職給付」という）のうち、認識時点までに発生していると認められるものをいい、割引計算により測定される。なお、原則として、退職給付債務の額は、個々の従業員ごとに計算し、集積した額である。

この退職給付債務は、退職時に見込まれる退職給付（退職給付金）の総額（以下「退職給付見込額」という）である。ただし、退職という事実は、将来事象であるため現在時点の計算を必要とする。そのために、退職給付債務は、当該期末までに発生していると認められる額を、一定の割引率および予想される退職時から現在までの期間（以下「残存勤務期間」という）に基づき割り引いて計算する。

③ 年金資産

年金資産とは、企業年金制度に基づき退職給付に充てるため積み立てられている資産をいう。また、年金資産の額は、期末における「公正な評価額」により計算する。これは信託銀行等に預け入れ（拠出）て、運用されている資産で、当該拠出した企業の財産権から分離されている、つまり当該企業の支配権が及ばない資産である。

④ 勤務費用（勤務費用の額）

勤務費用とは、1期間の労働の対価として発生したと認められる退職給付をいい、割引計算により測定される。なお、勤務費用の額は、その割引計算により測定された額である。この勤務費用は、退職給付見込額のうち、当期に発生したと認められる額を、一定の割引率および残存勤務期間に基づき割り引いて計算する。

⑤ 過去勤務債務

過去勤務債務とは、退職給付水準の改訂等に起因して発生した退職給付債務の増加部分または減少部分をいう。なお、このうち費用処理（費用の減額処理または費用を超過して減額した場合の利益処理を含む。以下同じ。）されていないものを「未認識過去勤務債務」という。

⑥　数理計算上の差異

数理計算上の差異とは、年金資産の期待運用収益と実際の運用成果との差異並びに退職給付債務の数理計算に用いた見積数値と実績との差異および見積数値の変更等により発生した差異をいう。なお、このうち費用処理されていないものを「未認識数理計算上の差異」という。

⑦　利息費用（利息費用の額）

利息費用とは、割引計算により算定された期首時点における退職給付債務について、期末までの時の経過により発生する計算上の利息をいう。利息費用の額とは、これにより計算された利息金額である。この利息費用は、期首の退職給付債務に割引率を乗じて計算する。

なお、退職給付の見積計算に係る特有の費用（計算要素）として、以下の事項がある。

⑧　期待運用収益

企業年金制度における年金資産の運用により生じると期待される収益で、退職給付費用の計算において控除される額である。

⑨　過去勤務債務のうち費用化した額

退職給付の給付水準の改訂等により、従前の給付水準に基づく計算との差異として発生する過去勤務債務のうち、費用として処理した額である。

⑩　数理計算上の差異のうち費用化した額

年金資産の期待運用収益と実際の運用成果との差異並びに退職給付債務の数理計算に用いた見積数値と実績との差異および見積数値の変更等により発生した差異のうち、費用として処理した額である。

(3)　退職給付（債務）と会計処理

退職給付は、その発生が当期以前の事象に起因する将来の特定の費用支出であり、「当期の負担に属すべき退職金の金額は、その支出の事実に基づくことなく、その支出の原因または効果の期間帰属に基づいて費用として認識する。」という企業会計における従来の考え方は、企業年金制度による退職給付についても同じく当てはまると考えられている。したがって、退職給付（債務）は、その発生した期間に費用として認識（会計処理）する。

なお、退職給付に係る会計基準では、役員の退職（退任）慰労金については、労働の対価との関係が必ずしも明確でないことから、直接対象とするものではないと避けている。

① 負債の認識

退職給付債務に未認識過去勤務債務および未認識数理計算上の差異を加減した額から年金資産の額を控除した額を「退職給付に係る負債」として計上する。退職給付に係る負債は、原則として「退職給付引当金」の科目をもって計上することとされている。

なお、現在の会計基準では、退職給付債務、未認識過去勤務債務および未認識数理計算上の差異は、一定の会計期間で償却（積増）することが容認されているので、「退職給付に係る負債の額」がそのまま「退職給付引当金」として計上されていることにはならない。

② 費用の処理

当期の勤務費用および利息費用は退職給付費用として処理し、企業年金制度を採用している場合には、年金資産に係る当期の期待運用収益相当額を差し引くものとする。なお、過去勤務債務および数理計算上の差異に係る費用処理額は、退職給付費用に含まれるものとする。

③ 退職給付債務の計算と割引率

退職給付債務の計算に用いる割引率は、安全性の高い長期の債券の利回りを基礎として決定する。この「長期の債券の利回り」とは、長期の国債、政府機関債および優良社債の利回りとされている。

④ 実際運用収益超過額の処理

実際運用収益が期待運用収益を超過したこと等による数理計算上の差異の発生または給付水準を引き下げたことによる過去勤務債務の発生（減額）により、年金資産が企業年金制度に係る退職給付債務を超えることとなった場合には、当該超過額を資産および利益として認識してはならない。退職給付会計が導入された時点では、年金資産は従業員の財産という視点から、将来の拠出額の減額（企業負担の軽減効果）となるものの資産価値を認めていなかった。しかし、「『退職給付に係る会計基準』の一部改正」（平成17年３月16日）により、「当該超過額を資産および利益として認識してはならない。」との定めは適用しないことにされた。したがって、当該金額は、企業が採用する処理年数および処理方法に従い、「費用の減額」として処理することになった。ただし、「前払年金費用」として資産計上している場合もある。

(4) 税務上の取り扱い

退職給付会計に係る税務上の取り扱いについては、国税庁長官から国税庁課税部長あてに出された通達「退職給付会計に係る税務上の取扱いについて(平成12年3月16日)」がある。同通達では、退職一時金規定に基づく退職給与引当金の損金算入限度額に触れて「退職給付会計における退職一時金規定に基づく退職給付引当金は法人税法上の退職給与引当金に該当する。」と示しているので、当該引当金の限度額計算が適用されることになる。

なお、同通達の要点は、次のようになっている。

税務上の損金算入限度計算の基となる帳簿上の退職給与引当金繰入額は、退職給付会計基準のもとでは、退職給付債務に係る費用項目、すなわち、(イ) 勤務費用、(ロ) 利息費用、(ハ) 過去勤務債務の費用処理額、(ニ) 退職給付債務に係る数理計算上の差異の費用処理額および (ホ) 会計基準変更時差異の費用処理額の合計額となる。なお、適格退職年金制度のもとでは、年金財政計算に基づいて、事業主または退職給付信託から受託期間に実際に支払われた掛金または拠出金のうち事業主が負担すべき金額が税務上拠出時の損金として認められる。また、厚生年金基金制度のもとでは、厚生年金の掛金または徴収金のうち事業主が負担すべき金額は、当該掛金等の計算の対象となった月の末日に税務上の損金算入が認められる。その結果、退職給付費用を税務申告書上すべて否認し、拠出金を損金算入することになる。

≪関連用語≫　退職給与引当金、年金資産と経営問題、年金債務の減額と訴訟

5-12　年金資産と経営問題

(1)　年金資産の意義

退職給付に係る会計基準によると、年金資産とは「企業年金制度に基づき退職給付に充てるため積み立てられている資産をいう。」とされている。企業年金制度を採用している企業には、退職給付に充てるため外部に積み立てられている年金資産がある。この年金資産は「退職給付の支払い」のためにのみ使用されることが制度的に担保されていることから、他の資産と同様に、企業の貸借対照表に計上することは、財務諸表の利用者に誤解を与える恐れがあることから、貸借対照表に計上しないものとしている。ただし、年金給付に係る債務の計算においては、これを控除して計算することとしている。したがって、年金資産の額の計算は「公正な評価額によって測定する」ものとしている。この公正な評価額とは、年金資産の時価をいう。そこで、年金資産の運用が、外国の債券であれば、為替の変動リスクがあり、また、日本の株式であっても、株価の変動リスクがある。

(2)　年金問題

企業経営において、「年金問題」は重要なテーマであり、避けて通れない課題である。これまでは、一定の会計期間にわたって分割して負担すること、すなわち「会計期間の負担の平準化」を計ることが可能であったが、平成24年３月期からは「退職給付債務の満額計上」が義務付けられることになっている。そして、現行の「退職給付引当金」は「退職給付に係る債務」に改称されることになった。なお、両者は同一のものでなく、会計基準の変更による変更である。退職給付債務会計における「年金資産積立不足額の一括計上」が求められることになったために、従来の積立不足相当額が純資産の部に「その他の包括利益累計額」に含めてマイナス表示されることになる。

企業によっては、純資産の部の金額に大きな影響を与えることになり、株価は当然として、配当政策にも少なからずの影響を与えることになる。最近の大手企業の年金資産の額および年金資産積立不足額は、以下に示した表(5－3）のようになっている。

表（5－3）大手企業の年金資産の額・年金資産積立不足額一覧表

（単位：億円）

企業名	年金資産	増減額	増減率	企業名	年金資産積立不足額		
	平成21年３月期				21・3	20・3	増減額
NTT	18,672	△3,600	△16％	NEC	3,483	2,266	1,217
富士通	10,875	△3,375	△24％	JAL	3,314	3,237	77
パナソニック	14,136	△3,239	△19％	三菱重工業	2,591	1,193	1,398
トヨタ ＊	9,790	△3,030	△24％	日産自動車	2,450	1,372	1,078
ホンダ ＊	8,640	△2,920	△25％	新日鉄	1,425	516	909
日立製作所	11,236	△2,574	△19％	シャープ	1,342	527	815
日産自動車	6,571	△2,483	△27％	富士電機HD	1,130	708	422
J　T	2,805	△1,690	△38％	中部電力	1,093	431	662
東　芝	6,606	△1,677	△20％	デンソー	1,081	293	788
三菱電気	5,425	△1,446	△21％	三菱ケミカルHD	1,047	202	845

（注）1　出典：左の部分は日本経済新聞（平成21年７月15日、朝刊）および右の部分は日本経済新聞（平成22年３月12日、朝刊）の記事を基にして作成している。
2　※は米国会計基準適用会社である。
3　右の部分の会社は全て日本の会計基準適用会社である。

この表（5－3）にみられるように、日本の大手企業も年金資産の利益圧迫要因を抱えている。それは、企業経営に大きな影響（利益圧迫要因）を与えており、将来の従業員の給与（減額要因）にも大きな影響を与えることになるものと予想される。

⑵　年金資産と運用課題

年金問題は、ここ10年大きな社会問題になっている。とくに、将来に向かって、早いスピードで進んでいく少子高齢化社会の出現による高齢者を中心とする「安心で、安全な生活」が脅かされている。それは、現役世代の勤労者にも、大きな影響を与えている。基本的な問題は、日本経済が、成熟社会になって、かつてのような「成長経済から離脱した結果」を意味している。老後の生活を保障するはずであった年金政策にひずみが発生している。低金利や株式相場低迷などで、企業年金資産の運用実績がきわめて厳しい環境下にある。実際、平成20年度の運用利回りはマイナス17％と大きく下落し、年金資産を目減りさせている。平成20年9月のリーマン・ブラザーズの経営破綻をきっかけに始まった全世界金融不況による株価の下落がその大きな理由である。[1] しかし、安全志向による国内債券中心の運用を行ったとしても、超低利時代のため損失を出す可能性は低いとしても、保証利回り（期待運用収益率）を下回ることは確実であり、年金資産の財産価値を維持することは難しいのが現実である。株価は、平成21年3月末の終値がおおきく安値を更新していた。とくに、平成21年1月から3月にかけての日本経済全体が大きく崩れていた。巨大企業のトヨタや日立製作所が巨額の営業赤字を出して、世間を賑わした記憶は忘れることができない。

ところで、平成21年度の運用利回りは14％と3年ぶりにプラスに転換した。マイナス17％だった前年度実績から急回復した。東芝が20％に達するなど各社の利回りが上向いている。対象となる年金資産の規模は約10兆円である。東芝は、株安時も株式への資産配分を減らさずに目減り分を買い増した結果、平均値を大きく上回る運用利回りを確保することができた。金融機関を除く上場企業は、平成21年3月期末で、年金資産を約34兆円保有しているが、積立不足額は約14兆円に達している。[2] 改訂版会計基準が適用となる2年後、積立不足額の一括オン・バランス化が求められると、それだけ全体の利益額の圧縮（利益剰余金の減少）となる。なお、年金資産の額は、この1年間で、約1兆円増加している。

このような年金資産の株価の変動要因を避けようとする動きが活発化している。それが、企業年金の資産運用で日本株への配分を絞る動きである。東京ガスは、平成22年度計画から株式運用を全廃し、また、商船三井は日本株への資金配分を従来の20％前後から5％前後まで引き下げる方針を打ち出している。上場企業の年金資産は平成21年度で約34兆円に達する。運用の株式離れが続けば、需給面で日本株の下げ要因となり、相場の重荷になりやすい。背景は2つあり、1つは東京ガスのように安定運用に切り替える動きで、2つ目は、高利回りを狙う運用を成長期待の高い新興国株などに切り替える動きである。日本政府が、国民の蓄財思考について「貯蓄から投資へ」という方向性を示したが、その期間は短く、しかも効果がなかった。政府は掛け声だけで、具体的な施策を実行しなかったからである。そのため、リーマン・ブラザーズの経営破綻をきっかけに、再び、国民の投資姿勢が「投資から貯蓄へ」に舵を切ってしまった。その結果、国民の預金残高が増加している。そこに、年金運用の過度な株式離れの弊害を指摘する声や、企業の成長を取り込める株式への資産配分も欠かせないという意見もあるが、ただそれだけのことである。[3] 政府が本腰で「貯蓄から投資へ」の誘導策、とくに税制改革を実施しない限り、効果的な経済的現象（株価の上昇と消費動向の活発化）が生まれることはない。

⑷ GMと年金

アメリカ経済は、長い間「双子の赤字」の苦境にあった。そして、現在、別の意味で、拡大する経済危機に直面している。それは、この世の中が「人間社会」であるが故のなせる結果である。いま、「住民が急速に高齢化している」まさにそのときに、年金システムが崩壊しようとしている。実際、2030年（平成42年）までに、アメリカ人の５人に１人が65歳以上となる。2006年（平成18年）までの15年間で、GM（ゼネラル・モーターズ）は従業員の年金プランに550億ドル（対ドルレート110円として６兆500億円）をつぎ込んでいる。しかし、一方で、配当金の総額は130億ドル（１兆6,500億円）でしかない。アメリカでは、19世紀の末まで、年金制度が企業の費用負担と国民の生活基盤に関連して重要であることが、はほとんど知られていなかった。それは経済的意味を持っていなかったということである。

従業員賃金と違い、年金費用は、景気循環に合わせて調整することのできない義務的経費である。GMにとって、自動車の製造コストに占める大きな課題が年金費用、雇用保障および健康保険負担であった。1980年代後半には、１台当たり430ドル（47,300円）にも達していて、価格競争上、不利であった。外国の自動車メーカーは、これらの経費をほとんど負担していなかったからである。さらに、財務会計審議会（FASB）の会計基準の改訂が追い討ちをかけてきた。アメリカ企業の会計規則を定めるこの審議会は、年金支給と健康保険給付がアメリカ企業の利益に及ぼす影響を決めるのにきわめて重要な役割を果たすことになった。つまり、年金債務（退職給付債務）を公開するように求めたのである。その債務の大きさによる企業利益に与える大きさから、株価にも影響を与えることになった。1990年代になると、年金基金は、まったく余裕がなくなっていた。年金に資金を供給したせいで、製品設計に投資できたはずの膨大な資源が奪われることにもなった。そのために、GMはハイブリッド車のへの投資が遅れてしまったのである。

さらに、1993年代には、FASBは「退職者の健康保険の将来コスト」を開示するよう会計基準を改定した。その後の労働コストの上昇もあり、生産労働者の賃金は１時間当たり約26ドル（約3,000円）で、ほかの職場の同等の労働者のざっと２倍にもなっていた。そのため、価格競争力の低下は避けられなかった。その原因の一部は給付金の着実な増加であり、一部は徐々に進行する人工動態（寿命の長期化）の変化だった。労働者の寿命が延びるにつれ、生涯保障であるがために、年金の計算は成り立たなくなった。[(4)]

新聞報道でも明らかになったように、GM問題は、主として年金費用、保健費用であった。そして、政府の公的資金投入において、将来コストの削減が１つの大きな必要条件とされた。

(5) JALと年金

経営破綻したJAL（日本航空）においても、年金費用と保健費用の将来コストの削減が１つの大きな必要条件とされたのは同一の構図である。

平成22年１月、JALは倒産し、国の管理下に入った。負債総額は2兆3,000億円である。そして、JALは、銀行には3,500億円の債権放棄など、総額7,300億円の債権カットを要請した。経営問題に火がついた直接のきっかけは、「年金問題」であった。ただし、年金問題は、経営危機を招いた本質的問題の１つでしかない。世界でもダントツに高い着陸料や燃料税など「公租公課」の負担や為替とオイルの２つの「ヘッジ」問題並びに機長を中心とする高い人件費にあった。[(5)]

参考文献

(1) 日本経済新聞　平成21年12月22日　朝刊

(2) 日本経済新聞　平成22年 4月 7日　朝刊

(3) 日本経済新聞　平成22年 6月24日　朝刊

(4) ロジャー・ローウェンスタイン　鬼澤忍訳『なぜGMは転落したのか』日本経済新聞出版社 平成21年２月19日１版１刷

(5) 日本航空・グループ2010（著者）『JAL崩壊　ある客室乗務員の告白』

≪関連用語≫　退職給与引当金、退職給付債務と退職給付会計

5-13 年金債務の減額と訴訟

日本航空再建の焦点に浮上している重要な事項のひとつが企業年金問題である。日本航空以外にも「年金資産の積立不足問題」を抱える企業はかなり多いのが、日本経済の実態である。企業年金問題は、賃金の後払いと位置付けられ、従業員の老後の生活を支えているので、運用難や受給者の増加など、年金制度を支える前提が崩れつつあり、社会的問題となっている。たとえば、富士電機ホールディングスの積立不足額は平成22年3月末時点で1,130億円もあり、1年前の1.6倍に増加している。平成21年度は、全般的に、株価の上昇で、運用利回りが大きかったにもかかわらず、積立不足額が増加している。いずれにしても、積立不足は、運用環境の改善などで解消しない限り、将来的に企業の自己資本を目減りさせてしまう。

一般的には、歴史のある企業ほど受給者が多く、年金の費用負担は相当に重い。たとえば、積立不足額を自己資本で割った値をみると、長期勤続者が多い高島屋の6.5%に対し、ファーストリテイングは0.1%にすぎない。(1) そして、株価にも、大きな影響を与えている。外国人投資家も日本企業の年金問題への関心を高めているからである。したがって、企業経営者としては、必然的に、年金問題から眼を逸らすことはできない。

年金支給額の減額には大きな壁がある。受給者の生活を脅かすことになるからである。受給者の2/3以上が同意しなければならず、まず、その前提条件として「会社の法的整理→年金基金の解散」にいたる可能性もあるという企業の財務体質の弱体化などが必要とされている。三菱重工業は、平成22年9月をメドに企業年金の給付額を減らすことで、月内にも労働組合と合意する見通しとなった（平成22年3月現在)。現役社員と一部の退職者を対象に給付利率を現行の2.9%から0.3%下げるというのが、その骨子である。年金財政の安定化が狙いで、低金利による資産運用難や会計制度の国際化への備えも視野にある。現在、株安や超低金利で年金の資産運用成績は低迷しているために、社員や退職者に約束した退職金や年金を満額支払うためには、2,591億円の年金資産が不足している。(2)

企業年金の減額については、厳しい判決が最高裁で確定している。最高裁まで争われたNTTグループが、平成18年に国を相手取って起こした訴訟事件であり、国は「条件を満たしていない」として承認しなかった。裁判では一審、二審とも国の判断が認められ、敗訴している。この訴訟の判決で、受給者保護の観点から減額について厳しい条件が付されている。その条件は、企業の経営悪化などで、真にやむを得ないと認められる場合のほか、受給者の2／3以上の同意を得ることが必要であるとされた。[3] このハードルは、経営改革（財務体質の健全化）を目指す企業にとって、極めて高い壁になっている。しかし、受給者にとっても、企業が経営破綻しては意味がない。

さらに、大きな問題が、企業経営に圧し掛かってくることになった。企業年金の積立不足額を一括して解消するか、解消できない場合、純資産の中の項目である「その他の包括利益累計額（マイナス表示）」のなかで「退職給付に係る調整額」等適当な科目に計上することとされているからである。この会計基準は、平成22年3月期から適用される予定になっている。現在でも、トヨタ自動車などニューヨーク証券取引所に上場している会社は、米国会計基準を採用しており、貸借対照表・純資産の部の「控除項目」として表示している。[4] 他方、日本の会計基準を採用している会社は、積立不足額がある場合、一定の会計期間で積み増せばよいこととされていて、その積立不足額を貸借対照表に注記するだけで済んでいる。積立不足額は簿外負債であり、それだけ純資産の額が大きく表示されていることになり、財務諸表の利用者に誤解を生じさせることにもなる。

東京証券取引所に上場している企業（金融を除く）のうち日本の会計基準を採用している会社（ただし、データ収集可能会社1,244社）の退職給付債務は41兆2,400億円である。他方、年金資産の額は、22兆8,600億円に過ぎないことが判明した。積立率（充足率）は55.4％である。[5] その差額18兆3,800億円を一期（平成24年3月期）に計上すると、それだけ企業の利益を押し下げることになる。実際には税効果会計を適用するので、これよりも小さくなるとしても、配当原資に大きな影響を与えることは確かである。

参考文献

(1) 日本経済新聞　平成21年12月　9日　朝刊

(2) 日本経済新聞　平成22年　3月　7日　朝刊

(3) 日本経済新聞　平成22年　6月24日　朝刊

(4) 日本経済新聞　平成22年　7月　1日　朝刊

(5) 日本経済新聞　平成22年　3月24日　夕刊

5-14　資産除去債務と資産除去債務会計

(1)　資産除去債務の意義・内容

企業会計基準委員会から、平成20年３月31日、企業会計基準第18号「資産除去債務に関する会計基準（以下「本会計基準」という）」が公表された。本会計基準では、「資産除去債務」について、有形固定資産の取得、建設、開発または通常の使用によって生じるもので、「当該有形固定資産の除去に関して法令または契約で要求される法律上の義務およびそれに準ずるもの」をいうとしている。この場合の法律上の義務およびそれに準ずるものには、「有形固定資産を除去する義務」のほか、有形固定資産の除去そのものは義務でなくとも、「有形固定資産を除去する際に当該有形固定資産に使用されている有害物質等を法律等の要求による特別の方法で除去するという義務」も含まれる。その具体的な除去の対象物がアスベストである。また、店子が負担することになっている借用した建物の内装工事に関するもので、退去時に行う「現状回復費用」がある。

このように、この会計基準の本質は、有形固定資産を取得した者が、将来、負担することになる費用を、その支出した時点で費用化するのではなく、当該有形固定資産の耐用年数に応じて負担させるというものである。そのために、資産除去債務は、有形固定資産の取得、建設、開発または通常の使用によって発生した時に負債として計上することとしている。なお、資産除去債務の発生時に、当該債務の金額を合理的に見積ることができない場合には、これを計上せず、当該債務額を合理的に見積ることができるようになった時点で、負債として計上すればよいこととされている。この「合理的な見積り」は、信頼性のある計算であり、検証可能性のある根拠をもって担保されていることを要する。

(2)　資産除去債務の処理と計算

資産除去債務は、それが発生したときに、有形固定資産の除去に要する割引前の将来キャッシュ・フローを見積り、割引後の金額（現在割引価値）で算定する。資産除去債務に対応する除去費用は、資産除去債務を負債として計上した時に、当該負債の計上額と同額を、関連する有形固定資産の帳簿価額に加えることにしているので、取得価額の一部を構成することになっている。そして、資産に計上された資産除去債務に対応する除去費用は、通常の減価償却費と同様に、減価償却を通じて、当該有形固定資産の残存耐用年数にわたり、各期に費用として配分する。したがって、資産計上された資産除去債務に対応する除去費用に係る費用配分額は、損益計算書上、当該資産除去債務に関連する有形固定資産の減価償却費と同じ区分に含めて計上する。

なお、時の経過による資産除去債務の調整額は、その発生時の費用として処理することにされているので、過去の計算値の修正を行うことはしない。また、将来期間への影響もさせないものとしている。この調整額は、期首の負債の帳簿価額に、当初、負債に計上した時の割引率を乗じて算定する。割引前の将来キャッシュ・フローに重要な見積りの変更が生じた場合の当該見積りの変更による調整額は、資産除去債務の帳簿価額および関連する有形固定資産の帳簿価額に加減して処理する。また、割引前の将来キャッシュ・フローに重要な見積りの変更が生じ、当該キャッシュ・フローが増加する場合、その時点の割引率を適用する。

資産除去債務は、貸借対照表日後１年以内にその履行が見込まれる場合を除き、固定負債の区分に資産除去債務等の適切な科目名で表示する。すなわち、ワンイヤー・ルールが適用されている。本会計基準は、平成22年４月１日以後開始する事業年度からの適用とされている。

(3)　資産除去債務の会計処理の考え方

有形固定資産の耐用年数到来時に解体、撤去、処分等のために費用を要する場合、有形固定資産の除去に係る用役（除去サービス）の費消を、当該有形固定資産の使用に応じて各期間に費用配分し、それに対応する金額を負債として認識する考え方がある。このような考え方に基づく会計処理（引当金処理）は、資産の保守のような用役を費消する取引についての従来の会計処理から考えた場合に採用される処理である。しかし、法律上の義務に基づく場合など、資産除去債務に該当する場合には、有形固定資産の除去サービスに係る支払いが不可避的に生じることに変わりはないため、たとえ、その支払いが後日（建物等賃貸借契約の解約時など、将来の一定の日）であっても、潜在的債務を認識するという考え方から、債務として負担している金額が合理的に見積られることを条件に、資産除去債務の全額を負債として計上し、同額を有形固定資産の取得原価に反映させる処理（資産負債の両建処理）を行う必要がある。

(4) 税務会計と企業会計の調整

本会計基準は、平成22年4月1日以後開始する事業年度から適用することとされているが、法人税法の適用はない。したがって、課税所得の計算においては、加算調整する必要がある。また、当然に「税効果会計」の適用対象となる。

現行の法人税法では、一般に公正妥当と認められる会計処理の基準に従って計算されるものであることを前提に「債務の確定しないものを除く」としているが、資産除去債務は「債務確定」したものとはみなされないからである。企業の会計的認識としては債務であったとしても、特定の債権者がいるわけではなく、金額が確定しているわけでもない。(1)

資産除去債務の会計処理では、有形固定資産の除去に係る費用を資産除去債務として計上し、同額を該当資産に加算して計上する。このように、本会計基準では、「資産・負債の両建計上」をすることにしている。この時、税効果会計を適用すると、法定実効税率に基づく繰延税金資産と繰延税金負債が計上される。資産除去債務は、税務では有形固定資産を除去した時点で損金算入するので、除去時の課税所得を減額させる将来減算一時差異になる。

除去時まで申告上加算調整し、当該相当分が繰延税金資産となる。他方、有形固定資産に加算される除去費用は除去時までの毎期、減価償却によって費用化されるが、税務では損金として認められず、固定資産の除去時まで毎期の課税所得を増額させる将来加算一時差異となる。有形固定資産への加算額に実効税率を乗じた額が繰延税金負債として計上される。(2)

参考文献

(1)『週間税務通信』No.3039「資産除去債務会計基準と税制改正の行方」平成20年10月27日号　44頁

(2)『週間経営財務』No.2960「資産除去債務と税効果」平成22年3月27日号　63頁

5-15　資産除去債務会計の影響と実態

(1)　電力会社の原子力発電施設解体引当金

日本で原子力発電所が運転を始めてから40年以上が過ぎ、廃炉した原子力発電施設（以下「原発」という）の解体が本格的に始まったところである。平成21年２月、日本原子力発電の東海原子力発電所（茨城県東海村）で、国内で初めて商用原発の解体が始まった。現在、運転していないが、中心部はまだ人間が近付けないほど放射能レベルが高い状態にある。運転停止から、すでに10年以上が経過しているため、周囲で放射線はほとんど検知されない。線量計の表示もゼロである。原発は60年近く運転することができるが、同原発は老朽化が進み運転コストがほかの原発に比べて割高だったため、運転開始から32年で停止させた。廃炉にかかる費用は原発の大きさや形態によって様々であり、東海原発の廃炉費用は885億円と見積られている。このうち解体費用が347億円、残りの538億円が廃棄物の処理処分費用である。

中部電力は、浜岡原発の１号機と２号機の廃炉費用に900億円引き当てているが、総額はまだ決まっていないということである。[1]

平成22年３月期に、電力各社の資産除去債務関連の特別損失額の計上見込額は、左に示した表(5－4)のようになっている。

表（5－4）電力各社の資産除去債務関連の特別損失額

（単位：億円）

会社名	特別損失額	純利益予想
東京電力	500	100
中部電力	86	500
関西電力	360	800
中国電力	70	0
北陸電力	24	190
東北電力	60	190
四国電力	88	180
九州電力	180	220
北海電力	50	110
電力合計	1,418	2,290

（注）1　出典：日本経済新聞　平成21年6月24日 朝刊の資料によっている。
　　2　純利益予想は、平成22年３月期の純利益予想額である。

電力会社は原子力発電施設の解体費用として、「原子力発電施設解体引当金」を計上している。主要な電力会社としての東北電力、東京電力、中部電力、関西電力、各社の同引当金の額が、以下に示した表（5－5）のように推移している。

表（5－5）主要四電力会社の原子力発電施設解体引当金趨勢比較表

（単位：億円）

会社名	平成22年３月		平成21年３月		平成20年３月		平成19年３月	
	連結	個別	連結	個別	連結	個別	連結	個別
東北電力	581	581	533	533	490	490	384	384
東京電力	5,100	5,100	4,914	4,914	4,752	4,752	3,930	3,930
中部電力	1,198	1,198	1,179	1,179	1,131	1,131	920	920
関西電力	327	327	3,127	3,127	2,989	2,989	2,604	2,604
四社合計	7,206	7,206	9,753	9,753	9,362	9,362	7,838	7,838

（注）1　出典：各社が公表している財務諸表から作成している。

特別損失額が膨らむのは、電力会社である。上記に示したように、電力会社は、原子力発電施設解体引当金のほかにも、使用済燃料再処理等引当金および使用済燃料再処理等準備引当金を計上している。ともかく、将来発生する原発の解体費用の90％について、発電量に見合った金額を、毎事業年度、費用計上することが電気事業法（昭和39年７月11日 法律第170号）で定められている。資産除去債務の会計ルール導入により、残りの10％部分についても過去の未計上分を特別損失に一括計上する必要がある。17基の原発を抱えている東京電力は、500億円の特別損失を見込んでおり、他方、連結純利益予想額は100億円である。それだけ大きな影響のある会計基準の導入となっている。[(2)]

⑵　その他の会社の状況

本会計基準が、平成22年４月１日以後開始する事業年度から適用されることになり、電力会社のほか主として素材産業各社が、将来の建物の撤去等に係る費用などに伴う費用負担の額を特別損失に計上すると発表している。レストラン等飲食事業を行っている企業も、テナント期間の終了時もしくは解約時に必要とされる解体、撤去、現状回復費用の引当が必要になっている。

日鉄鉱業は、平成21年３月期決算で、貸借対照表の負債の部に約30億円の資産除去債務を、前倒し処理で計上している。約40年後に閉鎖する鉱山など11ヵ所の撤退費用を、国債の利率で現在価値に割り戻した金額を算出して計上している。同社は、平成20年３月期で、それまでに必要とされた過年度の未処理額24億円を計上している。本会計基準は、国際会計基準との共通化の一環として導入されたものである。[(3)]

セメントなど素材産業では鉱山などの原状回復費用が、また、スーパー・マーケットなどの小売業界では、賃借している店舗の退去費用などを計上することが必要になり、業績の圧迫要因となる可能性が相当程度大きく影響してくることになる。太平洋セメントは資産除去債務関係費用70億円を特別損失に計上することにしており、その1／3はセメント原料の石灰石鉱山などの閉山費用である。これには、採掘設備の撤去費用のほか盛り土や植林、下草の種蒔費用などの緑化費用が含まれている。三菱ガス化学も新潟県周辺のガス井戸の廃坑費用などで30億円強の特別損失を見込んでいる。[(4)] 商業用地の大半を借用している小売業大手各社は、ざっと1,200億円の特別損失が見込まれている。セブン＆アイ・ホールディングスでは、100億円から500億円に膨らむ可能性があるとしている。

資産除去債務に関する会計基準の適用指針（平成20年３月31日）の（2）によれば「資産除去債務を合理的に見積ることができない場合とは、決算日現在入手可能なすべての証拠を勘案し、最善の見積りを行ってもなお、合理的に金額を算定できない場合をいう。」とされている。その場合、同（11）により「その旨及びその理由」を注記しなければならないので、企業としては可能な限り見積りを行い、計上しているようである。計上しないことによって、利益を膨（ふく）らましていると誤解されかねないからである。

参考文献

⑴　日本経済新聞　平成21年3月 8日　朝刊
⑵　日本経済新聞　平成22年6月24日　朝刊
⑶　日本経済新聞　平成22年3月25日　朝刊
　　日本経済新聞　平成21年6月10日　朝刊
⑷　日本経済新聞　平成22年6月24日　朝刊

Ⅱ　所得と税額の計算

5-16　所得の計算（所得金額の計算明細書の作成）

企業会計は、「一般に公正妥当と認められる会計処理の原則および処理（会計基準、会計方針）」にしたがって会計行為（記録、記帳）が行われる。各企業が採用する会計基準もしくは会計方針は、日本の会計基準もしくは米国会計基準あるいは国際会計基準があり、多様性がある。その上、日本の会計基準等に選択適用の余地がある。そこでは、当然に企業の利益は多様性、複雑性が入り込むことになる。その結果、法人税の課税客体の公平性が要求されることになる。いずれにしても、これまでに触れてきたような会計基準は、現在の法人税法の規定に添(そ)ったものではない。

そこで、企業会計で計算された当期純利益に基づき、法人税法が求める課税所得を計算するための調整が必要になる。これを「申告調整」という。

ここにひとつの申告調整の例示を示しておくことにした。ここでは、平成22年4月1日に始まる会計年度を前提に、平成23年3月期の決算について、計算している。なお、主要な申告調整（例示もしくは条件）は、以下に示した表（5－6）のとおりとする。

①　貸倒引当金

貸倒引当金の繰入方法には、個別評価金銭債権に対するものと一括評価金銭債権に対するものとがある。ここでは個別評価金銭債権に対するもので、とくに相手先の財務状況が悪化して、貸倒リスクが高いと企業が評価して、有税繰り入れを行ったものと想定している。また、当該期間中に、一部は回収もしくは実際に貸し倒れが発生したものとしている。

②　賞与引当金

賞与引当金は、原則繰入否認にしたがい、繰入額の全額否認と前期繰入額の容認としている。税法の規定にしたがえば、洗替方式になっているので、税務の申告書も当該方式にしたがった記載としている。ただし、会計処理は、原則としてそのような処理は認められていない。目的のない引当金の繰り入れを認めていないからである。そのため、期首の賞与引当金から賞与の支給を行い、賞与引当金の残額すなわち過不足額は、その内容に即した会計処理をする。そして、当該期末日においては、改めて必要な引当額を設定することになる。

③　資産除去債務

一部の上場会社においては、既に新しい会計基準の導入を見越して、資産除去債務会計を取り入れているところがあるが、本書が想定している会社は、この事業年度から始めて設定したことにしている。なお、金融商品取引法適用会社以外の会社では、この資産除去債務会計の採用は強制されていない、あくまでも任意適用となっている。

④　役員退任慰労引当金

役員退任慰労引当金は、上場会社の最近の傾向として、役員退任慰労引当金を設定せず、業績連動型報酬の支給形態に合わせてストック・オプションの付与という方向にある。本書では、役員退任慰労引当金を設定していて、実際の支給と期末の要支給額の繰り入れを行ったものとしている。

⑤　退職給付債務

本書では、運用実績の悪化から積立不足額が増大したと想定して、より多くの費用化額が発生したという想定で、積立不足額の繰り入れを行ったことにしている。

表（5－6）主要申告調整（例示・条件）一覧表

（単位：円）

財務諸表項目	期首日の金額	期中の増加額	期中の減少額	期末日の金額
貸倒引当金				
同有税引当額	35,000,000	21,540,000	18,540,000	38,000,000
賞与引当金	8,500,000	10,500,000	8,500,000	10,500,000
資産除去債務		20,000,000		20,000,000
役員退任慰労引当金	10,400,000	36,000,000	18,500,000	27,900,000
退職給付債務	25,060,000	54,630,000		79,690,000

上記の諸条件のもとに計算した別表四「所得の金額の計算に関する明細書」は、次ページ以下に示したように作成することになる。なお、これら申告調整項目に関連して、税効果会計を採用している場合に、当該関連項目の調整も必要になってくるが、ここでは、考慮していない。

別表四「所得の金額の計算に関する明細書」の（12）に「次葉紙合計」がある。これは、同明細書に書き切れない場合、次ページに項目ごとに記載して、その合計額をこの「次葉紙合計」の欄に転記することになっている。その場合の事例が、以下の別表四（次葉紙）「所得の金額の計算に関する明細書（次葉紙）」である。本書では本紙を先に示している。

別表四（次葉紙）「所得の金額の計算に関する明細書（次葉紙）」

所得の金額の計算に関する明細書（次葉紙）

事業年度	平成22・4・1 平成23・3・31	法人名	大日本東京株式会社

区分			総額	処分		
				留保	社外流出	
			①	②	③	
加算	資産除去債務	1	20,000,000 円	20,000,000 円		円
	退職給付債務	2	54,630,000	54,630,000		
	賞与引当金繰入超過	3	10,500,000	10,500,000		
		4				
		5				
		6				
		7				
		8				
		9				
		10				
		11				
		12				
		13				
		14				
		15				
		16				
		17				
		18				
		19				
	小計	20	85,130,000	85,130,000		

別表四（次葉紙） 平二十二・四・一以後終了事業年度分

なお、ここでは、直接計算の必要はなかったものの、全体のイメージを出すために以下の項目も入力（情報提供）している。

① 当期（純）利益　84,560,000円

② 法人税等（税務上の納税充当金）40,000,000円

③ 株式配当金　20,000,000円

所得の金額の計算に関する明細書

事業年度	平成 22・4・1 平成 23・3・31	法人名	大日本東京株式会社

別表四

平二十二・四・一以後終了事業年度分

区分			総額	処分		
				留保	社外流出	
			①	②	③	
当期利益又は当期欠損の額		1	84,560,000 円	64,560,000 円	配当 その他	20,000,000 円
加算	損金の額に算入した法人税（附帯税を除く。）	2				
	損金の額に算入した道府県民税(利子割額を除く。)及び市町村民税	3				
	損金の額に算入した道府県民税利子割額	4				
	損金の額に算入した納税充当金	5	40,000,000	40,000,000		
	損金の額に算入した附帯税(利子税を除く。)、加算金、延滞金(延納分を除く。)及び過怠税	6			その他	
	減価償却の償却超過額	7				
	役員給与の損金不算入額	8			その他	
	交際費等の損金不算入額	9			その他	
	貸倒引当金限度超過	10	21,540,000	21,540,000		
	役員退任慰労引当金	11	36,000,000	36,000,000		
	次葉紙合計	12	85,130,000	85,130,000		
	小計	13	182,670,000	182,670,000		
減算	減価償却超過額の当期認容額	14				
	納税充当金から支出した事業税等の金額	15				
	受取配当等の益金不算入額（別表八(一)「14」又は「29」）	16			※	
	外国子会社から受ける剰余金の配当等の益金不算入額(別表八(二)「13」)	17			※	
	受贈益の益金不算入額	18			※	
	適格現物分配に係る益金不算入額	19			※	
	法人税等の中間納付額及び過誤納に係る還付金額	20				
	所得税額等及び欠損金の繰戻しによる還付金額等	21			※	
	貸倒引当金当期認容	22	18,540,000	18,540,000		
	賞与引当金当期認容	23	8,500,000	8,500,000		
	役員退任慰労引当金	24	18,500,000	18,500,000		
	小計	25	45,540,000	45,540,000	外 ※	
仮計 (1)＋(13)－(25)		26	221,690,000	201,690,000	外 ※	20,000,000
寄附金の損金不算入額 (別表十四(二)「24」又は「40」)		27			その他	
沖縄の認定法人の所得の特別控除額 (別表十(一)「9」又は「12」)		28			※	
法人税額から控除される所得税額 (別表六(一)「6の③」)		29			その他	
税額控除の対象となる外国法人税の額等 (別表六(二の二)「10」－別表十七(二の二)「39の計」)		30			その他	
組合等損失額の損金不算入額又は組合等損失超過合計額の損金算入額（別表九(二)「10」）		31				
合計 ((26)から(31)までの計)		32	221,690,000	201,690,000	外 ※	20,000,000
新鉱床探鉱費又は海外新鉱床探鉱費の特別控除額（別表十(二)「42」）		33			※	
対外船舶運航事業者の日本船舶による収入金額に係る所得の金額の損金算入額又は益金算入額 (別表十(三)「19」、「20」又は「22」)		34			※	
総計 ((32)＋(33)－(34))又は((32)＋(33)＋(34))		35	221,690,000	201,690,000	外 ※	20,000,000
契約者配当の益金算入額 (別表九(一)「13」)		36				
商工組合等の留保所得の特別控除額 (別表十(四)「47」)		37			※	
商工組合等の社外流出による益金算入額 (別表十(五)「39」)		38			※	
特定目的会社等の支払配当又は特定目的信託に係る受託法人の利益の分配等の損金算入額 (別表十(八)「13」若しくは「33」又は別表十(九)「8」若しくは「23」)		39				
非適格の合併等又は残余財産の全部分配等による移転資産等の譲渡利益額又は譲渡損失額		40			※	
差引計 ((35)から(40)までの計)		41	221,690,000	201,690,000	外 ※	20,000,000
欠損金又は災害損失金等の当期控除額(別表七(一)「2の計」+(別表七(二)「11」、「22」又は「31」))		42			※	
残余財産の確定の日の属する事業年度に係る事業税の損金算入額		43				
所得金額又は欠損金額		44	221,690,000	201,690,000	外 ※	20,000,000

法 0301－0401

5-17　利益積立金（利益積立金等明細書の作成）

申告調整項目は、たとえば、交際費等の如き永久否認項目は加算するだけで、税務会計上の事務は終了する。しかし、前稿の5－16で取り上げた事項は、当該事業年度で加算（税務会計上非損金処理）したとしても、次期以降の事業年度で減算（税務会計上損金認容処理）することになる。そのような未精算事項は、次期以降に精算されるまで待機中のものであり、その状況を示す明細書として別表五（一）「利益積立金額及び資本金等の額の計算に関する明細書」を作成する。本書の条件設定の下では、以下に示したように作成することになる。

なお、下段に示されている事項は、各々、以下に示した内容（意味）である。

①　繰越損益金　㉖

貸借対照表の期首と期末の未処分利益剰余金が転記されたものである。

②　納税充当金　㉗

この金額は貸借対照表の未払法人税等の金額の期首から期中の増減額（納付と引当）を加減して期末の残高を示している。

③　未納納入税等

ア）未納法人税㉘　税務上法人税の期首の未払額から当期中の納付額（減②）と当期の未払（引当）計上額を示し、その結果として、期末の未払額を示している。これらの金額は②納税充当金の内訳の意味を有している。

イ）　未納道府県民税　㉙

ア）と同様

ウ）　未納市町村民税　㉚

ア）と同様、ただし、東京都特別区を想定しているため、ここには該当しない。

別表五(一)　平二十二・四・一以後終了事業年度分

利益積立金額及び資本金等の額の計算に関する明細書

事業年度	平成 22・4・1 平成 23・3・31	法人名	大日本東京株式会社

I　利益積立金額の計算に関する明細書

区分		期首現在利益積立金額	当期の増減		差引翌期首現在利益積立金額 ①－②＋③
			減	増	
		①	②	③	④
利益準備金	1	円	円	円	円
貸倒引当金	2	35,000,000	18,540,000	21,540,000	38,000,000
賞与引当金	3	8,500,000	8,500,000	10,500,000	10,500,000
資産除去債務	4			20,000,000	20,000,000
役員退任慰労引当金	5	10,400,000	18,500,000	36,000,000	27,900,000
退職給付債務	6	25,060,000		54,630,000	79,690,000
	7				
	8				
	9				
	10				
	11				
	12				
	13				
	14				
	15				
	16				
	17				
	18				
	19				
	20				
	21				
	22				
	23				
	24				
	25				
繰越損益金（損は赤）	26	7,579,234	7,579,234	72,139,234	72,139,234
納税充当金	27	23,000,000	24,893,200	40,000,000	38,106,800
未納法人税等（退職年金等積立金に対するものを除く。） 未納法人税（附帯税を除く。）	28	Δ2,593,200	Δ22,593,200	中間 Δ20,000,000 確定 Δ45,438,500	Δ45,438,500
未納道府県民税（均等割額及び利子割額を含む。）	29	Δ200,000	Δ2,300,000	中間 Δ2,115,000 確定 Δ11,662,700	Δ11,677,700
未納市町村民税（均等割額を含む。）	30			中間 確定	
差引合計額	31	106,746,034	53,119,234	175,593,034	229,219,834

II　資本金等の額の計算に関する明細書

区分		期首現在資本金等の額	当期の増減		差引翌期首現在資本金等の額 ①－②＋③
			減	増	
		①	②	③	④
資本金又は出資金	32	50,000,000 円	円	円	50,000,000 円
資本準備金	33				
	34				
	35				
差引合計額	36	50,000,000			50,000,000

法 0301－0501

5-18 諸税金の納付（租税公課明細書の作成）

別表五（一）「利益積立金額及び資本金等の額の計算に関する明細書」の下段には、法人税等の未納、納付の状況を記載し、「税務会計上の利益積立金」を計算する仕組みになっている。そして、とくに「法人税等の未納、納付の状況」を示す明細書として別表五（二）「租税公課の納付状況等に関する明細書」を作成することになる。

租税公課の納付状況等に関する明細書

事業年度	平成 22・4・1 平成 23・3・31	法人名	大日本東京株式会社

別表五(二)

税目及び事業年度				期首現在未納税額	当期発生税額	当期中の納付税額			期末現在未納税額 ①+②−③−④−⑤
						充当金取崩しによる納付	仮払経理による納付	損金経理による納付	
				①	②	③	④	⑤	⑥
法人税		20・4・1 21・3・31	1	円		円	円	円	円
法人税		21・4・1 22・3・31	2	2,593,200		2,593,200			0
法人税	当期分	中間	3		円 20,000,000	20,000,000			0
法人税	当期分	確定	4		45,438,500				45,438,500
法人税		計	5	2,593,200	65,438,500	22,593,200			45,438,500
道府県民税		20・4・1 21・3・31	6						
道府県民税		21・4・1 22・3・31	7	200,000		200,000			0
道府県民税	当期分	利子割	8		15,000				15,000
道府県民税	当期分	中間	9		2,100,000	2,100,000			0
道府県民税	当期分	確定	10		0 11,662,700				0 11,662,700
道府県民税		計	11	200,000	0 13,777,700	2,300,000			0 11,677,700
市町村民税		20・4・1 21・3・31	12						
市町村民税		21・4・1 22・3・31	13						
市町村民税	当期分	中間	14						
市町村民税	当期分	確定	15						
市町村民税		計	16						
事業税		20・4・1 21・3・31	17						
事業税		21・4・1 22・3・31	18		0				0
事業税		当期中間分	19		3,000,000			3,000,000	0
事業税		計	20		3,000,000			3,000,000	0

平二十二・四・一以後終了事業年度分

ここでは、ひとつの例示として、上記の数字をもって示すことにしておいた。

5-19　税額の計算（法人税確定申告書の作成）

企業会計で計算された当期純利益（損益計算書の金額）を基にして、法人税法が規定（容認）していないものを加算し、もしくは減算して、法人税法が求める所得金額（課税所得）を計算するものが別表四「所得の金額の計算に関する明細書」である。そして、ここに計算された所得金額を別表一(一)「確定申告書」の(1)「所得金額又は欠損金額」に転記して、法人税額を計算する。本書の例示にしたがった計算は、次ページに示した「確定申告書」のような金額となる。

FB0107

別表一(一) 普通法人(特定の医療法人を除く。)、一般社団法人等及び人格のない社団等の分……平二十二・四・一以後終了事業年度分

税務署受付印	平成23年 5月31日 芝税務署長殿	所管 / 業種目 / 概況書 / 要否 / 別表等	※税務署処理欄
納税地	東京都港区高輪1―1―1 電話(03) 3441 ― 3456	事業種目	青色申告 / 一連番号
(フリガナ)	ダイニホントウキョウカブシキカイシャダイニホントウキョウカブシキカイシャカブシキカイシャ	期末現在の資本金の額又は出資金の額 50,000,000円 / 同上が1億円以下の普通法人のうち中小法人等に該当しないもの 非中小法人等	整理番号
法人名	大日本東京株式会社	同非区分 特定同族会社 同族会社 非同族会社	事業年度(至) 年 月 日
(フリガナ)		一般社団・財団法人の区分 非営利型法人 普通法人	売上金額 兆 十億 百万
代表者自署押印	㊞	経理責任者自署押印 ㊞	申告年月日 年 月 日
代表者住所		旧納税地及び旧法人名等	申告区分 庁指定 局指定 指導等 区分
		添付書類 貸借対照表、損益計算書、株主(社員)資本等変動計算書又は損益金処分表、勘定科目内訳明細書、事業概況書、組織再編成に係る契約書等の写し、組織再編成に係る移転資産等の明細書	通信日付印 確認印 省略 年 月 日

平成22年4月1日
事業年度分の 確定 申告書
平成23年3月31日
(中間申告の場合の計算期間 平成 年 月 日 / 平成 年 月 日)

翌年以降送付要否 要 否 / 税理士法第30条の書面提出有 / 税理士法第33条の2の書面提出有

項目		金額(円)
所得金額又は欠損金額(別表四「44の①」)	1	221845000
法人税額 (36)又は(37)	2	65593500
法人税額の特別控除額	3	
差引法人税額 (2)－(3)	4	65593500
リース特別控除取戻税額	5	
土地譲渡利益金 課税土地譲渡利益金額	6	000
同上に対する税額 (38)+(39)+(40)+(41)	7	
留保金 課税留保金額(別表三(一)「32」)	8	000
同上に対する税額(別表三(一)「40」)	9	
		00
法人税額計 (4)+(5)+(7)+(9)	10	65593500
仮装経理に基づく過大申告の更正に伴う控除法人税額	11	
控除税額 (((10)-(11))と(44)のうち少ない金額)	12	155000
差引所得に対する法人税額 (10)－(11)－(12)	13	65438500
中間申告分の法人税額	14	20000000
差引確定法人税額 (13)－(14)(中間申告の場合はその税額とし、マイナスの場合は、(17)へ記入)	15	45438500
法人税額の計算 中小法人等の場合 (1)の金額又は800万円×12/12相当額のうち少ない金額	30	8000000
(1)のうち年800万円相当額を超える金額 (1)－(30)	31	213845000
所得金額(1) (30)+(31)	32	221845000
その他の法人の場合 所得金額(1)	33	000
土地譲渡税額の内訳 土地譲渡税額(別表三(二)「27」)	38	0
同上(別表三(二の二)「28」)	39	0
控除税額の計算 所得税の額等(別表六(一)「6の③」+「23の計」)	42	155000
外国税額(別表六(二)「21」)	43	
計 (42)+(43)	44	155000
控除した金額 (12)	45	155000
控除しきれなかった金額 (44)－(45)	46	0

項目		金額(円)
この申告による還付金額 所得税額等の還付金額 (46)	16	
中間納付額 (14)－(13)	17	
欠損金の繰戻しによる還付請求税額	18	
計 (16)+(17)+(18)	19	
この申告が修正申告である場合 この申告前の 所得金額又は欠損金額	20	
課税土地譲渡利益金額	21	
課税留保金額	22	
法人税額	23	
還付金額	24	
この申告により納付すべき法人税額又は減少する還付請求税額((15)-(23))若しくは((15)+(24))又は((24)-(19))	25	00
欠損金又は災害損失金等の当期控除額	26	
翌期へ繰り越す欠損金又は災害損失金(別表七(一)「3の合計」)	27	
この申告が修正申告である場合 欠損金又は災害損失金等の当期控除額	28	
翌期へ繰り越す欠損金又は災害損失金	29	
(30)の18%相当額	34	1440000
(31)の30%相当額	35	64153500
法人税額 (34)+(35)	36	65593500
法人税額((33)の30%相当額)	37	
土地譲渡税額の内訳 土地譲渡税額(別表三(三)「23」)	40	00
同上(別表三(四)「15」)	41	
剰余金・利益の配当(剰余金の分配)の金額	47	20000000

還付を受けようとする金融機関等: 銀行 金庫・組合 農協・漁協 / 本店・支店 出張所 本所・支所 預金 / 郵便局名等 / 口座番号 / ゆうちょ銀行の貯金記号番号 ― / ※税務署処理欄

残余財産の最後の分配又は引渡しの日 平成 年 月 日 / 決算確定の日 平成23年5月28日

法 0301-0101

税理士署名押印 甲斐慶司 ㊞

5-20　地方税の計算（地方税確定申告書の作成）

地方税額、すなわち「事業税額並びに住民税額（ここでは東京都特別区を想定している）」は、法人税の「確定申告書」に記載されている「所得金額又は欠損金額」もしくは「法人税額」を基礎的数値として計算することになっている。上記の金額を地方税申告書の第六号様式に転記して、地方税税額を計算することになる。

ここでは、以下の条件を基にして計算している。

A　事業税

①　不均一課税法人であること

年間所得金額400万円以下の金額に対する税率	2.950％
年間所得金額400万円超800万円以下に対する税率	4.365％
年間所得金額800万円超の金額に対する税率	5.780％

②　所得割に対する地方法人特別税額があること

B　道府県税（都民税）

①　都民税均等割額

資本金等の金額が1千万円超～1億円以下	200,000円

②　法人割額

特別区の課税標準に対する税率	20.700％

本書の例示にしたがった計算は、次ページに示した地方税の「確定申告書」のような金額となる。なお、この地方税とは、道府県民税、事業税、地方法人特別税であり、東京都特別区の場合には都民税となり、道府県民税と市町村民税からなっている。

本書の場合、東京都特別区にのみ事業所が1ヵ所あることを想定しているので、市町村民税の確定申告書を作成する必要はない。都民税は、道府県民税と市町村民税からなっており、市町村民税相当額を含めて、都税事務所が納税事務を行っている。そして、特別区の財源の一部となる市町村民税相当額の配賦等のために必要な資料として、都内にある事業所の人員の状況を、523ページに示した第六号様式別表四の三「均等割額の計算に関する明細書」を提出することとされている。

24006B01

第六号様式（提出用）

受付印	平成 23 年 5 月 31 日 港都税事務所長 殿
※処理事項	整理番号 / 事務所区分 / 法人番号 / 申告区分
この申告の基礎	法人税の 年 月 日の 修正申告・更正・決定・再更正 による。
申告年月日	23年 5月 31日
所在地（本店が支店等の場合は本店所在地と併記）	東京都港区高輪1−1−1（電話 03-3441-3456）
（ふりがな）	だいにほんとうきょうかぶしきかいしゃだいにほんとうきょうかぶしきかいしゃ
法人名	大日本東京株式会社
（ふりがな）代表者自署押印	
経理責任者自署押印	
事業種目	
期末現在の資本金の額又は出資金の額（解散日現在の資本金の額又は出資金の額）	50000000
期末現在の資本金等の額又は連結個別資本金等の額	50000000

平成22年4月1日から平成23年3月31日までの事業年度分又は連結事業年度分の道府県民税・事業税・地方法人特別税の確定申告書

（事業税）

摘要		課税標準	税率（/100）	税額
所得割 所得金額総額	㉝	221845000		
年400万円以下の金額	㉞	4000000	2.9500	118000
年400万円を超え年800万円以下の金額	㉟	4000000	4.3650	174600
年800万円を超える金額	㊱	213845000	5.7800	12360200
計 ㉞＋㉟＋㊱	㊲	221845000		12652800
軽減税率不適用法人の金額	㊳	000		00
付加価値割 付加価値額総額	㊴			
付加価値額	㊵	000		00
資本割 資本金等の額総額	㊶			
資本金等の額	㊷	000		00
収入割 収入金額総額	㊸			
収入金額	㊹	000		00
合計事業税額 ㊲＋㊵＋㊷＋㊹又は㊳＋㊵＋㊷＋㊹	㊺			12652800

仮装経理に基づく事業税額の控除額 ㊻		既に納付の確定した当期分の事業税額 ㊼	2000000
租税条約の実施に係る事業税額の控除額 ㊽		この申告により納付すべき事業税額 ㊺−㊻−㊼−㊽ ㊾	10652800
㊾の内訳 所得割 ㊿	10652800	付加価値割 (51)	00
資本割 (52)	00	収入割 (53)	00
㊾のうち見込納付額 (54)		差引 ㊾−(54) (55)	10652800

（地方法人特別税）

摘要		課税標準	税率（/100）	税額
(58)の内訳 所得割に係る地方法人特別税額	(56)	11601700	81	9397300
収入割に係る地方法人特別税額	(57)	00		00
合計地方法人特別税額（(56)＋(57)）	(58)			9397300

仮装経理に基づく地方法人特別税額の控除額 (59)		既に納付の確定した当期分の地方法人特別税額 (60)	1000000
租税条約の実施に係る地方法人特別税額の控除額 (61)		この申告により納付すべき地方法人特別税額 (58)−(59)−(60)−(61) (62)	8397300
(62)のうち見込納付額 (63)		差引 (62)−(63) (64)	8397300

（道府県民税）

摘要		税額
（使途秘匿金税額等）	①	
法人税法の規定によって計算した法人税額		65593500
試験研究費の額に係る法人税額の特別控除額	②	
みなし配当の25%相当の控除額	③	
還付法人税額等の控除額	④	
退職年金等積立金に係る法人税額	⑤	
課税標準となる法人税額又は個別帰属法人税額 ①＋②−③−④＋⑤	⑥	65593000
2以上の道府県に事務所又は事業所を有する法人における課税標準となる法人税額又は個別帰属法人税額	⑦	000
法人税割額（⑥又は⑦×/100）	⑧	1357775
外国の法人税等の額の控除額	⑨	
仮装経理に基づく法人税割額の控除額	⑩	
利子割額の控除額（控除した金額㉙）	⑪	15000
差引法人税割額 ⑧−⑨−⑩−⑪	⑫	1356270
既に納付の確定した当期分の法人税割額	⑬	200000
租税条約の実施に係る法人税割額の控除額	⑭	
既還付請求利子割額が過大である場合の納付額（㉜）	⑮	00
この申告により納付すべき法人税割額 ⑫−⑬−⑭＋⑮	⑯	1156270
均等割額 算定期間中において事務所等を有していた月数	⑰	12月
200,000円×⑰/12	⑱	200000
既に納付の確定した当期分の均等割額	⑲	100000
この申告により納付すべき均等割額 ⑱−⑲	⑳	100000
この申告により納付すべき道府県民税額 ⑯＋⑳	㉑	1166270
㉑のうち見込納付額	㉒	
差引 ㉑−㉒	㉓	1166270
東京都の特別区分の課税標準額	㉔	65593000
同上に対する税額 ㉔×20.70/100	㉕	1357775
市町村分の課税標準額	㉖	000
同上に対する税額 ㉖×6.00/100	㉗	
利子割額に関する計算 利子割額（控除されるべき額）	㉘	15000
控除した金額（⑧−⑨−⑩と㉘のうち少ない額）	㉙	15000
控除することができなかった金額 ㉘−㉙	㉚	0
既に還付を請求した利子割額	㉛	
既還付請求利子割額が過大である場合の納付額 ㉛−㉚（⑮）	㉜	

（所得金額の計算）

摘要		金額
所得金額（法人税の明細書（別表4）の（35））又は個別所得金額（法人税の明細書（別表4の2付表）の（44））	(65)	
加算 損金の額又は個別帰属損金額に算入した所得税額	(66)	
加算 損金の額又は個別帰属損金額に算入した海外投資等損失準備金勘定への繰入額	(67)	
減算 益金の額又は個別帰属益金額に算入した海外投資等損失準備金勘定からの戻入額	(68)	
減算 外国の事業に帰属する所得以外の所得に対して課された外国法人税額	(69)	
繰越欠損金額等若しくは災害損失金額又は債務免除等があった場合の欠損金額等の当期控除額	(70)	
所得金額差引計 (65)＋(66)＋(67)−(68)−(69)−(70)	(71)	
法人税の所得金額（法人税の明細書（別表4）の（44））又は個別所得金額（法人税の明細書（別表4の2付表）の（50））	(72)	221845000

利子割還付額の均等割への充当 □ 希望する □ 希望しない

決算確定の日	平成23年 5月 28日	法第15条の4の徴収猶予を受けようとする税額 (73)	
解散の日	平成 年 月 日	残余財産の最後の分配又は引渡しの日	平成 年 月 日
申告期限の延長の処分（承認）の有無	事業税 有・無 / 法人税 有・無	法人税の申告書の種類	（青色）・その他
この申告が中間申告の場合の計算期間	平成 年 月 日から 平成 年 月 日まで	法人税の当期の確定税額又は連結法人税個別帰属支払額	65,438,500円
		翌期の中間申告の要否	要・否
		国外関連者の有無	有・無

還付請求	
中間納付額 (74)	
利子割額 (75)	
還付を受けようとする金融機関及び支払方法	銀行 支店 口座番号（ ）

関与税理士署名押印 甲斐慶司（電話 〇三−三四四一−〇〇〇〇）

地方自治法（昭和22年4月17日　法律第67号）第1条の3によれば、地方公共団体は「普通地方公共団体」と「特別地方公共団体」に区分され、後者に該当するものが、東京の「特別区」である。特別区では、市町村が徴税するいくつかの税目を東京都が代わって徴収している。

特別区として行政を実施していく上で必要な財源の一部は、この東京都が徴収した税から交付されることになっている。その際の配布基準のひとつが従事従業者数である。そのために必要なデータとして「均等割額の計算に関する明細書を添付することとされている。

本件事例では、本店所在地の港区にのみ事業所があり、他の区、もしくは都下には、事業所を設置していないというケースである。

第六号様式別表四の三

均等割額の計算に関する明細書

事業年度		法人名	
平成22年4月1日から	平成23年3月31日まで	法人名	大日本東京株式会社

事務所、事業所又は寮等（事務所等）の従業者数の明細

東京都内における主たる事務所等の所在地	事務所等を有していた月数	従業者数の合計数
東京都港区高輪1―1―1	12 月	60 人

特別区内における従たる事務所等

	所在地	名称（外　箇所）	月数	従業者数の合計数
1	千代田区	（外　箇所）		人
2	中央区	（外　箇所）		
3	港区	（外　箇所）		
4	新宿区	（外　箇所）		
5	文京区	（外　箇所）		
6	台東区	（外　箇所）		
7	墨田区	（外　箇所）		
8	江東区	（外　箇所）		
9	品川区	（外　箇所）		
10	目黒区	（外　箇所）		
11	大田区	（外　箇所）		
12	世田谷区	（外　箇所）		
13	渋谷区	（外　箇所）		
14	中野区	（外　箇所）		
15	杉並区	（外　箇所）		
16	豊島区	（外　箇所）		
17	北区	（外　箇所）		
18	荒川区	（外　箇所）		
19	板橋区	（外　箇所）		
20	練馬区	（外　箇所）		
21	足立区	（外　箇所）		
22	葛飾区	（外　箇所）		
23	江戸川区	（外　箇所）		
合計（主たる事務所等の従業者数の合計数を含む。）				60

市町村の存する区域内における従たる事務所等	名称（外　箇所）	所在地
	（外　箇所）	

当該事業年度（算定期間）の中の従たる事務所等の設置・廃止及び主たる事務所等の異動

異動区分	異動の年月日	名称	所在地
設置			
廃止			
旧の主たる事務所等	（　月）		

均等割額の計算

区分			税率（年額）(ア)	月数(イ)	区数(ウ)	税額計算 (ア)×$\frac{(イ)}{12}$×(ウ)
特別区のみに事務所等を有する場合	主たる事務所等所在の特別区	事務所等の従業者数50人超 ①	200000 円	12 月		00 円 200000
		事務所等の従業者数50人以下 ②				00 00
	従たる事務所等所在の特別区	事務所等の従業者数50人超 ③				00 00
		事務所等の従業者数50人以下 ④				00 00
特別区と市町村に事務所等を有する場合	市町村 ⑤					00
	特別区	事務所等の従業者数50人超 ⑥				00 00
		事務所等の従業者数50人以下 ⑦				00 00
納付すべき均等割額 ①+②+③+④又は⑤+⑥+⑦ ⑧						200000
備考						

Ⅲ　圧縮記帳を中心とする会計と税務

5−21　圧縮記帳（意義）

⑴　意　義

大辞林によれば、補助金とは「①不足を補うために出す金銭、②特定産業の育成や特定施設の奨励など、一定の行政目的を達成するために、国・地方公共団体が公共団体・企業・私人などに交付する金銭」と説明されている。

税法の規定においては、国内法人が国もしくは地方公共団体から補助金（以下「国庫補助金等」という）を受けた場合には、課税所得の金額の計算上、益金の額に算入するものとしている。これは、国等から無償で贈与を受けても、親会社から贈与を受けても、経済的便益が同様だからである。しかしながら、国庫補助金等の受け入れに伴い課税利益（税金負担の発生）が生ずるものとした場合には、資産等の取得資金に、納税額相当額だけ不足することとなり、本来の補助金の趣旨が生かされないことにもなってくる。そこで、本来の補助金の趣旨が生かす方策として「圧縮記帳の制度」が設けられている。

圧縮記帳という用語が適切であるかどうかは、問題のあるところであるが、圧縮記帳とは、資産の取得価額から国庫補助金等の額を控除した金額をもって当初帳簿価額（純取得価額）とするものである。記帳方式としては、資産の取得価額から国庫補助金等の額を直接控除した残額を帳簿価額とする直接方式と国庫補助金等の額を国庫補助金等受贈益（貸し方）とし、他方、控除した残額を固定資産圧縮損（借り方）として処理する間接方式（両建方式）とがある。結果は同一である。ただし、後者の方式の方が、会計上、圧縮記帳した経緯が、財務諸表上、明確にされている。税法の規定では、両建方式を採用している。この帳簿価額の圧縮に伴い、発生する圧縮損と受贈益と相殺され、課税が生じない。

国庫補助金等を受け入れた企業は、補助金の性格にもよるが、国庫補助金等受贈益を立てて、他方で、固定資産圧縮損を立てないこともある。多額の繰越欠損金があることや当該事業年度が大幅な赤字決算であるような場合、課税所得が発生しないなどのほか、早急な黒字決算を意図して、そのような経営意思決定を行うことがある。

圧縮記帳の本来の趣旨は「課税の繰延」にある。圧縮記帳を行った当該資産の減価償却は、圧縮後の修正帳簿価額が基礎となるので、当初の取得価額（購入価額）を基礎とした場合に比し、圧縮損を計上した部分に係る減価償却相当額だけ少額となる。このように、減価償却費を計上しないことは課税所得を増加させ、結局、その資産の使用期間において、国庫補助金等相当額の課税を行うこととなる。ただし、圧縮損計上額は既に費用化しているのである。土地などの非減価償却資産の場合でも同様で、圧縮記帳した土地については、売却などの処分をする時点まで課税を延期する効果がある。したがって、売却しない限り、半永久的に固定資産圧縮損相当額は課税所得を構成せず、課税されることはない。

⑵ 歴史的経緯

国庫補助金制度は、昭和17年の臨時租税措置法第１条の４において、規定された。そして、昭和22年には、法人税法施行規則第11条として規定された。そこでは、資本的支出に充てた国庫補助金を損金に算入したが、他方、第２項において資産として計上しても、計上しないものとみなすという規定を置いていたので、実質的に圧縮記帳の制度とされていた。

昭和25年には、圧縮記帳を認め、財産目録に記載をすることを明確にした。つぎに、昭和34年においては、圧縮後の帳簿価額には備忘価額として少なくとも１円を附さなければならないこととされた。昭和40年には法人税法の全文改正が行われ、現行の法第42条のように明らかにされた。この時点の改正では、これまで条件付国庫補助金等と条件付でない国庫補助金等について、区分した規定が設けられていたが、「条件付でない国庫補助金等」はないということで、区分を廃止して規定することになった。

昭和57年の改正では、減価償却資産以外の資産については、利益または剰余金の処分により積立金として積み立てる方式を認めていたが、商法の改正に伴い、これを減価償却資産についても、利益または剰余金の処分により積立金として積み立てる方式を認めることとされた。これは、商法上、「引当金としての圧縮記帳引当金の計上は認められない。」という解釈があったことに対応する改正である。

平成18年３月には、法律第10号により、一部の改正が行われた。そこでは、原則的方法としての損金経理により帳簿価額を減額する方法に対し、例外的方法として確定した決算において積立金として積み立てる方法（特別勘定を設ける方法）とし、損金経理により引当金勘定に繰り入れる方法は廃止された。これは、平成18年の会社法の設定により利益処分計算書が廃止され、株主資本の部の係数の変動は、事業年度中のいつでも可能となり、一事業年度中の株主資本の部の変動を株主資本等変動計算書に記載することとされたことに伴い、積立金方式による圧縮記帳は定時総会の利益処分ではなく、会社計算規則第181条第２項第２号の規定に基づいて期中に行うこととなり、この方法によった場合に圧縮記帳が可能となるようにされたものである。

⑵ 適用要件

法人税法第42条第１項に規定されている圧縮記帳の適用要件は、以下のようになっている。

① 国庫補助金等の圧縮記帳の対象となる国庫補助金等は、固定資産の取得または改良に充てるためのものであること

② 国庫補助金等は、国または地方公共団体の補助金または給付金、その他政令で定めるこれらに準ずるものであること

③ 当該事業年度において当該補助金等をもって、その交付の目的に適合した固定資産の取得または改良をした場合であること。ただし、その国庫補助金等の返還を要しないことが当該事業年度終了の時までに確定した場合に限られること

④ その固定資産につき、当該事業年度において、その取得または改良に充てた国庫補助金等の額に相当する金額の範囲内で圧縮記帳（またはこれに準ずる処理）をすること

⑤ 損金経理によって圧縮記帳をすること

参考文献

武田昌輔編著『DHCコンメンタール法人税法』第２巻　第一法規　2863～2872頁

5-22　国庫補助金等で取得した固定資産の圧縮記帳

法人税法は第42条に「国庫補助金等で取得した固定資産等の圧縮額の損金算入」に関する規定を設けている。主文（本文中の括弧書部分を省略している。また、読みやすくするために、適当に読点を入れている。以下、圧縮記帳の稿において同じ。）の内容は、以下のとおりである。

法人税法第42条（国庫補助金等で取得した固定資産等の圧縮額の損金算入）

第1項　内国法人が、各事業年度において、固定資産の取得又は改良に充てるための国又は地方公共団体の補助金又は給付金その他政令で定めるこれらに準ずるもの（以下「国庫補助金等」という。）の交付を受け、当該事業年度において、その国庫補助金等をもつて、その交付の目的に適合した固定資産の取得又は改良をした場合において、その固定資産につき、その取得又は改良に充てた国庫補助金等の額に相当する金額（以下「圧縮限度額」という。）の範囲内で、その帳簿価額を損金経理により減額し、又は、その圧縮限度額以下の金額を、当該事業年度の確定した決算において積立金として積み立てる方法により経理したときは、その減額し又は経理した金額に相当する金額は、当該事業年度の所得の金額の計算上、損金の額に算入する。

第2項　内国法人が、各事業年度において、国庫補助金等の交付に代わるべきものとして交付を受ける固定資産を取得した場合において、その固定資産につき、その固定資産の圧縮限度額の範囲内で、その帳簿価額を損金経理により減額し、又はその圧縮限度額以下の金額を当該事業年度の確定した決算において積立金として積み立てる方法により経理したときは、その減額し又は経理した金額に相当する金額は、当該事業年度の所得の金額の計算上、損金の額に算入する。

第3項　前2項の規定は、確定申告書にこれらの規定に規定する減額し又は経理した金額に相当する金額の損金算入に関する明細の記載がある場合に限り、適用する。

法人税法施行令第79条（国庫補助金等の範囲）によれば、国庫補助金等には、国もしくは地方公共団体から交付される補助金または交付金のほか、幾つかの特別法による助成金が含まれるものとしている。その代表的なものとしては、以下のものを挙げることできよう。

① 障害者の雇用の促進等に関する法律に基づく独立行政法人高齢・障害者雇用支援機構の助成金
② 公共用飛行場周辺における航空機騒音による障害の防止等に関する法律に基づく独立行政法人空港周辺整備機構または成田国際空港株式会社からの補助金
③ 電波法に基づく同法第71条の3第1項（指定周波数変更対策機関）に規定する指定周波数変更対策機関からの交付金

同法第42条に定める帳簿価額を「損金経理により減額」（原則的経理方法）し、または、その圧縮限度額以下の金額を、当該事業年度の確定した決算において「積立金として積み立てる方法」のうちの後者の方法とは、同施行令第80条に規定する「国庫補助金等で取得した固定資産等についての圧縮記帳に代わる経理方法」（代替的経理方法）である。この処理は「決算確定の日までに剰余金の処分により、積立金として積み立てる方法」である。つまり、この経理方法（会計処理）は、圧縮記帳額（○○資産圧縮損）は、本来の費用ではなく、あくまでも税法規定による措置である。そこで、損益計算書に、固定資産圧縮損（借り方）および国庫補助金等受贈益（貸し方）のいずれも計上せずに、利益処分「株主資本等変動計算書」による処分をもって、たとえば、○○資産圧縮記帳積立金（利益剰余金の一項目）のような科目で処理することになる。

なお、圧縮記帳した場合のあとに付すべき帳簿価額については、同施行令第93条に定めがあり、「これらの規定により、その帳簿価額が1円未満となる場合、1円以上の金額を付するものとする。」としている。これは備忘価額で帳簿に記帳することを求めているものであり、簿外資産にしないための取り扱いである。

法第42条第2項では「国庫補助金等の交付に代わるべきものとして交付を受ける固定資産を取得した場合」に関連した取り扱いを定めている。この項の定めは、国もしくは地方から国庫補助金等（金銭）に代えて固定資産

（現物）の交付を受けた場合において、固定資産の圧縮記帳もしくは確定決算において積立金として経理したときは、当該事業年度の所得の金額の計算上、損金の額に算入するというものである。重要なことは、無償贈与を受けた場合においても、会計行為を認識することを求めている。当該資産の時価で受け入れ（益金）、他方、圧縮記帳相当額を損金として認めるというものである。

企業は、地方等に進出する場合、県もしくは市等の地方公共団体から、固定資産税等の減免など優遇措置を受けている場合が多い。法人税法基本通達10－2－3は「地方公共団体から土地等を時価に比して著しく低い価額で取得した場合の圧縮記帳」について触れている。

法人が、工場誘致等のために都道府県または市町村から土地その他の固定資産を、その時価に比して著しく低い価額で取得し、当該価額（その取得に要した費用があるときは、当該費用の額を加算した金額）を帳簿価額とした場合には、当該資産については法第42条《国庫補助金等で取得した固定資産等の圧縮額の損金算入》の規定により圧縮記帳をしたものとして取り扱う。

要は、時価で受け入れ、取得価額との差額を受贈益と圧縮損を計上（両建の会計処理）したものとみなすということである。また、同通達10－2－4は「地方税の減免に代えて交付を受けた補助金等」について触れている。法人が、都道府県または市町村から工場誘致条例またはこれに準ずる条例に基づいて補助金、奨励金等の交付を受けた場合において、当該補助金、奨励金等が実質的に税の減免に代えて交付されたものであることが明らかであると認められるときは、当該補助金、奨励金等は、法第42条第１項《国庫補助金等で取得した固定資産等の圧縮額の損金算入》に規定する国庫補助金等には該当しない。

≪関連用語≫　圧縮記帳（意義）、国庫補助金等に係る特別勘定の損金算入、工事負担金で取得した固定資産等圧縮記帳、保険金等で取得した固定資産等の圧縮記帳、交換で取得した資産の圧縮記帳

5-23 国庫補助金等に係る特別勘定の損金算入

一般に「国庫補助金等で取得した固定資産等の圧縮記帳」といっても、税理士試験受験生や税理士事務所の職員を含め、一般の人たちにとって、その基となる国・地方の行政活動は、馴染みの薄い行政施策になっている。

一般国民にとって分かり易い、あるいは、日々、恩恵を受けているものは、実際には、多々、存在する。たとえば、都心部を走行する鉄道事業である。踏切が多く、車や人の往来に多大な障害になっている。開かずの踏切の解消に向けて、都市部を走行する鉄道会社は多くの区間で高架化工事を行っている。鉄道会社にとって、鉄道施設の高架化工事は、快適な輸送、不慮の事故の防止に役立っているとしても、乗客数の増加、運輸収入の増収に、直接、関係するものではない。したがって、営利企業体としての鉄道会社が進んで工事を実行することはない。そこで、国や地方の出番があり、補助金等の交付によって、実現していくことになる。国や地方の重要な役割は、金銭の交付だけではない、地域住民への説得並びに移転先の斡旋などがある。

鉄道施設の高架化工事が進めば、開かずの踏切が解消され、地域住民の便益や交通の安全性を高めることになる。一部に、日照障害や景観損傷が起きていることもあるが、土地の収用による他への移転並びに何らかの補償費の支給その他をはじめとして、経済的補償を行いつつ事業を進めているのが実状である。

この事例に見られるように、鉄道施設の高架化工事が利用者の便益を高めていることは確かなことと理解している。これらの大型工事では、一般的な形態として駅舎並びにそれに関連する工事費は鉄道会社の負担として、それ以外の高架化工事を国と地方が負担している。なお、駅舎の中の昇降機等一部の施設関係は、地方公共団体の負担で設置されていることが多い。

また、その他の公共運輸関係としては、たとえば、乗合乗用車（路線バス）などにおいても、地方公共団体からの補助金が交付されていることがある。とくに、障害者や高齢者用のワン・ステップ・バスがそれである。改良費補助もあれば、それに対応したバスの購入代金の一部負担ということがある。なお、これらの場合、事業者（企業）が圧縮記帳するかどうかは、経営者の意思に任されている。

法人税法は第43条に「国庫補助金等に係る特別勘定の損金算入」に関する規定を設けている。主文の内容は、以下のとおりである。

> 法人税法第43条（国庫補助金等に係る特別勘定の金額の損金算入）
>
> 第１項　内国法人が、各事業年度において、固定資産の取得又は改良に充てるための国庫補助金等の交付を受ける場合において、その国庫補助金等の額に相当する金額以下の金額を当該事業年度の確定した決算において特別勘定を設ける方法により経理したときは、その経理した金額に相当する金額は、当該事業年度の所得の金額の計算上、損金の額に算入する。
>
> 第２項　前項の特別勘定を設けている内国法人は、国庫補助金等について返還すべきこと又は返還を要しないことが確定した場合、当該内国法人が非適格合併により解散した場合、その他の政令で定める場合には、その国庫補助金等に係る特別勘定の金額のうち政令で定めるところにより計算した金額を取り崩さなければならない。
>
> 第３項　前項の規定により取り崩すべきこととなつた第１項の特別勘定の金額、又は、前項の規定に該当しないで取り崩した当該特別勘定の金額は、それぞれ取り崩すべきこととなつた日、又は、取り崩した日の属する事業年度の所得の金額の計算上、益金の額に算入する。

なお、基本通達10－1－1は「法第43条および第48条《国庫補助金等に係る特別勘定の金額の損金算入等》に規定する特別勘定の経理は、積立金として積み立てる方法のほか、仮受金等として経理する方法によることもできる」ものとしている。

≪関連用語≫　圧縮記帳（意義）、国庫補助金等で取得した固定資産の圧縮記帳、工事負担金で取得した固定資産等の圧縮記帳、保険金等で取得した固定資産等の圧縮記帳、交換により取得した資産の圧縮記帳

5-24　特別勘定を設けた場合の取得固定資産等の圧縮記帳

法人税法は第44条に「特別勘定を設けた場合の固定資産等の圧縮記帳」に関する規定を設けている。主文の内容は、以下のとおりである。

法人税法第44条（特別勘定を設けた場合の国庫補助金等で取得した固定資産等の圧縮額の損金算入）

第１項　前条第１項の特別勘定の金額を有する内国法人が、国庫補助金等をもつて、その交付の目的に適合した固定資産の取得又は改良をし、かつ、その取得又は改良をした日の属する事業年度以後の事業年度において、その取得又は改良に充てた国庫補助金等の全部又は一部の返還を要しないことが確定した場合において、その固定資産につき、その確定した日における当該特別勘定の金額のうち、その返還を要しないことが確定した国庫補助金等に係るものとして政令で定めるところにより計算した金額の範囲内で、その帳簿価額を損金経理により減額し、又は、その圧縮限度額以下の金額を当該事業年度の確定した決算において積立金として積み立てる方法により経理したときは、その減額し又は経理した金額に相当する金額は当該事業年度の所得の金額の計算上、損金の額に算入する。

上記の「政令で定めるところにより計算した金額」は、施行令第82条の定めであり、固定資産の改良に要した費用もしくは取得価額のうち損金算入できる金額は、返還を要しないことが確定した日における特別勘定の金額のうち以下の金額である。

損金算入額＝固定資産の帳簿価額×（固定資産の改良費用＋取得価額）÷返還不要国庫補助金等の額

≪関連用語≫　圧縮記帳（意義）、国庫補助金等に係る特別勘定の損金算入、工事負担金で取得した固定資産等の圧縮記帳、保険金等で取得した固定資産等の圧縮記帳、交換で取得した資産の圧縮記帳

5-25　工事負担金で取得した固定資産等の圧縮記帳

法人税法は第45条に「工事負担金で取得した固定資産等の圧縮記帳」に関する規定を設けている。主文の内容は、以下のとおりである。

> 法人税法第45条(工事負担金で取得した固定資産等の圧縮額の損金算入)
>
> 第1項　次に掲げる事業（第1号～第8号の事業法「水道法その他」の掲載を省略　―筆者―）を営む内国法人が、各事業年度において、当該事業に必要な施設を設けるため電気、ガス若しくは水の需要者、熱供給を受ける者又は鉄道、軌道若しくは有線放送電話の利用者、その他その施設によつて便益を受ける者（以下「受益者」という。）から金銭又は資材の交付を受け、当該事業年度において、その金銭又は資材をもつて、その施設を構成する固定資産を取得した場合において、その固定資産につきその交付を受けた金銭の額又は資材の価額に相当する金額（以下「圧縮限度額」という。）の範囲内で、その帳簿価額を損金経理により減額し、又は、その圧縮限度額以下の金額を当該事業年度の確定した決算において積立金として積み立てる方法により経理したときは、その減額し又は経理した金額に相当する金額は、当該事業年度の所得の金額の計算上、損金の額に算入する。
>
> 第2項　前項の内国法人が、各事業年度において、同項各号に掲げる事業に係る受益者から当該事業に必要な施設を構成する固定資産の交付を受けた場合において、圧縮限度額の範囲内で、その帳簿価額を損金経理により減額し、又はその圧縮限度額以下の金額を当該事業年度の確定した決算において積立金として積み立てる方法により経理したときは、その減額し又は経理した金額に相当する金額は、当該事業年度の所得の金額の計算上、損金の額に算入する。

電気事業法等に規定されている特定の事業を行う者は、その便益を受ける者から一定の金銭等の提供を受けた上で、工事等を行うことがある。このような場合、実質的には、当該提供者の固有の利便性に供されるもので、当該提供者の資産という見方ができるものであることから圧縮するものである。

5-26 保険金等で取得した固定資産等の圧縮記帳

法人税法は第47条に「保険金等で取得した固定資産等の圧縮記帳」に関する規定を設けている。主文の内容は、以下のとおりである。

> 法人税法第47条（保険金等で取得した固定資産等の圧縮額の損金算入）
>
> 第１項　内国法人が、各事業年度において、その有する固定資産の滅失又は損壊により保険金、共済金又は損害賠償金で、政令で定めるもの（以下「保険金等」という）の支払を受け、当該事業年度において、その保険金等をもつて、その滅失をした所有固定資産に代替する同一種類の固定資産（以下「代替資産」という。）の取得をし、又は、その損壊をした所有固定資産若しくは代替資産となるべき資産の改良をした場合において、これらの固定資産につき、その取得又は改良に充てた保険金等に係る差益金の額として政令で定めるところにより計算した金額（以下「圧縮限度額」という。）の範囲内で、その帳簿価額を損金経理により減額し、又は、その圧縮限度額以下の金額を当該事業年度の確定した決算において積立金として積み立てる方法により経理したときは、その減額し又は経理した金額に相当する金額は、当該事業年度の所得の金額の計算上、損金の額に算入する。
>
> 第２項　内国法人が、各事業年度において、所有固定資産の滅失又は損壊による保険金等の支払に代わるべきものとして代替資産の交付を受けた場合において、その代替資産につき、圧縮限度額の範囲内で、その帳簿価額を損金経理により減額し、又は、その圧縮限度額以下の金額を当該事業年度の確定した決算において積立金として積み立てる方法により経理したときは、その減額し又は経理した金額に相当する金額は、当該事業年度の所得の金額の計算上、損金の額に算入する。
>
> 第３項　前２項の規定は、確定申告書にこれらの規定に規定する減額し又は経理した金額に相当する金額の損金算入に関する明細の記載がある場合に限り、適用する。

法人が所有している固定資産が、台風、地震、火災等の事故により、滅失（めっしつ）あるいは損壊することがある。通常、保険を掛けていることが多いので、その場合、保険金の支払いが行われる。また、他者の行為による被害を被り、損害賠償金が支払われることもある。この場合、保険金等の収入額と被害資産の被害直前の帳簿価額との間に差額が発生する。建物等古いものについては、超過額がでることがある。これが「保険差益」である。この保険差益は、貨幣価値の変動（実質はインフレーションの反映）もしくは実物の経済価値の増殖による評価益相当部分と考えられている。

このような性格を有する保険差益は、資産の滅失等を原因として金銭を取得した取引である以上「資産の処分差益」とみることもできる。これを、一般に「焼け太り」と呼んでいる。小売業等においては、棚卸資産の保険対象には、売れ残り残品も含まれているので、営業上、利得の機会が発生していることになる。ただし、営業休止期間中の機会利益の損失もある。

いずれにしても、このような視点から、法人税法上、保険差益も益金としている。しかし、この保険差益に課税（納税負担による資金支出）すると、元の形態に復元する場合、資金不足となってしまうことにもなる。そこで、税法は保険金等の収入を、一応、益金とみるが、代替資産を取得した場合には、一時的に非課税扱いとするために、圧縮記帳による課税の特例（課税の繰延）を認める措置を設けている。

保険金の圧縮記帳が、法令上、明確に認められたのは、昭和22年の法人税法施行規則の改正によってである。そして、昭和34年には、対象となる資産が、「固定資産」の全部となり、その範囲が拡大されたほか条文が厳密にされた。たとえば、圧縮記帳によって、帳簿価額がゼロになるようなときには、備忘価額の１円で記帳することなどである。また、保険金の範囲に、大蔵省令で定める共済金（たとえば、水産業協同組合共済会、農業協同組合連合会並びに火災共済協同組合が行う共済事業から支払われる共済金）も含まれることが明らかにされた。

昭和39年には、商法の改正に伴って表示方法、保険差益の圧縮記帳について、従来の方式のほかに「引当金経理」を認め、また、代替資産を取得するまで差益を特別勘定とする方式のほか、これを利益処分によって処理した場合も認めることとされた。

昭和40年には、全文改正により、法律をもって規定することにされた。この圧縮記帳についての実体的な改正としては、資産について生じた損害賠償金によって代替資産を取得した場合においても、その損金賠償金を保険金等と同様に取り扱うこととされた。つまり、損害賠償金も自己の意思によらない資産の転換によって取得したものだからである。ただし、損金賠償金は、多くの場合、訴訟事件に絡んでくるため、支払いの確定までに、長い期間を要することになるので、固定資産が滅失あるいは損壊した日から3年以内に確定したものに限るとされた。

昭和57年には、政令第71号により、圧縮記帳の方法として、減価償却資産についても「利益処分による積立金方式」が認められることになった。

つぎに、最近の改正であるが、平成18年3月に、政令第125号により、第86条（保険金等で取得した固定資産等についての圧縮記帳に代わる経理方法）の条文の中の「圧縮限度額以下の金額を損金経理により引当金勘定に繰り入れる方法（確定した決算において利益又は剰余金の処分により積立金として積み立てる方法を含む。）」を「決算の確定の日までに剰余金の処分により積立金として積み立てる方法」に改められた。すなわち、原則的方法としての損金経理により帳簿価額を減額する方法に対し、例外的方法として確定した決算において積立金として積み立てる方法（特別勘定を設ける方法）が明らかにされたということである。その結果、損金経理により引当金勘定に繰り入れる方法は廃止された。

保険差益の圧縮記帳の特例を受けるためには、

① 被害資産は自己所有資産であること

② 被害資産は固定資産であること

③ 支払いを受けた保険金等は滅失・損壊の事実の発生によるものであること

④ 代替資産は被害資産と種類を同じくする資産であること

などのほか、いくつかの適用要件がある。

参考文献

武田昌輔編著『DHCコンメンタール法人税法』第2巻　第一法規　3011～3015頁、3015の6頁

≪関連用語≫　圧縮記帳（意義）、国庫補助金等に係る特別勘定の損金算入、工事負担金で取得した固定資産等の圧縮記帳、交換で取得した資産の圧縮記帳

5-27　交換で取得した資産の圧縮記帳

法人税法は第50条に「交換により取得した資産の圧縮記帳」に関する規定を設けている。主文の内容は、以下のとおりである。

法人税法第50条（交換により取得した資産の圧縮額の損金算入）

第１項　内国法人が、各事業年度において、１年以上有していた固定資産で、次の各号に掲げるものを、それぞれ他の者が１年以上有していた固定資産と交換し、その交換により取得した当該各号に掲げる資産（以下「取得資産」という。）を、その交換により譲渡した当該各号に掲げる資産（以下「譲渡資産」という。）の譲渡の直前の用途と同一の用途に供した場合において、その取得資産につき、その交換により生じた差益金の額として政令で定めるところにより計算した金額の範囲内で、その帳簿価額を損金経理により減額したときは、その減額した金額に相当する金額は、当該事業年度の所得の金額の計算上、損金の額に算入する。

① 土　地

② 建　物（附属設備、構築物を含む）

③ 機械及び装置

④ 船　舶

⑤ 鉱業権（祖鉱権、砕石権等を含む）

第２項　前項及び第５項の規定は、これらの規定の交換の時における取得資産の価額と譲渡資産の価額との差額が、これらの価額のうちいずれか多い価額の20%に相当する金額を超える場合には、適用しない。

上記の「政令で定めるところにより計算した金額」は、施行令第92条（交換により生じた差益金の額）よれば、取得した資産の取得価額が、譲渡した資産の譲渡直前の帳簿価額（譲渡経費を加算する）を超える金額をいう。なお、取得した資産の取得価額から減額して損金に算入した金額は、交換により取得した固定資産の取得価額に算入しないのは当然のことである。

税法上は、交換も「譲渡の一形態」であって、２つの売買契約を単一化した契約であるから、時価で譲渡し、時価で買い受けたものとみれば、差益金は譲渡益に相当するので、益金を構成し、課税問題が生ずることになる。しかし、この「交換差益金」は、保険差益のところで触れたように、貨幣価値の変動（実質はインフレーションの反映）もしくは実物の経済価値の増殖による評価益相当部分である。譲渡した資産と同一種類の固定資産を交換で取得し、同一の用途に供したような場合、経済的並びに実質的にみれば、当該固定資産については、継続して保有しているものと判断できる。そこで、一定の条件に適合する交換であれば、圧縮記帳方式による旧帳簿価額の引き継ぎを認める道理が成立する。したがって、交換差益についても、保険差益の場合と同様に「課税の繰延」を図るために本条が設けられた。

交換は、昭和24年7月19日直法1－8により、取扱通達で明らかにされた。これに初めて「交換の特例」が認められた。昭和34年にいたり、交換に関する規定は、施行令第13条の6として法文化された。ただし、交換の条件の1つとして交換差益は時価の20%以上であつたものが、20%超に改正された。そして、昭和36年には、交換資産の範囲が拡大されて、鉱業権が含まれることになった。

また、昭和40年の改正においては、船舶が対象資産に追加された。このときには、航空機および鉄道車輛等についても拡大すべきであるという意見もあったが、航空機、車輛等については、船舶と異なり、その耐用年数が比較的短期間であるため制度を適用する実益が低いという意見から対象に加えられなかった。さらに、交換の相手方についても、1年以上所有していた資産であることを要件とすることが加重された。

交換差益の圧縮記帳の特例を受けるためには、

① 交換前に相手側が1年以上所有していた資産であること
② 取得資産が譲渡資産と同一資産であること
③ 取得資産は相手側が交換目的のために取得した資産でないこと
④ 内国法人であること
⑤ 清算中の法人でないこと

などのほか、いくつかの適用要件がある。

参考文献

武田昌輔編著『DHCコンメンタール法人税法』第2巻　第一法規　3075～3081頁

5-28　収用等により代替資産を取得した場合の課税の特例(圧縮記帳)

租税特別措置法第64条に「収用等に関連して代替資産を取得した場合の課税の特例」を設けている。同措置法に定められている幾つかの規定は、圧縮記帳と同一の結果（経済的効果）をもたらすものがある。

> 租税特別措置法第64条（収用等に伴い代替資産を取得した場合の課税の特例）
>
> 第１項　法人の有する資産（棚卸資産を除く。）で、次の各号に規定するものが、当該各号に掲げる場合に該当することとなつた場合において、当該法人が、当該各号に規定する補償金、対価又は清算金の額の全部又は一部に相当する金額をもつて、当該各号に規定する収用、買取り、換地処分、権利変換、買収又は消滅（以下「収用等」という。）のあつた日を含む事業年度において、当該収用等により譲渡した資産と同種の資産その他のこれに代わるべき資産として政令で定めるもの（以下「代替資産」という。）の取得をし、当該代替資産につき、その取得価額に、補償金、対価若しくは清算金の額から、当該譲渡した資産の譲渡直前の帳簿価額を控除した残額の当該補償金、対価若しくは清算金の額に対する割合（以下「差益割合」という。）を乗じて計算した金額（以下「圧縮限度額」という。）の範囲内で、その帳簿価額を損金経理により減額し、又は、その帳簿価額を減額することに代えて、その圧縮限度額以下の金額を当該事業年度の確定した決算において積立金として積み立てる方法により経理したときは、その減額し、又は、経理した金額に相当する金額は、当該事業年度の所得の金額の計算上、損金の額に算入する。

大辞林によれば、収用とは「公共事業のために、強制的に特定物の財産権を取得し、国または第三者に所有を移すこと」と説明されている。通常、土地等の収用は、地方公共団体が収用委員会を設けて行うことになっている。地方自治法（昭和22年４月17日　法律第67号）第202条の２（その他の委員会の職務権限等）第５項では「収用委員会は別の法律の定めるところにより土地の収用に関する採決その他の事務を行う」とされている。公共事業のためとはいえ、土地等の買収は、原則的・基本的には住民との合意によって行われることになっているが、事業の早期もしくは適切に完成させるために、このように収用委員会による強制的買収が行われることがある。強制的買収であるがゆえに、税法上、幾つかの恩典（軽減措置）が設けられている。

強制的買収も、税法上は、譲渡取引の一形態であるが、この譲渡に伴い発生した譲渡益を益金として課税すると、その譲渡が企業（個人も含まれるが）の主体的な意思決定によって行われたものでないことから、企業の財務体質の欠損を招くことにもなる。そこで、一定の条件のもとに実施された再投資によって取得した代替資産の取得価額については、譲渡益相当額を減額する圧縮記帳（課税の繰延効果）を認めることにしている。

なお、この課税の特例措置については、一定の要件に該当する場合には、年５千万円の特別控除（損金認容額）との選択適用が認められている。

上記にいう「次の各号に規定するものが、当該各号に掲げる場合に該当することとなつた場合」とは、以下の事項である。なお、欠番は、本書において記載を省略した事項（条文の号）である。

① 資産が土地収用法等の規定に基づいて収用され、補償金を取得する場合（ただし、政令で定める場合に該当する場合を除く。）

② 資産について、買い取りの申出を拒むときは、土地収用法等の規定に基づいて収用されることとなる場合において、当該資産が買い取られ、対価を取得するとき

④ 土地等が、農地法の規定に基づいて買収され、対価を取得する場合

⑤ 資産が、土地収用法等の規定により収用された場合において、当該資産に関して有する所有権以外の権利が消滅し、補償金または対価を取得するとき

⑧ 前各号に掲げる場合のほか、国または地方公共団体が行う処分に伴う資産の買い取りもしくは消滅により、または、これらの規定に基づき行う買収の処分により補償金または対価を取得する場合

≪関連用語≫　圧縮記帳（意義）、交換で取得した資産の圧縮記帳

5-29 収用等に伴い特別勘定を設けた場合の課税の特例（圧縮記帳）

租税特別措置法は、第64条の２に「収用等に伴い特別勘定を設けた場合の課税の特例」を設けている。法人が所有する資産が収用等された場合において、収用等のあった事業年度末日の翌日から２年以内に、代替資産を取得できないような場合で、かつ、代替資産を取得する意思がある場合には、その収用等に係る差益金相当額を特別勘定として繰り延べることを認めている。そして、実際に、代替資産を取得した時点で圧縮記帳をする。

> 租税特別措置法第64条の２（収用等に伴い特別勘定を設けた場合の課税の特例）
>
> 第１項　法人の有する資産で、前条第１項各号に規定するものが、当該各号に掲げる場合に該当することとなつた場合において、当該法人が、収用等のあつた日を含む事業年度終了の日の翌日から収用等のあつた日以後２年を経過する日までの期間内に補償金、対価又は清算金の額の全部又は一部に相当する金額をもつて代替資産の取得をする見込みであるときは、当該補償金、対価又は清算金の額で、当該代替資産の取得に充てようとするものの額に差益割合を乗じて計算した金額を、当該収用等のあつた日を含む事業年度の確定した決算において特別勘定を設ける方法により経理したときに限り、その経理した金額に相当する金額は、当該事業年度の所得の金額の計算上、損金の額に算入する。

上記の「収用等のあつた日以後２年を経過する日」については、当該収用等に係る事業の全部または一部が完了しないこと、工場等の建設に要する期間が、通常、２年を超えること、その他のやむを得ない事情があるため、当該期間内に代替資産を取得することが困難である場合（ただし、政令で定める場合に限る。）には、当該終了の日の翌日から政令で定める期間（これを指定期間という。）まで延長できることとされている。本条は、措置法第64条の補完的な措置として定められているものである。

≪関連用語≫　圧縮記帳（意義）

5−30　換地処分等に伴い資産を取得した場合の課税の特例（圧縮記帳）

租税特別措置法は、第65条に「換地処分等に伴い資産を取得した場合の課税の特例」を設けている。

法人の所有する資産について、公共目的のために強制的に収用される場合と同様に、当該資産と同種の資産もしくはこれに代わるべき資産と交換が行われることがある。交換取得資産については、圧縮記帳の適用がある。しかし、交換を望んだとしても、交換に適合する資産がない場合がある。このときに差額相当額の補償金が支払われることになるが、この場合、収用等による補償金と同様に課税の特例が適用されることになっている。

> 租税特別措置法第65条（換地処分等に伴い資産を取得した場合の課税の特例）
>
> 第１項　法人の有する資産で、次の各号に規定するものが、当該各号に掲げる場合に該当することとなつた場合において、当該法人が、当該各号に規定する収用、買取り、換地処分、権利変更又は交換（以下「換地処分等」という。）により取得した資産（以下「交換取得資産」という。）につき、当該交換取得資産の価額から、当該換地処分等により譲渡した資産の譲渡直前の帳簿価額を控除した残額（以下「圧縮限度額」という。）の範囲内で、当該交換取得資産の帳簿価額を損金経理により減額したときは、その減額した金額に相当する金額は、当該事業年度の所得の金額の計算上、損金の額に算入する。

同条第１項各号に掲記されている事項は、以下の内容になっている。

① 資産につき土地収用法等の規定による収用があった場合において、当該資産と同種の資産として政令で定めるものを取得するとき

② 土地等につき土地改良法による土地改良事業または農業振興地域の整備に関する法律第13条の２第１項の事業が施行された場合において、当該土地等に係る交換により土地等を取得するとき

以下の項目の詳細は省略し、関連する事業だけの記載としている。

③ 土地区画整理法による土地区画整理事業に関連して資産（権利）を取

得するとき

④　都市再開発法による第一種市街地再開発に関連して資産（権利）を取得するとき

⑤　密集市街地における防災街区の整備促進法による防災街区整備事業に関連して資産（権利）を取得するとき

⑥　マンションの建替円滑化法に関するマンション建替事業に関連して資産（敷地利用権）を取得するとき

換地処分等により取得した資産に付すべき帳簿価額は、換地処分等により譲渡した譲渡直前の帳簿価額以下の価額とされている。換地処分等により取得した資産の価額から、譲渡した資産の帳簿価額を控除した金額が譲渡差益となるが、この譲渡差益の範囲内で、取得資産の帳簿価額を減額した場合、損金として認容される。換地処分等により譲渡した譲渡直前の具体的な帳簿価額は、同条第２項に以下のように定められている。

同措置法第65条

第２項　前項に規定する譲渡直前の帳簿価額は、次の各号に掲げる場合に該当する場合には、当該各号に掲げる金額とする。

①　交換取得資産とともに補償金等又は保留地の対価を取得した場合
　帳簿価額から当該帳簿価額のうち当該補償金等又は保留地の対価の額に対応するものとして政令で定めるところにより計算した金額を控除した金額

②　交換取得資産の価額が譲渡した資産の価額をこえる場合において、その差額に相当する金額を換地処分等に際して支出したとき
　帳簿価額にその支出した金額を加算した金額

③　換地処分等により譲渡した資産の譲渡に要した経費で交換取得資産に係るものとして政令で定めるところにより計算した金額がある場合
　帳簿価額に当該計算した金額を加算した金額

≪関連用語≫　圧縮記帳（意義）

Ⅳ　リース取引を中心とする会計と税務

5-31　リース取引（意義）

⑴　用語の説明

平成5年6月17日、企業会計審議会から、企業会計基準第13号に相当する「リース取引に関する会計基準」が公表された。その後、企業会計基準委員会から改正版が公表されている。最新版は、平成19年3月30日のものである。本基準による主要な用語の意味は、以下のとおりである。

①　リース取引

リース取引とは、特定の物件の所有者たる貸し手（レッサー）が、当該物件の借り手（レッシー）に対し、合意された期間（以下「リース期間」という。）にわたり、これを使用収益する権利を与え、借り手は、合意された使用料（以下「リース料」という。）を、貸し手に支払う取引をいう。

②　ファイナンス・リース取引

ファイナンス・リース取引とは、リース契約に基づくリース期間の中途において、当該契約を解除することができないリース取引またはこれに準ずるリース取引で、借り手が、当該契約に基づき使用する物件（以下「リース物件」という。）からもたらされる経済的利益を実質的に享受することができ、かつ、当該リース物件の使用に伴って生じるコストを実質的に負担することとなるリース取引をいう。

③　オペレーティング・リース取引

オペレーティング・リース取引とは、ファイナンス・リース取引以外のリース取引をいう。

④　リース取引開始日

リース取引開始日とは、借り手が、リース物件を使用収益する権利を行使することができることとなった日をいう。

ファイナンス・リース取引は、リース契約上の諸条件に照らして、リース物件の所有権が借り手に移転すると認められるもの（以下「所有権移転ファイナンス・リース取引」という。）と、それ以外の取引（以下「所有権移転外ファイナンス・リース取引」という。）に分類する。そして、ファイナンス・リース取引については、通常の売買取引に係る方法に準じて会計処理を行うこととされている。

(2) リース取引の問題認識

リース取引は、その取引の実態から判断すると割賦販売と類似しているものが多い。そのため、リース取引の会計処理には「売買処理」と「賃貸借処理」とがあることになる。リース取引が盛んに利用された背景には、オフ・バランスにする利点があった。平成5年6月17日に公表された「リース取引に関する会計基準」では、所有権移転外ファイナンス・リース取引であっても、売買処理の会計処理（オン・バランス）を原則的会計処理としていたのであるが、財務諸表に一定の財務情報を注記することを条件に、賃貸借処理の会計処理（オフ・バランス）を例外的会計処理として認めていた。そして、多くの企業が、この例外的会計処理を採用することになった。

たとえば、ANA（全日本空輸）やJAL（日本航空）が購入すべき航空機にリース取引を多用することによって、貸借対照表に航空機が計上されないことになる。タクシー会社が乗用車を、運送会社が車輛運搬具を貸借対照表に計上しない財務諸表が有用な財務情報を提供しているのか、大きな疑問が提供されることになった。昭和40年代以前においても、これと同様なこと（取引・契約）は行われていたが、広く社会に利用されるほどではなかったために、あまり問題は起こらなかった。それは信託車輛に見ることができる。

鉄道会社が鉄道車輛を車輛メーカーに発注する。これを信託に付し、車輛メーカーは代金を信託銀行から受領する。鉄道会社は、信託料（車輛代金＋利息相当額）を契約期間にわたって支払うという契約（取引）である。ところで、ここにひとつの問題が発生する。支払（信託）契約期間の設定によっては、法定耐用年数から遊離した会計期間（減価償却期間）を設けることが可能であるからである。企業は自己の財務政策の一環として利用することができた。たとえば、鉄道車輛（電車）の耐用年数は13年であるが、信託期間を18年（5年の延長）とするなどがそのケースである。

いずれにしても、企業が作成する財務諸表が、企業が行っている事業実体を反映（投射）していることにはならないという反省から、原則として、リース取引をオン・バランスにすることにしたのである。多くの企業に大きな影響を与える企業会計基準の改正であった。たとえば、新聞報道によると、ANAは航空機購入資金の調達資金源泉として、全てのホテルを売却しているなどが、その事例である。

(3) リース取引の構成分解と減価償却

リース取引の会計処理は、貸し手（レッサー）が、その固定資産を借り手（レッシー）に貸し出したときからはじまる。売買処理が行われるのは、リース取引の経済的実質が分割払いによる売買取引（割賦売買）とみなされる場合である。

借り手側で、金銭債務が認識されると、その後のリース料の支払いは、金銭債務の返済になる。リース料の支払額は「元本の返済部分と利息（金融費用）の支払部分」に分解して処理される。リース会社にとって、リース取引の経済実態は金融行為であるから、利息計算は利益管理上、重要な要素であり、十分に管理されていて当然なことである。したがって、元本部分と利息部分は明確にされており、貸し手側では、リース料の受取額が元本の回収部分と利息（金融収益）の受取部分に分解して処理される。また、借り手は、固定資産の取得になるので、原価計算上の原価を構成するので、月次決算の必要性から、毎月、減価償却を行うことになる。これに対して、賃貸借処理が行われるのは、リース取引の経済的実質が売買ではなく、賃貸借の法的形式と一致するとみなされる場合である。

リース取引は、ファイナンス・リースとオペレーティング・リースのどちらかに分類されるかによって、会計処理の方法が異なる。したがって、会計処理の決め手は、ファイナンス・リースとオペレーティング・リースを区別するルールにある。ノンキャンセラブル要件とフルペイアウト要件を同時に満たすリース取引はファイナンス・リースとされ、それ以外のリース取引はオペレーティング・リースに分類される。この区分によって、貸し手と借り手の必要な会計処理が決定されるとして、両者に整合性のある会計処理を採用することが求められる。

《関連用語》　リース取引と借り手の会計処理、リース取引と貸し手の会計処理

5-32 リース取引と借り手の会計処理

ファイナンス・リースは、基本的には経済取引を「金融行為」と判断する取引である。したがって、割賦販売類似行為であり、名目上の所有権の移転に関係なく、経済実態は移転しているものと判断した会計行為を行う。そこで「通常の売買取引に係る方法」に準じた会計処理を行うことになる。ファイナンス・リースとオペレーティング・リースの判定は、ノンキャンセラブル要件とフルペイアウト要件の同時充足により行われるが、所有権移転ファイナンス・リースと所有権移転外ファイナンス・リースの判定は、フルペイアウト要件のどの基準に該当するのかによって行われる。

借り手は、リース取引開始日に、通常の売買取引に係る方法に準じた会計処理により、リース物件とこれに係る債務をリース資産およびリース債務として計上する。リース資産については、原則として、有形固定資産、無形固定資産の別に、一括してリース資産として表示する。ただし、有形固定資産または無形固定資産に属する各科目に含めることもできる。なお、リース債務については、貸借対照表日後１年以内に支払いの期限が到来するものは流動負債に属するものとし、貸借対照表後１年を超えて支払いの期限が到来するものは固定負債に属するものとする。

以上に基づく仕訳は、以下のように行う。

① リース取引開始日の会計処理

(借方)		(貸方)	
リース資産	×,×××	リース債務	×,×××

② １年以内支払予定分の振替仕訳（期末）

リース債務	×××	短期リース債務	×××

③ リース料金支払時の会計処理

短期リース債務	×××	現金預金	×××
支払利息	×××		

④ 所有固定資産の減価償却

減価償却費	×××	減価償却費累計額	×××

リース資産およびリース債務の計上額を算定するにあたっては、原則として、リース契約締結時に合意されたリース料総額からこれに含まれている利

息相当額の合理的な見積額を控除する方法による。当該利息相当額については、原則として、リース期間にわたり利息法により配分する。

所有権移転ファイナンス・リース取引に係るリース資産の減価償却費は、自己所有の固定資産に適用する減価償却方法と同一の方法により算定する。また、所有権移転外ファイナンス・リース取引に係るリース資産の減価償却費は、原則として、リース期間を耐用年数とし、残存価額をゼロとして算定する。

その他、企業会計基準適用指針第16号「リース取引に関する会計基準の適用指針」には、主要な内容として、以下の事項が記載されている。

① 維持管理費相当額等の取り扱い（14.25.）

借り手が負担するリース料の中には、固定資産税、保険料など維持管理費相当額が含まれている。契約書に当該金額を明示していない場合が多いこと、並びに重要性が低いことが多いので、これをリース料総額に含めることができる。

② 重要性の乏しいリース取引の取り扱い（34.35.）

以下に示す個々のリース資産に重要性が乏しいと認められる場合は、オペレーティング・リース取引の会計処理に準じて、通常の賃貸借取引に係る方法に準じた会計処理を行うことができることになっている。

ア） 重要性が乏しい減価償却資産について、購入時に費用処理する方法が採用されている場合

イ） リース期間が１年以内のリース取引

ウ） 企業の事業内容に照らして重要性の乏しいリース取引で、リース契約１件当たりのリース料総額が300万円以下のリース取引

これに該当する取引としては、コピー機やファクシミリなどがある。

参考文献

佐藤信彦、角ヶ谷典幸編著『LEASES リース会計基準の論理』
平成21年８月10日 税務経理協会

≪関連用語≫ リース取引（意義）、リース取引と貸し手の会計処理

5-33　リース取引と貸し手の会計処理

貸し手は、リース取引開始日に、通常の売買取引に係る方法に準じた会計処理により、所有権移転ファイナンス・リース取引については、リース債権として、所有権移転外ファイナンス・リース取引については、リース投資資産として計上する。貸し手における利息相当額の総額は、リース契約締結時に合意されたリース料総額および見積残存価額の合計額から、これに対応するリース資産の取得価額を控除することによって算定する。当該利息相当額については、原則として、リース期間にわたり利息法により配分する。なお、オペレーティング・リース取引については、通常の賃貸借取引に係る方法に準じて会計処理を行う。

所有権移転ファイナンス・リース取引におけるリース債権および所有権移転外ファイナンス・リース取引におけるリース投資資産については、当該企業の主目的たる営業取引により発生したものである場合には流動資産に表示する。営業行為であるから、その債権は、「リース取引に関する会計基準の適用指針」によれば、リース投資資産勘定を使っているが、リース会社としては、営業未収入金、リース売掛金あるいはリース債権の方が妥当と考える。「投資と流動資産との整合性」が難しいと考えるからである。また、当該企業の営業の主目的以外の取引により発生したものである場合には、貸借対照表日の翌日から起算して１年以内に入金の期限が到来するものは流動資産に表示し、入金の期限が１年を超えて到来するものは固定資産に表示する。いわゆる「ワン・イヤー・ルール」の適用である。

貸し手の会計処理としては、以下の方法が考えられている。要は、取引の認識と利益に対する考え方の相違からきている。

①　リース取引日に売上高と売上原価を計上する会計処理

リース取引対象資産は、通常、メーカーから、直接、購入した企業に搬送されて設置され、納品書、竣工報告書等必要な書類は関係三社が保有することになる。したがって、仕入と販売がほぼ同一に行われることになるので、以下のような会計処理を行うことになる。

（借方）		（貸方）	
リース資産（仕入）	×,×××	買掛金	×,×××
リース債権	×,×××	売上高	×,×××
売上原価	×,×××	リース資産	×,×××

この場合、リース資産に係る利益相当額が売上時に計上され、その後のリース期間には、利益が計上されないという不合理が発生するので、以下の仕訳のように利益相当額のリース期間への配分（繰延処理）が必要になる。

繰延リース利益繰入額	×,×××	繰延リース利益	×,×××
（損益計算書項目）		（貸借対照表項目・負債勘定）	

この方法は、割賦販売における割賦販売利益の繰延方法と同一である。

② リース料受取時に売上高と売上原価を計上する会計処理

仕入と販売は、①と同一である。

リース資産（仕入）	×,×××	買掛金	×,×××
リース債権	×,×××	リース資産	×,×××

そして、リース料受取時に、リース料に対応する売上高と売上原価を計上することにする。

現金預金	×××	売上高	×××
売上原価	×××	リース債権	×××

③ 売上高を計上せず、利息相当額をリース料受取時に認識する会計処理

この方法は、リース取引を顕在化せず、利息相当額だけを取り込む方法で、商社等が取り扱う口銭料収入の会計処理と同じものである。

リース資産	×,×××	現金預金	×,×××
リース債権	×,×××	リース資産	×,×××

リース料を受け取ったときの会計処理は、その都度、以下のように行う。

現金預金	×××	リース債権	×××
		受取利息	××

参考文献

佐藤信彦、角ヶ谷典幸編著『LEASES リース会計基準の論理』
平成21年8月10日 税務経理協会

≪関連用語≫　リース取引（意義）、リース取引と借り手の会計処理

5-34 リース取引の税務

法人税法は、第64条の２に「リース取引」に関する規定を設けている。主文（本文中の括弧書部分を省略している。また、読みやすくするために、適当に読点を入れている。）の内容は、以下のとおりである。

法人税法第64条の２（リース取引に係る所得の金額の計算）

第１項　内国法人が、リース取引を行つた場合には、そのリース取引の目的となる資産（以下「リース資産」という。）の賃貸人（貸し手）から賃借人（借り手）への引渡しの時に、当該リース資産の売買があつたものとして、当該賃貸人又は賃借人である内国法人の各事業年度の所得の金額を計算する。

第２項　内国法人が、譲受人から譲渡人に対する賃貸（リース取引に該当するものに限る。）を条件に、資産の売買を行つた場合において、当該資産の種類、当該売買及び賃貸に至るまでの事情、その他の状況に照らし、これら一連の取引が実質的に金銭の賃借であると認められるときは、当該資産の売買はなかつたものとし、かつ、当該譲受人から当該譲渡人に対する金銭の貸付けがあつたものとして、当該譲受人又は譲渡人である内国法人の各事業年度の所得の金額を計算する。

第３項　前２項に規定するリース取引とは、資産の賃貸借（所有権が移転しない土地の賃貸借その他の政令で定めるものを除く。）で、次に掲げる要件に該当するものをいう。

① 当該賃貸借に係る契約が、賃貸借期間の中途においてその解除をすることができないものであること又はこれに準ずるものであること。

② 当該賃貸借に係る賃借人が、当該賃貸借に係る資産からもたらされる経済的な利益を実質的に享受することができ、かつ、当該資産の使用に伴つて生ずる費用を実質的に負担すべきこととされているものであること。

以上のような税法の規定から、税法上の原則的な取り扱いとしては、企業会基準としての「リース取引に関する会計基準」に準拠していることを意味している。したがって、原則的な取引（益金の認識）は、リース取引を行った場合には、リース資産の賃貸人（貸し手）から賃借人（借り手）への引き渡しがあった時に、売買が成立したものとして、賃貸人および賃借人の双方で、各事業年度の所得の金額を計算することとされている。

リース取引については、税務上、昭和44年以来幾度となく検討されてきた。昭和53年の通達「リース取引に係る法人税及び所得税の取扱いについて」では、主としてリース期間が法定耐用年数よりも短いリース取引に係る取扱基準が公表された。リース期間を法定耐用年数よりも短縮することによって、本来の減価償却について、早期償却することができることに対する対応である。そして、昭和63年の通達「リース期間が法定耐用年数よりも長いリース取引に対する税務上の取扱いについて」が公表された。

企業会計においては、所有権移転外ファイナンス・リース取引に該当するリース取引は、原則といて「売買処理」とすることとされていた。しかし、既に触れたように例外処理として、財務諸表の脚注に、一定の注記を附すことを条件に「賃貸借処理」を認めていた。そして、ほとんどの企業が、この賃貸借処理を採用していたのが実態であった。

そこで、企業会計基準委員会では、このような情況に鑑み「ファイナンス・リース取引の経済的実態」から、物件の売買であるという判断から、財務諸表の持つ「有用な財務情報の開示機能」を損なうことのないように、また、国際会計基準とのコンバージェンスの観点から、平成19年３月30日に「例外処理の廃止」を盛り込んだ企業会計基準第13号「リース取引に関する会計基準」が公表された。

税務上の取り扱いも「取引の経済実態に合った処理」をすべきであるという点では、企業会計と異なるところはない。企業会計の見直しを契機として、所有権移転外ファイナンス・リース取引についても、売買取引に準じた会計処理を要するものとし、これまで、所有権移転ファイナンス・リース取引を売買取引に準じた会計処理としていた規定を改正することにした。この改正は、平成20年４月１日以後に契約するリース取引から適用するものとして、同日以前に契約したものについては、従前どおりとされている。

法人税法第64条の２第３項に規定されている「資産の賃貸借（所有権が

移転しない土地の賃貸借その他の政令で定めるものを除く。)」は、施行令第131条の2（リース取引の範囲）第1項に規定するものである。そこでは、以下の3つのいずれにも該当しない取引とされている。

① 令第138条の規定するもの

土地の賃貸借のうち、令第138条が規定している「借地権の設定等により地価が著しく低下する場合の土地等の帳簿価額の一部の損金算入」の適用があるもの

これは、実質的に土地の売買（借地権の設定部分）があったとみなされる取引である。

② 令第131条の2第1項第1号の規定するもの

当該土地の賃貸借に係る契約において定められている当該賃貸借の期間の終了の時または賃貸借の期間の中途において、当該土地が無償もしくは名目的な対価で譲渡されるものであること

この場合も、実質的に土地の売買があったとみなされる取引である。

③ 令第131条の2第1項第2号の規定するもの

当該土地の賃貸借に係る賃借人に対し、賃貸借期間の終了の時または賃貸借の期間の中途において、有利な価額で買い取る権利が与えられているものであること

この場合も、実質的に土地の売買があったとみなされる取引である。

また、令第131条の2第2項では、資産の賃貸借につき、その賃貸借期間において、賃借人が支払う賃借料の総額が、その資産の取得価額のおおむね90%を超える場合には、第64条の2第3項第2号に該当し、売買取引に該当し、当該事業年度の所得の金額を計算することとされている。

参考文献

武田昌輔編著『DHCコンメンタール法人税法』第3巻　第一法規　3702～3703頁

≪関連用語≫　リース取引（意義)、リース取引と借り手の会計処理、リース取引と貸し手の会計処理

5-35　金銭の貸借とされるリース取引

法人が、資産の賃貸借（リース取引に該当するものに限る。）を条件に、資産の売買を行った場合において、実質的に金銭の貸借であると判断されるときは、その資産の売買はなかったものと見做（みな）され、借り手から貸し手に対して金銭の貸付（融資行為）が成されたものとして取り扱われる。この取引を「セール・アンド・リースバック取引」という。

企業会計基準適用指針第16号「リース取引に関する会計基準の適用指針」では、セール・アンド・リースバック取引は「所有する物件を貸し手に売却し、貸し手から当該物件のリースを受ける取引」であるという。なお、セール・アンド・リースバック取引におけるリース取引が、ファイナンス・リース取引に該当するかどうかの判定は「ファイナンス・リース取引の判定基準（5.～20.）」に示してあるところによる（48.）。

セール・アンド・リースバック取引におけるリース取引が、ファイナンス・リース取引に該当する場合、借り手は、リース対象物件の売却損益を長期前払費用または長期前受収益等の勘定科目で処理し、繰延経理処理する。その上で、リース資産の減価償却費の割合に応じ、減価償却費に加減して損益に計上するものとされている。ただし、当該物件の売却損失が、当該物件の合理的な見積市場価額が帳簿価額を下回ることにより生じたものであることが明らかな場合は、この売却損を繰延経理せずに、売却時の損失として計上することになっている。その理由は、帳簿価額が公正価値（時価）を超えていたことによるものであり、一種の減損損失の実現と見做しているからである。なお、セール・アンド・リースバック取引によるリース物件を、さらに、おおむね同一の条件で、第三者にリースした場合で、当該転リース取引の貸し手としてのリース取引がファイナンス・リース取引に該当し、かつ、その取引の実態から判断して、当該物件の売買損益が実現していると判断されるときは、その売買損益は繰延経理せずに損益に計上することができる（49. 50.）。

法人税法基本通達では、主要な項目として、以下の３項目を挙げている。

①　基通12の5－2－1（金銭の貸借とされるリース取引の判定）

法第64条の２第２項《金銭の貸借とされるリース取引》に規定する「一

連の取引」が、同項に規定する「実質的に金銭の貸借であると認められるとき」に該当するかどうかは、取引当事者の意図、その資産の内容等から、その資産を担保とする金融取引を行うことを目的とするものであるかどうかにより判定する。たとえば、以下のような場合は、これに該当しない。

譲渡人が資産を購入し、当該資産をリース契約により賃借するために、譲受人に譲渡する場合において、譲渡人が譲受人に代わり資産を購入することに、以下に示すように相当な理由があり、かつ、立替金勘定等で処理しておいて、取得価額で譲受人に譲渡する取引の場合である。

ア　多種類の資産を購入する必要があるため、譲渡人において、当該資産を購入したほうが、事務の効率化が図られること

イ　輸入機器のように通関事務等に専門的知識が必要とされること

ウ　取引情況から見て、譲渡人が資産を購入したほうが安く買えること

② 基通12の5－2－2（借入金として取り扱う売買代金の額）

法第64条の2第2項の規定の適用がある場合において、その資産の売買により譲渡人が譲受人から受け入れた金額は、借入金として取り扱い、譲渡人がリース期間中に支払うべきリース料総額のうち、その借入金に相当する金額は当該借入金の返済すべき金額（以下「元本返済額」という。）として扱う。この場合において、支払リース料の額に係る元本返済額とそれ以外の金額との区分は、通常の金融取引における元本と利息の区分計算の方法に準じて合理的に行うものとしている。

③ 基通12の5－2－3（貸付金として取り扱う売買代金の額）

法第64条の2第2項の規定の適用がある場合において、その資産の売買により譲受人が譲渡人に支払う金額は、貸付金として取り扱い、譲受人がリース期間中に収受すべきリース料総額のうち、その貸付金に相当する金額は、当該貸付金の返済を受けた金額として扱う。この場合において、譲受人が各事業年度に収受するリース料の額に係る貸付金の返済を受けたものとされる金額とそれ以外の金額との区分は、通常の金融取引における元本と利息の区分計算の方法に準じて合理的に行うものとしている。

≪関連用語≫　リース取引（意義）

Ⅴ　外貨建取引を中心とする会計と税務

5－36　外貨建取引（意義）

(1)　為替問題と不思議な経済事象

　為替問題は、あくまでも「経済問題」とされているが、根深いところで強い「政治問題」が存在している。戦後長い間、固定相場制が採用されていたが、現在は変動相場制となっている。固定相場制の時代、1ドル360円であったものが、平成22年8月15日現在1ドル84円台である。ドル建て取引において1ドルで売っていたものは、過去に360円の売上（収入）を計上することができたものが、現在では84円もしくは85円の売上（収入）しかないことになる。原価が同じであれば、大きな赤字になり、商売（採算）は無理で、廃業か、事業転換を迫られている。繊維産業を初めとして、多くの事業が廃業に追い込まれているのが実状である。これまでの鉄鉱石、原油など素材は別として、現在の多くの完成品がコンテナを利用している。そのコンテナ、陸上コンテナは通常長さ20フィートであるが、海上コンテナは40フィートである。この40フィート・コンテナの国際取引価格は長い間（昭和40年代後半から60年代にかけての期間）、ほぼ同一であった。しかし、ドルに対する円換算価格は200円台半(なか)ば100円台半ばに上昇していた。極端な話、同一の売上量があったとしても、売上金額は半分となる。コンテナは基本的に「箱（通い箱）」であり、資材（主として鉄）で作られている。素材価格と人件費等が半分以下にならない限り、競争価格は維持できないことになる。このように、為替問題は、企業にとって死活問題なのである。

　かつて、アメリカの芸能界において「100万ドル（3億6千万円）・スター」はトップ・スターであり、日本で「憧れの的」だったが、日本の現在において、100万ドル（85百万円）・スターは中堅でしかない。日本経済新聞（平成22年8月10日 夕刊）が「お金持ち人口、日本は2位」と題して、日本人のお金持ちは165万人で、全世界の16%とアメリカに次いで2位であると報じている。他方、経済大国2位のその日本おいて、栄養失調や飢えで死亡していく人が、毎年いるということはどういうことなのであろうか。この新聞記事では、富裕層とは居住用不動産を除く資産額を100万ドル（85百万円）以上保有している階層という条件での評価である。しかし、問題は、居住用不動産であり、ニューヨークのマンハッタンから車で30分も掛からないニュージャージ州の住宅街（ハドスン川を渡った隣町）にある居住用不動産が、敷地100坪から200坪で、建物の建築面積が50坪から100坪で、日本のバブル経済の時期で、７千万円から２億円であるという話を聞いたことがある。その値段は、日本では、都心部から車で１時間（高速道路利用）ほど離れた地域で、敷地60坪から150坪、建物面積が40坪から80坪に相当するようである。日本では、居住用不動産価額が保有財産の主要な部分を占めていることが多いことと、「ウサギ小屋と揶揄」されている日本の居住用不動産を考慮すると「お金持ち人口、日本は２位」を安易に評価して良いということにはならない。ともかく、日本の円は世界で高いというけれど、日本国内において、その購買力はきわめて低いと評価している。食料費と居住費が高いことの影響である。ここにも、為替の不思議な経済現象が隠されている。

ともかく、円の対ドルレートが１円変動することによって、海外取引の多い企業ほど企業利益に与える影響が大きいことになるので、企業経営上、為替対策は重要になっている。ここでは、企業会計上の外貨建取引に関する会計基準に触れていくものとする。

⑵　外貨建取引等会計処理基準の変遷

企業会計審議会の「外貨建取引等会計処理基準の設定について」（昭和57年６月26日）は「外貨建取引等会計処理基準の性格」において、当審議会において「外貨建取引等会計処理基準」をとりまとめるにあたって特に問題になった事項は、次の諸点であるとして、以下の項目を挙げている。

①　決算時の外貨換算に際して、いかなる為替相場を選択・適用すべきかについては、流動・非流動法、貨幣・非貨幣法、テンポラル法、決算日レート法等があるが、これらのうちいずれの方法を採るべきか

②　外貨建取引の発生日から、当該取引に係る外貨建金銭債権債務の決済日に至るまでの間の為替相場の変動による為替差異、すなわち為替換算差額および為替決済損益の処理にあたり、２取引基準および１取引基準のうちいずれの基準を採るべきか

③　為替相場の変動を企業会計上認識するにあたり、当該変動が企業会計

に与えた確定的な影響、すなわち為替決済損益のみを認識する考え方および為替換算差額等当該変動が企業会計に与えている暫定的な影響をも認識する考え方のうち、いずれの考え方を重視すべきか

結論を要約すれば、以下のようにまとめることができる。

① 為替相場を選択・適用について

本店および在外支店の外貨建または外貨表示貨幣項目の換算に関して貨幣・非貨幣法に流動・非流動法を加味した考え方を採択し、また、在外支店の棚卸資産、有形固定資産等の非貨幣項目の換算に関してテンポラル法の考え方を採択し、さらに在外子会社等の外貨表示財務諸表項目の換算に関してテンポラル法の考え方を一部修正したものを採択することとした。

② 外貨建金銭債権債務の決済差異と為替決済損益の処理について

外貨建取引と当該取引から生ずる外貨建金銭債権債務等に係る為替差異の発生は、それぞれの別個のものとして処理するという２取引基準の考え方を採択した。

③ 為替決済損益の認識と為替変動の暫定的な影響の認識について

２つの考え方のうち、後者の立場を採り、為替変動の暫定的な影響をも認識することが妥当であるとの考え方を採択した。

つぎに企業会計審議会の「外貨建取引等会計処理基準の改訂について」（平成７年５月26日）についてであるが、この改訂版における「改訂基準の要点と考え方」によれば、主要な要点は、以下のようにまとめられている。

① ２取引基準の考え方について

外貨建取引の処理基準としては、２取引基準の考え方を踏襲した。取引発生時以前に為替予約等を付することにより決済円貨額が確定している取引については、当該円貨額を付するという処理も現行基準のとおりである。この考え方は、「円建取引」と考えられることによるものである。なお、「２取引基準」の本質は、取引日の為替相場による換算（営業取引）と外貨の決済による取引（財務取引）を区分して処理するという認識にある。

② 外貨建長期金銭債権債務と外貨建短期金銭債権債務の換算について

決算時の換算基準は、現行基準と同様に、外貨建長期金銭債権債務につ

いては取得時または発生時の為替相場、外貨建短期金銭債権債務については決算時の為替相場によることとした。ただし、外貨建長期金銭債権債務に重要な為替差損が生じているときは、決算時の為替相場により換算し、為替差損を認識することとした。

このただし書の取り扱いは、減損認識と同一の思考によるものであり、現行の会計認識としての「資産負債法」と軸を一つにするものである。

③　為替予約の処理法について

為替予約の処理法としては、現行基準のいわゆる振当処理による方法を踏襲した。

その結果、外貨建長期金銭債権債務に係る為替予約については、予約時までの為替相場の変動による為替差損益を含めて期間配分するという現行基準の処理法を踏襲したことになる。

④　通貨オプションと通貨スワップについて

為替相場の変動による損益を減殺する手段である通貨オプション、通貨スワップについても、為替予約に関する現行基準の考え方に沿って、振当処理による方法の枠内で減殺効果を反映させる処理基準を示した。

⑤　外貨建金銭債権と外貨建金銭債務の減殺処理について

外貨建金銭債権と外貨建金銭債務を対応させることにより為替相場の変動による損益を減殺させている場合については、減殺効果を反映させる処理基準を示した。

⑥　デリバティブ取引について

デリバティブ取引自体の会計基準も将来の検討に委ねるという立場から、振当処理で対応できる範囲内で、為替予約その他のデリバティブ取引の処理基準を示すにとどめた。このため、振り当てられないデリバティブ取引の損益は、現行基準と同様に決済基準で認識されることになる。

≪関連用語≫　外貨建取引等会計処理基準（要点）、外貨建取引の税務（換算）、外貨建取引の税務（換算差額の処理）

5-37　外貨建取引等会計処理基準改定の概要

⑴　外貨建資産負債の換算基準の考え方の要点

現在の会計基準となっている平成11年10月22日改訂版である「外貨建取引等会計処理基準の改訂に関する意見書」（企業会計審議会）の「改訂の基本的考え方」によると、「外貨建資産負債の換算基準の考え方」の要点は、以下のようにまとめられている。

外貨建資産負債の換算については、従来、貨幣・非貨幣法に流動・非流動法を加味した考え方を採用してきた。具体的には、決算時において、以下の方法によるものとしている。

① 外貨建短期金銭債権債務は決算時の為替相場によること

② 外貨建長期金銭債権債務は取得時または発生時の為替相場により円換算すること

③ 非貨幣項目については、有価証券に低価基準を適用する場合以外は、決算時において、取引発生時の為替相場を換算替えをしないこと

さらに、今般の現行基準の見直しにおいては、金融商品に係る会計基準の考え方との整合性等を考慮した結果、為替相場の変動を財務諸表に反映させることをより重視する観点から、次のような考え方を採用した。

① 外貨建金銭債権債務については、流動・非流動法による区分は設けずに決算時の為替相場により換算することを原則とすること

② 満期保有目的の債券については、金銭債権との類似性を考慮して、決算時の為替相場により換算し、その換算差額は当期の損益として処理すること

③ 金融商品に係る会計基準において、時価評価を行うこととされている売買目的有価証券やその他有価証券に属する外貨建有価証券に関する換算は、決算時の為替相場を用いること

　この場合、売買目的有価証券の評価差額は当期の損益として処理され、その他有価証券の評価差額は税効果会計を適用した上で資本の部に計上すること

⑵ その他の関連する事項の取り扱い

その他の関連する事項については、以下のように取り扱われることとされている。

① ヘッジ会計について

ヘッジ会計との関係では、現行基準（改訂前基準、以下本項で同様）では、為替予約、通貨先物、通貨スワップおよび通貨オプション（以下「為替予約等」という。）が付されている外貨建金銭債権債務の換算等において、ヘッジの効果を反映する処理が部分的に導入されているが、「ヘッジ会計に関する基準」そのものは、将来の検討課題として先送りされてきた。そして、今般、金融商品に係る会計基準において、ヘッジ会計の基準が整備されたことから、外貨建取引についても、原則的には金融商品に係る会計基準におけるヘッジ会計が適用されることとなった。

② 為替換算調整勘定の処理について

現行基準では、現地通貨による子会社等の資本の増減が認識された場合にのみ、換算後の当該子会社等の資本の増減を認識することとしている。さらに、為替換算調整勘定は子会社等の財務諸表の換算過程で生じるものであることから、為替換算調整勘定を、貸借対照表上、資産の部または負債の部に記載することとしている。

しかし、金融商品に係る会計基準において、その他有価証券に係る評価差額を損益計算書を経由せずに資本の部に直接計上する考え方が導入され、従来の制度上の基本的な考え方が変更になった。その整合性保持の観点から、在外子会社等の資本に係る換算差額についても、損益計算書を経由せずに、貸借対照表の資本の部に直接計上することが可能であると考えることになった。

また、連結財務諸表原則の見直しにより、国際的な会計基準との調和化や財務諸表の比較可能性の確保等の観点から、今般の改定において、為替換算調整勘定は資本の部に計上することとした。

(3) 改訂基準の要点について

平成11年10月22日の改訂版における主要な改訂は、以下のようにまとめられている。

① 外貨建取引に係る取引時の円換算について

外貨建取引に係る取引時の円換算については、当該取引発生時の為替相場により円換算するとの考え方は変更しないが、為替取引が一層自由化された等の経済環境の変化を踏まえ、外貨建取引を外国通貨で記録し、一定期間ごとに円換算する方法も採用することができるようにしたこと

② 外貨建金銭債権債務の決算時円換算について

外貨建金銭債権債務については、短期・長期の区分をせず、決算時の為替相場により円換算し、換算差額は原則として当期の損益として処理することとしたこと

③ 為替予約等と金融商品に係る会計基準の関係について

為替予約等については、金融商品に係る会計基準におけるヘッジ会計の要件を充たす場合には、振当処理を採用することを認めることとしたことから、ヘッジ会計の要件は金融商品に係る会計基準に委ねることとし、現行基準における個別要件を削除したこと

④ 外貨建金銭債権債務の取得時または発生時の円貨額等について

外貨建金銭債権債務の取得時または発生時の円貨額と為替予約等による円貨額との差額の処理については、外貨建金銭債権債務について短期・長期を区別しないことにしたことから、予約時までの為替相場（直々(じきじき)差額）の変動については、予約日の属する事業年度の損益として処理し、残額（直先差額）については期間配分方法に統一したこと

(4) その他の改訂の要点について

① 外貨建有価証券の換算について

外貨建有価証券の換算については、満期保有目的の債券は決算時の為替相場により円換算することとし、換算差額は当期の損益として処理することとしたこと

また、金融商品に係る会計基準により時価評価される有価証券について

は、外国通貨による時価を決算時の為替相場により円換算することとし、評価差額に含まれる換算損益は、原則として、金融商品に係る会計基準における評価差額の処理方法によることとしたこと

ただし、子会社株式および関連会社株式については、従来の換算基準を踏襲し、取得時の為替相場により円換算することとしていること

② デリバティブ取引に係る円換算について

デリバティブ取引により生じる正味の債権および債務等、外国通貨による時価を決算時の為替相場により円換算することとしたこと

③ 在外支店の財務諸表項目の換算について

在外支店の財務諸表項目の換算基準は、平成７年５月の改定においても、それまでの会計基準のテンポラル法の考え方を踏襲したことになっている。この時には、在外支店の財務諸表は個別財務諸表の構成要素となるので、本店の外貨建項目の換算基準と整合していることが必要であるとの判断によるものである。

今回の改訂においては、基本的に従来の考え方を踏襲し、本店と同様の方法によることを原則とした上で特例を認めることを明確にした。この特例においては、本店と同じく取引発生時の為替相場による換算することに代えて、期中平均相場により換算することができるようにしたこと

③ 在外子会社等の財務諸表の換算について

在外子会社等の財務諸表の換算基準については、平成７年５月の改定において、それまでの会計基準を変更し、決算日レート法の考え方を採用している。今回の改訂においては、主として以下の点について改訂している。

ア）資産・負債については、決算時の為替相場による円換算額とする。

イ）資本は親会社による株式の取得時の為替相場による円換算額とする。

ウ）損益項目の円換算額は、期中平均相場によることを原則としつつ、決算時の為替相場によることもできる。

ただし、在外子会社などの財務諸表の換算に決算日レートを適用する方法には、いくつかの形態があることとされている。

≪関連用語≫　外貨建取引（意義）

5-38　外貨建取引等会計処理基準（要点）

現在の会計基準となっている平成11年10月22日改訂版である「外貨建取引等会計処理基準の改訂に関する意見書」（企業会計審議会）の「会計処理基準の要点」は、以下のようにまとめることができる。

(1)　取引発生時の処理

外貨建取引に係る「取引発生時」の会計処理は、以下のようになっている。

①　原則的処理方法

外貨建取引は、原則として、当該取引発生時の為替相場による円換算額をもって記録する。

②　例外的処理方法

ただし、外貨建取引に係る外貨建金銭債権債務と為替予約等との関係が「金融商品に係る会計基準の設定に関する意見書」（以下「金融商品に係る会計基準」という。）における「ヘッジ会計の要件」を充たしている場合には、当該外貨建取引についてヘッジ会計を適用することができる。

なお、外貨建取引とは、売買価額その他取引価額が外国通貨で表示されている取引をいい、国内の製造会社等が商社等を通じて輸出入取引を行う場合であっても、当該輸出入取引によって商社等に生ずる為替差損益を製造会社等が負担する等のため、実質的に取引価額が外国通貨で表示されている取引と見做されるものは、外貨建取引に該当するものとされている。また、外貨建金銭債権債務とは、契約上の債権額もしくは債務額が、外国通貨で表示されている金銭債権債務をいうこととされている。

(2)　決算時の処理

外国通貨、外貨建金銭債権債務、外貨建有価証券および外貨建デリバティブ取引等の金融商品については、決算時において、原則として、次の処理を行う。ただし、外貨建金銭債権債務と為替予約等との関係が金融商品に係る会計基準における「ヘッジ会計の要件」を充たしている場合には、当該外貨建金銭債権債務等についてヘッジ会計を適用することができる。

① 外国通貨

外国通貨については、決算時の為替相場による円換算額を付する。

② 外貨建金銭債権債務（外貨預金を含む。以下同じ。）

外貨建金銭債権債務については、決算時の為替相場による円換算額を付する。ただし、外貨建自社発行社債のうち転換請求期間満了前の転換社債（転換請求の可能性がないと認められるものを除く。）については、発行時の為替相場による円換算額を付する。

外貨建金銭債権債務および外貨建債券について償却原価法を適用する場合における償却額は、外国通貨による償却額を期中平均相場により円換算した額によるものとされている。

③ 外貨建有価証券

ア）満期保有目的の外貨建債券について

満期保有目的の外貨建債券については、決算時の為替相場による円換算額を付する。

イ）売買目的有価証券およびその他有価証券について

売買目的有価証券およびその他有価証券については、外国通貨による時価を決算時の為替相場により円換算した額を付する。

ウ）子会社株式および関連会社株式について

子会社株式および関連会社株式については、取得時の為替相場による円換算額を付する。

エ）外貨建有価証券について

外貨建有価証券について、時価の著しい下落または実質価額の著しい低下により評価額の引き下げが求められる場合には、当該外貨建有価証券の時価または実質価額は、外国通貨による時価もしくは実質価額を決算時の為替相場により円換算した額による。

④ デリバティブ取引等

デリバティブ取引等については、上記の①から③に掲げるもの以外の外貨建ての金融商品の時価評価においては、外国通貨による時価を決算時の為替相場により円換算するものとする。

(3)　換算差額・決済差額の処理

換算差額等の処理については、原則的処理方法と例外的処理方法とがある。

①　原則的処理方法

決算時における換算によって生じた換算差額は、原則として、当期の為替差損益として処理する。

②　例外的処理方法

ただし、有価証券の時価の著しい下落または実質価額の著しい低下により、決算時の為替相場による換算を行ったことによって生じた換算差額は、当期の有価証券の評価損として処理する。

③　金融商品に係る会計基準による処理方法

また、金融商品に係る会計基準による時価評価に係る評価差額に含まれる換算差額については、原則として、当該評価差額に関する処理方法に従うものとする。

④　外貨建金銭債権債務の決済差額の処理方法

外貨建金銭債権債務の決済（外国通貨の円転換を含む。）に伴って生じた損益は、原則として、当期の為替差損益として処理する。

(4)　在外支店・在外子会社の財務諸表項目の換算

在外支店・在外子会社の財務諸表項目の換算は、以下のように定められている。

①　在外支店の財務諸表項目の換算について

在外支店における外貨建取引については、原則として、本店と同様に処理する。

ただし、外国通貨で表示されている在外支店の財務諸表に基づき本支店合併財務諸表を作成する場合には、在外支店の財務諸表について次の方法によることができる。

ア）収益と費用

収益および費用（収益性負債の収益化額および費用性資産の費用化額を除く。）の換算については、期中平均相場によることができる。

イ）在外支店の外国通貨で表示された財務諸表項目の換算

在外支店の外国通貨で表示された財務諸表項目の換算にあたり、非貨幣性項目の額に重要性がない場合には、すべての貸借対照表項目（支店における本店勘定等を除く。）について、決算時の為替相場による円換算額を付する方法を適用することができる。この場合において、損益項目についても決算時の為替相場によることを妨げない。

ところで、本店と異なる方法により換算することによって生じた換算差額は、当期の為替差損益として処理することとされている。

② 在外子会社の財務諸表項目の換算について

連結財務諸表の作成または持分法の適用にあたり、外国にある子会社もしくは関連会社の外国通貨で表示されている財務諸表項目の換算は、次の方法によることとされている。

ア）資産と負債について

資産および負債については決算時の為替相場による円換算額を付する。

イ）資　本

親会社による株式の取得時における資本に属する項目については、株式取得時の為替相場による円換算額を付する。

ウ）収益と費用

収益および費用については、原則として、期中平均相場による円換算を付する。ただし、決算時の為替相場による円換算額を付することを妨げない。なお、親会社との取引による収益および費用の換算については、親会社が換算に用いる為替相場による。この場合に生じる差額は当期の為替差損益として処理する。

エ）換算によって生じた換算差額

換算によって生じた換算差額については、為替換算調整勘定として貸借対照表の資本の部に記載する。

なお、会計制度委員会報告第４号「外貨建取引等の会計処理に関する実務指針」（平成22年１月13日）に、より詳細な取り扱いが定められている。

≪関連用語≫　外貨建取引（意義）

5-39 外貨建取引の税務（換算）

法人税法は、第61条の８に「外貨建取引の換算」に関する規定を設けている。主文（本文中の括弧書部分を省略している。また、読みやすくするために、適当に読点を入れている。）の内容は、以下のとおりである。

法人税法第61条の８（外貨建取引の換算）

第１項　内国法人が、外貨建取引を行つた場合には、当該外貨建取引の金額の円換算額は、当該外貨建取引を行つた時における外国為替の売買相場により換算した金額とする。

第２項　内国法人が先物外国為替契約等により外貨建取引によって取得し、又は発生する資産又は負債の金額の円換算額を確定させた場合において、当該先物外国為替契約等の締結の日においてその旨を財務省令で定めるところにより帳簿書類に記載したときは、当該資産又は負債については、当該円換算額をもつて、前項の規定により換算した金額とする。

法人税法上「外貨建取引」とは、外国通貨で支払いが行われる資産の販売および購入、役務の提供、金銭の貸し付けおよび借り入れ、剰余金の配当、その他の取引をいうものとしている。また、「外貨建取引の円換算額」とは、外国通貨で表示された金額を本邦通貨表示の金額に換算した金額をいうとしている。法第61条の８第１項の定めによると、外貨建取引による円換算額は「取引日もしくは発生時の為替相場」によるものとしている。

さらに、第２項の「先物外国為替契約等」とは、外貨建取引によって取得し、または発生する資産もしくは負債の金額の円換算額を確定させる契約として財務省令で定めるものをいうことになっている。この「財務省令の定め」は、施行規則第27条の10の規定に基づき、同規則第27条の７第１項第６号（先物外国為替取引）にいう外国通貨をもって表示される支払手段または外貨債権の売買契約に基づく債権の発生、変更または消滅に係る取引を、その売買契約の締結の日後、一定の時期に一定の外国為替の売買相場により実行する取引（これを「先物外国為替取引」という。）をいうことになる。

また、同項後半にいう「財務省令の定めによる帳簿書類への記載」とは、同規則第27条の11の規定に基づき、同規則第27条の7第1項第6号（デリバティブ取引の範囲等）に規定する先物外国為替取引に係る契約のうち、資産もしくは負債の決済によって受け取り、または支払う外国通貨の金額の円換算額を確定する契約、もしくは、金融商品取引法に規定するデリバティブ取引に係る契約のうち、その取引の当事者が元本および利息として定めた外国通貨の金額について、その当事者間で取り決めた外国為替の売買相場に基づき金銭の支払いを相互に約する取引に係る契約とすることとされている。

外貨建取引において、円換算する場合の為替相場については、法人税法基本通達13の2－1－2（外貨建取引及び発生時換算法の円換算）によると、法第61条の8第1項（外貨建取引の換算）および法第61条の9第1項第1号イ《発生時換算法の意義》の規定に基づく円換算は、その取引日における対顧客直物電信売相場と対顧客直物電信買相場の仲値（以下「電信売買相場の仲値」という。）によるものとされている。ただし、継続適用を条件として、売上その他の収益または資産については取引日の電信買相場、仕入その他の費用または負債については取引日の電信売相場によることができることとされている。

企業は、一般的に原価管理と作業の簡便化のために「為替相場の管理価格（平均レート）」を用いている。その場合の措置については、同通達13の2－1－10（外貨建てで購入した原材料の受入差額）に定めがある。法人が、外貨建てで購入した原材料についての仕入価額の換算を社内レートによって行っているなど、通達13の2－1－2（外貨建取引及び発生時換算法の円価額）および13の2－1－4（多通貨会計を採用している場合の外貨建取引の換算）に定める方法によって行っていない場合には、同2－1－2もしくは2－1－4（先物外国為替契約等によって円換算額が確定しないもの）に定める方法によって換算した金額と当該法人が計上した金額との差額は、原材料受入差額に該当するものとしている。そして、この受入差額については、5－3－8（原材料受入差額の処理の簡便計算方法）を適用することができるものとされている。

≪関連用語≫　外貨建取引（意義）、外貨建取引等会計処理基準（要点）、外貨建取引の税務（換算差額の処理）

5-40 外貨建取引の税務（換算差額の処理）

法人税法は、第61条の9に「外貨建取引の換算差額の処理」に関する規定を設けている。その内容は、以下のとおりである。

> 法人税法第61条の９（外貨建資産等の期末換算差益又は期末換算差損の益金又は損金算入等）
>
> 第１項　内国法人が、事業年度終了の時において、次に掲げる資産及び負債（以下「外貨建資産等」という。）を有する場合には、その時における当該外貨建資産等の金額の円換算額は、当該外貨建資産等の次の各号に掲げる区分に応じ、当該各号に定める方法により換算した金額とする。
>
> ①　外貨建債権及び外貨建債務　イ又はロに掲げる方法
>
> イ　発生時換算法（本文省略）
>
> ロ　期末時換算法（本文省略）
>
> ②　外貨建有価証券　次に掲げる有価証券の区分に応じそれぞれ次に定める方法
>
> イ　第61条の３第１項第１号（売買目的有価証券の評価益又は評価損の益金又は損金算入等）に規定する売買目的有価証券
> 期末時換算法
>
> ロ　第61条の３第１項第２号に規定する売買目的外有価証券（償還期限及び償還金額の定めのあるものに限る。）
> 発生時換算法又は期末時換算法
>
> ハ　イ及びロに掲げる有価証券以外の有価証券
> 発生時換算法
>
> ③　外貨預金　　　発生時換算法又は期末時換算法
>
> ④　外国通貨　　　期末時換算法

ここでは、夫々（それぞれ）の項目に対して、具体的な換算基準を定めている。

そして、同条第２項において、換算差額の益金もしくは損金への算入に関する規定を以下のように定めている。

同法第61条の９

第２項　内国法人が、事業年度終了の時において外貨建資産等を有する場合には、当該外貨建資産等の金額を、期末時換算法により換算した金額と当該外貨建資産等のその時の帳簿価額との差額に相当する金額（これを「為替換算差額」という。）は、当該事業年度の所得の金額の計算上、益金の額又は損金の額に算入する。

なお、ここにいう「外貨建資産等」の内容もしくはその範囲は、期末時換算法により円換算額に換算するものに限られている。

以上の次項に関連する内容として、施行令に以下の定めがおかれている。

①　施行令第122条の３（外国為替の売買相場が著しく変動した場合の外貨建資産等の期末換算）について

内国法人が、事業年度終了の時において有する外貨建資産等につき、当該事業年度において、その外貨建資産等に係る外国為替の売買相場が著しく変動した場合には、その外貨建資産等と通貨の種類を同じくする外貨建資産等のうち外国為替の売買相場が著しく変動したもののすべてにつき、これらの取得または発生の基因となった外貨建取引を当該事業年度終了の時において行ったものとみなして、既に触れたところから明らかになっている法第61条の８第１項（外貨建取引の換算）および第61条の９第１項（外貨建資産等の期末換算）の規定を適用することができる。

この「為替相場の著しい変動があった場合」の措置に関連して、基本通達13の２－２－10（為替相場の著しい変動があった場合の外貨建資産等の換算）がある。そこでは、事業年度終了の時において有する個々の外貨建資産等につき著しい変動があった場合とは、変動幅がおおむね15％に相当する場合である。15％相当以上の変動があるときは、施行令第122条の３に規定する「外国為替の売買相場が著しく変動した場合」に該当するものとして、当該外貨建資産等の額につき同条の規定に基づく円換算を行うことができる。

②　第122条の４（外貨建資産等の期末換算方法の選定の方法）について

内国法人が、事業年度終了の時において有する法第61条の9第１項（外貨建資産等の期末換算）に規定する外貨建資産等の金額を円換算額に換算する方法は、その外国通貨の種類ごとに、かつ、外貨建資産等の区分ごとに選定しなければならない。この場合において、２以上の事業所を有する内国法人は、事業所ごとに換算の方法を選定することができる。

③　第122条の５（外貨建資産等の期末換算の方法の選定の手続）について　―ここでは所轄税務署長への提出書類のことが定められている。―

内国法人は、外貨建資産等の取得をした場合には、その取得をした日の属する事業年度の規定による申告書の提出期限までに、その外貨建資産等と外国通貨の種類および前条各号に掲げる区分を同じくする外貨建資産等につき、法第61条の９第１項第１号イおよびロ（外貨建資産等の期末換算方法）に掲げる方法のうち、そのよるべき方法を書面により納税地の所管税務署長に届け出なければならない。

また、基本通達13の２－２－４（発生時換算法－期末時換算による換算差額を純資産の部に計上している場合の取扱い）があり、事業年度終了の時に有する法第61条の９第１項第２号ロ及びハ《外貨建資産等の換算額》に規定する有価証券について、期末時における為替相場により換算した金額をもって当該有価証券の当該期末時における円換算額とし、かつ、当該換算によって生じた換算差額の金額の全額をいわゆる洗替方式により純資産の部に計上している場合の当該換算の方法は、発生時換算法として取り扱うとしている。

さらに通達13の２－２－５（期末時換算法－事業年度終了の時における為替相場）では、法人が、期末時換算法により円換算を行う場合（法第61条の８第２項《先物外国為替契約等により円換算額を確定させた外貨建取引の換算》の規定の適用を受ける場合を除く。）の為替相場は、事業年度終了の日の電信売買相場の仲値による。ただし、継続適用を条件として、外国通貨の種類の異なるごとに当該外国通貨に係る外貨建資産等のすべてについて、外貨建ての資産については電信買相場により、外貨建ての負債については電信売相場によることができることとされている。

≪関連用語≫　外貨建取引（意義）、外貨建取引等会計処理基準（要点）、外貨建取引の税務（換算）

索　引

【B】
BRICS …… *12*

【E】
EU …… *91*

【F】
FASB …… *502*

【G】
G20 …… *8*
GDP …… *5, 100, 182, 184*
GPIF …… *8*

【I】
IMF …… *10, 182, 184*
IFRS …… *477*

【N】
NTT …… *231*

【O】
OECD …… *14, 100*

【P】
PIGS …… *186*

【あ】
青色欠損金 …… *212*
青色欠損金の繰越還付 …… *257*
青色欠損金の繰越控除制度 …… *251*
納付税額減額見込額 …… *212*
青色申告書 …… *73, 251*
青色申告承認取消処分 …… *268*
青色申告承認の取消し …… *267*
青色申告書提出法人 …… *464*
青色申告制度 …… *73, 137, 145, 251*
青色申告法人 …… *221, 463*
アカウンタビリティ …… *107*
アスベスト …… *506*
圧縮記帳の制度 …… *524*
圧縮限度額 …… *533*
後入先出法 …… *325*
アドバンス・ルーリング …… *88*
アメリカ経済 …… *502*
アメリカ司法当局 …… *173*
洗替え法 …… *331*
洗替方式 …… *356, 512, 572, 412*
洗替方式（洗替え法） …… *421*
安全性の原則 …… *320, 412*

【い】
EU加盟国の財政赤字 …… *187*
異議申立 …… *127*
異議申立期間 …… *128*
異議申立書 …… *130*
イギリス領ケイマン諸島 …… *269*
意見聴取 …… *101*
委託者の意思 …… *102*
委託販売 …… *350*
一時差異 …… *209, 210, 211*
一時所得 …… *443*
１取引基準 …… *557*
一律税率 …… *156*
一括償却資産 …… *385*
一括評価金銭債権 …… *465, 512*
一括評価方式 …… *465*

一括比例配分方式 134
1世帯当たりの平均所得 189
一般消費税 93, 95
一般信書便事業者 127, 129
移転価格事務運営要領 89
移転価格税制 68, 88
移動平均法 323, 406
委任 106
委任者 109
稲 3, 39
インサイダー取引 171
印紙税 168
印紙法 169

【う】
受取配当等の益金不算入制度 274
受取配当等の益金不算入 207
受取配当金（売買目的有価証券運用損益） 431
裏保証 482
売上税 93
売上値引高 362
売上割戻高 362
売掛金基準 478
運行距離比例法 382
運用損失 8

【え】
永久差異 209
永久否認項目 516
営業取引 558
永続企業体 460
永続的活動体 461
益金 207
益金の額 65
FX取引 266
延滞金 158, 160
延滞税 158
円建取引 558
エンロン事件 447

【お】
応益課税 70
欧州委員会 173
応能課税 70
応能負担の原則 54, 70, 155, 235
大阪国税不服審判所 116
オーストラリア 7, 87
大手都市銀行 429
オペレーティング・リース 546, 547
オペレーティング・リース取引 544
親会社株主説 230
親会社説 230
親子会社間の取引 228

【か】
海外移転 83
海外進出 91
海外進出企業 153
外貨建金銭債権債務 557, 565
外貨建短期金銭債権債務 558
外貨建長期金銭債権債務 558
外貨建取引 564, 568
外貨建取引等会計処理基準 557
外貨建取引の円換算額 568
外貨建有価証券 565
外貨の決済による取引 558
会計監査人 59
会計監査人監査 244
会計監査人の監査 57
会計監査人の監査制度 57, 59
会計監査人の監査報告書 47
会計間の繰入 99
会計期間 205
会計計算 71
会計検査院 47, 48
会計検査院の検査対象 47
会計検査院の独立性 47
会計検査院法 47
会計行為 512
会計事務 63
外形標準課税 235
外国為替証拠金取引 266
外国金融商品市場 426
外国子会社 286
外国子会社配当益金不算入制度 286, 274

外国市場デリバティブ取引 420, 426
外国税額控除制度 240, 286
外国通貨 565
概算経費控除制度 272
会社法 47, 59
回収可能性 320
回収期限到来日基準 355
回収期限の到来の日 353
回収基準 353, 355
回収不能見込額 465
改定取得価額 331
価格 369
価格公表者 417
価格調整金 90
下級行政庁 149
閣議決定 9
各事業年度の所得の金額 206
確定所得申告書 111
確定申告書 48, 64, 73, 246
確定申告書の提出期限 116
確定申告書の提出期限の延長 113
確定申告書の提出期限の延長の特例 113
確定申告書（法人税） 111
確定損失申告書 111, 112, 115
確定納付 54, 58, 247
学力低下 14
家計 8
加工費配賦差異 349
過去勤務債務 494, 495
加算（税務会計上非損金処理） 516
貸し渋り 429
貸倒実績率 465
貸倒準備金 463
貸倒損失 472
貸倒引当金 462
貸倒引当金の繰入限度額 465
貸倒引当金繰入相当額 464
貸出金残高 11
貸出金の不良債権化 11
貸し手（レッサー） 544
貸し剥がし 429
加重移動平均法 323, 406
加重総平均法 323
過少申告加算税 142, 161, 165, 444
過少申告加算税賦課決定処分 269
課税客体 179, 206
課税権 3
課税事業者選択の届出書 109
課税所得 64, 206, 209
課税庁 101
課税逃避行為 80
課税逃れ商品取引 80
課税の繰延 77, 525
課税標準 261
課税標準額 134
課税標準申告書 141
課税要件 3, 37
課税要件法定主義 4, 37
過怠税 168
価値移転的減価 371
価値増殖機能 369
課徴金 170
課徴金の納付命令勧告 171
割賦売上繰延利益 356
割賦売上繰延利益戻入額 356
割賦売買 546
割賦販売 352, 353
割賦販売契約 279
割賦販売収益 355
割賦販売類似行為 547
割賦利益の繰延方法 550
過年度損益修正益 453
株価下落 10
株式移転完全親法人 414
株式移転完全子法人 414
株式会社 106
株式交換完全親会社 410
株式交換完全親法人 414
株式交換完全子法人 410, 414
株式交換取引 410
株式等無償交付 409
株式の購入意欲 13
株式の消去手続 402
株式の持合 10
株主資本 436, 437
株主総会召集通知書 59

株主総会の決議……64
株主代表訴訟……174
貨幣・非貨幣法……557, 560
仮決算方式……243
借り手（レッシー）……544
科料……171
為替換算調整勘定……561
為替換算差額……557, 571
為替決済損益……558
為替決済損益の処理……557
為替差異……557
簡易書留郵便……128
環境破壊……401
関係者の協議決定……472
関係法人株式等……276
監査業務……61
監査法人……59, 60, 171, 230
慣習法……149
関税……37
間接外国税額控除制度……274, 286
間接消費税……95
間接税……94
間接方式……524
完全子会社……410
完全支配関係……194
官尊民卑……36
還付加算金……126, 157, 475
還付金等の益金不算入……207
還付金等の益金不算入制度……290
還付所得事業年度……257
還付請求申告書……161
簡便調整方法……349

【き】

機会損失（免失利益）……429
期間差異……211
期間利益の計算……72, 460
企業会計……207
企業会計原則……314
企業会計審議会……228, 230
企業会計上の利益……209
企業収益の帰属……66
企業審議会……209
企業年金資産の運用実績……500
企業年金制度……494
企業年金問題……504
企業の海外流出……189
企業の経営成績……460
期限後申告……112, 115, 116
期限後申告書……115, 116, 117, 130, 140, 158, 163, 246
期限内申告……111, 253
期限内申告書……111, 115, 117, 118, 126, 130, 158, 161, 246
基準交際費額……301
基準財政収入額……180, 181
基準財政需要額……180, 181
基準年度方式……280
基準割歩合……58
帰属期間の決定……365
帰属の決定基準……71
基礎的財政収支黒字の達成……9
基礎的財政収支の黒字化……5
基礎的財政収支……94
期待運用収益……496
記帳代行契約……108
記帳代理業務……464
機能的減価……371, 399
寄附金……90, 295
寄附金の損金不算入……207
規模別定額控除制度……303
基本税率……156
基本的人権……40
期末金銭債権個別評価方式……465
期末時換算法……570
期末棚卸資産……320
期末要支給額計上方式……490
義務確定主義……66
逆進性……70, 96
キャシュ・フロー計算書……209
キャピタル減税……273
救済措置……142, 144
旧生産高比例法……379
旧定額法……377
旧定率法……378
旧日本興業銀行……473

給与所得 443
教育関係の家計負担 14
教育投資 13
（狭義）引渡基準 345
供給過剰 11
共済年金の時価 8
行政上の制裁 117
行政水準 179
行政先例法 149
強制低価法 328
行政の執行 182
業績貢献報酬としての新株予約権 447
業績連動型報酬 480
業務委託契約 109
業務執行取締役 106
業務主宰役員 219, 226
業務主宰役員関連者 219, 226
業務主宰役員給与の損金不算入制度 222
業務停止処分 173
業務費用計算書 184
橋梁の構造 7
巨額税務紛争 475
ギリシャ 5
ギリシャ危機 5, 8
ギリシャの過剰債務 186
切放し法 331
均一税率課税制度 272
金庫株 434
金銭による納付 38
勤務費用 495
金融機関支援対策 430
金融資産 411
金融商品市場 425
金融商品取引所 417
金融商品取引法 43, 403, 412, 419, 420
金融庁 171, 403
金融負債 411
金利変動損失額 421
勤労意欲低下 14

【く】

狭義の親会社説 230
口別法 321
国 114, 297
国の財政 35
国の財政問題 93
国の借金 184
国別限度額計算方式 240
倉荷証券 402
繰越欠損金 212
繰越控除 251
繰越控除限度額 241
繰越控除対象外国法人税額 241
繰延経理 365
繰延資産 365
繰延収益 365
繰延収益（長期繰延収益） 368
繰延税金資産 211
繰延税金負債 211, 288
繰延ヘッジ処理 421, 423
繰延法 211
繰戻還付停止措置 258

【け】

経営成績 210
景気対策 9
経済回復 6
経済協力開発機構 154
経済協力開発機構（OECD） 100
経済財政運営の基本方針 100
経済財政諮問会議 5
経済財政白書 12
経済産業省 189, 219
経済成長の確保 8
経済的果実 67
経済的減価 371
経済的事業体（利益追求型事業体） 461
経済的損失額 12
経済的単一体説 230
計算書類 59
経費控除売却価額 340
経費差額 349
経費の二重控除 219
ケイマン諸島 80
契約日 408
契約日基準 355

決済取引 423
決算日レート法 557
決算収支の報告 205
決算手続きの簡素化 244
決算の確定 64
決算確定主義 64
欠損金の繰越控除 257
欠損金の繰越控除不適用制度 252
欠損事業年度 257
決定 125, 140, 265
決定通知書 125, 126, 140
限界税率 155, 272
原価基準法 84, 97
原価基準（原価法） 319
減額更正 104, 105
原価計算基準 348
原価差異 348
原価差額 348
原価差額（原価差異） 349
原価時価比較低価基準 320
減価償却 365, 370
減価償却計算 71
減価償却資産 383
減価償却資産の取得価額 372, 375
減価償却資産の法定償却方法 374
減価償却方法 370
原価の率 325
原価比例法 360
原価法 321, 415
現価方式 490
現金主義 71
現金主義会計 65, 71, 72
現金同等物 345
現金等価物 71
現金等価物の収支 365
現金の収支 71, 72
現金の収納 99
現金割引高 362
権限の移譲 107
現在価額 319
原材料受入差額 569
検査の特徴 47
減算（税務会計上損金認容処理） 516
現実数値 425
現状回復費用 506
原状復帰費用 390
現処分の取消訴訟 127
原子力発電施設 509
原子力発電施設解体引当金 510
建設会社疑惑事件 312
建設中の利子 279
源泉所得税 159, 165
源泉所得税の滞納額 159
源泉徴収義務者 87
源泉徴収税額 237
原則課税方式 109
原則損金認容 304
原則損金不算入 304
原則的経理方法 528
原則的処理方法 564, 566
減損会計 370, 430
限度超過額の損金不算入制度 295
憲法 36, 38
権利確定主義 66
権利確定条件 450

【こ】

公益財団法人 296
公益事業 67
公開会社 448
高額所得者 96
高額役員報酬 447
高株価維持経営 447
交換価値 369
交換差益金 538
交換取得資産 542
鉱業用減価償却資産の取得価額 379
航空機リース事件 269, 272
交際費課税 301
交際費等の損金不算入 207
工事完成基準 357, 360
工事契約新会計基準 361
工事収益率 357, 360
工事進行基準 357, 359
工事損失引当金 359
控除対象外国法人税の額 241

高水準にある国債発行残高の縮減 8
更正 74, 125, 133, 136, 140, 145, 162, 265
更生計画認可の決定 472, 580
公正価値 320
更正処分 79
更正請求期限 104
公正妥当な会計方法 208
国税庁長官 194
更正通知書 125, 126, 136, 140
公正な会計方法 207
公正な評価額 499
厚生年金 8
更正の請求 104, 126, 132, 133, 145
更正の請求書 130
更正の請求書の提出期限 133
厚生労働省 189
功績報償説 489
高速道路会社 7
公租公課 178
交通反則金 172
公的債務残高の国内総生産（GDP）比率 184
公的資金 429
高度高齢化社会 14
購入価額 319
公認会計士 59, 60, 230
日本公認会計士協会 312
公認会計士の業務 60
公認会計士法 60
購買意欲 13
購買市場 332, 340
合法性行為（節税） 77
小売棚卸法 335
公立の小中学校の校舎 7
高齢化社会 9
高齢者家族の貯蓄 9
コール・オプション 440
国外移転所得金額 83
国外関連者 83, 90
国外関連取引 83, 97, 98
国債依存度 9
国際競争力 91
国債債務残高 10
国際財務報告基準 477
国債残高 94
国際通貨基金（IMF） 10, 182, 184
国際的二重課税の回避 87
国債の低金利 9
国際法 87
国債保有額 11
国税 91
国税局 79
国税５税の一定割合 181
国税庁 88, 92
国税徴収法 41
国税庁の事務運営指針 116
国税通則法 41, 42, 43, 56, 68, 75, 104, 111, 118, 125, 130, 141
国税通則法施行令 117
国税の滞納残高 159
国税不服審判所 142
国税不服審判所制度 40
国土交通省 7
国内源泉所得 87, 193, 203
国内総生産（GDP） 100
国内総生産（GDP）比率 182
国内投資家 9
国富 14
国民（個人）保有資金 12
国民主権主義 38
国民生活基礎調査 189
国民年金 8
国民の意思 4, 36
国民の同意 9
国民一人当たりの政府債務残高 13
穀物 3, 39
穀物の茎 3, 39
古事記 39
50％取替法 381
個人県民税 45
個人事業者 113
個人所得課税の見直し 151
国家 99
国会 47
国会議員 36
国会答弁 36

国会の議決……3, 35
国家運営の基礎財源……3
国家運営の財源……35
国家間の取り決め……204
国家行政組織法……149
国家公務員……8
国家財政……10, 12, 83
国家財政の赤字対策……10
国家財政の改善……13
国家最大の戦略……14
国家戦略……13
国家戦略の要……13
国庫補助金等……524
国庫補助金制度……525
固定資産……71, 318
固定資産圧縮損相当額……525
固定資産税……38, 44, 387
固定資本（設備資産）……369
固定資本の価値移転……370
固定資産の本質……370
固定相場制……556
５分の５乗方式……155
個別財務諸表……210, 228
個別財務諸表基準性の原則……228
個別消費税……95
個別対応方式……134
個別評価金銭債権……465, 468, 512
個別法……321
雇用機会の輸出……153

【さ】

災害損失欠損金額……253
財貨の使用価値……369
祭祀……39
債権確定主義……66, 355
財源規制……434
債権・債務確定主義……66
債権・債務確定主義会計……71
債権者保護……427
債権償却特別勘定……464
財源の確保……182
再更正……141, 265
最高税率……151
財産目録……525
最終仕入原価法……342
歳出……5
歳出改革の重要性……6
歳出決算額……9
財政……4, 35
財政赤字の膨張……187
財政運営の基本……100
財政改革……6
再生計画認可の決定……472, 579
財政再建……94
財政再建目標……5
財政支出……9
財政収入……181
財政出動……6
財政需要……181
財政状態……71, 210
財政処理の要件……3, 35
財政政策……94
財政制度審議会……6
財政措置……6
財政の健全化……94, 99
財政の健全性……5
財政の原則……5
財政法……5, 35, 99
財政力の格差……179
再調達原価……340
最低資本金制度……427
最低税率……151
歳入……5
裁判所……149
再販売価格……97
再販売価格基準法……84, 97
再評価積立金……302
財務会計審議会（FASB）……502
債務確定主義……66
債務残高……94
債務残高の国内総生産に対する比率……5
財務省……9, 184
財務諸表……460
財務書類の調製……61
財務取引……558
財務に関する情報提供機能……460

債務不履行 186
債務保証引当金 481
材料受入価格差異 348, 349
材料消費価格差異 349
材料費差額 349
材料副費配賦差異 349
債務超過 184
差益の率 325
差益割合 539
先入先出法 322
先物外国為替契約等 568
先物外国為替取引 420, 568
サブプライムローン 12
サブプライムローン事件 273
参院内閣委員会 307
3ヵ年の均等額償却 385
参議院選挙 6
債権者集会の協議決定 472
残存価額（10％相当額） 377
残存勤務期間 495
三洋証券 428

【し】

G20サミット 9
GNP型附加価値税 95
GM問題 503
仕入税額控除の計算方法 134
仕入値引高 362, 363
仕入割戻高 362, 363
時価 340
時価会計 320
時価基準（時価法） 319
時価発行増資額（発行価格） 427
時価評価主義 333
時価法 333
直先差額 562
直々差額 562
支給対象期間基準 486
支給倍率加味方式 490
事業構造改善引当金 488
事業再構築（リストラ） 488
事業所税 46, 55
事業税額 153
事業税の納付義務者等 261
事業税の賦課徴収 53
事業年度 205
事業報告（書） 448
事業用資産 387
仕切精算書（売上計算書） 350
資金の使途 182
資金の滞留 11
資金の調達 182
時限立法 301
事項要求 182
自己株式 402, 434
自己株式処分差益 431, 435
自己株式処分差額 435
自己株式処分差損 436
自己株式取引 436
自己株式売却損益 436
事後監査 59
自己資本の減少 10
自己申告 145
自己都合基準 491
自己の製作に係るソフトウエアの取得価額 376
資産課税 95
資産効果 13
資産除去債務 506, 513
資産除去債務の帳簿価額 507
資産割額 55
資産投資利回りの極大化 390
資産の譲渡等損失額の損金不適用制度 252
資産の評価益 314
資産の評価損 316
資産負債重視思考会計 320
資産負債法 211, 559
資産負債法「財産法」 326
自社株式オプション 440
支出 5
支出交際費額 301
市場価格の平均価額 412
市場価額の変動 332
市場デリバティブ取引 420, 425
市場取引 434

事前確認制度…… 88, 92
事前確認の申出期限…… 89
事前監査…… 59
七年戦争…… 169
実現基準…… 345
実現主義…… 345
実現主義の原則…… 314
実効税率…… 91, 153
実効税率の高さ…… 154
実際運用収益超過額…… 497
実際原価計算制度…… 348, 349
実質課税の原則…… 67, 69, 77, 214
実質所得者課税の原則…… 67, 214
実績割合方式…… 280
実地棚卸法…… 334
実地調査…… 265
質問調査権…… 145
指定寄附金…… 295, 297
指定した会計期間…… 205
四道将軍…… 39
使途秘匿金…… 311
使途不明金…… 311
その他価格公表有価証券…… 417
支配関係…… 213
支配者階級…… 39
支配従属関係…… 228
支払承諾見返…… 482
支払利子…… 279
司法取引…… 173
資本金…… 302, 427, 430
資本金減少差益…… 428
資本金の減少取引…… 402
資本（固定資産）…… 369
資本的支出…… 525, 388
資本準備金…… 427, 430
資本準備金減少差益…… 428
資本積立金…… 302
資本的支出…… 525, 388
資本的支出と修繕費…… 388
資本的取引…… 388
資本取引…… 436
資本の価値…… 369
資本の純輸出国…… 272
資本の投下（経済的犠牲）…… 461
資本の払い戻し…… 434
資本割…… 52
資本割額…… 70
資本割額課税事業者…… 53
事務リスクの管理体制…… 107
使命と職責…… 60
シャウプ勧告…… 73, 251
シャウプ税制調査使節団…… 179
社会的要請…… 180
社会保険診療報酬…… 272
社会保険料…… 159
社会保障…… 190
社会保障費…… 11
社会保障費関連予算…… 8
社会保障費の傾向的増大…… 14
社長交際費…… 311
収益移転行為…… 68
収益事業…… 67
収益税…… 38
収益的取引…… 388
収益認識…… 477
収益認識の基準…… 315
収益費用法…… 211
収益費用法「損益法」…… 326
収穫物…… 39
重加算税…… 166
従業員の不正発見…… 108
従業員持株会…… 434
従業員割額…… 55
就業規則…… 491
収支均衡の維持…… 5, 99
修正申告…… 125
修正申告書…… 74, 125, 126, 130, 133, 136, 158, 161, 163
修正申告の効力…… 126
住宅金融専門会社…… 473
住宅ローン減税…… 6
収入…… 5
収入・支出…… 5
収入割…… 52
重複課税…… 274
重要性の原則…… 228

収用等 539
受益者 533
需給ギャップ ,12
受給者保護 505
宿泊税 45
取得価額 319
取得経費 319
取得原価主義会計 315, 319, 329
受任者による報告 106
受任者の注意義務 106
需要と供給のギャップ
（需給ギャップ） 11
純資産の部 435
純取得価額 524
純粋の差金取引 425
準備金 483
少額重要資産 383
少額多量資産 383
少額の減価償却資産 79, 383
少額の減価償却資産の取得価額 79
消化仕入取引 350
使用価値 369
使用可能期間（耐用年数） 383
償還有価証券 415
償却原価法 411, 565
償却資産 387
償却資産税 387
償却費 66
上級行政庁 149
条件付債務 489
証券投資信託の収益の分配金 274
証券取引所 59
証券取引所法 403
証券取引等監視委員会 170
証券取引法 59, 230, 403
証券法 403
少子高齢化社会 11, 500
使用収益の権利 345
上場会社 81
少数株主持分 230
使用済燃料再処理等準備引当金 510
使用済燃料再処理等引当金 510
譲渡性預金証書 402
譲渡差益 543
試用販売 351
消費課税 95
消費型附加価値税 95
消費税 43, 93
消費税申告書 116
消費税増税提言 6
消費税の滞納額 159
消費税法 93, 113
消費税率 5, 6, 9, 95, 153
消費譲与税 150
商品資本（棚卸資産） 369
商法の資本充実の原則 430
正味売却価額 340
証明業務 61
条約 204
賞与引当金 512
将来加算一時差異 210, 508
将来減算一時差異 210, 508
将来時価 319
将来支給額予測方式 490
将来収益の現在割引価値 369
条例 49
昭和憲法 35
昭和天皇 35
職業専門家 60, 62, 106, 107, 108
職務執行の対価 480
植林費の損金算入の特例 401
職権更正 104
所得 206
所得移転 91
所得移転効果 429
所得獲得能力の低下 190
所得課税 54, 95, 96, 235
所得型附加価値税 95
所得税 38, 43, 111
所得税額の控除 236
所得税租税条約 87
所得税法 74, 111, 137
所得の金額 65
所得割 52
所得割額 70
所得割額課税事業者 53

書面検査……48
書面添付制度……101, 145
書面調査……265
書面添付……101
書面添付制度……101, 145
所有期間按分方式……237
所有権移転外ファイナンス・リース取引……545, 547
所有権移転ファイナンス・リース取引……544, 547
将来キャシュ・フローの現在割引価値額……319
書類の送達……127, 129
私立学校教職員……8
新株予約権……439, 447
新株予約権付社債……415
新株予約権戻入益……453
新規国債発行額……182
人権の尊重……40
新憲法……3, 35
申告調整……488, 512
申告納税制度……38, 75, 76, 115
申告納税方式……111, 118
申告納税方式と納税義務……75
申告漏れ所得金額……85
審査請求……127, 142
審査請求書……130
審査担当官……142
信書便……127, 129
親族……213
親族の範囲……213
信用取引……71, 418, 419, 425
森林所有者……401
森林施業計画（公益的機能別森林施業）……401

【す】

推計課税……73, 74, 137
推計課税の排除……137
水源環境税……45
推定価格方式（仮称）……98
垂仁天皇……39
枢密顧問……3
数理計算上の差異……494, 496
崇神天皇……39
ストック・オプション……439, 440
ストック・オプション制度……434
スロット・マシーン……7

【せ】

税額控除限度額……401
生活必需品……96
生活保護家庭……9
生活保障説……489
税金……3, 39
税金の納付者……12
税効果会計……207, 209, 210, 211, 315, 422, 508
税効果会計の計算方法……211
政策経費……6
生産増強……13
生産高比例法……379
生産力（収益獲得能力）……369
政治的判断の産物……427
政治不信……182
脆弱な国家財政……93
税収確保……83
税収の減少……12
税制改革法……150
税制調査会……221
税制調査会第二次答申……68
租税の二大原則……38
製造間接費配賦差異……349
税引前当期純利益……207, 211
政府税制調査会……189
税負担の軽減……189
政府による説明責任……6
税務会計……207, 209
税務会計の企業会計への浸蝕……492
税務行政……101, 149
税務業務……63
税務計算……209
税務上の繰越欠損金……212
税務署の調査……133
税務代理業務……63, 116
税務調査……136, 140, 142, 145, 265, 311

税務調査官……142, 144, 146, 149
税務調査官の判断……142
税務調査実施権……145
税務申告書……47
税理士……4, 62, 101, 104
税理士業務……96, 108, 134
税理士事務所……4
税理士職業賠償責任保険……110
税理士職業賠償責任保険制度……108
税理士に対する損害賠償請求……105
税理士の職責……104
税理士の善管注意義務違反……108, 133
税理士の損害賠償請求訴訟事件……109
税理士の賠償責任……133, 134
税理士法……62, 101
税率……155, 211
セール・アンド・リースバック取引……554
節税……77
節税行為……78
節税対策……40
絶対的差異……209
全額洗替方式……476, 463
全額損金不算入……304
善管注意義務……106, 107
前事業年度の実績方式……243
全世界一括限度額計算方式……240
全世界金融不況……501
全世界所得課税……286
全世界所得課税方式……286
選択権付債券売買……420
専担者売買有価証券……413
前年度支給実績額……487
船舶リース事業……269
全部連結方式……230

【そ】

租……3
総合意見……47
相互協議……88
相互銀行法……482
総資産按分方式……280
増収効果……9
相続税……38
相続税減額の嘆願書……105
相続税申告書……105
相続税租税条約……87
相続税の申告書……114
相続税法……114
相対的差異……209
総平均法……322
総務大臣……180
測定の尺度……72, 365
訴訟事件……79, 85
訴訟制度……40
訴訟代理人……63
租税……3, 5, 35, 39, 62, 99, 179
租税回避……92
租税回避行為……67, 77, 78
租税回避資金……80
租税回避地……80
租税条約……87
租税特別措置法……88, 148, 206, 301, 399
租税の公平性、透明性……67
租税平等の原則……40
租税負担能力の原則……70
租税法……40
租税法の表現……4
租税法律主義……4, 37, 40, 147, 149
租税法律主義の例外……37
租税法律不遡及の原則……147
その他有価証券……412
損益計算書……64, 209
損益通算……77, 147
損害賠償……105
損害賠償金……175
損害賠償請求……4
損害賠償請求事件……108
税務賠償保険……4
損金……58, 159, 208
損金経理……64, 66
損金算入限度超過額……210
損金の額……65
損金不算入……170

【た】

第一種事業……53

第一種所得税……193
代替資産……534, 539
代替的経理方法……528
大規模企業……107
大規模法人……70
大光相互銀行……482
対顧客直物電信売相場……569
対顧客直物電信買相場……569
第三者対抗要件……345
第三種事業……53
貸借対照表……64, 209
貸借対照表計上能力……212
貸借対照表項目重視思考……326
退職一時金……495
退職給付……494
退職給付会計……494
退職給付金……489, 494
退職給付金制度……489
退職給付金の支給方法……495
退職給付金の性格……489
退職給付債務……495, 513
退職給付債務の満額計上……499
退職給付に係る債務……499
退職給付に係る調整額……505
退職給付の積立方法……495
退職給付引当金……497
退職給付見込額……495
退職給与規程……491
退職給与引当金……489
退職金共済掛金の損金算入制度……492
退職金共済契約……492
退職金の性格……489
退職年金……495
耐震化率……7
第二種事業……53
第二地方銀行……429
滞納処分費……178
耐用年数……371
大和銀行ニューヨーク支店……173
大和銀行ニューヨーク支店事件……107
多段階消費税……95
多段階方式……155
タックス・シェルター……80
タックスヘイブン……80
脱税……40, 77
脱税の防止……87
棚卸資産……71, 318, 406
棚卸資産の期末における評価……329
棚卸資産の取得価額……322, 327, 348
棚卸資産の評価方法……328
棚卸資産の正味売却価額……330
手末の調……39
たばこ税……50
単一税率……96
嘆願書……133
嘆願書制度……104
短期株式の売買不適用……274
短期譲渡株式の除外規定……274
短期売買商品……332, 333
短期売買商品の譲渡損益……332
短期売買目的……413
売買目的有価証券……332, 411, 413, 416, 417, 431
単純移動平均法……323, 406
単純平均法……323
単段階消費税……95

【ち】

地租……38
地租改革……38
地租改正条例……38
地方税優先の原則……178
地方議会……49
地方公営企業法適用企業……114
地方公共団体……35, 44, 49, 70, 99, 100, 114, 150, 179, 297
地方公共団体の独立性……179
地方交付税法……179
地方公務員……8
地方財政調整制度……179
地方財政平衡交付金制度……179
地方財政法……5, 35, 99, 100
地方自治の基本原理……49
地方自治法……49
地方税……37, 49, 91
地方税法……44, 51, 52, 55, 178

地方税額……521
地方税の課税主体……49
地方分権……180
地方分与税……179
中間申告……243
中間申告書……243
中間申告制度……244
中間納付……243
中国事業リスク……85
忠実義務……107
中低位所得者層……96
超過税率……162
長期割賦販売等……354
朝貢……39
徴収優先権……178
徴税権……40
調整差益……415
調整差損……415
徴税者……38, 77
徴税方式……37
朝鮮……39
帳簿記録……73
帳簿書類……73
帳簿棚卸法（継続記録法）……334
直接材料費差異……349
直接消費税……95
直接税主体税制……94
直接方式……524
直接労務費差異……349
賃金後払説……489
賃率差異……349

【つ】
追加的納付税額……126
追徴課税……79, 85, 92
追徴課税額……85
追徴税額……142
通貨オプション……559
通貨スワップ……559
通常の利益率……97, 98
通達……149
通達の法律的根拠……149
追徴課税……79, 85, 92

圧縮記帳……524

【て】
低価基準（低価法）……320
低価基準の評価額……337
定額給付金……6, 7
定額控除額適用対象法人……304
定額法……371, 377
低価法……329, 330, 331
低価法評価損……329
定期同額給与……480
低金利政策……429
帝国議会……35
帝国憲法……3, 35
提出期限の延長……56, 113
帝人株式会社……482
定率法……371, 378
データ・ベース……7
定額法……371, 377
手形交換所よる取引停止処分……468
適格退職年金契約……492
適正な期間利益計算……365, 367
適正な期間利益……460
適用除外要件……222
鉄道施設の高架化工事……530
デフォルト（債務不履行）……186
デリバティブ取引……402, 411, 420, 423, 559
電気事業法……510
電信売相場……572
電信買相場……572
電信売買相場の仲値……569, 572
田租……3, 39
店頭デリバティブ取引……420, 426
店頭売買有価証券……417
テンポラル法……557, 563

【と】
投下資本回収計算……371
投下資本の回収（経済的成果）……461
当期業績計算重視思考……326
当期純利益……209
東京オリンピック……7
東京証券取引所……11

東京都 …… 51
東京都・特別区 …… 44
東京都の法人事業税徴収額 …… 54
当事者間の協議 …… 472
投資の回収形態 …… 330
同時不況 …… 12
同族会社 …… 81, 213
同族会社等 …… 213
同族関係者の範囲 …… 213
到達主義 …… 130
到達日基準 …… 129, 130
当年度実績方式 …… 280
道府県の徴収吏員 …… 53
東邦生命 …… 429
特殊支配同族会社 …… 82, 219, 226
特定公益増進法人 …… 295
特定支配関係 …… 253
特定信書便事業者 …… 127, 129
特定同族会社 …… 215
特定同族会社の特別税率 …… 215
特定非営利活動法人 …… 296
特別交付税 …… 181
特別修繕準備金 …… 483
特別償却 …… 399
特別清算に係る協定の認可の決定 …… 472
特別地方公共団体 …… 44
特別な減価償却方法 …… 382
独立企業間価格のみなし規定 …… 83
独立価格比準法 …… 84, 88, 97
独立企業間価格 …… 83, 88
独立戦争 …… 169
都税 …… 51
土地補充課税台帳 …… 387
道府県税 …… 44
都道府県税 …… 38
都道府県知事 …… 180
届け出た会計期間 …… 205
取扱有価証券 …… 417
取替資産 …… 380
取替資産の償却限度額 …… 380
取替法 …… 380
取締役会 …… 107
取締役の業務執行責任 …… 107
取締役の忠実義務 …… 106
取引記録法 …… 334
取引所売買有価証券 …… 417
取引成立日 …… 408
取引単位営業利益法 …… 88
取引日の為替相場による換算 …… 558
トレーディング目的で取得した
　有価証券 …… 413
トレーディング目的で保有する
　棚卸資産 …… 328, 332

【な】

内閣官房機密費 …… 307
内部統制システム …… 107
内部取引 …… 228
内部振替差額 …… 349
南北戦争 …… 151

【に】

20ヵ国・地域サミット …… 8
二重課税 …… 274
二重課税の回避 …… 275
二重課税の排除方法 …… 286
二重課税の防止 …… 286
二重保証 …… 482
日米財務相会議 …… 11
日露戦争 …… 193
日経平均株価終値 …… 11
日清戦争 …… 151
2取引基準 …… 557, 558
日本国家の財政状態 …… 11
日本企業の国際競争力 …… 154
日本銀行の株式保有額 …… 10
日本経済の競争力低下 …… 190
日本航空再建の焦点 …… 504
日本国憲法 …… 3, 35
日本国民の総意 …… 3
日本債券銀行 …… 428
日本書紀 …… 39
日本長期信用銀行 …… 428
日本特有の市場構造 …… 9
日本の金融機関 …… 10
日本の公的債務 …… 10

日本の国内銀行 11
ニュージャージ州の住宅街 557
入湯税 46
認可地縁団体 296
認識時点の尺度 72

【ぬ】

【ね】
年金基金 502
年金基金の解散 11
年金資産 495, 499
年金資産積立不足額 499
年金資産の運用 496
年金資産の額 499
年金資産の期待運用収益 496
年金資産の財産価値 501
年金資産の時価 499
年金受給世帯 8
年金積立管理運用独立行政法人 8
年金問題 11, 499
年貢 3, 39
年次経済財政報告 12
年末調整 112

【の】
納期の特例制度 165
納税管理者 127
納税義務 38
納税義務者 37, 52, 193, 387
納税者 38, 101, 104, 269, 77
納税者主権主義の原則 38
納税申告書 111, 115, 118, 129, 130, 132, 136, 140, 145
納税申告書の法定申告期限 113
納税申告書未提出者 140
納税代理人 134
納税地の所轄税務署長 205
納税法律主義の原則 38
納税義務者 37, 52, 193, 387
延払条件付譲渡契約 279
ノンキャンセラブル要件 546

【は】
バージン諸島 80
売価還元原価法 337
売価還元低価法 337
売価還元平均原価法 335
売価還元法 325, 334, 335
売価棚卸法 335
売却可能価額 340
売却市場 340
賠償責任 105
配置販売 352
配当の原資 430
売買取引（割賦売買） 546
売買目的外有価証券 413, 415, 418
売買目的有価証券 332, 411, 413, 416, 417, 431
売買目的有価証券の時価評価金額 417
廃炉費用 509
破棄損失 330
白色欠損金 251
白色申告制度 251
罰課金 158, 161, 172
罰金 171
発行日取引 418, 419
発信日基準 129, 130
発生額基準方式 491
発生基準 345, 359
発生時換算法 570
発生主義会計 65, 72, 208, 315, 345, 365
発生収益 72
発生費用 72
バブル経済崩壊 12
払込資本 452
払込資本金 447
払出単価（売上原価） 334
阪神淡路大震災 56
反対給付 40
半年決算 244
販売基準（引渡基準） 345
販売行為 345
販売市場 332
販売高基準 478

【ひ】

比較対象取引利益率方式（仮称）98
東日本大震災 28, 56
非課税の範囲 53
引当金会計 460
引渡基準 353
非合法性行為（脱税）77
非事業用資産 387
被支配者階級 39
非常特別税 193
非正規労働者 7
費途不明金 311
１人当たり債務負担額 184
備忘価額 525
紐付計算方式の廃止 274
評価額戻入益 331
評価勘定 462
評価性引当金 463
費用収益対応の原則 461, 489
費用収益法（財産法）315
標準原価計算制度 348, 349
標準利子率 58
平等の原理 40
費用の期間配分 365
費用の認識 72
費用配分 370
費用配分の形態 370
費用補償計算 370, 461
表面税率 153
比例連結方式 230
貧困家庭層 8

【ふ】

ファイナンス・リース 546, 547
ファイナンス・リース取引 544, 549
不安の本質 190
フィリピン 87
賦課課税制度 37, 38, 75, 76
附加価値税 95
附加価値税率 95, 153
付加価値割 52
付加価値割額 70
付加価値割額課税事業者 53
負債性引当金 489
負債利子 279
負債利子控除制度 274
負債利子の計算 279
負債利子の制度 279
不実の記載 482
不正発見義務の不履行 109
不足税額 126
附帯税 208
双子の赤字 183, 502
負担軽減措置法 151
負担能力主義の原則 70
普通交付税 181
普通税 44, 45
物納 38
物理的減価 371, 399
物理的磨耗期間 371
不動産賃貸用物件の直接投資額 390
不倒神話 428
船荷証券 402
負の遺産 12
不納付加算税 165
不服審判事例 85
不服申し立て 40
不服申立 142
不服申立期間 127
不服申立制度 142, 144
不服申立の方法 127
部分的価値移転の会計的認識 370
富裕層優遇税制 272
付与日 448
プライマリー・バランス 94
振当処理 559, 562
振替差異 349
フルペイアウト要件 546
粉飾幇助の罪 60

【へ】

兵役 39
閉鎖会社 81
ヘッジ会計 422, 561, 564
ヘッジ対象資産等損失額 423
ヘッジ取引（経済的行為）423

弁護士法……63
変動所得……155
変動相場制……556
返品債権特別勘定……478
返品調整引当金……476

【ほ】
防衛費用の巨額化……273
法人課税信託……193
法人課税の計算体系……206
法人擬制説……274
法人税……38, 111, 43
法人税額等の損金不算入……290
法人税等……209
法人税等の納付額……211
法人税の課税標準……206
法人税の基本税率……91
法人税の特別控除……400
法人税法……56, 73, 112, 138
法人税率……83, 95
法定外普通税……45
法定外目的税……45
法定繰入率……464
法定償却方法……372
法定申告期限……104, 111, 117, 118, 132
法定評価方法……342
法定評価法……324
法的基準……66
法律上の義務……506
法令遵守体制……107
法令遵守体制の整備……107
ホールデン・カンパニー制度……231
簿外資産……528
簿外負債……490, 505
簿価切下額……329
保険会社……10
保険金の圧縮記帳……535
保険差益……535
募集新株予約権の割当日……448
保守主義……320
保守主義の会計原則……460
保守主義の原則……315, 412
保証債務……473
保証利回り（期待運用収益率）……501
補助金交付権限力……180
補助部門費配賦差異……349
捕捉率の不公平感……96
北海道拓殖銀行……428
骨太方針2006……94
骨太方針2009……5, 100
保有意思の向上……13
保有有価証券……402

【ま】
毎期全額洗替方式……486
前受収益……368
前受費用……72
前払年金費用……498
前払費用……72, 366
満期保有目的の債券……411

【み】
未経過勘定……365
未経過勘定項目（繰延経理項目）……366
未決済デリバティブ取引……420
未実現の収益……314
見込納付……58, 247
未実現収益……353
未実現損益……229
未実現損失……229
未実現利益……356
未収収益……72, 367
未精算事項……516
調……39
みなし配当……432
みなし配当金……278, 408
未認識過去勤務債務……496
未認識数理計算上の差異……496
未払費用……72, 366
任那……39
民主主義政治体制……38
民主党政権……182

【む】
無形固定資産……79, 365
無職……8

無申告……115, 116, 163, 140
無申告加算税……115, 116, 140, 163, 165
無申告加算税制度……116, 117
無申告加算税の不適用制度……117
無申告者……140, 266

【め】
明治憲法……37
明瞭性の原則……315

【も】
目的税……44, 45
持株会社……231

【や】
役員給与の損金不算入制度……292
役員賞与……292, 480
役員退任慰労引当金……513
役員報酬……292, 479
約定数値……425
約定数値と現実数値の差……426
焼け太り……535
山一證券……428
大和政権……39

【ゆ】
有価証券……43, 402
有価証券取得税……409
有価証券の空売取引……418
有価証券の取得価額……409
有価証券の信用取引……419
有価証券の評価損……10
有価証券報告書の虚偽記載……171
有形固定資産……71
有効な運用の確保……107
有姿除却……398
有姿除却訴訟事件……270
優先株式……429
弓調の調……39

【よ】
傭調……39
ヨーロッパ連合（EU）……91
預託品……350
予定申告……243, 244
予約販売……352

【ら】

【り】
リース投資資産……549
リース取引……544
リーマン・ブラザーズ……7
リーマン・ブラザーズの経営破綻……12
利益計算……71, 206
利益性引当金……461
利益操作の可能性……228
利益操作の防止……228
利益積立金……302
利益連動給与……293, 480
利害関係者……61
理解困難性……4
理解容易性……4
履行日基準……355
利差率の恩恵……429
利子税……58, 160, 208
利潤……206
利息費用……496
利息法……548, 549
立法府……37
律令制……3
流動・非流動法……557, 560
留保金課税制度……215
利用可能期間……371
両建方式……524
臨時所得……155
臨時租税措置法……525
臨時町村財政補給金……179
臨時特例企業税……45

【る】
累進課税……70, 96
累積赤字……8
累積的取引高税……95

【れ】
例外的処理方法……564, 566
礼記……5
歴史的価額……319
歴史的時価……319
暦年基準……486
劣化資産……394
レッサー……544
レッシー……544
連結貸借対照表……229
連結完全支配関係……276
連結子会社……210
連結財務諸表……210, 228
連結財務諸表原則……228, 230
連結財務諸表作成の基本原則……229
連結財務諸表の作成基準……230
連結損益計算書……229
連結納税義務者……194, 231
連結納税制度……231
連結法人に係る移転価格事務運営要領……89

【ろ】
労働協約……491
労働の貢献度……489
労働の対価……490
労務費差額……349

【わ】
割引前の将来キャッシュ・フロー……507
割増償却……399
ワン・イヤー・ルール……549

著者　守屋俊晴（もりや　としはる）

学　歴

昭和42年　明治大学・商学部商学科　卒業

昭和44年　明治大学大学院・商学研究科修士課程修了

昭和47年　明治大学大学院・商学研究科博士課程単位取得

現職・兼務の状況

平成17年4月　公立大学法人首都大学東京・監事

平成18年4月　学校法人法政大学（会計大学院）イノベーション・マネージメント研究科アカウンティング専攻・教授

平成18年6月　ニフティ株式会社・社外監査役

平成18年6月　富士通フロンテック株式会社・社外監査役

平成19年6月　帝人株式会社・独立社外監査役

平成22年4月　学校法人神奈川歯科大学・監事

平成23年4月　学校法人明治大学専門職大学院（会計）　講師

これまでの経歴

昭和59年5月～　監査法人第一監査事務所　代表社員

昭和61年1月　　監査法人第一監査事務所は、武蔵監査法人、日新監査法人との三社合併によりセンチュリー監査法人となる。

平成元年8月～　平成14年7月　日本公認会計士協会・公会計特別委員会、公会計委員会副委員長・同専門部会長

平成6年4月～　平成13年3月　中央商科短期大学　教授（平成13年3月廃校）

平成8年7月～　平成13年11月　日本公認会計士協会・職業倫理高揚のためのプロジェクトチーム　委員

平成10年11月～　平成13年9月　公認会計士審査会（委員）・公認会計士試験第二次試験・試験委員

平成12年4月　　センチュリー監査法人は、大田昭和監査法人と合併して監査法人大田昭和センチュリーとなる。

平成13年2月～　平成15年1月　農林水産省・政策評価委員会　委員

平成13年4月～　平成18年1月　（公的部門）日本道路公団・監査責任者

平成13年7月　　監査法人大田昭和センチュリーは新日本監査法人に名称変更した。

平成14年4月～　平成17年3月　東京都包括外部監査人（地方自治法監査）

平成14年8月～　平成17年4月　日本公認会計士協会　学術賞審査委員会　委員

平成17年4月～　平成19年3月　川崎市包括外部監査人（地方自治法監査）
平成18年5月　　新日本監査法人（現新日本有限責任監査法人）・退任（元代表社員）
平成19年8月～　日本公認会計士協会　綱紀審査会調査部会　調査員（現任）
平成22年8月～　日本公認会計士協会　学術賞審査委員会　委員（現任）

主要な著書

税務会計のすすめ　昭和57年9月　共著、創成社
監査の実践技法　初版　平成4年10月　中央経済社
企業会計の理論と実践　平成6年11月　中央経済社
監査の実践技法　改定版　平成8年11月　中央経済社
地方自治体の情報公開と監査　平成11年9月　中央経済社
外部監査人のための地方公共団体の会計と監査　平成10年11月　責任編集、ぎょうせい
外部監査制度と地方公営企業　平成11年9月　中央経済社
宗教法人の税務と会計　平成12年4月　成星出版
農協再生とコーポレート・ガヴァナンス　―会計士がみた農協危機脱却への途―
平成13年9月20日　農林統計協会
国、地方自治体の会計と事業評価　平成14年12月　責任編集、中央経済社
取締役の企業統治責任　平成15年6月　中央経済社
行財政改革のための外部監査事例　平成16年5月　責任編集、ぎょうせい
アレクサンドロス大王と経営戦略　―その戦史に見る情報活用術と戦術―
平成18年4月　東洋出版
環境破壊　―自然環境再生への展望―　平成20年9月　東洋出版
大学経営論　―大学が倒産する時代の経営と会計―　平成21年5月　東洋出版
創造と破壊　成長と犠牲　―ナポレオンの時代―　平成22年1月　東洋出版

租税法の基礎

二〇一一年七月二四日　第一刷発行

定価はカバーに表示してあります

著　者　守屋俊晴

発行者　田辺修三

発行所　東洋出版株式会社

〒112-0014　東京都文京区関口1-23-6

電話　03-5261-1004（代）

振替　00110-2-175030

http://www.toyo-shuppan.com/

印　刷　日本ハイコム株式会社

製　本　ダンクセキ株式会社

 ISBN978-4-8096-7643-7